JN493174

경제수학 강의

경제학에 입문하는 학생을 위한 수학 교과서 3판

지은이 김성현

KAIST 경영과학과를 졸업하고 미국 존스홉킨스대학교 경제학 박사학위를 취득했으며, 에너지경제연구원 및 정보통신정책연구원 연구위원을 역임했다. 현재 이화여자대학교 사회과학대학 경제학과 교수로 재직 중이다. 저서로는 『쉬운 경제수학 강의』(한빛아카데미, 2024), 『경제수학 강의 3판』(한빛아카데미, 2023), 『미시 경제 이론 강의』(이화여자대학교출판문화원, 2015)가 있으며 Journal of Mathematical Economics, Korean Economic Review, Journal of Economic Theory and Econometrics, 산업조직연구, 사회과학연구논총 등 다양한 학술지에 기고했다.

경제수학 강의 경제학에 입문하는 학생을 위한 수학 교과서 **3판**

초판발행 2023년 2월 28일
3쇄발행 2025년 1월 31일

지은이 김성현 / **펴낸이** 전태호
펴낸곳 한빛아카데미(주) / **주소** 서울시 서대문구 연희로2길 62 한빛아카데미(주) 2층
전화 02-336-7112 / **팩스** 02-336-7199
등록 2013년 1월 14일 제2017-000063호 / **ISBN** 979-11-5664-652-5 93320

책임편집 김은정 / **기획 · 편집** 정서린 / **진행** 김민송
디자인 표지 박정화 내지 박정우 / **전산편집** 김강수 / **제작** 박성우, 김정우
영업 김태진, 김성삼, 이정훈, 임현기, 이성훈, 김주성 / **마케팅** 김호철, 심지연

이 책에 대한 의견이나 오탈자 및 잘못된 내용은 출판사 홈페이지나 아래 이메일로 알려주십시오.
파본은 구매처에서 교환하실 수 있습니다. 책값은 뒤표지에 표시되어 있습니다.
홈페이지 www.hanbit.co.kr / 이메일 question@hanbit.co.kr

Published by HANBIT Academy, Inc. Printed in Korea

3판 머리말

2011년에 초판, 2017년에 2판을 출간한 후 다시 6년 만에 개정판을 내게 되었습니다. 부족한 점이 많은 데도 불구하고, 입문서로서 적합한 경제수학 교재라는 평가를 받아 감사하게 생각합니다. 3판은 새로운 출판사를 만나 조판부터 디자인과 편집까지 다시 다듬었습니다. 용어 통일, 오류 수정뿐만 아니라, 일부 내용은 설명 순서를 재배치하거나 고쳤습니다. 특히 함수(1~3장), 정적분(11장), 행렬(13~15장), 전미분과 음함수정리(17~18장) 부분을 제법 고쳐 썼습니다.

3판의 연습문제는 새로운 문제도 있지만, 대부분 초판 및 2판의 문제 중에서 선별했습니다. 초판부터 독자들이 지속하여 연습문제의 해답과 풀이에 대해 문의합니다. 힘들더라도 풀이 없이 문제와 씨름해서 스스로 해결할 수 있어야 제대로 된 공부라고 여전히 생각합니다. 하지만 풀이를 보며 공부해온 습관을 극복하기 어려운 대학 초년생들을 감안해서 출판사를 통해 간략한 해설지를 참고자료로 제공하겠습니다. 한빛아카데미의 홈페이지를 확인해주세요.

경제수학이라는 과목의 특성상 고교 수학교육의 변화를 의식하지 않을 수 없습니다. 최근에는 공식적으로 문과와 이과의 구분이 폐지되는 큰 변화가 있었습니다. 수학을 조금 덜 배운 문과생들이 여전히 있고 이들이 경제학을 공부하러 오겠지만, 수학을 많이 배운 학생들도 경제학과에 진학할 수 있게 되었습니다. 경제수학에서 무엇을 어떻게 공부해야 하는가에 대해 고민이 많은 시점입니다. 조만간 이런 고민을 담은 조금 더 새로운 책을 선보일 계획입니다.

교재 및 참고자료에는 오타나 오류가 남아있을 것입니다. 출판사를 통해 혹은 저자에게 직접 알려주시면 고치고 반영하겠습니다. 3판 개정에 대해 오랫동안 고민이 많았는데, 편안하게 작업할 수 있게 해주신 한빛아카데미 정서린 편집자에게 감사드립니다. 초판부터 많은 의견을 보내주신 독자들과 늘 흥미로운 수업을 만들어주는 이화여자대학교 경제학과 학생들에게도 고마움을 표합니다.

2023년

김성현 드림

2판 머리말

6년 만에 개정판을 냅니다. 수학이 부담스러운 문과 출신 경제학도를 위한 입문서라는 원래 목표는 그대로입니다. 불완전하고 부족한 부분이 있더라도 지나치게 많이 설명하지 않음으로써, 책의 원래 장점인 간결함을 유지하고자 했습니다.

초판 발행 이후 중요하게 바뀐 상황이 있습니다. 초판 때는 문과 학생들이 고교에서 미적분을 전혀 배우지 않았는데, 요즘은 미적분 기초를 배우고 옵니다. 최근 다시 교과과정 개편 논의가 있어서, 곧 학생들의 배경지식이 또 바뀔 수도 있습니다. 교과과정이 어떻게 바뀌든, 여전히 이 책의 대상 독자는 (미적분 기초를 이미 배웠더라도) 기초 개념부터 차근차근 공부하려는 경제 학도입니다.

초판과 달라진 점은 크게 두 가지입니다. 첫째, 총 6부 23장이었던 초판의 내용에 3개 장으로 된 제7부를 추가했습니다. 초판은 한 학기 동안 수업 한 번에 한 장을 공부하고도, 복습과 문제 풀이를 위한 수업 시간이 충분히 남도록 구성되었습니다. 하지만 분량이 조금 더 있어도 좋겠다는 의견이 많이 있었고, 학생들도 미적분 기초를 알기 때문에 추가 분량 소화에 큰 문제가 없을 것 같습니다. 제7부의 내용은 제24장 부등식 제약이 달린 최적화, 제25장 차분방정식과 동학 분석, 제26장 선형대수학 기초입니다. 까다로운 내용이지만 핵심 위주로 간략하게 소개합니다.

둘째, 각장 연습문제들을 교체했습니다. 대신 초판에 실렸던 연습문제와 그에 대한 풀이를 자습 자료로 저자의 개인 웹페이지에 공개하려 합니다. 많은 독자들이 문제 풀이 자료를 요청하셨는데, 공개적으로 제공하지 않고 교재를 채택하신 교수님들께 수업자료로 드렸습니다. 연습문제를 정답이나 풀이 없이 스스로 푸는 것은 정말 중요합니다. 대학공부에서는 정답에 맞추는 채점에 급급하기보다 스스로의 풀이에 자신감을 갖는 공부가 중요하다고 생각합니다. 하지만 학생들이 풀이를 원하는 마음도 이해합니다. 개정판 연습문제는 새로운 것도 있지만, 초판 문제와 비슷한 유형도 많으므로 풀이 있는 초판 문제를 참고해서 함께 공부하면 도움이 될 것입니다. 그 외 초판의 본문은 전체적인 틀을 유지하되, 오타나 서술이 부족한 부분들을 조금씩 고쳤습니다.

현대 경제학은 점점 더 새롭고 어려운 수학을 많이 사용하고 있습니다. 하지만 여전히 이 책은 수학의 기초를 닦는 일에 집중하고자 합니다. 계속해서 경제학을 공부하려는 독자들은 이 책으로 만족하지 마시고, 조금 더 심화된 경제수학 혹은 수학 문헌들을 공부해야 할 것입니다. 이 책이 긴 여정에 보탬이 되면 좋겠습니다.

2017년
김성현 드림

초판 머리말

경제수학을 공부하게 된 여러분을 환영합니다. 여러분은 "수학"과 어떤 사이인가요?

① 나는 수학을 잘하고 좋아한다.
② 나는 수학을 별로 좋아하진 않지만 잘할 수는 있다.
③ 나는 수학을 좋아하는데, 수학이 나를 싫어한다.
④ 수학은 나에게 공포 그 자체이다.

제가 경제수학을 수강하는 학생들에게 설문조사를 몇 차례 해보니 3번 응답자가 가장 많고 그다음으로 4번이 많더군요. 많은 사람들에게 수학은 그다지 친근한 존재는 아닌 것 같습니다. 설문조사 문항에는 다음과 같은 질문도 있었습니다: 여러분은 경제수학 공부를 왜 하려고 하는지요?

① 과목 이름이 멋지고 왠지 재미있을 것 같아서
② 앞으로 하게 될 경제학 과목 공부에 도움이 될 것 같아서
③ 경제학 과목을 이미 공부해 봤는데 수학 공부를 제대로 안 한 것이 후회되어서
④ 학점은 채워야겠고 들을 만한 다른 과목이 별로 없어서

교과과정상 경제수학의 위치를 생각하면 이상적인 답변은 아마 2번이겠지만, 조사 결과 1~4번 모두 골고루 나오는 편이었습니다. 특히 3번을 답한 학생들이 꽤 있었습니다. 수학을 피해 보려고 했으나 경제학 공부를 하다 보니 어쩔 수 없이 경제수학과 만나는 경우겠지요. 경제수학 공부를 정말 즐거운 마음으로 시작하는 학생이 얼마나 될지 저도 잘 모릅니다. 하지만 이 책으로 공부하면서, 의외로 수학 공부에서 재미도 느껴보고 한 번 해볼 만하다는 자신감을 갖게 되면 좋겠습니다. 제가 여러분에게 바라는 것은 경제수학 공부를 통해서

- 경제학 전공과목에서 배우는 여러 이론이나 모형들의 바탕에 깔려 있는 공통된 수학적 원리 들을 알게 되어 경제학에 대한 이해도가 높아지고,
- 수학의 경제학적 응용 사례들을 통해, 수학이 현실과 동떨어진 복잡한 계산이나 지루한 증명으로만 가득한 것이 아니라 제법 쓸모 있고 이해 가능한 논리를 갖추었다는 점을 발견하며,
- 무엇보다 경제학도로서 수학에 대한 두려움을 없애고 좀 더 수학과 친해지는 것입니다.

조금 더 구체적으로 경제수학을 통해서 여러분이 얻어갔으면 좋겠다고 제가 희망하는 것은

- 경제학에 자주 등장하는 기본적인 함수들의 공식을 다룰 수 있는 능력과
- 어떤 함수를 그래프로 나타내거나, 주어진 그래프들의 성질을 친숙하게 파악하는 요령뿐만 아니라
- 경제학에 사용되는 주요 수학적 개념들을 직관적으로 이해하고, 수학으로 표현된 모형을 경제학적으로 해석할 줄 아는 통찰력을 갖추게 되는 것입니다.

이 책은 경제학에 입문하는 학부 학생을 위한 수학 교과서입니다. 현대 경제학이 매우 수학적이라는 사실은 잘 알려져 있습니다. 이해하기 어려운 수학으로 채워져 가는 지금의 경제학이, 과연 급변하는 경제 현상을 설명하고 인간이 행복하게 사는 데 기여하고 있는지 비판적인 시각도 있습니다. 하지만 경제학을 잘 배우기 위해서이든, 혹은 통렬하게 비판하기 위해서이든 일단 경제학의 수학적 기초를 이해하는 것이 불가피합니다.

제가 생각하는 이 책의 독자는 대학 수준의 수학 과목을 따로 접해본 적이 없고, 고등학교에서도 미적분을 공부하지 않은 문과 출신 학생입니다. 경제학 전공지식이 꼭 필요한 것은 아니지만, 경제학 응용 부분을 잘 따라오려면 경제원론 정도는 공부한 적이 있으면 도움이 될 것입니다.

저는 이 책에서 경제학을 이해하는 데 필요한 수학의 기본 얼개를 소개하고, 왜 그런 수학이 필요한지 그리고 경제 분석에서 어떻게 그것이 활용되는지를 보여드리려고 합니다. 이 책은 경제학과 관련된 모든 수학을 담고 있지는 않습니다. 하지만 학부에서 경제학을 배우는 데 쓸모 있는 수학을 가능한 한 체계적인 흐름에 따라 제시하였고, 이 흐름을 따라가는 데 다소 방해가 될 수도 있는 세부적인 내용들은 과감하게 생략하였습니다. 이 책을 공부한 후 필요에 따라 좀 더 심화된 교재를 찾아 공부할 수 있을 것입니다.

한 학기에 공부할 수 있는 기본적인 내용을 담되 궁극적으로 제VI부에 소개되는 최적화이론을 이해하기 위해 필요한 기초 개념들을 차근차근 소개하고자 하여, 일변수함수와 미분(제I~II 부), 적분(제부), 행렬(제IV부) 및 다변수함수(제V부)의 순서로 설명하였습니다.

수학 (혹은 경제학) 교과서로서는 다소 독특하게 이 책은 강의록의 형식을 채택하였습니다. 딱딱한 공부에 조금이나마 도움이 되려는 의도에서 인간적이고 친근한 강의실의 분위기를 만들어보려고 노력하였습니다. 실제로 제가 이화여대에서 경제수학을 강의하면서 수강생들에게 나누어주었던 강의록 원고가 이 책의 바탕이 되었습니다.

경제수학의 기본 내용은 이미 잘 확립되어 있기 때문에 이 책의 내용이 크게 독창적일 수는 없습니다. 다만 까다로운 개념을 설명함에 있어서 제 나름의 방식을 시도한 곳이 몇 군데 있습니다. 그동안 강의하면서 채택했던 여러 교재에서 설명의 방식이나 예제, 연습문제들을 알게 모르게 제가 가져다 쓴 것들도 많이 있습니다. 아래에 제가 많이 참고하고 영향을 받은 교재와 문헌들의 목록을 붙입니다.

최종 원고 정리는 연구년을 맞아 방문한 영국 옥스퍼드에서 이루어졌습니다. 연구년을 허락해 준 이화여대와 1년간의 방문연구를 허락해준 University of Oxford 경제학과, 특히 John Quah 교수에게 감사드립니다. 저에게 수학적으로 경제학을 바라보는 훈련을 시켜주신 Johns Hopkins University의 Ali Khan 교수님과 Edi Karni 교수님, 그리고 직관적이고 논리적인 사고능력을 키워주신 KAIST의 유평일 교수님과 채경철 교수님께도 감사드립니다.

책 쓴다는 핑계로 안 놀아주는 아빠에게 속상했던 하준이와 예준이, 그리고 좋은 남편이 되겠노라던 약속을 제대로 못 지켜주는 데도 한결같이 훌륭한 엄마이고 아름다운 아내인 사랑하는 윤주에게 늘 미안하고 고맙습니다.

2011년
김성현 드림

집필에 참고한 주요 교재 및 문헌

Baldani, Bradfield, and Turner, Mathematical Economics (제2판)
Klein, Mathematical Methods for Economics (제2판)
Simon and Blume, Mathematics for Economists
Sydsæter and Hammond, Essential Mathematics for Economic Analysis (제2판)
Stevens, The Maths Workbook, Department of Economics, University of Oxford

강의 보조 자료

한빛아카데미 홈페이지에서 '교수회원'으로 가입하신 분은 인증 후 교수용 강의 보조 자료를 제공받을 수 있습니다. 한빛아카데미 홈페이지에서 〈교수전용공간〉 메뉴를 클릭하세요.

http://www.hanbit.co.kr/academy

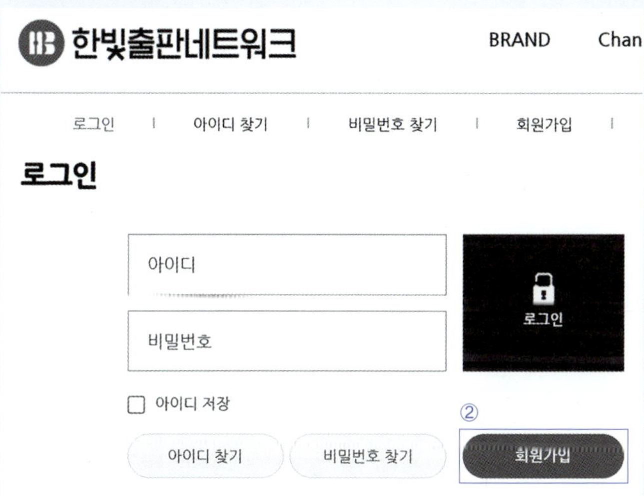

학습 보조 자료

학습에 필요한 자료는 아래 주소에서 내려받을 수 있습니다.

http://www.hanbit.co.kr/src/4652

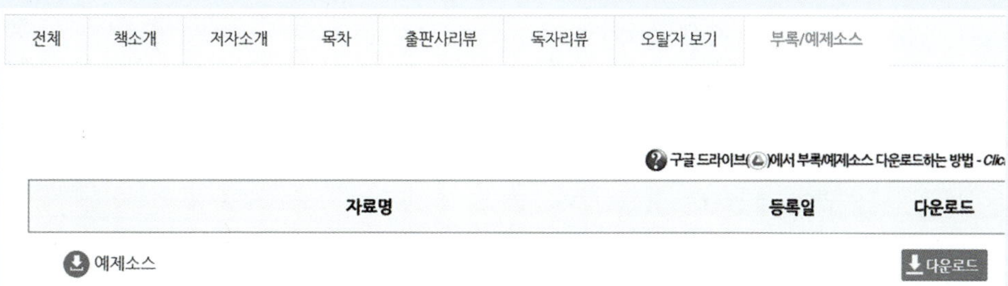

차례

서론: 수학과 경제모형

PART 01

함수

PART 02 미분

PART 03 적분

PART 04

행렬

PART 05

다변수함수와 미분

서론
수학과 경제모형

경제수학은 경제학 공부에 필요한 수학을 공부하는 과목입니다. 아직 경제학을 많이 접해보지 못했더라도 경제학에서 수학이 많이 사용된다는 이야기는 들어보았을 것입니다. 수학을 잘 한다고 해서 반드시 경제학을 잘 하게 되는 것은 아니지만, 수학을 전혀 모르면 경제학을 이해하기가 쉽지 않습니다.

경제학에는 어떤 수학이 필요할까요? 시대에 따라 사용되는 수학 도구들이 바뀌기도 하고, 경제학의 세부 분야마다 조금씩 다른 수학이 요구되기도 합니다. 게다가 학문적인 연구에서는 계속해서 새로운 수학적 틀이 소개되고 만들어지고 있습니다. 하지만 학부 수준에서 필요한 수학이라면, 몇 가지 함수들과 그래프를 능숙하게 다루는 것이 기본이고, 미분적분학의 기초를 아는 것이 가장 중요합니다. 따라서 이 책은 함수와 미분적분학, 그중에서도 미분을 중점적으로 다루고 있습니다.

0.1 사회과학 가설의 수학적 표현

왜 함수와 미분이 경제학을 비롯한 과학적인 탐구에서 중요한 수학 도구인지를 하나의 가상적인 연구주제를 통해 살펴보겠습니다.

요즘 많은 대학에서 영어로 진행하는 강의를 확대하고 있습니다. 현실에서 대학들이 영어강의를 통해서 얻고자 하는 목표는 다양할 것입니다. 예컨대, 학생들의 영어 실력을 높이는 것이 하나의 목표일 수 있습니다. 과연 영어 강의가 학생들의 영어 실력을 정말 높이는 것인지에 대해 의문이 있다면 이를 어떻게 탐구해볼까요? 먼저 우리가 탐구하고자 하는 가설을 이렇게 써볼 수 있습니다.

- 탐구가설 영어 강의 확대는 영어 실력 향상에 긍정적인 영향을 준다.

이 가설이 옳은지 확인해보는 방법에는 여러 가지가 있습니다. 우리 각자의 개인적인 느낌으로 만약 내가 영어 강의를 수강한다면 내 영어 실력이 얼마나 늘 것인가를 상상해볼 수 있습니다. 혹시 영어 강의를 이미 수강해본 사람이라면 개인적인 경험에 비추어 실제로 어느 정도 영어 실력이 늘었는지 의견이 있을 것입니다. 객관적인 자연현상을 대상으로 하는 자연과학과 달리, 인간을 대상으로 하는 사회과학적 질문에 대해서는 연구자 자신의 내면적인 느낌이나 주관적 체험이 가장 먼저 검토의 대상이 되는 것이 당연합니다.

하지만 여기에 머무른다면 이는 각자의 주관적 의견에 불과할 뿐이고, 이런 주관적 의견에만 기초해 어떤 집단이나 사회의 정책을 결정하고자 한다면 해결할 수 없는 논란이 불가피합니다. 자신이나 주변의 사람들의 느낌을 벗어나는, 좀 더 객관적인 근거가 필요합니다. 바로 이런 역할이 사회과학에 요구되는 것이 아닐까요?

가장 극단적으로는 정확한 숫자로 표현되는 어떤 지표가 있다면 큰 도움이 될 것입니다. 예를 들어, 영어 강의 확대라는 것은 '전체 강의 중 영어 강의의 비중'의 증가라는 자연스러운 정량적 지표로 나타낼 수 있습니다. 한편, 영어 실력은 다소 모호한 개념이지만, 예를 들어 토플(TOEFL)과 같은 '공인 어학시험의 점수'로 측정을 시도해볼 수 있겠습니다.

이렇게 정량적 척도로 각 개념을 나타내게 되면, 탐구가설 또한 이에 맞추어 바꾸어 표현될 수 있습니다.

- 변수설정 [영어 강의] $x =$ 영어 강의의 수 $\div$ 전체 강의의 수
  [영어 실력] $y =$ 어학시험 점수
- 탐구가설 x가 증가하면 y도 증가한다.

이제 이 가설을 다음과 같이 좀 더 구체적인 공식으로 나타내었다고 해봅시다(이 식은 아무런 근거 없이 아무렇게나 만들어 본 것입니다).

$$y = \frac{\pi e^x}{1 - \sqrt{\sin^2(x)}} \quad ?$$

자연과학에서는 자연 현상의 법칙 관계가 비교적 상세하고 엄밀하게 입증되어 있으므로 위의 식처럼 복잡한 수식이 많이 등장합니다. 하지만 사회과학에서는 저 정도로 복잡하게 표현될 만한 가설이 많지는 않습니다. 게다가 애초에 우리가 생각한 가설이 단순하므로, 간단한 식이 가능하다면 이를 일부러 복잡한 식으로 쓸 필요도 없지요.

1차함수

위 가설을 간단하게 표현할 수 있는 한 가지 방법은 다음과 같습니다. 우선

$$[\text{1차함수 모형}] \quad y = f(x) = a + bx$$

라고 두 관심 대상 변수들 사이의 관계를 1차함수로 표현한 다음

- 탐구가설 $b > 0$

라고 쓴다면 앞에서 말로 제시했던 탐구가설의 수학적 표현이 되겠습니다. 1차함수식 모형은 영어 강의 비중 x가 증가할 때, 어학시험 점수 y는 x의 증가폭의 b배만큼 늘어난다는 것입니다. 만약 $b < 0$이라면 오히려 어학시험 점수가 떨어진다는 것이고, 만약 $b > 0$이면서 그 값이 매우 작으면 점수가 올라가긴 하지만 그다지 많이 오르지는 않는다는 것입니다(한편, a의 값은 $x = 0$일 때의 y 값, 즉 영어 강의가 전혀 없을 때도 '기본으로 나오는' 어학시험 점수를 나타냅니다).

이렇게 사회과학에서 다루는 질문은 가장 단순하게는 '어떤 변수 x(영어 강의 비중)의 값을 변화시킬 때 관심의 대상인 다른 변수 y(어학시험 점수)의 값에 어떤 영향을 줄 수 있는가?'라는 형태를 가집니다. 예컨대 "이런 정책을 사용하면 어떤 성과를 얻을 것인가?", "저런 변화를 주면, 어떤 반응이 일어날까?" 같은 것이 관심거리입니다.

이를 간단하게 $y = f(x) = a + bx$와 같은 1차함수의 형태로 나타낼 수 있고, 이때 가장 관심을 끄는 것은 x의 앞에 붙은 계수 b의 부호(영향이 긍정적인지 부정적인지)와 크기(영향이 얼마나 큰지)라고 하겠습니다.

다시 말해, 변수 x에 의해 영향을 받는 것으로 기대되는 변수를 y라 할 때, x와 y 사이의 관계를 알아내는 것이 한 가지 중요한 사회과학의 이슈라 하겠습니다. 여기서 x를 **독립변수**(independent variable), y를 **종속변수**(dependent variable)라고 부를 수 있습니다. 독립변수와 종속변수 사이의 관계를 묘사해주는 수학 개념이 바로 **함수**(function)입니다[그림 0.1].

일변수함수와 다변수함수

앞의 예에서, 어학시험 점수의 향상을 단지 영어 강의 확대를 통해서만 얻는다는 것은 너무 단순한 생각임이 분명합니다. 탐구가설을 현실 데이터로 확인하기 위해서, 학과별로 영어 강의 비중과 어학시험 평균점수를 수집했다고 합시다. 비록 영어 강의 비중이 같더라도

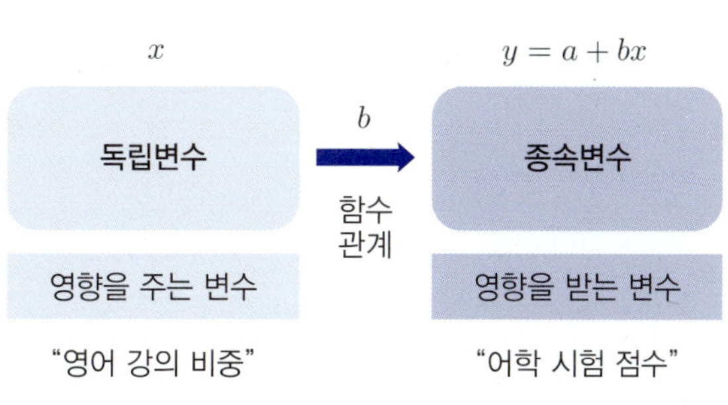

[그림 0.1] 1차함수 모형에 의한 가설 표현

어학시험 점수가 다른 학과가 있을 수 있습니다. 예컨대 어떤 학과는 영어 강의 이외에도 학생들의 어학실력 향상을 위해 추가적인 지원을 해줄 수도 있고, 또 어떤 학과는 특성상 원래 영어를 잘 하는 학생들이 모였을 수 있겠지요.

즉, 동일한 y(어학시험 점수)라는 종속변수에 영향을 줄 수 있는 독립변수가 하나가 아니라 여러 개일 수 있습니다. 예를 들어, x_1 = '학과의 영어 강의 비중', x_2 = '학과의 어학 관련 지원 비용', x_3 = '학과생들의 대학 입학시험에서의 영어 점수' 등과 같이 말이지요. 그렇다면, 앞에서 썼던 1차함수 식을 확장하여 다음과 같이 쓸 수 있습니다.

$$[\text{다변수 1차함수 모형}] \quad y = a + b_1x_1 + b_2x_2 + b_3x_3$$

이제 각 독립변수의 앞에 붙은 계수들인 b_1, b_2, b_3의 부호가 각각 무엇이고, 값은 얼마나 큰지가 관심거리가 되겠습니다. 사회과학적인 질문에서는 하나의 관심대상 변수에 영향을 줄 만한 변수들이 여러 개인 경우가 매우 흔합니다. 이렇게 여러 개의 독립변수를 가진 함수를 **다변수함수**(multivariate function)라고 합니다. 반면에 독립변수가 1개인 경우는 **일변수함수**(univariate function)라고 부릅니다. 따라서 다변수함수는 경제수학에서 다루어야 할 중요한 개념입니다[그림 0.2].

앞에서 **독립변수**의 개념을 우리가 임의로 값을 선택할 수 있는 것(정책, 변화)으로 설명했지만, 경우에 따라서는 임의로 선택하기보다는 이미 그 값이 결정되어 있기도 합니다. 즉 "이러이러한 조건 하에서 어떤 결과가 얻어질까?"라는 질문에서 '조건'이 독립변수에 해당할 수 있습니다. 방금 든 예에서 x_3 = '학과생들의 입학시험에서의 영어 점수'는 임의로 선택할 수 없고 이미 결정된 값이지만 어쨌든 종속변수 y에 영향을 주는 변수라고 할 수 있습니다.

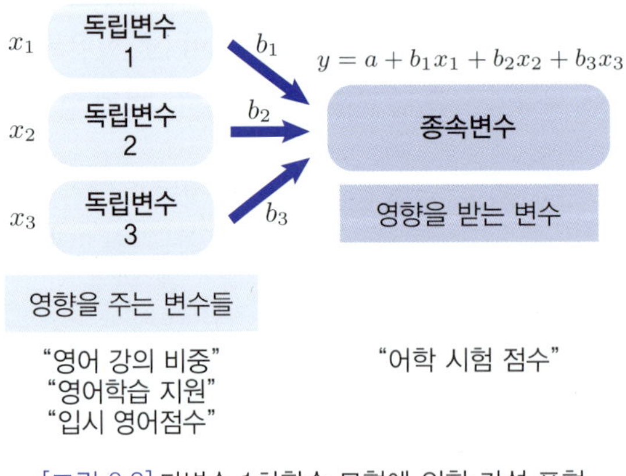

[그림 0.2] 다변수 1차함수 모형에 의한 가설 표현

보다 일반적인 함수 관계

지금까지 우리는 복잡한 공식보다는 단순한 1차함수 식으로도 우리가 탐구하고자 하는 질문을 나타낼 수 있음을 보았습니다. 하지만, 경우에 따라서 1차함수보다는 좀 더 일반적인 형태의 관계를 사용할 필요가 있습니다. 일변수함수라면

$$[\text{일변수함수 모형}] \quad y = f(x)$$

으로, 다변수함수라면

$$[\text{다변수함수 모형}] \quad y = f(x_1, x_2, x_3, \ldots)$$

과 같이 일반적인 함수 관계를 설정할 때, 여전히 우리의 관심은 독립변수의 값을 변화시킬 때, 혹은 미리 결정된 독립변수의 값이 다를 때 종속변수의 값이 어떻게 영향을 받는지입니다[그림 0.3].

만약 단순한 1차함수 형태라면 각 독립변수 앞에 붙어 있는 계수의 값으로 이 영향력을 평가할 수 있겠지만, 좀 더 복잡한 함수 형태라면 그 관계를 어떻게 측정하거나 나타낼 수 있을까요? 이렇게 일반적인 함수 형태에서 독립변수가 종속변수에 어떤 영향을 주는지를 알아볼 수 있는 수학 방법론이 바로 **미분**입니다.

앞으로 자세히 공부하겠지만 미분은 일반적인 함수에 대해서 독립변수의 값이 아주 미세하게 변화할 경우 이 함수를 마치 1차함수인 것처럼 취급하여 독립변수의 계숫값을 계산해 줍니다. 이를 사용해 독립변수가 종속변수에 미치는 영향의 크기를 측정할 수 있습니다. 또한 더 나아가서는 많은 경제학 모형의 기초가 되는 합리적 선택의 원리를 미분을 통해 수학적으로 도출할 수 있습니다.

함수와 그 함수의 미분은 과학적 가설을 표현하고 분석하는 데 필수적인 도구입니다. 물론 미분법이 경제 분석의 전부가 될 수 없고 만능도 아닙니다. 가장 기초적인 도구일 뿐입니

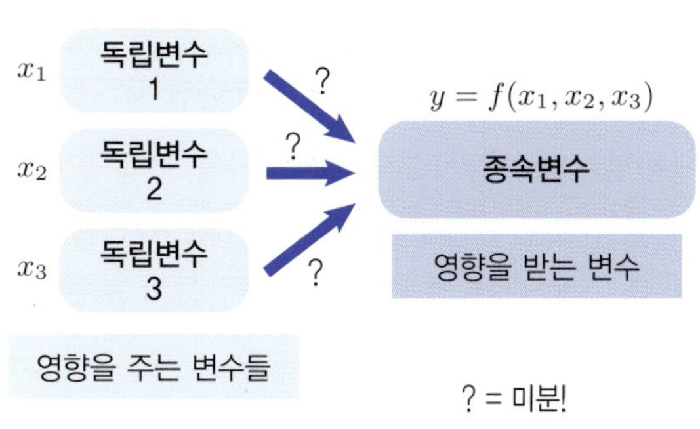

[그림 0.3] 일반적인 다변수함수 모형에 의한 가설 표현

다. 따라서 어떤 조건에서 경제모형에 적용할 수 있는지, 미분을 적용하기 어려운 경우와 그 대안은 무엇인지 등을 알기 위해서라도 미분의 개념을 정확하게 아는 것이 중요합니다.

0.2 경제모형

앞의 설명에서 여러 가지 함수 형태를 통해서 가설을 표현한 것을 '모형'이라고 불렀습니다. **모형**(model)이란 현실을 단순화시켜 이해하기 쉽게 나타낸 것을 가리킵니다. 현실은 매우 복잡하므로 분석을 위해서 일단 본질적인 측면을 뽑아내어 압축하는 것입니다[그림 0.4]. 영어 강의 확대 또는 어학 실력 향상과 관련된 이슈들은 매우 복합적이지만 일단 영어 강의 비중과 어학시험 점수 사이의 관계만을 집중해서 보는 식으로 단순화하는 것입니다.

[그림 0.4] 실제와 모형

따라서 **경제모형**(economic model)이란 경제 현실을 단순화하여, 다루고자 하는 경제 문제의 본질적인 측면만을 뽑아내어 압축한 것입니다. 경제학에서 배우는 이론은 어떤 특정한 '모형'에 기초한 것이라는 점을 이해하는 것이 매우 중요합니다. 경제학자들은 현실의 '경제'(economy)에 대해서 잘 아는 사람들이라기보다는 '경제모형'에 대해서 잘 아는 사람들입니다. 경제 현실과 관련한 질문을 사람들이 던지면 경제학자는 자신이 아는 모형의 범위 안에서 그 현실의 질문을 구성해 보고 답을 찾고자 노력합니다. 질문에 답할 수 있는 적절한 모형이 없거나, 기존의 모형에 부족한 점이 있다면 새로운 모형을 고안하기도 합니다.

모형을 사용하는 이유는 복잡한 현실을 한꺼번에 다루려고 할 때 쉽게 혼란에 빠지고 잘못된 추론을 하게 되기 때문입니다. 시사 경제의 돌아가는 이슈에 대해서 많이 아는 전문가들도 정확한 모형에 기초하지 않고 이야기를 하다 보면 앞뒤가 안 맞는 주장을 하는 경우가 많습니다. 게다가 머릿속에 서로 다른 모형을 가진 사람들이 토론하면 실제 논의에 진전은 없고 서로 말꼬리만 잡기 십상입니다.

모형은 경제의 모든 측면을 담은 것이 아니므로, 비현실적이고 우스꽝스러운 부분이 있습니다. 그렇다고 경제모형을 무시해버린다면 더 이상의 건설적 논의를 기대하기 어렵습니다. 비현실적이라면 어떤 부분을 좀 더 현실적으로 만들 수 있을 것이며, 그렇게 현실적으로 만들기 위해서는 어떤 기회비용이 드는지를 따져봐야 합니다(모형이 현실적으로 될수록 뚜렷한 결론을 얻기 힘들거나, 분석 과정이 어려워지기 마련입니다). 따라서 경제학 공부의 상당 부분은 모형에 대한 공부가 차지하게 됩니다. 모형에 대한 공부란, 모형을 그냥 진리로 받아들이는 것이 아니라, 모형에서 어떤 측면이 강조되었고 어떤 측면은 무시되었는지, 모형에 깔린 가정은 무엇이고 어떤 과정을 통해 결과가 도출되는지, 모형이 나타내고자 한 의도는 무엇이고 현실에 적용할 때 어떤 한계가 있는지 등을 잘 살펴보는 것입니다.

요즘 경제학자들이 사용하는 대부분 모형은 수학적인 도구를 바탕으로 하고 있습니다. 수학이 경제모형에 가장 적절한 도구인지에 대해 논란이 있을 수 있지만, 어쨌든 현재 경제모형의 가장 중요한 도구가 수학인 것은 사실입니다. 따라서 경제수학에서는 수학적인 경제모형을 구성하는 데 도움이 되는 개념이나 도구들을 중심으로 공부하게 될 것입니다.

내생변수와 외생변수

모형의 특징이 현실의 단순화이기 때문에, 모형을 만들 때 가장 중요한 것은 '과감한 생략'입니다. 만약 인류의 지식이 매우 발달하여 모든 현상을 완벽하게 설명할 수 있는 엄청난 거대이론이 개발된다면, 그런 이론은 경제 내의 모든 상호관계, 심지어는 전 사회나 우주 전체 내에서 일어나는 모든 상호관계를 다 포함할 것입니다[그림 0.5].

하지만 그런 거대 이론을 개발하는 것은 당장 가능해 보이지 않을 뿐 아니라, 설령 만들어졌다 하더라도 우리가 관심을 가진 구체적인 현상을 분석하는 데 별로 도움이 안 될 수도 있습니다. 예를 들어, 태양의 흑점 변화가 옥수수의 가격에 어떤 영향을 미치는지에 대한 모형이 있다면 쓸모가 있을까요? (그냥 든 예가 아니라 경제학의 역사에서 실제로 있었던 시도입니다.) 만약 그 모형이 정확하다면 그 자체로 유용할 수도 있습니다만, 진정한 거대이론이라면 반대로 옥수수의 가격이 태양의 흑점에 미치는 영향도 설명하려고 하겠지요. 과연 그런 모형은 쓸모 있을까요?

적어도 현재 인간의 지식수준에서 쓸모 있는 모형은 모든 것을 다 포함해 모든 것을 설명하려고 하지는 않습니다. 따라서 모형에 무엇이 포함되는지를 분명히 하는 것이 중요합니다. [그림 0.6]은 [그림 0.5]의 가상적인 거대 이론 중 일부분을 모형으로 만든 상황을 나타냅니다.

원래 복잡하게 얽혀 있던 상호관계 중 상당 부분을 무시하여 간단히 정리하고, '모형'으로 표시된 사각형 내부에 속한 개체들끼리의 상호관계만 남아 있습니다. 물론 모형 바깥에 있

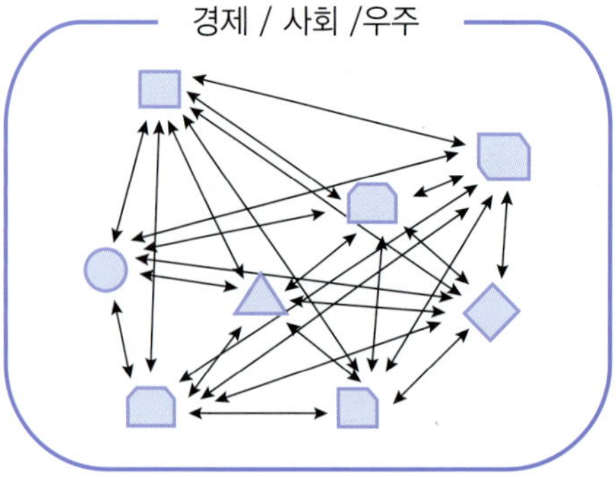

[그림 0.5] 모든 현상을 설명하는 거대 이론

는 개체들은 여전히 모형 내부의 개체들에 영향을 줍니다. 실제로는 모형 내부의 개체들도 외부의 개체들에 영향을 줄 수 있지만, 이 점은 모형에서는 무시되고 생략되었습니다. 바깥의 개체들끼리 서로 어떻게 영향을 주는지도 생략되었습니다.

이제 [그림 0.7]은 [그림 0.6]이 사용되는 상황을 보여주고 있습니다. 앞의 [그림 0.6]의 상황에서 모형의 바깥에 있던 개체 중 일부는 아예 생략해버리고, 그중 2개만 남겨 놓았습니다. 모형의 내부에 있는 개체들을 **내생변수**(內生變數, endogenous variable), 모형의 외부에 있는 개체들을 **외생변수**(外生變數, exogenous variable)라고 부릅니다. 말 그대로 모형을 중심으로 안쪽에서 오는지, 바깥쪽에서 오는지를 가리킵니다.

외생변수를 전혀 포함하지 않고 내생변수만을 가진 모형은 의미가 없다고 할 수 있습니다. 만약 [그림 0.5]와 같은 거대 이론이 가능하다면 그 구성 요소는 모두 내생변수가 되겠습니다만, 그런 거대 이론이 아닌 현실 일부만을 설명하는 모형에서 외부의 영향을 모두 무시해버리는 것은 정말 비현실적일 것입니다. 그렇다고 모든 외생변수를 다 포함하는 것도 불가능하므로, 외생변수 중 일부만을 선택하여 모형에 첨가하게 됩니다. [그림 0.7]에서 화살표를 잘 보시면 외생변수들은 모형에 영향을 주지만, 모형으로부터 영향을 받지는 않는

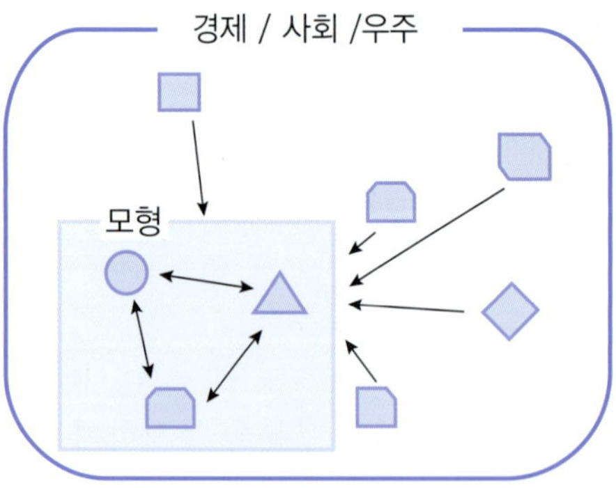

[그림 0.6] 모형의 내부와 외부

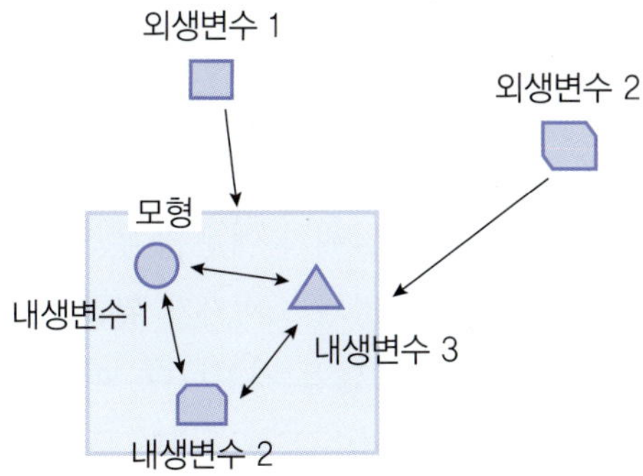

[그림 0.7] 내생변수와 외생변수

것으로 되어 있습니다. 실제로 영향을 안 받는 것이 아니라, 그 부분은 모형에 포함이 되어 있지 않은 것입니다.

경제모형에서 외생변수와 내생변수 사이의 관계는 [그림 0.8]로 간단하게 설명할 수 있습니다. 외생변수는 내생변수에 영향을 주고, 내생변수는 외생변수에 영향을 주지 않습니다. 만약 외생변수와 내생변수 사이의 관계를 함수로 표시할 수 있다면, 외생변수는 독립변수가 되고 내생변수는 종속변수가 될 것입니다. 따라서 그런 경우라면 내생변수와 외생변수 사이의 관계를 나타내는 함수의 기울기나 그와 유사한 성질들을 탐구하는 것이 모형 분석의 주된 작업이 될 것입니다.

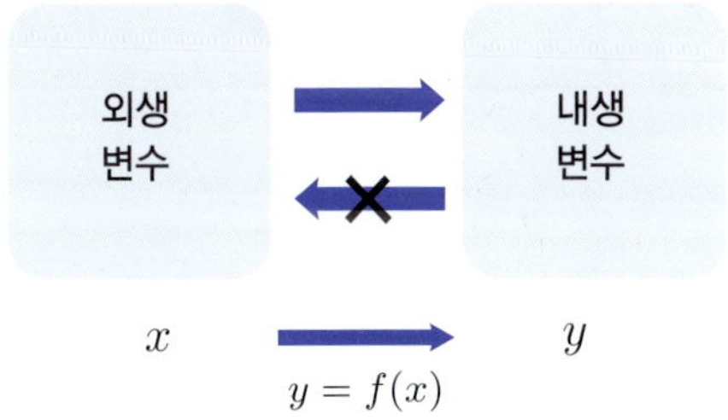

[그림 0.8] 외생변수와 내생변수 사이의 관계

실제 경제모형에서는 외생변수와 내생변수 사이의 관계가 처음부터 함수 관계로 주어지지 않는 경우도 많습니다. 따라서 모형을 정리하고 풀어서, 이 관계를 알아내는 것이 중요한 분석의 과정이 됩니다.

내생변수와 외생변수: 가상적인 사례

어떤 경제변수가 내생변수인지 외생변수인지는 미리 정해진 것이 아닙니다. 분석하고자 하는 대상에 따라, 또한 설정된 모형의 수준이나 범위에 따라 같은 개념이 내생변수일 수도 있고 외생변수일 수도 있습니다.

예를 들어, 휘발유를 소비하는 소비자의 행동을 설명하는 모형을 생각해봅시다[그림 0.9]. 모형 속에서 결정되어야 할 내생변수는 휘발유의 소비량입니다. 휘발유 소비에 영향을 주는 요인으로 휘발유의 가격(가격이 비싸면 소비량이 적어지겠지요)과 기후(날씨가 좋으면 놀러 갈 때 자동차를 사용한다든지, 혹은 날씨가 매우 추우면 출퇴근할 때 자동차를 더 많이 사용한다든지 등)를 선택했습니다. 한 명의 소비자가 휘발유를 얼마나 소비하는지가 휘발유 가격이나 기후에 크게 영향을 주지는 않을 것입니다. 따라서 휘발유 소비자의 행동을 나타내는 모형에서는 가격과 기후를 외생변수로 채택해도 무리가 없을 것 같습니다.

이 모형이 제대로 만들어졌다면, 기후 조건과 휘발유 가격을 입력할 경우 이 사람이 휘발유를 얼마나 소비할 것인지를 잘 묘사해줄 것입니다. 또한, 더 중요하게는 휘발유의 가격이 인상되거나 기후 조건이 변화할 때, 이 사람의 소비 행동이 어떻게 달라질지를 예측해줄 것입니다. 경제모형이 유용하려면, 현재의 외생변숫값들을 조건으로 입력했을 때 현재의 행동이 내생변숫값으로 잘 산출되는 것도 중요하지만, 현재와 다르게 상황이 변했을 때 어떻게 될지를 알아내는 것이 더 중요합니다.

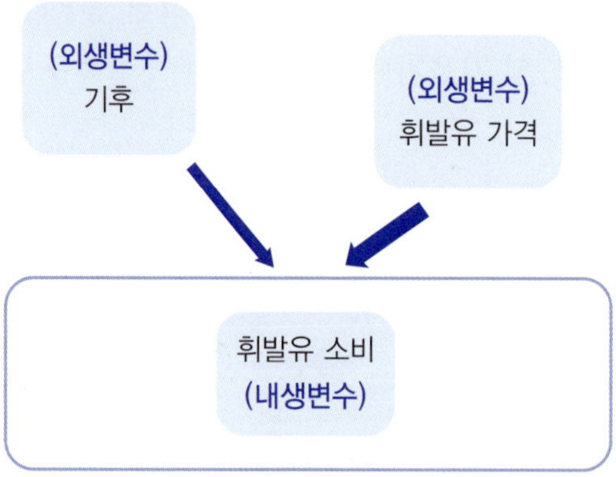

[그림 0.9] 기후와 가격에 영향을 받는 휘발유 소비 모형

한편, 좀 더 범위가 넓은 모형에서는 휘발유의 가격이 어떻게 결정되는지까지도 포함할 수 있을 것입니다[그림 0.10]. 수요-공급 모형이 바로 가격의 결정에 대한 대표적인 경제모형입니다. 수요-공급 모형 내에서는 가격과 소비 및 공급이 모두 내생변수입니다. 즉, 이 세 가지 변수들끼리 서로 영향을 주고받습니다.

가격이 높으면 소비는 줄어들고 공급은 늘어나는 식으로 가격이 소비와 공급에 영향을 줄 뿐 아니라, 소비 또는 공급의 변화에 따라 시장 균형에 의해 가격 또한 영향을 받게 됩니다(소비가 많이 늘면 가격이 인상되거나, 공급이 많이 늘면 가격이 하락하는 등). 수요-공급의 원리는 상당히 친숙하고 널리 알려진 것이지만, 이와 같은 내생변수들 간의 관계를 정확

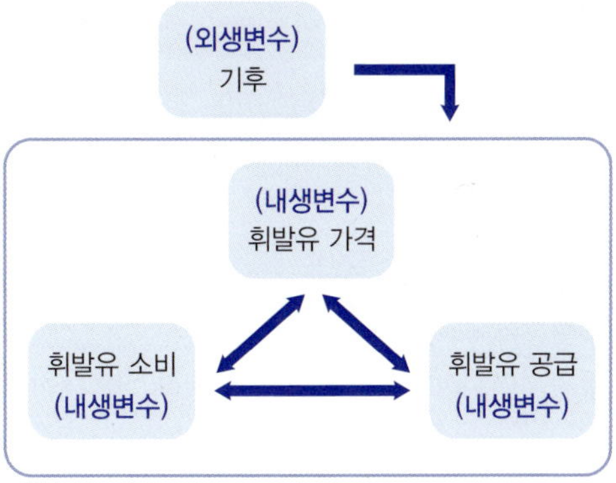

[그림 0.10] 기후에 영향을 받는 휘발유 소비, 공급 및 가격 모형

하게 깨닫지 못하면 자칫 혼란에 빠질 수 있습니다(경제학원론 교과서에 연습문제로 많이 등장할 것입니다).

한편, 앞에서 소비자 개인에게 외생변수였던 기후는 시장 수요-공급 모형에서도 외생변수라고 할 수 있습니다. 기후는 소비자의 소비 행동 및 공급자의 공급 행동에 영향을 주겠지만, 휘발유 시장에서 가격이나 판매량 등에 의해 기후가 영향을 받지는 않는다고 가정할 수 있습니다.

그런데 언제나 그런 것은 또 아닙니다. 요즘 논란이 되는 온실가스에 의한 기후변화 문제를 생각하면, 전 세계적인 휘발유 소비 때문에 기후가 영향을 받을 수도 있다는 것입니다. 따라서 이런 기후변화의 문제까지 모형 안에 포함을 시킨 경우라면 이제 기후 또한 내생변수가 될 것입니다[그림 0.11]. 물론 이 모형이 쓸모 있으려면 이제 네 가지의 내생변수(기후, 가격, 소비, 공급)에 영향을 주는 또 다른 외생변수를 잘 가려내어 그 관계를 파악해야 할 것입니다.

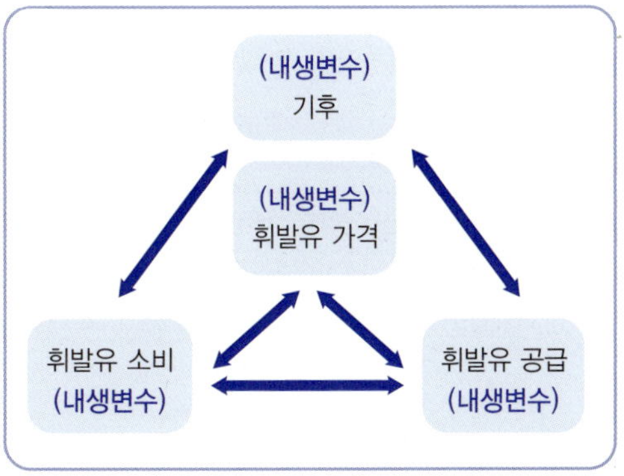

[그림 0.11] 휘발유 가격, 소비 및 공급과 기후 모형

주요 개념 및 용어

1차함수, 독립변수, 종속변수, 일변수함수, 다변수함수, 미분, 경제모형, 외생변수, 내생변수

요약

- 경제수학은 경제학 공부에 필요한 수학을 배우는 과목이다.
- 과학적 탐구에서는 관심을 가진 대상에 영향을 주는 요인을 가려내어, 종속변수와 독립변수 간의 함수 관계로 나타낼 수 있다.
- 1차함수 관계에서는 독립변수의 계수의 부호와 크기가 중요한 의미를 가진다.
- 사회과학에서는 여러 개의 독립변수가 종속변수에 영향을 줄 수 있으며 이를 다변수함수로 나타낼 수 있다.
- 1차 다변수함수에서는 일변수함수에서와 마찬가지로 각 독립변수의 계수의 부호와 크기가 의미를 가진다.
- 1차함수가 아닌 일반적인 함수 관계에 대해서는 미분법을 사용해서 1차함수 식의 계숫값에 해당하는 계산을 할 수 있게 된다.
- 경제학에서는 분석을 위해 경제 현실을 단순화한 모형을 사용한다.
- 수학적인 경제모형에는 외생변수와 내생변수가 들어 있는데, 외생변수는 내생변수에 영향을 주고 내생변수는 외생변수에 영향을 주지 않는다.
- 모형의 목적과 범위에 따라 같은 개념이 외생변수가 될 수도 있고 내생변수가 될 수도 있다.

생각해볼 거리

* 아래의 질문들은 앞으로 공부를 해나가면서 차차 분명해질 내용을 담고 있습니다. 지금 충분히 답하기는 어렵겠지만 먼저 잠깐이라도 고민을 해본다면 앞으로의 공부에 도움이 될 것입니다.

1. 경제학의 개념을 함수로 나타내기 위한 조건은 무엇일까? 예를 들어, 어떤 조건이 충족되어야 소비자의 수요를 함수로 나타낼 수 있을까? 이때 종속변수는 무엇이고, 독립변수는 무엇인가?
2. 이미 우리는 간단한 함수를 그래프(graph)로 그릴 수 있다. 그런데 도대체 그래프란 무엇을 말하는가? 함수와 그래프는 어떻게 다른가?
3. 경제모형에서 그래프의 기울기는 왜 중요한가?
4. 기울기의 관점에서 볼 때 직선과 곡선의 차이점은 무엇인가? 곡선의 기울기는 어떻게 측정할까?

PART

1

함수

제1부에서는 경제수학에서 가장 기본적인 개념이라 할 수 있는 함수에 대해 공부합니다. 이미 친숙한 개념이지만, 함수의 근본적인 의미를 살펴보고 함수를 다루는 법(특히 그래프의 개념)을 되새겨보며, 경제학에서 유용하게 쓰이는 (그러나 고등학교 수학에서 깊이 공부하지는 못했을) 지수함수와 로그함수에 대해 공부합니다.

Chapter 01

함수 기초

제1장에서는 함수의 기초를 복습하면서 왜 경제수학을 함수에서부터 시작하는지를 다시 한번 확인해보겠습니다.

함수: 계산의 규칙?

혹시 아래와 같은 그림을 본 적이 있는지요? [그림 1.1]은 위쪽에 숫자 하나를 집어넣으면 그 숫자에 5를 더한 값이 아래쪽으로 튀어나오는 장치로 '더하기 5' 함수, 즉 $y = x + 5$를 나타내고 있습니다. 가장 쉽게 말해 함수는 어떤 숫자를 투입할 때 이를 어떤 규칙에 따라 변환하여 새로운 숫자를 출력해주는 장치입니다.

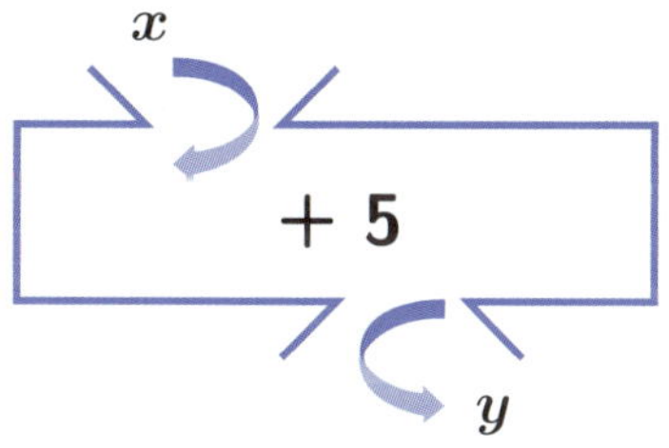

[그림 1.1] 함수 '더하기 5' ($y = x + 5$)

이 규칙이 바뀌면 함수도 바뀝니다. [그림 1.1]의 함수에서 $x = 1$을 투입하면 $y = 6$이 나오지만, 만약 그림에서 장치에 적힌 계산 규칙을 '×3'(곱하기 3)으로 바꾸면 똑같은 $x = 1$에 대해서 결과가 $y = 3$으로 바뀔 것입니다. 어떤 계산 규칙이 표시되어 있든, 무언가 x를 투입했을 때 그 결과로 하나의 y가 나오기만 하면 함수입니다. 무언가를 투입하면 새로운 무언가가 나오는 장치, 이를 **함수**(function)라고 부를 수 있습니다.[1]

1) 한자로 函數라고 쓰면 숫자들이 드나드는 상자라고도 해석할 수 있으니 [그림 1.1] 같은 것을 염두에 둔 것이 아닐까요?

경제학 속의 함수들

여러분이 경제학을 공부하다 만나게 되는 상당수의 개념은 '함수'입니다. 기초 경제학 공부를 할 때 함수라는 이름에 대해 크게 신경 쓰지 않아도 문제는 없지만, 함수라는 이름이 경제 용어에 등장할 때마다 그 수학적 의미를 새겨 본다면 경제학적인 이해도 더 높아질 것입니다.

미시경제학을 공부하면서 가장 먼저 배우게 되는 함수는 '효용함수'(utility function)와 '수요함수'(demand function)입니다. **효용**(utility)이란 소비자가 어떤 재화를 소비하는 데서 누리게 되는 만족감을 의미합니다. **효용함수**는 재화 소비에 따라 얼마만큼의 효용이 생기는지를 나타냅니다. 예를 들어 U(X, Y)라고 쓰면 두 가지 재화 X와 Y를 소비할 때 얻는 효용을 나타냅니다. 재화 소비량을 투입하면 효용의 값이 산출됩니다. **수요함수**란 어떤 재화에 대한 소비자들의 구매 계획을 나타내는데, 그 양을 결정하는 여러 요인이 수요함수의 독립변수로 들어가게 됩니다. 일반적으로 사용되는 변수는 재화의 가격, 소비자의 예산(소득), 관련된 타 재화의 가격 등입니다. 즉, 여러 재화의 가격들과 예산을 투입하면 수요량이 산출됩니다. 미시경제학에서 공부하는 소비자이론은 수요함수를 도출하고 분석하는 것이 주된 목적입니다.

미시경제학에는 그 외에도 생산함수, 비용함수, 수입함수, 이윤함수, 공급함수 등이 나옵니다. 그뿐 아니라 이 개념들을 조작하여 평균비용함수, 한계비용함수, 한계수입함수 등도 공부합니다. 미시경제학 전체를 관통하는 한 가지 원리는 '한계적 사고'인데, 이를 정확하게 이해하기 위해서는 함수의 개념과 함수의 미분, 그리고 최적화 이론을 이해하는 것이 필요합니다.

한편, 거시경제학에도 함수가 많이 있습니다. 미시경제학의 수요-공급 개념을 노동 시장에 적용한 노동수요함수와 노동공급함수를 통해 실업 문제에 대해서 공부하고, 화폐 시장에 적용한 화폐수요함수와 화폐공급함수를 통해 통화량과 이자율의 결정에 대해서 공부합니다. 또한 거시경제학에 독특하게 등장하는 함수로 **소비함수**(consumption function)와 **저축함수**(saving function)도 있습니다. 미시경제학의 수요함수와 거시경제학의 소비함수가 어떻게 다른지 혹시 알고 있는지요? 이 차이를 아는 데서 거시경제학에 대한 진정한 이해가 시작된다고 말한다면 지나친 과장일까요?

1.1 함수의 정의

함수를 수학적으로 엄밀하게 정의하는 방법은 여러 가지가 있습니다만, 핵심적인 개념을 설명하기 위해서 먼저 **정의역**(domain)과 **공변역**(codomain)이라는 용어를 사용하겠습니다. 정의역과 공변역은 각각 어떤 원소들을 가진 집합이라고만 하겠습니다. 특별한 의미가 없을 경우 정의역은 X라는 기호로, 공변역은 Y라는 기호로 나타내겠습니다.

정의역 X와 공변역 Y가 주어질 때, **함수**란 X의 원소들을 Y의 어떤 원소와 짝지어 주는 규칙을 말합니다. 이 짝짓기 규칙이 함수로 인정받으려면 두 가지 조건을 만족해야 합니다.

함수의 조건

조건 (1) X의 모든 원소마다 적어도 1개의 짝이 Y 속에 있어야 한다.

조건 (2) X의 원소 하나가 2개 이상의 Y의 원소를 짝으로 가지면 안 된다.

첫 번째 조건은 X의 원소 중 짝을 0개 가진 것이 있으면 안 된다는 것이고 두 번째 조건은 X의 원소 중 짝을 2개 이상 가진 것이 있으면 안 된다는 것이므로, 두 조건을 합쳐서 정의역 X의 원소마다 공변역 Y의 원소 중 짝이 단 1개씩 있어야 한다고 요약할 수 있습니다. 굳이 두 조건으로 나누어 놓은 이유는 짝짓기 규칙에 따라 조건 (1) 또는 조건 (2) 중 하나만 위배해서 함수가 아닌 경우도 있기 때문입니다.

예 1.1 함수의 조건 이해하기: 데이트신청의 규칙

어떤 TV "짝짓기" 예능 프로그램에서 출연자들에게 그날의 데이트 상대를 지목하도록 한 결과가 [그림 1.2]에 제시되어 있습니다.

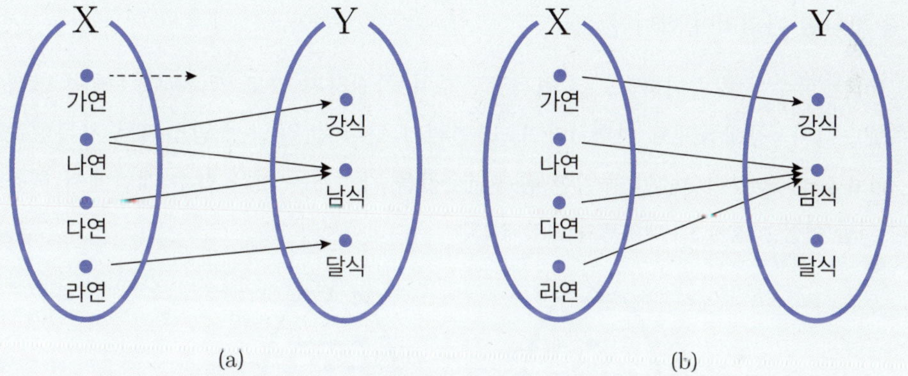

[그림 1.2] 함수가 되기 위한 조건

(a)는 함수가 아닙니다. 가연씨가 아무도 선택하지 않아서 조건 (1)을 위배했습니다(마음에 드는 남성이 없나본데, 출연자가 프로그램 진행에 협조하지 않는 상황이라 곤란합니다). 나연씨는 강식, 남식씨 두 명을 지목하는 바람에 조건 (2)를 위배했습니다(둘 다 마음에 들더라도 한 명만 지목해야지 욕심부리면 안됩니다).

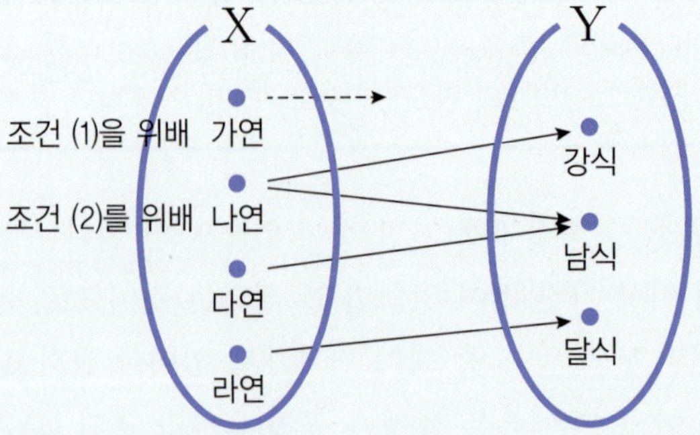

속마음 인터뷰에서 맘에 드는 상대들을 다 꼽아보라고 하면 (a)처럼 나올 수도 있습니다. 하지만 "데이트 신청" 기회를 주었는데 (a)처럼 결과가 나오면 곤란합니다. 맘에 드는 상대가 없는 사람이면 프로그램 진행에서 빠지는 편이 낫겠죠. 이 경우 가연씨를 제외하고 진행하면 문제는 해결됩니다. 즉 함수 조건 (1)은 정의역을 적절히 설정하느냐의 문제입니다. 조건 (2)는 좀 더 까다로운 요구사항으로, 상대방 목록(공변역) 중에서 하나의 대상만 가리키라는 것입니다. 함수가 되려면 정의역의 모든 원소가 공변역의 원소 중 하나만 가리켜야 합니다.

그림(b)는 함수가 맞습니다. 모든 여성출연자가 기권하지 않고, 각자 단 1명의 남성을 지목했습니다. 공교롭게도 나연, 다연, 라연씨가 모두 같은 남성 남식씨를 지목했습니다. 서로 다른 독립변숫값이 동일한 종속변숫값을 가리키는 것은 함수 개념에서 허용됩니다(다만 어쩔수 없이 3:1 데이트가 되겠네요).

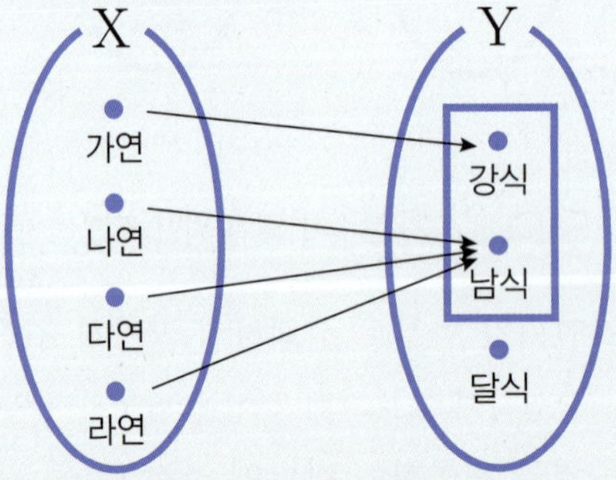

(b)에는 남성출연자 중 데이트 신청을 받지 못한 달식씨가 있는데, 이 경우 함수에서 실제 선택받은 {강식, 남식}은 공변역 Y = {강식, 남식, 달식}의 진부분집합입니다. 적어도 이번 데이트에는 달식씨를 제외하고 진행될 것입니다.

함수의 조건 (1)은 당연한 성질입니다. 짝짓기가 의미 있으려면 짝짓기할 후보마다 일단 짝이 있어야 하니까요. 조건 (2)는 X의 원소가 여러 개의 짝을 가지면 안 된다는 의미입니다.[2)] 두 가지 조건을 만족하는 함수에서는, Y 속의 원소들을 살펴보면 서로 다른 2개 이상의 X 원소와 짝이 되는 것이 가능합니다(남식씨의 경우).

이렇게 함수의 개념을 짝짓기 규칙으로 파악하면, [예 1.1]에서 보듯이 X나 Y라는 집합의 원소가 꼭 숫자일 필요는 없습니다. 즉, 함수라는 것이 꼭 '계산'의 규칙은 아니어도 된다는 뜻입니다. 하지만 구체적인 분석이 가능하려면 아무래도 원소들이 숫자이거나, 적어도 숫자로 바꾸어 나타낼 수 있는 경우가 편리합니다. 원소들을 숫자로 나타내는 것은 생각보다는 간단합니다. 데이트신청의 경우에는 각 후보에게 1, 2, 3 등으로 일련번호를 매긴다던가, 주민등록번호나 학번 같은 개인의 고유번호를 활용하면 해결됩니다.[3)]

앞으로 우리가 함수라고 할 때는 대개 공식으로 $y = f(x)$와 같이 표현될 수 있는 경우들을 말할 것입니다. 함수 $f(x)$는 각각의 x에 대해 $f(x)$를 짝으로 배정하는 규칙입니다. 정의역의 원소 $x \in X$에 짝으로 배정되는 공변역의 원소가 $f(x) \in Y$일 때, $f(x)$를 x의 **함숫값**(function value)이라고 합니다. $f(x)$가 함수라는 것은, 모든 $x \in X$에 대해 함숫값 $f(x) \in Y$가 단 1개 존재한다는 말입니다.

주의 일부 학생들이 함수의 조건을 "정의역 1개에 단 1개의 공변역이 대응되어야 한다"라고 표현하는 경우가 있습니다. 정의역과 공변역은 '집합'이고 이미 1개씩만 주어져 있습니다. 함수 조건은 정의역과 공변역에 대해서가 아니라 정의역과 공변역의 '원소'들에 대해 말하고 있습니다.

공변역의 원소 중 짝이 없이 남는 원소들이 있을 수 있습니다. 공변역의 원소들 중에서 실제로 짝을 가진 원소들만을 모아서 이를 **치역**(range)이라고 부릅니다. 특별한 이유가 없다면 공변역 내에서 짝을 갖지 않은 원소들은 아예 무시하고 공변역과 치역을 동일시해도 됩니다. [예 1.1]의 (b)에서 치역은 {강식, 남식}이고, 달식은 공변역의 원소이지만 여성출연자들의 선택의 함숫값이 되지 못했습니다.

2) 실제로는 정의역의 한 원소가 2개 이상의 짝을 가지는 경우가 필요할 수도 있습니다. 특히 고급 경제이론에서는 이런 경우를 많이 다룹니다. 한 원소가 2개 이상의 짝을 가질 수 있는 짝짓기 규칙은 대응(correspondence), 혹은 집합값 함수(set-valued function)라는 이름으로 부릅니다. 하지만 본서에서는 한 원소가 1개의 짝만을 갖는 함수만을 다루겠습니다.

3) 숫자가 아닌 대상에게 숫자를 부여하는 것은 구체적인 현상을 수학적으로 분석하는 좋은 출발점이 됩니다. 미시경제학의 소비자이론에서 소비에서 얻는 '만족감'을 효용(utility)이라는 숫자로 나타내는 것이 한 가지 예이고, 제12장에서 잠깐 공부할 확률 이론에서 확률변수(random variable)라는 개념도 또 하나의 예입니다.

예제 1.1 같은 규칙이더라도 정의역과 공변역에 따라 함수 여부가 결정된다

짝짓기 규칙 $d: X \rightarrow Y$는 정의역 X의 원소 x마다 그의 "딸" $d(x) \in Y$를 짝지어 준다. 정의역 X와 공변역 Y가 아래와 같이 주어질 때, 짝짓기 규칙 d가 함수인지, 아닌지 설명하시오.

(a) X는 모든 여성의 집합, Y 또한 모든 여성의 집합
함수가 아닙니다. X의 원소 중에는 자녀가 아예 없는 사람이나, 아들만 있는 사람도 있으므로 함수의 첫 번째 조건에 위배됩니다. 또한 딸이 여러 명인 사람도 있으므로 두 번째 조건에도 위배됩니다.

(b) X는 딸을 가진 모든 여성의 집합, Y는 모든 여성의 집합
함수가 아닙니다. X의 모든 원소는 일단 딸이 있으므로 함수의 첫 번째 조건은 만족하지만, 어떤 사람은 딸이 여러 명일 수도 있으므로 함수의 두 번째 조건에 위배됩니다.

(c) X는 외동딸을 가진 모든 남성 및 여성들의 집합, Y는 모든 여성의 집합
함수가 맞습니다. 정의역의 모든 원소는 단 1명의 딸을 가졌습니다. 특이하게도 X의 두 원소(아버지, 어머니)는 Y의 동일한 원소를 함숫값으로 가집니다.

예제 1.2 상수함수

다음의 각 항목이 함수인지 판단하시오.

(a) $y = f(x) = c$ (단, c는 어떤 상수), X와 Y는 모든 실수의 집합
정의역 X의 모든 원소는 단 1개의 짝, 즉 함숫값 c를 갖습니다. 비록 짝짓기 공식 속에 독립변수 x가 들어 있지 않지만 함수가 맞습니다. 이런 함수를 **상수함수**(constant function)라고 부릅니다. 공변역 Y의 원소 중에서 c가 아닌 다른 수들은 짝이 없습니다. 따라서 이 함수의 치역은 숫자 c 단 1개만을 원소로 가진 집합 $\{c\}$입니다.

(b) $y = f(x) = c$, X는 모든 실수의 집합, Y는 c를 제외한 모든 실수의 집합
앞에서와 같은 짝짓기 규칙이지만 공변역의 범위에서 유일한 함숫값인 c가 제외되었습니다. 그렇다면 이 규칙은 함수가 아닙니다. 정의역의 원소가 가져야 하는 짝 c가 공변역 속에 없기 때문에, 함수의 조건 (1)을 위배합니다.

(c) $y^2 = [f(x)]^2 = c^2$ (단, $c \neq 0$), X와 Y는 모든 실수의 집합
여전히 공식 속에 독립변수 x가 없는 상수함수의 형태인데, 주어진 식을 만족하는

함숫값 y는 c와 $-c$의 2개입니다. 즉, 정의역의 모든 원소에 공변역의 원소 2개가 짝이 됩니다. 조건 (2)를 위배하여 함수가 아닙니다. 예컨대 $y^2 = 4$라는 짝짓기 규칙은 $y = 2$와 $y = -2$의 서로 다른 2개의 상수함수를 한꺼번에 묶은 것으로 함수가 아닙니다.

(d) $y^2 = [f(x)]^2 = c^2$ (단, $c \neq 0$), X는 모든 실수의 집합, Y는 모든 양(+)의 실수의 집합

이번에는 공변역이 양(+)의 값을 가진 수들로 제한되었습니다. 따라서 $y^2 = c^2$를 만족하는 y의 값은 더 이상 2개가 아니고 c와 $-c$ 중에서 양수인 수가 됩니다. 예를 들어, $y^2 = 4$는 이제 $y = 2$라는 상수함수입니다.

함수 개념을 과학에서 활용할 때는 x와 y를 '변수'(variable)라는 개념으로 지칭하게 됩니다. 과학적 이론이나 모형에서는 대개 어떤 현상을 설명하거나 묘사하는 요인을 찾아내고 표현하려고 합니다. 즉 x가 얼마일 때 어떤 y가 나타나는지를 알아내고 이 두 변수 간의 관계를 $y = f(x)$라는 함수로 표현하면 그것이 하나의 모형이 됩니다. 경제학에서 수요함수는 가장 단순하게는 $Q = f(P)$인데 재화의 가격이 P일 때 그 재화에 대한 수요량이 Q임을 알려주는 것입니다.

함수 $y = f(x)$에서 정의역의 원소들을 나타내는 변수 x를 **독립변수**라고도 하고 **설명변수**(explanatory variable)라고도 부릅니다. 한편 y는 **종속변수** 혹은 **피설명변수**(explained variable)라고 부릅니다. x가 스스로 (독립적으로) 변화하면 y는 그에 맞추어서 (종속적으로) 변화한다는 말이고, x의 변화가 y의 변화를 설명할 수 있다는 뜻입니다.

즉, 위의 수요함수 $Q = f(P)$에서는 가격 P가 독립변수이고 수요량 Q가 종속변수로, 가격이 변화하면 수요량이 그에 맞추어 변하는 관계를 나타냅니다. 경제학을 공부할 때 많은 함수가 등장하는데 대부분의 함수이름은 그 종속변수에 맞추어 붙여져 있습니다. 예를 들어 $Q = f(P)$는 '수요'함수라고 부릅니다. 마찬가지로 비용함수는 종속변수가 '비용'이고, 효용함수는 종속변수가 '효용'입니다. 그렇다면 이 함수들의 독립변수는 무엇일까요? 함수 개념을 주의해서 경제학 개념들을 살펴본다면 이 함수들의 독립변수가 무엇인지를 신경 쓰는 것이 매우 중요하다는 것을 알게 될 것입니다.

1.2 함수의 그래프

어떤 함수를 한눈에 파악하는 가장 좋은 방법은 **그래프**(graph)를 그려보는 것입니다. 수학의 역사에서 따로 존재하던 기하학의 도형들과 대수학의 수식 기호들이 서로 연관을 가지게 된 것은 프랑스 철학자 데카르트가 **좌표계**(coordinate system)를 도입하면서부터였습니다. 좌표계란 우리가 이미 친숙하게 알고 있는 x-y 평면 같은 것을 말합니다.[4)]

좌표계

좌표계란 무엇인가요? 그리고 이 좌표계를 사용하면 어떻게 함수를 그림으로 나타낼 수 있나요? 좌표계란 이름 없이 덩그러니 놓여 있는 공간에 구역을 나누어 주고 주소를 붙여주는 체계(system)입니다.

예를 들어, 극장 같은 곳에 가보면 [그림 1.3]처럼 객석 의자에 '나열 3번'하는 식으로 자리의 주소를 지정해 놓은 경우가 있습니다. 물론 그냥 의자들을 차례로 1번, 2번, ... 식으로 번호를 붙일 수도 있겠지만, 두 가지 세는 방향(동서 방향과 남북 방향)을 정해서 서로 다른 번호 체계(가, 나, 다,...와 1, 2, 3, ...)를 붙여주면 특정한 의자를 찾아가는 것이 좀 더 쉽습니다. 그림에서 보는 것처럼 의자의 배치가 직선이 아니더라도 우리가 세는 방향을 정확하게 알 수만 있다면 아무 문제가 없습니다.

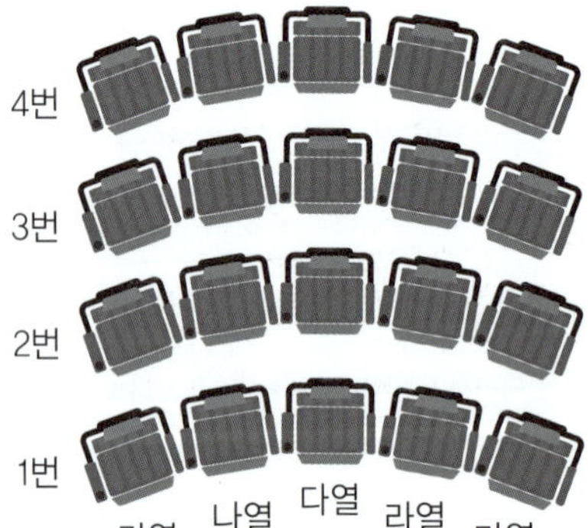

[그림 1.3] 좌표계의 이해: 좌석 배치도

실제로 2차원 평면상의 위치를 효과적으로 나타내는 것은 두 가지의 기준 방향만 정해주면 가능합니다(그래서 평면을 '2차원'이라고 하는 것이지요). [그림 1.3]처럼 휘어진 방향으로 기준을 정하더라도 의미가 분명하면 큰 문제가 없습니다만, 일반적으로는 서로 수직으로 만나는 동서 방향과 남북 방향의 축 2개를 그려 놓는 것이 편리합니다. 또한, 좌석의 경우

4) 창시자를 기념하여 이런 좌표계를 데카르트 좌표(Cartesian coordinates)라고 부릅니다.

에는 앉을 자리가 정해져 있습니다만, 그냥 평면 전체를 표현하고자 한다면 기준 축 상에 눈금이 필요합니다. 바로 그것이 데카르트가 고안한 좌표계로 [그림 1.4]에 이런 방식으로 점 (4, 2)가 표시되어 있습니다.

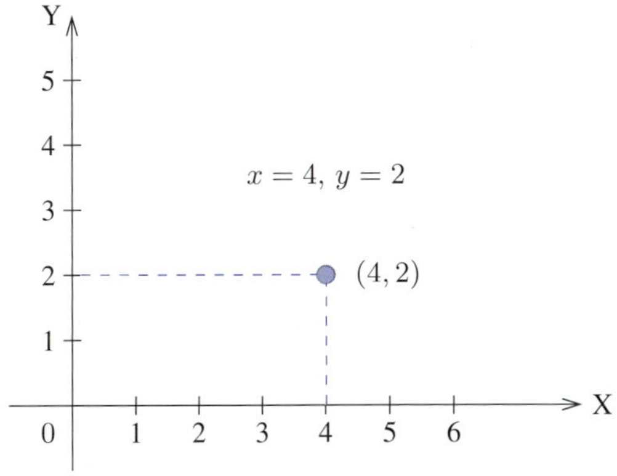

[그림 1.4] 데카르트 좌표계와 점 (4, 2)

이렇게 좌표계가 주어지면 공간상의 모든 점에 주소를 부여할 수 있습니다. 또한 반대로 공간상에 존재하는 그림(도형) 위의 모든 점이 어떤 주소를 갖는지도 알아낼 수 있습니다. 이를 좀 더 발전시키면 도형 위의 점들이 갖는 주소들 사이의 관계를 함수로 나타낼 수 있게 됩니다. 예를 들어, 중심이 (0, 0)에 있고 반지름의 길이가 1인 원은 $x^2 + y^2 = 1$이라는 공식에 의해 표현됩니다.

그래프

그래프라는 말은 많이 들어 보았고 실제로 무엇을 의미하는지도 대략은 알고 있을 것입니다. 경제학을 공부하다 보면 많은 그래프와 씨름하게 됩니다. 그런데 그래프란 정확하게 무엇을 말하는 것일까요?

그래프(graph)란 함수가 나타내는 변수 간의 관계를 한 눈에 알아보기 쉽도록 좌표계를 사용하여 그림으로 나타낸 것을 말합니다. 2차원 좌표평면상의 점은 (x, y)라는 좌표(주소)를 갖습니다. 만약 $y = f(x)$라는 함수를 그림으로 나타내고 싶다면, 그림 위의 모든 점은 임의의 x에 대해 $y = f(x)$라는 관계가 성립해야 합니다. 즉 이 점들은 $(x, f(x))$의 주소를 갖게 됩니다. 이런 주소를 갖는 점들을 그림으로 나타낸 것이 함수 $y = f(x)$의 그래프입니다. 다른 말로 하자면, 함수의 그래프란 독립변수 x를 가로축(X축) 위에다 표시하고, 종속변수 y를 세로축(Y축)에다 표시하여 좌표계를 만든 후, 함수 관계를 만족하는 점들만을 찍어서 그림으로 표시한 것입니다.

예를 들어, [그림 1.5]는 극장의 좌석에서 각 "열"별로 몇 번째 좌석에 사람이 앉았는지를 함수 관계로 파악하고 이를 그래프로 나타낸 것입니다. 이 함수는 정의역이 $X = \{$가열, 나열, 다열, 라열, 마열$\}$이고, 공변역은 $Y = \{$1번, 2번, 3번, 4번$\}$이며, 실제 함수는 f(가열) = "1번", f(나열) = "3번", f(다열) = "2번", f(라열) = "3번", f(마열) = "4번"의 짝짓기 규칙인 경우입니다. 함수이기 때문에, 하나의 열에는 딱 한 명만이 앉아 있습니다(함수 방식으로 자리배치가 이루어진다면, 앞사람 머리에 가려서 화면이나 무대가 안 보이는 일은 없겠지요).

물론 앞으로 살펴볼 대부분의 경우에서는 여러분이 이미 익숙한 형태의 직선 또는 곡선 형태로 된 그래프들을 만나게 될 것입니다.

[그림 1.5] 함수의 그래프인 좌석 배치 (앞이 잘 보인다)

선형함수의 그래프

이미 서론에서 살펴본 적 있는 가장 쉬운 경우인 1차함수의 그래프를 살펴보겠습니다. 1차함수는 그래프의 관점에서는 **선형함수**(linear function)라고도 부릅니다. 그 이유는 바로 그래프의 모양이 직선이기 때문입니다. 따라서 앞으로는 1차함수라는 용어와 선형함수라는 용어를 섞어서 사용하겠습니다. 선형함수는 일반적으로 $y = a + bx$의 형태를 갖습니다.

이 함수를 그래프로 그리려면 $(x, a + bx)$라는 좌표를 갖는 점들을 평면상에 찍어야 합니다. 먼저 $x = 0$이면 $y = a$임을 알 수 있습니다. 즉, 이 그래프는 $(0, a)$의 좌표를 갖는 점을 지나갑니다. 그런데 $x = 0$인 점은 바로 X축 상의 원점으로 Y축 상에 있습니다. 다시 말해 $(0, a)$라는 점은 Y축 상에서 a라는 값을 갖는 곳입니다. 이 a를 **절편**(intercept) 혹은 Y절편이라고 부른다는 것은 이미 알 것입니다. 우리가 그리려는 선형함수의 그래프는 Y축을 이 점에서 자르고 지나갑니다[그림 1.6].

$(0, a)$에서 시작하여 x의 값이 1만큼 증가할 때 y는 b만큼 증가합니다. 즉 b는 x가 변화한

값에 비해 y가 얼마만큼 변화하는지(다른 말로 하자면 독립변수의 변화에 따른 종속변수의 반응 정도)를 나타냅니다. 만약 $b > 0$이고 매우 큰 숫자라면 독립변수가 조금만 변화해도 종속변수가 매우 크게 변화하는 것입니다. 그래프로는 $b > 0$이면 오른쪽으로 상승하는 (우상향) 모양의 직선이 그려지게 되고 $b < 0$이면 오른쪽으로 하락하는 (우하향) 모양의 직선이 그려지게 됩니다.

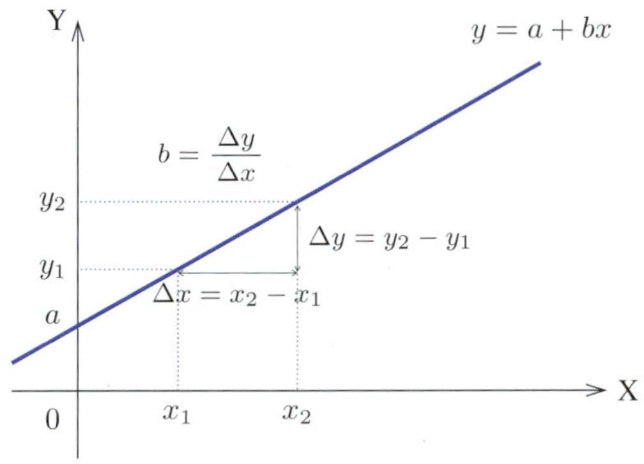

[그림 1.6] 선형함수의 그래프 ($a > 0$, $b > 0$인 경우)

b를 **기울기**(slope)라고 부릅니다. 기울기의 수학적 정의는 다음과 같습니다.

$$[\text{기울기}] \quad \frac{\Delta y}{\Delta x} = \frac{y_2 - y_1}{x_2 - x_1} = \frac{f(x_2) - f(x_1)}{x_2 - x_1}$$

식에서 x_1과 x_2는 서로 다른 2개의 점을 가지고 기울기를 계산한다는 것을 말합니다. 직선에서는, 즉 선형함수의 그래프에서는, 어떤 x_1과 어떤 x_2를 택하더라도 상관없습니다. 즉, 어떤 임의의 두 점을 택하든 위의 공식에 따라 계산하면 같은 기울기 값 b를 얻습니다.

$$\frac{f(x_2) - f(x_1)}{x_2 - x_1} = \frac{(a + bx_2) - (a + bx_1)}{x_2 - x_1} = \frac{b(x_2 - x_1)}{x_2 - x_1} = b$$

선형함수가 아닌 일반적인 함수에서는 위 성질이 성립하지 않습니다. 즉, 어느 두 점을 택하느냐에 따라서 기울기 공식의 값이 달라집니다. 일반적인 함수에 대해서도 기울기를 계산하는 방법이 바로 나중에 공부하게 될 '미분'입니다.

소비자의 예산선

미시경제학의 소비자이론에서 만나게 되는 소비자의 **예산선**(budget line)은 선형함수의 그래프입니다. 가격이 p_x인 X와 가격이 p_y인 Y라는 두 가지 재화만을 소비하는 소비자가 쓸 수 있는 총예산 I를 가졌다고 할 때, 예산선의 공식은

$$p_x x + p_y y = I$$

입니다. 여기서 $p_x x$는 (X의 개당 가격) 곱하기 (X를 구입한 개수)로 재화 X에 지출한 금액이고, 마찬가지로 $p_y y$는 (Y의 개당 가격) 곱하기 (Y를 구입한 개수)로 재화 Y에 지출한 금액입니다. 따라서 위 식의 좌변은 두 재화에 지출한 총금액이 되고, 위 식은 총지출액이 가진 예산 I와 일치한다고 말하고 있습니다. 이 식을 X-Y 평면에 그래프로 나타내면 아래 [**그림** 1.7]과 같습니다. 가로축을 X, 세로축을 Y라고 이름 붙이는 관행을 따라서 아래 그래프가 어떻게 나왔는지 쉽게 이해할 수 있겠습니다만, 조금 더 함수의 관점에서 생각해보는 게 좋겠습니다. 함수에서 세로축 Y는 종속변수, 가로축 X는 독립변수로 사용한다고 했습니다. 하지만 위의 예산식에서 X와 Y는 소비자가 동시에 선택하는 두 가지 재화를 나타냅니다. 중요한 것은 소비자는 (아무리 돈이 많더라도) X와 Y의 소비량을 100% 자유롭게 선택할 수는 없다는 점입니다. 위에 주어진 예산식이라는 제약조건 때문에 만약 X의 양을 자유롭게 선택한다면, Y의 양은 위 식을 만족하는 값으로 결정이 되어 버립니다. 즉, X를 독립적으로 선택하는 순간 Y의 값은 종속적으로 결정이 됩니다.

물론 거꾸로 Y를 선택하면 X가 결정되기도 합니다. 여기서 두 변수 중 어느 것을 독립변수로 선택하느냐는 별로 중요하지 않습니다. 둘 중 하나만 독립적으로 선택할 수 있고, 나머지 하나는 자동으로 종속이 된다는 점이 중요합니다.

그래프를 구체적으로 보면, 주어진 예산식을 앞에서 본 1차함수 형태로

$$y = \frac{I}{p_y} - \frac{p_x}{p_y}x$$

라고 고쳐 써 본다면 Y절편은 I/p_y이고 기울기는 $-p_x/p_y$임을 알 수 있습니다. Y 절편의 값은 그래프에서 $y^{\max}$라고 표기한대로, 가진 예산 I로 살 수 있는 Y의 최대량, 즉 가진 예산 I를 모두 Y를 사는 데 썼을 때 살 수 있는 Y의 개수를 나타냅니다. 마찬가지로 X절편도 최대로 살 수 있는 X의 양을 나타냅니다. Y 절편에서 X절편으로 양을 변화시켜보면 Y절편값 나누기 X절편값이 변화의 비율인 기울기가 되고, 이는 곧 $-p_x/p_y$입니다.

기울기가 음수인 것은 총예산이 고정되어 있으므로 한 재화의 소비량을 늘리면 다른 재화의 소비량을 줄여야 한다는 기본적인 경제학의 희소성 원리를 나타냅니다. 기울기는 바로 두 재화 사이의 교환비율, 혹은 한 재화의 소비량을 늘릴 때 포기해야 하는 다른 재화의 소비량으로 곧 기회비용을 나타냅니다.

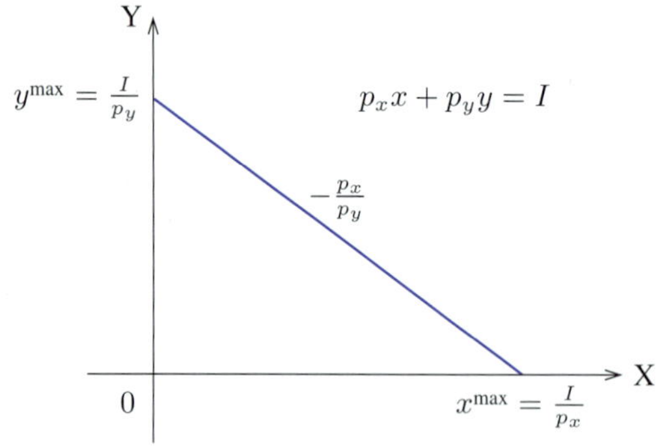

[그림 1.7] 소비자의 예산선

예제 1.3 예산선

재화 X의 개당 가격이 $1,000$원이고, 재화 Y의 개당 가격이 $2,000$원이며, 재화 X와 Y에 쓸 수 있는 총예산이 $10,000$원일 때, 예산선을 그리시오.

예산선을 공식으로 써 보면 $1,000x + 2,000y = 10,000$이고 이를 $y = f(x)$라는 함수 형태로 정리하면 $y = 5 - 0.5x$입니다. Y절편이 5이고 기울기는 -0.5인 선형함수 그래프로 아래 그림과 같습니다.

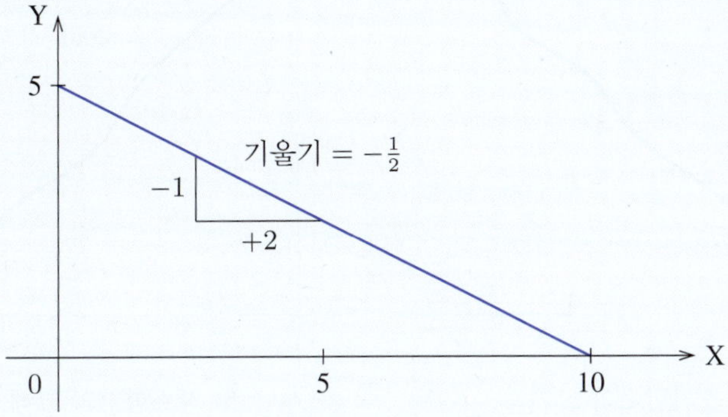

[그림 1.8] 예제 1.4

경제학적으로 Y절편이 5인 이유는 가진 예산 10,000원을 모두 재화 Y만을 구입하는 데 사용할 경우 5개를 살 수 있기 때문입니다. 마찬가지로 X절편은 10으로, 예산 10,000원으로 개당 1,000원인 X를 10개 살 수 있습니다. 또한 X의 가격이 Y의 가격의 절반이므로 예산선의 기울기는 -0.5입니다.

1.3 함수의 성질

선형함수는 절편과 기울기만 알면 됩니다. 하지만 좀 더 복잡한 함수들도 많이 있으므로 일반적인 함수에 대해서 몇 가지 성질들과 용어를 정리해두고 갑시다.

증가함수, 감소함수, 단조함수

선형함수에서 기울기 b가 양수이면, 그 그래프는 우상향하는 직선입니다. 즉 독립변수 x의 값이 증가할수록, 종속변수 y의 값도 증가합니다. 이런 성질을 가진 함수를 **증가함수**(increasing function)라고 합니다[그림 1.9(a)]. 반대로 x의 값이 증가할수록, y의 값은 감소하는 경우를 **감소함수**(decreasing function)라고 합니다[그림 1.9(b)]. 즉 선형함수에서 기울기

b가 음수이면 감소함수입니다.

또한 항상 증가하든가 항상 감소하든가 둘 중의 하나일 경우들을 묶어서 **단조함수**(monotonic function)라고 부릅니다. 즉, 증가함수도 단조함수이고, 감소함수도 단조함수입니다. [그림 1.9(c)]는 단조함수가 아닌 경우, 즉 증가하다가 다시 감소하다가 또 증가하기도 하는 그런 함수의 그래프입니다.

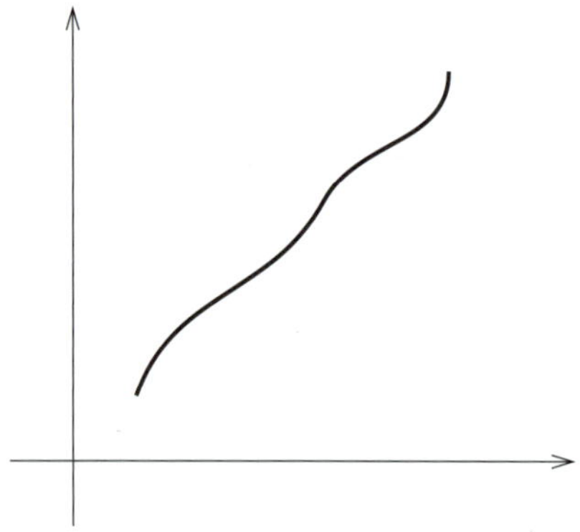

(a) 증가함수의 그래프

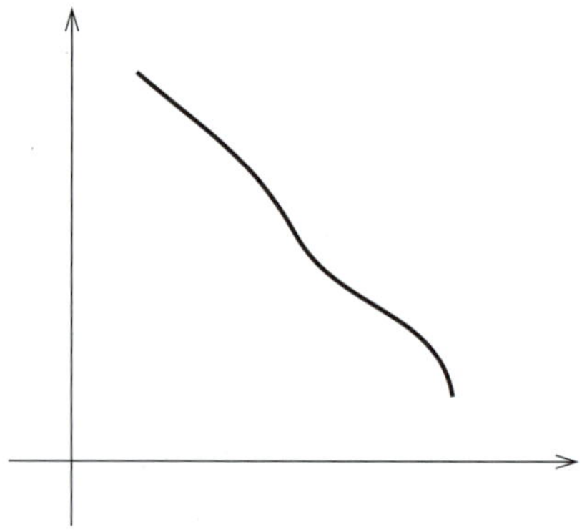

(b) 감소함수의 그래프

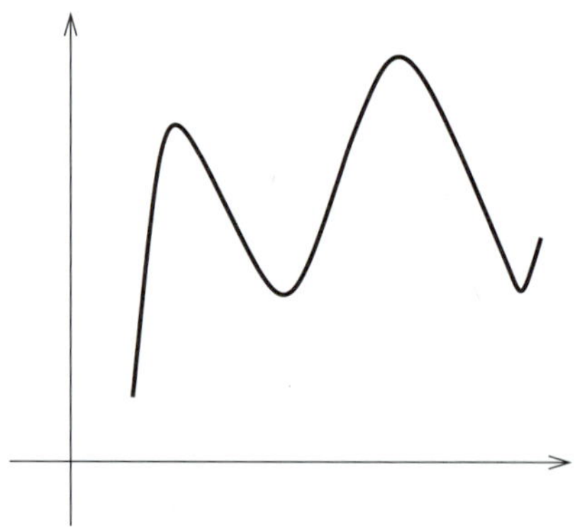

(c) 단조함수가 아닌 함수의 그래프

[그림 1.9] 단조함수

일대일함수와 역함수

앞에서 함수가 될 조건을 설명할 때, 하나의 x는 단 하나의 y만 짝으로 가져야 하지만, y는 여러 개의 x로부터 '화살'을 받을 수도 있다고 설명했습니다([그림 1.2] 참고). 그런데 함수 중에서는 하나의 y마다 단 하나의 x가 짝지어져 있는 경우도 있습니다.

예제 1.4 부부함수

X가 어떤 여성들의 집합이고, Y가 어떤 남성들의 집합이다. X를 정의역으로 Y를 치역으로 하는 '부부함수' m을 서로 부부인 x와 y를 짝짓는 규칙으로 정의하자. $y = m(x)$는 어떻게 해석되는가? 부부함수가 제대로 정의되려면, 짝짓기 규칙은 어떤 성질을 가져야 하는가?

$y = m(x)$는 x라는 여성과 부부인 남성 즉, 그의 남편을 가리킵니다. $m(x)$가 함수이려면, X에 속한 모든 여성 x에게 (1) Y에 속하는 '남편'이 있어야 하고 (2) 그 '남편'이 단 1명만 있어야 합니다. 즉 정의역 X는 결혼한 여성들의 집합으로서, 남편이 Y에 들어 있는 사람들로 구성된 집합이어야 합니다.

그런데 함수의 조건만으로는 X의 서로 다른 여성 $x_1 \neq x_2$가 같은 남성을 남편으로 갖는 일이 벌어질 수도 있습니다. 그건 안될 일이죠. 따라서 부부함수 $m(x)$가 제대로 정의되려면 $x_1 \neq x_2$가 서로 다른 여성이면 그들의 남편들 $m(x_1) \neq m(x_2)$도 서로 다른 사람이어야 합니다. 즉 임의의 남성 $y \in Y$를 택해서 살펴보면 y를 함숫값 $m(x)$로 갖는 여성 x도 기껏해야 1명뿐일 것입니다.

이렇게 서로 다른 x에는 서로 다른 y가 짝이 되는 함수를 **일대일함수**(one-to-one function)라고 말합니다. 원래 함수의 정의상 x는 단 하나의 y를 가져야 하므로, 일대일함수의 경우에는 각 x와 y마다 서로 유일한 짝이 배정되게 됩니다. 위의 부부함수는 여성을 독립변수로 놓았지만 반대로 남성을 독립변수로 놓을 수도 있습니다. 즉, 부부함수를 통해 어떤 여성의 남편이 누구인지도 알아볼 수 있지만, 같은 함수를 통해 어떤 남성의 아내가 누구인지도 알아낼 수 있습니다. 그 이유는 물론 이 함수가 '일대일'이기 때문입니다.

이렇게 정의역과 공변역의 역할을 바꾸어서 반대 방향으로 짝짓기 규칙을 고려하는 것을 원래 함수의 **역함수**(inverse function)라고 합니다. 즉 m이 어떤 여성의 남편을 알려주는 함수라면, 그 역함수는 어떤 남성의 아내를 알려주는 함수입니다.

역함수도 '함수'라는 이름을 달고 있으므로 함수의 조건 두 가지를 만족하는지 살펴봐야 합니다. 우선 조건 (2)는 일대일함수일 경우 자동으로 만족됩니다. 한편 조건 (1)에 의하면 모든 '독립변수' y에 대해 (이제 x와 y의 역할이 서로 바뀌었다는 점에 주의합시다) 어떤 짝 x가 있어야 합니다. 부부함수로 말하자면 Y의 남성 중에 현재 미혼인 사람이 있으면 곤란합니다. 즉 부부함수의 역함수를 말할 수 있으려면, 애초에 부부함수를 정의할 때, 정의역인 X 속에 결혼한 여성들만 포함시켜야 할 뿐 아니라, 공변역인 Y 속에는 X의 여성들의 남편인 사람들만을 포함시켜야 합니다(다시 말해 공변역과 치역이 같아야 합니다). 공변역

Y 속에 X의 짝인 원소들만을 포함시키고, 또한 함수가 일대일이라면 그 함수의 역함수를 만들 수 있습니다.

예제 1.5 부부가 되게 짝지어주기

앞의 [예제 1.1]의 상황을 적절히 조정해 [예제 1.4]의 부부함수를 정의해보고, 그 역함수를 제시하시오.

물론 [그림 1.2]에 제시된 상황 그대로는 부부함수를 정의하기 곤란합니다. 왜 안되는지, 그리고 어떻게 상황을 정리하면 부부함수를 정의할 수 있는지 살펴봅시다.

(a) 먼저 [그림 1.2(a)]는 가연씨가 아무도 택하지 않고, 나연씨가 2명을 택해서 제대로 된 함수가 아니었습니다. 그래서 일단 가연씨는 정의역 X에서 탈락시켜야겠습니다. 한편 나연씨는 둘 중 한 명만 택해야 합니다. 그런데 남식씨는 다연씨도 선택했으므로, 나연씨가 강식씨를 선택하면 이제 이 선택규칙은 일대일이 되었습니다. 즉

$$m(\text{나연}) = \text{강식}$$
$$m(\text{다연}) = \text{남식}$$
$$m(\text{라연}) = \text{달식}$$

으로 맺어지면 일대일이고, 공변역 Y에서 함숫값이 아닌 경우는 없으므로 (그리고 물론 각 남성도 자신을 선택해준 여성들을 선택한다면) 최종 세 커플이 탄생할 수 있습니다. 역함수는 Y의 각 남성이 X 속 자기의 짝을 가리키면 됩니다. 즉

$$\text{나연} = m^{-1}(\text{강식})$$
$$\text{다연} = m^{-1}(\text{남식})$$
$$\text{라연} = m^{-1}(\text{달식})$$

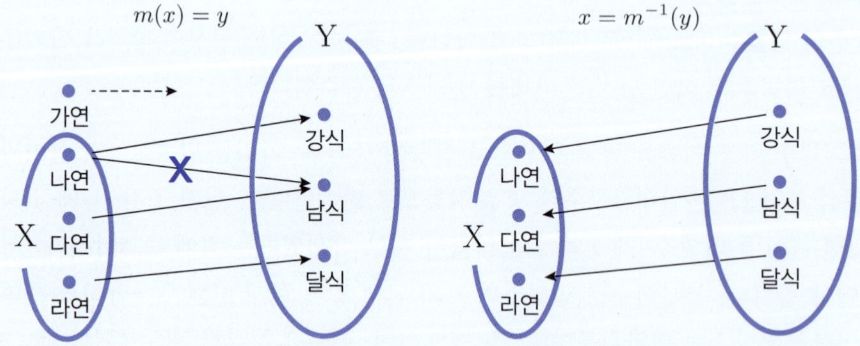

(b)는 함수는 맞는데, 세 여성이 같은 남성을 가리켜서 일대일은 아닌 경우였습니다.

그리고 남성들 중 선택을 받지 못한 달식씨가 있었습니다. 이 선택이 "최종 선택"이고 세 표를 받은 남식씨가 여성들 중 나연씨를 선택한다면, 두 커플이 탄생할 수 있습니다. 일대일함수가 되도록 정의역 X에서 다연씨와 라연씨를 탈락시킨다면, 그리고 공변역 Y에서 달식씨도 탈락시켜 치역만 남긴다면, 부부함수가 완성될 수 있습니다.

$$m(\text{가연}) = \text{강식}$$
$$m(\text{나연}) = \text{남식}$$

역함수는 이제 m의 치역 속 남성들이 X에서 자신의 짝을 가리키면 됩니다.

$$\text{가연} = m^{-1}(\text{강식})$$
$$\text{나연} = m^{-1}(\text{남식})$$

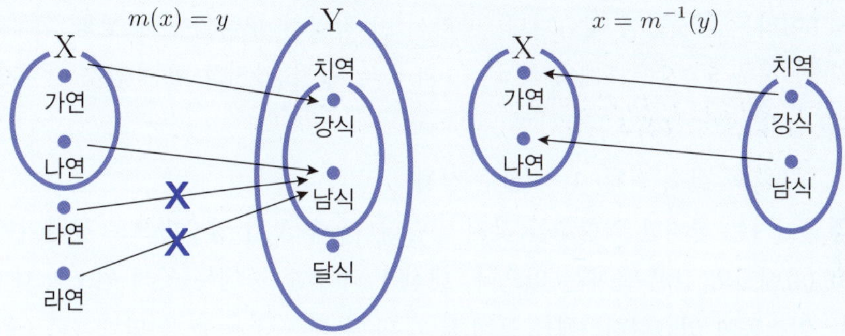

$y = a + bx$라는 선형함수가 있다면 그 역함수는 x와 y의 역할을 바꾸어야 하므로 서로 등호를 좌우에 둔 위치를 바꾸어 풀어써서, $x = -a/b + (1/b)y$가 되겠습니다. 이것이 원래 선형함수의 역함수입니다. 변수의 이름인 x와 y에 특별한 의미가 없다면, 독립변수를 x로 표기하는 관행에 따라서 $y = -a/b + (1/b)x$가 역함수의 형태가 됩니다.

하지만 보통 경제모형에서는 변수가 x나 y가 아니고 특별한 의미를 가진 경우가 많습니다. 이때는 애초의 독립변수와 종속변수의 역할을 서로 바꾸어서 식을 풀어쓰기만 하면 됩니다. 예를 들어, 수요함수가 $Q = a - bP$로 주어졌다면 독립변수가 가격 P이고 종속변수가 수요량 Q인데, 이 함수의 역함수를 구하자면 식을 $bP = a - Q$라고 쓸 수 있고 이를 정리하면 $P = a/b - (1/b)Q$가 됩니다. 이 식이 원래 수요함수의 역함수, 즉 역수요함수(inverse demand function)입니다. 역수요함수는 가격 P가 종속변수이고, 수요량 Q는 독립변수입니다.

다시 말해, 일반적으로 함수 $y = f(x)$가 주어지면 원래 독립변수인 x가 우변에 공식으로 나와 있던 이 식을 풀어서 좌변으로 옮겨 정리한 $x = \cdots$의 형태로 만들면 그것이 역함수입니다. 원래 함수 $f(x)$와의 관계를 강조하여 $x = f^{-1}(y)$라고 쓸 수 있습니다.[5)]

앞에서 단조함수의 개념을 공부했습니다. 단조함수는 언제나 일대일함수입니다(왜 그럴까요?). 따라서 단조함수는 (증가이든 감소이든) 역함수를 가집니다.

예제 1.6 역함수

함수 $y = x^2$이 아래와 같은 정의역 X와 공변역 Y를 가질 때, 이 함수의 역함수가 존재하는지 설명하시오(단, 역함수의 정의역을 Y로 본다).

(a) X = 실수 전체, Y = 실수 전체

일대일이 아니므로 역함수를 갖지 않습니다. 예를 들어, $x = 1$과 $x = -1$은 모두 $y = 1$이라는 함숫값을 갖습니다. 따라서 이 짝짓기 규칙을 반대 방향으로 적용하고자 할 경우 $y = 1$은 2개의 짝 $x = 1$과 $x = -1$을 가지고 이는 함수 관계가 아닙니다.

(b) X = 양(+)의 실수 전체, Y = 실수 전체

일대일이기는 하지만 역함수를 갖지 않습니다. 즉 X가 양수만으로 구성되어 있으므로 (a)에서와 같은 문제는 없으나, 대신 Y의 원소 중에는 X의 원소와 대응되지 않는 원소들이 있습니다. 예를 들어 $y = -1$일 때, $-1 = x^2$을 만족하는 x는 실수 중에는 없습니다. 이는 모든 함숫값의 집합(즉 치역)이 공변역과 일치하지 않기 때문에 생기는 문제입니다.

(c) X = 양(+)의 실수 전체, Y = 양(+)의 실수 전체

일대일이고, Y의 모든 원소가 X의 원소를 짝으로 가지므로 역함수가 존재합니다.

5) 많은 수학 교과서에서는 x를 독립변수로 쓰는 관행을 따라서 $y = f^{-1}(x)$라고 씁니다. 하지만 경제모형에서는 수요함수의 예처럼 변수의 이름을 바꾸지 않는다는 점에 주의하세요.

주요 개념 및 용어

정의역, 공변역, 치역, 그래프, 좌표계, 선형함수, 절편, 기울기, 증가함수, 감소함수, 단조함수, 일대일함수, 역함수

요약

- 함수는 정의역과 공변역이라는 두 집합의 원소 간의 짝짓기 규칙이다.
- 함수가 되려면 정의역의 모든 원소는 (1) 적어도 하나의 짝을 가져야 하고, (2) 2개 이상의 짝을 가지면 안 된다.
- 그래프란 함수를 좌표계에 표시한 것으로 독립변숫값의 변화에 따라 종속변숫값이 어떻게 변하는지를 그림으로 나타낸다. 함수 $y = f(x)$의 그래프는 $(x,\ f(x))$의 좌표를 갖는 점들의 그림이다.
- 1차함수는 그래프가 직선의 형태를 갖기 때문에 선형함수라고도 불린다. 선형함수 공식이 $y = a + bx$일 때, a는 $\mathbf{Y}$축과 만나는 점인 $\mathbf{Y}$-절편값, b는 기울기이다.
- 기울기는 y값의 변화폭 나누기 x값의 변화폭으로, x가 변화할 때 y가 얼마나 변화하는지를 나타낸다.
- x가 증가할 때 y도 증가하는 함수는 증가함수, y가 감소하는 함수는 감소함수라 하고, 증가함수와 감소함수를 함께 단조함수라고 한다.
- 원래 함수의 조건에서 y는 여러 개의 x를 짝으로 가질 수도 있다. 서로 다른 x가 서로 다른 y를 짝으로 가지는 경우 이를 일대일함수라고 한다(단, 치역에 대해서만 정의된다).
- 일대일함수에 대해서는 독립변수와 종속변수의 역할을 바꾸어 반대 방향으로 짝짓기 규칙을 표현할 수 있으며 이를 역함수라고 한다(단, 함숫값들의 집합인 치역과 공변역이 일치해야 한다).
- 단조함수는 일대일이고, 따라서 역함수를 갖는다.

연습문제

1-1 다음이 함수가 되려면 어떤 상황이어야 하는지 설명하시오.

(a) 짝짓기 규칙 $g : I \to S$의 정의역 I는 우리 학교 재학생의 집합(휴학생 제외)이고 공변역 S는 이번 학기 개설된 경제학 전공과목들의 집합이며, $g(i)$는 학생 i가 수강하는 경제학 전공과목을 나타낸다.

(b) 짝짓기 규칙 $r : S \to R$의 정의역 S는 이번 학기에 개설된 경제학 전공과목들의 집합(단, 같은 과목의 다른 분반은 다른 과목으로 취급)이고 공변역 R은 강의실들의 집합이며 $r(s)$는 과목 s의 수업 교실을 나타낸다.

1-2 모두 100명의 학생들이 경제수학을 수강하고 있다. X가 경제수학 수강생들의 집합이라고 할 때, $f : X \to \{5, 10, 15, \ldots, 50\}$은 각 수강생의 중간시험 점수를 나타내는 규칙이다.

(a) 만약 f가 함수라면, 중간시험에 대해서 우리가 알 수 있는 정보는 무엇인가?

(b) f는 역함수를 가지는가? 설명하시오.

1-3 다음의 그림들이 정의역이 D인 함수 $f : X \to Y$의 그래프인지 설명하시오.

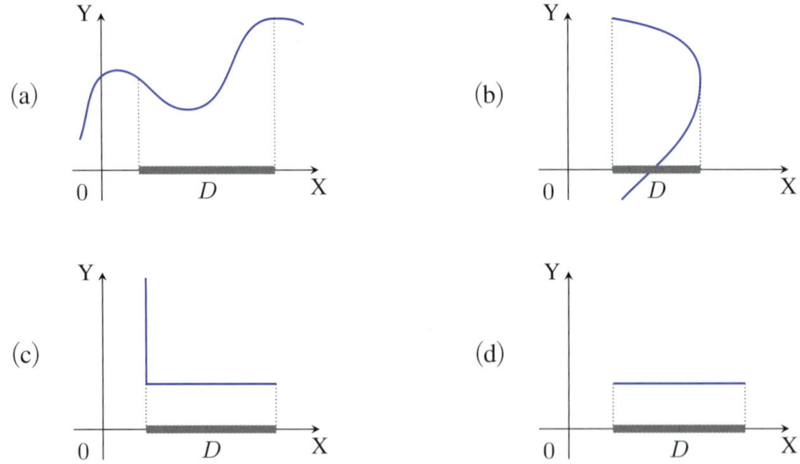

1-4 다음의 함수들이 역함수를 갖는지 설명하시오.

(a) 본문 [예제 1.1]의 (c)에 소개된 $d : X \rightarrow Y$

(b) [문제 1-1]의 (b)에 소개된 $r : S \rightarrow R$

1-5 다음 그림은 두 부분으로 이루어진 예산선이다. 즉, 공식으로 $y = 30 - 2x$인 직선과 $y = 15 - \frac{1}{2}x$인 직선 중 위쪽에 있는 부분이 예산선이며, 그림에는 실선으로 표시되어 있다. 이 소비자의 예산은 600원이다.

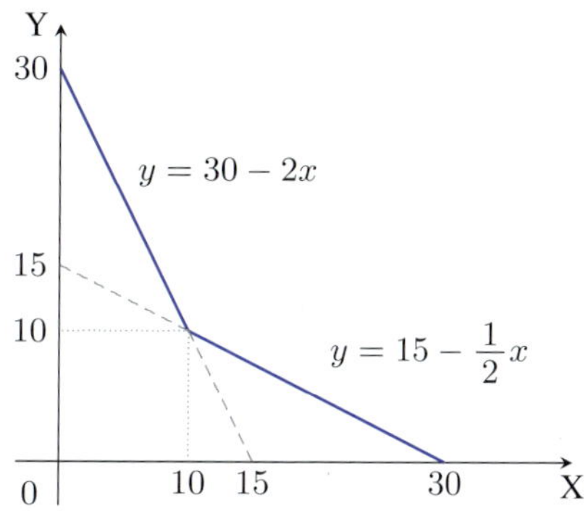

(a) 직선 $y = 30 - 2x$가 예산선이라면 재화 X와 재화 Y의 가격은 각각 얼마인가?

(b) 직선 $y = 15 - \frac{1}{2}x$가 예산선이라면 재화 X와 재화 Y의 가격은 각각 얼마인가?

(c) 위의 실선으로 표시된 예산선은 어떤 상황을 나타내는지 해석해보시오.

1-6 독립변수가 가격(P), 종속변수가 수요량(Q)인 관계식 $Q = D(P)$가 수요함수이다. 수요곡선은 가로축에 수요량(Q), 세로축에 가격(P)을 놓고 그린 그림이다.

(a) 수요함수의 관계식 $Q = D(P)$가 수학적으로 함수이려면 수요량과 가격 사이에 어떤 관계가 성립해야 하는가?

(b) 수요의 법칙이란, 가격 P가 증가할 때 수요량 Q가 감소한다는 성질을 말한다. 수요함수가 수요의 법칙을 만족한다면, 수요곡선은 어떤 함수의 그래프이다. 어떤 함수인가? 설명하시오.

(c) 수요함수가 $Q = a - bP$라는 식으로 주어졌다. 가격과 수요량이 모두 음수일 수 없다면, 수요함수의 적절한 정의역과 그에 따른 치역이 무엇인지 설명하고, 수요곡선을 그림으로 그려보시오.

Chapter 02

지수함수

공식으로 표현되는 함수들은 그 공식이 가진 형태에 따라서 몇 가지로 구분할 수 있습니다. 가장 단순하게 '어떤 상수 곱하기 변수의 몇 제곱'의 형태를 지닌 식이 단 1개 있는 **단항함수**(monomial function)가 있습니다. 단항함수는 $f(x) = cx^n$이라고 쓸 수 있습니다. 이 식에서 만약 $n = 0$이면 변수가 아예 사라져서 종속변수의 값이 독립변숫값과 상관없는 상수함수 $f(x) = c$가 됩니다. 또한 $n = 1$이면 (상수항, 즉 Y절편이 없는) 1차함수 $y = cx$가 됩니다(여기서 상수함수와 Y절편이 없는 1차함수는 어떤 모양의 그래프를 갖는지 한 번 생각해보기 바랍니다).

단항함수를 여러 개 더해 놓은 형태를 **다항함수**(polynomial function)라고 합니다. 더해진 단항함수 중에 같은 지수 k를 갖는 ax^k와 bx^k가 있으면 $(a + b)x^k$로 합쳐질 수 있습니다. 예컨대 $3x^5 + 2x^2 - 2x^5 + x^2 = x^5 + 3x^2$이 됩니다.

따라서 다항함수의 식은 지수가 가장 높은 것부터 시작해서 차례대로 나열하여 $f(x) = a_nx^n+\cdots+a_1x+a_0$으로 쓰거나, 반대로 상수항부터 나열하여 $f(x) = a_0+a_1x+\cdots+a_nx^n$처럼 쓸 수 있습니다. 이때 가장 높은 지수 값 n을 '차수'(power)라고 부릅니다. 이에 따라 $n = 1$이면 '1차함수', $n = 2$이면 '2차함수'라고 부르는 것입니다.

예 2.1 다항함수

다음은 몇 가지 간단한 다항함수들의 예입니다.

(a) $f(x) = 4$ (0차함수, 즉 상수함수)

(b) $f(x) = -4x$ (1차함수)

(c) $f(x) = 4 - 4x$ (1차함수)

(d) $f(x) = 4 - 4x + x^2$ (2차함수)

조금 더 발전시켜 서로 다른 다항함수들을 묶어서 또 새로운 함수 형태를 만들 수도 있습

니다. 하지만 다항함수들끼리 더하거나 빼거나 곱한 것은 여전히 다항함수일 것입니다. 다항함수끼리 나눈 것은

$$f(x) = \frac{a_n x^n + a_{n-1} x^{n-1} + \cdots + a_1 x + a_0}{b_k x^k + b_{k-1} x^{k-1} + \cdots + b_1 x + b_0}$$

과 같은 형태로 **유리함수**(rational function)라고 부르지만, 본질적으로 다항함수와 크게 다르지는 않습니다. 분자의 차수와 분모의 차수는 물론 다를 수 있으며, 유리함수를 여러 개 더하거나 뺀 형태도 가능합니다.

예 2.2 유리함수

다음은 몇 가지 간단한 유리함수들의 예입니다.

(a) $f(x) = \frac{3}{4x^3 + 1}$

(b) $f(x) = \frac{2x + 1}{2x - 1}$

(c) $f(x) = \frac{1}{x} + x^2$

이상의 모든 형태들(단항함수, 다항함수, 유리함수)은 기본적으로 cx^n 이라는 형태의 단항함수식들이 여러 개 모여서 된 것입니다.

이런 기본 형태를 넘어서는 함수로 **초월함수**(transcendental function)라고 하는 것이 있는데, 대표적인 초월함수에는 지수함수, 로그함수와 삼각함수가 있습니다. 그중에서 지수함수는 이 장에서, 로그함수는 다음 장에서 공부하고, 삼각함수는 이 책에서 다루지 않겠습니다. 삼각함수는 중요한 초월함수이지만, 기초 경제학에서 많이 사용되지 않는데 공부할 내용은 상대적으로 매우 많으므로 생략합니다.

2.1 지수함수

지수함수(exponential function)란 '지수'에 독립변수가 들어간 함수입니다. 앞의 다항함수는 '밑'(base)이 독립변수 x 이고 지수에는 상수 k 가 들어가서 cx^k 와 같은 식들로 구성이 되어 있었는데, 지수함수는 거꾸로 밑에는 상수가 들어가고 지수가 변수인 함수로 어떤 밑수 b 에 대해서 b^x 의 형태를 갖습니다.

예 2.3 밑이 2인 지수함수

간단한 예로 $f(x) = 2^x$를 보면 밑이 2인 지수함수로 2^x라는 식은 2를 x번 제곱한다는 뜻이므로 x에 몇 가지 숫자를 대입해보면 그래프의 모양을 대략 짐작할 수 있습니다. 우선 $f(0) = 2^0 = 1$이므로 독립변수 x가 0일 때의 함숫값, 즉 Y-절편이 1입니다. $f(1) = 2^1 = 2$, $f(2) = 2^2 = 4$, $f(3) = 2^3 = 8$로 독립변숫값이 증가하면 종속변숫값은 점점 더 크게 증가함을 알 수 있습니다. 독립변수의 값이 음수일 경우를 몇 가지 살펴보면, $f(-1) = 2^{-1} = 1/2$, $f(-2) = 2^{-2} = 1/4$, $f(-3) = 2^{-3} = 1/8$ 등으로 일단 종속변수의 값 자체는 계속해서 양수임을 알 수 있습니다. 독립변수의 값이 음수에서 점점 더 작아질수록, 즉 X축의 원점을 기준으로 점점 왼쪽으로 가면 갈수록 종속변수의 값은 점점 더 작아지고 있습니다([그림 2.1] 참조).

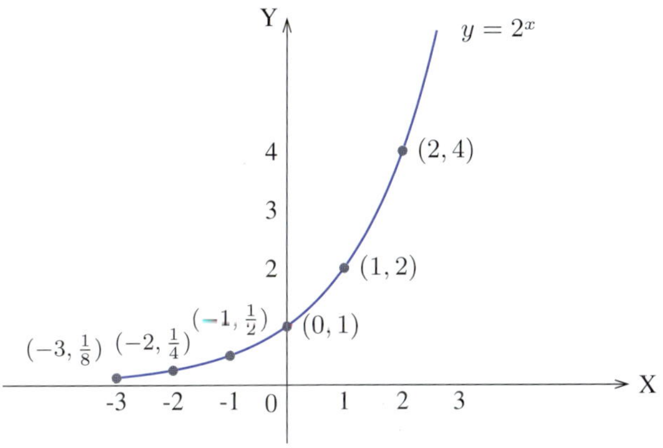

[그림 2.1] 지수함수 $y = 2^x$의 그래프

지수 계산의 규칙

이미 알고 있겠지만 복습하는 차원에서 지수 계산의 규칙을 몇 가지 나열해보겠습니다. 어떤 양수 $b > 0$에 대해서 다음이 성립합니다.

$$b^0 = 1$$
$$b^{-1} = \frac{1}{b}$$
$$b^m \cdot b^n = b^{m+n}$$
$$(b^m)^n = b^{mn}$$
$$b^m \div b^n = b^{m-n}$$
$$b^{\frac{1}{n}} = \sqrt[n]{b}$$
$$b^{\frac{m}{n}} = \left(\sqrt[n]{b}\right)^m$$

예 2.4 지수 계산

(a) $3^0 = 1, (52)^0 = 1, (1/4)^0 = 1$

(b) $4^{-1} = 1/4, (2/5)^{-1} = 5/2, 2^{-2} = (2^2)^{-1} = 4^{-1} = 1/4$

(c) $(2^3)(2^4) = 2^7, (7^3)^2 = 7^6, (5^5)(5^{-1}) = 5^4$

(d) $4^{1/2} = \sqrt{4} = 2, 3^{3/2} = (\sqrt{3})^3 = 3\sqrt{3}$

임의의 양수 $b > 0$을 밑으로 삼은 지수함수 b^x를 고려할 수 있습니다. 지수 계산의 규칙에서 볼 수 있는 것처럼, 모든 지수함수 $f(x) = b^x$에 대해서 $f(0) = 1$이 성립합니다. 즉, 모든 지수함수는 Y-절편이 1입니다. 다시 말해 모든 지수함수의 그래프는 Y축 상의 점 (0, 1)을 통과해서 지나갑니다.

[예 2.3]에서 보았던 것처럼, $b > 1$이면 $f(x) = b^x$는 증가함수입니다. 1보다 큰 수를 여러 번 제곱해줄수록 점점 더 커지기 때문입니다. 반면에 만약 $0 < b < 1$이면 $f(x) = b^x$는 감소함수입니다. 0과 1 사이의 수는 제곱할수록 점점 작아집니다($b = 1$인 경우는 고려할 필요가 없습니다. 1은 아무리 제곱해봤자 계속 1이므로 이 경우는 지수함수가 아니라 상수함수입니다).

한편, $f(x) = b^x$라는 지수함수가 있고, 또 다른 지수함수 $g(x) = b^{-x}$가 있다면 이 두 함수는 서로 밀접한 관계를 갖고 있습니다. 두 함수의 그래프는 Y축을 중심으로 서로 대칭인 관계를 갖습니다. 지수 계산의 규칙을 활용하면 $b^{-x} = (b^{-1})^x = (1/b)^x$라고 쓸 수 있으므로, $f(x) = g(-x)$와 $f(-x) = g(x)$가 성립합니다. 다시 말해서 독립변수의 값의 부호가 서로 반대일 때 (Y축을 중심으로 서로 반대편으로 똑같은 거리에 있을 때) 종속변수의 값이 서로 같다는 것입니다.

[그림 2.2]에는 $y = f(x) = 2^x$와 $y = g(x) = 2^{-x} = (1/2)^x$의 그래프가 함께 그려져 있습니다. 밑수가 1보다 큰 경우에는 x의 값이 작아질수록, 밑수가 1보다 작은 경우에는 x의 값이 커질수록 함숫값은 점점 작아져서 0에 가까워집니다(실제로 0이 되지는 않습니다).

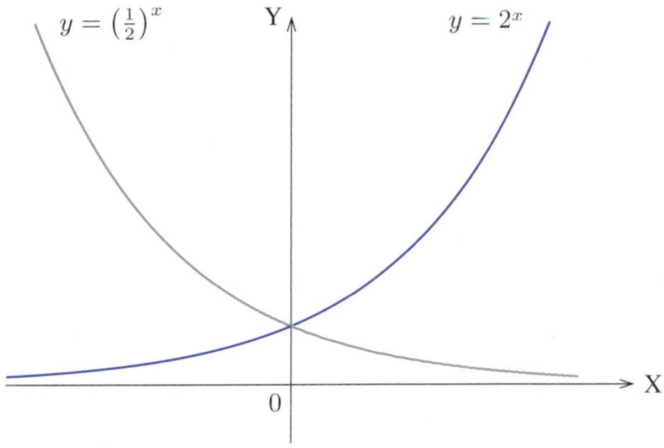

[그림 2.2] Y축에 대칭인 2^x와 $(1/2)^x$의 그래프

2.2 숫자 e와 자연지수함수

앞 절에서 0보다는 크고 1은 아닌 임의의 밑수 $b > 0$을 가진 지수함수에 대해서 살펴보았습니다. 실제 경제모형에서 가장 많이 등장하는 지수함수는 $b = e$인 경우, 즉 밑수를 숫자 e로 쓴 지수함수입니다.

숫자 e라니 이게 도대체 뭘까요? e라는 이름을 가진 상수는 수학에서 몇 손가락 안에 꼽히는 중요한 수입니다. 보통 수학에서 가장 중요한 다섯 가지 상수로 0, 1, 허수 i $(= \sqrt{-1})$, 그리고 원주율 π $(= 3.14...)$와 숫자 e를 꼽습니다. 기하학을 비롯하여 수학의 모든 분야에서 널리 사용되는 원주율 π는 기초 경제이론에서는 그다지 쓰이지 않습니다(그래서 π와 밀접한 관계를 가진 삼각함수를 이 책에서는 무시하고 넘어갈 수 있는 것입니다). 반면 숫자 e는 경제학에서 널리 쓰이는 매우 중요한 수입니다.

다소 놀랍게도 e를 이해하는 가장 쉬운 방법은 경제학도에게 꽤 친숙한 상황을 사용합니다. 은행 예금에 대해 이자를 지급하는 방식으로 **복리**(compound interest)라는 것을 아는지요? 복리란 이자를 계산할 때 예전에 붙었던 이자를 원금에 포함시켜서, 다음번 이자를 계산할 때는 더 많은 이자를 주는 방식입니다. 그래서 이자율이 변하지 않더라도 받는 이자의 금액은 시간이 갈수록 점점 더 커지게 됩니다. 복리의 반대 개념이라고 할 수 있는 **단리**(simple interest)에서는 매번 받는 이자의 금액이 동일합니다.

예를 들어 연 이자율 10%에 1만 원을 1월 1일에 예금했는데, 이자를 1년에 한 번 12월 31일에 지급한다면 원금과 이자의 합은 1만 1천 원이 됩니다. 이자를 딱 한 번만 지급한다면 복리이든 단리이든 결과는 같습니다. 만약 복리가 아닌 단리로 1년에 이자를 두 번 지급한다면, 지급할 총이자 1천 원 중 절반인 500원은 6월 말에, 나머지 500원은 12월 말에 지급해서 결과는 똑같이 1만 1천 원이 됩니다.

그런데, 연 이자율 10%에 복리로 1년에 두 번 이자를 지급하면, 일단 6월 말에 1만 5백 원이 된 후 ($10\% \div 2 = 5\%$가 이자) 12월 말에 이자를 계산할 때는 $10,500 \times 5\% = 525$가 되어, 총 원리금은 $10,500 + 525 = 11,025$가 됩니다. 이자에 이자를 또 붙이니까 받는 돈이 많아지지요. 연 이자율이 10%라고 했지만 실제로 1년 후에 받은 이자는 10.25%입니다.

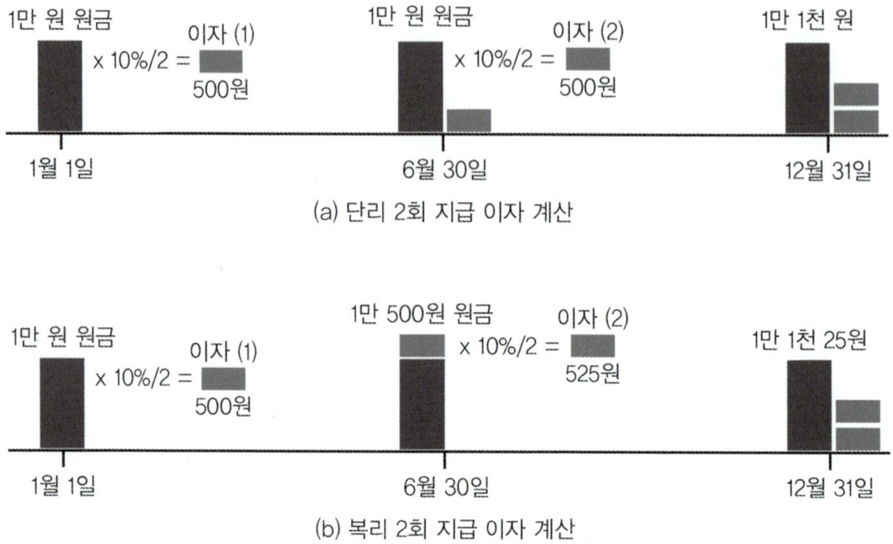

[그림 2.3] 단리와 복리의 비교

이런 식으로 연 이자율 r인 예금이 1년에 n번 나누어 복리로 이자를 지급한다면 A라는 금액을 연초에 예금했을 때 연말에 받게 되는 원금과 이자의 총합은

$$A\left(1+\frac{r}{n}\right)^n$$

이 됩니다. 위 공식이 나오게 된 과정은 다음과 같습니다. 연 이자율 r을 1년에 n번 나누어 지급하므로, 1회 이자를 지급할 때 이자율은 r/n입니다. 따라서 [표 2.1]과 같은 순서대로 계산해보면 연말에 받게 될 최종 원금과 이자의 합은 위 식과 같음을 알 수 있습니다.

자, 여기서 연 이자율이 $r = 1$ 즉 100%에다가 이자 지급하는 횟수 n을 무한히 많이, 다시 말하자면 이자를 지급하는 간격 $1/n$을 무한히 짧게, 즉 순간마다 **연속적**으로 이자가 계산된다면 연말에 받게 되는 돈은 얼마일까요? (실제로 많은 은행 예금이 이런 식의 **연속복리** 개념을 적용합니다.) 이 값은 위 식에서 n이 무한대로 커지는 경우의 극한값이 됩니다. 만약 원금이 $A = 1$이면, 이 1원에 대해 연속복리로 연말에 받게 되는 금액은

$$[\text{자연상수 } e\text{의 정의}] \quad \lim_{n\to\infty}\left(1+\frac{1}{n}\right)^n \equiv e$$

가 됩니다. 위 식이 바로 숫자 e의 정의입니다. 즉 위 식의 왼쪽에 있는 계산의 결과로 나온 숫자를 e라고 정의합니다. 예금, 이자 이야기는 무시하고 그냥 공식만을 본다면 1에다가 무한히 작은 수 $1/n$을 더한 다음에 이 숫자를 무한히 여러 번 제곱한 값입니다. 단순히 1을 무한히 제곱한다면 그냥 1에 머물러 있지만, 아주 조금이나마 1보다 큰 수이기 때문에 제곱하면 할수록 그 값이 커집니다. 얼핏 보면 아무리 1보다 커봐야 아주 조금 더 큰 숫자이므로 이를 무한번 제곱해본들 얼마나 큰 숫자가 나올 것인가 감이 안 잡힙니다. 몇 가지 숫자를 넣어서 한 번 계산해볼까요.

$n=1$이면 $(1+1)^1=2$

$n=2$이면 $(1+1/2)^2=2.25$ [$n=1$에 비해 0.250 증가]

$n=3$이면 $(1+1/3)^3=2.370370...$ [$n=2$에 비해 약 0.120 증가]

$n=4$이면 $(1+1/4)^4=2.44140625$ [$n=3$에 비해 약 0.071 증가]

일단 2보다 값이 큰 것은 확실하고 n이 커지면서 값이 커지기는 하는데 추가되는 정도는 줄어드는 것을 알 수 있습니다. 여기서 엄밀하게 증명할 수는 없지만, 이렇게 n이 점점 커짐에 따라 추가되는 값이 줄어들어 결국에는 위의 극한은 수렴하게 됩니다. 그 수렴값이 바로 숫자 e인데 대략 2.71828 정도입니다(값이 약 2.7 또는 2.72 정도라는 것을 기억해두는 것도 좋겠습니다).

다시 말해서, 만약 100% 연 이자율에 연속복리인 예금이 있어서 이 예금에 1억 원을 연초에 입금한다면 연말에 받게 되는 금액은 약 2억 7천만 원 정도가 된다는 것입니다. 연 이자율이 100%라고 했지만 연속복리라면 실제 받는 이자율은 약 170%인 셈입니다.

복잡한 공식으로 정의하기는 했지만 숫자 e는 특별한 값(약 2.7)을 가진 하나의 상수입니

[표 2.1] 연속복리에 의한 원금과 이자액수의 계산

횟수	원금	이자	원금 + 이자
1	A	$A\times\frac{r}{n}$	$A+A\frac{r}{n}=A\left(1+\frac{r}{n}\right)$
2	$A\left(1+\frac{r}{n}\right)$	$A\left(1+\frac{r}{n}\right)\times\frac{r}{n}$	$A\left(1+\frac{r}{n}\right)+A\left(1+\frac{r}{n}\right)\frac{r}{n}=A\left(1+\frac{r}{n}\right)^2$
3	$A\left(1+\frac{r}{n}\right)^2$	$A\left(1+\frac{r}{n}\right)^2\times\frac{r}{n}$	$A\left(1+\frac{r}{n}\right)^2+A\left(1+\frac{r}{n}\right)\frac{r}{n}=A\left(1+\frac{r}{n}\right)^3$
...	...	...	...
n	$A\left(1+\frac{r}{n}\right)^{n-1}$	$A\left(1+\frac{r}{n}\right)^{n-1}\times\frac{r}{n}$	$A\left(1+\frac{r}{n}\right)^{n-1}+A\left(1+\frac{r}{n}\right)\frac{r}{n}=A\left(1+\frac{r}{n}\right)^n$

다. 원주율 π가 약 3.14의 값을 가지는 하나의 상수인 것과 마찬가지입니다. 이 수 e를 밑으로 삼은 것이 가장 중요한 지수함수인 e^x 입니다.

숫자 e나 함수 e^x는 우리 말로 읽을 때는 약간 혼란스럽기 때문에, e를 **자연상수**, e^x를 **자연지수함수**라고 부르겠습니다[6] (왜 '자연'이라는 표현이 들어가는지는 나중에 미분을 배우면 약간 이해가 될 것입니다). 또한 함수의 표기는 $f(x) = e^x = \exp(x)$라고도 씁니다. 위첨자를 쓰기 불편한 경우 exp()라는 기호를 활용합니다.

숫자 e는 1보다 큰 수이므로, 자연지수함수는 증가함수입니다. $e^0 = 1$이므로 다른 지수함수와 마찬가지로 Y-절편은 1입니다. 즉, 앞의 [그림 2.1]에 나온 $y = 2^x$와 비슷하게 생긴 그래프를 가집니다[그림 2.4].

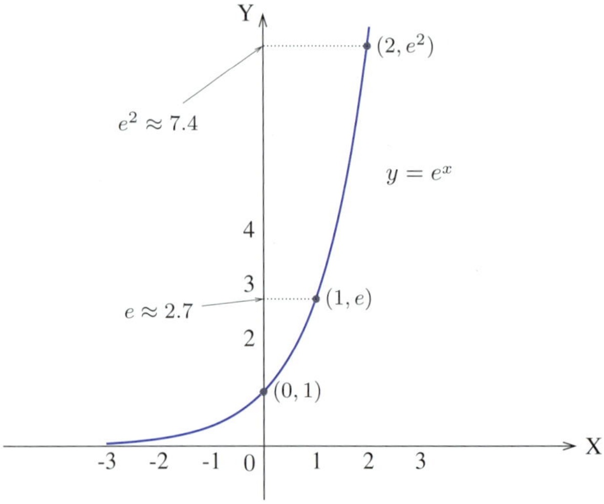

[그림 2.4] 자연지수함수 $y = e^x$ 의 그래프

2.3 응용

예금 이자 계산에서 보았듯이, 자연상수 e와 지수함수는 어떤 값이 일정한 비율로 증가하는 상황을 모형으로 만드는 데 유용하게 사용될 수 있습니다. 시간에 따라서 일정한 비율로 증가하는 변수를 모형으로 만들고자 한다면 일단 독립변수를 시간으로 놓아 t라고 부를 수 있겠습니다. 따라서 시간에 따라 무언가 변화하는 상황에 대한 모형을 t의 함수로 만든

6) 어떤 이들은 그냥 "지수함수"라고 말할 때 이 책에서 말하는 "자연지수함수"를 지칭하기도 합니다. 영어로는 일반적인 지수함수를 an exponential function, 자연지수함수는 the exponential function이라고 말합니다.

경우를 다루겠습니다.

2.3.1 기본 응용: 연속복리예금의 원리금 합계

앞에서 자연상수 e를 정의할 때 연 이자율 100%인 연속복리 예금에 1원을 1년간 예금했을 때의 원리금 합계를 계산했습니다. 실제로도 연 이자율 100%인 예금이 있으면 좋겠지만 그럴 일은 별로 없으므로 좀 더 작은 값의 연 이자율에 대해서도 연속복리로 인한 원리금 합계를 계산할 수는 없을까요? 연 이자율이 임의의 값 r이라면 원금이 1일 때 원리금 합계를 아래처럼 계산할 수 있습니다.

$$\lim_{n\to\infty}\left(1+\frac{r}{n}\right)^n = \lim_{m\to\infty}\left(1+\frac{1}{m}\right)^{mr} = \lim_{m\to\infty}\left(\left(1+\frac{1}{m}\right)^m\right)^r = \left(\lim_{m\to\infty}\left(1+\frac{1}{m}\right)^m\right)^r = e^r$$

계산과정을 설명하자면, 첫 번째 등호에서는 $m\equiv n/r$로 치환했습니다. 이렇게 하면 괄호 안의 식이 숫자 e의 정의식과 비슷한 모양이 됩니다. 치환을 통해 n이라는 기호가 사라지고 대신 m이 생겼는데, n이 무한대로 커지면 m도 무한대로 커지므로 극한 기호도 이에 맞추어 변경했습니다. 두 번째 등호로 넘어가는 과정은 단지 지수 계산의 규칙을 활용하여 곱해진 지수 m과 r을 분리시킨 것입니다. 세 번째 등호에서는 극한 기호가 괄호 안으로 들어갔습니다(이렇게 해도 되는지 엄밀하게 설명하지는 않았지만 여기서는 괜찮습니다).

이렇게 정리해놓고 보면 괄호 안의 식은 n 대신 m이라는 기호를 썼을 뿐 숫자 e의 정의식과 동일합니다. 정의할 때 무슨 기호를 쓰는지 자체는 중요하지 않으므로 괄호 안의 식은 곧 숫자 e인 것입니다. 이렇게 해서 최종 결론은 숫자 e의 r제곱이 됩니다.

예를 들어, 연 이자율 10%로 연속복리 적용을 받는다면 1원을 예금했을 때 받게 되는 총금액은 $e^{0.1}$입니다(이 값은 계산기를 사용하면 알아낼 수 있습니다. 약 1.105 정도 됩니다. 즉 원금 1원에 대해 받는 이자는 약 0.105원으로 실질적인 이자율은 약 10.5%인 셈이지요).

연속복리 연 이자율과 수익률

연속복리 예금에서는 연 이자율 r만 가지고서는 실제로 나중에 얼마의 이자를 받게 되는지 얼른 판단하기가 쉽지 않습니다. 연 이자율이 100%인 경우 나중에 받게 되는 원금과 이자의 합계는 자연상수의 값, 약 2.7이므로 원금을 제외하고 본다면 이자 금액이 원금의 1.7배, 즉 약 170%가 실제 받게 되는 이자율입니다.

그래서 연 이자율과 별도로 실제로 받게 되는 이자율을 계산해볼 필요가 있겠습니다. 이를 **수익률**(yield)이라고 부를 수도 있고, **유효 이자율**(effective interest rate)이라고도 부를 수도 있습니다.

연 이자율 r의 연속복리로 원금 A를 예금할 경우 연말에 받게 되는 금액은 Ae^r이므로 여기서 원금 A를 빼주면, 총 이자금액은 $Ae^r - A = A(e^r - 1)$입니다. 총 이자금액이 원금에 비해 얼마나 큰지를 계산해보면 이것이 수익률 r_E에 해당하는데 이는

$$\frac{A(e^r - 1)}{A} = e^r - 1 \equiv r_E$$

가 됩니다.

아래 표는 몇 가지 연 이자율 r 값에 대해 상응하는 수익률 r_E의 값을 계산해본 것입니다. r의 값이 작을 때는 수익률 r_E와 큰 차이가 없는데, 값이 커질수록 두 개념 간의 차이도 커짐을 알 수 있습니다. 즉, 이자율 5% 이내의 예금을 논할 때는 사실 연 이자율이나 수익률 사이에 큰 차이는 없다고도 볼 수 있습니다.

[표 2.2] 연속복리 연 이자율과 수익률의 비교: $r_E = e^r - 1$

연 이자율(r)	수익률(r_E)
2%	약 2%
5%	약 5.1%
10%	약 10.5%
30%	약 35.0%
50%	약 64.9%
100%	약 171.8%

2.3.2 일정한 연속증가율의 성장 모형

예금 이자 뿐 아니라, 증가율이나 성장률을 계산해볼 수 있는 다양한 현상들, 예를 들면 국민소득이라든지 인구에도 적용할 수 있습니다.

예 2.5 인구증가모형

$$L(t) = L_0 e^{0.02t}$$

이 식은 $t = 0$일 때 값이 $L(0) = L_0$이고, t의 값이 커질수록 $L(t)$의 값이 점점 증가하는 상황을 보여줍니다. 식에서 독립변수 t 앞에 붙은 계수 0.02는 “연 이자율” 혹은 “연 증가율”의 개념으로 이해할 수 있습니다.

만약 $L(t)$가 기준연도로부터 t년 후의 인구를 나타내는 모형이라고 한다면, 기준연도인 $t=0$일 때의 인구가 L_0였고 그 이후에는 연속적으로 (예금 이자 계산에서 연속복리 적립과 같은 방식으로) "연 증가율" 2%로 인구가 불어나는 것을 묘사합니다. 여기서 "연 증가율"이 어떤 의미인지는 좀 더 따져볼 필요가 있습니다.

인구, 자본 및 국민소득의 성장

앞에서 본 것처럼 연 이자율 r이 비교적 작은 숫자라면 (예를 들어 5% 미만), 1년간의 실제 이자율과 거의 같은 의미로 사용할 수 있습니다. 이 아이디어는 원금에 이자가 붙는 예금에만 적용할 수 있는 것이 아니라, 일반적으로 증가 또는 감소하는 추세를 보이는 어떤 경제변수에도 활용할 수 있습니다.

인구 및 자본의 성장

예를 들어, 한 국가의 노동 인구가 1년에 2%씩 증가하고 있다고 해봅시다. 원래 인구가 L_0였다면 1년 후의 인구는 $L_1 = L_0(1+0.02) = 1.02L_0$, 2년 후의 인구는 $L_2 = L_1(1+0.02) = (1.02)^2 L_0$이 되고 t년 후에는 $L_t = (1.02)^t L_0$이 될 것입니다.

하지만 연 증가율 2%는 비교적 작은 숫자이므로 이는 마치 연속복리식으로 연 증가율 2%가 적용된 것처럼 생각하여

$$L_t = L_0 \exp(0.02t)$$

라고 식을 세울 수도 있습니다.

마찬가지로 그 나라의 축적된 자본 수준이 매년 3%씩 증가하고 있다면

$$K_t = K_0 \exp(0.03t)$$

라고 식을 쓸 수 있겠습니다.

국민소득의 결정

이 나라의 국민소득이

$$Y_t = K_t^{0.3} L_t^{0.7}$$

이라는 식에 의해서 모형화될 수 있다고 해봅시다. 이 식은 경제모형에서 자주 사용되는 콥-더글라스 (Cobb-Douglas) 형태의 생산함수입니다. 콥-더글라스 형태에 대해서는 앞으로

다시 다룰 기회가 있을 것이므로 자세한 설명은 생략합니다. 주어진 식을 그대로만 본다면, t라는 시기의 국민소득 Y_t는 그 시기 국가의 자본수준을 0.3제곱한 것과 인구를 0.7제곱한 것의 곱으로 표현될 수 있다는 것입니다. 물론 이 값이 국민소득이 되려면 모든 변수의 단위가 통일되어야 합니다만 이 같은 점은 일단은 무시하겠습니다.

국민소득의 성장

일단 앞에서 제시한 인구 및 자본성장식과, 각 시기의 국민소득 결정식을 주어진 것으로 받아들인다면, 3개의 식들을 결합하여 각 시기의 국민소득을 다른 식으로 표현할 수 있습니다.

$$Y_t = K_t^{0.3} L_t^{0.7} = (K_0 e^{0.03t})^{0.3} (L_0 e^{0.02t})^{0.7} = K_0^{0.3} e^{0.009t} L_0^{0.7} e^{0.014t} = K_0^{0.3} L_0^{0.7} e^{0.009t} e^{0.014t}$$

우선 식의 뒷부분을 정리하면

$$e^{0.009t} e^{0.014t} = \exp(0.009t)\exp(0.014t) = \exp(0.009t + 0.014t) = \exp(0.023t)$$

가 됩니다.

한편, 식의 앞부분은 생산함수 식에 $t = 0$을 대입해보면

$$Y_0 = K_0^{0.3} L_0^{0.7}$$

임을 알 수 있습니다. 따라서

$$Y_t = Y_0 \exp(0.023t)$$

로 정리가 됩니다. 이 식을 보면, 국민소득은 처음 기준연도의 국민소득 Y_0으로부터 매년 0.023씩, 즉 2.3%씩 성장함을 알 수 있습니다.

계산이 제법 복잡합니다. 하지만 연속복리 개념을 사용해서 자연지수함수로 풀지 않고, 비슷한 계산을 $L_t = (1.02)^t L_0$과 $K_t = (1.03)^t K_0$을 사용해서 한다면 더 복잡했을 것입니다.

이와 같이 자연지수함수가 나타내는 연속복리 증가 개념을 활용해서 어떤 모형을 만드는 것은 대략 연 증가율이 얼마인지를 파악할 수 있고 이 값이 지나치게 크지 않다면 매우 간단한 작업입니다.

2.3.3 감소를 표현하는 지수함수 모형

한편 밑수가 1보다 작은 경우의 지수함수는 반대로 점점 그 값이 급격하게 작아지는 감소함수입니다. 예를 들어 $f(t) = e^{-t}$라는 함수는 밑수가 1보다 작은 $1/e$로 감소함수입니다. 이 함수는 무언가 연속적으로 급격히 감소하는 변수를 모형으로 만드는 데 활용될 수 있습니다. 하지만 이대로는 응용 가능한 경우가 많이 떠오르지는 않습니다. 다음 예제는 지수함수의 형태를 조금만 변형하면 흥미로운 모형이 가능함을 보여줍니다.

예제 2.1 $N(t) = 1 - \exp(-0.02t)$

$N(t) = 1 - \exp(-0.02t)$의 그래프를 그려보고, 어떤 현상을 설명하는 데 적절할지 생각해보시오.

이 함수가 어떤 변화의 모습을 나타내는지는 [그림 2.5]의 그래프를 보면 알 수 있습니다. 왜 이런 모습의 그래프가 나오는지 알아봅시다. 먼저 $N(0) = 1 - \exp(0) = 1 - 1 = 0$이므로 함수의 Y절편이 0, 즉 그래프가 원점을 통과해야 합니다. 다음으로 t 앞에 붙은 계수가 음수이므로 t가 커질수록 $\exp(-0.02t)$의 값은 점점 작아집니다. 만약 t가 무한히 커진다면 이 값은 0에 점점 가까워집니다(하지만 t가 아무리 커도 실제로 0이 되지는 않습니다). 따라서 함숫값 $N(t)$는 t가 매우 커지면 1에 매우 가까워짐을 알 수 있습니다. 실제로 그래프의 모양이 [그림 2.5]와 같은지를 확인하기 위해서는 앞으로 미분을 공부해야 합니다.

이 함수는 어떤 상황을 표현하는 모형이 될 수 있을까요? 그리고 함수에서 t의 계수로 붙은 0.02는 어떻게 해석할 수 있을까요? 예컨대 $t = 0$이라는 시점에 새로운 기능을 가진 휴대전화 단말기가 신제품으로 출시되고, $N(t)$는 그 후 t라는 시점에서 이 단말기를 사용하는 사람들의 수라고 해봅시다. $N(t)$가 위의 식을 따른다면 이는 처음에는 아무도 이 신제품을 사용하지 않는 상태에서 꾸준히 사용자의 숫자가 늘어나서 결국에는 1에 점점 더 가까울 정도로 증가한다고 볼 수 있습니다. 여기서 1은 맥락에 따라서 1천만 명일 수도 있고, 1억 명일 수도 있습니다. 혹은 우리나라 인구 전체 100%를 뜻할 수도 있습니다. 시간이 무한히 흐르면 사용자 수가 1이 되므로 잠재적으로 이 제품을 사용할 만한 모든 사람의 숫자라고 해석하겠습니다.

그렇다면 0.02는 무슨 의미일까요? 사용자의 숫자가 2%씩 연속적으로 증가한다는 의미일까요? 그렇지는 않습니다. 만약 그랬다면 사용자의 숫자는 $\exp(0.02t)$라는 식으로 표현되었어야 하겠지요. 식에서 $N(t)$는 신제품 사용자의 숫자이므로 $1 - N(t)$는 잠재적으로 신제품을 사용할 만한 모든 사람 중에서 사용자가 아닌 사람, 즉 아직 신제품을 쓰지 않고 있는 사람의 수입니다. 이 값은 식으로 $\exp(-0.02t)$ 입니다. 여기서 -0.02는 연속적으로 2%씩 "감소"하고 있다고 해석할 수 있습니다. 다시 말해 주어진 식의 의미는 신제품을 사용하지 않는 사람들이 2%의 감소율로 연속적으로 줄어들고 있는 상황을 나타냅니다(사용자가 2%씩 늘어나는 것과는 조금 다른 의미이죠).

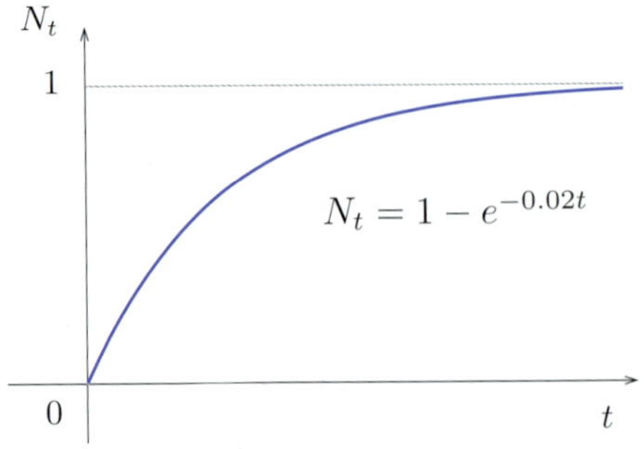

[그림 2.5] 함수 $N(t) = 1 - \exp(-0.02t)$의 그래프

로지스틱함수

지금까지 살펴본 모형들은 지속적으로 일정하게 늘어나거나, 일정하게 감소하는 상황을 나타내는 데 적절합니다. 한편 자주 응용에 등장하는 모형으로 다음과 같은 것도 있습니다.

$$y = \frac{e^t}{1 + e^t}$$

이 함수는 **로지스틱함수**(logistic function)의 한 예이고, 그래프는 [그림 2.6]과 같습니다. 왜 이런 모양이 나오는지를 확인하려면 지수함수 및 지수함수의 분수 형태에 대한 미분을 할 줄 알아야 하므로, 제6장까지 미루겠습니다.

로지스틱함수는 증가속도가 점점 빨라지다가, 좀 더 시간이 지나면 속도가 느려지면서 일정한 값으로 수렴하는 현상을 나타내는 데 좋습니다. 예를 들면, 새로운 감염병이 발생했을 때 이같은 모형을 사용해서 감염자 수를 추적할 수 있습니다.

또한 데이터과학이나 인공지능 연구에서 사용되는 기계학습(machine learning) 또는 심층학습(deep learning) 모형에서도 로지스틱함수가 사용됩니다. 주어진 데이터를 알고리즘이 학습할 때, 단지 옳거나(1) 그른(0) 것으로 양분되는 디지털 논리를 사용하지 않고, 그림과 같은 확률적 논리를 사용하게 하는 것입니다.

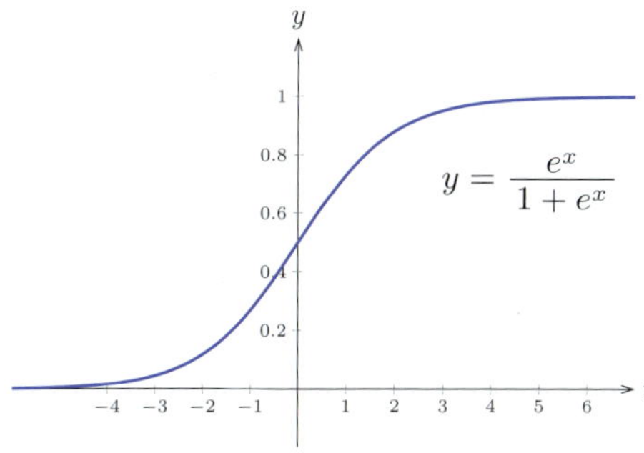

[그림 2.6] 로지스틱 함수

2.3.4 현재가치의 계산

현재가치: (1) 연속복리

자연상수를 정의할 때 보았듯이 원금 A에 연 이자율 r을 연속복리로 적용하면 1년 후 받게 되는 원금과 이자의 합계는 Ae^r입니다. 1년만 예금하는 것이 아니라, 계속해서 t년간 예금한다면

$$A \underbrace{e^r}_{1} \cdot \underbrace{e^r}_{2} \cdots \underbrace{e^r}_{t} = A(e^r)^t = Ae^{rt}$$

이 됩니다.

이렇게 A를 저금해서 t년 후 얻은 금액을 B라고 하면 $B = Ae^{rt}$이고 이 식을 뒤집으면 $A = Be^{-rt}$이 됩니다. 이 식이 의미하는 바는 연 이자율 r의 연속복리 하에서 t년 후에 B를 타기 위해서는 지금 현재 A를 저금하면 된다는 것입니다.

이때 A를 B의 **현재가치**(present value, 줄여서 PV)라고 부릅니다. 즉, 연 이자율 r의 연속복리 하에서 '현재'에 A를 예금하면 t년 후에 B를 받을 수 있고, 거꾸로 B를 받기 위해서는 '현재' A를 예금해야 합니다. 주어진 예금의 조건으로 볼 때 현재의 A와 미래(t년 후)의 B는 서로 가치가 같습니다. 즉, 미래가치 B의 현재가치는 A입니다.

$$\underbrace{A}_{\text{현재 가치}} = \underbrace{B}_{t\text{년 후 가치}} \ e^{-rt}$$

현재가치: (2) 불연속복리

앞에서 계산했던 현재가치 공식은 이자가 매 순간 적립되는 연속복리라는 가정 하에서 만들어졌습니다. 현재가치는 그 식 하나로 딱 정의되는 것이 아니라, 이자를 지급하는 형태에 따라 달라집니다. 이제 이자가 매 순간 적립되는 연속복리가 아니라 일정 기간을 두고 불연속적으로 적립되는 경우도 공식을 만들어 보겠습니다.

제일 단순한 경우로 연말에 딱 한 번 이자가 적용되는 경우를 생각해보죠. 이 경우에는 연 이자율과 수익률이 같은 개념이 됩니다. 즉 앞에서 수익률을 계산했던 것처럼, A라는 원금을 연 이자율 r로 예금한다면 연말에는 $A(1+r)$이 됩니다. 그런데 연말에 돈을 찾지 않고 이 상태로 t년 간을 계속해서 예금해 둔다면, 첫 해 발생한 이자는 다음 해부터 원금에 포함이 되고, 둘째 해에 발생한 이자는 또 셋째 해부터 원금에 포함이 되어, 결국 원금과 이자의 합은 $A(1+r)^t$가 될 것입니다.

미래에 받는 금액을 $B = A(1+r)^t$이라고 쓴다면, 이제 현재가치를

$$A = \frac{B}{(1+r)^t} = B(1+r)^{-t}$$

라고 쓸 수 있습니다. 이 식에서 A가 B의 현재가치입니다. 보다 정확하게는 1년에 한 번씩 연 이자율 r이 적용되고, 매년 발생한 이자는 다음 해 원금으로 포함되는 불연속 방식의 복리 하에서 B의 현재가치는 A입니다. 현재가치의 계산 공식은 이자의 지급 방식에 따라 달라지는 것입니다.

만약 이자 지급이 1년에 두 번씩이라면 그에 맞추어 공식을 수정하면 됩니다. 첫 1년이 지나고 나면 원금과 이자 합계는 $A(1+r/2)^2$일 것입니다. 이런 식으로 t년이 지나면 $A(1+r/2)^{2t}$이 되어 있을 것입니다.

따라서 t년 후 받는 B의 현재가치는

$$A = \frac{B}{(1+r/2)^{2t}} = B\left(1+\frac{r}{2}\right)^{-2t}$$

이 됩니다.

마찬가지로 이자 지급이 1년에 n번씩이면 t년 후에 받는 B의 현재가치는

$$A = B\left(1+\frac{r}{n}\right)^{-nt}$$

이 되고, 이미 자연상수를 정의할 때 본 것처럼 n의 크기를 무한대로 크게 하면 그 극한값은

$$A = \lim_{n\to\infty} B\left(1+\frac{r}{n}\right)^{-nt} = Be^{-rt}$$

이 되어 연속복리 하에서 도출한 공식과 동일한 결과를 얻습니다.

주요 개념 및 용어

다항함수, 지수함수, 자연상수, 자연지수함수, 복리, 연 이자율, 수익률, 현재가치

요약

- 다항함수는 $f(x) = a_n x^n + \cdots + a_1 x + a_0$ 과 같은 형태의 함수이다.
- 지수함수는 $f(x) = b^x$ 의 형태를 가진 함수로 $b > 1$ 이면 증가함수, $0 < b < 1$ 이면 감소함수이고 그래프의 Y절편은 b의 값에 관계 없이 1이다.
- 자연상수 e는 아래 식에 의해 정의되는 상수이며, 약 2.72의 값을 갖는다.

$$\lim_{n \to \infty} \left(1 + \frac{1}{n}\right)^n \equiv e$$

- 연 이자율 r의 연속복리로 이자가 적립될 때 1년 후 원금과 이자의 합은 e^r 이다.
- 자연상수 e를 밑으로 갖는 함수가 자연지수함수 $f(x) = e^x$ 이다. $e > 1$ 이므로 증가함수이다.

연습문제

2-1 다음의 다항식 또는 지수식을 계산하여 단순한 형태로 정리하시오.

(a) $25x^2 + 0.5x^{-1} - x^7 + 10x^{-2} - 2x^2 + 2x^{-2} + 0.5x^{-1} =$

(b) $(2^3)^2 - 4^2/2 + (3^x)(3^y) =$

(c) $e^x + e^{2x} + (e^x)(e^x) + (e^x)^2 + \exp(x^2) =$

2-2 본문에서 연속복리 하의 연 증가율 100%는 약 170%의 수익률에 해당됨을 보았다.

(a) 연속복리 하의 연 증가율 −100%(즉 연 감소율 100%)를 수익률로 환산하면 얼마인가? (계산기 사용)

(b) 마찬가지로 계산기를 사용하여 아래 표의 내용을 완성하시오.

음수 연 이자율과 수익률의 비교

연 이자율($r < 0$)	수익률($r_E = e^r - 1$)
−2%	
−5%	
−10%	
−30%	
−100%	

2-3 어떤 나라의 현재 1인당 국민소득이 2만 달러이고, 앞으로 매년 2%씩 1인당 국민소득이 성장할 것으로 전망되고 있다고 한다. 앞으로 t년 후의 1인당 국민소득을 자연지수함수를 사용하여 식으로 나타내시오.

2-4 개봉 t일 후의 시점에서 어느 영화의 총 관람객 수를

$$M(t) = 500[1 - \exp(-0.05t)]$$

라는 식으로 나타낼 수 있다고 하자(단, 식의 단위는 만 명).

(a) 이 식에 따르면 충분히 오래 상영할 경우 이 영화의 최대 관람객 수는 약 몇 명일 것으로 예상되는가?

(b) $t=30$과 $t=60$일 때의 관람객 수를 각각 계산하시오. [계산기 사용]

(c) 이 영화의 총 제작비 및 홍보비 등으로 250억 원이 지출되었고, 상영일 하루 당 극장 대여비 등으로 매일 5억 원이 지출된다. 또한 관람객 1인당 수입은 1만 원이다. 60일간 상영할 경우 이 영화의 제작사의 순이익은 어느 정도일지 대략 계산해 보시오. [계산기 사용]

2-5 어느 나라의 국민소득을 다음의 식으로 나타낼 수 있다고 한다.

$$Y_t = A_t\left(\sqrt{L_t} + \sqrt{K_t}\right)$$

여기서 아래 첨자 t는 t년도의 변숫값임을 의미하며, Y는 국민소득, A는 기술수준, L은 노동력, K는 자본을 의미한다. 또한 초기 조건, 즉 기준년도의 변숫값들은 각각 Y_0, A_0, L_0, K_0이다.

기술수준이 매년 1%, 노동력은 매년 2%, 자본이 매년 2%씩 증가할 경우 자연지수함수를 사용하여 Y_t를 초기조건들의 식으로 나타내시오.

2-6 어느 나라의 국민소득을 다음의 콥-더글라스 형태로 나타낼 수 있다고 한다.

$$Y_t = K_t^{2/3}L_t^{1/3}$$

여기서 아래첨자 t는 t년도의 변숫값임을 의미하며, Y는 국민소득, K는 자본수준, L은 노동인구를 의미한다. 만약 이 나라의 인구가 매년 1%씩 감소하고 있다면, 국민소득을 현재 수준으로 유지하기 위해서는 자본수준에 어떤 변화가 있어야 하는가?

Chapter 03

로그함수

제2장에서 공부한 지수함수는 단조함수입니다. $f(x) = b^x$ 에서 $b > 1$ 인 경우는 증가함수, $0 < b < 1$ 인 경우는 감소함수이므로 두 경우 모두 단조함수이고, 따라서 일대일함수입니다. 제1장에서 공부한 대로 일대일함수는 역함수를 갖습니다. 따라서 지수함수도 역함수를 갖습니다. 지수함수의 역함수를 **로그함수**(logarithmic function)라고 부릅니다.

지수함수는 밑수가 상수이고, 밑을 제곱하는 지수(혹은 차수)의 자리에 독립변수 x가 들어 있는 함수입니다. 로그함수도 역시 밑이 상수인데, 이번에는 지수의 자리에 종속변수 y가 들어갑니다. 다시 말해 로그함수는 $x = b^y$ 의 짝짓기 규칙을 가리킵니다. 일반적으로 함수는 종속변수를 좌변에, 독립변수를 우변에 두어 $y = f(x)$의 형태로 쓰는데, $x = b^y$ 을 풀어서 $y = f(x)$ 형태로 쓰려면 우리가 지금까지 알고 있는 다항함수나 지수함수로는 이 관계를 나타낼 수가 없습니다. 그래서 새로운 기호를 도입하여 이를

$$y = \log_b x \quad \text{또는} \quad y = \log_b(x)$$

라고 표시합니다. 즉 $y = \log_b x$와 $x = b^y$ 은 같은 짝짓기 규칙을 나타냅니다. 그래서 $y = \log_b x$가 나타내는 짝짓기 규칙은, 식 $x = b^y$ 으로도 이해할 수 있습니다. 따라서 로그함수가 나타내는 관계는 다음과 같습니다.

> 먼저 함수 $y = f(x)$는 독립변수 x를 주면 그에 대응하는 종속변수 y를 찾는 규칙이라는 점을 기억합시다. $y = \log_b x$라는 말은 곧 $x = b^y$ 이라는 말이고, 이는 어떤 값 x를 준 다음에 밑수 b를 '몇 번이나' 제곱하면 그 x 값이 나오게 할 수 있는가?를 물어봅니다. 이 질문에 대한 답이 바로 원하는 함숫값 y입니다.

다소 막연할 수 있으므로 몇 가지 예를 살펴보겠습니다.

예 3.1 상용로그

밑수가 $b = 10$인 경우를 봅시다. 즉 함수

$$y = \log_{10} x$$

의 값을 계산해봅시다. 밑이 10인 로그는 상용로그(common logarithm)라고 부릅니다.

(a) $x = 10$: '밑수 10을 몇 번 제곱하면 10이 나오는가?'에 대한 답이 곧 로그값이므로 $\log_{10} 10 = 1$입니다.

(b) $x = 100$: 마찬가지로 '밑수 10을 몇 번 제곱하면 100이 나오는가?'에 대한 답은 2이므로 $\log_{10} 100 = \log_{10} 10^2 = 2$.

(c) $x = 1000$: 밑수 10을 세 번 제곱하면 1000이 나오므로 $\log_{10} 10^3 = 3$.

(d) $x = 1$: 밑수 10을 몇 제곱하면 1이 나올까요? 지수 계산의 규칙을 기억해본다면 어떤 수를 0제곱하면 1이 나오게 되므로, 답은 $\log_{10} 1 = \log_{10} 10^0 = 0$.

(e) $x = 2$: 이번에는 10을 몇 제곱하면 2가 나올까요? 이 문제는 그냥 손으로는 답을 얻을 수가 없습니다. 밑이 10인 지수함수는 증가함수이고, 그 역함수인 상용로그 함수도 증가함수일 것입니다. 그런데 2는 1보다는 크고 10보다는 작은 수이므로, $\log_{10} 2$는 $\log_{10} 1 = 0$보다는 크고 $\log_{10} 10 = 1$보다는 작은 수일 것입니다. 여기서 간단한 계산으로 더 이상 이 값을 알아내는 것은 어렵습니다. 이렇게 쉽게 계산할 수 없는 경우들에 대해서는 계산기를 사용하거나, 미리 값을 계산해 놓은 로그표를 사용해야 할 것입니다.

(f) $x = -1$: 10을 몇 제곱하면 -1이 나올까요? 10을 아무리 작은 수로 제곱해도 그 결과가 음수가 되게 만들 수는 없습니다. 즉 $x = -1$일 때 $y = \log_{10} x$는 정의되지 않습니다. 마찬가지로 10을 아무리 제곱해도 0을 만들 수는 없습니다. 즉, 0 또는 0보다 작은 수는 $y = \log_{10} x$라는 함수의 정의역에 포함될 수 없습니다.

예 3.2 밑이 2인 로그함수

이번에는 밑수가 $b = 2$인 경우를 보겠습니다. 즉 함수 $y = \log_2 x$를 고려합니다. 이는 곧 $x = 2^y$를 가리키고, 다시 말해서 어떤 수 x가 주어질 때 2를 몇 번 제곱하면 그 수 x를 만들 수 있는지를 알아내면 그 값이 y입니다.

(a) $\log_2(2) = 1$: $x = 2$가 주어지면 2를 1번 제곱하면 되므로 답은 1입니다.

(b) $\log_2(4) = 2$: 2를 2번 제곱하면 4이므로 답은 2입니다.

(c) $\log_2(8) = 3$: 2를 3번 제곱하면 8이므로 답은 3입니다.

(d) $\log_2(1) = 0$: 어떤 수이든지 0번 제곱하면 1입니다. 따라서 답은 0입니다.

(e) $\log_2(1/2) = -1$: $2^{-1} = 1/2$이므로 답은 -1입니다.

(f) [예 3.1]의 (f)에서 본 것처럼, $\log_2(0)$이나 $\log_2(-1)$은 정의되지 않습니다.

3.1 로그함수의 기본 성질 및 그래프

앞의 예들을 통해서 알게 된 로그함수의 몇 가지 기본적인 성질들을 정리해 보겠습니다. 지수함수를 밑이 $b > 1$인 경우와 $0 < b < 1$인 경우로 나누어서 공부했는데, 로그함수에 대해서는 $b > 1$인 경우만을 다루도록 하겠습니다. 실제로 로그가 유용하게 쓰는 대부분 상황은 $b > 1$인 경우입니다.

우선 밑수 b가 무엇이든지 상관없이 로그의 정의에 따라

$$\log_b 1 = 0$$
$$\log_b b = 1$$
$$\log_b b^n = n$$

이 성립합니다.

또한 로그함수 $y = \log_b(x)$의 그래프는 밑이 같은 지수함수 $y = b^x$의 그래프로부터 모양을 유추해낼 수 있습니다(로그함수 그래프를 좀 더 정확하게 그리는 방법은 나중에 미분을 공부하면 해결이 될 것입니다). 이는 주어진 함수로부터 역함수의 그래프를 그리는 방법을 알면 됩니다.

역함수는 원래 함수에서 독립변수와 종속변수의 역할을 바꾸는 것이므로, 짝짓기 규칙 자체는 동일하지만, 변수들의 기호에 특별한 의미가 없을 경우 독립변수를 x로 나타내는 관행에 따라서 x와 y의 위치를 바꾸어서 역함수 공식을 쓸 수 있다고 했습니다.

즉, $y = f(x)$라는 함수의 역함수는 $x = f^{-1}(y)$라고 쓰는 것이 옳지만, 변수 기호에 특별한 의미가 없을 경우 좌변의 종속변수를 y라고 쓰는 관행에 따라서 $y = f^{-1}(x)$라고 쓰기도

합니다.[7] 이렇게 써놓고 나면 원래 함수와 역함수의 그래프를 같은 좌표평면상에 동시에 그려볼 수 있습니다. 그 방법은 $y = x$, 즉 45도 직선을 그려 놓고서 이 직선을 중심으로 원래 함수 그래프의 거울상을 만드는 것입니다(이 과정은 바로 y와 x의 역할을 바꾸는 것에 해당합니다). [그림 3.1]에는 $b = 2$인 경우, 즉 $y = 2^x$와 $y = \log_2 x$의 그래프가 함께 그려져 있습니다.

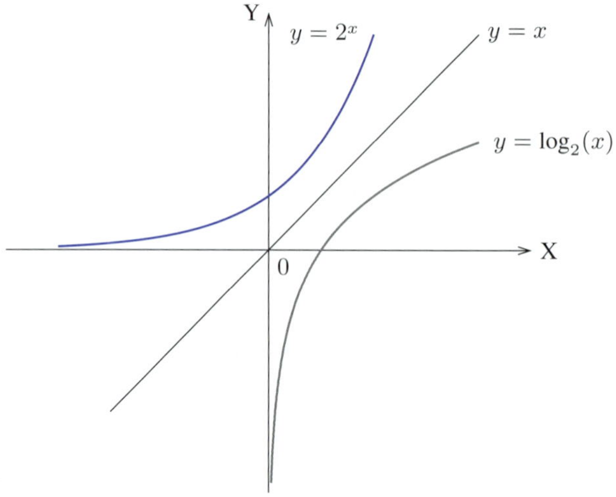

[그림 3.1] 지수함수와 로그함수의 그래프

그래프의 구체적인 형태보다 우리가 짚고 넘어가야 할 점은 크게 두 가지입니다. 첫 번째는 로그함수의 정의역에 대한 것입니다. 그림에도 잘 나와 있지만 로그함수의 값은 독립변수가 0이거나 음수일 때는 정의되지 않습니다. 즉, 로그함수의 독립변수는 $x > 0$을 만족해야 합니다. 이는 지수함수의 경우 함수의 값이 항상 0보다 큰 수로 $y > 0$인 것과 같은 이치입니다. [그림 3.1]을 보면 Y축의 왼쪽에는 로그함수가 그려지지 않았습니다.

두 번째는 ($b > 1$일 때) 지수함수가 증가함수인 것처럼, 로그함수도 증가함수라는 점입니다. 물론 지수함수는 그래프의 기울기가 점점 가팔라지는 모양인 반면에, 로그함수의 그래프는 기울기가 점점 완만해지는 모양인 것이 다릅니다만, 어쨌든 증가함수입니다.

앞에서 지적했듯이 독립변수의 값이 1일 때는 로그함수 값이 0이므로 X-절편이 1입니다(이는 지수함수의 Y-절편이 1인 것과 같은 이치입니다). 따라서 독립변수의 값이 1보다 작을 때는 로그함수의 값은 0보다 작을 것입니다. 즉,

7) 상당히 혼란스럽게 느껴질 수 있는 설명입니다만 역함수의 표기에서 실제로 이렇게 혼란이 나타나는 경우가 있습니다. 구체적인 경제모형에서는 대개 변수의 이름에 특별한 의미가 있으므로 이런 문제가 나타나지 않습니다. 예를 들어 수요함수가 $Q = D(P)$이면 역수요함수는 $P = D^{-1}(Q)$입니다.

$$0 < x < 1 \text{이면 } y = \log_b x < 0$$
$$x > 1 \text{이면 } y = \log_b x > 0$$

입니다.

3.2 로그함수의 유용한 성질들

기본 성질들에 이어서, 로그함수를 사용할 때 알아두면 매우 쓸모있는 성질들을 몇 가지 공식으로 정리해 보겠습니다.

3.2.1 독립변수 간의 곱셈을 종속변수 간의 덧셈으로 변환

$$\log_b(x_1 x_2) = \log_b(x_1) + \log_b(x_2) \tag{3.1}$$

즉, 로그함수의 독립변수가 $x_1 x_2$ 이라면 그 함숫값은 x_1 일 때의 함숫값과 x_2 일 때의 함숫값을 더한 것과 같습니다. 예를 들어,

$$\log_{10}(10^2 \cdot 10^3) = \log_{10}(10^{2+3}) = \log_{10}(10^5) = 5 = \underbrace{\log_{10}(10^2)}_{=2} + \underbrace{\log_{10}(10^3)}_{=3}$$

의 관계가 성립합니다.

증명

로그함수 개념을 익히는 연습 삼아 공식 (3.1)을 증명해 보도록 하겠습니다. 우선 $a = x_1 x_2$ 라고 합시다. 또한 편의상 "영어 소문자로 된 변수를 가진 로그함수의 값을 같은 영문자의 대문자로 표시한다"라는 약속을 하겠습니다. 즉,

$$A = \log_b(a) = \log_b(x_1 x_2)$$
$$X_1 = \log_b(x_1)$$
$$X_2 = \log_b(x_2)$$

로 줄여서 쓰기로 약속합니다.

그런데 $X_1 = \log_b(x_1)$에 로그함수의 정의를 적용하면 $x_1 = b^{X_1}$ 이고, 마찬가지로 $X_2 = \log_b(x_2)$는 $x_2 = b^{X_2}$를 뜻합니다. 따라서

$$a = x_1 x_2 = b^{X_1} \cdot b^{X_2} = b^{X_1 + X_2}$$

가 성립합니다. 이 식에 또다시 로그함수의 정의를 적용하면

$$X_1 + X_2 = \log_b(a)$$

입니다. 그런데 $A = \log_b a = \log_b(x_1 x_2)$ 이므로 방금 도출한 식은

$$A = X_1 + X_2 \tag{3.1'}$$

입니다. 식 (3.1)과 식 (3.1′)을 비교해보면 같은 식임을 알 수 있습니다. ◀

예 3.3 로그 계산

(a) $\log_2(6) = \log_2(2 \cdot 3) = \log_2(2) + \log_2(3) = 1 + \log_2(3)$

(b) $\log_b(x^2) = \log_b(x \cdot x) = \log_b(x) + \log_b(x) = 2\log_b(x)$

(c) $\log_b(LK) = \log_b(L) + \log_b(K)$

3.2.2 독립변수 간의 나눗셈을 종속변수 간의 뺄셈으로 변환

$$\log_b\left(\frac{x_1}{x_2}\right) = \log_b(x_1) - \log_b(x_2) \tag{3.2}$$

이번에는 독립변수들끼리의 나눗셈 계산은 함숫값끼리의 뺄셈 계산으로 변환된다는 의미의 공식입니다. 즉,

$$\log_{10}\left(\frac{10^3}{10^2}\right) = \log_{10}(10) = 1 = \underbrace{\log_{10}(10^3)}_{=3} - \underbrace{\log_{10}(10^2)}_{=2}$$

과 같은 계산이 가능합니다.

증명

식 (3.2)도 식 (3.1)과 비슷한 방식으로 증명할 수 있습니다. 이번에는 $a = x_1/x_2$ 라고 부른다면,

$$a = \frac{x_1}{x_2} = \frac{b^{X_1}}{b^{X_2}} = b^{X_1 - X_2}$$

이 성립합니다. 따라서

$$X_1 - X_2 = \log_b(a) = A \tag{3.2'}$$

가 되는데 식 (3.2′)은 식 (3.2)와 같은 의미입니다. ◀

3.2.3 독립변수의 거듭제곱을 종속변수의 배수로 변환

$$\log_b x^k = k \log_b x \tag{3.3}$$

이 식은 (3.1)에서 바로 다음과 같이 도출할 수 있습니다.

$$\log_b x^k = \log_b(\underbrace{xx\cdots x}_{k\text{번 곱셈}}) = \underbrace{\log_b x + \log_b x + \cdots + \log_b x}_{k\text{번 덧셈}} = k \log_b x$$

앞의 [예제 3.3(b)]는 이 식에서 $k = 2$인 경우였습니다.

(3.1)과 (3.3)을 결합하면 (3.2)를 다른 방법으로 증명할 수도 있습니다. 즉,

$$\log_b\left(\frac{x_1}{x_2}\right) = \log_b\left(x_1 \cdot x_2^{-1}\right) \underbrace{=}_{(3.1)} \log_b(x_1) + \log_b\left(x_2^{-1}\right) \underbrace{=}_{(3.3)} \log_b(x_1) - \log_b(x_2)$$

예 3.4 로그 계산

(a) $\log_b(L^{0.3}K^{0.7}) = 0.3\log_b(L) + 0.7\log_b(K)$

(b) $\log_b(Ae^{rt}) = \log_b(A) + \log_b(e^{rt}) = \log_b(A) + rt\log_b(e)$

3.3 자연로그함수

로그함수에서 밑수가 10인 경우를 상용로그(common logarithm)라고 합니다. 아마 고등학교 수학에서 접한 적이 있을 것입니다. 이것을 '상용'이라고 부르는 것은 흔히, 자주, 쉽게 사용한다는 의미일 것입니다. 그런데 수학 및 경제학에서 상용로그보다 더 많이 사용하는 것은 '**자연로그**'(natural logarithm)입니다. 자연로그란 지난 장에서 소개한 숫자인 자연상수 e를 밑수로 사용하는 로그입니다.

자연로그함수는 매우 자주 사용되므로 별도의 기호를 만들어서

$$\log_e(x) = \ln(x)$$

라고 표기합니다. ln( )이라는 기호에서 첫 글자 l은 물론 로그를 가리키고, 두 번째 글자 n은 '자연'(natural)에서 따온 것입니다.

물론 로그함수의 정의상

$$y = \ln(x)\text{이면 } x = e^y$$

이 성립합니다. 또한 앞에서 설명한 로그함수의 주요 성질들은 모두 자연로그함수에도 적용됩니다. 즉,

$$\begin{aligned}&\ln(e^x) = x\\&\ln(x_1x_2) = \ln(x_1) + \ln(x_2)\\&\ln(x_1/x_2) = \ln(x_1) - \ln(x_2)\\&\ln(x^k) = k\ln(x)\end{aligned}$$

가 성립합니다.

자연로그함수가 왜 '자연'스러운지는 아직은 설명하기 어렵고, 앞으로 미분을 공부하게 되면 알게 될 것입니다.

3.4 응용

지수함수의 역함수라는 특성을 생각해본다면, 지수함수와 마찬가지로 로그함수는 무언가 일정한 증가율로 변화하는 변수를 다루는 데 유용하게 활용될 수 있습니다. 또한, 앞에서 본 로그함수의 계산과 관련된 기본 성질들은 지수가 관련된 복잡한 식을 단순하게 만드는 데 쓸모 있습니다.

예를 들어, 로그는 곱셈 형태로 되어있는 식을 덧셈 형태로 변환시켜줍니다. 기업의 매출액(수입) R은 가격 P와 판매량 Q의 곱 $R = PQ$로 계산합니다. 이 식 양변의 로그를 취하면 (밑이 무엇인지는 중요하지 않습니다) $\log R = \log P + \log Q$가 됩니다. 즉 매출액의 로그값은 가격의 로그값과 판매량의 로그값의 합으로 계산할 수 있습니다. 큰 숫자의 경우 곱셈보다는 덧셈이 더 편리합니다. 모든 자료를 일단 로그값으로 변환시켜 놓으면, 덧셈으로 곱셈을 대신할 수 있습니다. 경제모형에서 자주 사용되는 Cobb-Douglas 생산함수는 지수식의 곱셈 형태입니다: $q = AK^{\alpha}L^{\beta}$. 이 식 양변의 로그를 취하면 역시 덧셈으로 변환됩니다: $\log q = \log A + \alpha \log K + \beta \log L$.

3.4.1 데이터의 로그 변환

자연지수함수 모형에 자연로그를 적용하면 식이 특히 단순해집니다: 연 증가율 r을 가진 성장모형 $y = \exp(rt)$의 양변에 자연로그를 적용하면 $\ln y = rt$가 됩니다.

경제변수 중에는 계속해서 성장하는 성질을 가진 것이 많고, 또한 그런 성장의 패턴을 분석할 필요가 있는 경우도 많습니다. 인구라는 변수가 그렇고, 국민소득(GDP)이라는 변수도 그렇습니다. 예금이자율에서 연속복리는 매 순간 이자가 적립되는 상황을 가리키는데, 그 외의 여러 가지 경제변수의 경우에 실제 증가 현상은 띄엄띄엄 일어나더라도 이를 연속적으로 일어나고 있는 것처럼 모형화하는 것이 편리한 경우가 많습니다.

그래서 t라는 시점에서 인구를 N_t라고 한다면 $N_t = N_0 e^{rt}$으로 나타낼 수 있습니다. 여기에서 r은 (연속복리에서 연 이자율 개념의) 인구증가율이 되겠습니다. 즉, 실제 1년간의 인구증가율은 r과 다르지만, 만약 증가율 값이 작은 편이라면 거의 같은 값으로 간주할 수 있습니다. 현실에서 인구증가율이 연 5% 미만이라는 점을 생각해보면 두 개념을 섞어 쓸 수 있습니다.

그런데 지수함수의 그래프를 그려보면 알겠지만, 증가율 r이 비교적 작은 숫자라 하더라도 오랜 기간에 걸쳐서 증가가 일어나면 그 값이 매우 커집니다. 따라서 실제 그래프를 그려놓았을 때, 초깃값의 변화는 별로 눈으로 알아볼 수 없는 상황이 되어 불편할 수 있습니다.

이럴 때 그래프를 한눈에 들어오게 하는 방법 중 하나는 바로 데이터값에 로그를 씌워주어 변환시키는 것입니다. 만약 $N_t = N_0 e^{rt}$과 같이 고정된 증가율로 늘어나는 변수에 로그를 취하여 그래프를 그리면 직선으로 변환됩니다. 이는 상용로그함수에서 독립변수의 값이 10, 100, 1000과 같이 10배가 될 때마다, 로그의 값은 1, 2, 3과 같이 1씩 늘어나는 것과 같은 이치입니다.

이를 공식으로 확인해보겠습니다. 우선 여기서 N_t를 그래프로 그린다는 것은 가로축에 시간 t를 놓고, 세로축에 N_t의 값들을 찍어서 그 궤적을 본다는 뜻입니다. 한편, 데이터에 자연로그를 씌워주면, 가로축은 여전히 t이지만 세로축은 이제 $\ln(N_t)$가 됩니다.

출발점 $t = 0$과 어떤 임의의 시점 $t = T$를 비교한다고 합시다. 출발점에서의 값은 물론 N_0인데, 로그를 씌운 그래프에서는 $\ln(N_0)$의 값을 가질 것입니다. 한편, 시점 $t = T$에서 변숫값은 $N_t = N_0 e^{rT}$이므로 이때 로그값은 $\ln(N_0 e^{rT})$입니다. 이제 두 점 사이의 변화율을 구해 보면

$$\frac{\Delta \ln(N)}{\Delta t} = \frac{\ln(N_T) - \ln(N_0)}{T - 0} = \frac{\ln(N_T / N_0)}{T} = \frac{1}{T} \ln\left(N_0 e^{rT} / N_0\right) = \frac{1}{T} \ln(e^{rT}) = \frac{rT}{T} = r$$

즉, 임의의 두 시점 간의 변화율을 계산해보니 그 값이 시간 T와 무관하게 상수로 나왔다는 뜻이고, 이는 $\ln(N_t)$의 그래프는 기울기가 일정한 직선이라는 뜻입니다. 그 기울기는 바로 r입니다. 다시 말해, 연 증가율 r로 증가하는 데이터에 자연로그를 씌워 그림을 그려보면, 기울기가 r인 직선이 됩니다. 거꾸로 말해서, 자연로그로 변환해 그린 그림에서 기울기가 r인 직선이 나온다면, 원래 데이터는 연 증가율 r로 증가하고 있었던 것입니다.

이 관계는 원래 공식 $N_t = N_0 e^{rt}$의 양변에 자연로그를 취해보아도 얻을 수 있습니다.

$$\ln(N_t) = \ln(N_0 e^{rt}) = \ln(N_0) + \ln(e^{rt}) = \ln(N_0) + rt$$

이 식에서 $Y = \ln(N_t)$라고 지정하고 $\ln(N_0)$는 상수이므로 임의의 기호 a로 표시하면, 그리고 가로축에 있는 t를 기호 X로 바꾼다면 $Y = a + rX$, 기울기가 r인 직선이 됩니다.

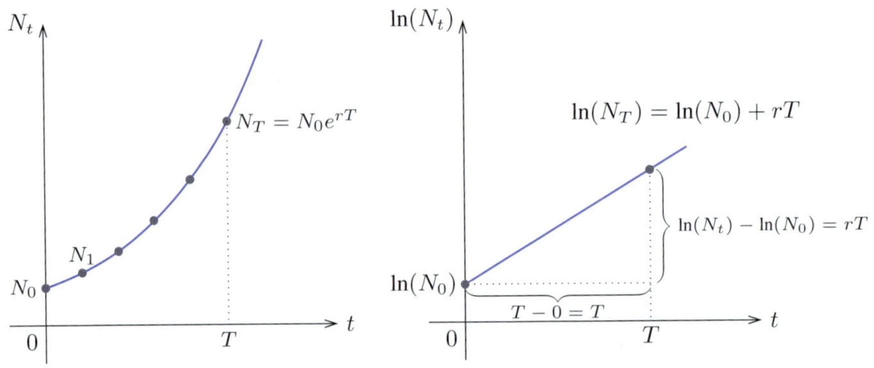

(a) 원래 데이터 (b) 로그 변환 데이터

[그림 3.2] 데이터의 로그 변환

물론 실제로 오랜 기간에 걸쳐서 증가율이 계속 동일한 값 r은 아닐 것입니다. 따라서 실제 데이터에 대해서 자연로그를 씌워서 그래프로 그려본다면 기울기가 일정한 단 하나의 직선이 아니라, 구간에 따라서 기울기가 변하는 모습이 나타날 것입니다. 그 중 거의 직선에 가까운 좁은 구간을 잡는다면 그 좁은 구간의 기울기가 바로 그 기간의 데이터의 증가율인 것입니다.

세계인구의 증가 동향

방금 설명한 내용을 세계인구 데이터에 적용해보겠습니다. 서기 1년경에 약 2억 명이었던 세계인구는 1000년경에 약 3억 명, 1800년경에 약 9억 8천만 명, 1900년경에 약 16억 5천만 명, 1950년 25억 3천만 명, 2000년 60억 7천만 명을 거쳐 2010년에는 69억 명이라고 합니다. 서기 1년에서 2000년 사이에 약 30배, 즉 3000% 증가한 셈입니다. 이같은 인구증가 동향을 그래프로 그려보면 [**그림** 3.3]과 같습니다. 이 그래프에서 가로축은 연도 t이고, 세로축은 인구 N_t 입니다. 처음에는 인구가 비교적 완만하게 증가하다가 1800년경부터 급격하게 증가하는 것을 볼 수 있습니다.

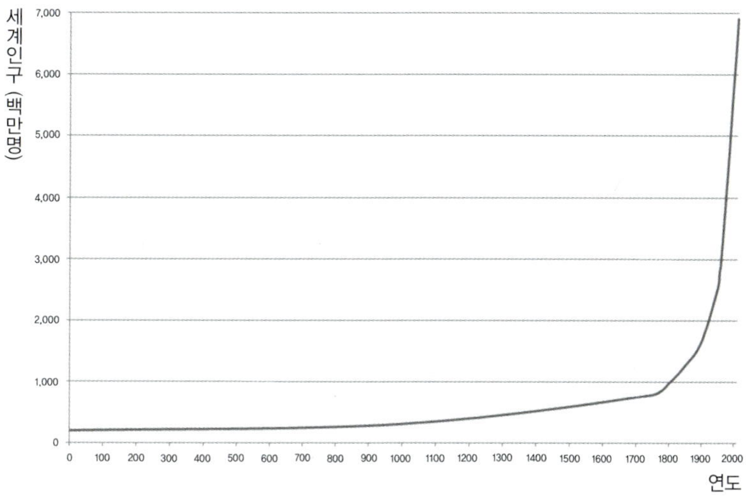

[그림 3.3] 세계인구의 증가 동향

증가 동향을 좀 더 눈으로 잘 알아보기 위해서 인구의 자연로그값을 세로축에 기록하여 새로 그래프를 그린 것이 [**그림** 3.4]입니다. 즉 [**그림** 3.4]의 가로축은 여전히 연도 t이고, 세로축은 이제 $\ln(N_t)$입니다. 서기 1년, 1000년, 1800년, 1950년과 2000년의 인구의 자연로그값을 그래프에 함께 표시했습니다. 이 값들을 활용하면 주어진 기간들 사이의 연평균 세계 인구증가율을 손쉽게 계산할 수 있습니다. 예컨대 기원후 천년간의 인구증가율은 대략 매년 (19.55 – 19.11)/1000 = 0.00044 = 0.044% 정도였습니다. 1,000년 동안 인구가 2억에서 3억으로 약 50% 증가했으니 연평균 증가율은 미미한 것입니다(한편으로는 이렇게 미미한 연평균 증가율로도 천년이라는 세월이 흐르자 값이 50%나 늘어났다고 생각해볼 수도 있습니다).

다음으로 1000년부터 1800년 사이 800년 동안에는 (20.49 – 19.55)/800 = 0.001175 = 0.1175% 정도의 연평균 인구증가율로 여전히 미미합니다. 1800년경부터 이제 본격적으로 인구가 증가하기 시작합니다. 1950년까지 150년 동안은 연평균 증가율이 (21.65 – 20.49)/150 = 0.007733... = 0.7733...% 정도입니다. 이제 1950년부터 2000년 사이 50년간은 (22.52 – 21.65)/50 = 0.0174 = 1.74%입니다.

[**그림** 3.3]에서 실제 인구 데이터의 그래프를 보고 1800년경 이후로 인구가 급격히 늘어났다는 것을 알 수 있지만, [**그림** 3.4]를 이용하면 원하는 구간의 그래프 기울기만을 계산해서 바로 그 기간의 연평균 증가율을 알아낼 수 있습니다.

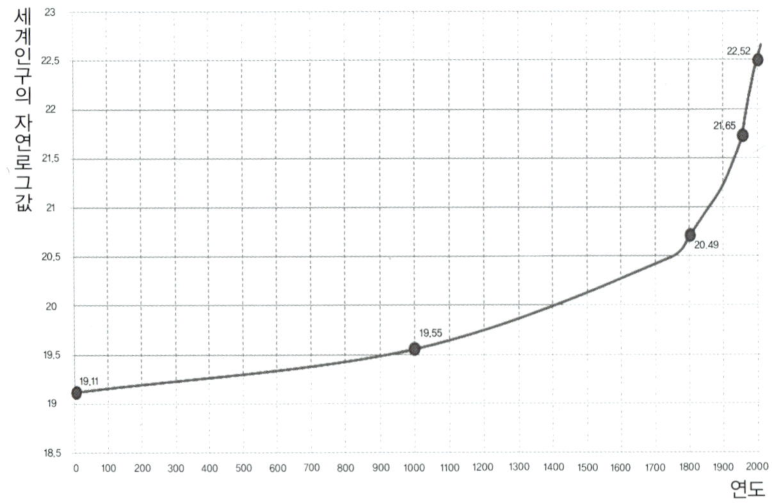

[그림 3.4] 세계인구의 자연로그값

3.4.2 70 규칙(또는 2배가 되는 시간 암산하기)

이번에는 로그함수의 간단한 응용으로 '70 규칙'(rule of 70)이라는 것을 살펴보겠습니다. 이 규칙은 도출 과정에서 로그가 사용되기는 하지만, 실제 활용 시에는 최종 공식만 기억해서 그대로 암산에서 사용할 수 있는 경우입니다. 여기서 암산하고자 하는 대상은 어떤 변수의 값이 2배가 되기까지 걸리는 시간(doubling time)입니다.

현재의 값 A에서 출발하여 미래의 값 B에 도달하기까지 어떤 '속도'와 '시간'이 필요한지를 공식으로 나타내어 봅시다. 만약 제2장에서 공부했던 연속복리와 비슷한 방식으로, 증가율 r에 따라 연속적으로 증가해간다면 $B = Ae^{rt}$가 성립할 것이고, 따라서

$$e^{rt} = \frac{B}{A}$$

가 됩니다. 여기서 미래의 값이 현재 값의 2배가 되는 경우라면 $B/A = 2$이므로

$$e^{rt} = 2$$

가 됩니다. 이제 양변에 자연로그를 취해주면

$$\ln(e^{rt}) = \ln(2) \Longrightarrow rt = \ln(2)$$

가 됩니다. 여기서 $\ln(2)$의 값은 계산기를 이용하거나 로그표를 찾아보면 쉽게 확인할 수

있는데 약 0.6931입니다.[8] 이를 어림잡아 0.70이라고 하면

$$rt \approx 0.70$$

가 됩니다. 여기서 r은 증가율로 0과 1 사이의 숫자인데 우리가 일상에서 쓰는 백분율로 바꾸려면 100을 곱해주면 됩니다. 즉 $R = 100r$이면 백분율로 표시된 증가율입니다. 예를 들어 $r = 0.1$이면 $R = 10\%$입니다. 이제 위 식을 백분율로 바꿔주면

$$Rt \approx 70 \tag{3.4}$$

이 식 (3.4)가 바로 "70 규칙"입니다. 이 식을 말로 풀어써 보면

어떤 값이 2배가 되게 하는 증가율(%) $\times$ 2배가 되는 데 걸리는 기간 ≈ 70

입니다. 예를 들어, 10년 만에 2배가 되려면 매년 7%씩 증가해야 하고, 5년 만에 2배가 되려면 매년 14% 증가해야 하며, 한편 매년 5%씩 증가한다면 2배가 되는 데 14년이 걸린다는 것을 빠르게 계산할 수 있습니다.

72 규칙

간혹 "72 규칙"이라는 것을 사용하는 경우도 있습니다. 어차피 어림잡아 빨리 암산하는 것이 목적이기 때문에 어떤 것을 사용하던 큰 상관은 없습니다. 72 규칙이 나올 수 있는 과정을 한번 계산해보면 다음과 같습니다.

앞에서는 연속복리 개념을 사용했는데, 이번에는 연말에 한 번만 적립되는 불연속복리 상황을 생각해봅시다. 그렇다면 $B = A(1+r)^t$가 되고 앞에서와 마찬가지로 $B/A = 2$가 되게 하려면 $(1+r)^t = 2$가 필요합니다. 이제 양변에 자연로그를 취해주면 $t\ln(1+r) = \ln(2)$입니다.

여기에서 한 가지 가정을 더 하겠습니다. 연 증가율이 약 10% 근처라고 가정해보면, 즉 $r \approx 0.1$이라고 가정하면 $t\ln(1+0.1) = t\ln(1.1) = \ln(2)$가 되고, 이 공식을 t에 대해 풀어보면 $t = \ln(2)/\ln(1.1)$입니다. 그런데 $\ln(2)/\ln(1.1)$의 값은 마침 약 7.2입니다. $r \approx 0.1$이라고 가정했으므로 $t = \ln(2)/\ln(1)$의 좌변에는 r을 곱하고 우변에는 0.1을 곱하면 $rt \approx 0.72$가 됩니다. 이제 백분율로 표시를 바꿔주면 앞의 70 규칙과 마찬가지로 곱한 값이 72가 나오는 "72 규칙"이 됩니다.

즉, 70 규칙을 계산하는 과정 중에 연 증가율이 약 10%라고 가정해주면 72 규칙이 얻어집니다. 다시 말해서 연 증가율이 10% 근처일 때 비교적 정확한 식이고, 10%보다 증가율이 매우 높거나 매우 작으면 오차가 날 공식입니다. 즉, 증가율 자체는 10% 근처라는 것을 이미 알고 있을 때 2배가 되는데 얼마나 시간이 걸리는지를 계산할 수 있습니다. 70 규칙에 비해 편리한 점 한 가지는 72라는 숫자가 2, 3, 4, 6, 8, 9, 12 등 여러 숫자로 인수분해가 되기 때문에 나눗셈 계산을 할 때 정수로 딱딱 떨어져서 계산하기가 좋다는 것입니다.

8) 자연상수 e의 값이 약 2.72라는 것과 함께, $\ln(2)$의 값은 약 0.69라는 것은 외우고 있으면 유용합니다.

3.4.3 Cobb-Douglas 생산함수와 자연로그를 활용한 성장 회계

이번에는 거시경제학 등에서 사용되는 성장 회계(growth accounting)라는 계산을 간단하게 살펴보겠습니다. 이 계산은 어떤 국가 경제의 경제성장 요인을 생산함수의 구성 요소에 따라 나누어 분해해서 살펴보는 작업입니다.

어느 나라의 생산함수를 Cobb-Douglas 형태인 $Y = AK^{\alpha}L^{\beta}$이라고 쓸 수 있다고 해봅시다. 여기서 Y는 국내총생산(또는 GDP), A는 기술 수준, K는 자본, L은 노동인구를 나타냅니다. 만약 기술은 매년 r_A의 증가율로 증가하고, 자본은 r_K, 노동인구는 r_L의 증가율로 증가한다면, 각 변수의 성장식은 $A_t = A_0 \exp(r_A t)$, $K_t = K_0 \exp(r_K t)$, $L_t = L_0 \exp(r_L t)$라고 쓸 수 있습니다. 이제 Y_t의 식은 이 성장식들을 Cobb-Douglas 생산함수 $Y_t = A_t K_t^{\alpha} L_t^{\beta}$에 직접 대입해서 작성할 수 있습니다. 하지만 먼저 생산함수에 자연로그를 사용해서 덧셈식으로 변환시켜봅시다.

$$\ln Y = \ln A + \alpha \ln K + \beta \ln L \tag{3.5}$$

한편 각 성장식의 양변에도 자연로그를 적용해서 지수함수모형을 시간에 대한 1차식으로 변환시킬 수 있습니다.

$$\ln A_t = \ln A_0 + r_A t, \quad \ln K_t = \ln K_0 + r_K t, \quad \ln L_t = \ln L_0 + r_L t \tag{3.6}$$

이제 식 (3.6)을 (3.5)에 대입해서 정리하면

$$\begin{aligned}
\ln(Y) &= \ln A_0 + r_A t + \alpha(\ln K_0 + r_K t) + \beta(\ln L_0 + r_L t) \\
&= \ln A_0 + \alpha \ln K_0 + \beta \ln L_0 + (r_A + \alpha r_K + \beta r_L)t \\
&= \ln Y_0 + (r_A + \alpha r_K + \beta r_L)t
\end{aligned}$$

이 식은 Y의 증가율이 $r_A + \alpha r_K + \beta r_L$이라는 것을 알려줍니다.

거꾸로, 만약 국내총생산 증가율을 이미 알고 있고 (이는 실제로 GDP 통계에서 알아낼 수 있겠지요), 또한 자본 증가율과 노동력 증가율을 알고 있다면 위의 모형을 근거로 국가 기술 수준의 증가율을 계산해낼 수 있다는 뜻이기도 합니다. 예를 들어 $\alpha = \beta = 0.5$로 $Y = A\sqrt{KL}$이고 GDP가 3% 성장했는데, 노동력은 2%, 자본 수준은 2% 증가했다면, 노동과 자본의 요소 투입만으로는 설명이 안 되는 추가적인 1%의 성장이 있었다는 것이고 이는 기술 수준의 진보로 해석할 수 있다는 것입니다.

주요 개념 및 용어

로그함수, 상용로그, 자연로그, 데이터의 로그 변환, 70 규칙

요약

- 로그함수는 지수함수의 역함수이며, $y = \log_b(x)$는 $x = b^y$과 같은 의미이다.
- 밑수 $b > 1$일 때, 로그함수 $y = \log_b(x)$는 증가함수이고 $x > 0$에 대해 정의되며 X절편은 1이다.
- 로그함수는 독립변수 간의 곱셈을 종속변수 간의 덧셈으로 바꾸는 등의 독특한 계산 성질을 가진다.
- 밑이 자연상수 e인 로그함수를 자연로그함수라고 하고, $\ln(x)$라고 쓴다.
- 자연로그함수는 자연지수함수의 역함수로서 유용하게 활용된다.

연습문제

3-1 다음의 식들을 로그함수의 정의나 본문에서 공부한 성질을 활용하여 증명하시오.

(a) $\log_b(x) = \ln(x)/\ln(b)$

(b) $b^{\log_b(x)} = x$

3-2 로그함수의 성질을 이용하여 다음 식들을 가능한 한 단순하게 정리하시오.

(a) $2^{\log_2(8)}$

(b) $\ln(e^x) - e^{\ln(x)}$

(c) $\exp(\ln e^3)$

(d) $\ln(K^a L^b)^{\frac{1}{a+b}}$

3-3 함수 $y = \ln[\ln[\ln(2x)]]$의 정의역과 치역은 무엇인가?

3-4 다음은 달러로 표시된 우리나라의 국내총생산(GDP)과 1인당 국민소득(GNI) 자료이다. 편의상 각 데이터의 자연로그값도 계산하여 표기했다.

연도	GDP (십억$)	ln(GDP)	1인당 GNI ($)	ln(1인당 GNI)
1960	2	0.69	79	4.37
1970	8	2.08	254	5.54
1980	64	4.16	1,645	7.41
1990	264	5.58	6,147	8.72
2000	512	6.24	10,841	9.29
2007	970	6.88	20,045	9.91

(a) 1960~1970, 1970~1980 등 각 구간에 대해 GDP의 연평균 증가율을 계산하시오. (계산기 필요 없음)

(b) 1960~1970, 1970~1980 등 각 구간에 대해 1인당 GNI의 연평균 증가율을 계산하시오. (계산기 필요 없음)

3-5 다음은 원화로 표시된 우리나라의 국내총생산(GDP)과 1인당 GDP의 자료 및 이 자료의 자연로그값을 보여주는 표이다. (**주의** 자료의 간격이 일정하지 않음)

연도	GDP(조원)	ln(GDP)	1인당GDP(만원)	ln(1인당GDP)
1970	2.8	1.03	8.7	2.16
1980	39.5	3.68	103.5	4.64
1990	197.7	5.30	461.2	6.13
2000	635.2	6.45	1,351.2	7.21
2010	1,265.3	7.14	2,560.8	7.85
2015	1,558.6	7.35	3,079.2	8.03

(a) 1970~80, 1980~90, ···, 2010~15 등 각 구간에 대해 GDP의 연평균 증가율을 자연로그값을 활용하여 계산하시오.

(b) 앞에서 구한 1970~80년 사이의 연평균 증가율이 기간 내에 일정하게 적용되었다고 가정하고, 1970년 GDP의 2배에 해당되는 5.6조 원은 대략 어느 연도에 달성되었을까 70규칙을 활용하여 계산해보시오.

(c) 1970~80, 1980~90, ···, 2010~15 등 각 구간에 대해 1인당 GDP의 연평균 증가율을 자연로그값을 활용하여 계산하시오.

(d) 2010~15년 사이의 연평균 증가율이 지속된다면, 2015년의 1인당 GDP의 2배인 약 6천만원은 대략 어느 연도에 달성될지 70규칙을 활용하여 계산해보시오.

3-6 다음의 연 이자율 r로 1년에 단 한 번 연말에 적립되는 불연속복리 방식으로 예금하여 원리금의 합계가 원금의 2배가 되는데 걸리는 시간을 알아보고자 한다. 70규칙과 72규칙을 각각 활용하여 어림 계산해보고 아래 표를 작성하여 실제 값(계산기로 계산)과 비교해보시오. 어느 경우에 오차가 가장 적게 나타나는가?

(a) $r = 0.01$

(b) $r = 0.05$

(c) $r = 0.10$

(d) $r = 0.15$

연 이자율	70규칙에 따른 계산	72규칙에 따른 계산	2배가 되는 데 실제 필요한 시간
$r = 0.01$			
$r = 0.05$			
$r = 0.10$			
$r = 0.15$			

3-7 어떤 나라의 국민소득을 다음의 식으로 나타낼 수 있다고 한다.

$$Y_t = A_t K_t^{\alpha} L_t^{\beta}$$

여기서 Y_t는 t기의 국민소득, A_t는 기술 수준, K_t는 자본 수준, L_t는 노동인구 규모를 의미한다. 기술 수준이 해마다 1%, 자본 수준이 3%, 노동인구 규모가 2%씩 증가할 때, 노동인구 1인당 국민소득 즉 Y_t/L_t는 몇 %씩 증가하는지 설명하시오.

PART

2

미분

제2부에서는 현대 경제학의 가장 중요한 도구인 미분을 소개합니다. 우선 제4장에서 미분의 개념을 설명하고, 미분의 과정을 수학적으로 정의합니다. 하지만 매번 정의를 따라 미분하는 일이 번거로우므로, 미분의 계산에 활용할 수 있는 여러 가지 규칙을 제5~6장에서 공부합니다.
제7장에서는 미분 개념을 응용하는 사례들을 살펴보고, 제8장과 제9장에서는 경제학의 관점에서 가장 중요한 미분의 응용인 함수의 최적화에 대해서 공부합니다.
제2부는 일변수함수만을 다루며, 이 주제들을 다시 다변수함수 상황으로 확장하는 일은 제V부에서 다루겠습니다.

Chapter 04

미분의 개념

미분에 대한 공부는 **기울기**의 개념에서 출발합니다. 우리는 제1장에서 직선의 기울기를 다음과 같이 정의했습니다.

$$[\text{직선 } y = a + bx \text{의 기울기}] \quad \frac{\Delta y}{\Delta x} = \frac{y_2 - y_1}{x_2 - x_1} = \frac{a + bx_2 - (a + bx_1)}{x_2 - x_1} = \frac{b(x_2 - x_1)}{x_2 - x_1} = b$$

말로 풀어 설명하자면 직선의 기울기는 독립변수 x의 값이 변화한 양에 비해 종속변수 y의 값이 얼마나 변하는지를 '비율'로 나타낸 것입니다. 직선의 특징은 이 값을 계산할 때 어느 두 점을 택하든지 결과가 항상 b로 동일하게 나온다는 것입니다. 즉, 직선의 그래프는 일정한 기울기를 가집니다.

이제 같은 개념을 곡선(임의의 함수 $y = f(x)$의 그래프)의 두 점 사이의 변화율에 적용할 수 있습니다. 점 $(x_1, y_1) = (x_1, f(x_1))$에서 $(x_2, y_2) = (x_2, f(x_2))$ 사이의 변화분을 각각 $\Delta = x_2 - x_1$과 $\Delta y = y_2 - y_1 = f(x_2) - f(x_1)$이라고 표시하면

$$[\text{변화율}] \quad \frac{\Delta y}{\Delta x} = \frac{y_2 - y_1}{x_2 - x_1} = \frac{f(x_2) - f(x_1)}{x_2 - x_1} = \frac{f(x_1 + \Delta x) - f(x_1)}{\Delta x}$$

이 됩니다. 1차함수이면 이 값이 상수이지만, 1차함수가 아닌 함수의 경우에 이 값은 기준이 되는 점들의 위치에 따라서 달라집니다.

예제 4.1 이차함수 $y = x^2$의 변화율

$y = f(x) = x^2$의 변화율을 다음의 점들에 대해 계산해보시오.

(a) $(x_1, y_1) = (0, 0), (x_2, y_2) = (1, 1)$

(b) $(x_1, y_1) = (1, 1), (x_2, y_2) = (2, 4)$

(c) $(x_1, y_1) = (0, 0), (x_2, y_2) = (2, 4)$

(a) $\Delta x = 1$, $\Delta y = 1$, 따라서 변화율 $= 1$

(b) $\Delta x = 1$, $\Delta y = 3$, 따라서 변화율 $= 3$

(c) $\Delta x = 2$, $\Delta y = 4$, 따라서 변화율 $= 2$

먼저 (a)에서 (0, 0)으로부터 x가 +1 증가했을 때는 변화율이 1이었는데, (b)에서 (1, 1)로부터 +1 증가했을 때는 변화율이 3으로 더 커졌습니다. 또한 (c)에서는 (a)와 (b)의 두 번의 증가를 합쳐서 한꺼번에 살펴보면 즉 (0, 0)에서 x가 +2 증가하면, 아까 나온 변화율 1과 3의 중간값인 2가 나왔습니다([그림 4.1] 참조).

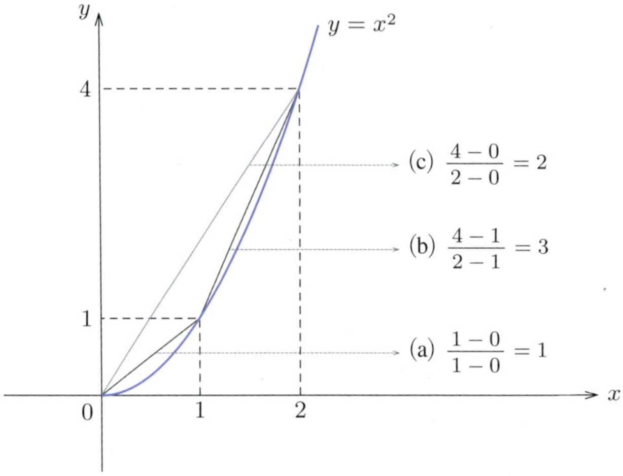

[그림 4.1] 변화율 계산([예제 4.1]~[4.2])

즉, 곡선상을 따라 조금씩 움직여보면 변화율의 값이 자꾸 달라지는데, 넓은 범위의 Δx에 대한 변화율의 값은, 그 내부의 여러 가지 변화율의 일종의 '평균'에 해당하는 값임을 추측할 수 있습니다.

예제 4.2 $y = x^2$의 변화율의 일반 공식

앞의 예제를 계속하여 동일한 함수 $y = f(x) = x^2$에 대해 기준점이 $(x_0, y_0) = (x_0, x_0^2)$이고 Δx 만큼 변화할 경우의 변화율을 일반적인 공식으로 표현해 보시오.

$$\frac{\Delta y}{\Delta x} = \frac{f(x_0 + \Delta x) - f(x_0)}{\Delta x} = \frac{(x_0 + \Delta x)^2 - x_0^2}{\Delta x} = \frac{2x_0 \Delta x + (\Delta x)^2}{\Delta x} = 2x_0 + \Delta x$$

앞의 [예제 4.1]에서 계산했던 경우들을 이 공식에 대입해보면, (a)에서 $x_0 = 0$이고

$\Delta x = 1$이면 변화율은 $2(0) + 1 = 1$, (b)에서 $x_0 = 1$이고 $\Delta x = 1$이면 $2(1) + 1 = 3$, 또한 (c)에서 $x_0 = 0$이고 $\Delta x = 2$이면 $2(0) + 2 = 2$임을 확인할 수 있습니다.

4.1 한계변화율 또는 순간변화율: 미분계수

앞에서 제시한 변화율의 공식은 (꽤 멀리 떨어져 있을 수도 있는) 두 점을 연결한 선분의 기울기를 나타냅니다. 이제 두 점 간의 거리가 무한히 가까워질 때, 즉 기준점에서 무한히 작은 거리만큼만 x를 변화시킬 때의 변화율을 계산해보고자 합니다.

앞에서 계산한 변화율의 경우, 제법 먼 거리만큼 x를 변화시키면, 즉 Δx를 꽤 크게 잡으면, 중간에서 계속 달라지는 변화율들의 일종의 '평균값'이었던 반면에, 이번에는 Δx가 거의 0인, 즉 거의 변하는 듯 마는 듯 변하는 경우를 살펴보고자 하는 것입니다. 이런 개념을 경제학에서는 보통 '한계'(marginal)라는 표현으로 부르고, 시간의 흐름에 따른 운동을 다루는 물리학에서는 '순간'이라는 말을 붙여 부릅니다. 따라서 여기서 제시하는 개념은 한계변화율 또는 순간변화율이 되겠습니다. 여기에서는 **미분계수**(differential coefficient)라고 부르겠습니다.

그림으로 말하자면, 함수의 그래프를 그린 다음 임의의 두 점을 연결하는 선분의 기울기를 구하되, 두 점 사이의 거리를 점점 좁혀서 선분이 결국에는 그래프와 살짝 맞닿은 후 지나가는 '접선'(tangent line)이 되게 하여 그 접선의 기울기를 구하는 것입니다[그림 4.2].

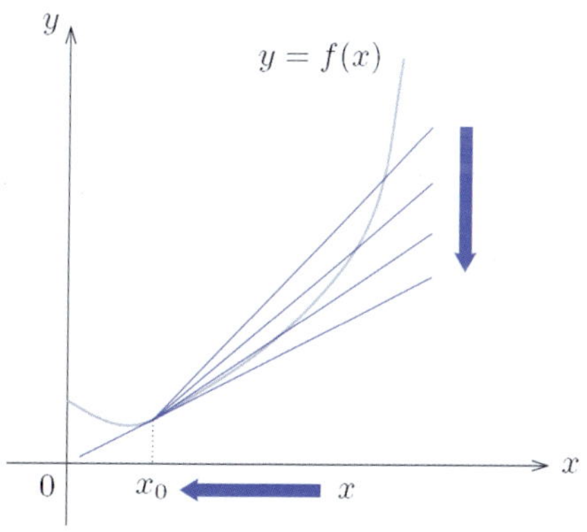

[그림 4.2] 미분계수

수학적으로 정의하자면 다음과 같습니다.[9)]

$$[\text{미분계수}] \quad \lim_{\Delta x \to 0} \frac{\Delta y}{\Delta x} = \lim_{\Delta x \to 0} \frac{f(x_0 + \Delta x) - f(x_0)}{\Delta x}$$

예제 4.3 $y = x^2$의 미분계수

$y = f(x) = x^2$에 대해 점 (x_0, x_0^2)에서의 미분계수를 도출해보시오.

이미 [예제 4.2]에서 임의의 Δx에 대해 변화율 공식을 도출했습니다. 여기서 Δx를 0으로 가도록 극한을 취하면 됩니다. 즉,

$$\lim_{\Delta x \to 0} 2x_0 + \underbrace{\Delta x}_{\to 0} = 2x_0$$

말로 하자면, 기준점 x_0에서 미분계수의 값은 기준점 곱하기 2가 됩니다. 예를 들어, x_0가 0이면 미분계수는 0, x_0가 1이면 미분계수는 2가 됩니다.

4.2 도함수와 미분

앞에서 소개한 미분계수는 임의의 기준점 x_0마다 하나의 숫자로 정의됩니다. 그런데 앞의 예제들에서 보았듯이, 임의의 점 x_0마다 하나의 숫자가 대응되고, 심지어 그 관계를 일정한 공식으로 나타낼 수 있습니다. 따라서 독립변수 x와 미분계수 값 사이의 관계를 함수로 나타낼 수 있습니다. 이렇게 도출된 함수를 **도함수**(導函數, derivative)라고 합니다.

도함수는 독자적으로 존재하는 것이 아니라, 원본이 되는 어떤 함수 $f(x)$가 주어지면, '도출' 혹은 '유도'(derive)되는 것입니다. 기호로 표시할 때도 원래 함수 $f(x)$와의 연관을 강조해줄 필요가 있습니다. 따라서 $f'(x)$라는 기호로 표시합니다. 즉 $f'(x_0)$는 함수 $y = f(x)$에 대해서 점 x_0에서의 미분계수 값, 혹은 접선의 기울기를 뜻합니다.

도함수를 표기하는 기호에는 여러 가지가 있는데, 방금 본 $f'(x)$ 외에도 다음의 기호들은 모두 $y = f(x)$의 도함수를 나타냅니다:

$$y',\ dy/dx,\ \frac{dy}{dx},\ \frac{df}{dx},\ df/dx,\ df(x)/dx,\ \frac{df(x)}{dx},\ \frac{d}{dx}f(x)$$

9) 미분계수의 정의에는 극한(limit)이 사용됩니다. 실제로는 일일이 극한을 계산할 필요는 없고, 좀 더 편리하게 계산할 수 있는 방법들을 다음 장부터 공부할 것입니다.

앞의 예제에서 x_0일 때 미분계수가 $2x_0$였으므로, $y = f(x) = x^2$일 때 그 도함수는 $f'(x) = 2x$임을 알 수 있습니다. 이렇게 주어진 함수에서 도함수를 구하는 과정을 **미분**(differentiation)이라고 부릅니다.

4.3 이계도함수

어떤 함수 $f(x)$에 대해 도함수 $f'(x)$를 정의할 수 있습니다. 그런데 도함수도 또 함수이므로 도함수의 도함수를 정의할 수 있습니다. 다시 말해서, 도함수의 그래프를 그려 놓고 각 점에서 접선의 기울기를 나타내는 미분계수를 구할 수 있고, 도함수 그래프의 미분계수 값을 함수관계로 표현할 수 있습니다. 도함수의 도함수를 **이계도함수**(second-order derivative)라고 부릅니다. 정의는 다음과 같습니다.

$$\begin{aligned} f''(x) &= \lim_{\Delta x \to 0} \frac{f'(x+\Delta x) - f'(x)}{\Delta x} \\ &= \lim_{\Delta x \to 0} \frac{\lim_{\Delta t \to 0} \frac{f(x+\Delta x+\Delta t) - f(x+\Delta x)}{\Delta t} - \lim_{\Delta t \to 0} \frac{f(x+\Delta t) - f(x)}{\Delta t}}{\Delta x} \end{aligned}$$

이계도함수와 구분을 하기 위해서, 원래 정의했던 도함수는 일계도함수라고 부를 수 있겠습니다. 또한 이계도함수도 함수이므로 다시 한번 미분하여, 3계도함수, 4계도함수 등을 계속해서 정의할 수 있습니다. 하지만 실제 응용에서는 일계도함수와 이계도함수까지가 가장 흔히 사용됩니다.

예제 4.4 $y = x^2$의 이계도함수

$y = x^2$의 이계도함수를 도출하시오.

앞에서 $f(x) = x^2$의 일계도함수는 $f'(x) = 2x$임을 이미 보았습니다. 이 일계도함수는 1차함수이므로 미분계수는 어느 점에서 구하든지 기울기인 2에 해당합니다. 따라서 함수 $f(x) = x^2$의 이계도함수는 $f''(x) = 2$입니다.

4.4 일계도함수와 이계도함수를 사용해 함수의 그래프 모양 알아내기

도함수는 원래 함수 접선의 기울기를 나타내기 때문에, 도함숫값을 알면 원래 함수의 그래프의 모양을 알아낼 수 있습니다.

예를 들면, $f'(x_0) > 0$이라면 점 x_0에서 $f(x)$에 대한 접선의 기울기가 양(+)이라는 뜻이므로 $f(x)$의 그래프는 증가하는 모양일 것입니다. 반대로 일계도함수의 값이 음(–)이면 원래 함수의 그래프는 감소하는 모양이 됩니다.

한편, $f''(x_0) > 0$이라면 점 x_0에서 일계도함수 $f'(x)$가 증가하는 상황인데, $f'(x)$는 $f(x)$의 기울기를 나타내므로 이는 결국 $f(x)$의 기울기가 증가하고 있음을 의미합니다. 기울기가 증가한다면 그래프의 모양이 어떻게 생겼을까요?

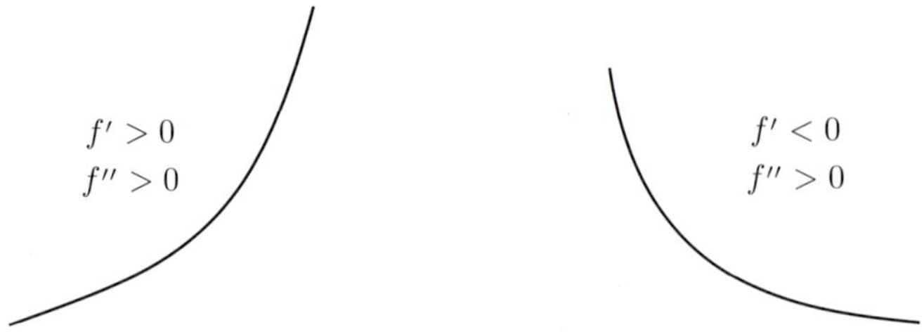

(a) 기울기가 점점 커지는 증가함수 그래프　(b) 기울기가 점점 커지는 감소함수 그래프

(c) 기울기가 점점 작아지는 증가함수 그래프　(d) 기울기가 점점 작아지는 감소함수 그래프

[그림 4.3] 일계도함수와 이계도함수를 사용한 그래프 모양 파악하기

만약 $f'(x_0) > 0$이고 $f''(x_0) > 0$이면 점 x_0 근처에서 $f(x)$의 그래프는 기울기가 원래도 양(+)이면서 x가 커지면 점점 더 커지는 모습, 즉 그래프가 우상향하면서 점점 더 가팔라지는 모습입니다([그림 4.3(a)] 참고).

반면에 $f'(x_0) < 0$이면서 $f''(x_0) > 0$이면 점 x_0 근처에서 $f(x)$의 그래프는, 기울기 자체는 원래 음(–)이면서 점점 더 값이 커지는 모습(절댓값이 작아지는 상황)으로, 그래프가 우하향하고 있으면서 점점 완만해지는 모습입니다([그림 4.3(b)] 참고).

반대로 이계도함수의 값이 음(–)일 경우에는 기울기의 값이 점점 작아지는 것으로, 만약 증가함수라면 기울기가 점점 완만해지고, 감소함수라면 기울기의 절댓값은 점점 더 커지는 것이므로 기울기가 가팔라집니다([그림 4.3(c)와 (d)] 참고).

이렇게 도함숫값을 사용해서 함수의 그래프를 그리는 연습은 미분을 좀 더 공부한 후 본격적으로 하게 될 것이므로 여기서는 간단한 함수들의 예를 보겠습니다.

예제 4.5 $y = x^2$ 의 그래프의 모양

$f(x) = x^2$ 의 그래프의 모양을 설명하시오.

우선 일계도함수가 $f'(x) = 2x$ 이고 이계도함수는 $f''(x) = 2$ 라는 것을 앞의 예제에서 설명했습니다. 이제 이 두 도함수가 주어진 상태에서 원래 함수 $f(x) = x^2$ 의 그래프의 모양을 알아보겠습니다. 두 도함수의 부호는 다음과 같습니다.

$$f'(x) = 2x \gtreqless 0 \Longleftrightarrow x \gtreqless 0$$
$$\text{모든 } x \text{에 대해 } f''(x) = 2 > 0$$

즉, x가 양(+)이면 일계도함숫값도 양(+)이고, x가 음(−)이면 일계도함숫값도 음(−)입니다. 한편 x의 값과 관계없이 이계도함숫값은 언제나 양(+)입니다.

다시 말해, $f(x) = x^2$ 의 그래프는 x가 음(−)인 구간에서는 감소함수(우하향)이고, 양(+)인 구간에서는 증가함수(우상향)이며, x가 증가함에 따라 기울기는 점점 증가하고 있는 모양입니다. 즉, 기울기가 음(−)이었다가 점점 완만해지면서 0이 되었다가 다시 가파르게 양(+)의 값으로 바뀝니다. [그림 4.3(b)와 (a)]를 이어붙여 놓은 모양이 됩니다([그림 4.4] 참고).

다른 말로 하자면, 그래프의 모양은 아래쪽을 향해 볼록(convex)한 모양, 마치 밥공기를 옆에서 본 모양과 비슷합니다($x = 0$에서는 기울기 값이 0으로, 음에서 양으로 변하는 도중 순간적으로 기울기가 평평해집니다. 밥공기가 식탁에 닿은 점이라고 볼 수 있겠지요).

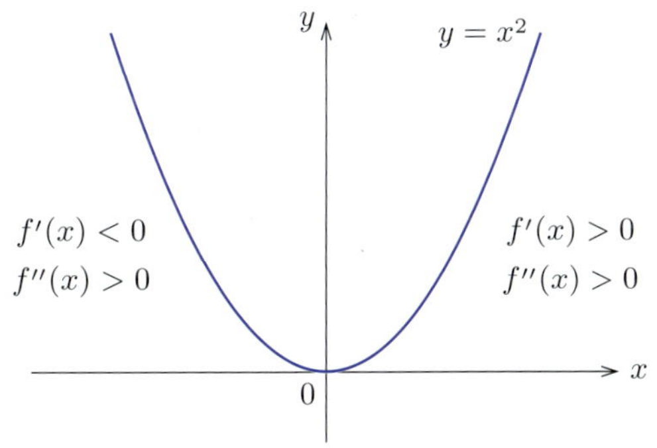

[그림 4.4] $y = x^2$ 의 그래프

예제 4.6 $y = x^3$ 의 그래프의 모양

$f(x) = x^3$ 의 그래프의 모양을 설명하시오.

여기서 자세하게 도출하지는 않겠으나 $f(x) = x^3$ 의 일계도함수는 $f'(x) = 3x^2$, 이계도함수는 $f''(x) = 6x$ 입니다(도함수의 정의를 사용해서 도출할 수도 있지만, 다음 장에서 공부할 기법을 통해 쉽게 구할 수 있게 될 것입니다). 이를 이용하여 함수의 그래프 모양을 알아보겠습니다.

$$f'(x) = 3x^2 \geq 0 \quad (x\text{가 } 0\text{일 때만 } 0)$$
$$f''(x) = 6x \gtreqless 0 \Longleftrightarrow x \gtreqless 0$$

이 성립합니다. x가 0일 때를 제외하면 일계도함수의 값은 항상 양(+)이므로, $f(x) = x^3$ 의 그래프는 전반적으로 증가함수(우상향) 모양임을 알 수 있습니다. 한편, 이계도함수의 값은 x의 값에 따라 달라집니다. 즉, x가 음(−)일 때는 $f'' < 0$이므로 함수의 그래프의 기울기가 감소하고, x가 양(+)일 때는 $f'' > 0$이므로 기울기가 증가합니다. 또한 $x = 0$일 때는 기울기 자체도 0이지만 기울기의 변화율도 0입니다. 전체적으로 그래프의 모양은 [그림 4.3(c)와 (a)]를 이어붙여 놓은 모양이 됩니다([그림 4.5] 참고).

정리하자면 $f(x) = x^3$ 의 그래프는 x의 값이 매우 작은 음수일 때는 매우 가파르게 증가하는 모습으로 시작하여 점점 기울기가 완만해지다가, $x = 0$에서 잠깐 평평한 모습을 가진 후, 다시 점점 기울기가 커지기 시작하여 점점 가팔라집니다. 즉, 전체적으로 증가함수의 모양이되, Y축을 중심으로 왼쪽에서는 위를 향해 볼록한 모습(밥그릇을 거꾸로 엎어 놓은 모습)이고, Y축의 오른쪽은 아래를 향해 볼록한 모습(밥그릇을 제대로 놓은 모습)입니다.

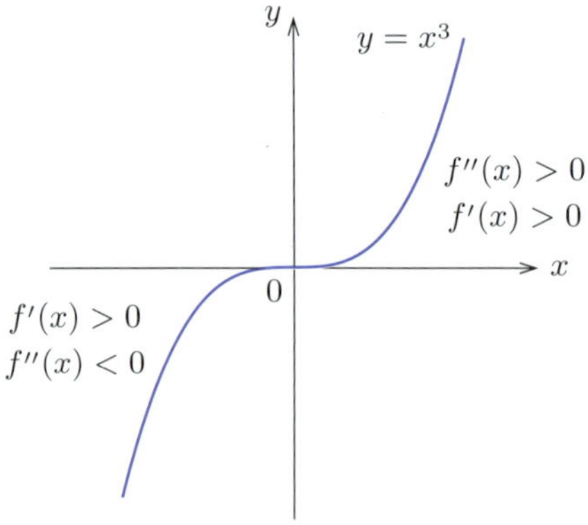

[그림 4.5] $y = x^3$ 의 그래프

주요 개념 및 용어

변화율, 미분계수, 도함수, 미분, 일계도함수, 이계도함수

요약

- 1차함수의 그래프인 직선은 기울기가 일정한 반면, 그 외의 함수들은 임의의 두 점 사이를 연결한 선분의 기울기(변화율)가 일정하지 않다.
- 독립변수의 변화폭이 무한히 작을 때의 변화율, 즉 함수 그래프 접선의 기울기를 그 점에서의 미분계수라고 부른다.
- 함수의 각 점에 미분계수 값을 짝지어준 함수를 도함수라고 한다.
- 도함수의 도함수를 이계도함수라고 부른다.
- 일계도함수와 이계도함수의 값을 사용하여 함수의 그래프의 모양을 알 수 있다.

연습문제

4-1 도함수의 정의를 사용하여 상수함수의 도함수가 0임을 확인하시오. 즉, $f(x) = c$일 때, $f'(x) = 0$임을 증명하시오.

4-2 임의의 1차함수 $f(x) = a + bx$에 대해서

(a) 도함수의 정의를 사용하여 일계도함수를 도출하시오.

(b) 도함수의 정의를 사용하여 이계도함수를 도출하시오.

(c) 일계도함수와 이계도함수를 사용하여 함수의 그래프의 모양을 알아보고 이미 알고 있는 1차함수 그래프와 일치함을 확인하시오.

4-3 2차함수 $f(x) = 2x^2 + 3x - 1$에 대해서

(a) $h \neq 0$일 때 $\dfrac{f(x+h) - f(x)}{h} = 4x + 2h + 3$임을 보이고, 이를 사용해 일계도함수 $f'(x)$의 공식을 도출하시오.

(b) 도출한 일계도함수 공식을 사용하여, $f'(0)$, $f'(1)$, $f'(-1)$의 값들을 계산하시오.

(c) 이계도함수를 도출하시오.

(d) 일계도함수와 이계도함수를 사용하여 함수의 그래프의 모양을 알아보시오.

4-4 도함수의 정의를 사용하여 다음 함수들의 도함수를 도출하시오.

(a) $y = 1/x$

(b) $y = x^3$

(c) $y = \sqrt{x}$

Chapter 05

미분의 규칙: 다항함수 미분

앞 장에서는 직선의 기울기 → 곡선상 두 점 간의 변화율 → 미분계수 → 도함수 → 이계도함수의 개념을 차례로 공부했습니다. 또한 $f(x) = x^2$을 비롯해 간단한 함수들에 대해 이를 적용하여 보았습니다. 이렇게 주어진 함수의 도함수를 구하는 과정을 '미분'(differentiation)이라고 한다는 것도 알았습니다.

앞으로 여러 가지 함수에 대해서 미분을 할 줄 알아야 하는데, 매번 도함수의 정의를 사용하여 극한을 구하는 일은 상당히 번거로워서 좀 더 간편하게 계산할 수 있는 몇 가지 규칙들을 공부하겠습니다.

우선 가장 먼저 확인할 것은 상수함수 $y = c$ 및 선형함수 $y = a + bx$의 미분인데, 이는 앞 장의 연습문제로 주었으니 아직 해보지 않았다면 지금이라도 도함수의 정의를 이용하여 직접 도출해보기를 바랍니다.

궁극적으로 우리가 미분을 자유자재로 하고 싶은 함수들은 제2장의 서두에서 언급한 다항함수와 유리함수, 지수함수 및 로그함수, 그리고 이들로 구성된 다양한 분수함수입니다(이 외에 삼각함수의 미분도 중요한 주제이지만 경제학에서는 중요도가 떨어지므로 생략합니다).

먼저 다항함수의 미분에 필요한 몇 가지 기본 규칙들을 알아보겠습니다. 다항함수는 cx^n의 형태를 가진 식들을 여러 개 더한 것입니다. 따라서 다항함수를 미분하기 위해서는 (a) 어떤 함수에 상수를 곱하는 경우, (b) 함수들끼리 더하는 경우, 그리고 (c) x^n의 미분을 알아야 합니다. 또한 (d) 함수끼리 곱해진 경우는 어떻게 처리하는지도 알면 도움이 됩니다.

5.1 상수곱과 미분: $cf(x)$의 도함수 (c는 상수)

앞에서 $(x^2)' = 2x$ 임을 도함수의 정의에 따라 도출했습니다. 그렇다면 $2x^2$의 도함수는 무엇일까요? 또다시 정의에 따라 도출해보겠습니다.

$$\begin{aligned}(2x^2)' &= \lim_{\Delta x \to 0} \frac{2(x+\Delta x)^2 - 2x^2}{\Delta x} = \lim_{\Delta x \to 0} \frac{2\left(x^2 + 2x\Delta x + (\Delta x)^2\right) - 2x^2}{\Delta x} \\ &= \lim_{\Delta x \to 0} \frac{2\left(2x\Delta x + (\Delta x)^2\right)}{\Delta x} = \lim_{\Delta x \to 0} 2(2x + \Delta x) = 2 \times 2x = 4x\end{aligned}$$

결과적으로 $2x^2$의 도함수는 x^2의 도함수인 $2x$에다가 상수 2를 곱한 것과 같습니다. 마찬가지로 이 과정을 임의의 함수 $cf(x)$에 대해 적용해보면,

$$\begin{aligned}(cf(x))' &= \lim_{\Delta x \to 0} \frac{cf(x+\Delta x) - cf(x)}{\Delta x} = \lim_{\Delta x \to 0} \frac{c(f(x+\Delta x) - f(x))}{\Delta x} \\ &= \lim_{\Delta x \to 0} c\frac{f(x+\Delta x) - f(x)}{\Delta x} = c\underbrace{\lim_{\Delta x \to 0} \frac{f(x+\Delta x) - f(x)}{\Delta x}}_{=f'(x)} \\ &= cf'(x)\end{aligned}$$

즉, 임의의 함수에 대해서 곱해진 상수항은 미분할 때 신경 쓰지 말고 그대로 남겨두면 된다는 것을 알 수 있습니다. 이를 기억하기 편리하게 아래의 상자에 규칙으로 기록해 두도록 하겠습니다. 앞으로 이런 상자들이 여러 개 나올 텐데, 그 논리도 이해할 뿐 아니라 상자 안의 규칙 자체는 외우고 있는 것이 필요합니다.

미분규칙 (1) 함수의 상수곱: $(cf(x))' = cf'(x)$

예 5.1 상수곱

(a) $(x)' = 1$이므로 $(bx)' = b(x)' = b$

(b) $(x^2)' = 2x$이므로 $(cx^2)' = c(x^2)' = 2cx$

5.2 함수 간의 덧셈과 미분: $f(x)+g(x)$의 도함수

이번에는 2개의 함수의 합을 미분하는 데 어떤 규칙이 있는지 살펴봅시다. 미분 정의를 그대로 활용하면,

$$\begin{aligned}\big(f(x)+g(x)\big)' &= \lim_{\Delta x\to 0}\frac{f(x+\Delta x)+g(x+\Delta x)-f(x)-g(x)}{\Delta x}\\ &= \lim_{\Delta x\to 0}\frac{\big(f(x+\Delta x)-f(x)\big)+\big(g(x+\Delta x)-g(x)\big)}{\Delta x}\\ &= \underbrace{\lim_{\Delta x\to 0}\frac{f(x+\Delta x)-f(x)}{\Delta x}}_{=f'(x)}+\underbrace{\lim_{\Delta x\to 0}\frac{g(x+\Delta x)-g(x)}{\Delta x}}_{=g'(x)}\\ &= f'(x)+g'(x)\end{aligned}$$

말로 하면, 두 함수의 덧셈을 미분하려면 각 함수를 미분하여 더하면 됩니다. 바로 앞 절에서 보았던 $cf(x)$의 미분 또한 덧셈의 미분으로 도출해볼 수도 있습니다. 즉,

$$cf(x)=\underbrace{f(x)+\cdots+f(x)}_{c\text{회 덧셈}}$$

이므로

$$\big(cf(x)\big)'=\underbrace{f'(x)+\cdots+f'(x)}_{c\text{회}}=cf'(x)$$

가 되는 것이지요. 이것이 두 번째 미분규칙입니다.

미분규칙 (2a) 함수의 합: $\big(f(x)+g(x)\big)'=f'(x)+g'(x)$

사실은 똑같은 도출 과정을 한 함수에서 다른 함수를 뺀 것, 즉 $f(x)-g(x)$에도 적용할 수 있습니다(여러분이 직접 확인해보는 것이 좋은 연습문제가 되겠지요). 따라서

미분규칙 (2b) 함수의 차: $\big(f(x)-g(x)\big)'=f'(x)-g'(x)$

가 됩니다. 이 두 규칙을 합해서 간편하게 나타내면

미분규칙 (2) 함수의 합/차: $\big(f(x)\pm g(x)\big)'=f'(x)\pm g'(x)$

가 됩니다.

예 5.2 함수의 합 또는 차

(a) $(a+bx)' = (a)' + (bx)' = 0 + b = b$

(b) $(a+bx-cx^2)' = (a)' + (bx)' - (cx^2)' = 0 + b - 2cx = b - 2cx$

5.3 함수 간의 곱셈과 미분: $f(x)g(x)$의 도함수

함수끼리의 합과 차를 알았으니, 이제 함수끼리의 곱은 어떻게 미분할지를 생각해 봅시다. 가장 먼저 짐작해볼 수 있는 것은

$$(???) \qquad (f(x)g(x))' = f'(x)g'(x)$$

입니다. 하지만, 이 공식은 엉터리라는 것을 금방 알 수 있습니다. 예를 들어, 앞에서 $cf(x)$의 도함수는 $cf'(x)$라는 것을 보았는데, 만약 위의 (???) 식이 사실이라면 상수함수 c를 미분한 것에 $f'(x)$를 곱한 것과 같아야 합니다. 그런데 상수함수를 미분하면 0이기 때문에 만약 (???)에 의해서 $cf(x)$를 미분하면 0이 되어 버립니다.

여기서 짐작으로는 쉽게 알아낼 수 없는 미분 규칙이 성립합니다. 도함수의 정의대로 풀어 봅시다.

$$(f(x)g(x))' = \lim_{\Delta x \to 0} \frac{f(x+\Delta x)g(x+\Delta x) - f(x)g(x)}{\Delta x}$$

더 이상 어떻게 진행이 될까요? 저 상태로는 더 이상의 어떤 계산이 어렵습니다. 그래서 위 식의 분자에다가 $f(x)g(x+\Delta x)$를 괜히 한번 뺐다가 다시 더해 주겠습니다. 왜 이것이 도움이 되는지는 아래 과정을 잘 보면 알 수 있을 것입니다.

$$\begin{aligned}
&= \lim_{\Delta x \to 0} \frac{f(x+\Delta x)g(x+\Delta x) \overbrace{- f(x)g(x+\Delta x) + f(x)g(x+\Delta x)} - f(x)g(x)}{\Delta x} \\
&= \lim_{\Delta x \to 0} \frac{f(x+\Delta x)g(x+\Delta x) - f(x)g(x+\Delta x)}{\Delta x} + \lim_{\Delta x \to 0} \frac{f(x)g(x+\Delta x) - f(x)g(x)}{\Delta x} \\
&= \underbrace{\lim_{\Delta x \to 0} \frac{f(x+\Delta x) - f(x)}{\Delta x}}_{=f'(x)} g(x + \underbrace{\Delta x}_{\to 0}) + f(x) \underbrace{\lim_{\Delta x \to 0} \frac{g(x+\Delta x) - g(x)}{\Delta x}}_{=g'(x)} \\
&= f'(x)g(x) + f(x)g'(x)
\end{aligned}$$

즉, 말로 하자면 두 함수 곱의 미분은 "앞의 함수를 먼저 미분하고 뒤의 함수는 그냥 곱한 것"과, "앞의 함수를 그냥 두고 뒤의 함수를 미분하여 곱한 것"의 합입니다.

미분규칙 (3) 함수의 곱: $\big(f(x)g(x)\big)' = f'(x)g(x) + f(x)g'(x)$

예를 들어, 우리가 이미 알고 있는 $(x^2)' = 2x$도 이 공식에 의해 다시 한번 새롭게 이해할 수 있습니다. 우선 $(x)' = 1$입니다. 그런데 x^2이라는 함수는 x와 x의 곱으로 볼 수 있습니다. 즉, $f(x) = x$, $g(x) = x$라고 하고 위의 미분규칙 (3)을 적용하면

$$(x \times x)' = (x)'x + x(x)' = (1)x + x(1) = 2x$$

입니다.

예 5.3 함수의 곱

(a) $(x^3)' = (x^2 \times x)' = (x^2)' \times x + x^2 \times (x)' = 2x \times x + x^2 \times 1 = 3x^2$

(b) $[(x+1)(x-1)]' = (x+1)'(x-1) + (x+1)(x-1)' = 1(x-1) + (x+1)1 = 2x$

이 계산은 $(x+1)(x-1) = x^2 - 1$을 직접 미분해도 확인할 수 있습니다.

'함수의 곱' 미분 규칙과 변화의 백분율(%) 계산

시간 t에 따라 값이 변화하는 양 $A(t)$와 $B(t)$가 있다고 해봅시다. 이 두 양을 곱한 값 $A(t)B(t)$은 시간에 따라 어떻게 변할까요? 물론 방금 공부한 공식에 의하면 $[A(t)B(t)]' = A'(t)B(t) + A(t)B'(t)$로 계산할 수 있습니다. 이 식을 조금만 조작해보겠습니다. 양변을 $A(t)B(t)$로 나누어보면

$$\frac{\big[(A(t)B(t)\big]'}{A(t)B(t)} = \frac{A'(t)}{A(t)} + \frac{B'(t)}{B(t)}$$

가 됩니다. 도함수의 값은 순간변화율, 즉 아주 짧은 시간이 흘렀을 때 양이 얼마나 변하는지를 나타내고, 도함수의 값을 원래 함숫값으로 나누어주면 그 순간변화율이 원래 양에서 어느 정도의 비중을 차지하는지를 알려줍니다. 여기에 100을 곱해주면 우리가 많이 쓰는 백분율(%)이 됩니다. 즉,

$$\frac{\big[(A(t)B(t)\big]'}{A(t)B(t)} \times 100 = \frac{A'(t)}{A(t)} \times 100 + \frac{B'(t)}{B(t)} \times 100$$

이라고 고쳐 써보면 이 식은

$$A(t)B(t)\text{의 \% 변화율} = A(t)\text{의 \% 변화율} + B(t)\text{의 \% 변화율}$$

임을 알려줍니다. 예를 들어, 만약 $A(t)$가 1%의 속도로 증가하고 $B(t)$가 2%의 속도로 증가한다면, $A(t)B(t)$는 약 3%의 속도로 증가한다는 의미입니다.

5.4 단항식 x^n의 미분

다항함수 미분을 위해서는 다항함수의 핵심 구성요소인 단항식, 즉 임의의 n에 대해 x^n을 미분하는 것이 필요합니다. 우리는 이미 $(x^2)' = 2x$라는 것을 확인했습니다. 그렇다면 n의 값이 2가 아닌 경우에는 어떻게 될까요?

[0] 우선 $n = 0$일 경우, $x^0 = 1$, 상수함수입니다. 상수함수의 도함수는 0이라는 것을 앞 장에서 연습문제를 통해 증명했습니다. 즉 $(x^0)' = (1)' = 0$

[1] $n = 1$인 경우, $x^1 = x$로 1차함수입니다. 1차함수의 도함수는 기울기에 해당하며 x는 기울기가 1인 직선입니다. 따라서 $(x)' = 1$임을 쉽게 알 수 있습니다.

[2] 한편 $n = 2$인 경우는 앞 장에서 $(x^2)' = 2x$임을 도출했습니다.

[3] 연습 삼아 $n = 3$인 경우도 한번 풀어봅시다.

$$\begin{aligned}(x^3)' &= \lim_{\Delta x \to 0} \frac{(x+\Delta x)^3 - x^3}{\Delta x} \\ &= \lim_{\Delta x \to 0} \frac{x^3 + 3x^2\Delta x + 3x(\Delta x)^2 + (\Delta x)^3 - x^3}{\Delta x} \\ &= \lim_{\Delta x \to 0} 3x^2 + 3x \underbrace{\Delta x}_{\to 0} + \underbrace{(\Delta x)^2}_{\to 0} = 3x^2\end{aligned}$$

지금까지의 결과를 모아 보면

$$\begin{aligned}(x^0)' &= 0 \\ (x^1)' &= 1 \\ (x^2)' &= 2x \\ (x^3)' &= 3x^2\end{aligned}$$

으로 뭔가 규칙적인 유형이 발견됩니다. 각 도함수의 계수는 원래 함수의 지수이고, 도함수는 원래 함수보다 지수가 1이 부족한 단항식입니다. 즉 x^n에 대해서 도함수는 nx^{n-1}이라는 관계를 "추측"할 수 있습니다. 예컨대, x^4을 미분하면 $4x^3$이 나올 것으로 추측할 수 있습니다. 좀 복잡하긴 하지만 정의에 넣어서 계산해보면 맞습니다.

하지만 이런 식으로 하나씩 모든 경우를 확인해보다가는 영원히 끝이 나지 않기 때문에 **수학적 귀납법**(mathematical induction)이라는 것을 사용하여 증명해 보겠습니다.

수학적 귀납법에 의한 증명은 다음과 같이 진행됩니다. 먼저 어떤 임의의 수 k에 대해, $n = k$일 때 주어진 식이 성립한다고 가정합니다. 이제 이 가정을 이용하여 n이 하나 커졌을 때, 즉 $n = k + 1$일 때에도 이 식이 성립하는지를 확인합니다. 만약 성립한다면, 자동으로

$n = k+2$일 때도 성립함을 알 수 있고, 그 이후로도 계속 성립함을 알 수 있습니다. 따라서, 어떤 n 값에 대해 공식이 성립한다는 사실을 이미 안다면, 그 이후의 모든 값에 대해서는 공식이 성립함을 증명한 셈이 됩니다.

증명하고자 하는 주장: $(x^n)' = nx^{n-1},\ n = 0, 1, 2, 3, \ldots$

증명

$n = k$일 경우 위 공식이 성립한다고 가정해 봅시다. 즉, $(x^k)' = kx^{k-1}$이 사실이라고 가정합니다. 그렇다면 $x^{k+1} = x^k \times x$이므로 $f(x) = x^k$, $g(x) = x$로 보고 미분규칙 (3)을 활용하면 증명이 가능해집니다.

$$
\begin{aligned}
(x^{k+1})' = (x^k \times x)' &= \underbrace{(x^k)' \times x}_{f'(x)g(x)} + \underbrace{x^k \times (x)'}_{f(x)g'(x)} \\
&= \underbrace{kx^{k-1}}_{\text{가정}} \times x + x^k \times \underbrace{1}_{x'=1} \\
&= kx^k + x^k = (k+1)x^k
\end{aligned}
$$

방금 $n = k$에서 공식이 성립하면 $n = k+1$일 때도 공식이 성립함을 증명했습니다. 그런데 앞의 [0], [1], [2]를 보면, $n = 0,\ 1,\ 2$일 때 모두 공식이 성립합니다. 따라서 2에 1을 더한 $n - 3$일 때도 성립하고 그러므로 $n = 4,\ 5, \ldots$일 때 모두 성립할 것입니다. 따라서 위의 공식은 $n = 0,\ 1,\ 2, \ldots$에 모두 성립합니다. ◀

이 공식을 power rule[10]이라고 부르겠습니다. 단항식으로 된 함수 x^n을 영어로는 power function[11]이라고 부르기 때문입니다.

미분규칙 (4) power rule: $(x^n)' = nx^{n-1}$, 단 $n = 0, 1, 2, \ldots$

이제 지금까지 공부한 미분규칙 (1), (2), (4)를 이용하면(미분규칙 (3)은 규칙 (4)를 증명하는 데 사용되었습니다.) 임의의 다항함수

$$a_1x^n + a_2x^{n-1} + \cdots + a_nx + a_0$$

10) 가급적 우리말로 용어를 번역하는 것이 좋겠지만 영어 그대로 두었습니다. 보통은 '멱규칙' 또는 '거듭제곱규칙'이라고 번역합니다.

11) 역시 '멱함수' 또는 '거듭제곱함수'라고 번역합니다.

을 미분할 수 있습니다. 그 도함수는

$$(a_1x^n + a_2x^{n-1} + \cdots + a_nx + a_0)' = na_1x^{n-1} + (n-1)a_2x^{n-2} + \cdots + a_n$$

이 됩니다.

예 5.4 다항함수 미분 예

(a) $(2x^3 + 4x^2 - x + 5)' = 6x^2 + 8x - 1$

(b) $(0.5x^{10} - x^5 + 2x + 1500)' = 5x^9 - 5x^4 + 2$

한 가지 주목할 점은 방금 살펴본 power rule에서 n은 0, 1, 2 등의 0과 양(+)의 정수로 제한되어 있다는 것입니다. 하지만 사실은 n이 양의 정수가 아닐 때도 power rule은 성립합니다. 이는 다음 장에서 다시 살펴볼 것입니다.

주요 개념 및 용어

power rule

요약

- 매번 도함수의 정의를 사용하지 않더라도 다음의 규칙들을 활용하면 다항함수의 도함수를 도출할 수 있다.

미분의 기본 규칙	
(1) 상수곱	$(cf(x))' = cf'(x)$
(2) 합, 차	$(f(x) \pm g(x))' = f'(x) \pm g'(x)$
(3) 곱	$(f(x)g(x))' = f'(x)g(x) + f(x)g'(x)$
(4) power rule	$(x^n)' = nx^{n-1}$

연습문제

5-1 미분규칙 (3)은 함수 2개의 곱의 도함수를 알려준다. 그렇다면 함수 3개의 곱의 도함수는 어떻게 도출할 수 있겠는가? 즉, $f(x)$, $g(x)$, $h(x)$의 도함수가 각각 $f'(x)$, $g'(x)$, $h'(x)$일 때, $f(x)g(x)h(x)$의 도함수를 도출하시오.

5-2 다음 함수들의 일계도함수와 이계도함수를 도출하시오.

(a) $f(x) = 5x^4 - 3x^2 + x + 8$

(b) $g(x) = (x^2 + 1)(3x^3 - 1)$

(c) $h(x) = 100x(x^2 - 1)(x^2 + 1)$

5-3 다음 함수들의 일계도함수와 이계도함수를 도출하여, 그 부호를 통해 함수의 그래프의 모양을 그려보시오.

(a) $y = x^4$

(b) $y = 4 + 20x - 4x^2$

(c) $y = 2(x + 1)^2$

(d) $y = -x^3 + 3x$

5-4 $f(x) = 1/x$의 도함수를 도함수의 정의에 따라 도출하고, 이 결과가 단항식의 미분규칙인 power rule에 $n = -1$을 대입한 것과 같음을 확인하시오.

5-5 수요곡선(즉 역수요함수)의 공식이 $P = a - bQ^2$으로 주어져 있다. $a > 0$, $b > 0$은 어떤 상수이고, P는 재화의 가격, Q는 재화의 수요량이다.

(a) 가격과 수요량은 모두 음수가 될 수 없으므로, $P \geq 0$과 $Q \geq 0$이 성립해야 한다. 이 함수의 정의역과 치역을 구하시오.

(b) 수요곡선을 그리시오. (가로축은 Q, 세로축은 P)

(c) $Q = 1$에서 역수요함수의 미분계수를 구하고 그 경제학적 의미를 설명하시오.

5-6 어떤 기업의 비용함수가 $C(q) = q^3 - 30q^2 + 300q$ 이다. 여기서 $q \geq 0$은 재화의 생산량이고 $C(q)$는 생산량이 q일 때 기업이 투입해야 하는 생산비용이다.

(a) 비용함수의 그래프를 그리시오.

(b) 비용함수의 도함수를 도출하고 이를 그래프로 그리시오. 비용함수의 도함수는 경제학적으로 어떤 의미를 가지며, 여기서 그린 그래프의 모양은 어떤 의미인지 설명하시오.

(c) $A(q) = C(q)/q$일 때 $A(q)$의 그래프를 (b)에서 그린 도함수 그래프와 같은 평면에 함께 그리시오. 이 함수는 경제학적으로 어떤 의미를 가지며, 여기서 그린 그래프의 모양은 어떤 의미인지 설명하시오.

Chapter 06

미분의 규칙: 합성함수, 지수 및 로그함수 미분

이번 장에서는 앞에서 공부한 미분의 규칙들을 더욱 발전시켜 다양한 함수들을 미분하는 기법들을 익히겠습니다. 지난 장에서 마지막 미분규칙 (4) “power rule”을 통해 다항함수의 도함수에 대한 일반적 공식을 얻었습니다.

우리가 경제모형을 분석하면서 만나게 될만한 함수들을 보면, 다항함수를 좀 더 복잡하게 섞어 놓은 것, 그리고 지수함수와 로그함수 정도입니다. 이번 장에서 추가로 공부하는 규칙들을 활용하면 이제 경제모형에서 등장하는 웬만한 함수는 모두 미분할 수 있게 될 것입니다.

6.1 미분가능

그런데 미분 규칙들을 더 배우기에 앞서 한 가지 확인하고 넘어갈 점이 있습니다. 이는 “과연 모든 함수에는 도함수가 존재하는가?”, 즉 “어떤 함수든지 주어지면 미분하는 것이 가능한가?”라는 질문입니다. 그리고 그 답은 사실 “아니오”입니다.

예를 들어, [그림 6.1]에 나와 있는 두 가지 경우는 대표적으로 미분이 안 되는 함수들의 그래프입니다.

[그림 6.1(a)]의 경우에는 함수 그래프의 한 점에서 ‘점프’가 일어납니다. 하지만 하나의 x에 대응하는 단 하나의 y값이 있어야 한다는 조건에 따라 확인을 해보면 함수가 맞긴 맞습니다. 구체적으로 x의 값에 따라서 서로 다른 공식이 함수로 배정된 예인데, 이 예처럼 그래프에서 ‘끊어진’ 점이 있는 함수를 가리켜 ‘불연속’(discontinuous)이라고 말합니다.

쉽게 말해서, 종이 위에서 연필로 그래프를 그릴 때, 한 번도 손을 떼지 않고 그릴 수 있으면 ‘연속’(continuous) 함수이고, 손을 떼었다가 다른 곳으로 옮겨가야 하면 ‘불연속’(discon-

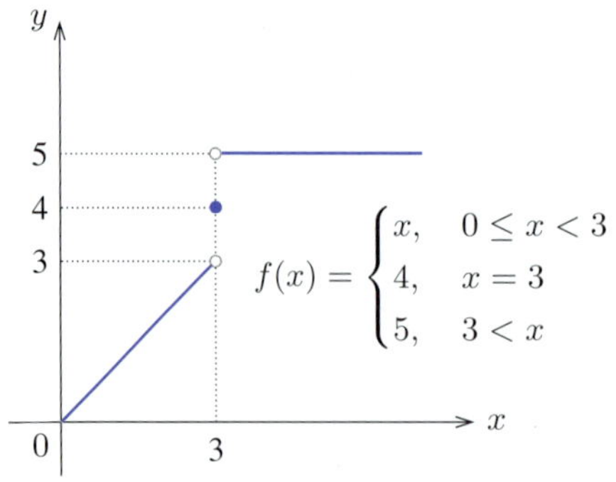

(a) 연속이 아닌 경우

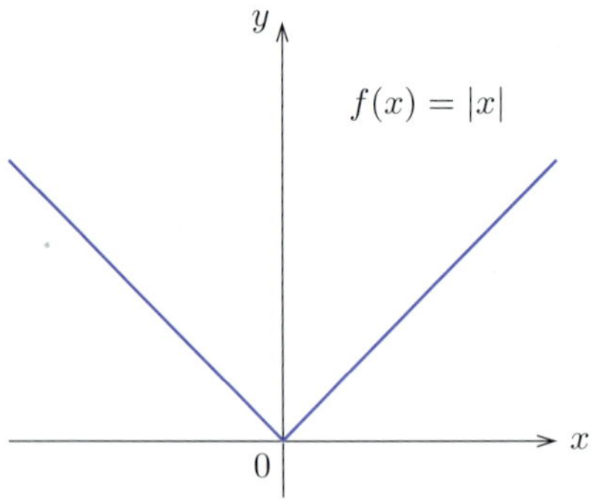

(b) 매끈하지 않은 경우

[그림 6.1] 미분가능하지 않은 함수들

tinuous)함수라고 이해할 수 있습니다(물론 엄밀한 수학적 정의는 따로 있습니다).

불연속함수는 미분가능하지 않습니다. 그 이유는 위 그림에서 불연속이 일어나는 점 $x = 3$에서 접선을 그려보려면 어떻게 해야 하는지 분명하지 않다는 것에서 알 수 있습니다. 물론, 불연속이 일어난 점 $x = 3$을 제외한 나머지 점들(즉, 함수가 연속인 구간에 있는 점들)에서는 미분계수가 잘 정의됩니다. 그림에서 불연속점 왼쪽 점들의 미분계수는 1이고, 오른쪽 점들의 미분계수는 0입니다.

그렇다면 연속인 함수는 모두 미분가능할까요? 그렇지 않다는 것을 [그림 6.1(b)]가 알려줍니다. 이 그림의 함수는 연속임에도 불구하고 $x = 0$에서 미분가능하지 않습니다. $x = 0$에 대해 미분계수의 정의를 이용해서 계산해보면, Δx의 변화를 줄 때 왼쪽인지 오른쪽인지에 따라 값이 달라집니다. 즉, 왼쪽 그래프만 보면 미분계수 값이 -1이고, 오른편 그래프만 보면 미분계수 값은 1입니다.

이는 사실 $y = |x|$이라는 함수가 다음과 같이 서로 다른 함수들을 묶어 놓은 것이기 때문입니다.

$$y = |x| = \begin{cases} +x, & x > 0 \\ 0, & x = 0 \\ -x, & x < 0 \end{cases}$$

그림으로 볼 때는 $x = 0$에서 접선을 그리기가 곤란한데, 바로 그 점에서 그래프의 모양이 '뾰족'하기 때문이라고 말할 수 있습니다.

수학적으로는 미분가능성(differentiability)이라는 성질을 엄밀하게 정의해야 하겠지만 우리는 함수가 연속이고, $|x|$의 경우처럼 '뾰족한' 곳이 없이 충분히 매끈한(smooth) 모양이면 미분가능하다고 기억해두면 되겠습니다. 특히 실제로 미분 공식을 도출할 다항함수, 유리함수, 지수함수, 로그함수 및 그들의 분수함수는 모두 미분가능합니다.

6.2 합성함수의 미분

이 절에서는 미분의 규칙 가운데서도 가장 강력하고 자주 쓰이는 합성함수의 미분법을 공부하겠습니다. 이 방법은 익숙해지고 나면 매우 편리하지만, 처음 접하는 학생들은 알 듯 모를 듯 혼란스러워하는 것이기도 합니다.

6.2.1 합성함수

먼저 합성함수가 무엇인지 알아봅시다. 함수는 2개의 변수, 즉 독립변수 x와 종속변수 y 사이의 관계를 나타냅니다. **합성함수**(composite function)는 여러 함수를 합성한 것으로서, 독립변수와 종속변수 간의 관계가 연쇄적으로 적용됩니다. 합성함수를 정의하기 위해서는 2개가 아니라, 3개의 변수가 필요합니다. 이를 x, y, z라고 부르겠습니다. 각 변수의 값들이 가지는 집합도 필요합니다. X, Y, Z라고 부르겠습니다. 다음의 [그림 6.2]를 통해서 개념을 이해해볼 수 있습니다.

$$f(x) = (h \circ g)(x) = h(g(x))$$

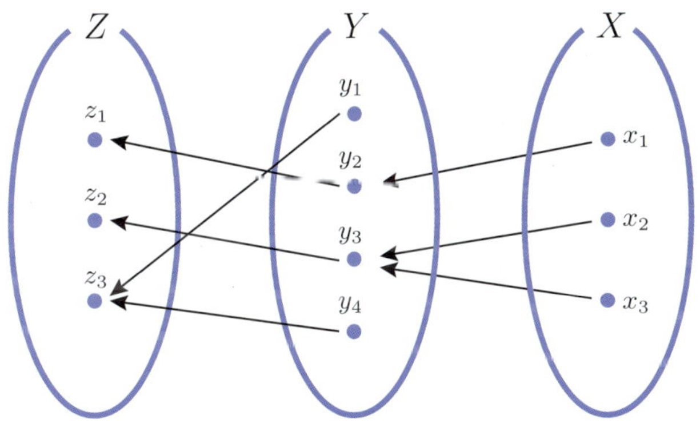

[그림 6.2] 합성함수의 개념

이 그림은 합성함수 표기에 맞추어 오른쪽에서 왼쪽으로 읽는 것이 좋습니다. 먼저 정의역 X에 속한 독립변수 x에서 출발하면 함수 $g(x)$에 의해 y에 도착합니다. 함수 $g(x)$의 종속변수였던 y는 멈추지 않고, 다시 함수 $h(y)$의 독립변수가 되어 최종 종속변수인 z에 도착합니다. 먼저 적용되는 함수 $g(x)$를 합성함수의 속함수(inside function), 다음에 적용되는 $h(y)$를 합성함수의 겉함수(outside function)라고 부를 수 있습니다.

x는 속함수의 독립변수이자, 합성함수의 독립변수이고, z는 겉함수의 종속변수이자, 합성함수의 종속변수입니다. 합성 과정에서 두 번 나타나지만 결국은 사라지는 y는 두 함수

를 연결해주는 **중개변수**(intermediate variable)[12]입니다. x 값으로 된 집합 X는 속함수 $g: X \to Y$의 정의역이자, 합성함수의 정의역이고, z 값으로 된 집합 Z는 겉함수 $h: Y \to Z$의 공변역이자, 합성함수의 공변역입니다. 한편 중개변수 y의 값이 속한 Y는 속함수의 공변역이면서 동시에 겉함수의 정의역입니다. 그림에서 보듯이 속함수의 치역 $g(X)$가 겉함수 정의역의 부분집합이어야 합니다.

이렇게 만들어진 합성함수 $f = h \circ g(x)$를 $h(g(x))$라고도 쓸 수 있습니다. x가 속함수에 들어가서 $g(x)$가 되면, $y = g(x)$라고 할 때, 이 y 값이 다시 겉함수인 h에 들어간다고 이해할 수 있습니다.

두 함수를 합성하는 순서는 매우 중요합니다. 합성을 위해서는 중개 역할을 할 y가 필요하고 속함수의 치역이 겉함수 정의역 Y의 부분집합이어야 합니다. 따라서 $g: X \to Y$와 $h: Y \to Z$는 $g(X) \subset Y$일 때 $h \circ g$로 합성이 가능하지만, 반대 방향으로 $g \circ h$는 합성이 안될수 있습니다. $g \circ h$가 가능하려면 $h(Y)$가 X의 부분집합이어야 하는데, h의 공변역은 Z이므로 $h(Y) \subset Z \subset X$가 성립해야 합니다. 즉 애초에 $Z \subset X$여야 합니다.

예 6.1 가족관계 함수들의 합성

제1장 [예제 1.1], [예제 1.4]에서 딸함수, 부부함수(남편함수, 아내함수) 등 가족관계를 나타내는 함수를 생각해보았습니다. 딸함수 $d: X \to Y$는 (외동딸을 둔) 부모님들의 집합 X과 여성들의 집합 Y를 연결하는 함수이고, 남편함수 $h: Y \to Z$는 (결혼한) 여성들의 집합 Y와 남성들이 집합 Z를 연결하는 함수입니다. 그런데 d의 Y는 그냥 여성들(딸들)의 집합이고, h의 Y는 결혼한 여성들의 집합인 점에 주의합시다.

두 함수를 합성한 $h \circ d: X \to Z$는 X의 부모님들의 딸의 남편(사위)을 알려줍니다. 합성이 가능하려면 $d(X) \subset Y$ 즉, X의 부모님들의 딸이 모두 결혼을 했어야 합니다. 그래서 다시 정리하면, X는 결혼한 외동딸을 가진 부모님들의 집합, Y는 결혼한 여성들의 집합, Z는 결혼한 남성들의 집합입니다. 또한 $d(X) \subset Y$는 X의 부모님들의 딸들입니다.

만약 반대방향으로 합성을 해서 $d \circ h: Y \to Y$를 만든다면 먼저 결혼한 $y \in Y$에 대해서 남편 $h(y) \in Z$를 찾은 다음, 그 남편의 딸을 Y 속에서 찾아야 합니다(생각해보면 약간 이상하죠?).

12) 대한수학회에서는 중간변수라고 번역합니다. 간혹 매개변수라고 부르는 경우가 있는데, 이는 모수(parameter)의 또 다른 번역어이기도 해서 피하는 것이 좋겠습니다.

경우에 따라서는 두 함수를 합성할 때 두 방향으로 만들 수도 있습니다. 예를 들어, $g : X \to Y$이고 $h : Y \to X$인 함수라면 이 함수들은 두 가지 방식으로 합성할 수 있습니다. 즉 $g \circ h : Y \to Y$라는 합성함수도 가능하고 $h \circ g : X \to X$라는 합성함수도 가능합니다. 하지만 두 합성함수는 서로 다른 함수입니다.

이번에는 공식으로 된 예를 한 번 봅시다.

예제 6.1 합성함수

함수 $g : X \to Y$는 $g(x) = x^3$이고 함수 $h : Y \to X$는 $h(y) = 2y + 1$이라고 할 때 두 함수를 두 가지 방식으로 합성해보시오.

(1) $g \circ h : Y \to Y$

$h(y) = 2y + 1 = x$이고 이 값을 $g(x)$에 대입하면

$$g \circ h(y) = g(h(y)) = g(2y+1) = (2y+1)^3 = 8y^3 + 12y^2 + 6y + 1$$

(2) $h \circ g : X \to X$

$g(x) = x^3 = y$이고 이 값을 $h(y)$에 대입하면

$$h \circ g(x) = h(g(x)) = h(x^3) = 2(x^3) + 1 = 2x^3 + 1$$

만약 함수가 일대일이어서 역함수가 존재한다면, 원래 함수와 역함수를 합성해볼 수 있습니다. 그 결과로 얻는 함수는 어떤 함수일까요? 먼저 간단한 예를 통해 알아보겠습니다.

예 6.2 함수와 역함수의 합성함수

X는 결혼한 남성들의 집합, Y는 결혼한 여성들의 집합일 때, '아내함수' $w : X \to Y$, $w(x) = y$는 남성 x의 아내가 y임을 알려줍니다. 또한 '남편함수' $h : Y \to X$, $h(y) = x$는 여성 y의 남편이 x임을 알려줍니다. 두 함수는 모두 일대일함수이며 역함수를 갖습니다. 사실 두 함수는 서로 역함수입니다.

이제 두 함수를 합성해보겠습니다.

(1) $w \circ h : Y \to Y$

먼저 $h(y)$는 여성 y의 남편입니다. 그렇다면 $w \circ h(y) = w(h(y))$는 여성 y의 남편

의 아내를 가리키는데, 이는 곧 여성 y 자신입니다. 즉, $w \circ h(y) = y$입니다.

(2) $h \circ w : X \to X$

마찬가지로 먼저 $w(x)$는 남성 x의 아내입니다. 이제 $h \circ w(x) = h(w(x))$는 남성 x의 아내의 남편을 가리키며, 이는 곧 남성 x 자신입니다. 즉, $h \circ w(x) = x$입니다.

이 예로부터 알 수 있는 대로, 만약 $g : X \to Y$가 일대일이어서 역함수 $g^{-1} : Y \to X$를 갖는다면, 함수와 역함수의 합성함수 $g^{-1} \circ g : X \to X$는 $g^{-1} \circ g(x) = x$, 즉 입력값을 그대로 출력하는 항등함수(identity function) $f(x) = x$가 됩니다[그림 6.3].

$$f(x) = (g^{-1} \circ g)(x) = g^{-1}(g(x)) = x$$

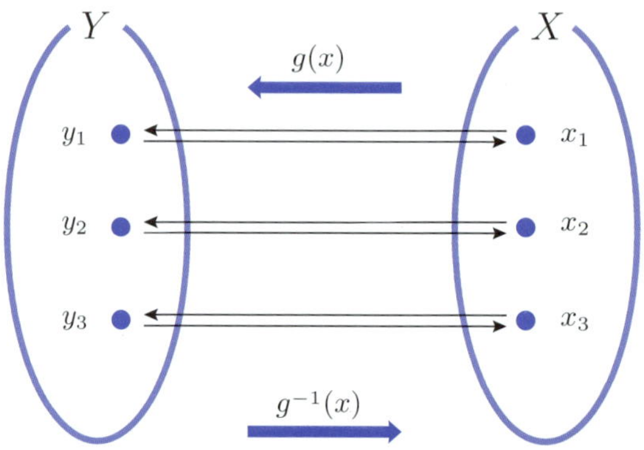

[그림 6.3] 함수와 역함수의 합성함수는 항등함수

합성함수의 역함수는 어떤 형태를 가질까요? 물론 역함수를 논하려면 합성함수가 일대일이어야 하고, 공변역과 치역이 일치해야 합니다. 또한 그렇게 되려면 합성함수를 구성하는 속함수와 겉함수와 각각 일대일이고 공변역과 치역이 일치해야 할 것입니다. 이런 성질을 모두 만족한다고 합시다. 속함수 $g : X \to Y$와 겉함수 $h : Y \to Z$의 합성함수 $f = h \circ g : X \to Z$의 역함수 f^{-1}은 Z를 정의역으로, X를 공변역으로 가질 것입니다. $x \in X$에서 $g(x) \in Y$로, 다시 $g(x) \in Y$에서 $h(g(x)) \in Z$로 연결된 경로를 거꾸로 거슬러 올라가보면, $f^{-1} = (h \circ g)^{-1} = g^{-1} \circ h^{-1}$임을 알 수 있습니다.

6.2.2 합성함수의 미분: chain rule

합성함수의 미분은 아래에 미분규칙 (5)로 제시된 공식을 통해 가능합니다. 이 공식을 **chain rule(사슬 규칙** 또는 **연쇄 규칙)**[13]이라고 부릅니다. X와 Y 사이의 함수 $g(x)$와 Y와 Z 사이의 함수 $h(y)$에 의해 연결된 합성함수 $f(x) = h(g(x))$를 고려합니다.

직관적인 이해를 위해서, [그림 6.4]를 보겠습니다. 그림에서 세 집합이 네모로 표시되어 있는데, 각각을 사진이 들어 있는 액자라고 생각해 보지요. 제일 위에 있는 사진 액자 X와 중간에 있는 사진 액자 Y는 탄력성이 있는 고무줄이나 용수철 같은 "사슬"로 연결이 되어 있습니다. 그래서 만약 제일 위의 액자 X를 조금 흔들어주면 그 흔들림에 연결 사슬인 함수 $g(x)$를 통해 중간 액자 Y로 전달이 됩니다. X가 아주 조금 흔들릴 때 Y는 그 dg/dx배만큼 흔들립니다.

마찬가지로 중간 액자 Y를 흔들어주면 마지막 액자 Z가 따라서 흔들리는데 그 흔들리는 정도는 두 액자를 연결해주는 사슬인 함수 $h(y)$를 통해 전달됩니다. 또한 Y가 아주 조금 흔들릴 때 Z는 그 dh/dy배만큼 흔들립니다.

합성함수의 도함수는 가장 위의 액자 X를 조금 흔들었을 때, 가장 아래 액자인 Z가 얼마나 흔들리는지를 측정한다고 생각할 수 있습니다. 만약 X를 Δx만큼 흔들어주었다면 Y는 그 dg/dx배만큼 흔들릴 뿐 아니라, 이 움직임이 Z로 전달될 때는 거기에 다시 dh/dy가 곱해진 것만큼 흔들립니다.

즉, 합성함수의 도함수 df/dx는 처음 X에 dx만큼의 변화가 일어날 때, 최종적으로 Z에 어떤 변화가 일어나는지를 묻는 것인데, 그 중간단계에서 먼저 dx가 Y에 변화를 주어서 dy/dx만큼 변하고, 이것이 연결 사슬에 의해 다시 Z에 영향을 주는 것을 공식이 나타내고 있습니다.

$g : X \to Y$이고 $h : Y \to Z$일 때 합성함수 $f : X \to Z$, 즉 $f(x) = h \circ g(x)$의 도함수는 다음 상자 안의 공식에 의해 도출 가능합니다.

미분규칙 (5) chain rule: $$\frac{d(h(g(x)))}{dx} = \frac{dh(y)}{dy}\frac{dg(x)}{dx} = h'(g(x)) \cdot g'(x)$$

13) 제5장의 power rule(멱규칙, 거듭제곱규칙)과 함께 중요한 공식이기 때문에, 영어 표현을 그대로 살려서 쓰겠습니다.

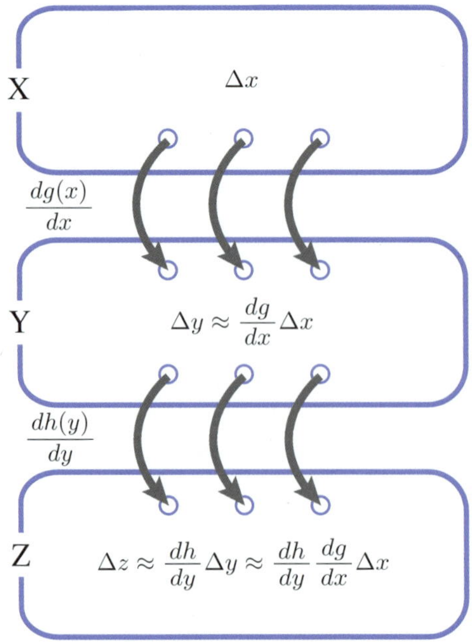

[그림 6.4] chain rule의 이해

예제 6.2 chain rule

앞의 [예제 6.1]에서 주었던 함수 $g(x) = x^3$와 함수 $h(y) = 2y + 1$의 합성함수에 chain rule을 적용하여 도함수를 도출하고, 합성함수를 직접 미분한 결과와 같음을 확인하시오.

(a) 먼저 $h \circ g : X \to X$에 대해 chain rule을 적용해보겠습니다. $f = h \circ g$라고 하면

$$\frac{df}{dx} = \frac{dh}{dy}\frac{dg}{dx} = \frac{d(2y+1)}{dy}\frac{d(x^3)}{dx} = 2(3x^2) = 6x^2$$

이미 [예제 6.1]에서 $h \circ g(x) = 2x^3 + 1$임을 보았으므로 이 함수를 직접 미분하면 동일한 결과인 $6x^2$을 얻습니다.

(b) 이번에는 반대 방향의 합성함수인 $g \circ h : Y \to Y$에 대해 연쇄규칙을 적용해보겠습니다. 방향이 바뀌어 합성함수는 y의 함수입니다. $f = g \circ h$라고 하면

$$\begin{aligned}\frac{df}{dy} &= \frac{d(g(h(y)))}{dy} = \frac{dg(x)}{dx}\frac{dh(y)}{dy} = 3x^2 \cdot 2 = 6x^2 \\ &= 6(2y+1)^2 = 6(4y^2 + 4y + 1) = 24y^2 + 24y + 6\end{aligned}$$

입니다. 한 가지 주의할 점은, 계산 과정에서 dg/dx의 공식이 x의 함수로 나왔는데, 우리가 고려하고 있는 합성함수 f는 y의 함수이므로 x라는 변수는 다시 $x = h(y)$라는 관계를 이용하여 y로 대체하여주어야 합니다.

이미 [예제 6.1]에서 $g \circ h(y) = 8y^3 + 12y^2 + 6y + 1$이라는 것을 도출했는데, 이 식을 직접 y로 미분하면 위의 계산과 동일한 답을 얻습니다.

[예제 6.2(b)]에서 한 가지 주의할 점이 발견되었습니다. chain rule을 적용하는 과정에서 최종 고려대상인 변수가 아니라 중간에서 매개 역할을 하는 변수가 나타나는 경우에는 이를 다시 고려대상 변수로 대체하여주어야 합니다. 즉, df/dx를 구하는데 y라는 변수가 나오면 안 되고, df/dy를 구하는데 x라는 변수가 나오면 안 됩니다. 위의 상자 안의 미분규칙 (5)를 다시 보시면 제일 마지막에 이 점을 강조한 공식이 있습니다. $h'(y)g'(x)$라는 식을 그대로 쓰는 것이 아니라, $y = g(x)$를 대입하여 $h'(g(x))g'(x)$가 나오는 것이 맞습니다.

6.3 지수함수와 로그함수의 미분

지금까지 공부한 미분규칙을 활용하면 모든 다항함수와 그 합성함수들의 도함수를 구할 수 있게 되었습니다. 이제 지수함수와 로그함수의 미분을 살펴볼 차례입니다.

6.3.1 자연로그함수 $\ln(x)$의 미분

먼저 자연로그함수 $\ln(x)$의 도함수를 정의에 따라 도출해보겠습니다.

$$\begin{aligned}(\ln x)' &= \lim_{\Delta x \to 0} \frac{\ln(x+\Delta x) - \ln(x)}{\Delta x} = \lim_{\Delta x \to 0} \frac{1}{\Delta x} \ln\left(\frac{x+\Delta x}{x}\right) \\ &= \lim_{\Delta x \to 0} \ln\left(1 + \frac{\Delta x}{x}\right)^{1/\Delta x} = \ln e^{1/x} = \frac{1}{x}\end{aligned}$$

도출 과정에서 첫 번째 등호는 도함수의 정의를 그대로 적은 것이고, 두 번째와 세 번째 등호는 로그함수의 성질을 이용하여 식을 정리한 것입니다. 끝에서 두 번째 등호는 자연지수 e의 정의에서 나옵니다. 숫자 e의 정의에서

$$e \equiv \lim_{n \to \infty} \left(1 + \frac{1}{n}\right)^n = \lim_{\frac{1}{n} \to 0} \left(1 + \frac{1}{n}\right)^{1/(1/n)} = \lim_{m \to 0} (1+m)^{1/m}$$

와 같이 $1/n = m$이라고 치환해서 표기를 바꾸어볼 수 있습니다. 위의 도함수 도출 과정에서 $m = \Delta x/x$라고 해보면 식이 성립함을 알 수 있습니다. 이제 위 과정의 마지막 등호는 다시 지수와 로그의 정의에서 얻어집니다.

즉, 자연로그함수 $\ln(x)$를 미분하면 $1/x$이라는 도함수를 얻습니다. 여기서 한 가지 흥미로운 사실을 관찰할 수 있습니다. 앞에서 공부한 단항식의 미분규칙(power rule)에 따르면 x^n

의 형태를 가진 함수들은 x^{n-1}이라는 도함수를 갖습니다. 몇 가지 n의 값에 대해서 이 결과들을 나열해보면 다음과 같습니다(n이 음수일 경우에 대해서 따로 증명하지는 않았지만, [문제 5-4]에서 $1/x$에 대해서는 power rule이 성립함을 확인했습니다).

$$\begin{aligned}(x^3)' &= 3x^2 \\ (x^2)' &= 2x \\ (x)' &= 1 \\ (???)' &= 1/x \\ (1/x)' &= -1/x^2 \\ (1/x^2)' &= -2/x^3\end{aligned}$$

즉, 3차함수를 미분하면 2차함수가 나오고, 2차함수를 미분하면 1차함수, 1차함수를 미분하면 0차함수(상수)를 얻습니다. 마찬가지로 -2차함수를 미분하면 -3차함수를 얻고, -1차함수를 미분하면 -2차함수를 얻습니다. 그런데 위에서 (???)로 표시한 것과 같이 미분해서 -1차함수가 나오게 하는 단항식이 없습니다. 그 자리를 메꿔주는 것이 바로 자연로그함수인 것입니다(경우에 따라서는 아예 자연로그함수를 이렇게 정의하기도 합니다. 즉, 미분해서 $1/x$이 나오는 함수를 $\ln(x)$라고 정의하는 경우도 있습니다).

6.3.2 자연지수함수 e^x의 미분

자연지수함수 e^x의 도함수 또한 정의에 따라 도출해보겠습니다.

$$\frac{d}{dx}e^x = \frac{d}{dx}\lim_{n\to\infty}\left(1+\frac{x}{n}\right)^n$$

를 계산하면 되는데 미분기호 안에 극한기호 lim이 들어 있는 점이 조금 껄끄럽지만 무시하고 그대로 식을 x에 대해서 미분해보겠습니다. 그런데 일단 이 식은 합성함수입니다. 독립변수 x에서 시작하여 일단 $\left(1+\frac{x}{n}\right)$라는 값을 얻습니다. 이 값을 z라 할 때, 최종적으로 얻는 함숫값은 $y = z^n$입니다. 즉 [그림 6.5]와 같은 관계가 성립합니다. 합성된 두 함수는 모두 비교적 간단하게 미분할 수 있습니다. 즉,

$$\begin{aligned}g'(z) &= (z^n)' = nz^{n-1} \\ h'(x) &= \left(1+\frac{x}{n}\right)' = \frac{1}{n}\end{aligned}$$

입니다. 여기에 chain rule을 적용하면

$$\frac{d}{dx}\lim_{n\to\infty}\left(1+\frac{x}{n}\right)^n = \lim_{n\to\infty}\frac{d}{dx}\left(1+\frac{x}{n}\right)^n = \lim_{n\to\infty} n\cdot\left(1+\frac{x}{n}\right)^{n-1}\cdot\frac{1}{n}$$

이 됩니다. 따라서

$$\frac{d}{dx}e^x = \lim_{n\to\infty} n \cdot \left(1+\frac{x}{n}\right)^{n-1} \cdot \frac{1}{n} = \lim_{n\to\infty}\left(1+\frac{x}{n}\right)^{n-1} = e^x$$

를 얻습니다. 제일 마지막 등호는 n이 무한대로 가는 경우 $n-1$도 역시 무한대로 가므로 n과 같다고 볼 수 있기 때문에 성립합니다.

$$y = f(x) = g \circ h(x) = \left(1+\frac{x}{n}\right)^n$$

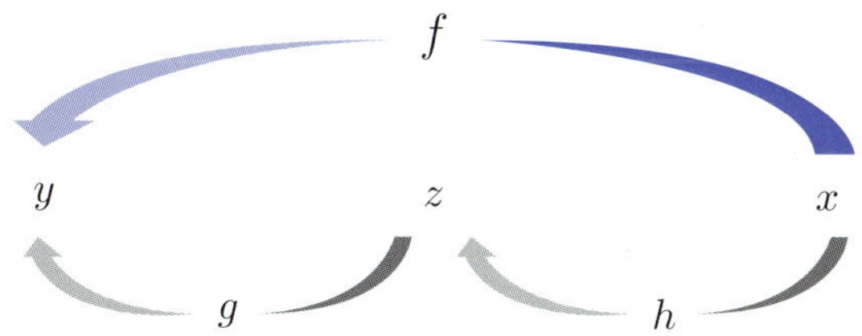

$$y = g(z) = z^n \qquad z = h(x) = 1+\frac{x}{n}$$

[그림 6.5] 자연지수함수 정의식을 구성하는 합성함수

결론적으로, 자연지수함수의 도함수는 자기 자신입니다. 다항함수들은 power rule에 따라서 미분할 경우 차수가 하나씩 줄어듭니다. 그런데 자연지수함수는 미분하더라도 함수에 변화가 없습니다. 자연지수함수는 독특하게도 각 점에서의 기울기가 함숫값과 동일한 함수입니다($f'(x) = f(x)$; 자연로그함수를 미분해서 $1/x$이 되는 함수로 정의할 수 있는 것처럼, 자연지수함수는 미분해서 자기 자신이 되는 함수로 정의할 수도 있습니다).

6.3.3 chain rule을 활용한 자연지수 및 자연로그 함수의 미분

앞의 두 소절에서 각각 자연로그함수와 자연지수함수의 도함수를 정의를 사용해 도출했습니다. 사실 우리는 경제학도로서 응용에 관심이 있기 때문에 정의를 사용한 도출 과정을 상세하게 모르더라도 그 결과를 알고 있는 것이 더 중요합니다. 즉, 자연로그함수의 도함수는 (-1)차 함수이고, 자연지수함수의 도함수는 자기 자신이라는 것은 반드시 기억하고 있어야 합니다.

이번에는 자연로그함수와 자연지수함수가 서로 역함수관계라는 사실을 이용하여, 둘 중 하나의 도함수를 알면 또 다른 함수의 도함수를 쉽게 도출할 수 있음을 보겠습니다. 이미 도함수 결과를 알고 있으므로 증명 자체가 중요한 것이 아니라, 이런 계산에서 어떻게 chain rule이 활용되는지를 연습하는 것이 목적입니다. 이같은 계산은 앞으로 더 복잡한 미분이나 경제모형 분석에서 매우 쓸모있는 것입니다.

자연지수함수의 도함수

먼저 $(\ln x)' = 1/x$ 임을 알고 있는 상태에서 e^x 의 도함수를 도출해보겠습니다. 즉, 우리가 미분하고자 하는 함수는 $y = e^x$ 인데, 지수와 로그의 관계를 이용하여 함수의 형태를 바꾸면 $x = \ln(y)$ 가 됩니다. 이제 양변을 x 로 각각 미분하면, 좌변은 그냥 x 를 x 로 미분한 것이므로 1이 되고, 우변은 합성함수의 미분공식인 chain rule을 적용할 수 있습니다. 왜냐하면 $\ln(y)$ 는 바로 $\ln(\cdot)$ 과 y 의 합성함수이기 때문입니다. 즉,

$$\begin{aligned} x &= \ln(y) \\ \frac{d}{dx}(x) &= \frac{d}{dx}(\ln(y)) \\ 1 &= \frac{d\ln(y)}{dy} \cdot \frac{dy}{dx} \end{aligned}$$

으로 계산이 됩니다. 그런데 겉함수인 $\ln(y)$ 를 y 로 미분한 결과는 우리가 알고 있는 로그함수의 미분공식을 적용하면 됩니다. 기호가 x 에서 y 로 바뀌었을 뿐, $\ln(y)$ 의 도함수는 $1/y$ 입니다. 따라서 위의 식은

$$1 = \frac{1}{y} \cdot \frac{dy}{dx}$$

라고 쓸 수 있고, 이 식의 양변에 y 를 곱해주어 다시 정리하면

$$y = \frac{dy}{dx}$$

가 됩니다. 그런데 y 는 우리가 x 로 미분하고자 했던 지수함수 e^x 이므로, 위 식의 y 에 e^x 를 대입해주면 다음이 됩니다.

$$e^x = \frac{d(e^x)}{dx}$$

즉, 자연지수함수의 도함수는 자기 자신임을 도출했습니다. 앞에서 도함수 정의를 사용해서 구한 결과와 같습니다.

자연로그함수의 도함수

이번에는 똑같은 방식을 적용하여 $(e^x)' = e^x$ 임을 알고 있는 상태에서 자연로그함수 $y = \ln(x)$ 의 도함수를 도출해보겠습니다. 마찬가지로 로그와 지수 사이의 관계를 이용하여 이 함수식을 다시 적으면, $x = e^y$ 가 됩니다. 역시 양변을 x 로 미분하는데, 좌변은 1이고, 우

변은 $e^{(\ )}$와 y의 합성함수임에 유의하여 계산합니다.

$$\begin{aligned} x &= e^y \\ \frac{d}{dx}(x) &= \frac{d}{dx}(e^y) \\ 1 &= \frac{d(e^y)}{dy} \cdot \frac{dy}{dx} \\ 1 &= e^y \cdot \frac{dy}{dx} \end{aligned}$$

그런데 제일 마지막 식에서 e^y는 결국 x이므로 자연로그함수의 미분공식

$$\frac{1}{x} = \frac{d(\ln(x))}{dx}$$

를 얻을 수 있습니다.

6.3.4 chain rule을 활용한 일반로그 및 일반지수 함수의 미분

방금 사용한 방법을 활용하면 밑이 e가 아닌 일반 로그함수나 지수함수도 모두 미분할 수 있습니다.

지수함수 b^x의 미분

$y = b^x$의 도함수를 구하기 위해서 우선 이 함수식의 양변에 자연로그를 취하면

$$y = b^x \iff \ln y = x \ln b$$

를 얻습니다. 이제 양변을 x로 미분해보겠습니다. 먼저 우변에서 $\ln b$는 상수이므로 미분 과정에서 그대로 남겨두면 되고, x를 x로 미분하면 1입니다. 한편, 좌변은 $\ln(y)$인데 우리는 x로 미분하고 있고, y는 x의 함수입니다. 따라서

$$\begin{aligned} \frac{1}{y} \cdot \frac{dy}{dx} &= 1 \cdot \ln b \\ \frac{dy}{dx} &= y \ln b = b^x \ln b \end{aligned}$$

결과적으로 밑이 b인 지수함수를 미분하면 자기 자신인 b^x에다가 $\ln b$라는 상수를 곱해준 것이 도함수임을 알 수 있습니다. 물론 $b = e$인 경우에는 $\ln e = 1$이므로 앞에서 구한 결과와 동일하게 자연지수함수의 도함수는 자연지수함수입니다.

로그함수 $\log_b(x)$의 미분

마찬가지로 $y = \log_b(x)$를 미분해보겠습니다. 로그와 지수의 관계를 이용하면 $b^y = x$라고 적을 수 있습니다. 이제 양변을 x로 미분하되, 방금 위에서 도출한 밑이 b인 지수함수의 미분 공식을 활용하면 됩니다. 좌변을 미분하면

$$\frac{d}{dx}(b^y) = b^y \ln b \frac{dy}{dx}$$

이고, 우변은 x이므로 x로 미분하면 1입니다. 따라서

$$(\log_b(x))' = \frac{dy}{dx} = \frac{1}{b^y \ln b} = \frac{1}{x \ln b}$$

을 얻습니다. 밑이 b인 로그함수의 도함수는 $1/x$을 상수 $\ln(b)$로 나누어주면 됩니다. 마찬가지로 만약 $b = e$이면 자연로그함수의 도함수를 얻습니다.

예 6.3 지수, 로그 미분

(a) $\dfrac{d2^x}{dx} = 2^x \ln 2$

(b) $\dfrac{d \log_2 x}{dx} = \dfrac{1}{x \ln 2}$

6.4 단항식의 미분규칙: power rule 최종판

앞 장에서 단항식 x^n의 도함수가 nx^{n-1}이라는 power rule을 살펴본 바 있습니다. 그때는 x, x^2, x^3과 같이 n이 자연수인 경우에 대해서 이 도함수 식이 성립함을 증명했습니다. 사실은 n이 자연수가 아니라, 음의 정수(-1, -2, -3, $\ldots$)이거나, 분수이거나 (3/4 혹은 $-1/2$ 등), 심지어 더 일반적인 다른 수라 해도 power rule은 성립합니다.

이번 장에서 공부한 여러 식을 조합하면 이를 다음과 같이 확인할 수 있습니다. 먼저 $f(x) = x^n$이라고 하고, 양변의 자연로그를 취해주면

$$\ln f(x) = n \ln(x)$$

가 됩니다. 이제 양변을 x로 미분하는데, 좌변은 $\ln(\ )$과 $f(x)$의 합성함수임을 기억하고,

우변은 자연로그함수 $\ln(x)$에 상수 n이 곱해진 점을 확인하면 쉽게 계산할 수 있습니다.

$$\frac{f'(x)}{f(x)} = n\frac{1}{x} \Longrightarrow f'(x) = n\frac{f(x)}{x} = n\frac{x^n}{x} = nx^{n-1}$$

이 계산에서는 n은 그냥 주어진 상수일 뿐이므로, 굳이 자연수일 필요가 없고 어떤 수라도 상관없습니다. 따라서 power rule은 매우 일반적인 규칙입니다.

예 6.4 power rule

(a) $\left(\frac{1}{x^2}\right)' = (x^{-2})' = -2x^{-2-1} = -\frac{2}{x^3}$

(b) $(\sqrt{x})' = \left(x^{\frac{1}{2}}\right)' = \frac{1}{2}x^{\frac{1}{2}-1} = \frac{1}{2}x^{-\frac{1}{2}} = \frac{1}{2\sqrt{x}}$

6.5 분수함수의 도함수

지금까지 공부한 내용을 활용하면 여러분 자신도 알아낼 수 있지만, 연습 삼아 마지막으로 분수함수의 도함수에 활용할 수 있는 공식을 살펴보겠습니다.

$f(x)$, $g(x)$가 임의의 함수일 때 $f(x)/g(x)$ 형태의 함수를 분수함수라고 할 수 있겠습니다. 분수함수는 $f(x)$, $g(x)$가 다항함수인 유리함수를 포함합니다.

6.5.1 $\frac{1}{g(x)}$의 도함수

우선 분자에는 함수가 없고 분모에만 함수가 들어 있는 $\frac{1}{g(x)}$의 미분부터 해보겠습니다. 이 함수는 사실 두 함수의 합성함수입니다. 속함수는 물론 $g(x)$이고 겉함수는 $1/(\ ) = (\ )^{-1}$입니다. 다시 말해 겉함수는 단항식 중 $n = -1$인 경우에 해당하여 power rule을 적용할 수 있습니다. $g(x) = y$라고 한다면 $h(y) = 1/y$과의 합성함수입니다. 따라서

$$\left(\frac{1}{g(x)}\right)' = h'(g(x)) \times g'(x) = \left(\frac{1}{y}\right)' g'(x) = -\frac{1}{y^2}g'(x) = -\frac{g'(x)}{g(x)^2}$$

가 됩니다.

예 6.5 분수함수 미분

(a) $1/x$에 대해 power rule이 아니라 분수함수 미분 공식을 적용해보면 $g(x) = x$인 경우에 $1/g(x)$을 미분하는 것에 해당하므로, $(1/x)' = -(x)'/x^2 = -1/x^2$이 되어 power rule 공식과 일치합니다.

(b) $\left(\dfrac{1}{3x^2+2x+1}\right)' = -\dfrac{(3x^2+2x+1)'}{(3x^2+2x+1)^2} = -\dfrac{6x+2}{(3x^2+2x+1)^2}$

(c) $\left(\dfrac{1}{\ln x}\right)' = -\dfrac{(\ln x)'}{(\ln x)^2} = -\dfrac{1/x}{(\ln x)^2} = -\dfrac{1}{x(\ln x)^2}$

6.5.2 $\dfrac{f(x)}{g(x)}$의 도함수

마찬가지로 일반적인 분수함수 $\dfrac{f(x)}{g(x)}$는 방금 도함수를 구한 $\dfrac{1}{g(x)}$와 $f(x)$의 곱으로 보고 함수의 곱의 미분규칙을 적용하면 됩니다.

$$\left(\frac{f(x)}{g(x)}\right)' = (f(x)g(x)^{-1})' = f'(x)g(x)^{-1} + f(x)(-1)g(x)^{-2}g'(x) = \frac{f'(x)g(x) - f(x)g'(x)}{(g(x))^2}$$

일반 분수함수 미분 공식에서 $f(x) = 1$이라고 놓으면 $f'(x) = 0$이므로 이를 대입하면 다시 앞에서 구했던 분자가 1인 함수의 도함수 공식을 얻을 수 있습니다.

예 6.6 분수함수 미분

(a) $\left(\dfrac{x}{1+x}\right)' = \dfrac{(x)'(1+x) - x(1+x)'}{(1+x)^2} = \dfrac{(1)(1+x) - x(1)}{(1+x)^2} = \dfrac{1}{(1+x)^2}$

(b) $\left(\dfrac{x}{\ln x}\right)' = \dfrac{(x)'\ln x - x(\ln x)'}{(\ln x)^2} = \dfrac{\ln x - x(1/x)}{(\ln x)^2} = \dfrac{\ln x - 1}{(\ln x)^2}$

(c) $\left(\dfrac{\ln x}{e^x}\right)' = \dfrac{(\ln x)'e^x - \ln x(e^x)'}{(e^x)^2} = \dfrac{(1/x)e^x - \ln x \cdot e^x}{e^{2x}} = \dfrac{e^x(1 - x\ln x)}{xe^{2x}}$

주요 개념 및 용어

미분가능, 연속, 합성함수, 항등함수, 겉함수, 속함수, chain rule(연쇄규칙 또는 사슬규칙)

요약

- 모든 함수가 미분가능한 것은 아니지만, 우리가 고려할 대부분의 함수는 도함수를 가진다.
- 합성함수는 여러 개의 함수가 연결된 함수로, chain rule을 사용하여 미분할 수 있다.
- 자연로그함수 $\ln(x)$의 도함수는 $1/x$이고, 자연지수함수 e^x의 도함수는 자기 자신과 동일한 e^x이다.
- x^n의 도함수가 nx^{n-1}이라는 power rule은 n이 자연수일 때뿐 아니라 임의의 숫자라도 성립한다.
- 일반로그함수, 일반지수함수, 분수함수 등의 도함수도 미분규칙들을 활용하면 구할 수 있다.

연습문제

6-1 다음의 함수쌍 g와 h에 대해서 합성함수 $g \circ h$를 구하고, 이 합성함수가 제대로 정의되려면 정의역 및 치역은 무엇이어야 하는지 설명하시오.

(a) $h(x) = x^2 + 1, \qquad g(y) = \sqrt{y}$

(b) $h(x) = x^3, \qquad g(y) = -y^{-3} - 2y^{-2} - 3y^{-1}$

(c) $h(x) = x^2 - 1, \qquad g(y) = \dfrac{1}{y}$

6-2 앞의 [문제 6-1]에서 구한 합성함수의 도함수를 chain rule을 사용하여 도출하시오.

6-3 함수 $f(x)$가 미분가능하여 $f'(x)$라는 도함수를 갖는다. 다음을 미분하시오.

(a) $x + f(x)$

(b) $[f(x)]^2 - x$

(c) $[f(x)]^4$

(d) $x^2 f(x) + [f(x)]^3$

(e) $xf(x)$

(f) $\sqrt{f(x)}$

(g) $x^2/f(x)$

(h) $[f(x)]^2/x^3$

6-4 다음의 함수 $f(x)$에 대해 답하시오(단, $x > 0$이다).

$$f(x) = \frac{e^x + e^{-x}}{2}$$

(a) 함수의 일계도함수와 이계도함수를 도출하고, 이를 이용해 그래프를 그리시오.

(b) $x = \ln 2$에서 $f(x)$의 역함수의 미분계수는 얼마인지 계산하시오.

6-5 (a) $f(x) = x^x$일 때 $f'(1)$과 $f''(1)$을 계산하시오.

(b) $g(x) = \ln(\ln x)$ 일 때 $g'(e)$와 $g''(e)$를 계산하시오.

6-6 $y = x^2 c^{-x}$ 의 그래프를 그리시오(**참고** $\lim_{x \to \infty} x^2 e^{-x} = 0$).

6-7 다음의 함수 $g(x)$에 대하여 답하시오.

$$g(x) = \frac{x}{\ln x}$$

(a) 함수 $g(x)$의 적절한 정의역은 무엇인가?

(b) 함수의 그래프를 그리시오.

(c) 이 함수는 역함수를 갖는가? 설명하시오.

6-8 다음 함수의 그래프를 그리시오.

$$y = \frac{e^x}{1 + e^x}$$

Chapter 07

미분의 응용

경제수학에서 미분이 핵심 주제인 이유는 많은 경제모형이 최적화 문제로 구성되고, 최적화 문제의 해법에는 미분이 핵심적인 역할을 하기 때문입니다. 따라서 최적화 문제의 해법은 경제수학 공부에서 중요한 비중을 차지합니다. 지금까지 공부한 일변수 미분법을 활용한 일변수함수의 최적화 문제의 해법에 대해서는 제8장과 제9장에서 심도 있게 공부하겠습니다.

이 장에서는 최적화 문제 외에도 경제모형의 분석에서 미분을 알면 유용한 응용을 몇 가지 다루겠습니다. 특히 경제학에 많이 등장하는 '한계' 개념을 미분으로 접근해보고, 미분계수 값을 활용해서 함숫값의 근사치를 계산하는 '미분량'을 소개하겠습니다. 이 장에서 다루는 내용 일부는 결국 최적화 문제의 해법을 이해하는 데에도 도움이 될 것입니다.

7.1 '한계' 개념

경제학에는 '한계'(marginal)라는 말이 붙은 용어가 많이 있습니다: 한계효용, 한계비용, 한계수입, 한계소비성향 등등. 여기서 '한계'라는 말은 대개 '도함수'라고 이해하면 됩니다. 즉, 한계효용은 효용함수의 도함수, 한계비용은 비용함수의 도함수, 한계수입은 수입함수의 도함수입니다.[14)]

도함수이므로 그 해석은 당연히 독립변수의 값이 무한히 조금 변할 때 함숫값이 얼마나 변하는지를 나타내고, 그래프로 표현한다면 함수 그래프의 (접선)기울기를 의미합니다.

14) 항상 그런 것은 아닙니다. 한계소비성향은 거시경제모형에 등장하는 용어인데 '소비성향함수'가 아니고 '소비함수'의 도함수입니다.

7.1.1 한계비용

한계비용은 비용함수의 도함수입니다. **비용함수**(cost function)란 무엇일까요? 우선 경제학에서 등장하는 대부분의 '함수'는 종속변수를 이름으로 갖고 있다는 점을 기억합시다. 즉, 비용함수는 종속변수가 '비용'인 함수입니다. 우리는 일상생활에서 소비자로서 물건을 소비할 때 들어간 금액에 '비용'이라는 말을 씁니다만, 경제모형에서 '비용'은 생산자가 재화를 생산하는 데 발생한 금액을 가리키는 용어로 사용됩니다.[15] 그렇다면 비용함수의 독립변수는 무엇일까요? 재화의 생산량입니다.

즉, 비용함수는 $y = C(x)$라고 할 때 x가 재화의 생산량, y는 x만큼의 재화를 생산하는 데 들어간 비용을 나타냅니다. 이 비용함수가 어떤 과정을 거쳐서 도출되고, 비용함수는 어떤 성질을 갖는지는 미시경제학의 생산자이론의 주요 내용입니다.

비용함수를 독립변수 x, 즉 재화의 생산량으로 미분하면 **한계비용**(marginal cost)함수가 됩니다. 즉 한계비용함수는 $\mathrm{MC}(x) = dC(x)/dx$입니다. 미분의 개념에 따라서, 한계비용은 재화의 생산량을 아주 조금(무한히 조금) 더 늘릴 때 추가로 필요한 비용을 나타냅니다.

경제원론과 같은 기초 교과목에서 미분의 개념을 사용하지 않고 직관적으로 설명할 때는, 재화의 생산량을 '한 개' 혹은 '한 단위' 더 늘릴 때, 늘어나는 비용이라고 정의하기도 합니다. 즉, 재화 1개 생산에 10의 비용이 들었는데, 2개의 생산에 18이 들었다면, 첫 번째 1개의 한계비용은 10, 두 번째 1개의 한계비용은 $18 - 10 = 8$과 같이 계산할 수 있습니다. 이렇게 미분의 개념을 쓰지 않고 재화 생산량을 단계별로 증가시키면서 추가되는 비용을 계산하는 경우에는 엄밀히 말해서 별도로 '**증분비용**'(incremental cost)이라는 이름을 붙이기도 합니다. 증분비용을 수학 기호로 표시하자면, $\mathrm{IC}(x) = C(x+1) - C(x)$라고 할 수 있겠습니다. 물론 근본적으로 증분비용과 한계비용은 유사한 개념입니다.

예제 7.1 한계비용

비용함수가 $C(x) = 10x$일 때 한계비용함수를 도출하시오.

미분을 사용하지 않는 증분비용의 개념을 적용하면 1개 생산할 때 $C(1) = 10$이고 2개 생산할 때 $C(2) = 20$이어서 그 차이를 구해 보면 $\Delta C = 10$입니다. 게다가 주어진 비용함수가 1차함수이므로, 어떤 구간에서 측정하든 기울기가 일정하다는 성질을 갖기

15) 소비자가 재화를 구입하는데 드는 금액은 '지출'(expenditure)이라고 부릅니다. 생산자의 비용함수에 대응되는 개념으로 소비자의 지출함수(expenditure function)라는 것도 있습니다.

때문에 미분하여 도함수를 구해 보아도 한계비용은 $\text{MC}(x) = C'(x) = 10$ 입니다.

[예제 7.1]에서 한계비용이 상숫값으로 나온 것은, 비용함수가 1차함수인 특수한 경우이기 때문입니다. 일반적으로 한계비용은 재화 생산량에 따라 변할 수 있는 함수입니다.

예제 7.2 한계비용

비용함수가 $C(x) = 100 + 10x^2$ 일 때 한계비용함수를 도출하시오.

우선 한계비용은 비용함수의 도함수라는 정의에 따라 미분하면 $\text{MC}(x) = C'(x) = 20x$ 입니다. 앞 예제에서와 달리, 생산량이 증가함에 따라서 한계비용도 증가합니다.

증분비용을 계산해보면 우선 주어진 비용함수에서는 생산량이 0일 때에도 $C(0) = 100$ 이라는 비용이 존재합니다. 물건을 하나도 만들지 않더라도 들어가는 비용이 있을 수 있습니다. 이를 **고정비용**(fixed cost)이라고 부릅니다. 고정비용의 예로는 물건을 대량 생산하기 위해 공장을 건축하는 데 들어간 비용이나, 신제품을 개발하기 위해서 들어간 연구개발 비용 등이 있겠습니다. 생산량이 1이면, $C(1) = 100 + 10 = 110$ 이 되어, 첫 번째 1개의 증분비용은 10입니다. 한편 생산량이 2이면 $C(2) = 100 + 10(4) = 140$ 으로 두 번째 1개의 증분비용은 $140 - 110 = 30$ 입니다. 첫 번째 증분비용에 비해서 증분비용이 더 커졌습니다. 한계비용이 점점 증가하는 것과 마찬가지입니다.

하지만 증분비용의 값 자체는 앞에서 도함수로 도출한 한계비용함수의 값과는 다릅니다. 그렇다면 한계비용함수의 값은 어떤 의미를 갖는 것일까요? $x = 1$ 일 때 한계비용의 값은 구한 함수에 대입하면 20입니다. 이는 재화를 1개 생산하고 있는 현재 상태에서 생산량을 극히 조금 늘릴 경우를 살펴보는 것입니다. 원래는 극한 개념으로 무한히 작은 양을 고려하는 것인데, 여기서는 계산을 위해서 $\Delta x = 0.001$ 이라고 해봅시다. 이때 비용함수에서 비용을 계산해보면 $C(1.001) = 100 + 10(1.001)^2 = 110.02001$ 이 됩니다. 따라서 비용의 증가분은 $\Delta C = C(1.001) - C(1) = 110.02001 - 110 = 0.02001$ 입니다. 비용의 증가분과 생산량의 증가분 사이의 비율을 살펴보면 $\Delta C / \Delta x = 0.02001/0.001 = 20.01$ 입니다. 한계비용함수에 대입하여 얻은 20과 값이 비슷합니다. 물론 0.01이라는 오차가 있는데, 이는 한계비용함수는 Δx가 무한히 작은 경우를 고려하는데, 우리는 무한히 작다고는 할 수 없는 0.001이라는 수를 사용했기 때문입니다.

다시 말해, 한계비용함수는 생산량이 매우 작은 수준으로 증가할 때, 그 증가한 작은 수준에 비해서 비용은 몇 배나 증가하는지를 알려주는 것입니다.

참고로 [예제 7.2]에서 생산량 x와 관계없는 상수항 100은 고정비용이라고 했는데, 증분비용을 계산하거나 한계비용을 도출할 때 이 고정비용 항목은 사라지는 것을 알 수 있습니다. 즉, 고정비용은 한계비용에 반영되지 않습니다. 고정비용 이외에 재화 생산량에 따라 변화하는 비용의 부분을 **가변비용**(variable cost)이라고 합니다. 다시 말해, 한계비용은 가변비용에서만 발생합니다.

7.1.2 한계비용과 평균비용

비용함수와 관련하여 사용되는 또 하나의 개념은 **평균비용**(average cost)입니다. 평균비용이란 총비용을 총생산량으로 나눈 값, 즉 재화 1단위당 들어간 비용을 말합니다. 증분비용과 비교하자면, 증분비용은 현재 상태에서 재화 생산량을 1단위 증가시킬 때 지금 늘어난 그 1단위에 얼마나 비용이 들어가는지를 나타냅니다(마찬가지로 한계비용은 현재 상태에서 생산량을 미세하게 조금 늘릴 경우, 그 미세하게 조금 늘어난 생산에 들어간 비용입니다).

즉 증분비용과 한계비용은 말하자면 "미래 지향적" 비용 개념인 반면, 평균비용은 현재 상태를 놓고 볼 때 지금까지 들어간 총비용과 지금까지 만들어 놓은 총생산량을 계산해서 단위당 비용을 구하는 "과거 지향적" 비용 개념이라고 할 수 있습니다. 생산자 이론에서는 두 가지 비용 개념이 모두 중요하게 필요합니다.[16)]

수학적으로 표현하자면 총 비용함수가 $C(x)$라고 할 때, 한계비용은 앞에서 설명했듯이 $\mathrm{MC}(x) = dC(x)/dx$입니다. 한편 평균비용은 $\mathrm{AC}(x) = C(x)/x$입니다. 이 두 가지 정의만 가지고도 우리는 두 함수 사이의 관계에 대해서 여러 가지를 알아낼 수 있습니다. 평균비용함수 $\mathrm{AC}(x)$를 x로 미분해보겠습니다. 평균비용함수의 형태는 분수함수이므로 앞에서 공부했던 분수함수의 미분 공식을 사용하면 됩니다.

$$\begin{aligned}\mathrm{AC}'(x) &= \frac{d}{dx}\left(\frac{C(x)}{x}\right) = \frac{C'(x)\cdot x - C(x)\cdot 1}{x^2} \\ &= \frac{C'(x) - (C(x)/x)}{x} = \frac{\mathrm{MC}(x) - \mathrm{AC}(x)}{x}\end{aligned}$$

이 공식에 따르면 AC의 미분계수, 즉 평균비용함수의 기울기는 한계비용 MC와 평균비용 AC 사이의 관계에 따라 달라집니다. 만약 $\mathrm{MC} = \mathrm{AC}$라면 AC의 기울기가 0입니다. 다시 말

16) 한계비용은 이윤을 극대화하는 합리적 선택점을 찾는 데 사용되고, 평균비용은 현재 상태에서 실제 이윤이 얼마인지 계산해보는 데 사용됩니다.

해서, 한계비용함수와 평균비용함수의 그래프가 만나는 점에서 평균비용함수의 기울기가 0입니다. 한편, MC $>$ AC라면 AC는 증가함수이고, MC $<$ AC라면 AC는 감소함수입니다.

좀 더 구체적으로 이 관계를 알아보기 위해서 앞 소절에서 보았던 예제들에 대해 평균비용함수도 구하겠습니다.

예제 7.3 평균비용, 한계비용

비용함수가 C(x) = 10x일 때 평균비용함수를 도출하고, 한계비용함수와의 관계를 살펴보시오.

정의에 따라 평균비용함수는 $\mathrm{AC}(x) = C(x)/x = 10x/x = 10$으로 상수입니다. 게다가 그 상숫값이 앞서 [예제 7.1]에서 구했던 상수인 한계비용함수의 값 10과 일치합니다. 즉, 총비용함수가 상수항 없이 1차함수일 경우, 한계비용과 평균비용은 모두 같은 상숫값을 가집니다. 위에서 계산한 공식과 같이, 한계비용과 평균비용이 같으므로 평균비용의 기울기가 0입니다(아래 [그림 7.1] 참조).

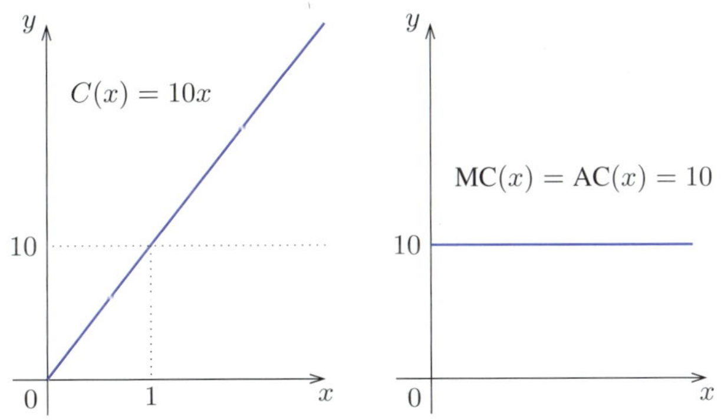

[그림 7.1] [예제 7.3]의 풀이

예제 7.4 평균비용, 한계비용

비용함수가 $C(x) = 1 + 10x$일 때 평균비용함수를 도출하고, 한계비용함수와의 관계를 살펴보시오.

이번에는 방금 보았던 예제의 비용함수에 상수항 1을 추가했습니다. 한계비용에 비용함수의 상수항은 영향을 주지 않으므로 여전히 $\mathrm{MC}(x) = 10$입니다(한계비용은 미래 지향적이므로 이미 들어간 상수의 비용은 신경 쓰지 않아도 됩니다).

한편, 평균비용은 $\text{AC}(x) = (1+10x)/x = 1/x + 10$으로 상수가 아닙니다(평균비용은 과거 지향적으로 이미 발생한 비용을 모두 감안해 주어야 합니다).

평균비용과 한계비용을 비교해보면 $x > 0$일 때 $1/x > 0$이므로 모든 양의 생산량에 대해서 $\text{AC} > \text{MC}$임을 알 수 있습니다. 그렇다면 위의 공식에 따라서 $d(\text{AC})/dx < 0$으로 평균비용함수를 그래프로 그리면 감소함수일 것입니다(아래 [그림 7.2] 참조).

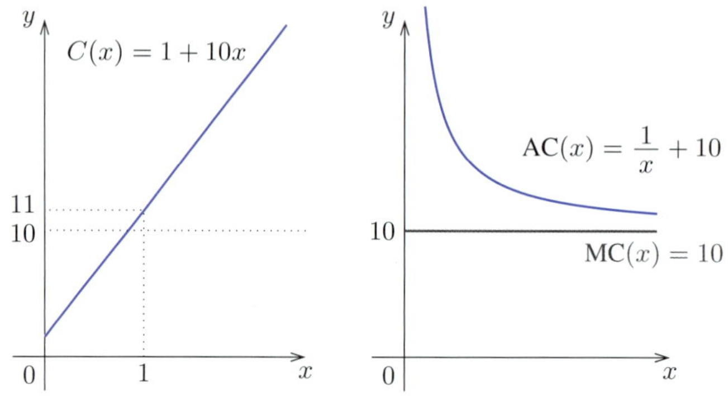

[그림 7.2] [예제 7.4]의 풀이

직관적으로는 다음과 같이 이해할 수 있습니다. 우선 상수항 1은 생산 시작 이전에 이미 투입된 고정비용(공장 건축 비용, 연구개발 비용, 광고 홍보 비용 등)이고, 일단 생산이 시작되면 1단위당 10의 비용이 추가로 발생합니다. 한계비용은 이 상수비용 1을 감안하지 않고, 평균비용은 이를 감안하므로 평균비용이 더 높을 수밖에 없습니다. 또한 생산량이 커질수록 동일한 상수 고정비용 1을 여러 개의 생산량이 나누어 가지므로 그 비중이 작아져서 점점 상수 한계비용 값과 비슷해집니다.

예를 들어, 새로운 제품을 개발하는데 1억 원의 연구개발비용이 들었고 이제 제품 1개당 생산에 들어가는 비용은 100원이라고 해봅시다. 그렇다면 한계비용은 물론 100원인데, 제품을 단 1개만 생산하고 중단할 경우 평균비용은 1억 100원이 됩니다. 만약 제품을 2개 생산한다면 1억 원의 고정비용을 2단위가 나누어 가지므로 평균비용은 5천만 100원입니다. 한편 1억 개를 생산한다면 평균비용은 101원이 되어, 고정비용의 비중이 매우 작아지고 한계비용과 비슷한 수준이 됩니다(물론 여전히 한계비용보다는 높은 수준입니다). 이같이 생산량의 증가에 따라 평균고정비용이 분산되어 평균비용이 감소하는 현상을 가리켜 '규모의 경제'라고 부르기도 합니다.

예제 7.5 평균비용, 한계비용

비용함수가 $C(x) = 100 + 10x^2$일 때 평균비용함수를 도출하고, 한계비용함수와의 관계를 살펴보시오.

이제 좀 더 복잡한 [예제 7.2]의 비용함수에 대해서도 평균비용을 도출해봅시다. 정의에 따라 $\mathrm{AC}(x) = C(x)/x = (100 + 10x^2)/x = 100/x + 10x$가 됩니다. 한계비용과 평균비용이 일치하는 점을 찾기 위해서 $\mathrm{MC}(x) = 20x = 100/x + 10x = AC(x)$라고 놓고 x에 대해 풀어보면, $10x^2 = 100$이 되므로 $x = \sqrt{10}$일 때 AC와 MC가 같아집니다. 그래프를 그려보면 대략 다음 [그림 7.3]과 같은 모양이 됩니다.

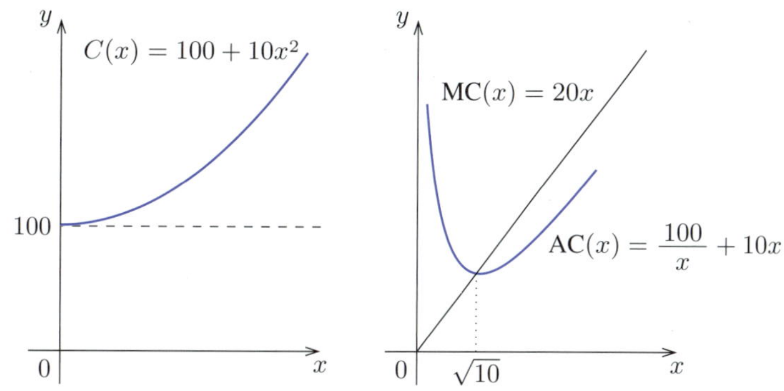

[그림 7.3] 예제 7.5의 풀이

7.2 탄력성

도함수 개념이 이용되는 또 한 가지 경제학 개념으로 **탄력성**(elasticity)이 있습니다. 우선 탄력성의 정의는 다음과 같습니다.

$$A\text{의 } B \text{ 탄력성} = \frac{\Delta A/A}{\Delta B/B} = \frac{\Delta A}{\Delta B}\cdot\frac{B}{A} \underbrace{\Longrightarrow}_{\Delta B\to 0} \frac{dA}{dB}\cdot\frac{B}{A}$$

경우에 따라서 앞쪽의 ΔA와 ΔB를 사용한 정의를 쓰기도 하지만, 엄밀하게는 ΔB가 무한히 작아질 때의 극한값, 즉 도함수를 사용한 정의를 채택합니다.

위 공식에서 A와 B의 자리에는 우리가 원하는 변수들을 넣어주면 됩니다. A에는 영향을 받는 종속변수, B에는 영향을 주는 독립변수가 들어가게 됩니다. 탄력성이 측정하는 것은 "B가 변했을 때 A가 얼마나 영향을 받느냐"입니다. 얼핏 보면 '함수의 기울기'와 비슷하지만, 기울기는 ΔA와 ΔB를 직접 비교(즉, $\Delta A/\Delta B$ 또는 dA/dB만을 계산)하는 반면, 탄력성은 $\Delta A/A$와 $\Delta B/B$를 비교(즉, 기울기 값에 B/A를 곱)하는 점이 다릅니다.

기울기는 B가 1단위 변할 때 A가 몇 단위 변하는지를 알려주고, 탄력성은 B가 1% 변할 때 A는 몇 % 변하는지를 알려줍니다. 이는 변수마다 서로 다른 단위를 가지더라도, 일관된 비교가 가능하게 하기 위해서입니다.

예를 들어, A를 수요량(Q), B를 가격(P)으로 하면, 수요의 가격 탄력성 공식 $\frac{dQ}{dP}\frac{P}{Q}$를 얻게 됩니다. 수요의 가격 탄력성은 가격이 1% 변화했을 때 수요량이 몇 %나 변화하는지를 알려줍니다. 만약 탄력성 공식으로 계산하지 않고 단순히 ΔP와 ΔQ 사이의 비율을 계산한다면, 이는 수요함수의 기울기에 해당합니다. 예를 들어, 이 기울기가 -0.5가 나왔다고 해봅시다. -0.5라는 숫자만 가지고서는 이 값의 의미가 무엇인지 가늠하기가 쉽지 않습니다. 가격이 사과 1개당 1,000원 올랐을 때 500개 덜 팔렸다는 뜻일 수도 있고, 사과 1상자의 가격이 100원 올랐을 때 50상자가 덜 팔렸다는 뜻일 수도 있습니다. 게다가 만약 귤의 가격과 판매 개수 변화 비율(귤 수요함수의 기울기)이 -0.7이라고 한다면, 이 값이 사과와 비교해서 큰 것인지 작은 것인지 단위를 정확하게 알지 않고서는 알 수가 없습니다.

하지만, 탄력성으로 계산할 경우 비교 기준을 일치시켰기 때문에 비교가 가능해집니다. 사과 수요의 탄력성이 -0.5라는 것은 사과의 가격이 1% 인상되었을 때, 사과의 수요가 0.5% 감소한다는 의미로, 예컨대 현재 가격이 1,000원이다가 1%인 10원이 오르면, 현재 판매량인 10만 개의 0.5%인 500개가 줄어들었다는 의미가 되는 것입니다. 한편 귤 수요의 탄력성이 -0.7이라면, 이는 귤의 가격이 마찬가지로 1% 인상되었을 때 귤 수요량은 사과 수요량의 감소 폭보다 더 크게 0.7% 감소하므로 귤의 수요가 가격에 대해서 더 탄력적(더 민감)이라는 뜻이지요.

물론 방금의 수치 예는 1%를 기준으로 대략 설명한 것이고, 도함수를 사용한 탄력성 공식은 좀 더 엄밀하게 해석하자면 가격이 무한히 작은 양만큼 변했을 때 수요량에 그에 비해 얼마나 많이 변하는지를 나타내게 됩니다.

7.2.1 선형 수요의 가격탄력성

경제원론 같은 기초 과목에서 접하는 간단한 선형 수요함수의 경우, 예를 들어, $Q = a - bP$와 같은 함수에서는 기울기는 모든 점에서 일정하게 $-b$이지만, 가격 탄력성은 각 점마다 값이 다르게 나타납니다. 탄력성의 공식으로 도출해보면

$$[\text{선형수요의 가격탄력성}] \quad \varepsilon = \frac{dQ}{dP} \times \frac{P}{Q} = -b \times \frac{P}{a - bP}$$

가 됩니다. [그림 7.4]에는 이 선형수요함수에 해당하는 수요곡선(역수요함수의 그래프)이 그려져 있고 가격탄력성이 표시되어 있습니다. $P = a/(2b)$일 때 가격탄력성의 값이 -1이 되고, 가격이 그보다 높으면 -1보다 작은(즉, 절댓값이 1보다 큰) 경우, 가격이 낮으면 -1보다 큰(즉, 절댓값이 1보다 작은) 경우가 됩니다(몇 가지 P의 값을 대입해서 확인할 수도 있고, $-b \times \dfrac{P}{a-bP}$ 라는 공식을 P로 미분해보아도 됩니다).

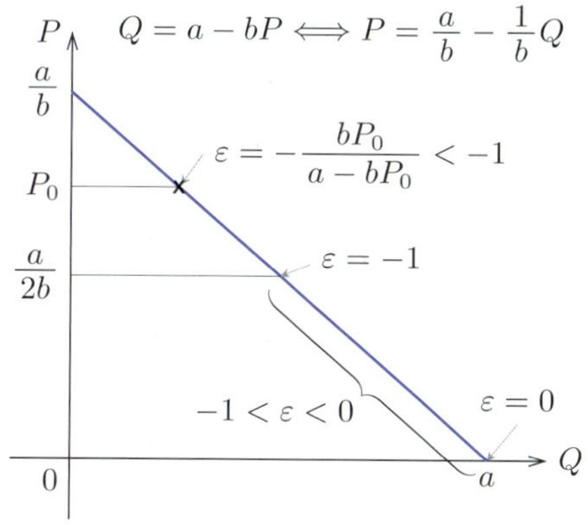

[그림 7.4] 선형수요의 가격탄력성

선형수요에서 가격 P가 높을 때는 가격탄력성의 절댓값이 크다는 것은 다음과 같이 이해할 수 있습니다. 우선 선형수요함수에서는 현재 가격이 얼마이든 관계없이 가격이 1단위 변화하면, 수요량은 $-b$단위 변화합니다. 그런데 현재 가격이 매우 높은 상황에서 가격이 1단위 변화하면 가격이 변화한 비율은 매우 작습니다. 따라서 가격탄력성 공식의 분모인 $\Delta P/P$가 매우 작은 값이 됩니다. 한편 가격이 높을 때 수요량은 적으므로, 적은 수요량에 비해 $-b$단위는 상당히 큰 값이 되기 마련입니다. 즉, 가격탄력성 공식의 분자인 $\Delta Q/Q$는 (절댓값으로) 큰 값을 가집니다. 따라서 상당히 큰 수인 $\Delta Q/Q$를 상당히 작은 수인 $\Delta P/P$로 나눈 가격탄력성의 절댓값은 매우 큰 수가 됩니다.

반대로 가격이 낮을 때는 가격 1단위의 변화가 현재 가격에 비해서는 비교적 커서 $\Delta P/P$가 꽤 큰 값일 것이고, 한편 가격이 낮을 때의 수요량은 제법 많은데 그에 비해 $-b$단위라는 수요량 변화는 그다지 크지 않을 것이므로 $\Delta Q/Q$는 절댓값으로 보아 작은 수가 될 것입니다. 이제 꽤 작은 수인 $\Delta Q/Q$를 제법 큰 수인 $\Delta P/P$로 나누어주면 가격탄력성의 절댓값은 매우 작아질 것입니다.

선형 수요함수는 공식이 단순하여 분석이 간단한 장점이 있고, 모든 점에서 기울기가 일정하다는 것이 경우에 따라서 편리한 성질일 수 있습니다. 따라서 기초적인 분석에서 많이 활용됩니다.[17] 또한 가격이 높을 때는 가격탄력성(의 절댓값)이 크고, 가격이 낮을 때는 작다는 성질은 경우에 따라서는 그럴듯할 수도 있으나, 그렇지 않을 수도 있습니다. 특히 서로 다른 2개의 선형 수요함수를 비교한다면 어느 점을 비교하는지에 따라 탄력성의 크기가 너무나 다르므로 불편할 수 있습니다. 이에 어느 점에서 측정하든 가격탄력성의 값이 일정한 수요함수가 필요한 경우가 있습니다.

7.2.2 가격탄력성이 일정한 수요함수

이 소절에서는 어느 점에서 측정하든 가격탄력성이 일정한 수요함수를 소개하겠습니다. 여기에는 자연로그함수가 활용됩니다. 자연로그함수 $\ln(x)$의 한 가지 중요한 성질은 그 도함수가 $1/x$이라는 점입니다. 이 성질은 탄력성의 계산에서 매우 편리합니다.

다음과 같은 형태의 수요함수라면 가격탄력성이 일정합니다.

$$\ln Q(P) = a - b\ln(P)$$

가격탄력성이 일정하다는 것을 확인하기 위해 양변을 P로 미분하면

$$\frac{1}{Q(P)} \times \frac{dQ}{dP} = -b\frac{1}{P} \Longrightarrow \frac{dQ}{dP}\frac{P}{Q} = -b$$

즉, 수요량과 가격에 모두 자연로그를 씌워놓은 형태의 수요함수에서는 $\ln(P)$의 계수가 바로 가격탄력성과 일치함을 알 수 있습니다.

이 함수는 실제로는 제법 복잡한 형태를 가진 수요함수입니다. 위의 로그 형태를 정리하여 써보면

$$Q(P) = \frac{e^a}{P^b}$$

의 모습입니다. 감소함수입니다.

위 수요함수를 가정한다면 경제 데이터를 분석할 때, 어떤 재화의 수요량과 가격에 대한 자료를 얻은 다음, 각 자료의 자연로그를 취해서 두 변수 간의 상관관계 분석을 하게 되면 나오는 계숫값을 가격탄력성으로 해석할 수 있습니다.

17) 나중에 제19장에서 잠깐 살펴보겠지만 선형 수요함수는 이론적으로 문제가 있습니다.

7.3 곱해진 값의 변화 백분율

제5장에서 보았던 계산의 요령으로

$$A(t)B(t)\text{의 \% 변화율} = A(t)\text{의 \% 변화율} + B(t)\text{의 \% 변화율}$$

이라는 공식이 있었습니다. 이 공식은 자연로그를 활용하면 더욱 간단하게 도출됩니다. 로그의 성질에 의해

$$\ln[A(t)B(t)] = \ln[A(t)] + \ln[B(t)]$$

이고 양변을 t로 미분하면 자연로그의 도함수 공식 및 연쇄법칙에 의해

$$\frac{[A(t)B(t)]'}{A(t)B(t)} = \frac{A'(t)}{A(t)} + \frac{B'(t)}{B(t)}$$

이 도출됩니다. 제5장에서 얻었던 것과 동일합니다.

이 공식은 매우 단순하지만 꽤 쓸모 있습니다. 예를 들어, 기업의 수입(매출)은 가격 P 곱하기 판매량 Q로 정의되는데, 두 양이 곱해진 값이므로 그 변화율은 각각의 변화율의 합으로 계산할 수 있습니다. 즉 가격이 1% 인상될 때 수요량이 2% 줄어든다면, 수입은 대략 1% 감소할 것으로 쉽게 계산할 수 있습니다. 이는 앞 절에서 공부한 수요의 가격탄력성의 개념과도 연관이 됩니다.

수요의 가격탄력성은 수요량의 변화율 나누기 가격의 변화율이므로, 만약 그 절댓값이 1이라면, 즉 |수요량의 변화율| = |가격의 변화율|이고 가격과 수요량이 반대 방향으로 움직인다면, 기업의 수입에는 변화가 없음을 알 수 있습니다. 이를 탄력성의 용어로 쓰자면 수요의 가격탄력성이 1일 때, 즉 수요가 가격에 대해 단위 탄력적일 때 가격이나 판매량이 아무리 변하더라도 기업의 수입에는 변화가 없음을 뜻합니다. 반면 탄력성의 절댓값이 1보다 크다면 가격이 인상될 때 수요량이 더 많이 줄어들기 때문에 수입은 감소하고, 탄력성의 절댓값이 1보다 작다면 가격이 인상될 때 수입은 증가합니다.

화폐수량이론의 수량방정식

화폐수량이론(quantity theory of money)이란 물가 인상과 통화량 사이의 관계에 대한 이론으로 거시경제학 또는 화폐금융론의 주제입니다. 자세한 내용을 여기에서 공부할 수는 없지만, 관련된 수학은 비교적 단순하므로 간단하게 살펴보겠습니다.

먼저 '수량방정식'(the quantity equation)이라고 불리는 수식이 있습니다. 원래 방정식이란 미지수를 포함한 수식을 가리키고, 방정식을 만족시키는 그 미지수의 값을 해로 찾는 것이 목적입니다. 그런 의미에서 본다면 수량방정식은 사실 방정식이 아닙니다. 관련된 변수들 사이의 관계가 정의에 의해 항상 성립하는 항등식

(identity)이기 때문입니다. 어쨌든 수량방정식은 다음과 같습니다.

$$\mathrm{MV} = \mathrm{PY}$$

식에서 M은 경제 내의 화폐의 양 혹은 통화량을 가리키고, P는 물가 수준, Y는 경제 내의 총생산(즉 GDP)을 가리킵니다. 위 식이 방정식이 아니라 항등식이라고 말하는 이유는, M, P, Y의 세 가지는 따로 의미를 가진 경제학적 개념들이고, V는 바로 이 식에 의해 정의되는 개념이기 때문입니다. 다시 말해,

$$\mathrm{V} = \mathrm{PY}/\mathrm{M}$$

로 정의되는 개념으로 화폐의 유통속도(velocity)라고 불립니다.

유통속도의 의미는 대략 다음과 같습니다. PY는 물가 수준 곱하기 총생산으로 모든 경제 활동의 가치를 나타냅니다. 예를 들어 이 값이 100조 원이라고 해봅시다. 만약 정부가 발행한 화폐의 양이 10조 원어치라고 한다면, 이는 1단위의 화폐가 10번 사용되었다는 의미이고, 이 값이 바로 유통속도입니다.

이제 다시 '수량방정식'으로 돌아가 봅니다. 만약 시간에 따라서 변수들의 값이 변한다면,

$$\frac{\mathrm{M}'}{\mathrm{M}} + \frac{\mathrm{V}'}{\mathrm{V}} = \frac{\mathrm{P}'}{\mathrm{P}} + \frac{\mathrm{Y}'}{\mathrm{Y}}$$

가 성립합니다. 화폐의 유통속도가 상수라고 가정할 경우,

$$\frac{\mathrm{M}'}{\mathrm{M}} = \frac{\mathrm{P}'}{\mathrm{P}} + \frac{\mathrm{Y}'}{\mathrm{Y}}$$

가 성립합니다. 여기서 P′/P는 물가 수준의 변화율로 이를 인플레이션율이라고 부릅니다.

$$\pi = \frac{\mathrm{P}'}{\mathrm{P}} = \frac{\mathrm{M}'}{\mathrm{M}} - \frac{\mathrm{Y}'}{\mathrm{Y}}$$

라고 표시해주면 경제 내에서 화폐량의 증가 속도가 경제성장의 속도를 초과하는 만큼 인플레이션이 발생함을 보여줍니다.

7.4 미분량과 근사치 계산

이 절에서 공부할 개념에 대해서는 약간의 용어 정리가 필요합니다. 이 개념은 영어로 'differential'이라고 하고, 공식적인 번역어는 '미분'입니다.[18] 그런데 그냥 '미분'이라고 부를 경우, 지금까지 우리가 사용해 왔던 '함수 $f(x)$를 미분한다'와 같은 표현과 혼란이 일어날 가능성이 큽니다. 그래서 본서에서는 이 절에서 소개할 개념을 '**미분량**'이라는 이름을 붙여 사용하고자 합니다.

18) 대한수학회 홈페이지 www.kms.or.kr 수학용어집 참고

이 절에서 소개하는 함수 $y = f(x)$의 미분량은 x값의 변화에 따른 y 값의 변화를 미분계수를 사용하여 근사치 계산(approximation)으로 구하는 것입니다. 기호는 종속변수에 d를 붙여 dy라고 쓰거나, 함수 이름에 d를 붙여 df라고 씁니다. 그 수학적 정의는 다음의 식입니다.

$$[x_0 \text{에서 } y = f(x) \text{의 미분량(differential)}] \quad dy = df = f'(x_0)dx \tag{7.1}$$

식의 의미를 좀 더 잘 이해하기 위해서 다음의 [그림 7.5]를 보겠습니다.

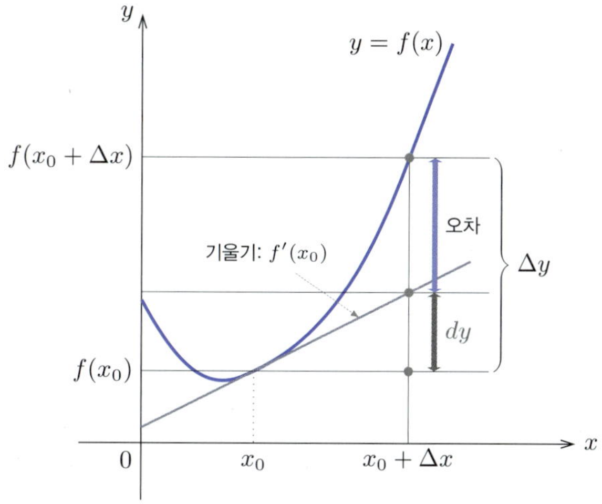

[그림 7.5] 미분량의 개념

우선 그림에는 굵은 곡선으로 $y = f(x)$의 그래프가 그려져 있습니다. 기준점이 되는 x_0로부터 Δx만큼 독립변숫값의 변화가 일어납니다. 변화 후 종속변수 y의 실제 값은 $f(x_0 + \Delta x)$가 될 것입니다. 따라서 y 값의 변화량은

$$\Delta y = f(x_0 + \Delta x) - f(x_0)$$

이고 그림에 Δy라는 기호로 그 거리를 표시했습니다.

한편, 그림에는 점 $(x_0, f(x_0))$에서 $y = f(x)$의 그래프에 접한 직선, 즉 접선이 함께 그려져 있습니다. 여기서 지금 이 접선의 공식을 구할 필요는 없고, 다만 필요한 사실은 이 접선의 기울기가 바로 $f'(x_0)$이라는 것입니다. 미분량 dy는 이 접선을 이용하여 y의 변화량을 구한 것입니다.

접선 상에서 오른쪽으로 Δx만큼 이동하면 우리는 그림에 dy라고 표시된 거리만큼 위쪽으로 이동하게 됩니다. 왜 그럴까요? 직선의 기울기의 정의를 생각해 보면 [기울기] $= \Delta y/\Delta x$

입니다. 다시 말해 직선 상에서 y의 변화폭은 $\Delta y = [\text{기울기}] \times \Delta x$가 되는 것입니다. 그런데 접선의 기울기는 $f'(x_0)$이므로 $f'(x_0) \times \Delta x$를 계산하면 접선 상에서 이동한 y축의 거리가 나오는 것이죠. 앞에서 Δy는 실제로는 곡선인 함수의 그래프를 타고 이동한 거리로 이미 정의했으므로, 접선으로 계산한 이동 거리에는 다른 기호가 필요합니다. 이것을 dy라고 표기한 것이고 '미분량'(differential)이라고 부릅니다. 앞의 식 (7.1)은 이 계산을 나타내고 있습니다.

그림에서 보면 물론 $dy \neq \Delta y$입니다(주어진 그림의 경우에 $dy < \Delta y$의 관계를 보여주고 있는데, 그래프의 모양이 달라지면 반대로 $dy > \Delta y$가 될 수도 있습니다). 특히 Δx가 커질수록, 즉 변화폭이 커질수록 그 차이가 더 벌어집니다. 그림에서는 Δx를 제법 크게 잡았기 때문에, 차이가 꽤 많이 나는데 이를 '오차'라고 표시해 두었습니다. dy는 어차피 Δy를 근사치로 계산하기 위한 것인데, 변화폭이 크면 오차도 커진다는 말입니다. 하지만 반대로 변화폭이 작아지면 그 오차도 점점 작아집니다. 즉 Δx가 매우 작다면, $dy \simeq \Delta y$이고, 심지어 $\Delta x \to 0$이면 $dy \to \Delta y$가 됩니다.

예제 7.6 근사 계산

함수 $y = x^2$에 대해

(a) $x_0 = 1$, $\Delta x = 0.01$일 때 Δy와 dy를 계산하여 비교하시오.

실제 y 값의 변화는 $f(1) = 1$에서 $f(1.01) = (1.01)^2 = 1.0201$이므로 $\Delta y = 1.0201 - 1 = 0.0201$이 됩니다. 한편, dy를 계산하려면 $f'(x_0)$의 값이 필요한데, 이는 미분하여 쉽게 $2x_0 = 2 \times 1 = 2$임을 알 수 있습니다. 따라서

$$dy = f'(x_0) \times \Delta x = 2 \times 0.01 = 0.02$$

가 됩니다. 앞에서 구한 Δy와 비교해보면 0.0001의 오차가 났습니다. 즉 기준점 $x_0 = 1$에서 값을 1%에 해당하는 0.01만큼 변화시켰더니, y 값의 변화에 대해 오차가 0.01% 난 것입니다.

(b) $x_0 = 1$, $\Delta x = 1$일 때 Δy와 dy를 계산하여 비교하시오.

이번에는 x의 변화폭이 제법 큽니다. 1에서 1이 추가로 변했으므로 100%의 변화에 해당합니다. 이때 $\Delta y = (1+1)^2 - 1 = 3$이고 $dy = 2 \times 1 = 2$가 되어 오차가 1입니다. Δx를 기준값의 100% 변화시키자, 오차 또한 100%나 난 것입니다.

정리하면 식 (7.1)에 의해 정의된 미분량 dy에 대해서 $dy = f'(x_0)\Delta x$라는 근사 관계가 성립하는데, 만약 $\Delta x \to 0$일 경우 Δx를 dx라고 표시하면, $dy = f'(x_0)dx = \Delta y$가 됩니다. 여기서 식 $dy = f'(x_0)dx$의 양변을 dx로 나누면

$$\frac{dy}{dx} = f'(x_0)$$

가 됩니다. 이 때문에 $\frac{dy}{dx}$는 미분계수 $f'(x_0)$의 또 다른 기호가 될 수 있는 것입니다.

주의할 점

dy의 공식을 보면 알 수 있지만, dy도 x의 함수입니다. 이는 독립변숫값에 따라서 미분계수(접선 기울기)가 달라지기 때문에, 동일한 x의 변화량에 대해서도 미분량의 값이 달라지는 것입니다. 이 점을 좀 더 명확하게 표시하자면

$$dy(x) = df(x) = f'(x)dx$$

라고 쓸 수 있습니다. 이 식에서는 우선 특정한 점만을 기준으로 삼는 것이 아니므로 x_0 대신에 x라는 기호를 사용했고 $dy = df$가 x의 함수라는 것을 강조하여 썼습니다. 또한 x의 변화량이 매우 작은 경우에 이 공식을 사용하는 것이 좋다는 점을 감안하여 Δx 대신에 dx를 썼습니다.

참고할 점

dy가 x의 함수라면, dy라는 함수의 미분량을 또다시 계산해볼 수 있습니다. 방금 다시 쓴 미분량 공식을 활용하면, 우선 공식에서 dx는 주어진 변화량으로 상수라고 볼 수 있으므로

$$d(dy(x)) = d^2y(x) = d(df(x)) = d^2f(x) = f''(x)\,dx^2$$

가 됩니다. 이를 '**이계 미분량**'(second-order differential)이라고 부를 수 있습니다. 즉,

$$[\text{이계미분량}] \quad d^2y = d^2f = f''(x)\,dx^2$$

가 됩니다.

주요 개념 및 용어

한계, 한계비용, 증분비용, 고정비용, 가변비용, 평균비용, 탄력성, 미분량, 이계미분량

요약

- 경제학의 개념 중 '한계'라는 표현이 들어가는 용어는 대부분 도함수이다.
- 한계비용은 비용함수의 도함수로서, 생산량을 아주 조금 늘렸을 때 비용이 얼마나 늘어나는지를 의미한다. 증분비용은 한계비용과 비슷한 개념으로, 생산량을 1단위 늘렸을 때 비용이 얼마나 늘어나는지를 말한다.
- 평균비용은 총비용을 생산량으로 나누어준 것으로, 생산량 1단위당 비용을 나타낸다. 한계비용과 평균비용 간의 관계는 경제학적으로 중요하며 도함수를 통해 이해할 수 있다.
- 탄력성은 독립변수 변화의 결과로 종속변수가 얼마나 변하는지를 나타내는데, 변화량만을 비교하는 '기울기'와 달리, 독립변수의 변화율 대비 종속변수의 변화율을 측정한다. 이는 단위를 통일하여 해석을 분명하게 하기 위함이다.
- 수요함수에서 자연로그함수를 적절히 이용하면, 가격탄력성을 간편하게 나타낼 수 있다.
- 미분량은 함숫값의 변화를 접선의 기울기(미분계수)를 사용해 근사치 계산하는 공식이다. $dy = f'(x)dx$ 라고 정의한다.
- 독립변수의 변화폭 dx가 클 때는 실제 함숫값의 변화 Δy와 미분량 dy 사이에 오차가 크게 나지만, dx가 작을 때는 dy가 Δy와 거의 일치한다.

연습문제

7-1 다음의 비용함수들에 대해 한계비용과 평균비용을 각각 함수로 도출하고, 이들의 그래프를 함께 그려 비교해보시오.

(a) $C(q) = \sqrt{q}$

(b) $C(q) = 100 + \sqrt{q}$

(c) $C(q) = 100 + 10q^2$

(d) $C(q) = \frac{1}{2}aq^2 + bq + f$ (단, $a > 0$, $b > 0$, $f > 0$)

(e) $C(q) = \frac{1}{2}aq^2 + bq + f$ (단, $a < 0$, $b > 0$, $f > 0$이고 $0 \leq q \leq -b/a$)

(f) 문제 (e)에서 $0 \leq q \leq -b/a$라는 조건은 경제학적으로 왜 필요한가?

7-2 제5장의 [문제 5-6]에서 비용함수 $C(q) = q^3 - 30q^2 + 300q$에 대해 그 도함수(한계비용함수)와 $A(q) = C(q)/q$라는 함수(평균비용함수)를 구해 비교해본 적이 있다.

(a) 비용함수의 그래프, 그리고 한계비용함수 및 평균비용함수의 그래프를 그리시오.

(b) 한계비용과 평균비용이 같게 되는 생산량 q를 찾고 이를 7.1.2절의 공식과 관련지어 설명하시오.

7-3 수요함수가 $Q = 100 - P$이다.

(a) $P = 40$일 때 수요량 및 수요의 가격탄력성을 계산하시오.

(b) 수요함수를 모른다는 가정 하에 (a)의 정보만 활용하여 $P = 41$로 가격이 인상될 때의 수요량을 예측해 보시오.

7-4 수요함수가 $Q = 100 - P^2$이다.

(a) $P = 8$일 때 수요량 및 수요의 가격탄력성을 계산하시오.

(b) 수요함수를 모른다는 가정 하에 (a)의 정보만 활용하여 $P = 8.1$로 가격이 인상될 경우의 수요량을 예측해 보시오.

(c) $P = 8$일 때 수요함수의 미분량을 사용하여 $P = 8.1$로 가격이 인상될 경우의 수요량을 예측해 보시오(단, $P = 8$일 때 수요량은 (a)에서 구한 것을 사용).

7-5 화폐의 수량방정식 MV = PY를 고려한다. 여기서 M은 통화량, V는 화폐의 유통속도, P는 물가, Y는 총생산을 나타낸다.

(a) 화폐의 유통속도가 상수라고 가정하자. $\mathrm{M} = \mathrm{M}_0 \mathrm{e}^{0.04\mathrm{t}}$이고 $\mathrm{Y} = \mathrm{Y}_0 \mathrm{e}^{0.02\mathrm{t}}$이라면 이 경제의 인플레이션율은 얼마인지 계산하고, 경제학적 의미를 간단하게 설명하시오.

(b) 만약 화폐의 유통속도가 시간의 흐름에 따라 점점 증가하고 있다면, (a)에 비교해 인플레이션율에는 어떤 영향이 있을지 설명하시오.

7-6 다음의 값들을 계산기를 사용하지 말고 계산하시오. 단, $\ln 2 \approx 0.69$ 및 미분량 개념을 활용할 수 있으며 계산 결과는 소수점 아래 둘째 자리까지 반올림하여 제시하시오.

(a) $e^{0.01}$

(b) $\ln 1.01$

(c) $\ln 0.5$

(d) $\log_2 e$

(e) $\ln 1.9$

7-7 다음의 함수 $f(x)$에 대해 답하시오.

$$f(x) = \frac{x}{\ln x}$$

(a) $e \approx 2.7$이다. $x = e$에서 미분량을 사용하여 $f(3)$의 근삿값을 계산할 수 있는지 설명하고, 가능하다면 소수점 아래 둘째 자리까지 계산하시오.

(b) $e^2 \approx 7.4$이다. $x = e^2$에서 미분량을 사용하여 $f(8)$의 근삿값을 계산할 수 있는지 설명하고, 가능하다면 소수점 아래 둘째 자리까지 계산하시오.

7-8 어느 영화의 개봉 후 t일까지 총관람객 수가 $M(t) = 500[1-\exp(-0.05t)]$로 예상된다(단위는 만 명).

(a) $M(t)$의 일계도함수와 이계도함수를 사용하여, $M(t)$의 그래프를 그리시오.

(b) $t = 20$일째의 관객 수는 $M(20) = 500\left(1-\frac{1}{e}\right) \approx 500\left(1-\frac{1}{2.7}\right) \approx 500(1-0.37) = 315$ (만 명)이다. 다음 날인 $t = 21$일째의 관객 수는 몇 명일지, 계산기를 사용하지 말고 주어진 정보만을 사용하여 구하시오.

7-9 $f(1) = f'(1) = f''(1) = 3$이라면, $f(1.1)$의 값은 얼마로 추측할 수 있으며, 이 값은 실제 값보다 작을까, 클까? 설명하시오.

7-10 연 이자율이 r인 연속복리 예금상품에 1원을 저축할 경우 t년 후에 받게 되는 원금과 이자의 합계는 $B = \exp(rt)$이다. 이 B를 r의 함수로 취급할 때, $r = 0$에서 B의 미분량을 사용하여, 이자율이 r일 때 B의 근사치 값을 공식으로 도출하시오(이 식은 계산기가 없어도 원리금 계산을 가능하게 해주는데, r이 충분히 작을 때에만 쓸모가 있다).

7-11 본문에서 공부한 미분량은 아래 공식의 특수한 경우($n = 1$)에 해당되고, 이계미분량은 $n = 2$일 때에 해당된다. 또한 n이 커질수록 근사치 계산의 오차가 작아진다.

$$f(x+\Delta x) \approx f(x)+f'(x)\Delta x+\frac{1}{2}f''(x)(\Delta x)^2+\frac{1}{6}f'''(x)(\Delta x)^3+\cdots+\frac{1}{n!}f^{(n)}(x)(\Delta x)^n$$

단, $f^{(n)}(x)$은 $f(x)$의 n계 도함수를 의미하고 $n \neq n(n-1)(n-2)\cdots 2\cdot 1$이다.

(a) 위 공식을 사용하여 $\ln(1+x)$의 근사치를 나타내는 공식을 작성하시오.

(b) 위 공식을 사용하여 e^x의 근사치를 나타내는 공식을 작성하시오.

참고 위 공식은 테일러급수(Taylor series) 또는 테일러급수확장(Tayloer series expansion)이라고 부릅니다.

Chapter 08

일변수함수의 최적화: (1) 일계조건

제8장과 다음의 제9장에서는 지금까지 공부한 일변수함수의 미분을 사용한 가장 중요한 응용으로, 일변수함수의 최적화를 다룹니다. 일변수함수의 최적화 이론 자체는 매우 단순한데 이를 잘 이해하고 기억해두면, 나중에 다변수함수의 최적화를 공부하는 데 도움이 될 것입니다.

이번 장은 모든 최적해가 만족해야 하는 필요조건인 일계조건을 공부하고, 다음 장에서는 최적해가 극대인지 극소인지를 판단하는 데 사용할 수 있는 충분조건인 이계조건을 공부합니다. 여기서 '일계' 및 '이계'라는 용어는 앞에서 미분을 공부할 때 소개한 일계 도함수와 이계 도함수를 활용한다는 의미입니다.

8.1 최적화의 개념과 경제학직 의미

최적화 = 극대화 또는 극소화

최적화(optimization)란 가장 좋게 만든다는 의미인데, 이는 **극대화**(maximization)와 **극소화**(minimization)로 나누어집니다. 다시 말해, 극대화와 극소화를 함께 묶어 **최적화**라고 부릅니다. 말 그대로 극대화는 어떤 함수의 값을 가장 크게 만든다는 것이고, 극소화는 어떤 함수의 값을 가장 작게 만든다는 것입니다. 극대화와 극소화는 동전의 양면과도 같은 것이어서, 둘 중 하나만 제대로 이해하면 나머지 하나는 비슷한 방식으로 이해할 수 있습니다.[19)]

19) 최적화의 틀을 활용하는 분야에 따라 관행적으로 사용하는 방식이 조금 다르기도 합니다. 경제학 모형들은 극대화의 형식을 많이 사용하는 데 반해, 경영과학, 산업공학 등에서는 주로 비용 극소화의 관점에서 문제를 설정하고, 통계학에서도 주어진 데이터를 설명하려는 통계모형과 실제 데이터 값들 사이의 오차를 극소화하는 문제를 풉니다. 그런데, 극대와 극소가 동전의 양면과 같다는 것은 $f(x)$를 극대화하는 문제는 곧 $-f(x)$를 극소화하는 문제와 동일하기 때문입니다.

극대 또는 극소 문제가 중요한 것은, 경제학이 기본적으로 경제 주체들의 합리적 선택에 의해 도출되는 행동을 통해 시장과 사회 현상을 이해하고자 하기 때문입니다. 개인의 합리적 선택은 가능한 한 적은 노력이나 비용을 들여 어떤 목표를 가능한 한 많이 얻어내고자 하는 것으로 표현할 수 있습니다. 수학 기호로 말하자면, 합리적 선택은

$$\max_{x} f(x)$$

라고 쓸 수 있는데, x를 적절히 (합리적으로) 선택하여 $f(x)$의 값을 가장 크게 만들고자 한다는 것입니다. 이때 $f(x)$를 극대의 대상(maximand) 또는 **목적함수**(objective function)라고 부르고, x를 극대의 수단(maximizer) 또는 **선택변수**(choice variable)라고 부릅니다. 최적의 값을 도달하게 해주는 선택변수의 값 x^*를 찾아내는 것이 최적화 문제의 풀이가 되겠습니다. 경제모형의 핵심적 요소라고 할 수 있는 경제 주체의 합리적 선택에 대한 수학적 분석이 바로 최적화인 것입니다.

미시경제이론에 등장하는 몇 가지 이론만 살펴보아도, 소비자이론은 소비자의 효용극대화를 공부하고, 생산자이론은 생산자의 비용극소화 및 이윤극대화를 공부합니다. 한편, 사회후생분석에 있어서는 완전경쟁시장의 균형이 후생을 극대화한다고 말하기도 합니다.

경제수학의 핵심 목표는 매우 일반적인 최적화의 원리를 이해하고 사용할 줄 알게 되는 것입니다. 경제수학에서 풀어야 하는 일반적인 최적화 문제는 다음의 형태를 가집니다.

$$\begin{aligned} \max_{x_1, x_2, \ldots, x_n} \quad & F(x_1, x_2, \ldots, x_n) \\ \text{subject to} \quad & G_1(x_1, x_2, \ldots, x_n) \le 0 \\ & G_2(x_1, x_2, \ldots, x_n) \le 0 \\ & \qquad \vdots \\ & G_m(x_1, x_2, \ldots, x_n) \le 0 \end{aligned}$$

실제 경제 문제에서는 선택변수도 여러 개이고, 선택의 범위에 제한이 존재합니다. 선택에 제한이 없는 경우를 경제 문제라고 보기 어렵습니다. 경제 문제는 선택의 제약이 있는 희소성(scarcity)에서 출발하기 때문입니다. 그래서 일반적인 최적화 문제에는 선택변수가 여러 개(x_1, x_2, $\ldots$, x_n)이고, 이 선택변숫값들은 무제한으로 선택 가능한 것이 아니라 (여러 개의) 부등식으로 표현되는 제약식들(G_1, G_2, $\ldots$, G_m)을 가집니다.[20)]

우리는 우선 가장 단순한 경우인 (i) 선택변수가 1개이고, (ii) 변수의 선택 범위에 별다른

20) 등식 제약식(equality constraint)은 부등식 제약식의 특수한 경우로 볼 수 있습니다. 예를 들어, $G(x) = 0$이라는 제약식은 $G(x) \le 0$과 $G(x) \ge 0$을 동시에 만족하는 것과 동일한 제약입니다.

제한이 없는 최적화문제를 다루겠습니다. 나중에 여러 개의 선택변수, 등식 제약식, 부등식 제약식의 순서로 방법론을 확장할 수 있습니다.

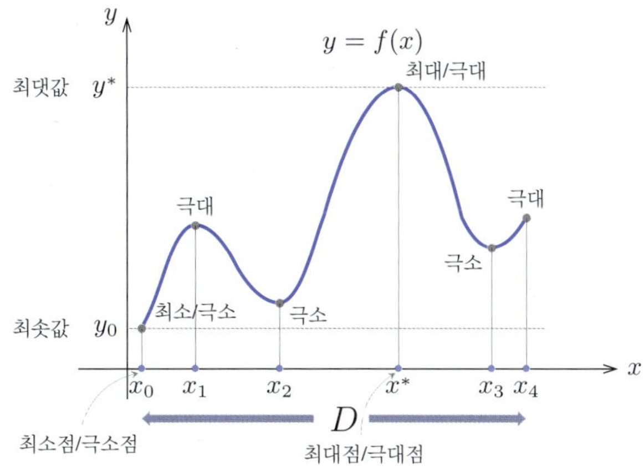

[그림 8.1] 최적화와 관련된 개념들

먼저 기본적인 개념과 용어들을 정리하고 넘어가겠습니다. [그림 8.1]을 보면서 설명하겠습니다. 이 그림의 상황은 선택변수가 x로 1개이지만, x의 범위에 제약은 존재하는 상황입니다. 그림에 표시된 D가 x의 값이 가질 수 있는 정의역입니다. 다시 말해, $x_0 \leq x \leq x_4$라는 (2개의) 부등식 제약이 있는 경우입니다. 그림에서 함숫값이 가장 커지는 점의 좌표를 (x^*, y^*)로 표시했습니다. 그 외의 점들도 최적화 문제에서 살펴볼 의미가 있는 것들을 표시해 두었습니다.

우선 정의역 전체에 걸쳐서 함수의 값이 가장 커지게 만드는 선택변수 x의 값 x^*를 **최대점**(maximum point)이라고 부릅니다. 가장 커진 함숫값 y^*는 **최댓값**(maximum value)입니다. 수식으로 표현하자면,

$$[\text{최댓값, 최대점}] \quad y^* = f(x^*) \geq f(x), \ \forall x \in D$$

입니다. 식에서 $\forall$이라는 기호는 '모든'(for all)을 나타내는 것으로, $\forall x \in D$는 '집합 D에 속하는 모든 x에 대하여'라는 의미입니다.

식에서 부등식에 등호가 들어간 $\geq$가 사용된 것은 최대점이 여러 개인 경우를 감안한 것입니다. 즉, [그림 8.1]에서는 최대점이 유일하기 때문에 사실은 $f(x^*) > f(x), \ \forall x \neq x^*$가 성립하지만, [그림 8.2]의 경우를 보면, x^*, x^{**}, x^{***}라는 3개의 최대점이 존재합니다.[21]

21) 하지만 최댓값 y^*는 언제나 1개일 수밖에 없습니다. 왜 그럴까요? $f(x^*) = f(x^{**}) = f(x^{***})$가 성립하지 않으면 이 중 무언가는 최대점이 아닌 것이지요.

따라서 '모든 x에 대해서 $f(x^*)$가 $f(x)$보다 더 크다'라고 말할 수는 없고, '모든 x에 대해서 $f(x^*)$가 $f(x)$보다 더 크거나 같다'라고 말해야 합니다. '모든' x에는 x^{**}나 x^{***}, 심지어 x^*도 포함되기 때문입니다.

다시 [그림 8.1]로 돌아가서 보면, 모든 x에 대해서 함숫값이 작거나 같은 **최소점**(minimum point)은 x_0이고 **최솟값**(minimum value)은 y_0입니다. 그런데 [그림 8.1]에서 그 외에 x_1, x_2, x_3, x_4도 특별한 의미를 부여할 수 있는 점들입니다. 이들의 특징은, 정의역 전체로 보았을 때는 최대나 최소가 아니지만, 그 점의 '근처'만 잘라서 보면 그 근처에서는 가장 큰 함숫값이나 가장 작은 함숫값을 가진다는 특징이 있습니다. 이런 점들을 가리켜서 **극대점** 또는 **극소점**이라고 부를 수 있습니다. 즉, x_1과 x_4는 극대점이고, x_2와 x_3는 극소점입니다. 이에 따라 y_1과 y_4는 극댓값, y_2와 y_3는 극솟값이라고 부를 수 있겠습니다(당연히 최대점은 근처에서만 보아도 가장 큰 함숫값을 가지므로 극대점이기도 합니다. 최소점도 극소점 중 하나에 해당됩니다). 극대점과 극소점을 합하여 '극점'(extremal point)이라고 부르기도 합니다.

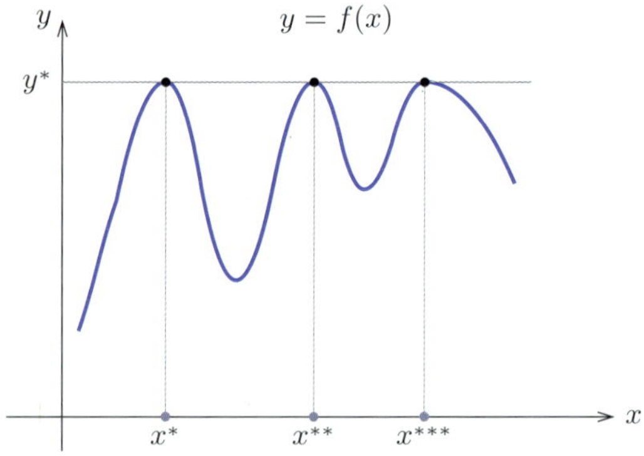

[그림 8.2] 최대점이 여러 개인 경우

최적화 문제를 푼다는 것은 물론 최대점 또는 최소점을 찾아내는 것을 말하지만, 극대점과 극소점도 의미가 있습니다. 그 이유는 크게 두 가지로 볼 수 있습니다. (i) 수학적 풀이의 관점에서 보면, 극대점이나 극소점을 찾아내기가 더 쉽고, 일단 찾아낸 극대점들끼리 비교를 해보면 그중에서 가장 큰 값을 가지는 것이 최대점이 될 것입니다. (ii) 경제모형 분석의 관점에서도 생각해 보면 경우에 따라 매우 좁은 범위의 선택변숫값에 주의를 기울이는 것이 필요할 수 있습니다. [그림 8.1]에서 물론 x^*가 최대점이지만 만약 정의역 D의 범위를 더 넓힌다면 더 이상 최대점이 아니고 극대점에 불과할 수도 있습니다. 반대로 만약 정의역을 x_1의 근처로만 국한한다면 이번에는 x_1이 최대점이 될 것입니다. 즉, 분석하는 과정에서 허용할 수 있는 선택변숫값의 범위에 따라 특정 극대점은 실제 최대점이 될 수도 있기 때문에 모든 극대점을 아는 것이 의미가 있습니다.

아주 어려운 개념은 아니지만, 용어들이 약간 헷갈릴 수 있으므로 정리해 보면,

- 최적점은 (최적화 문제의 성격에 따라) 최대점 또는 최소점을 지칭
- 최대점은 모든 x에 비해서 함숫값이 더 크거나 같은 점 x^*: $f(x^*) \geq f(x)\ \forall x$, 이때 $f(x^*)$는 최댓값이라고 부름
- 최소점은 모든 x에 비해서 함숫값이 더 작거나 같은점 x^*: $f(x^*) \leq f(x) \forall x$, 이때 $f(x^*)$는 최솟값이라고 부름
- 극대점은 근처의 x에 비해서 함숫값이 더 크거나 같은 점
- 극소점은 근처의 x에 비해서 함숫값이 더 작거나 같은 점

최대화/극대화, 최대/극대

앞에서 극대화(maximization)는 (함수의 값을) 가장 크게 만드는 것, 최대점을 찾는 것으로 규정했습니다. 최대점을 찾는 문제를 수학에서는 최대화라고 부릅니다. 즉 극대화와 최대화는 같은 말입니다. 사전적으로도 같은 뜻을 가진 단어이고, 일상에서는 극대화라는 표현을 좀 더 자연스럽게 쓰는 것 같습니다. 경제학에서도 효용극대화, 이윤극대화 등의 표현을 씁니다.

그런데 다소 혼란스럽게도 수학에서 극대(local maximum)는 방금 정의한대로 최대와는 구분되는 개념입니다. 영어로 local maximum은 '국소적 최대'라고 번역하는 것이 더 정확할텐데 표현이 번거로워서인지 '극대'라는 용어가 채택되었습니다. 우리가 말하는 극대화는 최대화와 같은 말이므로, 극대점을 찾는 것이 아니라 최대점을 찾는 것입니다. 물론 앞서 지적한대로, 최대점을 찾기 위해서는 먼저 극대점을 찾는 것이 편리합니다.

이제 공부할 일계조건은 최대점이 아니라 극대점을 찾아주는 조건입니다. 일계조건을 이용해서 극대점을 찾고, 이 중에서 다시 최대점을 찾는 것이 풀이의 순서라고 하겠습니다.

8.2 일계조건: 최적화의 필요조건

제약식 없는 일변수 최적화 문제의 풀이는 사실 매우 간단합니다. [그림 8.1]을 보면 한 가지 중요한 사실을 알 수 있는데, x_0과 x_4를 제외한 나머지 극점들은 모두 평평한 기울기(0의 기울기)를 가진다는 사실입니다. x_0과 x_4는 주어진 정의역의 제일 가장자리라는 특징이 있습니다. 수학적으로 x_0과 x_4를 D의 '**경계점**'(boundary point)이라고 부릅니다. 경계점을 제외한 나머지 점들을 '**내부점**'(interior point)이라고 부릅니다. [그림 8.1]에서 알 수 있는 것은 함수의 극점 중에서 경계점을 제외한 내부 극점들에서는 모두 공통으로 미분계수 값이

0이라는 사실입니다.

물론 그림 하나를 가지고서 항상 그렇다고 결론을 내릴 수는 없으므로 증명이 필요합니다. 그렇게 까다롭지 않으므로 한 번 증명까지 해보겠습니다. 제7장에서 공부했던 미분량의 개념이 활용됩니다.

> **정리 8.1 극점의 일계조건**
>
> 목적함수 $f(x)$가 미분가능하고, 점 x^*가 정의역의 내부점이며 함수 $f(x)$의 극점이라고 하자(즉, x^*의 근처에 있는 모든 x에 대해서 $f(x^*) \geq f(x)$ 또는 $f(x^*) \leq f(x)$가 성립한다). 그렇다면
>
> $$f'(x^*) = 0$$
>
> 이 성립한다.

증명

x^*가 극대점인 경우에 대해서만 증명을 하겠습니다(극소점의 경우에도 비슷한 논리가 성립합니다). 정의에 따라 x^*가 극대점이라면 x^*의 근처에 있는 모든 x에 대해서 $f(x^*) \geq f(x)$가 성립합니다. 점 x^*에서 함수 f의 미분량을 구해 보면

$$df(x^*) = f'(x^*)dx$$

입니다. 점 x^*가 극대점이므로 dx가 지나치게 크지 않다면 $x + dx$는 x의 '근처'에 포함이 될 것입니다. 따라서 $\Delta f = f(x^* + dx) - f(x^*) \leq 0$이 성립할 것입니다. 그러므로 Δf의 근삿값인 df에 대해서도 $df(x^*) \leq 0$이 성립해야 합니다. 즉,

$$df(x^*) = f'(x^*)dx \leq 0 \tag{8.1}$$

이 성립해야 합니다. 그런데 점 x^*가 내부점이라고 했으므로 '근처'를 살펴볼 때 $dx > 0$과 $dx < 0$이 모두 가능합니다(만약 경계점이라면 dx는 양의 값 또는 음의 값 중 하나만 가질 수 있습니다).

만약 $dx > 0$인 경우라면 식 (8.1)은 $f'(x^*) \leq 0$이 되고, 만약 $dx < 0$인 경우라면 식 (8.1)은 $f'(x^*) \geq 0$이어야 합니다. 그런데 $dx > 0$과 $dx < 0$ 모두에 대해 식이 성립해야 하므로, $f'(x^*) \leq 0$과 $f'(x^*) \geq 0$이 모두 성립해야 하고, 따라서

$$f'(x^*) \leq 0, \; f'(x^*) \geq 0 \Longrightarrow f'(x^*) = 0$$

이어야 합니다. ◀

x^*가 극소점인 경우에도 비슷한 논리에 의해 같은 결론에 도달할 수 있습니다. 구체적으로는 증명 과정에서 모든 부등호의 방향이 반대로 바뀌게 될 것입니다. 하지만 마지막 결론에서는 결국 2개의 부등식이 동시에 성립해야 하므로 똑같은 결론이 됩니다.

증명 과정을 잘 따라가 보면 알겠지만, 만약 극점 $\bar{x}$가 내부점이 아닌 경계점이라면 $f'(\bar{x}) \leq 0$ 또는 $f'(\bar{x}) \geq 0$의 두 부등식 중 **단 하나만** 성립합니다. 만약 점의 위치가 정의역의 맨 왼쪽이라면 $dx > 0$만 가능하므로 $f'(\bar{x}) \leq 0$이 성립하고, 정의역의 맨 오른쪽이라면 $dx < 0$만 가능하므로 $f'(\bar{x}) \geq 0$이 성립합니다. [그림 8.1]을 보면 맨 오른쪽 경계점인 x_4에서 $f'(x_4) \geq 0$이 실제로 성립합니다. 한편, 맨 왼쪽 경계점인 x_0에서도 $f'(x_0) \geq 0$입니다. 왜 그럴까요? 그 이유를 알 수 있다면 증명을 완벽하게 이해한 것입니다(힌트: 극소점).

우리는 이제 정리를 이용해 최적화 문제의 풀이에 일계도함수를 활용하고자 합니다. 주어진 함수의 일계도함수가 핵심적인 역할을 하므로 이를 가리켜 **일계조건**(first-order condition, 영어 약어로 줄여서 **FOC**)이라고 합니다. 강조를 위해서 이 조건을 다시 한번 써보겠습니다.

[극대/극소의 일계조건, 필요조건] $f'(x^*) = 0$

일계조건은 최적해의 **필요조건**(necessary condition)입니다. 즉, 만약 x^*가 $f(x)$를 극대화 또는 극소화하는 내부 최적해라면, 반드시 $f'(x^*) = 0$이 성립합니다. 하지만 그 역은 성립하지 않을 수도 있습니다. 즉, $f'(x^*) = 0$이라고 해서 반드시 x^*가 극대해이거나 극소해인 것은 아닙니다. 심지어 일계조건을 만족하면서 극대점도 아니고, 극소점도 아닐 수 있습니다.

[그림 8.3]에서 (a)는 일계조건이 성립하는 극대해(최대점), (b)는 일계조건이 성립하는 극소해(최소점), 그리고 (c)는 일계조건이 성립하지만 극대점도 극소점도 아닌 경우를 보여주고 있습니다.

만약 극대화 문제를 푸는데, 어떤 점 x_0가 극대인지 아닌지를 확인해보기 위해서는 그 점에서의 도함숫값을 살펴보아서 $f'(x_0) > 0$이라면, x_0는 극대점일 리가 없습니다. x_0보다 조금 더 x를 증가시키면 함수의 값이 커질 것이기 때문입니다. 반대로 $f'(x_0) < 0$이라도 x_0는 극대해일 리가 없습니다. x_0보다 조금 x 값을 감소시키면 함수의 값이 커질 것이기 때문입니다. 따라서 x_0가 극대점이려면 반드시 일단 $f'(x_0) = 0$이 성립해야 합니다. 극소 문제에 대해서도 마찬가지 논리가 성립합니다.

하지만 일계조건이 성립한다고 해서 극대점이거나 극소점이라고 섣불리 결론을 내릴 수는 없습니다. 일계조건을 만족하는 점들 중에서 극대점이나 극소점을 가려내려면 그래프를 그려서 주변 모양을 파악해 보거나, 추가적인 분석이 필요합니다. 추가적인 분석은 다음 장에서 공부합니다.

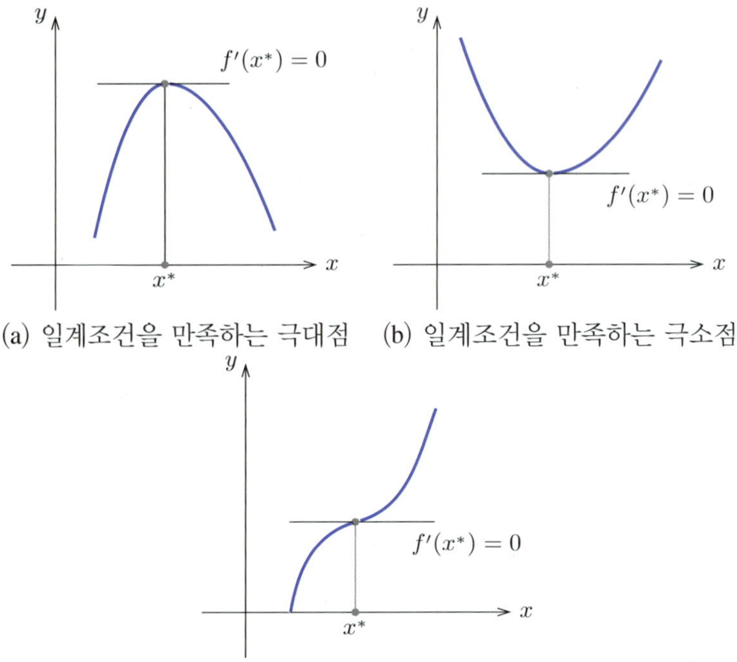

(a) 일계조건을 만족하는 극대점 (b) 일계조건을 만족하는 극소점

(c) 일계조건을 만족하나 극대도 극소도 아닌 경우

[그림 8.3] 최적화 일계조건

예제 8.1 x^2의 최적화

목적함수가 $y = x^2$일 때, 다음의 정의역에 대해 극대점, 최대점, 극소점, 최소점을 찾고 일계조건을 확인해보시오.

(a) 정의역은 모든 실수 (b) $-2 \le x \le 0.5$ (c) $-2 < x \le 0.5$ (d) $-2 < x < 0$

(a) 정의역에 대해 별다른 제한 없이 최대점 및 최소점을 찾는다면, [그림 8.4]에서 쉽게 확인할 수 있듯이, $x = 0$이 극소점이자 최소점입니다. 이 점에서 미분계수 값은 $f'(0) = 2(0) = 0$으로 일계조건을 만족합니다. 한편, 극대점이나 최대점은 존재하지 않습니다.

(b) 만약 정의역이 $-2 \le x \le 0.5$라면, 최소점은 여전히 $x = 0$이고 최대점은 $x = -2$입니다. 최대점은 정의역의 경계에 있기 때문에 일계조건이 성립하지 않습니다(일계조건의 절반에 해당하는 $f'(-2) \le 0$은 성립합니다). 한편, 정의역의 오른쪽 경계점인 $x = 0.5$ 또한 근처에서는 함숫값이 가장 크므로 극대점이라고 할 수 있으나 최대점은 아니고, 또한 경계점이기 때문에 일계조건은 성립하지 않습니다.

(c) 만약 정의역이 $-2 < x \le 0.5$라면, 최소점은 여전히 $x = 0$인 반면, 이제 최대점은 존재하지 않습니다. 비록 $x = 0.5$이 극대점이기는 하지만 이 극댓값인 0.25에 비해서 더 큰 함숫값을 가지는 점들이 많이 있습니다(예를 들어, $x = -1$에서 함숫값은 1입니다). 하지만 $x = -2$가 정의역에 포함되지 않기 때문에 최대점이 없습니다.

(d) 만약 정의역이 $-2 < x < 0$이라면, 이제 최대점도 없고 최소점도 없습니다. 어떤 점을 지목하더라도 그 점보다 더 큰 함숫값을 가지는 점과 더 작은 함숫값을 가지는 점을 찾을 수 있습니다. 예를 들어 0에 가까운 $x = 0.1$을 최소점의 후보로 지목한다면 그보다 더 작은 $x = 0.01$이 있습니다. 한편 -2에 가까운 $x = -1.9$를 최대점 후보로 지목하면 그보다 함숫값이 더 큰 $x = -1.99$가 있습니다.

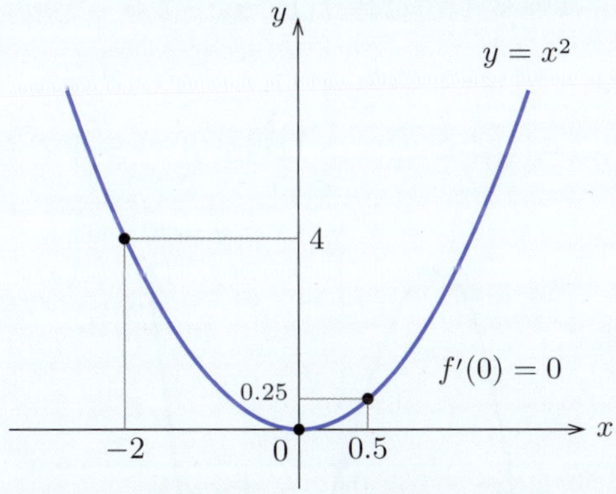

[그림 8.4] 예제 8.1

예제 8.2 함수의 최적화

$f(x) = x^3 - 3x$에 대해 최적화의 일계조건을 만족하는 점들을 찾고, 그래프를 통해 이들이 극대/극소/최대/최소인지 확인해보시오.

먼저 일계조건을 통해 극점 후보들을 찾아보면, $f'(x) = 3x^2 - 3 = 0$에서 $x^2 = 1$이 되므로 $x = 1$ 또는 $x = -1$이 일계조건을 만족하는 점들입니다. 다음 장에서 이계조건을 공부하면 이들이 극대 또는 극소인지 쉽게 확인할 수 있지만, 여기에서는 함수의 그래프를 그려서 판단해보도록 하겠습니다.

우선 방금 도출한 일계도함수를 통해 함수의 증가/감소 여부를 알아보면,

$$f'(x) = 3x^2 - 3 = 3(x-1)(x+1)$$

이므로 $x > 1$이거나 $x < -1$이면 $f'(x) > 0$(즉, $f(x)$는 증가함수)이고, 반대로 $-1 < x < 1$이면 $f'(x) < 0$(즉, $f(x)$는 감소함수)입니다.

사실 극대/극소 여부를 판단하는 데는 함수의 증가, 감소만 알아도 괜찮지만, 그래프를 비교적 정확하게 그리기 위해서 이계도함수를 통해 모양도 알아보겠습니다. 이계도함수는 $f''(x) = 6x$이므로 $x > 0$이면 기울기가 점점 증가하는 (아래쪽을 향해 볼록한) 모습이고, 반대로 $x < 0$이면 기울기가 점점 감소하는 (위쪽을 향해 볼록한) 모습입니다.

그래프를 그리기 위해서 극점 및 절편의 함숫값들도 필요합니다. 우선 Y절편, 즉 $f(x) = 0$이 되는 점을 구해 보면 $x^3 - 3x = x(x^2 - 3) = 0$이므로 $x = 0$과 $\pm\sqrt{3}$입니다. 또한 극점들인 $x = 1$과 -1에서 함숫값은 $f(1) = 1 - 3 = -2$이고 $f(-1) = -1 + 3 = 2$입니다.

지금까지의 정보들을 기초로 함수의 모양을 그려보면 다음과 같습니다.

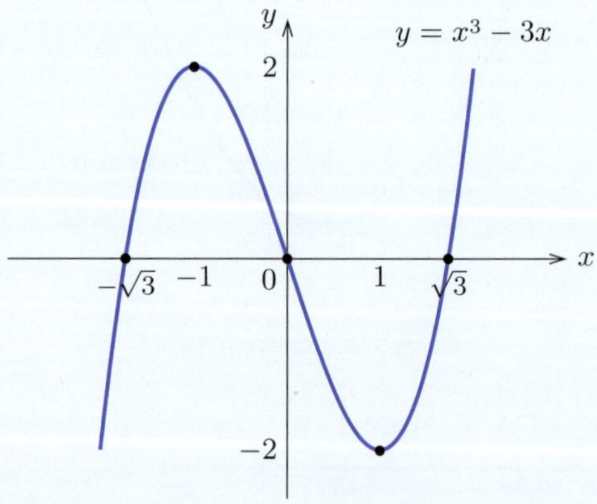

[그림 8.5] 예제 8.2

[그림 8.5]의 그래프를 보면 일계조건의 해인 $x = 1$과 -1은 각각 극소점과 극대점입니다. 그런데 정의역에 별다른 제한이 없다면 이 극점들은 최소점이나 최대점이 되지 못합니다. 예를 들어 $x = 1$에서 함숫값은 -2로 그 근처에서는 가장 작지만, $x = -4$

에서는 $f(-4) = -52$로 -2보다 더 작습니다. 한편, 그림에 나온 정도의 정의역이라면 발견된 극대점과 극소점은 각각 최대점과 최소점이 될 것입니다.

8.3 응용: 기업의 이윤극대화

기초 미시경제이론에서 기업은 이윤을 극대화하는 주체로 묘사됩니다. 여기서 기업의 이윤이란, 기업이 재화 판매를 통해 얻은 수입(revenue)에서 재화 생산을 위해 투입한 비용을 뺀 금액을 말합니다. 수입과 비용을 각각 재화의 생산 및 판매량 q의 함수라고 보면, 이윤함수 또한 생산량의 함수로서

$$\Pi(q) = R(q) - C(q)$$

라고 쓸 수 있습니다.

이제 기업의 이윤극대화 문제는 $\max_q \Pi(q)$라고 할 수 있고, 만약 어떤 생산량 q^*가 실제로 이윤을 극대화하는 생산량이라면 일계조건이 성립해야 할 것입니다(생산량은 0보다 크거나 같다는 상식적인 범위를 가진다고 본다면, 경계점은 0밖에 없으므로 0보다 큰 생산량은 모두 내부점이라고 보아 일계조건의 적용이 가능합니다).

일계조건을 써보면 이는 $\Pi'(q) = R'(q) - C'(q) = 0$입니다. 그런데 $R'(q)$는 수입함수의 도함수로서 한계수입이고, $C'(q)$는 비용함수의 도함수이므로 한계비용입니다. 즉, 이윤극대화의 일계조건은 한계수입과 한계비용이 일치한다는 것입니다.

왜 한계수입과 한계비용이 일치할 때 이윤이 극대화될까요? 한계수입은 현재보다 생산량을 아주 조금 늘릴 때 추가로 늘어나는 수입을 말하고, 한계비용은 생산량을 아주 조금 늘릴 때 추가로 들어가는 비용을 말합니다. 만약 한계수입 > 한계비용이라면, 현재 상태에서 재화를 조금 더 생산해서 판매할 경우 추가로 들어오는 수입이 지출되는 비용보다 많다는 것입니다. 그렇다면 지금보다 조금 더 판매할 경우 이윤이 늘어날 것입니다. 따라서 한계수입 > 한계비용인 상태는 이윤이 극대화된 상태가 아닙니다.

마찬가지로 한계수입 < 한계비용이라면, 이번에는 지금보다 재화의 양을 조금 줄일 경우 감소되는 수입에 비해 절약되는 비용이 더 크기 때문에 이윤이 늘어날 수 있고 따라서 현재 상태가 이윤극대화점이 아닙니다.

물론 한계비용과 한계수입이 일치한다고 해서 그 점이 반드시 이윤 극대화점인 것은 아닙

니다. 그 점은 심지어 이윤극소화점일 수도 있고, 전혀 최적화 문제의 해가 아닐 수도 있습니다. 하지만 실제로 이윤극대화 상태를 찾았다면 그 상태에서는 한계수입과 한계비용이 일치해야 합니다.

예제 8.3 완전경쟁 기업의 이윤극대화

어떤 기업의 수입함수는 $R(q) = 100q$이고 비용함수는 $C(q) = 100 + 10q^2$일 때, 이윤극대화 일계조건을 만족하는 생산량을 구하고 최대인지 확인하시오.

한계수입은 $R'(q) = 100$이고 한계비용은 $C'(q) = 20q$이므로 이들을 일치시키면 $100 = 20q$ 즉, $q = 5$가 원하는 생산량입니다.

먼저 수학적으로 이 생산량이 최대점이 맞는지 확인해보겠습니다. 이윤함수는 $\Pi(q) = R(q) - C(q) = 100q - 100 - 10q^2$입니다. 이윤함수의 일계도함수는 $100 - 20q$로 $q > 5$이면 음의 값, $q < 5$이면 양의 값을 가집니다. 즉, 생산량 q가 5보다 작을 때는 이윤이 생산량의 증가함수이고, 반대로 생산량이 5보다 클 때는 이윤이 생산량의 감소함수입니다(이 사실만 확인해도 5가 극대점임을 알 수 있습니다). 이계도함수는 -20으로 항상 음수이므로 그래프의 전체적인 모양은 위쪽으로 볼록하다는 것을 알 수 있습니다. 따라서 그래프는 [그림 8.6]과 같습니다. 따라서 $q = 5$는 이윤극대화 생산량이고 이때 극대화된 이윤의 값은 150입니다.

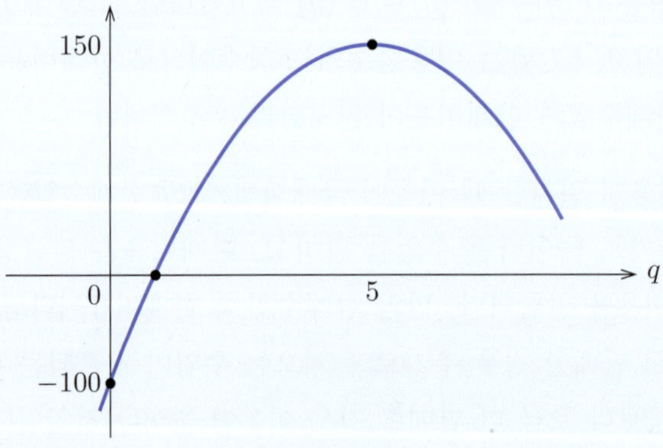

[그림 8.6] 예제 8.3

경제학적으로 이 예제의 배경을 살펴보겠습니다. 주어진 비용함수는 생산량과 무관한 고정비용 100과 생산량의 증가에 따라서 점점 비용이 커지는 가변비용 부분으로 구성되어 있고 한계비용 또한 생산량 증가에 따라 증가하는 경우입니다. 한편, 수입함수는 생산량에 비례하는 1차함수인데, 이는 재화 1개당 판매가격이 100으로 고정되어 있다는 의미입니다. 기업이 재화를 몇 개 판매하느냐와 관계없이 가격이 일정 수준으로 고정된 경우를 가리켜 **완전경쟁**(perfect competition)이라고 부릅니다. 완전경쟁 하에서는 동일한 재화를 판매하는 경쟁 기업이 무수히 많기 때문에 시장 조건에 의해 사실상 가격이 고정되는 것입니다. 또한 이때 개별기업의 한계수입은 바로 시장 가격과 일치합니다. 몇 개를 판매하든 상관없이 재화 1개를 더 판매할 때 들어오는 추가 수입은 바로 시장 가격이기 때문입니다.

주요 개념 및 용어

최적화(극대화, 극소화), 목적함수, 선택변수, 최대점/최댓값, 최소점/최솟값, 극대점/극댓값, 극소점/극솟값, 최적점, 일계조건, 필요조건, 경계점, 내부점

요약

- 최적화는 목적함수의 값을 가장 크게 만들거나 [극대화] 가장 작게 만드는 [극소화] 선택변수의 값을 찾는 것이다.
- 정의역 내에서 목적함수의 값을 가장 크거나 작게 만드는 점을 최대점 및 최소점이라 하고, 점의 '주변'에서 목적함수값을 가장 크거나 작게 만드는 점을 극대점 및 극소점이라 한다.
- [최적화의 일계조건] 정의역의 경계점이 아닌 내부점이 극대점 혹은 극소점이라면, 이 점에서 목적함수의 도함숫값(미분계수)은 0이다.
- 일계조건은 필요조건으로, 만약 어떤 점이 최적해라면 반드시 만족하지만, 일계조건을 만족한다고 해서 반드시 최적해라고는 할 수 없다.

연습문제

8-1 다음 함수에 대해 최적화 일계조건을 만족하는 해를 구하고, 함수 그래프의 모양을 파악하여 이 해들의 극대, 극소 여부를 판단하시오.

(a) $f(x) = e^x + e^{-x}$

(b) $f(x) = \dfrac{x^3}{x+1}$

(c) $f(x) = \dfrac{x}{\ln x}$

(d) $f(x) = x \ln x$ (**힌트** $\lim_{x\to 0} f(x) = 0$)

(e) $f(x) = x^x$ (**힌트** $\lim_{x\to 0} f(x) = 1$)

8-2 어떤 기업의 수입함수가 $R(q) = 100q$이다. 아래의 비용함수들에 대해 각각 이윤극대화 일계조건을 만족하는 생산량을 구하고, 기업의 이윤함수의 그래프를 그려 이윤극대화점인지 확인하시오. 단, $q = 0$일 때 기업은 아예 영업활동을 하지 않아 비용이 발생하지 않고 따라서 이윤은 0인 것으로 가정한다. 즉 기업의 이윤함수는 다음과 같다.

$$\pi(q) = \begin{cases} R(q) - C(q), & q > 0 \\ 0, & q = 0 \end{cases}$$

(a) $C(q) = 200 + 10q^2$일 때

(b) $C(q) = 1000 + 10q^2$일 때

8-3 $f(x) = x^{\alpha}(m - x)^{\beta}$을 최적화하는 문제를 다음 단계에 따라 푸시오(단, $\alpha > 0$, $\beta > 0$, $m > 0$은 모두 주어진 상수이다).

(a) $g(x) = \ln f(x)$의 최적화 일계조건을 만족하는 x^*를 구하시오.

(b) 위 (a)에서 구한 x^*에 대해 $g(x)$의 극대, 극소 여부를 판단하시오.

(c) $g(x)$의 최적해를 $f(x)$의 최적해로 볼 수 있는지 설명하시오.

Chapter 09

일변수함수의 최적화: (2) 이계조건

앞 장에서는 목적함수의 정의역의 내부에 위치한 극점이라면 반드시 만족해야 하는 최적화의 일계조건을 공부했습니다. 일계조건은 필요조건이기 때문에, 극점이면 일계조건을 반드시 만족하지만 이 조건을 만족한다고 해서 극점인 것은 아닙니다. 게다가 극점이라 하더라도 극대점인지 극소점인지 알 수가 없습니다. 즉 일계조건을 풀어서 얻는 해는 최적화 문제의 해가 될 '후보'에 불과합니다.

제8장의 연습문제를 통해 연습했듯이, 일계조건을 만족하는 해를 찾아보고 그래프를 그려서 각 해가 극대인지 극소인지 극점이 아닌지를 잘 판별해보면 최종적인 답을 얻을 수 있습니다. 하지만 좀 더 간편하게 극대 또는 극소를 찾아내는 조건이 이 장에서 공부할 이계조건입니다.

9.1 이계조건: 충분조건

이계조건(second-order condition, 줄여서 **SOC**)은 이름 그대로 이계도함수를 이용한 조건이고 다음과 같습니다.

$$[\text{극대 이계조건}] \qquad \frac{d^2y}{dx^2}(x^*) = f''(x^*) < 0 \tag{9.1}$$

$$[\text{극소 이계조건}] \qquad \frac{d^2y}{dx^2}(x^*) = f''(x^*) > 0 \tag{9.2}$$

이계조건은 앞 장에서 공부한 일계조건과 동시에 성립할 경우 최적해의 **충분조건**(sufficient condition)이 됩니다. 즉, $f'(x^*) = 0$이면서 동시에 $f''(x^*) < 0$이라면, x^*는 극대점입니다. 또한 $f'(x^*) = 0$이면서 $f''(x^*) > 0$이라면, x^*는 극소점입니다(물론 두 경우 모두 경계점이 아닌 내부해일 경우에 국한됩니다). 여전히 애매한 경우가 남긴 하는데, 만약 $f'(x^*) = 0$일 뿐 아니라, $f''(x^*) = 0$이기도 하다면, x^*는 극대점일 수도, 극소점일 수도, 아무것도 아닐 수도 있습니다.

이계조건은 제8장의 [그림 8.3]과 유사하게 그려진 [그림 9.1]의 세 가지 경우를 비교해보면 이해할 수 있습니다. 먼저 [그림 9.1(a)]에서 극대해의 특징은, x^*를 중심으로 함수의 기울기가 양(+)이었다가 점점 감소하여 x^*에서 0이 된 후, 더욱 감소하여 음(−)으로 바뀌고 있습니다. 즉, 극대가 되려면 x^*를 중심으로 왼쪽에서는 증가함수, 오른쪽에서는 감소함수이고, x^*에서는 순간적으로 평평한 모습이 나타나야 하는데, 이렇게 만들어주는 조건이 바로 $f''(x^*) < 0$, 즉 x^*의 근처에서 함수의 기울기가 점점 감소하는 중이라는 것입니다.

반대로 [그림 9.1(b)]에서는 함수의 기울기가 점점 증가하는 중이어야, x^*가 극소해가 됩니다. 그런데 이도 저도 아닌 [그림 9.1(c)]에서는 x^*의 왼쪽에서는 기울기가 점점 감소하고 있었는데, x^*의 오른쪽으로 넘어가자 기울기가 도로 증가합니다. 즉, 기울기의 기울기(이계도함숫값)가 음수였다가, x^*에서 순간적으로 0이 된 다음, 양수로 바뀌고 있는 것입니다. 이럴 때는 일계 조건을 만족한다고 해도 극대나 극소가 아닐 수 있습니다.

예제 9.1 이계조건

다음 함수들에 대해 일계조건 해를 구하고 이계조건을 확인하시오.

(a) $f(x) = -x^2$

$f'(x) = -2x = 0$에서 $x = 0$이 일계조건을 만족하는 점입니다. $f''(0) = -2 < 0$이므로 극대 이계조건이 만족됩니다. 이 함수의 그래프 모양은 [그림 9.1(a)]와 유사합니다.

(b) $f(x) = x^2$

$f'(x) = 2x = 0$에서 $x = 0$이 일계조건을 만족하는 점입니다. $f''(0) = 2 > 0$으로 극소 이계조건이 만족됩니다. 이 함수의 그래프 모양은 [그림 9.1(b)]와 유사합니다.

(c) $f(x) = x^3$

$f'(x) = 3x^2 = 0$에서 $x = 0$이 일계조건을 만족하는 점입니다. $f''(x) = 6x$이므로 $f''(0) = 0$으로 이계조건으로는 극대, 극소 여부를 **알 수 없습니다**. 그래프를 보면 극대도 아니고 극소도 아닙니다. 이 함수의 그래프 모양은 [그림 9.1(c)]와 유사합니다.

(d) $f(x) = x^4$

$f'(x) = 4x^3 = 0$에서 $x = 0$이 일계조건을 만족하는 점입니다. $f''(x) = 12x^2$이므로

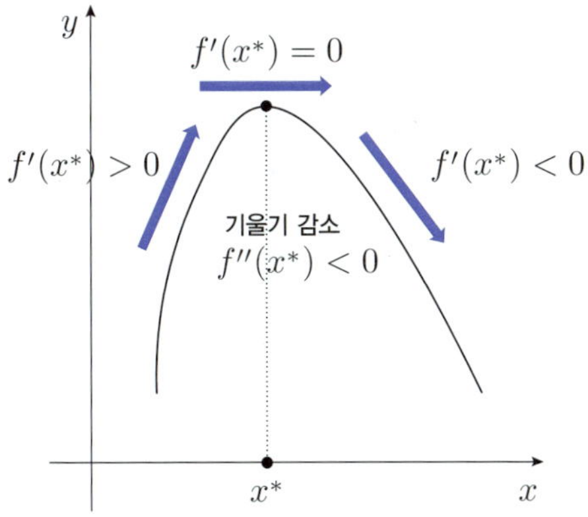

(a) 최적화 일계조건과 극대 이계조건을 만족하는 해

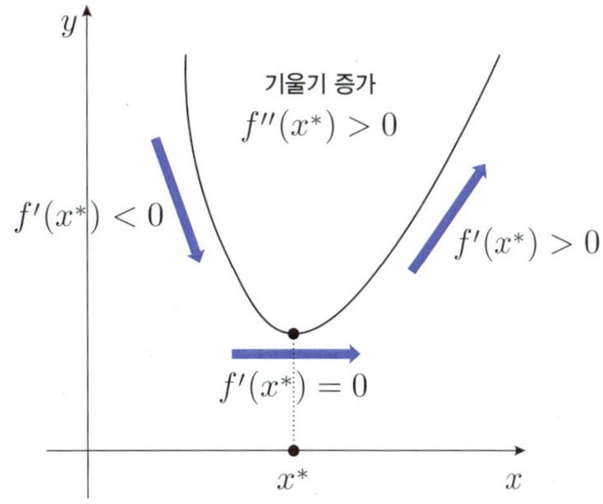

(b) 최적화 일계조건과 극대 이계조건을 만족하는 해

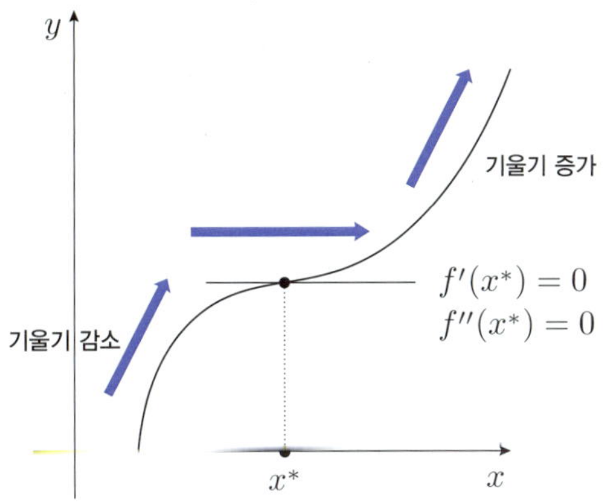

(c) 일계조건을 만족하지만 이계조건을 만족하지 않는 경우

[그림 9.1] 이계조건과 최적해

$f''(0) = 0$으로 역시 이계조건으로는 극대, 극소 여부를 알 수 없습니다. 그런데 그래프를 보면 극소입니다. 이 함수의 그래프 모양은 [그림 9.1(b)]와 유사합니다.

$f''(x) = 0$의 경우는 이계조건이 위배된다기보다는, 이계조건을 통해 판단할 수 없다고 이해하는 것이 좋습니다. 즉, $f''(x) = 0$이면 무조건 극점이 아닌 것은 아닙니다. [예제 9.1 (c)]에서는 $f''(x) = 0$이면서 극점이 아니었고, (d)에서는 $f''(x) = 0$이면서도 극점이 맞았습니다. 다시 말해, 이계도함숫값이 0이 나올 경우에는 판단을 위한 정보가 불충분하므로 다른 방법을 동원해서 (그래프를 그린다든지) 일계조건을 만족하는 점이 과연 극대인지, 극소인지, 이도 저도 아닌지를 별도로 확인해야 하지, $f''(x) = 0$이라고 해서 극대도 극소도 아니라고 결론지을 수는 없습니다.

[그림 9.1]은 이계조건의 원리를 직관적으로 이해하는 데 충분하다고 생각됩니다. 참고로

이계조건이 충분조건이라는 사실의 증명을 아래에 제시하겠습니다.

증명

증명하고자 하는 주장은 (일계조건과 함께) 극대 이계조건이 만족되는 점은 극대점이라는 것입니다. 즉, 어떤 점 x^*가 일계조건과 극대 이계조건을 모두 만족하여 $f'(x^*) = 0$이고 $f''(x^*) < 0$이라면, 그 점 x^*의 근처에 있는 다른 모든 x에 대해 $f(x^*) > f(x)$가 성립한다는 것을 보이고자 합니다.

점 x^*에서 아주 조금 dx만큼 이동하여 근처의 점 x^*+dx로 갈 경우 새로운 점의 함숫값은 $f(x^*+dx)$이고, 함숫값의 변화는 $f(x^*+dx)-f(x^*)$인데, 이 값은 미분량으로 근사 계산할 수 있습니다. 즉,

$$dy = f'(x^*)dx = 0$$

만큼 변화합니다. 그런데 일계조건에 따라서 이 값이 0입니다. 이 사실만 가지고는 x^*가 근처의 다른 점들에 비해서 더 함숫값이 큰지(극대), 더 작은지(극소), 아니면 이도 저도 아닌지를 판단할 수가 없습니다.

x^* 근처의 다른 점들과의 함숫값 비교를 위해서 조금 더 범위를 넓히면 위의 미분량 공식은 오차가 커지기 때문에 그대로 적용할 수가 없습니다. 여기에서 테일러 급수의 전개 공식[22]을 2차항까지 확장해보면

$$dy = f'(x^*)dx + \frac{1}{2}f''(x^*)dx^2 = \frac{1}{2}f''(x^*)dx^2$$

이 됩니다. 극대 이계조건에 의해 $dy < 0$입니다. 다시 말해

$$dy = f(x^* + dx) - f(x^*) < 0 \;\; \text{따라서} \;\; f(x^*) > f(x^* + dx)$$

가 되어 x^*는 극대점입니다. 이 증명을 통해 이계조건이 성립하는 경우 "근처"에서는 유일한 극대점임을 알 수 있습니다. ◀

앞에서 일계조건을 미분량을 사용하여 증명했듯이, 이계조건 또한 "이계미분량"을 사용하여 표현할 수 있습니다. 이계미분량이란 미분량 dy에 대해 다시 미분량을 계산한 것으로 $d(dy) = d(f'(x^*)dx)$입니다. 미분량이란 주어진 함수의 일계도함수에 dx를 곱한 것이고,

22) 테일러 급수의 전개 공식은 미분량의 개념을 확장한 것입니다. 미분량은 1차함수로 근사치를 계산하는 반면, 테일러 급수는 1차 이상의 함수로 계산합니다. 본문에서는 2차 근사를 사용했습니다([문제 7-11] 참조).

현재 주어진 함수는 $f'(x^*)dx$인데 여기서 dx는 단지 일정한 상수에 불과하므로,

$$d(dy) = d(f'(x^*)dx) = d(f'(x^*))dx = f''(x^*)dxdx = f''(x^*)dx^2$$

이 됩니다. 이를 $d^2y = f''(x^*)dx^2$라고 간단하게 쓸 수 있겠습니다. 나중에 제VI부에서 다변수함수의 최적화를 공부할 때 이 개념을 확장하여 다시 사용하겠습니다.

9.2 함수의 볼록과 오목

앞의 [그림 9.1]에서 극대와 극소를 나타내는 [그림 9.1(a)와 (b)]는 각각 그래프의 기울기가 점점 감소하는 경우와 기울기가 점점 증가하는 경우입니다. 이런 그래프의 성질을 통해 함수의 특징을 묘사하는 개념으로 **볼록성**(convexity)과 **오목성**(concavity)이 있는데, 이는 경제분석에서 자주 나오는 성질입니다.

그림의 형태로 말하자면, U자 모양 혹은 매끈한 밥그릇을 놓아둔 형태를 옆에서 바라본 것 같은 모양을 볼록이라고 하고, 반대로 뒤집은 U자 모양 혹은 밥그릇을 엎어 놓은 것 같은 경우를 오목이라고 합니다. 또 다른 방식으로 설명하면 (혼동의 여지는 있지만) 아래쪽을 향해서 볼록한 경우가 볼록함수이고, 위쪽을 향해서 볼록한 경우는 오목함수입니다.

수학적으로는 두 가지 정의가 가능한데, 결국 같은 정의입니다. 먼저 이계도함수의 값이 양수이면 볼록, 음수이면 오목이라고 정의할 수 있습니다. 앞에서 이계조건이 바로 이계도함수의 값의 부호에 대한 것이었으므로, 이계조건을 다른 말로 하면, 함수가 오목이면 일계조건을 만족하는 점이 극대해이고, 함수가 볼록이면 일계조건을 만족하는 점이 극소해가 되는 것입니다. 한편, [그림 9.1(c)]와 같이 이도 저도 아닌 경우는 처음에는 오목이다가 갑자기 볼록으로 바뀌어버린 경우입니다.

$$\text{함수 } f(x)\text{가 점 } x_0\text{에서 볼록(convex)} \iff f''(x_0) > 0$$
$$\text{함수 } f(x)\text{가 볼록(convex)} \iff f''(x) > 0 \quad \forall x$$
$$\text{함수 } f(x)\text{가 점 } x_0\text{에서 오목(concave)} \iff f''(x_0) < 0$$
$$\text{함수 } f(x)\text{가 오목(concave)} \iff f''(x) < 0 \quad \forall x$$

또 다른 수학적 정의는 함수 그래프상의 임의의 두 점을 연결하는 선분이 함수 그래프보다 위쪽에 있으면 볼록, 아래쪽에 있으면 오목이라고 합니다. 앞의 그림에서 검토해보면 [그림 9.1(a)]가 오목, (b)가 볼록임을 알 수 있습니다.

예제 9.2 볼록, 오목

다음 함수들의 볼록, 오목 여부를 판단하시오.

(a) $f(x) = e^x$

자연지수함수(밑이 1보다 큰 지수함수)는 증가함수이자 볼록함수입니다. 일계도함수가 $f'(x) = e^x > 0$이고, 이계도함수는 $f''(x) = e^x > 0$인 것으로 확인할 수 있습니다. $b > 1$일 때 $y = b^x$에 대해서도 $y' = b^x \ln b > 0$이고 $y'' = b^x(\ln b)^2$이므로 역시 증가함수이자 볼록함수입니다.

(b) $f(x) = \ln(x)$

자연로그함수는 증가함수이면서 오목함수입니다. 우선 $x > 0$에 대해서만 정의되고, $f'(x) = \dfrac{1}{x} > 0$이고 $f''(x) = -\dfrac{1}{x^2} < 0$인 것으로 확인할 수 있습니다.

(c) $f(x) = \sqrt{x} = x^{1/2}$

제곱근의 성질 때문에 x는 음수일 수는 없습니다. $f'(x) = \dfrac{x^{-1/2}}{2}$이고 $f''(x) = -\dfrac{x^{-3/2}}{4}$이므로 $x = 0$을 제외하면 이계도함숫값이 음이 되어 오목함수입니다.

(d) $f(x) = a + bx + cx^2$

$f'(x) = b + cx$이고 $f''(x) = c$이므로 $c > 0$이면 볼록, $c < 0$이면 오목함수입니다.

9.3 응용: 독점의 이윤극대화

경제모형에서 최적화는 대개 여러 개의 변수를 갖고 있고 제약 조건이 있는 경우이지만, 지금까지 공부한 제약 없는 일변수함수 최적화를 통해서 풀 수 있는 문제로 독점의 이윤극대화가 있습니다. 여기서는 그중에서도 가장 단순한 경우로 선형함수로만 된 독점 모형의 경우를 먼저 보고, 조금 더 일반적인 경우를 보겠습니다.

우선 **독점**(monopoly)이란 재화의 공급 및 판매자가 단 하나인 경우를 가리킵니다. 이와 다른 경우로 공급자가 무수히 많은 완전경쟁(perfect competition), 그리고 하나는 아니지만 소수인 과점(oligopoly) 등이 있습니다(완전경쟁 기업의 이윤극대화에 대해서는 제8장의 [예제 8.3]에서 간략하게 다루었습니다).

9.3.1 선형함수 독점모형

선형함수 독점모형은 이윤함수를 다음의 식들로 정의합니다. 우선 **이윤**(profit)은 정의상 수입에서 비용을 뺀 것입니다. 독점의 선택변수를 판매량 Q로 본다면, 수입과 비용을 각각 Q의 함수로 나타내주어야 하겠습니다. 일단 수입 빼기 비용의 형태로 이윤함수를 쓴 것이 식 (9.3) 입니다.

$$\text{[이윤함수]} \quad \Pi(Q) = R(Q) - C(Q) \tag{9.3}$$

$$\text{[역수요함수]} \quad P(Q) = a - bQ \tag{9.4}$$

$$\text{[수입함수]} \quad R(Q) = P(Q)Q = (a - bQ)Q = aQ - bQ^2 \tag{9.5}$$

$$\text{[비용함수]} \quad C(Q) = cQ + f \tag{9.6}$$

$$\text{[이윤함수]} \quad \Pi(Q) = (aQ - bQ^2) - (cQ + f) \tag{9.7}$$

수입은 물건을 얼마씩 받고 몇 개나 판매했느냐에서 나오는 것이므로 가격 곱하기 판매량으로 정의됩니다. 그런데 독점기업의 경우 (완전경쟁기업과 달리) 주어진 가격 하에서 마음대로 판매량을 조절할 수 있는 것이 아니고, 판매량에 따라 가격을 함께 조절해야 합니다. 아무리 독점기업이라고 해도 소비자가 물건을 사도록 강요할 수는 없기 때문에, 소비자들이 보이는 수요 패턴(수요함수)에 순응해야 합니다. 즉 독점이 판매량 Q를 선택할 경우 받을 수 있는 가격 P는 역수요함수(수요함수에서 판매량을 독립변수 쪽으로 보낸 것)에 의해 결정됩니다. 식 (9.4) 는 이 역수요함수를 가장 단순한 형태인 1차함수로 설정하고 있습니다. a와 b는 임의의 상수입니다. $a > 0$, $b > 0$이라고 가정하는 것이 자연스러울 것입니다. 이렇게 가정하면 가격이 a 이상일 때는 물건이 하나도 팔리지 않고, 물건을 더 많이 팔려면 가격을 내려야 한다는 말이 됩니다.

따라서 수입함수는 $R(Q) = P(Q)Q$가 되고, 역수요함수를 단순한 1차함수로 상정했으므로 그 내용이 대입되어 식 (9.5) 가 됩니다.

한편 비용함수는 생산자 고유의 기술에 의해 결정되는데 여기서는 역시 간단한 1차함수로 식 (9.6) 이 되어 있습니다. $C(Q) = cQ + f$에서 f는 판매량과 관계없는 상수로 고정비용(fixed cost)에 해당합니다. 한편 계수 c는 판매량 1단위 변화 시 증가하는 비용을 나타내므로 한계비용에 해당합니다.

이제 이들을 다 합쳐 주면 이윤함수가 식 (9.7) 로 얻어집니다. 함수를 얻었으면 극대화는 앞에서 본 일계조건과 이계조건을 사용하면 쉽게 해결됩니다. 우선 일계조건에 의해,

$$\frac{d\Pi}{dQ} = \frac{dR}{dQ} - \frac{dC}{dQ} = MR - MC = (a - 2bQ^*) - c = 0 \tag{9.8}$$

에서

$$Q^* = \frac{(a-c)}{2b} \tag{9.9}$$

로 나옵니다. 이계조건을 확인해보면, $\Pi''(Q) = -2b$로 $b > 0$이면 Q와 상관없이 언제나 음수이므로 이윤함수 자체가 오목함수임을 알 수 있고, 따라서 일계조건의 해가 극대해가 됩니다.

방금 분석한 간단한 경제모형의 구조를 살펴보면, 경제 주체는 독점기업이고, 주체가 처한 외부 환경으로는 역수요함수를 결정하는 계수들 a와 b, 그리고 비용함수를 결정하는 계수들 c와 f가 있습니다. 주체가 선택하는 변수는 판매량 Q이며, 이윤을 극대화하는 것을 목표로 삼고 있습니다. 균형 해는 이윤을 극대화한 결과로 방금 구했습니다.

9.3.2 선형 모형을 사용한 분석: 세금 부과의 효과

이제 모형의 분석으로, 외부 환경 변화에 따른 균형의 변화를 살펴봅시다. 간단한 예로 정부가 이 독점기업이 판매하는 물건에 1단위당 t원이라는 물품세를 부과한다고 합시다.

$$\text{[총 세액]} \quad T(Q) = tQ \tag{9.10}$$

$$\text{[세금을 반영한 이윤함수]} \quad \Pi(Q) = R(Q) - C(Q) - T(Q) = PQ - cQ - f - tQ \tag{9.11}$$

가 되는데, 앞에서 푼 것과 동일한 과정을 거쳐서 풀면

$$Q^* = \frac{(a-c-t)}{2b} \tag{9.12}$$

$$P^* = \frac{(a+c+t)}{2} \tag{9.13}$$

가 새로운 답으로 얻어집니다.

물론 이 경우 문제 구조가 매우 단순하므로 굳이 반복해서 풀지 않더라도 쉽게 답을 미리 알아낼 수 있습니다. 세금은 기업의 입장에서 $-tQ$가 이윤함수에 추가되므로 마치 물건 1단위를 팔 때마다 t만큼의 한계비용이 새롭게 생기는 것과 마찬가지입니다. 즉, 앞에서는 c가 한계비용이었는데, 이제 $c+t$가 한계비용이 되는 셈입니다. 앞에서 구한 해에서 c의 자리에 $c+t$를 넣으면 방금 구한 새로운 해가 바로 나옵니다.

좀 더 제대로 된 비교정학분석의 예로서 만약 세금 부과 수준 t가 바뀔 경우 어떻게 될까요? 방금 도출한 균형해를 t로 미분해보면 됩니다.

$$\frac{dQ^*}{dt} = -\frac{1}{2b} < 0, \qquad \frac{dP^*}{dt} = \frac{1}{2} > 0$$

으로 세율 t가 오르면, 독점의 판매량은 줄어들고 가격이 인상됨을 알 수 있습니다. 게다가 세율이 1단위 인상되면, 가격은 그 절반만큼만 인상된다는 것을 알 수 있습니다. 즉, 주어진 모형에서는 정부가 부과하는 세금을 독점기업과 소비자들이 절반씩 부담하는 셈이 됩니다.

9.3.3 일반 독점 모형

선형함수를 구체적인 수요 및 비용함수로 사용한 것을 더욱 확장하여, 일반적인 독점 모형을 검토해보겠습니다. 식 (9.3)~(9.7) 중 선형함수를 제시한 부분을 삭제하면 됩니다. 일반 독점 모형은 다음과 같습니다.

$$[\text{이윤함수}] \quad \Pi(Q) = R(Q) - C(Q) \tag{9.14}$$

$$[\text{수입함수}] \quad R(Q) = P(Q)Q \tag{9.15}$$

$$[\text{비용함수}] \quad C(Q) \tag{9.16}$$

식 (9.14)는 앞의 (9.3)과 동일하고, 식 (9.15) 또한 역수요함수 $P(Q)$의 구체적인 형태를 명시하지 않았을 뿐 정의 그대로입니다. 식 (9.16)도 구체적인 형태를 주지 않은 비용함수입니다. (9.14)~(9.16)을 결합하면,

$$[\text{이윤함수}] \quad \Pi(Q) = P(Q)Q - C(Q) \tag{9.17}$$

를 얻고 이것이 바로 일반 독점 모형입니다.

이윤극대화점을 구하기 위해 일계조건을 적용하면, 극대점 Q^*는

$$[\text{한계수입} = \text{한계비용}] \quad R'(Q^*) = C'(Q^*)$$

즉,

$$P'(Q^*)Q^* + P(Q^*) = C'(Q^*) \tag{9.18}$$

를 만족해야 합니다.

또한 Q^*가 실제로 극대해가 되게 하는 충분조건은 이계조건으로 이윤함수를 두 번 미분하여 이를 < 0이라고 한다면,

$$P''(Q^*)Q^* + 2P'(Q^*) - C''(Q^*) < 0 \tag{9.19}$$

이 됩니다.

예제 9.3 독점

비용함수만을 선형으로 가정하여 $C(Q) = cQ + f$ 라고 할 때 외생변수 c의 변화에 따라 독점이 선택하는 수량 Q^* 및 가격 P^* 가 어떻게 변하는지 분석해보시오.

일계조건은

$$P'(Q^*)Q^* + P(Q^*) = c \qquad (*)$$

가 되고, 이계조건은

$$P''(Q^*)Q^* + 2P'(Q^*) < 0 \qquad (**)$$

이 됩니다. 이제 한계비용 c가 조금 증가할 때, 독점의 이윤극대화 생산량 Q^* 가 어떻게 반응하는지를 살펴보려면, 식 (*)의 양변을 c로 미분해서,

$$P''(Q^*)\frac{dQ^*}{dc}Q^* + P'(Q^*)\frac{dQ^*}{dc} + P'(Q^*)\frac{dQ^*}{dc} = 1$$

이 되고 이를 정리하면

$$\frac{dQ^*}{dc} = \frac{1}{P''(Q^*)Q^* + 2P'(Q^*)} \qquad (***)$$

이 됩니다. 그런데 (***)의 분모는 (**)에서 < 0 임을 알았으므로

$$\frac{dQ^*}{dc} < 0$$

이 됩니다. 즉, 독점기업의 한계비용이 증가할 때 이윤극대화 생산량은 감소합니다. 특히 그 감소하는 정도는 역수요함수의 모양과 관련이 있습니다. 만약 앞 소절에서 본 선형 모형의 경우에서처럼 역수요함수가 선형인 $P(Q) = a - bQ$ 면, $P'' = 0$ 이고 $P' = -b$ 가 되어, $\frac{dQ^*}{dc} = -\frac{1}{2b}$ 과 동일한 결과가 나옵니다.

한편 가격은 역수요함수 $P(Q)$에 의해 결정되므로 c의 변화에 따른 $P^* = P(Q^*)$의 반응은 chain rule을 사용하여

$$\frac{dP^*}{dc} = P'(Q^*)\frac{dQ^*}{dc}$$

이고 $P' < 0$ 이며 $dQ^*/dc < 0$ 임을 이미 알았으므로, $dP^*/dc > 0$ 가 됩니다. 즉 한계비용 c가 상승할 때 독점가격 또한 상승합니다.

방금 예제에서는 이윤극대화 수량 Q^* 를 외생변수 c의 함수로 취급할 수 있다는 가정 하에 풀이가 진행되었습니다. 이는 이계조건이 성립하는 경우, 극대점이 근처에서는 유일하다는

사실로 알 수 있습니다.

주요 개념 및 용어

이계조건, 충분조건, 볼록, 오목

요약

- 최적화의 필요조건인 일계조건에 추가하여, 이계도함수를 이용한 이계조건은 극대 또는 극소해의 충분조건이다.
- 최적화 일계조건의 해에서 이계도함수의 값이 음수이면 극대해이고, 이계도함수의 값이 양수이면 극소해이다.
- 이계도함수의 값이 0일 경우는 이계조건만으로 판단이 불가능하고, 그래프 등 추가적인 검토가 필요하다.
- 이계조건은 함수의 그래프가 오목 또는 볼록인지 여부와도 관련이 있다.

연습문제

9-1 앞 장의 [문제 8-1]의 각 함수에 대해 이계조건을 적용하여 극대, 극소 여부를 판단하시오.

9-2 앞 장의 [문제 8-1]의 각 함수에 대해 오목인지 볼록인지 판단하시오. 만약 함수 전체가 오목이거나 볼록이 아니라면, 오목인 구간 및 볼록인 구간을 찾아보시오.

9-3 (a) $f(x) = x^3 + 3x$의 정의역이 실수 전체일 때 이 함수의 극점들을 구하시오

(b) $g(x) = x^3 - 3x$의 정의역이 $0 \leq x \leq 5$일 때 이 함수의 최대점과 최소점을 찾으시오.

9-4 함수 $f(x) = x^2 e^{-x}$의 최대점과 최소점을 찾으시오. 단, 정의역은 $x \geq 0$이다.

9-5 역수요함수가 $P = 10 - Q$이고 비용함수는 $C(Q) = cQ$인 독점기업이 있다.

(a) 독점의 이윤극대화 수량 Q^*와 이윤극대화 가격 P^*를 도출하고 이들이 극대해임을 확인하시오.

(b) 앞에서 도출한 Q^*와 P^*를 각각 c로 미분하고 이 결과가 경제학적으로 어떤 의미인지 설명하시오.

(c) 이윤극대화 가격 P^*에서 수요의 가격탄력성의 절댓값은 1보다 큰가, 작은가, 또는 같은가? 판단하시오. 단, 수요의 가격탄력성은 $\frac{dQ}{dP} \cdot \frac{P}{Q}$이다.

9-6 다음과 같은 독점의 이윤극대화 모형을 고려한다. 역수요함수는 우하향하다는 사실만 알려져 있고, 비용함수는 수량의 2차함수이다. 즉

- 역수요함수 $P(Q)$는 $P' < 0$를 만족
- 수입함수는 $R(Q) = P(Q)Q$
- 비용함수는 $C(Q) = cQ^2 + f$

- 이윤함수는 $\Pi(Q) = R(Q) - C(Q)$

(a) 이윤극대화의 일계조건 및 이계조건을 작성하시오.

(b) $Q = Q^*$가 앞에서 도출한 일계조건 및 이계조건을 만족하는 해라고 하자. 이 해의 값은 문제의 외생변수인 c의 값에 따라 달라질 수 있다. 즉, 해 Q^*는 c의 함수로 $Q^*(c)$라고 쓸 수 있다. 그렇다면 $\dfrac{dQ^*}{dc}$의 부호는 무엇인가? 설명하고 결과를 해석하시오.

9-7 시험공부를 x시간 할 경우 받을 수 있는 점수가 $R(x) = \ln x$이고, 공부로부터 받는 스트레스의 양은 $C(x) = cx^2 + f$이다(단, $c > 0$). 이 학생의 목표는 $R(x) - C(x)$의 값을 가장 크게 만드는 공부시간 x^*를 선택하는 것이다. 학생이 선택할 x^*를 도출하고, 구한 값이 실제 최적해임을 설명하시오.

9-8 완전경쟁시장에서 영업 중인 어느 기업의 수입함수는 $R(q) = pq$이고 비용함수가 $C(q) = \dfrac{1}{2}cq^2 + F$이다($p$는 재화의 가격을 나타내는 상수, F는 고정비용을 나타내는 상수, c는 한계비용과 관련된 상수이다). 이윤극대화의 일계조건을 만족하는 해를 도출하고, 이 해가 극대 이계조건을 만족하려면 주어진 상수 p, F, c에 대해 어떤 가정이 필요한지 설명하시오.

PART 3

적분

제3부에서는 미분의 '반대'라고 할 수 있는 적분에 대해 살펴봅니다. 수학적으로 미분과 적분을 함께 묶어서 미분적분학이라고 부르고 이는 해석학이라는 수학 분야의 기초가 될 정도로 중요합니다. 여기에서는 적분에 대한 상세한 공부보다는, 경제학 응용의 관점에서 개념과 간단한 계산 기법을 익히는데 주안점을 두겠습니다. 제10장에서 미분의 반대 계산인 부정적분을, 제11장에서는 그래프의 면적 구하기와 관련 있는 정적분을 공부하고, 제12장에서는 몇 가지 응용 사례들을 살펴보겠습니다.

Chapter 10

적분: (1) 부정적분

제2부에서 우리는 일변수함수에 대한 미분을 공부했습니다. 수학에서는 보통 '미분적분학'(calculus)이라고 하여 미분과 함께 적분이라는 것을 공부합니다. 그런데 미분은 기초 경제모형의 근간이라고 할 정도로 반드시 이해해야 할 개념인 반면, 적분은 경제학에서 활용되기는 하나 미분처럼 기본이 되는 개념까지는 아닌 것 같습니다.

따라서 우리는 적분에 대해 수학적으로 심오한 이해보다는, 개념과 필요성, 응용을 중심으로, 거칠게나마 두 가지 관점으로 정리하여 이해해보겠습니다. 그 두 가지는 바로 부정적분과 정적분입니다. 부정적분은 이번 제10장에서 다루고, 정적분은 다음 장에서 다루겠습니다.

부정적분은 함수에 대한 '조작' 혹은 '계산'의 관점에서 미분의 반대과정으로서 적분이라는 계산법을 이해하는 것에 해당합니다. 한편 **정적분**은 주어진 함수의 그래프 아래의 면적을 계산하는 기법입니다. 사실 정적분은 미분이 개발되기 훨씬 이전부터 기초적인 내용이 알려져 있었지만, 미분의 개발 이후 부정적분의 개념이 소개되면서 놀랍게도 기존에 사용되던 정적분과의 연관 관계가 드러났다고 할 수 있습니다.

10.1 부정적분의 개념

우선 함수에 대한 '조작'의 관점에서 미분의 반대과정으로서의 적분을 이해할 수 있습니다. 미분이란 어떤 함수가 주어지면 그 도함수를 구하는 것입니다. 그렇다면 그 반대과정으로서, 적분이란 주어진 함수의 **역도함수**(anti-derivative)를 구하는 과정이라고 할 수 있습니다. 다시 말해, 도함수를 주면 원래 함수가 무엇이었는지를 알아내는 계산입니다.

즉 "도함수가 $f(x)$라면 이는 어떤 함수 $F(x)$를 미분하여 얻은 것인가?"라는 질문에 대한 답 $F(x)$가 바로 함수 $f(x)$의 역도함수이고, 이 역도함수를 구하는 과정이 적분입니다. 예를 들어, 우리는 $F(x) = x^2$을 미분하면 $F'(x) = f(x) = 2x$라는 사실을 알고 있습니다.

즉, $f(x) = 2x$의 역도함수는 $F(x) = x^2$이고 따라서 $f(x) = 2x$를 적분하면 $F(x) = x^2$이 얻어집니다.

그런데 여기서 주의할 점이 하나 있는데, 예컨대 $x^2 + 1$을 미분해도 똑같이 $2x$가 나온다는 사실입니다. 상수는 미분 과정에서 사라지기 때문입니다. 즉, 미분의 결과로 $f(x) = 2x$를 얻게 해주는 함수는 x^2만 있는 것이 아니고 x^2에다가 임의의 상수를 더해도 모두 해당되므로, 답이 되는 함수가 무수히 많습니다. 이 말을 다음과 같은 기호로 쓸 수 있습니다.

$$\int 2x\,dx = x^2 + C$$

식의 우변에서 C는 상수를 나타내는데, 값이 하나로 고정된 것이 아니라 임의의 모든 상수를 뜻합니다. 상숫값 C를 고정시키기 위해서는 추가적인 조건이 필요합니다. 이 상수 C를 **적분상수**라고 부르겠습니다. 상숫값을 고정시킬 수 있는 추가 조건이 주어지지 않는 한, 적분의 결과는 언제나 기본 역도함수 더하기 임의의 상수 형태가 됩니다(물론 상수를 C라고 써야만 하는 것은 아니고 다른 기호를 얼마든지 쓸 수 있습니다).

주어진 함수의 역도함수는 무수히 많으므로 답이 딱 정해지지 않았다는 의미에서 이를 **부정적분**(indefinite integral)이라고 부릅니다(연립방정식에서 해가 무수히 많은 경우를 부정이라고 하는 것과 마찬가지입니다).

한편, 위 식의 좌변이 작성된 원리를 보면 역도함수를 구하고자 하는 대상 함수 '$2x$'를 중심으로 앞뒤에 두 가지 기호가 사용되고 있습니다. 대상 함수 앞에는 S자를 길게 늘어뜨린 듯한 적분 기호 $\int$(그냥 영어로 '인테그랄 integral'이라고 읽을 수 있습니다)가 있고, 대상 함수 뒤에는 dx가 있습니다. dx는 미분에서 공부했던 미분량과 본질적으로 같은 개념이지만 여기에서는 단순히 어떤 변수로 적분하는지를 나타낸다고 이해하면 되겠습니다. 즉, dx라고 쓰면 x로 적분한다는 의미이고, dt라고 쓰면 t로 적분한다는 의미입니다. 예를 들어, 위의 식은 다음과 같이 써도 사실 똑같은 의미입니다(적분상수도 이번에는 K라고 썼습니다).

$$\int 2t\,dt = t^2 + K$$

따라서 어떤 함수 $f(x)$의 부정적분의 결과인 역도함수는 $\int f(x)\,dx = F(x) + C$라고 쓸 수 있습니다. 앞으로 적분 기호 $\int$를 어느 정도 감각적으로 다룰 줄 알아야 하는데, 아래와 같은 계산의 표기가 가능합니다.

$$\begin{aligned}\frac{d}{dx}(F(x) + C) = f(x) &\Longrightarrow \frac{d}{dx}F(x) = f(x)\\ &\Longrightarrow dF(x) = f(x)\,dx\end{aligned}$$

$$\Longrightarrow \int dF(x) = \int f(x)\,dx$$

$$\Longrightarrow F(x) + C = \int f(x)\,dx$$

위 표기에서 눈여겨볼 점 하나는 적분 기호 $\int$와 미분 기호 d가 만나면 상쇄되고 $+C$가 생겨난다는 것입니다.

예 10.1 부정적분과 적분상수

x^3을 미분하면 $3x^2$이므로 $f(x) = 3x^2$의 부정적분은 $x^3 + C$입니다. 즉, $\int 3x^2\,dx = x^3 + C$입니다.

(a) 만약 우리가 원하는 역도함수가 $F(1) = 1$을 만족해야 한다면, $F(1) = 1^3 + C = 1$에서 $C = 0$입니다. 다시 말해서, $F(1) = 1$이고 $F'(x) = f(x) = 3x^2$인 함수는 $F(x) = x^3$입니다.

(b) 마찬가지로 $F(2) = 1$이고 $F'(x) = f(x) = 3x^2$인 함수는 $F(x) = x^3 - 7$입니다.

예 10.2 부정적분과 적분상수

x^2을 미분하면 $2x$이고 이를 다시 미분하면 2이므로, 만약 $F''(x) = 2$를 만족하는 $F(x)$를 찾고자 한다면, 먼저 $F''(x) = 2$를 한 번 적분하여

$$\int F''(x)\,dx = F'(x) = \int 2\,dx = 2x + C$$

가 되고, 이 식을 다시 적분하여

$$\int F'(x)\,dx = F(x) = \int (2x + C)\,dx = x^2 + Cx + D$$

가 됩니다. 식에서 C와 D는 모두 임의의 상수입니다. 또한 Cx를 x로 미분하면 C이기 때문에 C를 적분해서 Cx를 얻었습니다. 이 결과가 옳음을 확인하려면 구한 함수를 두 번 미분해서 2가 나오는지를 보면 됩니다.

위의 계산과정에서 $F'(x)$ 또는 $F(x)$ 다음에 적분상수를 붙여주지 않은 것은 결국 우변의 구체적인 공식에 적분상수를 붙여줄 것이기 때문입니다. 만약 곧이곧대로 일일이 적

분상수를 다 붙인다면,

$$F'(x) + K = 2x + C \Longrightarrow F'(x) = 2x + C - K = 2x + C'$$

과 같이 되어 결국은 위의 계산과 마찬가지가 됩니다. 중간에 잊어버리지만 않는다면 적분상수는 계산의 최종 결과에 붙여주기만 하면 됩니다.

10.2 부정적분의 기본규칙

앞서 미분을 공부할 때 몇 가지 기본규칙을 배운 적이 있고, 그 규칙들을 사용하면 도함수의 정의를 직접 적용하지 않고서도 함수들을 대부분 쉽게 미분할 수 있었습니다. 적분은 미분의 반대과정이므로 미분의 기본규칙과 대응되는 유사한 규칙들이 성립합니다. 미분 규칙에 빗대어 적분 규칙들을 확인해보면 다음 표와 같이 정리됩니다.

[표 10.1] 미분과 적분의 기본규칙

미분의 기본규칙	적분의 기본규칙
(1) [상수곱] $(cf(x))' = cf'(x)$	(1) [상수곱] $\int cf(x)\,dx = c\int f(x)\,dx$
(2) [합, 차] $(f(x) \pm g(x))' = f'(x) \pm g'(x)$	(2) [합, 차] $\int(f(x) \pm g(x))\,dx = \int f(x)\,dx \pm \int g(x)\,dx$
(3) [곱] $(f(x)g(x))' = f'(x)g(x) + f(x)g'(x)$	(3) [곱] 부분적분
(4) [power rule] $(x^n)' = nx^{n-1}$	(4) [power rule] $\int x^n\,dx = \frac{x^{n+1}}{n+1} + C$
(5) [지수함수] $(e^x)' = e^x$	(5) [지수함수] $\int e^x\,dx = e^x + C$
(6) [로그함수] $(\ln x)' = \frac{1}{x}$	(6) [반비례함수] $\int(1/x)\,dx = \ln\|x\| + C$
(7) [chain rule] $(f(g(x)))' = f'(g(x)) \cdot g'(x)$	(7) [chain rule] 치환적분

우선 미분의 첫 번째 기본규칙 (1)은 함수에 상수곱을 하면 그 상수는 앞으로 빼두었다가 함수를 미분한 결과에 다시 곱해주면 된다는 것이었습니다. 적분도 마찬가지로 곱한 상수를 따로 빼두었다가 나중에 결과에 곱해주기만 하면 됩니다. 두 번째 규칙은 두 함수를 서로 더하거나 뺀 것의 도함수는, 각각의 도함수를 더하거나 뺀 것이라는 것으로, 적분에 대해서도 마찬가지입니다. 즉, 함수가 여러 개 덧셈 또는 뺄셈으로 연결되어 있을 경우 각각을 적분한 후 그 결과를 더하거나 빼주면 됩니다. 세 번째 규칙은 함수 곱의 미분으로 다소 특이한 형태의 공식이 도출되었습니다. 이를 적분에 적용할 때는 '부분적분'이라는 기법이

되는데 이는 다음 절에서 자세히 설명하도록 하겠습니다.

네 번째 규칙은 power rule이라고 부른 것으로 단항식 x^n의 도함수를 알려줍니다. 이 규칙을 통해 다항함수 미분이 가능해졌습니다. 그 규칙을 반대로 뒤집어주면 적분 규칙이 됩니다. 앞에서 이미 $2x$의 적분이 $x^2 + C$라는 것을 확인했는데 마찬가지로 임의의 x^n을 주면 그 역도함수는 $x^{n+1}/(n+1) + C$가 됩니다.

규칙 (5)와 (6)은 자연지수함수와 자연로그함수의 미분공식이었고, 이를 반대로 돌리면 결과가 자연지수함수와 자연로그함수로 나오는 적분공식이 됩니다. 자연지수함수 e^x의 역도함수는 여전히 자기 자신(더하기 상수)이고, 자연로그함수가 나오려면 $1/x$을 적분해주어야 한다는 점은 기억해둘 만합니다. (6)에서 절댓값 기호가 나타난 것은 로그함수는 변수가 양의 값을 가질 때에만 정의되기 때문입니다. $x > 0$일 때와 $x < 0$일 때에 대해 각각 $\ln|x|$를 미분해보면 모두 $1/x$인 것으로 증명가능합니다.

마지막 규칙은 합성함수 미분에 쓰는 chain rule이며 이를 적분에 응용하면 '치환적분법'이 됩니다. 역시 잠시 후에 좀 더 자세히 설명하겠습니다.

10.3 적분의 기본규칙 (3) 부분적분

부분적분(integration by parts)은 함수 곱의 미분공식에서 도출되는 것으로, 곱해진 함수를 적분하는 데 매우 유용하게 활용됩니다. 실제 사용방법은 약간 까다로우므로 일단 공식을 도출히고 이를 어떻게 적용하는지는 예제를 통해 설명하겠습니다.

$$(f(x)g(x))' = f'(x)g(x) + f(x)g'(x)$$

라는 곱셈 미분공식의 양변을 적분해주면

$$\int (f(x)g(x))'\,dx = \int (f'(x)g(x) + f(x)g'(x))\,dx$$

가 됩니다. 이때 좌변의 적분 기호 속에 든 함수는 $(f(x)g(x))'\,dx = d(f(x)g(x))$와도 같으므로 적분 기호 $\int$와 미분 기호 d가 만나서 사라지고 괄호 안에 든 $f(x)g(x)$만 남게 혼자 남게 됩니다. 계산이 안 끝났으므로 적분상수는 일단 무시하면

$$f(x)g(x) = \int f'(x)g(x)\,dx + \int f(x)g'(x)\,dx$$

위 식에서 좌변은 적분 기호와 미분 기호가 만나 사라졌고, 우변에서는 덧셈과 관련한 규

칙을 사용했습니다. 이제 이 식에서 항의 위치를 조금 바꾸면 다음과 같은 공식이 됩니다. 이것이 부분적분 공식입니다.

$$\int f(x)g'(x)\,dx = f(x)g(x) - \int f'(x)g(x)\,dx$$

즉, 어떤 $f(x)$ 곱하기 $g'(x)$의 적분 문제가 주어지면, $g(x)$와 $f(x)$를 곱해주는 한편, $f(x)$를 미분하여 이를 $g(x)$와 곱한 것을 적분하여 빼주게 됩니다. 말로 하니 제법 복잡하지요? 위 공식을 무작정 암기하는 것보다는 이 공식이 애초에 함수 곱의 미분에서 도출되었다는 사실을 기억하고, 예제를 통해 차근차근 원리를 적용하는 연습을 하는 것이 도움이 될 것입니다.

부분적분을 하려면, 적분해야 할 함수를 미분하기 쉬운 부분($f(x)$)과 적분하기 쉬운 부분($g'(x)$)으로 나누어 배정하는 요령이 있어야 합니다. 문제가 주어질 때 $g'(x)$라고 미분된 형태로 나오는 게 아니라 그냥 함수 두 가지의 곱으로 주어지기 때문에 둘 중 어느 것이 $f(x)$의 역할을 하고, $g'(x)$의 역할을 할지 잘 결정해야 합니다. 결정하는 기준은 물론 주어진 함수를 적분하기 쉬운 것(즉, 가능한 한 단순한 형태의 함수)을 $g'(x)$로 보는 것입니다. 예제를 통해 살펴봅시다.

예제 10.1 부분적분

$\int x\,dx$을 부분적분을 사용해서 계산하시오.

주어진 함수는 x라는 단순한 함수이고 사실 바로 적분의 power rule을 적용하여 $\frac{x^2}{2}+C$라는 것을 알 수 있지만, 부분적분을 연습해보겠습니다.

x 혼자 있는 것처럼 보이지만 사실 $f(x) = x$, $g'(x) = 1$로 보면 두 함수의 곱입니다. 여기서 $g'(x) = 1$로 선택한 것은 상수 1의 적분이 쉽게 가능하고, 한편 $f(x) = x$의 미분도 쉬우며 그 도함수가 상수로 단순하기 때문입니다.

즉, $g(x) = x$이고 $f'(x) = 1$입니다. 이제 부분적분 공식에 의해

$$\int \underbrace{f(x)g'(x)}_{=x}\,dx = \underbrace{f(x)g(x)}_{=x^2} - \int \underbrace{f'(x)g(x)}_{=x}\,dx$$

즉, 이 식은 $\int x\,dx = x^2 - \int x\,dx$가 되고 우변의 두 번째 항을 좌변으로 옮겨주면

$$\int x\,dx + \int x\,dx = 2\int x\,dx = x^2 + C$$

가 됩니다(우변에 적분상수 C를 더해 주었습니다). 이제 양변을 2로 나누어주면

$$\int x\,dx = \frac{1}{2}x^2 + C$$

라고 계산할 수 있습니다. 물론 우리가 이미 알고 있는 답과 일치합니다(상수 C를 2로 나누어주었지만, 어차피 값이 고정된 것이 아니라 임의의 상수이므로 그대로 C라고 두었습니다).

이 예제의 경우 워낙 단순하므로 $f(x) = 1$, $g'(x) = x$로 놓고 풀어보거나, $f(x) = \sqrt{x}$, $g'(x) = \sqrt{x}$로 놓고 풀어 봐도 연습으로 괜찮겠습니다.

하지만 문제에 따라서 부분적분을 쓰지 않으면 도저히 풀 수 없는 경우도 있습니다.

예제 10.2 부분적분

$\int \ln x\,dx$를 계산하시오. (단, $x > 0$)

이 문제가 바로 부분적분이 아니면 풀기 곤란한 경우입니다. 간혹 처음 적분을 배우는 학생 중에 이 문제의 답이 $1/x + C$라고 착각하는 경우가 있는데, 문제는 $\ln x$를 적분하라고 요구하고 있습니다. 어떤 함수를 미분하면 $\ln x$가 나올까요? 이는 쉽게 답하기 어렵습니다.

여기서 앞의 예제를 참고하여 $f(x) = \ln x$, $g'(x) = 1$로 놓아 보면 $g(x) = x$이고 $f'(x) = 1/x$가 됩니다(여기서 $g'(x)$의 적분과 $f(x)$의 미분이 쉬워야 공식이 쓸모가 있다는 점을 기억해 주세요). 따라서

$$\int \underbrace{\ln x}_{=f(x)g'(x)}\,dx = \underbrace{x\ln x}_{=f(x)g(x)} - \int \underbrace{\frac{1}{x}x}_{f'(x)g(x)}\,dx = x\ln x - x + C$$

얻어진 답이 맞는지 확인해보려면 물론 우변의 식을 미분해서 그 결과가 $\ln x$임을 보면 됩니다.

10.4 적분의 기본규칙 (7) 치환적분

이번에는 치환적분 방법을 보겠습니다. 먼저 비교적 쉽게 이해할 수 있는 예제부터 풀어보지요.

예제 10.3 합성함수의 적분

$\int e^{2x}\,dx$를 계산하시오.

우선 지수함수 미분공식으로부터 $\int e^x\,dx = e^x + C$임을 알고 있습니다. 그런데 지수에 x 대신 $2x$가 들어가 있는 점이 특이합니다. 만약 e^{2x}를 미분하는 것이었다면 chain rule을 적용하여 속함수인 $2x$를 미분한 2를 곱해주면 됩니다. 적분의 경우 반대로 2로 나누어주면 되지 않을까요?

즉, $\frac{1}{2}e^{2x} + C$가 답이 아닐까 추측이 되는데, 실제로 미분을 해서 검산해보면 맞다는 것을 알 수 있습니다. 즉, chain rule에서는 속함수를 미분해서 곱해주는데, 속함수를 미분한 것으로 나누는 과정이 필요합니다.

치환적분(integration by substitution)은 예제에서 설명한 속함수를 미분한 것으로 나누는 과정을 공식화한 것입니다. 일반적인 원리를 공부하는 것보다는 구체적인 예제들을 통해 적용 방법을 익히는 것이 훨씬 수월합니다. 방법은 합성함수의 형태 속에 숨어 있는 속함수를 하나의 새로운 변수로 설정하여 적분대상 함수를 단순한 형태로 고치는 것입니다. 이 때 주의할 점은 변수가 바뀜에 따라서 식 전체의 형태가 바뀌어야 한다는 것입니다.

즉, chain rule에 의해

$$(f(g(x)))' = f'(g(x)) \cdot g'(x)$$

인데 여기서 속함수를 $g(x) = z$라고 부르면, 적분 대상이 되는 함수가 $f(g(x)) = f(z)$로 단순해질 뿐 아니라, 원래 x에 대해서 적분하던 것을 이제 z에 대해 적분하는 것으로 고쳐주어야 합니다.

이는 미분량 공식을 활용하면 쉽게 할 수 있습니다. 위의 chain rule 공식의 양변을 x로 적분하면

$$\int (f(g(x)))'\,dx = \int f'(g(x)) \cdot g'(x)\,dx$$

인데

$$dz = g'(x)\,dx$$

이므로, $g(x)$를 z로 $g'(x)dx$를 dz로 치환해주면

$$f(g(x)) = f(z) = \int f'(z)\,dz$$

가 됩니다. 여기서 $dx = \dfrac{dz}{g'(x)}$라는 사실을 이용하여 식이 단순화된 점을 눈여겨 봐주세요.

이 도출과정을 참고하여 [예제 10.3]의 속함수를 새로운 변수로 치환해봅시다. $z = 2x$라고 부르면, $dz = 2dx$가 됩니다. 즉 $dx = (1/2)dz$입니다. 이를 원래 적분 문제에 대입하면

$$\int e^{2x}\,dx = \int e^{z}\left(\frac{1}{2}\right)dz = \frac{1}{2}\int e^{z}\,dz = \frac{1}{2}e^{z} + C = \frac{1}{2}e^{2x} + C$$

로 답을 얻습니다. $dx = (1/2)dz$라는 표현에 속함수의 도함수로 나누는 과정이 포함되었습니다.

예제 10.4 치환적분

$\int (2x+1)^2\,dx$를 계산하시오.

적분 대상 함수에서 제곱을 계산해서 풀어쓰면 간단하게 답을 얻을 수 있습니다만, 치환적분을 연습해보겠습니다.

여기서는 속함수가 $z = 2x + 1$이므로 $dz = 2dx$이고 $dx = (1/2)dz$입니다. 따라서

$$\int (2x+1)^2\,dx = \int z^2\left(\frac{1}{2}\right)dz = \frac{1}{2}\int z^2\,dz = \frac{1}{2}\frac{z^3}{3} + C = \frac{z^3}{6} + C = \frac{(2x+1)^3}{6} + C$$

가 됩니다.

사실 치환적분 방법이 만능은 아닙니다. 주의해서 치환변수를 설정해야 합니다. 예를 들어 문제가 $\int (2x^2+1)^2\,dx$라고 주어지면 단지 속함수를 z로 놓아서는 치환적분법이 성공할 수 없습니다(물론 제곱을 그냥 풀면 적분을 할 수 있습니다).

예제 10.5 치환적분

$\int x(2x^2+1)^2\,dx$를 계산하시오.

이 문제는 치환적분이 가능하도록 형태가 잘 짜여져 있는 경우입니다. 여기서 $z = 2x^2+1$로 놓으면 $dz = 4xdx$이므로 $dx = \frac{dz}{4x}$가 되고

$$\begin{aligned}\int x(2x^2+1)^2\,dx &= \int xz^2\frac{dz}{4x} = \int\left(\frac{1}{4}\right)z^2\,dz\\ &= \left(\frac{1}{4}\right)\left(\frac{z^3}{3}\right)+C = \frac{z^3}{12}+C = \frac{(2x^2+1)^3}{12}+C\end{aligned}$$

입니다.

도출과정에서 dz의 공식에 의해 함수 속에서 x 관련 항이 모두 사라졌다는 점에 유의해주세요. 이렇게 되어야 치환적분이 가능한 것입니다.

학생들이 자주 헷갈리는 점이 하나 있습니다. [예제 10.4]와 [예제 10.5]에서 치환적분을 사용하지 않고 적분대상함수를 풀어쓴 후 power rule로 계산할 경우 예제의 답과 다르게 보일 것입니다.

이는 치환적분으로 얻은 답에 C 이외에 추가로 '상수'가 더 들어있기 때문입니다. [예제 10.4]에는 $\frac{(\cdots+1)^3}{6}$ 속에 $\frac{1}{6}$이 들어있고 [예제 10.5]에는 $\frac{(\cdots+1)^3}{12}$ 속에 $\frac{1}{12}$이 들어있습니다. 괄호를 풀어서 이 상수들을 적분상수 C와 합치면 power rule로 얻은 답과 같아집니다.

주요 개념 및 용어

적분, 부정적분, 역도함수, 적분상수, 부분적분, 치환적분

요약

- 부정적분은 미분의 반대과정으로, 도함수가 주어질 때 원래 함수가 무엇이었는지 알아내는 계산이다.
- $F(x)$의 도함수가 $f(x)$이면, $F(x)$는 $f(x)$의 역도함수라고 부를 수 있다.
- 미분 과정에서 상수는 사라지므로, 부정적분에는 적분상수가 더해져야 한다.
- 미분의 기본규칙에 대응되는 적분의 기본규칙들이 성립한다.

적분의 기본규칙	
(1) [상수곱]	$\int cf(x)\,dx = c\int f(x)\,dx$
(2) [합, 차]	$\int (f(x) \pm g(x))\,dx = \int f(x)\,dx \pm \int g(x)\,dx$
(3) [곱]	부분적분
(4) [power rule]	$\int x^n\,dx = \frac{x^{n+1}}{n+1} + C$
(5) [지수함수]	$\int e^x\,dx = e^x + C$
(6) [로그함수]	$\int (1/x)\,dx = \ln\lvert x\rvert + C$
(7) [chain rule]	치환적분

- 함수 곱의 미분 규칙에 대응되는 적분 규칙은 부분적분법으로, 주어진 함수를 미분하기 쉬운 부분과 적분하기 쉬운 부분으로 나누어 계산한다.
- 합성함수 미분 규칙에 대응되는 적분 규칙은 치환적분법으로, 복잡한 식을 새로운 변수로 치환하여 계산을 단순하게 만든다.

연습문제

10-1 다음을 계산하시오.

(a) $\int 365\, dx =$

(b) $\int \left(2\sqrt{x} + \frac{3}{x}\right) dx =$

(c) $\int \left(y^{\frac{1}{3}} + y^{-\frac{1}{3}}\right) dy =$

(d) $\int \left(\frac{2}{t^3} + x + y\right) dt =$

10-2 다음을 계산하시오.

(a) $\int \frac{1}{2}\left(e^x + e^{-x}\right) dx =$

(b) $\int \left(2^x + \ln x\right) dx =$

(c) $\int -e^{-2x}\, dx =$

(d) $\int \frac{1}{(x-2)(x+2)}\, dx =$

10-3 부분적분법을 (필요하다면 여러 차례) 적용하여 다음을 계산하시오.

(a) $\int x(1+x)^2\, dx =$

(b) $\int x^2 e^x\, dx =$

(c) $\int x^2 e^{-x}\, dx =$

10-4 치환적분법을 적용하여 다음을 계산하시오.

(a) $\int 5x(x^2+3)^7\, dx =$

(b) $\int x^4(3x^5-100)^{\frac{5}{2}}\, dx =$

(c) $\int (2x-5)^{-1}\, dx =$

(d) $\displaystyle\int \frac{x+1}{(x^2+2x+3)^4}\,dx =$

10-5 다음의 함수를 각각 적분하시오. 단, 역도함수를 $F(x)$라고 할 때 $F(0) = 100$이다.

(a) $f(x) = x\exp(x^2)$

(b) $f(x) = \dfrac{x}{(x+3)^2}$

(c) $f(x) = x^2e^{2x}$

(d) $f(x) = \dfrac{(\ln(x+1))^2}{x+1}$

10-6 한계비용함수 $MC(q)$는 비용함수 $C(q)$의 도함수이다. 아래에 주어진 한계비용함수를 부정적분하여 비용함수를 도출해보시오.

(a) $MC(q) = 100$

(b) $MC(q) = 100q$

(c) $MC(q) = 100q^2$

(d) $MC(q) = 5 + 100q^2$

(e) $MC(q) = 100 - (q-5)^2$

추가질문: 한계비용함수를 부정적분할 경우 적분상수는 경제학적으로 어떤 개념으로 해석할 수 있는가?

10-7 시간에 걸친 투자가 축적되면 이를 자본이라고 한다. 즉 시간의 함수로서 t시점에서의 투자를 $I(t)$, 축적된 자본수준을 $K(t)$라고 하면 다음의 관계가 성립한다.

$$\int I(t)\,dt = K(t) + C$$

적분상수 C는 $t = 0$에서의 최초 자본수준으로 해석할 수 있다. 다음의 투자함수에 대해 자본수준을 함수로 도출해보시오(단, 최초 자본수준은 0이라고 가정하자).

(a) $I(t) = \sqrt{t}$

(b) $I(t) = e^{0.01t}$

(c) $I(t) = (1+r)^t$ (단, $0 < r < 1$인 상수)

Chapter 11

적분: (2) 정적분

앞 장에서는 주어진 함수의 역도함수를 구하는 과정으로써 부정적분에 대해 공부했습니다. 이 과정의 특성상 답은 새로운 상수를 더해도 늘 성립하므로 무한히 많이 나오는 부정의 특징을 가졌습니다.

이제 이 장에서는 다른 관점에서의 적분을 살펴보겠는데, 원래 적분이라는 말의 어원과도 관련이 있습니다. 미분(微分)에서 '미'(微)가 잘게 쪼갠다는 의미라면, 적분(積分)에서 '적'(積)은 잘게 쪼갠 것들을 포개어 쌓는다는 의미가 있습니다.

이번에 공부할 **정적분**의 개념은 실용적인 면적 구하기 문제를 풀기 위해 개발된 방법이고, 이것이 후세에 와서 부정적분 및 미분과 밀접한 연관이 있다는 것을 알게 된 것입니다.

11.1 정적분: 그래프 아래의 면적

주어진 도형의 면적을 구하는 방법은 우선 직사각형의 면적에 대한 이해에서 출발합니다. 밑변의 길이가 A이고 높이가 B인 직사각형이 있다면 그 면적은 A × B라고 정의합니다. 이를 활용하면 삼각형의 면적은 직사각형 면적의 1/2로 구할 수 있고, 삼각형 면적을 구할 줄 알면 적당히 각이 진 대부분의 도형을 작은 삼각형들의 합으로 쪼개어 구할 수 있습니다.

하지만, 각지지 않고 부드러운 형태를 가진 도형(예를 들어, 원)을 만나면 문제가 생기는데, 이때도 작은 부분들을 직사각형 모양으로 쪼개준 다음 이들을 합해서 면적의 근사치로 계산할 수 있습니다. 무한히 작은 구간에서 두 점 간의 기울기를 구하는 것이 미분이었던 것처럼, 쪼개주는 간격을 무한히 작게 만들어 면적을 계산하는 것이 정적분의 개념입니다.

어떤 함수 $y = f(x)$가 주어지고, x의 정의역이 a와 b 사이로 국한되어 있을 때, X축 상에서 a에서 b까지를 밑변으로 하고, 함수의 그래프를 천정으로 삼는 도형이 나타나게 되고 그 면적을 구하고자 합니다[그림 11.1(a)].

이때 아랫변에 해당하는 $[a, b]$의 구간을 n개의 균등한 길이의 구간으로 잘라서 그 구간마다 얇은 직사각형을 세워준다고 상상할 수 있습니다. 길이가 $(b-a)$인 $[a,b]$라는 구간을 n 등분하면, 한 구간의 길이는 $(b-a)/n$이 됩니다. 첫 번째 구간은 a에서 $a+(b-a)/n$이고 그다음은 $a+(b-a)/n$에서 $a+2(b-a)/n$이고 하는 식입니다[그림 11.1(b)].

구간마다 거기 속하는 x 중 하나를 적당히 골라서 (예를 들어, 구간의 오른쪽 경계점) $y=f(x)$를 높이로 삼으면 n개의 직사각형이 나오게 됩니다. 각 직사각형은 밑변의 길이는 같고 높이는 서로 다를 수 있습니다. 이 직사각형들의 면적을 모두 합해주면 원하는 도형의 면적과 '비슷한' 값이 됩니다. 이제 구간의 수를 무한히 많게, 즉 한 구간의 길이를 무한히 짧게 만들면 결국 밑변이 사실상 없는 기다란 줄들을 옆으로 포개서 더하는 모양새가 되고 이것이 원하는 면적입니다[그림 11.1(c), (d)](미분에서 함수 그래프의 기울기를 결국 접선의 기울기로 찾아내는 것과 유사한 과정입니다).

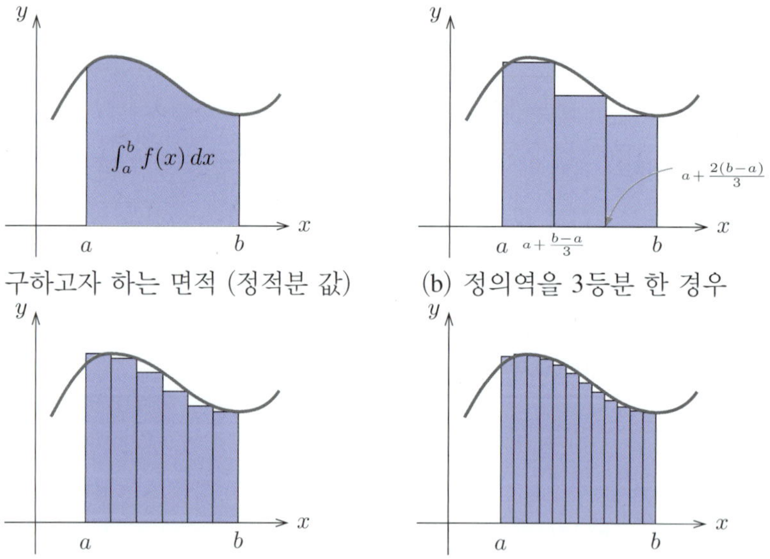

(a) 구하고자 하는 면적 (정적분 값) (b) 정의역을 3등분 한 경우

(c) 정의역을 6등분 한 경우 (d) 정의역을 12등분 한 경우

[그림 11.1] 함수 그래프 아래의 면적을 정적분으로 구하는 과정

식으로 써보면,

$$\sum_{i=1}^{n} f(x_i)\frac{b-a}{n} = \sum_{i=1}^{n} f(x_i)\Delta x$$

이고 식에서 Δx를 0에 가깝게 (즉, n을 무한대로) 보내면 원하는 면적을 얻게 되는데 그 결과를 위 식에서 합을 나타내는 시그마 $\sum$ 대신에 S자를 길게 늘어뜨려 쓴 모양인 적분

기호 $\int$로 고쳐 쓰고

$$\int f(x)\,dx$$

라고 나타낼 수 있습니다. 이렇게만 쓰면 부정적분과 같은 기호인데, 다른 점이 있다면 $x \in [a, b]$라는 조건입니다(만약 구간이 한정되지 않는다면 면적이 무한대가 되겠죠). 이를 구분하여

$$\int_a^b f(x)\,dx$$

라고 쓰고 **정적분**(definite integral)이라고 부릅니다. 이것은 하나의 값으로 답이 나오는 개념이므로 '정'이라는 표현이 들어갑니다.

물론 부정적분과 정적분에 대해 동일한 적분 기호를 사용하고 둘 다 '적분'이라고 부르는 것은 이유가 있습니다. 부정적분과 정적분의 관계에 대해서는 다음 절에서 '미적분학의 근본정리'를 통해서 설명하겠습니다. 이를 통해 정적분 계산을 쉽게 할 수 있을 것입니다.

그에 앞서 그래프 아래의 면적이라는 정적분의 정의만으로도 알 수 있는 몇 가지 간단한 성질을 보겠습니다.

정적분 값이 그래프 아래 면적이라는 의미를 기억한다면 대부분 쉽게 이해할 수 있습니다.

성질 1. 먼저 표기의 방식에서, 정적분 기호 속 적분대상 변수는 무엇을 쓰든 상관없습니다.

$$\int_a^b f(x)\,dx = \int_a^b f(t)\,dt$$

함수 $f(\cdot)$의 독립변수를 x로 부르든, t로 부르든 종속변수와의 관계가 동일하다면 같은 계산을 나타내는 함수입니다(예를 들어 $f(x) = x^2 + 1$과 $f(t) = t^2 + 1$은 변수의 이름만 다를 뿐 사실상 같은 함수입니다). 같은 계산을 나타내는 함수를 같은 범위에 대해 정적분하면 같은 값이 나올 것입니다.

성질 2. 만약 $b = a$라면 면적을 잴 구간이 없으므로

$$\int_a^a f(x)\,dx = 0$$

성질 3. 주어진 구간을 2개의 소구간으로 쪼개서 따로 계산하더라도 면적은 같아야 하므로

$$\int_a^b f(x)\,dx + \int_b^c f(x)\,dx = \int_a^c f(x)\,dx$$

성질 4. 반대 방향으로 면적(?)을 잰다면 부호를 바꾸어주면 됩니다. 즉, 정적분은 기본적으로 왼쪽에서 오른쪽으로 이동하면서 면적을 재는 것인데, 오른쪽에서 왼쪽으로 이동하며 정적분을 계산한다면 면적의 음(–)의 값이 됩니다.

$$\int_a^b f(x)\,dx = -\int_b^a f(x)\,dx$$

만약 이 식의 의미가 조금 헷갈린다면 성질 2와 성질 3을 사용하여 다음과 같이 증명할 수도 있습니다.

$$\int_a^b f(x)\,dx + \int_b^a f(x)\,dx = \int_a^a f(x)\,dx = 0$$

11.2 미적분학의 근본정리: 정적분과 부정적분의 관계

곡선의 아랫부분을 작은 직사각형들로 쪼개어서 더한 후 그것의 극한값을 계산하는 방식으로 면적(정적분)을 계산하는 것은 수천년 전의 그리스 수학자들도 했던 것인데, 실제로는 매우 번거롭습니다. 근대에 와서 미분과 그 역계산인 부정적분이 알려진 후, 정적분의 계산을 훨씬 간편하게 계산할 수 있는 길이 열렸습니다. 미적분학의 근본정리(Fundamental Theorem of Calculus)라고 불리는 결과들을 통해 이를 요약해보겠습니다.

첫번째 정리는 정적분의 계산에 부정적분으로 얻은 역도함수를 활용할 수 있다는 것입니다. 이 정리 덕분에 정적분과 부정적분에 동일한 기호 $\int$를 사용하고 둘다 '적분'이라고 부를 수 있는 셈입니다.

정리 11.1 미적분학의 근본정리: 정적분과 부정적분

함수 $f(x)$의 역도함수가 $F(x)$라고 하자. 즉 $F'(x) = f(x)$이고 $\int f(x)dx = F(x) + C$이다. 그렇다면 정의역이 $[a, b]$일 때 $y = f(x)$의 그래프와 X축 사이의 면적은 $F(b) - F(a)$이다. 즉, 정적분 값은 정의역의 두 경계점에서 역도함수 값의 차이에 해당한다.

$$\int_a^b f(x)\,dx = F(b) - F(a)$$

이 정리를 증명하고 사용하기에 앞서서 한 가지 개념을 소개하겠습니다. 정적분 범위의 상한을 변수로 갖는 새로운 함수를 생각해봅시다. 즉 $\int_a^b f(x)dx$에서 정의역의 시작 경계점인 a는 여전히 주어진 상수로 두되, 끝 경계점인 b를 변수로 보려고 합니다. b를 변수 x라고 부른다면, 적분기호 속에 등장하는 는 $f(x)dx$의 기호 x와 혼동의 여지가 있으므로 적분기호 속 변수는 **성질 1**을 이용하여 t로 표기하겠습니다. 그렇다면 우리는 면적함수를 다음과 같이 정의할 수 있습니다:

$$A(x) = \int_a^x f(t)\,dt$$

$f(\cdot)$라는 함수 그래프 아래의 면적을 a부터 x까지 계산한 것이 $A(x)$입니다. **성질 2**에 의해 $A(a) = \int_a^a f(t)\,dt = 0$입니다. 또한 $A(b) = \int_a^b f(t)\,dt$는 **[정리 11.1]**에서 계산하고자 하는 정적분의 값입니다. 즉 **[정리 11.1]**의 결론은 $A(b) = F(b) - F(a)$라고 말하고 있습니다.

증명

면적함수 $A(x)$를 (도함수 정의에 따라) x로 미분해봅니다.

$$\begin{aligned}
A'(x) &= \lim_{\Delta x \to 0} \frac{A(x+\Delta x) - A(x)}{\Delta x} \\
&= \lim_{\Delta x \to 0} \frac{1}{\Delta x}\left(\int_a^{x+\Delta x} f(t)\,dt - \int_a^x f(t)\,dt\right) && [A(x)\text{의 정의}] \\
&= \lim_{\Delta x \to 0} \frac{1}{\Delta x}\int_x^{x+\Delta x} f(t)\,dt && [\text{성질 3과 성질 4}] \\
&= \lim_{\Delta x \to 0} \frac{1}{\Delta x}(f(x)\Delta x) && [???] \\
&= f(x) && [\text{분자, 분모의 } \Delta x \text{ 상쇄}]
\end{aligned}$$

$A(x)$의 도함수를 계산하는 과정에서 $A(x)$의 정의와 정적분의 성질들을 활용해서 정리했고, [???]라고 표시된 단계는

$$\int_x^{x+\Delta x} f(t)\,dt \approx f(x)\Delta x$$

임을 이용했습니다. 이 식의 좌변은 함수 $f(\cdot)$를 x부터 $x+\Delta x$까지 정적분한 값으로, 정적분의 개념을 참조한다면 밑변이 Δx이고 높이는 범위 $[x, x+\Delta x]$ 중 어떤 점에서의 함숫값인 직사각형의 면적으로 근사계산할 수 있습니다. 그런데 $\Delta x \to 0$이라면 근사계산의 오차가 사라질 뿐 아니라, 범위 또한 x로 수렴하므로, 그 면적은 $f(x) \times \Delta x$가 되는 것입니다.

위 계산을 통해 $A'(x) = f(x)$임을 알았습니다. 이 식에 따르면 $A(x)$는 $f(x)$의 역도함수 가족에 포함되는 함수입니다. 즉 $f(x)$의 역도함수를 $F(x)$라고 할 때, 어떤 상수 C에 대해서 $A(x) = F(x) + C$가 성립합니다. 그런데 $A(a) = 0$인 것을 알고 있으므로, $A(a) = F(a) + C = 0$가 성립하여 이 상수를 $C = -F(a)$로 정해줄 수 있습니다.

따라서

$$\int_a^b f(t)\,dt = A(b) = F(b) + C = F(b) - F(a)$$

가 되어 정리를 증명했습니다. ◀

예제 11.1 정적분 계산

정의역이 $[0, 2]$일 때 상수함수 $y = 3$의 아래쪽과 X축 사이의 면적을 계산하시오.

이 문제는 밑변의 길이가 2이고 높이가 3인 직사각형의 면적을 구하라는 것이므로 정적분을 쓰지 않더라도 답이 6임을 쉽게 알 수 있습니다[그림 11.2]. 하지만 연습으로 정적분을 해보면 주어진 함수의 역도함수가 $\int 3\,dx = 3x + C = F(x)$이므로

$$\int_0^2 3\,dx = F(2) - F(0) = (6 + C) - (0 + C) = 6$$

임을 도출합니다. 상수항은 양쪽에 똑같이 적용되므로 사라짐을 알 수 있습니다.

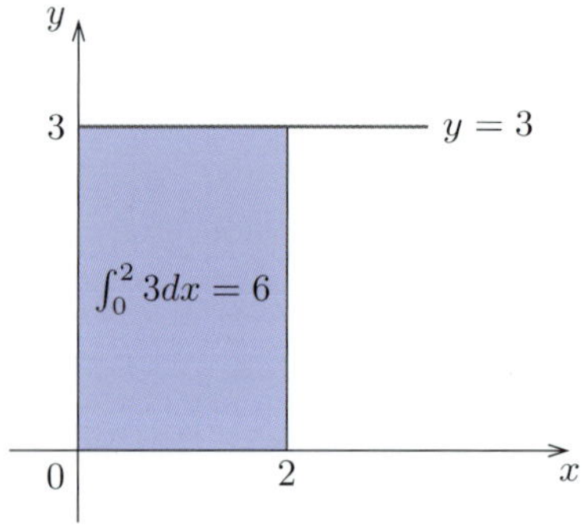

[그림 11.2] 예제 11.1

예제 11.2 정적분 계산

정의역이 $[0, 2]$일 때 1차함수 $y = 3x$의 아래쪽과 X축 사이의 면적을 계산하시오.

이 함수의 그래프를 그려보면 밑변이 2이고, 높이가 6인 직각 삼각형입니다[그림 11.3]. 답을 금방 알 수 있지만 정적분을 사용해보면, 우선 $\int 3x\,dx = (3/2)x^2 + C = F(x)$이므로

$$\int_0^2 3x\,dx = (3/2)(2)^2 - 0 = 6$$

입니다.

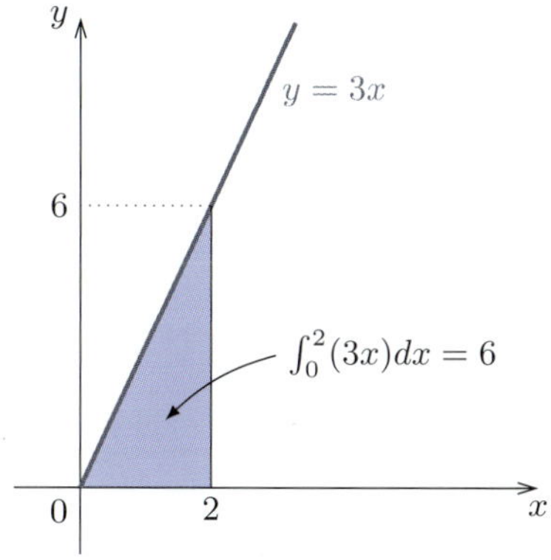

[그림 11.3] 예제 11.2

예제 11.3 정적분 계산

정의역이 $[1, e]$일 때 $y = \frac{1}{x}$의 아래쪽과 X축 사이의 면적을 계산하시오.

이 경우는 적분을 쓰지 않고서는 답을 알기 어려운 경우입니다. 주어진 y의 역도함수는 $\ln(x)$이므로

$$\int_1^e \frac{1}{x}\, dx = [\ln(x)]_1^e = \ln(e) - \ln(1) = 1 - 0 = 1$$

이때 계산과정에서 편의상

$$F(b) - F(a) = [F(x)]_a^b$$

라는 표기를 사용했습니다[그림 11.4].

11.3 부정적분, 정적분과 미분

사실 미적분학의 근본정리는 적분(정적분, 부정적분)과 미분 사이의 관계들을 나타내는 다양한 결과들을 가리킵니다. 우리는 혼동을 피하기 위해서, 앞에서 소개한 "정적분 계산에 부정적분을 활용할 수 있다"는 결과만을 근본정리로 지칭하겠습니다. 적분과 미분 사이의 다양한 관계 중 몇 가지 쓸모 있는 것들을 이 절에서 정리해봅니다.

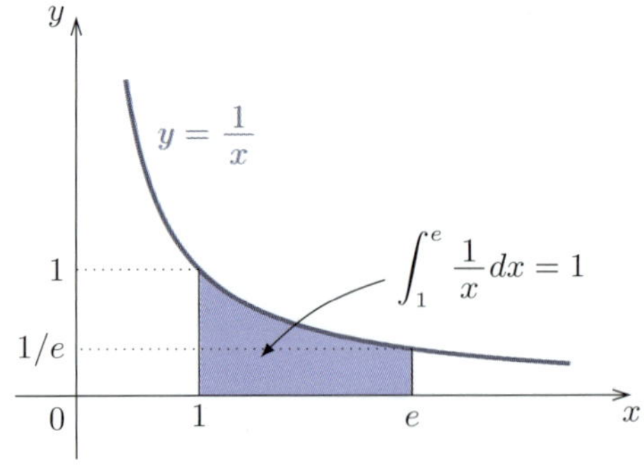

[그림 11.4] 예제 11.3

부정적분과 미분 사이의 관계는 이미 제10장에서 살펴본 것과 같습니다. 부정적분은 미분의 역계산으로 역도함수를 계산하게 해주는 계산입니다. $f(x)$의 역도함수가 $F(x)$라는 것은

$$f(x) = F'(x) \tag{11.1}$$

라는 뜻입니다. 식 (11.1)의 양변을 부정적분하면

$$\int f(x)\,dx = F(x) + C \tag{11.2}$$

식 (11.2)의 양변을 x로 미분한다면

$$\frac{d}{dx}\int f(x)\,dx = F'(x) = f(x)$$

가 될 것입니다.

한편, 정적분을 미분하면 어떻게 될까요? 범위가 정해져있는 정적분은 하나의 숫자입니다. 즉 미적분학의 근본정리에 의해

$$\int_a^b f(x)\,dx = F(b) - F(a) \tag{11.3}$$

이므로 식 (11.3)의 양변을 x로 미분해보면

$$\frac{d}{dx}\int_b^a f(x)\,dx = \frac{d}{dx}(F(b) - F(a)) = 0$$

이 됩니다. 하지만 미적분학의 근본정리를 증명하기 위해서 정의했던 면적함수는 x로 미분이 가능했습니다. 즉 $A(x) = \int_a^x f(t)\,dt$라고 할 때 이 식을 x로 미분하면

$$A'(x) = \frac{d}{dx}\int_a^x f(t)\,dt = f(x) \tag{11.4}$$

라는 것을 증명과정에서 보았습니다. 마찬가지로 정적분의 하한을 변수로 하는 새로운 함수를 $B(x)$라고 한다면 미적분학의 근본정리에 의해

$$B(x) = \int_x^b f(t)\,dt = F(b) - F(x)$$

이고 이 식을 x로 미분한다면

$$B'(x) = \frac{d}{dx}\int_x^b f(t)\,dt = -F'(x) = -f(x) \tag{11.5}$$

이 됩니다. 심지어 식 (11.4)와 (11.5)를 더 발전시켜서, 상한과 하한을 모두 x의 어떤 함수로 보면 합성함수의 미분규칙(chain rule)과 결합하여 다음의 결과를 얻을 수 있습니다.

정리 11.2 라이프니츠의 규칙

$$\frac{d}{dx}\int_{a(x)}^{b(x)} f(t)\,dt = f(b(x))b'(x) - f(a(x))a'(x)$$

증명

미적분학의 근본정리에 의해

$$\int_{a(x)}^{b(x)} f(t)\,dt = F(b(x)) - F(a(x))$$

입니다. F는 f의 역도함수이므로 $F' = f$이고, 합성함수의 미분규칙을 적용하면

$$\begin{aligned}\frac{d}{dx}\int_{a(x)}^{b(x)} f(t)\,dt &= \frac{d}{dx}[F(b(x)) - F(a(x))] \\ &= F'(b(x))b'(x) - F'(a(x))a'(x) = f(b(x))b'(x) - f(a(x))a'(x)\end{aligned}$$

입니다. ◀

예제 11.4 미분과 적분의 관계

다음을 계산하시오.

(a) $\frac{d}{dx}\int_x^b (2t^2+1)\,dt$ (b) $\int_a^x \frac{d}{dt}(2t^2+1)\,dt$ (c) $\frac{d}{dx}\int_x^{x^2} (2t^2+1)\,dt$

(a) $f(t) = 2t^2+1$라고 하면 결과는 $-f(x)$입니다. 즉 $\frac{d}{dx}\int_x^b (2t^2+1)\,dt = -2x^2-1$

(b) 적분기호 속 미분을 먼저 하면 $(2t^2+1)' = 4t$이고 $\int_a^x 4t\,dt = 2t^2\Big|_a^x = 2x^2 - 2a^2$

(c) $a(x)=x,\ a'(x)=1,\ b(x)=x^2,\ b'(x)=2x$를 라이프니츠 규칙에 적용하면

$$\frac{d}{dx}\int_x^{x^2}(2t^2+1)\,dt = (2(x^2)^2+1)\times 2x - (2x^2+1)\times 1 = 4x^5+2x-2x^2-1$$

주요 개념 및 용어

정적분, 미적분학의 근본정리, 면적

요약

- 정적분은 주어진 함수의 그래프와 X축, 그리고 정의역에 의해 구성되는 도형의 면적을 의미한다.
- 미적분학의 근본정리에 따라 정적분 값은 부정적분 함수에 정의역의 경계점을 대입하여 구할 수 있다. 즉, $F(x)$가 $f(x)$의 역도함수일 때

$$\int_a^b f(x)\,dx = F(b) - F(a)$$

- 라이프니츠의 규칙을 사용하면, 적분 상한과 하한을 변수로 둔 미분이 가능하다

$$\frac{d}{dx}\int_{a(x)}^{b(x)} f(t)\,dt = f(b(x))b'(x) - f(a(x))a'(x)$$

연습문제

11-1 제10장의 [문제 10-1]의 함수들에 대해 $[1, 5]$의 구간, 즉 $1 \le x \le 5$에 대해 정적분하여 그래프와 X축 사이의 면적을 구하시오.

11-2 다음을 계산하시오.

(a) $\displaystyle\int_1^e \frac{\ln x}{x}\,dx =$

(b) $\displaystyle\int_0^{\ln 2} \frac{e^x}{1+e^x}\,dx =$

(c) $\displaystyle\int_{-1}^{-3} \frac{1}{x}\,dx =$

(d) $\displaystyle\int_{3^{1/3}}^{2^{2/3}} x^2\sqrt{4-x^3}\,dx =$

11-3 아래 (1)과 (2) 두 계산의 결과를 비교하시오.

$$\lim_{n\to\infty}\int_0^1 \left(1+\frac{r}{n}\right)^n dr \tag{1}$$

$$\int_0^1 \lim_{n\to\infty}\left(1+\frac{r}{n}\right)^n dr \tag{2}$$

즉 (1)에서는 정적분을 먼저 계산한 후 n이 무한히 커질 때 극한을 계산하고, (2)에서는 극한을 먼저 계산한 후 정적분을 계산한다.

11-4 $f(x) = Kx^2e^{-x}$일 때 $\displaystyle\int_0^\infty f(x)\,dx = 1$을 만족하는 상수 K의 값을 구하시오. 단, $f(x)$의 역도함수가 $F(x)$일 때 $\displaystyle\int_0^\infty f(x)\,dx = \lim_{x\to\infty} F(x) - F(0)$으로 계산한다.

11-5 함수 $h(x) = -(x-1)(x-3)$에 대해 답하시오.

(a) $\displaystyle\int_0^3 h(x)\,dx =$

(b) $\displaystyle\int_0^3 |h(x)|\,dx =$

(c) 새로운 함수 $H(t)$를 아래와 같이 정의할 때 $H(t)$의 극대와 극소에 대해 논하시오.

$$H(t) = \int_0^t h(x)\, dx$$

11-6 다음을 계산하시오.

(a) $\dfrac{d}{dt}\displaystyle\int_a^t x\exp(x^2)\ dx =$

(b) $\dfrac{d}{dt}\displaystyle\int_a^t x\exp(t^2)\ dx =$

(c) $\dfrac{d}{dx}\displaystyle\int_a^t x\exp(x^2)\ dx =$

(d) $\displaystyle\int_a^t \frac{d}{dx}(x\exp(x^2))\ dx =$

Chapter 12

적분: (3) 응용

적분은 기초 경제 분석에서 미분만큼 광범위하게 사용되는 것은 아닙니다. 가장 직접적인 응용 분야는 제11장에서 공부한 정적분의 개념에 따라 면적을 계산할 필요가 있을 때일 것입니다. 이 장에서는 주로 면적과 관련된 응용 사례들로 사회 후생의 지표인 **소비자 잉여**의 계산, 소득 불평등의 지표인 **지니 계수** 계산, 그리고 **확률**의 계산에서 등장하는 적분에 대해서 살펴보겠습니다.

수학적 관점에서는 제10장에서 공부한 부정적분을 활용하여 제11장에서 공부한 정적분(면적 계산)을 직접 해보는 예제에 불과합니다. 하지만 각 개념과 관련된 다소 상세한 경제학적 설명이 필요한데, 그런 내용은 엄밀히 말해서 경제수학에 해당되지는 않습니다.

12.1 소비자 잉여

사회 후생의 분석에 등장하는 **소비자 잉여**(consumers' surplus)라는 개념이 있습니다. 소비자 잉여는 수요곡선과 가격 수준 사이의 면적으로 정의됩니다.[23] [그림 12.1(a)]에 "CS"라고 표시된 색칠된 삼각형 부분은 주어진 수요곡선에 대해 가격이 p_0일 때의 소비자 잉여를 나타냅니다. 한 가지 주의할 점은 수요곡선은 가격을 세로축에 표시하고 있다는 것입니다. 즉, 수요함수는 $q = D(p)$와 같이 독립변수인 가격 p가 주어지면 그에 따른 수요량 q를 알려주는 함수입니다. 그런데, 수요곡선은 독립변수인 가격 p를 세로축에, 종속변수인 수요량 q를 가로축에 두고 그렸습니다. 다시 말해서, 수요함수 $q = D(p)$의 역함수 $p = D^{-1}(q)$를 그려놓은 것이 수요곡선입니다. 수요함수의 역함수를 **역수요함수**(inverse demand function)라고 부릅니다. 다시 말해서, 수요곡선은 수요함수의 그래프가 아니라, 역수요함수의 그래프입니다.

역수요함수는 $p = f(q)$와 같은 형태로 주어지는데, 해석하자면 수요량이 q만큼 일어나기

23) 미시경제이론 및 후생경제학에서는 좀 더 엄밀하고 다양한 방식으로 이 개념을 접근할 수 있습니다만, 여기에서는 그냥 일반적인 수요곡선을 기준으로 설명하겠습니다.

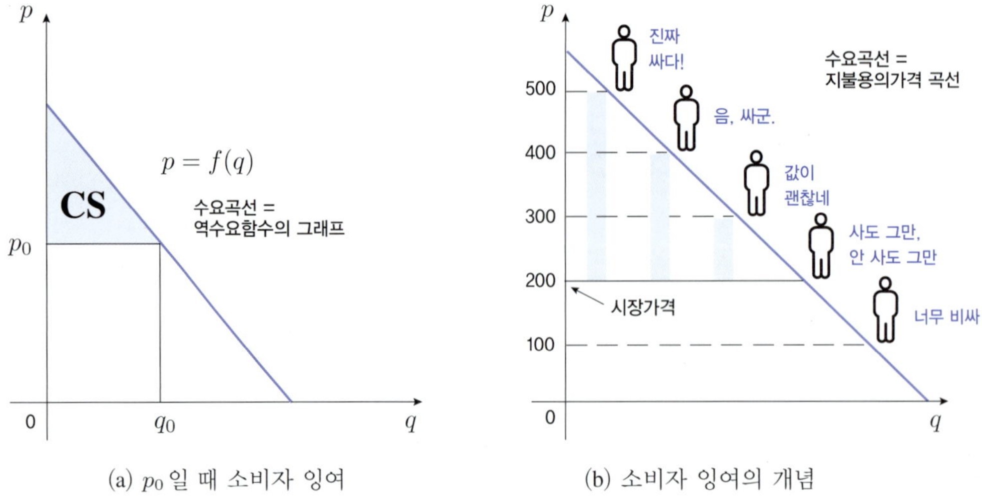

[그림 12.1] 소비자 잉여

위해서는 가격이 얼마이어야 하는지를 알려주는 함수입니다. [그림 12.1(a)]에서 수요함수에 따르면 가격이 p_0 일 때 수요량이 q_0 입니다. 수요곡선, 혹은 역수요함수로 해석하자면 수요량이 q_0 가 되기 위해서는 가격이 p_0 이어야 합니다. 만약 가격이 p_0 보다 높다면 수요량은 적어질 것이고, 만약 가격이 p_0 보다 낮다면 수요량은 많아질 것입니다.

수요곡선과 가격 수준 사이의 면적으로 정의되는 소비자 잉여의 개념이 무엇을 나타내는지 이해하기 위해서 [그림 12.1(b)]를 봅시다. 방금 설명한대로 수요곡선, 즉 역수요함수는 어떤 수요량을 끌어내기 위해서 부과될 수 있는 가격을 나타내는데, 이는 소비자의 입장에서 생각한다면 '지불용의가격'(willingness to pay)으로 해석할 수 있습니다. 다시 말해서 소비자들은 q_0 만큼 소비하는 데 대해 기꺼이 p_0 를 낼 용의가 있다는 것입니다.

조금 더 쉽게 이해하기 위해서 물건을 단 1개씩만 구입하는 여러 명의 소비자가 서로 다른 지불용의가격을 갖고 있다고 해봅시다. 이 소비자들을 지불용의가격이 가장 높은 수준부터 낮아지는 순서대로 줄을 세우면 우하향하는 지불용의가격곡선, 즉 수요곡선을 얻게 됩니다. [그림 12.1(b)]에는 차례로 지불용의가격이 500원, 400원, 300원, 200원, 100원인 5명의 소비자를 표시했습니다(물론 그 외에도 수많은 소비자가 더 있을 것입니다).

이때 시장가격이 만약 200원으로 주어진다면, 그림 중 첫 3명의 소비자는 자신들이 생각하는 가격에 비해서 물건값이 싸기 때문에 기쁘게 물건을 1개씩 구입할 것입니다. 네 번째 소비자는 자신이 생각하는 가격과 실제 물건값이 일치하므로, '사도 그만, 안 사도 그만', 즉 무차별합니다. 마지막으로 지불용의가격이 100원인 소비자는 이 물건이 너무 비싸서 사는 것을 포기합니다. 즉, 시장가격이 200원이라면, '사도 그만, 안 사도 그만' 소비자를 중심으로 왼쪽에 있는 사람들은 물건을 살 것이고, 오른쪽에 있는 사람들은 사지 않을 것입니다.

만약 '사도 그만, 안 사도 그만' 소비자가 전체 소비자들 가운데 247번째 소비자였다면, 이 물건에 대한 수요량은 246개 또는 247개라고 볼 수 있습니다(무차별한 소비자는 살 수도 있고, 안 살 수도 있으므로).

그런데 무차별한 소비자를 제외한 246명의 소비자는 모두 자신이 생각하는 가격보다는 더 싼 값에 물건을 삽니다. 따라서 이들의 마음속으로는 '돈이 남은' (잉여) 셈이 됩니다. 마음속의 가격이 500원인 소비자는 200원만 지불했으므로 300원이 남았고, 지불용의가 400원인 소비자는 200원의 잉여가 생긴 것이고, 지불용의가 300원인 소비자는 100원의 잉여를 얻은 셈입니다. 각 소비자에 대해서 잉여의 크기는 수요곡선 상의 자신의 위치에서 시장가격 수준까지의 거리인데, 이를 그림에서 얇은 막대기로 표시했습니다. 이 막대기는 각 소비자가 얻은 '소비자 잉여'입니다. 그리고 물건을 구입한 모든 소비자들에 대해서 이 막대기 값들을 구해 모두 더하면 시장 전체의 '소비자 잉여'가 됩니다. 이는 바로 정적분과 동일한 과정입니다.

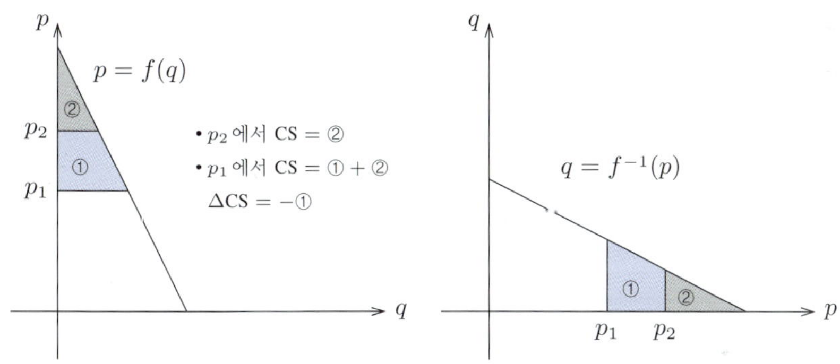

(a) 수요곡선 (역수요함수 그래프) (b) 수요함수 그래프

[그림 12.2] 소비자 잉여의 변화

실제 분석에서는 어떤 하나의 상황에서 소비자 잉여를 계산하는 것보다, 상황이 변화했을 때 즉 가격이 변화했을 때 소비자 잉여가 어떻게 변하는지를 보는 경우가 많습니다. [그림 12.2(a)]에서 가격이 p_1이었다가 p_2로 인상된 경우를 봅시다. 애초에 낮은 가격인 p_1이었을 때는 소비자 잉여가 ① + ②이었다가, 가격이 p_2로 높아지면 이제 ②로 줄어들게 됩니다. 다시 말해 가격 인상에 따른 소비자 잉여의 변화는 $\Delta CS = -$①입니다.

눈으로 보면 쉬운 과정인데, 이를 정적분으로 표현할 때 다소 주의할 점은 앞에서도 지적했듯이 수요곡선의 그림에서는, 변화하는 독립변수인 가격이 세로축에 표시되었다는 것입니다. 같은 상황을 수요함수의 그래프로 표시한 것이 [그림 12.2(b)]입니다. 이제 가격이 가

로축에 표시되었고 p_1에서 p_2로 변화하므로 그 변화한 면적 ①은

$$① = \int_{p_1}^{p_2} f^{-1}(p)\,dp$$

라고 쓸 수 있습니다. 굳이 좀 더 정확하게 말하자면 소비자 잉여의 '변화량'은 ①이지만, 그 변화가 '감소'이므로 여기에 음의 부호를 붙여야 할 것입니다. 즉,

$$\Delta\text{CS} = -\int_{p_1}^{p_2} f^{-1}(p)\,dp \tag{12.1}$$

따라서 만약 애초에 문제가 수요함수(p의 함수) 형태로 주어지면 그대로 위의 공식을 써서 적분하면 소비자 잉여의 변화를 알 수 있습니다. 만약 문제가 역수요함수(q의 함수) 형태로 주어지더라도 단순한 문제는 그림을 그려 답을 알아낼 수 있습니다만, 공식으로도 표현해보겠습니다. 방법은 위에서 도출한 적분 공식에서 변수를 p에서 q로 바꾸는 치환적분입니다. 두 변수를 연결해주는 관계는 물론 $p = f(q)$입니다. 이 식의 미분량을 계산하면 $dp = f'(q)\,dq$입니다. 정적분에서 변수를 치환할 때는 적분의 범위도 그에 맞추어 조정해야 합니다. $p_1 = f(q_1)$이고 $p_2 = f(q_2)$라고 하면

$$\Delta\text{CS} = -\int_{p_1}^{p_2} f^{-1}(p)\,dp = -\int_{q_1}^{q_2} qf'(q)\,dq \tag{12.2}$$

가 됩니다.

예제 12.1 소비자 잉여

수요함수가 q = 15 − 5p로 주어져 있다. 가격이 p_1 = 1에서 p_2 = 1.5로 인상될 경우 소비자 잉여의 변화를 계산하시오.

공식 (12.1)에 대입하면

$$\Delta\text{CS} = -\int_{1}^{1.5} (15 - 5p)\,dp = -15p + \frac{5}{2}p^2\Big|_{1}^{1.5} = -16.875 + 12.5 = -4.375$$

이므로 답은 '4.375만큼 감소'입니다.

여기서 잠깐, 계산해서 얻은 소비자 잉여의 값이 어떤 의미인지 다시 한번 생각해 봅시다. 소비자 잉여를 나타내는 '단위'가 무엇일까요? 위 [그림 12.1(b)]에서 개별 소비자의 잉여는 지불용의가격 빼기 시장가격이었으므로 소비자 잉여의 단위는 바로 가격 곱하기 수량, 즉 돈의 양이라고 볼 수 있습니다. 방금 푼 예제에서 대상 재화가 '아파트'이고 가격 단위가

'억 원'이었다고 하면, 즉 아파트 가격이 1억 원에서 1억 5,000만 원으로 인상될 경우 이 아파트에 대한 수요함수가 주어진 공식이었다면, 소비자 잉여는 4억 3,750만 원 감소한다는 의미입니다.

예제 12.2 소비자 잉여

역수요함수가 $p = 3 - 0.2q$로 주어져 있다. 가격이 $p_1 = 1$에서 $p_2 = 1.5$로 인상될 경우 소비자 잉여의 변화를 계산하시오.

앞의 예제에서 수요함수만 역수요함수로 바꾸어 놓았습니다. 이제 공식 (12.2)를 적용하기 위해서는 $f'(q)$와 q_1 및 q_2를 알아야 합니다. 앞의 예제에서 주어진 수요함수 공식을 이용하면, $q_1 = 10$이고 $q_2 = 7.5$임을 쉽게 알 수 있습니다. 또한 $f(q) = 3 - 0.2q$이므로 $f'(q) = -0.2$입니다. 이제 공식 (12.2)에 대입하면

$$\Delta \mathrm{CS} = -\int_{10}^{7.5} q(-0.2)\,dq = \int_{10}^{7.5} 0.2q\,dq = 0.1q^2 \Big|_{10}^{7.5} = 5.625 - 10 = -4.375$$

로 [예제 12.1]과 동일한 답을 얻습니다.

앞의 '아파트' 해석을 계속해 보면, 수요량의 단위를 '1,000개'라고 할 때, 아파트가 1억 원 할 때는 아파트 수요량이 1만 개이다가, 1억 5,000만 원으로 인상되어 수요량이 7,500개로 줄어들었습니다. 마찬가지로 4억 3,750만 원의 소비자 잉여가 감소했는데, 그 이유는 지불용의가격이 1억 원보다는 높지만 1억 5,000만 원에는 미치지 못하는 7,500명의 소비자가 소비를 포기했고, 지불용의가격이 1억 5,000만 원보다 높은 나머지 7,500명의 소비자는 여전히 소비는 하지만 예전에 비해 5,000만 원씩 더 지불하게 되는데 이로 인해 사라진 소비자 잉여가 모두 4억 3,750만 원인 것입니다.

12.2 지니 계수

지니 계수(Gini coefficient)는 소득분배(income distribution)의 지표로 사용되는 기초 개념입니다. 실제로 우리 사회의 소득분배 정도를 논할 때 신문기사 같은 데서 자주 등장하지만 개념 자체는 제법 까다롭게 정의될 뿐 아니라 실제로 어떻게 계산하는 것인지 알기 어렵습니다. 적분을 알면 좀 더 구체적으로 이 개념을 이해할 수 있습니다.

지니 계수의 정의는 우선 **로렌츠 곡선**(Lorenz curve)이라는 개념에서 출발합니다. 로렌츠 곡

선이란, (앞에서 수요곡선을 지불용의에 따라 차례로 줄세운 것으로 해석한 것과 비슷하게) 한 사회 내의 사람들을 소득이 가장 적은 사람부터 시작하여 가장 많은 사람까지 줄을 세워놓고, 사람마다 제일 가난한 사람부터 자신까지의 총소득의 합을 계산하여 이를 표시해 놓은 것입니다.

[그림 12.3(a)]에서 간단하게 a, b, c의 세 사람만이 있다고 해봅시다. a의 소득은 1억 원, b의 소득은 2억 원, c의 소득은 3억 원으로 소득이 낮은 a부터 차례로 가로축에 표시했습니다. 가장 낮은 a의 경우에는 자신의 소득 1억 원이 세로축에 표시되고, 그다음의 소득 수준을 가진 b의 자리에는 a와 b의 소득을 합한 금액인 3억 원에 해당하는 점을 표시합니다. 마찬가지로 마지막 c의 자리에는 세 사람 모두의 소득을 합한 6억 원에 해당하는 점을 표시합니다. 이런 식으로 사람마다 자신보다 소득이 낮은 모든 사람과 자신의 소득을 합한 금액을 표시하는 곡선을 그린 것이 로렌츠 곡선입니다. 가로축 상에서 오른쪽으로 갈수록 점점 더 높은 소득액이 더해지므로 기울기가 점점 가팔라져서, 그래프는 볼록(convex)한 모양이 될 것입니다.

실제로는 축의 단위를 사회 총량 대비 '비율'로 놓는 것이 편리합니다. [그림 12.3(a)]에서 1, 3, 6으로 표시하는 대신, 1/6, 1/2 그리고 1로 표시하는 것입니다.

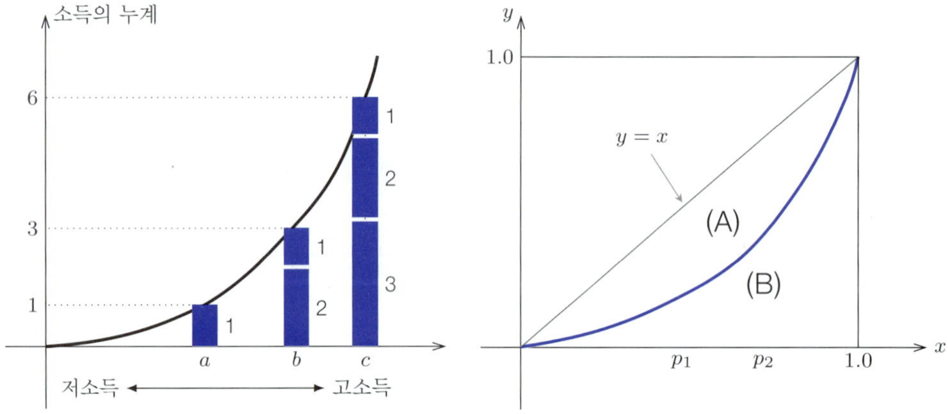

(a) 로렌츠 곡선의 개념 (b) 지니 계수의 계산

[그림 12.3] 지니 계수

다른 예를 들어 100명의 사람이 있는 사회에서 첫 사람은 1원, 둘째 사람은 2원 해서 100번째 사람이 100원을 가진 상황을 생각해 보면, 사회 전체의 돈은 $1+2+\cdots+100=5,050$원이지요. 로렌츠 곡선을 그리는 방법은 우선 첫 번째 사람은 전체 인구 중 1%에 해당하므로 가로축에서 0.01의 점을 택하고 이 사람이 가진 소득은 전체 5,050 중에서 1이므로 1/5,050에 해당하는 높이에 점을 찍습니다. 이제 두 번째 사람까지 셈한다면, 100명 중 두 사람을 보는 것이므로 가로축에서는 0.02의 자리를 찾고 두 사람의 소득을 합하면 3원이므로 3/5,050의 높이를 찍으면 됩니다. 100번째 사람까지 가면, 사회 전체를 세는 것이므로 가로축의 값도 1, 세로축의 값도 1 (100%)이 될 것입니다.

주어진 로렌츠 곡선을 통해 소득분배 정도를 판단하는 방법은, 이 곡선이 기울기가 1인 45도 직선에 가까울수록 분배가 평등하고 반대로 45도 직선에서 멀수록 불평등하다는 점을 기억하는 것입니다. 극단적으로 n명의 사람이 소득을 모두 똑같이 완전히 평등하게 $1/n$씩 나누어가진 사회가 있다면, $x\%$까지의 사람들이 가진 소득은 전체의 $x\%$일 것이므로 45도 직선이 됩니다. 하지만 분배가 불평등할수록, 가난한 사람은 적게 가지고 부자는 많이 가졌으므로 로렌츠 곡선의 기울기가 처음에는 완만하다가 점점 급격해져서 좀 더 볼록한 모양이 됩니다.

이 아이디어를 이용하여 소득분배의 척도로 지니 계수가 사용되는데, 이는 로렌츠 곡선이 45도선에서 얼마나 먼지를 나타내는 것입니다. 개념적으로는 45도선에 의해 그려지는 삼각형의 면적 중에서 로렌츠 곡선과 45도선 사이에 생기는 반달 모양의 구간이 얼마의 비중을 차지하는지 계산하는 것입니다. [그림 12.3(b)]에서 (A) + (B)의 삼각형 면적에 비해서 (A)가 얼마를 차지하느냐의 비율을 **지니 계수**라고 합니다. 만약 소득분배가 완전히 평등해서 로렌츠 곡선이 45도선과 일치한다면 (A)의 면적이 0일 것이므로 지니 계수 값은 0이 됩니다. 한편, 소득분배가 완전히 불평등해서 단 한 사람이 사회 전체의 소득을 모두 독점하고 있다면 (B)의 면적이 0이 되어 지니 계수 값은 1이 됩니다. 즉, 일반적으로 지니 계수의 값은 0과 1 사이인데, 1에 가까울수록 불평등하고 0에 가까울수록 평등한 분배를 나타냅니다

이제 지니 계수의 공식을 수학적으로 도출해보면 다음과 같습니다. 로렌츠 곡선이 $L(x)$이라는 공식으로 주어진다면 x는 0부터 1 사이의 값이고, (A) + (B)의 삼각형 면적은 언제나 1/2이고, (B)의 면적은 $L(x)$를 0부터 1까지 정적분한 값이므로

$$[\text{지니 계수}] \quad G = \frac{1/2 - \int_0^1 L(x)\,dx}{1/2} = 1 - 2\int_0^1 L(x)\,dx$$

예제 12.3 지니 계수

로렌츠 곡선이 $L(x) = x - 0.375\sqrt{x}(1-x)$로 주어질 경우 지니 계수를 계산해보시오.

공식에 대입하면

$$\int_0^1 L(x)\,dx = \int_0^1 (x - 0.375\sqrt{x}(1-x))\,dx$$
$$= \left[\frac{1}{2}x^2 - \frac{3}{8}\cdot\frac{2}{3}x^{3/2} + \frac{3}{8}\cdot\frac{2}{5}x^{5/2}\right]_0^1 = \frac{1}{2} - \frac{1}{4} + \frac{3}{20} = 0.4$$

따라서

$$G = 1 - 2\int_0^1 L(x)\,dx = 1 - 2(0.4) = 0.2$$

예제에서 주어진 로렌츠 곡선의 공식은 아무렇게나 만든 것이 아닙니다. 실제로 수집된 다양한 소득 데이터에 맞추어볼 수 있는 일반적인 공식 형태 중 하나의 경우를 제시한 것입니다(연습문제에서 일반적 공식 형태 중 하나를 다루겠습니다).

12.3 확률과 적분

본서에서 확률과 통계에 대해 자세하게 논의할 여유는 없지만, 경제학 공부에 확률과 통계는 매우 중요하고 여기에는 적분이 유용하게 활용될 것이므로 간단하게 다루고자 합니다.

우선 **확률**(probability)이 무엇인지 간단하게 설명하자면 발생할 가능성이 있는 여러 가지 상황(기초 사건, elementary events)에 각각 수치로 부여하는 발생 가능성의 정도를 확률이라고 할 수 있습니다. 수학적으로 확률이 갖추어야 할 조건들이 여러 가지 있습니다.

(i) 확률은 0(불가능)과 1(확실) 사이의 어떤 값이어야 합니다(즉, 음의 확률이나 1보다 큰 확률은 없습니다).

(ii) 모든 가능한 상황들의 확률을 합하면 1이어야 합니다(예컨대 동전의 앞면이 나올 확률과 뒷면이 나올 확률과 동전이 얇은 면으로 서 있을 확률을 모두 합하면 1이어야 합니다).

(iii) 서로 배타적인(exclusive) 두 상황 중 하나가 일어날 확률은 각자 확률의 합으로 정의됩니다('배타적'의 개념은 확률/통계 과목에서 정확하게 공부하기 바랍니다).

(iv) 서로 독립적인(independent) 두 상황이 함께 일어날 확률은 각 확률의 곱으로 정의됩니다('독립적'의 개념도 확률/통계 과목에서 자세히 공부하기 바랍니다).

동전 던지기라든지, 주사위 같은 간단한 확률 문제의 예에서는 발생할 수 있는 기초 사건의 수가 유한합니다(동전의 경우 앞면 또는 뒷면, 주사위의 경우 1에서 6 중 하나). 이 경우에는 각 기초 사건이 일어날 확률을 0과 1 사이의 숫자로 부여해주면 됩니다(동전의 경우 앞면이 나올 확률 0.5, 뒷면이 나올 확률 0.5, 주사위의 경우 각 숫자가 나올 확률 1/6 등).

각 기초 사건을 설명하는 이름 대신에 각 기초 사건을 표시하는 적당한 숫자를 부여한 것을 **확률변수**(random variable)라고 부릅니다. 주사위의 경우 자연스럽게 1에서 6의 숫자를 부여하면 되고, 동전의 경우에는 앞면을 0, 뒷면을 1과 같이 부여할 수 있을 것입니다. 확률변수가 가질 수 있는 (유한한 개수의) 값마다 일어날 확률을 함수로 표현할 수 있겠습니다. 이를 **확률분포**(probability distribution)라고 하고, 특히 유한한 개수의 가능성만이 있는 경우를 **이산확률분포**(discrete probability distribution)라고 합니다.

수학 기호를 사용해보자면 일단 확률변수를 X라는 기호로 나타내어 봅시다. 동전 던지기의 경우 우선 확률변수를 다음과 같이 정의해줄 수 있습니다: 앞면이 나오는 사건은 $X = 0$, 뒷면이 나오는 사건은 $X = 1$.[24] 그렇다면 앞면과 뒷면이 나올 확률이 동일한 정상적인 동전이라면 확률분포를

$$P(X=0) = \frac{1}{2}, \quad P(X=1) = \frac{1}{2}$$

로 나타낼 수 있습니다.

마찬가지로 X가 주사위를 던져서 나온 눈의 수를 가리키고, 주사위가 정상적이라면

$$P(X=i) = \frac{1}{6}, \quad i = 1, \ldots, 6$$

이 확률분포가 되겠습니다.

확률분포함수의 그래프를 그리면, 확률변숫값을 가로축에 표시하고, 확률을 세로축에 표시하여 기초 사건마다 확률이 어떻게 부여되어 있는지를 한눈에 볼 수 있습니다. 정상적인 동전이나 주사위의 경우 값마다 같은 높이를 갖는 점들이 몇 개 찍힌 그래프가 될 것이고, 또 다른 상황에서는 값들이 갖는 높이가 서로 다를 수도 있습니다(예를 들어, 주사위에 1, 2, 3, 4, 5, 6 대신에 1, 2, 3, 4, 4, 4가 표시되어 있다면 4가 나올 확률은 0.5가 되겠지요).

여기서 우리가 관심 가질 개념은 **연속확률분포**(continuous probability distribution)라는 것으로, 주사위라든지 동전처럼 몇 개의 한정된 가능성이 있는 것이 아니라 무한히 많은 가능성이 있는 경우를 다루는 확률 개념입니다. 예를 들어, 빙글빙글 돌아가는 다트판에 화살을 던져서 맞출 수 있는 점의 수는 무한히 많지요.

---

24) 확률변숫값의 정의는 숫자이기만 하면 사실 마음대로 해도 괜찮습니다. 예를 들어, 앞면이 나오는 사건을 $X = 52$, 뒷면이 나오는 사건을 $X = 73$이라고 해도 됩니다. 이 값은 해당 상황에 따라 결정됩니다.

연속확률분포는 발생 가능성이 있는 상황의 수가 무한대이며, 정의상 특정한 하나의 상황이 일어날 확률은 0입니다. 만약 0이 아니라면, 0이 아닌 수를 무한대만큼 더할 때 무한대가 되기 때문에 확률의 합이 1이라는 조건에 위배됩니다. 물론 실제로 한 점이 반드시 선택은 되겠지만, 한 점의 확률은 0으로 봅니다. 의미 있는 확률을 논하려면, 한 점이 아니라 특정한 범위의 면적으로 구하게 됩니다.

연속분포는 **확률밀도함수**(probability density function)라는 것으로 표시하는데, 이 함수는 각 상황이 일어날 가능성(확률은 0)이 다른 상황에 비해 상대적으로 얼마나 높은지를 나타내는 함수로, 이산 확률분포에서 정의했던 분포함수와 유사하지만 다른 개념입니다. 확률변수를 x라고 할 때, 특정한 값 x_0에 대해서 확률은 $P(x = x_0) = 0$이지만, 확률밀도함수의 값은 $f(x_0) > 0$일 수 있습니다.

확률밀도함수를 $f(x)$라고 하면, 확률의 계산은 x가 취할 수 있는 어떤 범위에 대해서 하게 되며 예를 들어 x가 s와 t 사이의 값을 가질 확률은

$$P(x \le x \le t) = \int_s^t f(x)\,dx$$

로 구하게 됩니다.[25]

확률밀도함수 $f(x)$의 역도함수를 $F(x) = \int f(x)\,dx$라고 하면, 이 함수 $F(x)$를 (연속확률분포에서) **확률분포함수**(probability distribution function), 또는 **누적분포함수**(cumulative distribution function)라고 부릅니다. 정적분의 성질에 따라 다음이 성립합니다.

$$P(s \le x \le t) = \int_s^t f(x)\,dx = F(t) - F(s)$$

예 12.1 균등확률분포

가장 간단한 연속확률분포는 '균등 분포'(uniform distribution)라는 것으로 확률밀도함수는 확률변수 x의 범위가 $[a, b]$일 때 $f(x) = 1/(b-a)$로 주어집니다.

$a = 1$, $b = 2$라고 할 때, $f(x) = 2 - 1 = 1$이므로, 확률변수 x의 값이 1과 1.5 사이에 있을 확률과 1.3과 1.7 사이에 있을 확률은 각각

$$P(1 \le x \le 1.5) = \int_1^{1.5} 1\,dx = x\Big|_1^{1.5} = 1.5 - 1 = 0.5$$

25) 특정한 한 점의 확률은 0이므로, 범위가 $s \le x \le t$인지, 혹은 $s < x < t$인지는 상관없습니다.

$$P(1.3 \le x \le 1.7) = \int_{1.3}^{1.7} 1\,dx = x\Big|_{1.3}^{1.7} = 1.7 - 1.3 = 0.4$$

으로 계산됩니다. 좀 더 일반적으로 s와 t 사이에 있을 확률은

$$P(s \le x \le t) = \int_{s}^{t} 1\,dx = x\Big|_{s}^{t} = t - s$$

가 됩니다.

확률 및 통계에서는 주어진 분포함수를 사용하여 평균, 분산 등의 통계량을 계산하게 됩니다. 이에 대해서는 연습문제에서 연습해볼 수 있도록 했습니다.

만약 밀도함수가 아니라 처음부터 누적분포함수 $F(x)$가 주어졌다고 해봅시다. 이 함수로부터 우리가 얻을 수 있는 정보는 무엇일까요? 물론 $F(x)$를 미분하면 밀도함수 $f(x)$를 구할 수 있습니다. 또한, 누적분포함수의 정의에 따라

$$F(x_0) = \int_{-\infty}^{x_0} f(x)\,dx = P(-\infty < x \le x_0)$$

가 성립합니다. 즉, 점 x_0에서 누적분포함수의 값 $F(x_0)$는 확률변수가 x_0보다 작은 값을 가질 확률을 나타냅니다.

앞 절에서 지니 계수를 공부할 때 소개했던 로렌츠 곡선으로 돌아가서 보면, 만약 각 사람의 소득을 $\ell(x)$라는 함수로 나타낼 수 있다면 (물론 이 함수는 증가함수이어야 합니다) 로렌츠 곡선은 바로

$$L(x_0) = \int_{-\infty}^{x_0} \ell(x)\,dx$$

에 의해 구할 수 있습니다. 즉, 로렌츠 곡선은 누적분포함수와 유사한 개념입니다.

주요 개념 및 용어

역수요함수, 지불용의가격, 소비자 잉여, 로렌츠 곡선, 지니 계수, 확률변수, 확률분포, 확률밀도함수, 누적분포함수

요약

- 소비자 잉여는 수요곡선과 시장가격 사이의 영역의 면적이다.
- 지니 계수는 로렌츠 곡선과 45도 직선 사이의 영역의 면적이 얼마나 큰지를 통해 소득의 분배가 얼마나 평등한지를 측정한다.
- 로렌츠 곡선은 사회의 소득누적분포를 표현한 것이다.
- 확률의 계산은 (특히 연속분포일 경우) 정적분에 해당한다.

연습문제

12-1 수요곡선이 $p = \sqrt{100-q}$ 이고 수요함수는 $q = 100 - p^2$ 이다. 가격이 $p_0 = 5$ 에서 $p_1 = 6$ 으로 인상될 경우 소비자 잉여의 변화를 식 (12.1)과 (12.2)를 적용하여 각각 계산해보시오.

12-2 소득분배의 지표인 지니 계수를 계산하는 데 사용되는 로렌츠곡선 $L(x)$는 증가함수이며, 일반적으로 볼록하다. 다음은 이 사실들을 증명하는 과정이다. 빈칸을 채우시오.

> 한 나라 국민들을 가장 소득이 적은 사람($x = 0$)부터 가장 소득이 높은 사람($x = 1$)까지 차례로 늘어놓고 각 사람 x의 소득을 $m(x) \geq 0$라고 하자. 단, 소득이 같은 사람은 없다고 한다. 그렇다면 이 함수는 증가함수이다. 즉, $m'(x)$ ______ 0이다.
> 이제 0부터 x까지 국민들의 소득을 합하여 누적하면 로렌츠곡선의 공식 $L(x)$에 해당한다. 따라서,
> $$L(x) = \int_0^x m(t)\,dt$$
> 이다. 함수 $m(t)$의 역도함수를 $M(t)$라고 하면,
> $$\int_0^x m(t)\,dt = \_\_\_\_\_\_\_\_\_\_$$
> 이다. 따라서 $L'(x) =$ ________ > 0이고, $L''(x) =$ ________ > 0이다.

12-3 로렌츠곡선으로 사용할 수 있는 좀 더 간단한 식으로 다음이 있다.

$$L(x) = 1 - (1-x)^{1-\frac{1}{\alpha}}$$

(a) 이 식이 로렌츠곡선이 되기 위해서(즉 증가함수이자 볼록함수가 되려면) 필요한 α값의 범위를 구하시오.

(b) 주어진 로렌츠곡선에 대해 지니 계수를 공식으로 도출하시오.

12-4 확률밀도함수가 $f(x) = \lambda e^{-\lambda x}$로 주어졌다(단, $x \geq 0$이고 $\lambda > 0$는 상수).

(a) x가 가질 수 있는 모든 값 중 하나가 일어날 확률은 1이므로, 확률밀도함수를 x의 전범위에 걸쳐 적분하면 1이 되어야 한다. 이 조건이 만족되는지 확인하시오.

(b) 누적분포함수 $F(x)$를 다음과 같이 구하시오.

$$F(x) = \int_0^x f(t)\,dt = \int_0^x \lambda e^{-\lambda t}\,dt$$

(c) 주어진 확률밀도함수 $F(x)$에 대해 평균(mean)은

$$\int_0^\infty x f(x)\,dx$$

로 정의된다. 평균을 구하시오.

12-5 가장 대표적인 연속확률분포인 정규분포(가우스분포)로 평균이 m이고 분산이 σ^2일 때 다음의 밀도함수 식을 갖는다.

$$f(x) = \frac{1}{\sigma\sqrt{2\pi}} \exp\left(-\frac{(x-m)^2}{2\sigma^2}\right)$$

이때 확률 변수 $u(x)$의 기댓값은 다음의 식으로 정의된다.

$$E[u(x)] = \int_{-\infty}^{\infty} u(x) f(x)\,dx$$

다음의 주장을 증명하시오(단, 여기서 어떤 A가 B에 비례한다는 것은, 어떤 단조증가함수 $f(\cdot)$가 존재하여 $A = f(B)$ 또는 $B = f(A)$의 식이 성립한다는 의미이다).

주장: "$u(x) = -\exp(-rx)$일 때, $E[u(x)]$는 $m - \frac{1}{2}r\sigma^2$에 비례한다."

PART

4

행렬

제4부에서는 미분과 적분 등의 함수에 대한 분석에서 잠시 벗어나서 행렬에 대해서 공부합니다. 행렬은 그 자체로도 경제학에서 사용되는 도구이고, 특히 연립방정식 형태로 구성된 경제모형을 풀고 분석하는 데 유용합니다. 그뿐 아니라 본서의 뒷부분에서 공부할 다변수함수의 미분과 최적화이론에서도 활용이 될 것입니다.

제13장에서는 행렬의 개념과 몇 가지 연산에 대해 공부하고, 제14장에서는 역행렬의 개념과 그 계산을 위한 행렬식을 소개합니다. 제15장은 연립방정식의 풀이 연습과 경제학 응용입니다.

Chapter 13

행렬대수 기초

본서에서 지금까지 공부한 내용은 수학 중에서도 함수의 성질을 따지고, 미분, 적분 등의 분석을 다루는 **해석학**(analysis)의 기초라고 할 수 있습니다. 한편 이번 제IV부에서 공부할 내용은 대수학이라고 부르는 수학 분야에 속하는 행렬대수입니다.

대수학(代數學, algebra)이라는 분야는 숫자를 '대신(代身)'하여 기호를 사용함으로써 계산 문제를 다루거나 방정식을 푸는 것과 관련이 있습니다. 여기서 우리가 공부할 '행렬대수'는 그냥 숫자가 아니라, '행렬'을 대신하여 기호를 사용하고 이들 간의 계산이나 방정식 풀이를 다루는 분야입니다. **행렬**(matrix)이란 숫자들의 묶음을 말하는데, 여러 개의 숫자를 한꺼번에 묶어서 마치 하나의 숫자인 것처럼 취급하면서 계산하는 것을 **행렬대수**(matrix algebra)라고 합니다.

해석학	$f(x),\ \frac{df}{dx},\ \int f(x)\,dx,\ \cdots$
대수학	$1, 2, 3, \ldots \rightarrow x, y, z$ $1 + 2 = 3 \rightarrow x + y = z$
행렬대수	$1, 2, 3, 4 \rightarrow \begin{pmatrix} 1 & 2 \\ 3 & 4 \end{pmatrix} = A$ $\begin{pmatrix} 1 & 2 \\ 3 & 4 \end{pmatrix} + \begin{pmatrix} \cdot & \cdot \\ \cdot & \cdot \end{pmatrix} = \cdots$

[그림 13.1] 해석학, 대수학, 행렬대수

행렬대수를 **선형대수**(linear algebra)라고 부르기도 하는데 이는 행렬대수에서 공부하는 내용이 선형 시스템(선형 연립방정식, 선형함수들의 모음, 직선들 사이의 관계 등)을 다루는 데 유용하기 때문입니다. 이 책에서는 일반적인 최적화 문제를 다루는 데 필수적인 계산 요소로서 행렬대수의 기초를 다루도록 하겠습니다.

13.1 스칼라, 벡터, 행렬

앞서 소개했듯이 행렬이란 숫자들을 묶어 놓은 것을 말합니다. 그 묶는 수준에 따라서 특수한 경우들을 논할 수 있는데, 이를 스칼라, 벡터, 행렬 등으로 나눌 수 있겠습니다[그림 13.2].

스칼라(scalar)라는 것은 그냥 숫자를 행렬과 대비하여 가리킬 때 쓰는 말입니다. 어원을 보자면 'scale'(규모, 저울)이라는 말이 셈하는 것, 측정하는 것과 관련이 있고 결국 그냥 숫자라는 뜻입니다.

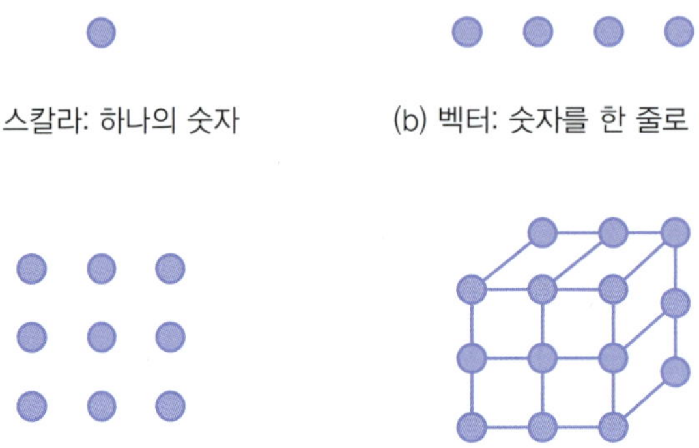

(a) 스칼라: 하나의 숫자 (b) 벡터: 숫자를 한 줄로 배열

(c) 행렬: 숫자를 행과 열로 배열 (d) 텐서: 숫자를 3차원적으로 배열

[그림 13.2] 스칼라, 벡터, 행렬

숫자(스칼라)들을 "1차원적"으로 (즉 한 줄로) 배열한 것을 **벡터**(vector)라고 부릅니다. 한편, 숫자들을 열과 행을 맞추어 "2차원적"으로 배열한 것을 **행렬**(matrix)이라고 부릅니다. 여기서 더 나아가서 숫자들을 "3차원적"으로 배열한 것도 상상해볼 수 있겠습니다.[26] 거꾸로 스칼라는 숫자를 "0차원적"으로 배열한 거라고 간주할 수도 있겠습니다.

주의할 점은 여기서 지금 "차원"이라는 것은 숫자의 배열 형태를 알기 쉽게 표현한 것에 불과하고, 실제 벡터나 행렬에는 엄밀한 의미에서 **차원**이라는 개념이 따로 정의됩니다.

13.1.1 벡터의 차원, 열벡터와 행벡터

벡터는 앞서 말한 대로 숫자(스칼라)들을 한 방향으로 배열한 것입니다. 이때 '배열'이라고 말하는 것은 늘어놓는 순서에 의미가 있다는 것입니다. 따라서 (1, 2, 3)과 (3, 2, 1)은 서로 다른 벡터입니다.

26) 숫자를 3차원 또는 그 이상으로 배열한 것을 텐서(tensor)라고 합니다. 물리학에서 활용되는 개념인데, 최근에는 인공지능 딥러닝 등에서도 등장합니다.

벡터에 포함된 숫자의 개수를 그 벡터의 **차원**으로 정의합니다. 즉, (1, 2)는 2차원 벡터이고, (1, 2, 3)은 3차원 벡터입니다. 3차원 벡터가 왜 3차원 세상과 연계되는지는 제26장에서 벡터의 기하학적 의미를 공부하면 알 수 있습니다. 지금은 벡터를 서로 관련된 숫자들을 묶어서 한꺼번에 다루는 도구로만 이해해도 충분합니다. 예를 들어, 세 가지 과일의 수량을 한꺼번에 다루고 싶다면 (사과, 귤, 바나나) = (1, 2, 3)과 같이 쓰는 것입니다.

벡터는 한 가지 방향으로만 배열되므로 그 늘어놓는 방식을 상하로 하든, 좌우로 하든 상관이 없습니다. 좌우로 늘어놓은 경우를 **행벡터**(row vector), 상하로 늘어놓은 경우를 **열벡터**(column vector)라고 합니다. 쓰기에는 행벡터가 더 편리하지만, 행렬과 함께 계산할 때는 열벡터로 쓰는 것이 유용하기도 합니다.

행벡터는 앞에서도 언급되었던 (1, 2), (1, 2, 3) 같은 것들이고 열벡터는 예를 들면 다음과 같습니다.

* 3차원 열벡터의 예: $\begin{pmatrix} 3 \\ 2 \\ -1 \end{pmatrix}$ $\begin{bmatrix} -10 \\ 1/2 \\ 0 \end{bmatrix}$

(벡터 표기에서 숫자를 감싸주는 괄호는 [ ]와 ( )를 섞어서 쓰겠습니다. 둘 사이에 특별한 차이나 의미는 없습니다. 즉, 행벡터 (1, 4, 3)은 [1, 4, 3]이라고도 씁니다.)

13.1.2 행렬의 차원, 전치행렬

행렬은 스칼라들을 행과 열로, 즉 직사각형 모양으로 배열한 것으로, 각 숫자 간의 '순서'만 중요했던 벡터에 비해 상하좌우의 공간적인 위치가 중요하게 됩니다. 행렬 내의 각 숫자(원소 또는 항)는 마치 좌표 평면에서 한 점이 X좌표 값과 Y좌표 값을 가지듯이, 행과 열의 번호를 통해 위치를 갖게 됩니다. 예를 들어,

$$A = \begin{pmatrix} 1 & 2 & 3 \\ 4 & 5 & 6 \\ 7 & 8 & 9 \end{pmatrix}$$

에서 행렬 A의 1행 1열은 숫자 1이고, 1행 2열은 숫자 2입니다. 간편하게 행렬 A의 i 행, j 열의 원소를 a_{ij}와 같이 씁니다. 즉, 행렬 A에서 $a_{11} = 1$, $a_{12} = 2$입니다.

벡터와 마찬가지로 행렬에도 묶인 숫자의 개수에 따라 차원을 정의합니다. 단순히 숫자의 개수를 세는 것은 아니고, 행과 열의 개수를 각각 표기해 줍니다. 즉, 행렬의 **차원**은 n 행과 m 열이 있을 때 $(n \times m)$차원이라고 말합니다. 만약 $n = m$이면 (즉 행과 열의 수가 같

으면) 이를 **정사각행렬**(square matrix)이라고 합니다. 벡터를 행렬의 특수한 사례로 보자면, n차원 행벡터는 $(1 \times n)$ 행렬이고 k차원 열벡터는 $(k \times 1)$행렬이 됩니다.

주어진 행렬에서 행과 열의 역할을 서로 바꾸어주는 조작을 **전치**(transposition)라고 부릅니다. 그 결과로 얻은 행렬을 **전치행렬**(transpose)이라고 부릅니다. 행렬 A의 전치행렬은 A^T라고 표기합니다. 즉,

$$A = \begin{pmatrix} 1 & 2 & 3 \\ 4 & 5 & 6 \\ 7 & 8 & 9 \end{pmatrix} \text{ 일 때 } A^T = \begin{pmatrix} 1 & 4 & 7 \\ 2 & 5 & 8 \\ 3 & 6 & 9 \end{pmatrix}$$

입니다. 공식으로 적자면, $A = (a_{ij})$일 때 $A^T = (a_{ji})$가 됩니다. 행과 열의 역할을 서로 바꾸므로 ij가 ji로 바뀝니다. 또한 A가 $(m \times n)$ 행렬이면, A^T는 $(n \times m)$ 행렬입니다.

벡터에 대해서도 전치 조작을 가할 수 있는데, 행벡터의 전치벡터는 열벡터가 됩니다.

13.2 벡터와 행렬의 연산: 덧셈과 뺄셈

이제 숫자의 묶음들을 가지고 계산을 하고자 합니다. 숫자의 계산에서 가장 기본이 되는 것은 사칙 연산, 즉 덧셈, 뺄셈, 곱셈 그리고 나눗셈입니다. 행렬에 대해서도 이런 연산들을 알아보겠습니다. 덧셈/뺄셈은 같은 차원의 벡터끼리, 또는 같은 차원의 행렬끼리 계산하며 직관적이고 쉽습니다. 곱셈은 스칼라, 벡터, 행렬 사이에 다양하게 정의됩니다. 다음 절에서 알아보겠습니다. 나눗셈은 좀 까다로우므로 다음 장에 따로 다룹니다.

벡터나 행렬끼리 더하거나 빼는 것은 '같은 위치'에 있는 숫자들끼리 더하거나 빼는 것으로 정의됩니다. 벡터나 행렬에서 '위치'는 중요한 의미가 있기 때문입니다. 예컨대 사과, 귤, 바나나를 적당히 담은 과일 바구니를 3차원 벡터로 표현한다면 (1, 0, 1)은 사과 1개, 귤 0개, 바나나 1개가 든 바구니를 가리킵니다. 이제 여러 바구니를 더할 경우 사과는 사과끼리, 귤은 귤끼리, 바나나는 바나나끼리 더해야 최종 결과물도 과일별로 몇 개씩인지를 확인할 수 있을 것입니다. $(1,0,1) + (2,1,1) = (3,1,2)$라면 "사과 1개, 귤 0개, 바나나 1개"와 "사과 2개, 귤 1개, 바나나 1개"를 합하면 "사과 3개, 귤 1개, 바나나 2개"가 된다는 의미입니다.

따라서 벡터나 행렬 사이의 덧셈과 뺄셈이 정의되려면 서로 *차원이 맞아야* 합니다(차원이 맞지 않는 경우, 항끼리 일대일의 짝짓기가 안 되어, 계산이 불가능합니다). 다음과 같이 공식으로 정리할 수 있겠습니다. $A = (a_{ij})$이고 $B = (b_{ij})$이며 A, B 모두 $(m \times n)$차원

행렬일 때, $A+B$는 $(a_{ij}+b_{ij})$인 $(m \times n)$차원 행렬입니다.

예 13.1 행렬 간의 덧셈

$$\begin{pmatrix} 1 & 2 \\ 3 & 4 \end{pmatrix} + \begin{pmatrix} 4 & 3 \\ 2 & 1 \end{pmatrix} = \begin{pmatrix} 1+4 & 2+3 \\ 3+2 & 4+1 \end{pmatrix} = \begin{pmatrix} 5 & 5 \\ 5 & 5 \end{pmatrix}$$

13.3 벡터와 행렬의 연산: 여러 가지 곱셈

13.3.1 스칼라 곱셈: 스칼라와 벡터, 스칼라와 행렬의 곱셈

스칼라 곱셈이란 벡터나 행렬 내의 모든 원소들에게 하나의 스칼라(숫자)를 곱해주는 것을 말합니다. 예를 들어 $\mathbf{v}=(1,2,3)$이라고 할 때, $10\mathbf{v}=(10,20,30)$이고, $A=\left(\begin{smallmatrix} 1 & 2 \\ 3 & 4 \end{smallmatrix}\right)$ 라고 할 때 $10A=\left(\begin{smallmatrix} 10 & 20 \\ 30 & 40 \end{smallmatrix}\right)$입니다. 벡터나 행렬에 들어 있는 숫자들을 한꺼번에 같은 배수로 변화시켜주는 연산으로, 경제학의 생산자이론에서 규모수익(returns to scale), 경영학이나 통계학에서 '스케일업' 등의 개념으로 등장합니다.

일반적인 공식으로 표현해 봅시다. 임의의 $(m \times n)$ 행렬 $A=(a_{ij})$에 대해서, k가 상수(스칼라)일 때, kA는 각 항의 값이 ka_{ij}인 $(m \times n)$ 행렬이 됩니다(m 또는 n이 1이면, 벡터의 경우가 됩니다).

13.3.2 내적: 벡터끼리의 곱셈

덧셈이나 뺄셈과 달리, 벡터끼리의 곱셈을 정의하는 방식에는 여러 가지가 있는데 가장 널리 쓰이는 것은 **내적**(inner product)라고 불리는 것입니다. 일단 내적을 하려면 덧셈에서처럼 두 벡터의 차원이 서로 같아야 합니다. 내적을 계산하는 방법은 두 벡터의 각 원소를 순서대로 짝지어서 서로 곱한 다음 전체를 더해주는 것입니다. 즉, 두 벡터의 내적을 점 기호 "·"으로 표기할 때

$$(a_1, a_2, \ldots, a_n) \cdot (b_1, b_2, \ldots, b_n) = a_1b_1 + a_2b_2 + \cdots + a_nb_n$$

입니다. 벡터 간의 내적 결과는 스칼라라는 점에 유의하기 바랍니다(물론 벡터와 벡터를 곱해서 다른 벡터나 행렬을 얻는 곱셈도 정의할 수 있습니다).

예 13.2 벡터의 내적

$$(1,2,3)\cdot(4,5,6) = 1\times 4 + 2\times 5 + 3\times 6 = 4+10+18 = 32$$

미시경제학의 소비자이론에서 n개의 재화를 소비하는 소비자를 생각할 때 예산선(budget line)의 공식은 $p_1q_1 + p_2q_2 + \cdots + p_nq_n = I$가 됩니다. 이 식의 우변 I는 재화 소비에 쓸 수 있는 총금액을 나타내고, 좌변은 각 가격 p_i에서 물량 q_i만큼씩을 소비할 때 지출액들의 합입니다. 이를 간단하게 벡터 형식으로 나타내면 가격 벡터 $\mathbf{P} = (p_1, p_2, \ldots, p_n)$과 물량 벡터 $\mathbf{Q} = (q_1, q_2, \ldots, q_n)$의 내적이 됩니다.

$$\mathbf{P}\cdot\mathbf{Q} = I$$

n개의 재화가 있으므로 가격과 물량 모두 n 차원 벡터이고, 소비한 금액은 숫자이므로 곱셈의 결과는 스칼라입니다.

13.3.3 벡터와 행렬의 곱셈

벡터나 행렬 같은 숫자들의 묶음을 사용하는 것은 복잡한 정보를 체계적으로 정리하여서 한 눈에 볼 수 있기 때문입니다. 예컨대 방금 본대로 주어진 가격 벡터에 대해 한 소비자의 소비량이 주어지면 그 소비자의 총 지출액을 $\mathbf{P}\cdot\mathbf{Q} = I$로 계산할 수 있는데, 재화 가격은 동일하게 주어져 있고 네 사람의 소비자가 다섯 가지 재화를 각각 소비한다면 다음과 같은 표시가 가능합니다.

$$\begin{bmatrix} q_{11} & q_{12} & q_{13} & q_{14} & q_{15} \\ q_{21} & q_{22} & q_{23} & q_{24} & q_{25} \\ q_{31} & q_{32} & q_{33} & q_{34} & q_{35} \\ q_{41} & q_{42} & q_{43} & q_{44} & q_{45} \end{bmatrix} \begin{bmatrix} p_1 \\ p_2 \\ p_3 \\ p_4 \\ p_5 \end{bmatrix} = \begin{bmatrix} \sum_{j=1}^{5} q_{1j}p_j \\ \vdots \\ \vdots \\ \sum_{j=1}^{5} q_{4j}p_j \end{bmatrix} = \begin{bmatrix} I_1 \\ I_2 \\ I_3 \\ I_4 \end{bmatrix}$$

여기서 q_{ij}는 i번째 소비자가 j번째 재화를 소비한 양입니다. 중요한 것은 가격과 소비량 간의 곱셈이 가능해지려면, 가격이 다섯 가지이므로, 각 소비자의 소비량 정보도 다섯 가지가 나와야 한다는 점입니다. 즉, 뒤에서 곱해지는 열벡터(가격)의 차원이 5이므로, 앞에 곱해지는 행렬의 차원은 $(\sharp\times 5)$이어야 한다는 것입니다. 여기서 $\sharp$는 소비자의 숫자가 늘어나면 얼마든지 바뀔 수도 있습니다. 어쨌든 이렇게 어떤 k차원의 열벡터를 뒤에서 곱해주려면 앞에 곱해지는 행렬은 $(\sharp \times k)$차원이어야 함을 알 수 있습니다. 즉, 뒤에 곱해지는 벡터의 차원과 앞에서 곱해지는 행렬의 열의 수가 같아야 서로 곱셈이 가능합니다.

같은 계산을 이렇게 표현할 수도 있습니다.

$$\begin{bmatrix} p_1 & p_2 & p_3 & p_4 & p_5 \end{bmatrix} \begin{bmatrix} q_{11} & q_{21} & q_{31} & q_{41} \\ q_{12} & q_{22} & q_{32} & q_{42} \\ q_{13} & q_{23} & q_{33} & q_{43} \\ q_{14} & q_{24} & q_{34} & q_{44} \\ q_{15} & q_{25} & q_{35} & q_{45} \end{bmatrix} = \begin{bmatrix} I_1 & I_2 & I_3 & I_4 \end{bmatrix}$$

이번에는 가격 정보를 앞으로 가져와 행벡터로 표시했습니다. 이에 맞추어 뒤에서 곱해지는 소비량 정보는 예전 행렬을 전치했습니다. 즉 이제 "k차원 행벡터 곱하기 $(k \times \sharp)$차원 행렬"이 된 것입니다. 이번에도 앞에서 곱해지는 벡터의 차원과 뒤에 곱해지는 행렬의 행의 수가 같아야 함을 알 수 있습니다.

예 13.3 벡터와 행렬의 곱셈

(a) $\begin{pmatrix} 1 & 2 \\ 3 & 4 \end{pmatrix} \begin{pmatrix} 5 \\ 6 \end{pmatrix} = \begin{pmatrix} 1 \times 5 + 2 \times 6 \\ 3 \times 5 + 4 \times 6 \end{pmatrix} = \begin{pmatrix} 17 \\ 39 \end{pmatrix}$

(b) $\begin{pmatrix} 5 & 6 \end{pmatrix} \begin{pmatrix} 1 & 2 \\ 3 & 4 \end{pmatrix} = \begin{pmatrix} 5 \times 1 + 6 \times 3 & 5 \times 2 + 6 \times 4 \end{pmatrix} = \begin{pmatrix} 23 & 34 \end{pmatrix}$

벡터와 행렬 간의 곱셈 규칙을 벡터끼리에도 적용한다면, 앞 소절에서 보았던 벡터 간의 내적은 행벡터와 열벡터 사이의 곱셈으로 이해할 수 있습니다.

$$(a_1, a_2, \ldots, a_n) \cdot (b_n, b_2, \ldots, b_n) = \begin{pmatrix} a_1 & a_2 & \ldots & a_n \end{pmatrix} \begin{pmatrix} b_1 \\ b_2 \\ \ldots \\ b_n \end{pmatrix}$$

13.3.4 행렬과 행렬의 곱셈

이제 행렬과 행렬의 곱셈은 앞에서 하던 이야기를 조금만 더 발전시키면 됩니다. 같은 물건을 판매하되 가격이 서로 다른 가게가 여러 개 있다고 해봅시다. 여러 명의 소비자가 여러 군데 가게에서 여러 가지 재화를 살 때 들게 될 지출액들은 행렬 사이의 곱셈으로 나타낼 수 있습니다. 예를 들어 다음 식을 한 번 해석해보세요. 가게는 몇 군데, 소비자는 몇 명일까요?

$$\begin{bmatrix}6 & 0 & 5\\1 & 8 & 4\end{bmatrix}\begin{bmatrix}2 & 3 & 0 & 1\\3 & 1 & 1 & 10\\0 & 0 & 5 & 2\end{bmatrix}=\begin{bmatrix}12 & 18 & 25 & 16\\26 & 11 & 28 & 89\end{bmatrix}$$

이 식에서 앞의 행렬을 가격으로 해석할 경우, 재화가 3개이어야 합니다. 즉, 앞에서 곱해지는 행렬의 열의 수가 곧 재화의 수이고, 이는 뒤에서 곱해지는 행렬의 행의 수와 같아야 곱셈이 성립합니다. 이 행렬들의 차원을 나타내보면 (2×3) 행렬과 (3×4) 행렬을 곱해서 결과물은 (2×4) 행렬이 된 것을 알 수 있습니다. 즉, 2개의 가게에서 세 가지 재화에 대한 가격을 매기고, 4명의 소비자가 각 물건을 두 가게에서 각각 구입할 경우이며, 최종적으로 나온 행렬은 4명의 소비자가 2 가게에서 각각 얼마씩을 지출했는지 알려줍니다.

일반적으로 말해 두 행렬이 곱해지려면 앞 행렬의 열의 수와 뒤 행렬의 행의 수가 같아야 합니다. 즉 $(* \times k)$ 차원의 행렬과 $(k \times \sharp)$ 차원 행렬 간의 곱셈만이 가능합니다. 행렬 곱셈은 이러한 요구 조건 때문에 (벡터 내적과 달리) 곱하는 순서가 매우 중요합니다.

앞 소절에서 벡터 간의 내적을 행벡터와 열벡터의 곱으로 볼 수 있다고 설명했는데, 순서를 바꾸어 열벡터와 행벡터의 곱셈으로 계산하면

$$\begin{pmatrix}b_1\\b_2\\\vdots\\b_n\end{pmatrix}\begin{pmatrix}a_1 & a_2 & \cdots & a_n\end{pmatrix}=\begin{pmatrix}b_1a_1 & b_1a_2 & \cdots & b_1a_n\\b_2a_1 & b_2a_2 & \cdots & b_2a_n\\\vdots & \vdots & \ddots & \vdots\\b_na_1 & b_na_2 & \cdots & b_na_n\end{pmatrix}$$

와 같이 $(n \times n)$ 행렬이 되어 버립니다.

만약 $(n \times k)$차원 행렬과 $(k \times n)$차원 행렬이라면 두 행렬의 곱셈은 두 방향으로 모두 가능합니다. 하지만 그 결과는 곱셈 순서에 따라 서로 다릅니다. 즉 $(n \times n)$ 행렬이 나오거나 $(k \times k)$행렬이 나오게 됩니다.

마지막으로 행렬 간 곱셈의 규칙을 공식으로 정리하여 나타내어 봅시다. $(m \times n)$ 행렬 $A = (a_{ij})$와 $(n \times k)$ 행렬 $B = (b_{ij})$를 곱한다면 m과 k가 서로 다른 수일 때, AB만이 계산 가능하며 그 결과물은 $(m \times k)$ 행렬일 것입니다.

$$AB = \begin{pmatrix}a_{11}b_{11}+a_{12}b_{21}+\cdots+a_{1n}b_{n1} & \cdots & a_{11}b_{1k}+a_{12}b_{2k}+\cdots+a_{1n}b_{nk}\\\vdots & \vdots & \vdots\\a_{m1}b_{11}+a_{m2}b_{21}+\cdots+a_{mn}b_{n1} & \cdots & a_{m1}b_{1k}+a_{m2}b_{2k}+\cdots+a_{mn}b_{nk}\end{pmatrix}$$

예 13.4 행렬과 행렬의 곱셈

$$\begin{pmatrix} 1 & 2 & 3 \\ 4 & 5 & 6 \end{pmatrix} \begin{pmatrix} 6 & 5 \\ 4 & 3 \\ 2 & 1 \end{pmatrix} = \begin{pmatrix} 1\times 6+2\times 4+3\times 2 & 1\times 5+2\times 3+3\times 1 \\ 4\times 6+5\times 4+6\times 2 & 4\times 5+5\times 3+6\times 1 \end{pmatrix}$$
$$= \begin{pmatrix} 20 & 14 \\ 56 & 41 \end{pmatrix}$$

주요 개념 및 용어

스칼라, 벡터, 행렬, 차원, 행벡터, 열벡터, 정사각행렬, 스칼라 곱셈, 전치행렬, 내적

요약

- 벡터 및 행렬은 숫자(스칼라)들의 배열로 숫자의 순서 및 위치가 의미를 가진다.
- 벡터의 차원은 가진 스칼라의 숫자이고, 행렬의 차원은 행이 가진 스칼라의 숫자와 열이 가진 스칼라의 숫자이다.
- 전치행렬이란 주어진 행렬의 행과 열을 서로 바꾼 행렬이다.
- 벡터나 행렬의 덧셈 또는 뺄셈은 같은 차원을 가진 개체끼리만 가능하며, 같은 위치에 있는 항끼리 더하거나 빼 계산한다.
- 스칼라 곱셈은 임의의 벡터 또는 행렬의 모든 항에 같은 스칼라를 곱해주는 연산이다.
- 벡터끼리의 곱셈에는 여러 가지 방법이 있는데, 그중 내적은 같은 위치에 있는 항들끼리 곱한 후 이들을 모두 더해준 것으로 곱셈의 결과는 스칼라이다.
- 벡터와 행렬 혹은 행렬과 행렬 간의 곱셈은 앞에서 곱해지는 개체의 열의 수와 뒤에서 곱해지는 개체의 행의 수가 같아야 가능하다.
- 행렬 곱셈에서 순서가 바뀌면 곱셈 자체가 불가능하거나, 결과가 달라진다.

연습문제

13-1 다음을 계산하시오.

(a) $\begin{pmatrix} 2 & 1 & 3 \end{pmatrix} + \begin{pmatrix} -2 \\ 1 \\ -3 \end{pmatrix}^T$

(b) $\begin{pmatrix} 2 & 1 & 3 \end{pmatrix} \begin{pmatrix} -2 \\ 1 \\ -3 \end{pmatrix}$

(c) $\begin{bmatrix} 2 & -4 \\ -1 & 2 \end{bmatrix} + \begin{bmatrix} 4 & 2 \\ 2 & 1 \end{bmatrix}$

(d) $\begin{bmatrix} 2 & -4 \\ -1 & 2 \end{bmatrix}^T + \begin{bmatrix} 4 & 2 \\ 1 & 1 \end{bmatrix}$

(e) $\begin{bmatrix} 2 & -4 \\ -1 & 2 \end{bmatrix} \begin{bmatrix} 4 & 2 \\ 2 & 1 \end{bmatrix}$

13-2 아래의 행렬 A, B, C에 대해서 주어진 계산을 하시오.

$$A = \begin{pmatrix} 1 & 2 \\ 3 & 4 \\ 5 & 6 \end{pmatrix} \quad B = \begin{pmatrix} -1 & -3 & -5 \\ -2 & -4 & -6 \end{pmatrix} \quad C = \begin{pmatrix} 2 \\ 3 \\ 5 \end{pmatrix}$$

(a) $AB =$

(b) $(AB)C =$

(c) $BC =$

(d) $A(BC) =$

(e) $2A + B^T =$

(f) $BA =$

(g) $C^T A =$

(h) $(C^T A)B =$

13-3 아래의 행렬 A, B, C에 대해서 답하시오.

$$A = \begin{pmatrix} 1 & 1 \\ 1 & 1 \end{pmatrix} \quad B = \begin{pmatrix} 1 & 0 \\ -1 & 0 \end{pmatrix} \quad C = \begin{pmatrix} 2 & 1 \\ 1 & -1 \end{pmatrix}$$

(a) $(A+B)$와 $(B+A)$를 계산하고 비교하시오.

(b) $(B-C)$와 $(-C+B)$를 계산하고 비교하시오.

(c) AB와 BA를 계산하고 비교하시오.

(d) $(AB)C$와 $A(BC)$를 계산하고 비교하시오.

(e) $(AB)^T$와 A^TB^T를 계산하고 비교하시오.

(f) AB^T와 $(BA^T)^T$를 계산하고 비교하시오.

13-4 $\mathbf{x}$와 $\mathbf{y}$가 각각 3차원 열벡터이다. 다음 계산의 결과로 얻는 행렬의 차원은 무엇인가?

(a) $\mathbf{x}^{\mathrm{T}}$

(b) $\mathbf{x}\mathbf{y}^{\mathrm{T}}$

(c) $\mathbf{x}^{\mathrm{T}}\mathbf{y}$

(d) $\mathbf{x}^{\mathrm{T}}\mathbf{x}\mathbf{y}^{\mathrm{T}}$

(e) $\mathbf{x}^{\mathrm{T}} \cdot \mathbf{y}^{\mathrm{T}}$

13-5 $A = \begin{pmatrix} 1 & k \\ 0 & 1 \end{pmatrix}$이고 $B = \begin{pmatrix} a & 0 & 0 \\ 0 & b & 0 \\ 0 & 0 & c \end{pmatrix}$일 때 A^{100}와 B^{100}를 계산하시오.

Chapter 14

역행렬과 행렬식

앞 장에서 행렬의 사칙연산 중 덧셈, 뺄셈 및 곱셈에 대해서 공부했습니다. 이번에는 나눗셈을 공부할 차례입니다. 행렬 나눗셈을 제대로 하려면, 숫자들의 나눗셈과 관련된 기본 개념을 다시 따져볼 필요가 있습니다. 이 개념들은 방정식 풀이의 기반이 됩니다. 일차방정식 $ax + b = 0$의 해는 $x = -b/a$인 것을 알고 있을 것입니다. 간단해 보이는 이 해를 얻는 과정에는 대수학의 핵심 개념들이 담겨 있습니다.

$$
\begin{aligned}
ax + b + (-b) &= 0 + (-b) && \text{[양변에 덧셈 역원 더하기]} \\
ax + 0 &= 0 + (-b) && \text{[덧셈 역원을 더하면 0]} \\
ax &= -b && \text{[0을 더하면 자기 자신]} \\
a^{-1}ax &= -a^{-1}b && \text{[양변에 곱셈 역원 곱하기]} \\
1x &= -a^{-1}b && \text{[곱셈 역원을 곱하면 1]} \\
x &= -a^{-1}b && \text{[1을 곱하면 자기 자신]}
\end{aligned}
$$

a의 곱셈 역원 a^{-1}이 "역수" $1/a$임을 사용하면 해 $x = -b/a$가 나옵니다.

위 과정에서 사용된 중요 개념은 항등원(0과 1)과 역원($-b$와 a^{-1})입니다. 연산의 항등원은 연산 과정에서 어떤 수를 "계속 같도록 그대로 두는" 수이고, 역원은 어떤 수를 "항등원으로 만들어주는" 수입니다. 덧셈 역원을 더해주는 행위가 뺄셈($a + (-b) = a - b$)이고, 곱셈 역원을 곱해주는 행위가 나눗셈($a^{-1}b = b/a$)입니다.

곱셈의 항등원과 역원 개념을 행렬 곱셈으로 확장하면 행렬 나눗셈을 할 수 있게 되는 것입니다. 그리고 이 계산은 결국 연립방정식의 풀이로 이어집니다.

14.1 단위행렬과 역행렬

단위행렬(unit matrix)은 숫자 곱셈의 항등원인 1의 역할을 하는 행렬, 즉 행렬곱셈의 항등원입니다. 그래서 **항등행렬**(identity matrix)라고 부르기도 합니다. 숫자 1은 다음과 같이 정의

됩니다: "모든 숫자 x에 대해, $(\blacklozenge) \cdot x = x \cdot (\blacklozenge) = x$를 만족하는 숫자 $(\blacklozenge)$를 1이라고 한다."

여기서 잠깐

숫자 체계에서 1은 단 하나밖에 없다는 것을 '최소한'의 가정을 써서 한 번 증명해 볼까요? 어디까지가 '최소한'인지가 불분명하긴 하지만, 적어도 우리가 사용할 수 없는 개념은 '역수'입니다. 왜냐하면 역수는 조금 있다가 1을 사용해서 정의할 것이기 때문입니다. 따라서 "$(\blacklozenge) \cdot x = x \cdot (\blacklozenge) = x$라는 식에다가 x의 역수 $\frac{1}{x}$을 모두 곱해주면 $(\blacklozenge) = 1$이다"라는 증명은 실격입니다. 게다가 방금의 증명은 $(\blacklozenge) = 1$이라는 당연한(?) 사실만 보여주었지 $(\blacklozenge)$ 혼자만이 1이라는 사실은 증명하지 못했습니다.

이제 $(\blacklozenge)$ 말고도 1의 역할을 하는 $(\clubsuit)$라는 숫자가 또 있다고 해봅시다. 즉, $(\clubsuit) \cdot x = x \cdot (\clubsuit) = x$도 성립한다고 합니다. 위의 $(\blacklozenge)$가 나온 식에서 방금 식을 빼주면 (뺄셈의 개념은 이미 알고 있는 것으로 가정하겠습니다),

$$(\blacklozenge) \cdot x - (\clubsuit) \cdot x = [(\blacklozenge) - (\clubsuit)] \cdot x = 0$$

이 됩니다. 여기서 숫자 0이 이미 정의되었다고 한다면, 숫자 0의 중요한 성질이 '0이 아닌 수끼리 곱해서는 0이 될 수 없다'라는 것이고 따라서 $(\blacklozenge) - (\clubsuit) = 0$이 되어, $(\blacklozenge) = (\clubsuit)$, 즉 $\blacklozenge$과 $\clubsuit$은 같은 숫자이고 따라서 1의 기능을 하는 숫자는 애초에 하나밖에 없었다는 것이 증명됩니다.

숫자 1의 정의를 연장하면 단위행렬 I를 다음과 같이 정의할 수 있습니다:

> "모든 행렬 A에 대해 $IA = AI = A$를 만족하는 I를 **단위행렬**이라고 한다."

한 가지 주의할 것은 행렬 곱셈의 특수성으로 인해 앞의 공식을 사용해서 I를 정의하면 A가 정사각행렬(행과 열의 수가 같은 행렬)일 때만 적용된다는 점입니다.[27] 실제로 단위행렬 I는 정사각행렬로 대각선상에 위치한 항은 1이고, 나머지는 0인 형태를 보입니다. 즉, 차원이 (4×4)인 경우

$$I = \begin{bmatrix} 1 & 0 & 0 & 0 \\ 0 & 1 & 0 & 0 \\ 0 & 0 & 1 & 0 \\ 0 & 0 & 0 & 1 \end{bmatrix}$$

가 단위행렬입니다. 이런 행렬이 왜 단위행렬인지는 임의의 행렬과 곱해보면 바로 확인할 수 있습니다.

27) 사실 필요하다면 $IA = I$이나 $AI = I$ 둘 중 하나만을 만족하도록 정의하면 정사각행렬이 아닌 경우에 대해서도 단위행렬을 정의할 수 있습니다.

예 14.1 단위행렬

(a) 2차원 단위행렬의 확인 (반대 방향으로 곱해도 맞는다는 것은 직접 확인)

$$\begin{pmatrix} 1 & 0 \\ 0 & 1 \end{pmatrix}\begin{pmatrix} a & b \\ c & d \end{pmatrix} = \begin{pmatrix} 1\times a+0\times c & 1\times b+0\times d \\ 0\times a+1\times c & 0\times b+1\times d \end{pmatrix} = \begin{pmatrix} a & b \\ c & d \end{pmatrix}$$

(b) 3차원 단위행렬의 확인 (반대 방향으로 곱해도 맞는다는 것은 직접 확인)

$$\begin{pmatrix} a & b & c \\ d & e & f \\ g & h & i \end{pmatrix}\begin{pmatrix} 1 & 0 & 0 \\ 0 & 1 & 0 \\ 0 & 0 & 1 \end{pmatrix} = \begin{pmatrix} a+0+0 & 0+b+0 & 0+0+c \\ d+0+0 & 0+e+0 & 0+0+f \\ g+0+0 & 0+h+0 & 0+0+i \end{pmatrix} = \begin{pmatrix} a & b & c \\ d & e & f \\ g & h & i \end{pmatrix}$$

역행렬(inverse matrix)은 숫자 곱셈의 역원인 역수 역할을 하는 행렬, 즉 행렬곱셈의 역원입니다. 숫자 a의 역수는 a^{-1}로 표시하는데, 그 정의는 $a \cdot a^{-1} = a^{-1} \cdot a = 1$을 만족하는 수입니다. 우리는 이 수 a^{-1}이 곧 $\frac{1}{a}$이라는 사실을 이미 알고 있습니다. 또한 $a = 0$일 때는 역수를 정의할 수 없다는 것도 알고 있습니다. 이는 0의 특수한 성질 때문으로, 0이 아닌 두 수를 서로 곱해서 0을 만들 수 없을 뿐 아니라, 둘 중 하나가 0인 수를 서로 곱하면 0이 나오기 때문에 결코 1을 만들 수 없어서입니다(즉, 0은 역수를 가질 수 없습니다).

그렇다면 행렬의 경우는 어떨까요? 주어진 행렬 A에 대해 역행렬(inverse matrix)을 A^{-1}이라고 하면, 그 정의는

$$AA^{-1} = A^{-1}A = I$$

를 만족하는 행렬이 되면 역수 개념을 확장한 것이 됩니다. 이 정의를 사용하면 A가 정사각행렬이어야 한다는 점을 알 수 있습니다. 정사각행렬이 아니라면 어느 방향에서 곱하느냐에 따라 차원이 달라지기 때문입니다.

역행렬의 주요 성질들

역행렬을 실제로 구하는 방법을 알아보기에 앞서서 먼저 역행렬이 만족하는 몇 가지 성질들을 살펴보겠습니다. 우선 아래에서 공통으로 사용되는 한 가지 사실은 행렬을 3개 이상 곱할 때 어느 것부터 먼저 곱하든 관계없다는 것입니다. 즉, 행렬을 2개 곱할 때는 어느 것을 앞에 곱하는지가 중요한데, 3개 이상 곱할 때는 앞뒤의 순서만 맞으면 3개 이상 행렬 중 어떤 2개부터 먼저 곱해도 괜찮다는 말입니다. 공식으로 하자면, 서로 곱셈이 가능한 3개의 행렬 A, B, C에 대해서

$$ABC = (AB)C = A(BC)$$

가 성립합니다. 계산 자체는 어느 것을 먼저 하든지 앞뒤의 순서가 바뀌지 않았기 때문에 괜찮은 것입니다. 물론 각 행렬의 차원이 곱셈이 정의되도록 맞는 한, 공식은 행렬의 수가 4개, 5개라도 계속 성립합니다.

역행렬의 성질 (1) [역행렬의 역행렬은 자기 자신] $(A^{-1})^{-1} = A$

증명

거의 증명이 필요 없을 정도로 당연한 사실입니다. 역행렬의 정의상

$$AA^{-1} = A^{-1}A = I$$

가 성립하므로 A^{-1}이 A의 역행렬일 뿐 아니라, A는 A^{-1}의 역행렬입니다. ◀

역행렬의 성질 (2) [역행렬의 유일성] A의 역행렬 A^{-1}은 단 하나뿐이다.

증명

A의 역행렬이 X도 있고, Y도 있다고 해봅시다. 그렇다면 정의상 $AX = I$이고 또한 $YA = I$일 것입니다. 이제 다음과 같이 계산됩니다.

$$Y = YI = Y(AX) = (YA)X = IX = X$$

이 계산에서 위에서 언급했던 3개 이상 곱셈에서 순서를 자유롭게 해도 된다는 성질을 활용했습니다. 최종적으로 $Y = X$가 나왔으므로 결국 두 역행렬은 서로 다른 행렬이 아니라 동일한 행렬로, 역행렬은 하나뿐임이 증명되었습니다. ◀

역행렬의 성질 (3) [전치행렬의 역행렬은 역행렬의 전치행렬] $(A^T)^{-1} = (A^{-1})^T$

이 성질은 여러 가지 행렬 계산을 할 때 매우 유용합니다. 그런데 위 식을 증명하자면, 먼저 전치행렬에 대한 다음 식을 알아야 합니다.

$$(AB)^T = B^T A^T \qquad (*)$$

식 (*)의 증명은 전치 및 행렬 곱셈의 정의에 따라 식을 다 풀어 써보면 확인할 수 있습니

다만, 여기서는 생략합니다(연습문제에 숫자를 사용한 예가 나와 있습니다). 여기서는 차원이 맞는지만 확인해 보면 A가 $(m \times n)$ 행렬, B가 $(n \times k)$ 행렬이라고 할 때, AB는 $(m \times k)$ 차원일 것이고 따라서 $(AB)^T$는 $(k \times m)$ 차원일 것입니다. 한편, B^T는 $(k \times n)$ 차원, A^T는 $(n \times m)$ 차원이므로 둘을 곱한 $B^T A^T$는 $(k \times m)$ 차원임을 알 수 있습니다. 따라서 식 (*)에서 적어도 차원은 일치합니다.

증명

이제 원래 주어진 성질 $(A^T)^{-1} = (A^{-1})^T$임을 증명해 보겠습니다. 증명은 A^T와 $(A^{-1})^T$를 서로 곱해서 단위행렬 I가 나오면 됩니다.

$$A^T(A^{-1})^T = (A^{-1}A)^T = (I)^T = I$$

로 증명이 됩니다. 첫 번째 등호는 위의 식 (*)을 활용했고, 두 번째 등호는 역행렬의 정의이고, 마지막 등호는 단위행렬의 전치행렬은 자기 자신이라는 성질을 사용했습니다(단위행렬을 놓고 전치를 해보면 쉽게 확인 가능합니다). ◀

역행렬의 성질 (4) $(AB)^{-1} = B^{-1}A^{-1}$

증명

AB와 $B^{-1}A^{-1}$을 곱해서 I가 나오는지 보면 됩니다.

$$AB(B^{-1}A^{-1}) = A(BB^{-1})A^{-1} = AIA^{-1} = AA^{-1} = I$$

로 증명이 됩니다. ◀

성질 3과 성질 4를 비교해 보면, 전치행렬과 역행렬은 서로 다른 개념이지만 행렬 곱셈에서는 서로 비슷한 방식으로 계산이 됨을 알 수 있습니다. 잠시 후 역행렬의 일반 공식을 보면 왜 이런 성질이 성립하는지 알 수 있을 것입니다.

14.2 (2×2) 행렬의 역행렬

가장 간단한 경우부터 생각해 봅시다. 행렬이 다음과 같이 (2×2)일 경우

$$A = \begin{bmatrix} a_{11} & a_{12} \\ a_{21} & a_{22} \end{bmatrix}$$

행렬 A의 역행렬은 다음과 같습니다[28]:

$$A^{-1} = \frac{1}{a_{11}a_{22} - a_{21}a_{12}} \begin{bmatrix} a_{22} & -a_{12} \\ -a_{21} & a_{11} \end{bmatrix}$$

역행렬이 맞다는 것은 위의 A와 A^{-1}를 서로 곱해보면 금방 확인할 수 있습니다.

A^{-1}의 식에서 행렬 괄호 앞에 곱해진 스칼라는 분수 형태로 분모에 $a_{11}a_{22} - a_{21}a_{12}$가 등장합니다. 이 값이 0이면 분수가 정의되지 않고, 따라서 역행렬도 정의되지 않습니다. 즉 (2×2) 행렬 A가 역행렬을 가지려면 이 값이 0이 아니어야 합니다. 역행렬의 존재 여부를 '결정'해주는 이 중요한 식은 **행렬식**(determinant)이라는 이름을 따로 갖습니다. 행렬 A의 행렬식은 $\det A$ 또는 $|A|$(**주의**: 절댓값 기호가 아님!)로 표기합니다.

$$\det A = |A| = a_{11}a_{22} - a_{12}a_{21}$$

즉, (2×2) 행렬의 행렬식은 ↘ 방향의 대각선 항들을 곱한 후 여기서 반대쪽 대각선(↗) 항들의 곱을 빼주면 됩니다.

예 14.2 (2×2) **행렬의 역행렬**

$$\begin{pmatrix} 1 & 2 \\ 3 & 4 \end{pmatrix}^{-1} = \frac{1}{1 \times 4 - 2 \times 3} \begin{pmatrix} 4 & -2 \\ -3 & 1 \end{pmatrix} = \frac{1}{-2} \begin{pmatrix} 4 & -2 \\ -3 & 1 \end{pmatrix} = \begin{pmatrix} -2 & 1 \\ 3/2 & -1/2 \end{pmatrix}$$

구한 행렬이 역행렬이 맞는다는 것을 확인하기 위해 검산해보면

$$\begin{pmatrix} -2 & 1 \\ 3/2 & -1/2 \end{pmatrix} \begin{pmatrix} 1 & 2 \\ 3 & 4 \end{pmatrix} = \begin{pmatrix} -2+3 & -4+4 \\ 3/2-3/2 & 3-2 \end{pmatrix} = \begin{pmatrix} 1 & 0 \\ 0 & 1 \end{pmatrix}$$

---

28) 공식을 이렇게 쓰면 암기에 도움이 될지도 모르겠습니다:

$$\begin{pmatrix} a & b \\ c & d \end{pmatrix}^{-1} = \frac{1}{ad - bc} \begin{pmatrix} d & -b \\ -c & a \end{pmatrix}$$

로 역행렬이 맞습니다.

중요한 점은 역행렬을 구하기 위해 $1/\det(A)$이라는 항이 등장한다는 것입니다. 즉 $\det(A) = 0$이라면 공식으로 역행렬을 구할 수가 없고 역행렬이 존재하지 않습니다(앞의 역행렬의 성질 2에서 역행렬은 유일하다는 것을 증명했으므로 제시한 공식은 유일한 역행렬 공식입니다. 따라서 공식이 성립하지 않는다면 역행렬이 없는 것입니다).

반대로 $\det(A) \neq 0$이면 공식을 그냥 적용해서 임의의 (2×2) 행렬의 역행렬을 바로 얻을 수 있습니다.

(2×2) 행렬식과 2원 1차 연립방정식

(2×2) 행렬로 표현되는 다음의 연립방정식을 살펴봅시다.

$$\begin{aligned} ax + by &= e \\ cx + dy &= f \end{aligned}$$

라는 2원(미지수가 2개) 1차 연립방정식을 행렬로 쓰면

$$\begin{bmatrix} a & b \\ c & d \end{bmatrix} \begin{bmatrix} x \\ y \end{bmatrix} = \begin{bmatrix} e \\ f \end{bmatrix}$$

가 됩니다. 계수행렬의 행렬식은 $ad - bc$입니다. 이 연립방정식을 그래프로 그린다면 두 식을 x의 선형함수로 볼 수 있으므로 2개의 직선이 됩니다. 연립방정식의 해는 두 식을 모두 만족해야 하므로 두 직선상에 동시에 존재해야 합니다. 따라서 두 직선이 만나는 점이 바로 연립방정식의 해입니다.

이 연립방정식이 단 하나의 해를 갖기 위해서는 그래프 상의 두 직선의 기울기가 서로 달라서 한 점에서 만나야 합니다[그림 14.1(a)]. 만약 기울기가 같으면서 두 직선이 만난다면 완전히 겹치게 되어 사실은 식이 1개뿐이므로 답이 무한히 많이 나오고('부정')[그림 14.1(b)], 기울기가 같으면서 두 직선이 만나지 않으면 (절편이 다르면) 두 식을 동시에 만족하는 해가 존재하지 않습니다('불능')[그림 14.1(c)].

첫 번째 식의 기울기는 $-a/b$이고 두 번째 식의 기울기는 $-c/d$입니다. 즉 두 직선의 기울기가 같지 않으려면

$$-\frac{a}{b} - \left(-\frac{c}{d}\right) = -\frac{1}{bd}(ad - bc) \neq 0$$

이 필요합니다. 이는 곧 계수행렬의 행렬식의 값이 0이 아니라는 것과 같은 말입니다.

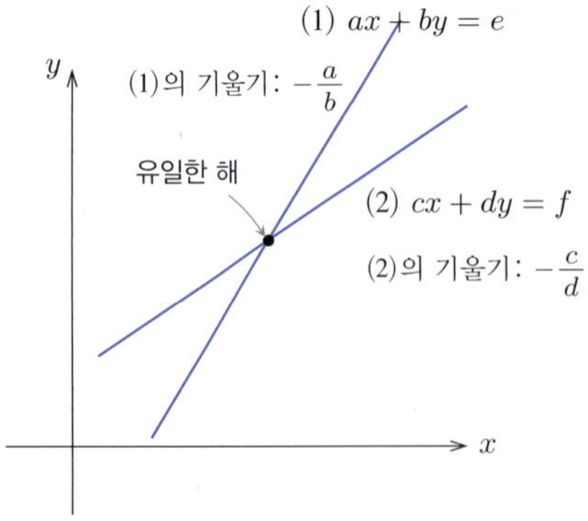

(a) 두 직선이 한 점이 만나는 경우(유일한 해)

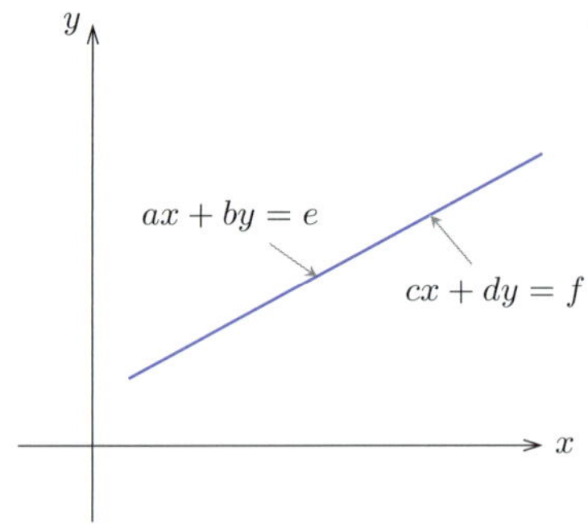

(b) 두 직선이 일치하는 경우(부정; 무한히 많은 해)

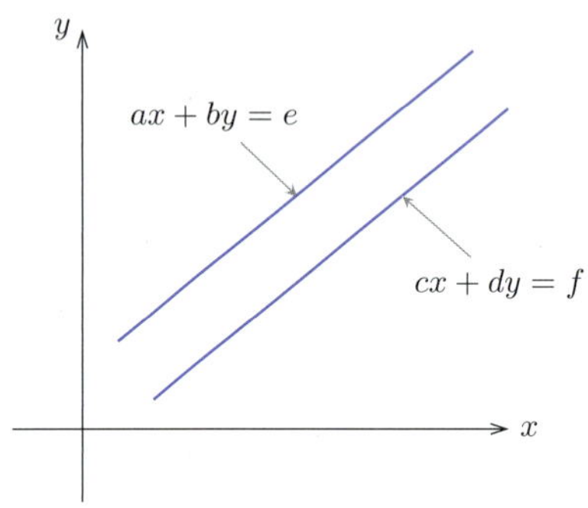

(c) 두 직선이 평행하여 만나지 않는 경우(불능; 해 없음)

[그림 14.1] 연립방정식의 해

14.3 $(n \times n)$ 행렬의 행렬식

(2×2)보다 더 큰 차원의 행렬에 대해서도 행렬식을 알아보겠습니다. 사실 컴퓨터에 의한 계산 능력이 발전하기 전에는 대규모의 행렬을 손으로 계산했어야 하기 때문에 이들을 조작하고 역행렬을 구하는 공식들이 잘 발달되었습니다. 하지만 이제는 계산이 필요할 경우 충분히 컴퓨터를 활용할 수 있고 이 공식의 원리들이 분석을 직관적으로 이해하는 데 큰 도움이 되지는 않기 때문에 계산 방법의 얼개만 설명하겠습니다(물론 행렬대수를 깊이 있게 공부하려면 필요한 내용입니다만 기초 경제수학의 관점에서 그렇다는 것입니다).

먼저 "어떤 행렬 A가 역행렬을 가지도록 해주는 조건: $\det(A) \neq 0$"가 될 것을 기억합시다. 이 경우 A를 **가역**(invertible, 즉 역행렬을 구하는 것이 가능하다)이라고 말합니다.

우선 (2×2)보다 더 단순한 $n = 1$일 때부터 생각해 봅시다. (1×1) 행렬이란 그냥 스칼라입니다. 숫자 a가 역행렬(즉, 역수)을 가지려면 $a \neq 0$이어야 합니다. 따라서 스칼라를

(1×1) 행렬로 간주할 때 행렬식은 그 자신이라고 볼 수 있습니다.

$$\det(a) \equiv a$$

(기호에서 한 가지 주의할 점은 행렬식을 숫자의 절댓값 기호를 써서 표시하기도 하는데, 스칼라의 행렬식은 절댓값이 아니라 자기 자신이라는 것입니다. 즉, (1×1) 행렬로 간주할 때 $\det(-2) = |-2| = -2$입니다.)

$n = 2$일 경우는 (이미 소개했지만) 더 큰 n으로의 확장을 위해서 다음과 같이 행렬식을 고쳐 써보겠습니다.

$$\det \begin{pmatrix} a_{11} & a_{12} \\ a_{21} & a_{22} \end{pmatrix} = a_{11}a_{22} - a_{12}a_{21} = a_{11}\det(a_{22}) - a_{12}\det(a_{21})$$

이 식에서는 앞 절에서 주어진 식을 고쳐서, 숫자 하나도 (1×1) 행렬임을 이용하여 방금 제시한 (1×1) 행렬의 행렬식 기호를 추가했습니다.

위 식을 다음과 같이 읽을 수 있습니다: 행렬의 a_{11} 즉 첫 행, 첫 열의 항을 택한 다음, 같은 행-같은 열의 항들을 지우고 나서 남아있는 항(a_{22})의 행렬식(숫자이므로 자기 자신)을 곱합니다[이것이 $a_{11}\det(a_{22})$]. 다음으로 첫 행, 둘째 열의 항(a_{12})을 택한 다음, 같은 행-같은 열의 항들을 지우고 남는 항(a_{21})의 행렬식(역시 숫자이므로 자기 자신)을 곱합니다[이것이 $a_{12}\det(a_{21})$]. 마지막으로 첫 번째 수에는 (+)부호, 두 번째 수에는 (−)부호를 붙여서 서로 더합니다. 복잡하게 들리지만, 이것이 행렬식을 구하는 일반적 방법입니다.

이 과정을 연장하여 $(n \times n)$ 행렬의 행렬식을 다음과 같이 계산합니다. A가 $(n \times n)$ 행렬이라고 합시다. 행렬 A에서 i번째 행과 j번째 열을 지우면 $(n-1) \times (n-1)$ 행렬이 남습니다. 이 행렬을 A_{ij}라고 표기하고 (크기가 작아졌으므로) **소행렬**이라고 부를 수 있습니다. 소행렬의 행렬식을 **소행렬식**(minor)이라고 부르고, M_{ij}라고 표기합니다. 즉, $M_{ij} \equiv \det A_{ij}$입니다.

소행렬식에 (+), (−) 부호를 '교대로' 붙여주면 이를 **여인수**(cofactor)라고 하고 C_{ij}라고 표시합니다.[29] 여기서 '교대로' 붙인다는 말은 M_{11}에는 (+), M_{12}에는 (−)을, 이어서 M_{13}에는 다시 (+)를 붙인다는 뜻입니다. 이같은 순서를 수학적으로 간편하게 표기하는 방법은, (+)가 붙는 항의 경우 행(i)과 열(j)의 합이 짝수이고, (−)가 붙는 항은 홀수임을 이

29) 여인수의 '여'(餘)는 '남은'이라는 뜻입니다. 남은 소행렬에서 계산된 수임을 가리킵니다. 한편 영어 용어인 cofactor에서 co는 '함께'라는 뜻입니다. 1행의 항과 함께 곱해지는 수로 이해할 수 있습니다.

용하여

$$C_{ij} \equiv (-1)^{i+j} M_{ij}$$

라고 쓰는 것입니다.

이 개념들을 사용하여 앞의 $n = 2$일 때의 행렬식을 다시 쓰면

$$\det A = a_{11}M_{11} - a_{12}M_{12} = a_{11}C_{11} + a_{12}C_{12}$$

가 됩니다.

이제 다음 단계로 넘어갈 준비가 끝났습니다. (3×3) 행렬의 행렬식을 다음과 같이 계산합니다.

$$\det \begin{pmatrix} a_{11} & a_{12} & a_{13} \\ a_{21} & a_{22} & a_{23} \\ a_{31} & a_{32} & a_{33} \end{pmatrix} = a_{11}C_{11} + a_{12}C_{12} + a_{13}C_{13}$$

이 식을 풀어쓰면,

$$\begin{aligned} \det(\cdot) &= a_{11}M_{11} - a_{12}M_{12} + a_{13}M_{13} \\ &= a_{11} \det \begin{pmatrix} a_{22} & a_{23} \\ a_{32} & a_{33} \end{pmatrix} - a_{12} \det \begin{pmatrix} a_{21} & a_{23} \\ a_{31} & a_{33} \end{pmatrix} + a_{13} \det \begin{pmatrix} a_{21} & a_{22} \\ a_{31} & a_{33} \end{pmatrix} \end{aligned}$$

입니다. 복잡하긴 하지만 말로 해보면, 첫 번째 행의 각 항을 차례로 잡고 여인수(cofactor)들을 계산하여 곱해서 서로 더하는 것입니다. 여인수는 정의상 소행렬식에다가 교대로 부호를 바꿔가며 붙인 것이고, 소행렬식이란 앞에다 곱하는 그 항이 위치한 행과 열을 지우고 남은 소행렬의 행렬식을 가리킵니다.

예 14.3 행렬식 계산

$$\begin{aligned} \det \begin{pmatrix} 1 & 1 & 1 \\ 1 & 1 & 1 \\ 1 & 1 & 1 \end{pmatrix} &= 1C_{11} + 1C_{12} + 1C_{13} = (-1)^{1+1}M_{11} + (-1)^{1+2}C_{12} + (-1)^{1+3}C_{13} \\ &= M_{11} - M_{12} + M_{13} \end{aligned}$$

이고

$$M_{11} = M_{12} = M_{13} = \det \begin{pmatrix} 1 & 1 \\ 1 & 1 \end{pmatrix} = 1 - 1 = 0$$

이므로 결국 구하고자 하는 행렬식은 $0 - 0 + 0 = 0$입니다. 다시 말해 모든 항이 1인 (3×3) 행렬은 역행렬을 갖지 않습니다.

똑같은 원리로 $(n \times n)$ 행렬 A의 행렬식도 다음과 같이 정의합니다.

$$\det(A) = a_{11}C_{11} + a_{12}C_{12} + \cdots + a_{1n}C_{1n}$$

물론 C_{11}은 $(n-1) \times (n-1)$ 행렬의 행렬식이므로, 그 값을 계산하기 위해서는 다시 위와 같은 계산을 반복해야 합니다.

행렬식의 주요 성질

(3×3) 차원만 되어도 행렬식을 계산하는 일은 매우 번거롭기 때문에, 그 이상의 차원에 대해 행렬식을 손으로 직접 계산하는 것은 사실 실용적이지 못합니다. $(n \times n)$ 차원의 행렬식을 계산하려면 $(n-1) \times (n-1)$차원의 여인수를 n개 계산해야 하는데, $(n-1) \times (n-1)$차원의 여인수는 결국 $(n-1) \times (n-1)$차원의 행렬식이므로 이런 식으로 계산하려면 모두 $n(n-1)(n-2) \cdots \times 2 \times 1 = n!$번의 계산을 해야 합니다(이 수는 n이 조금만 커져도 매우 큰 수가 됩니다. 예컨대 $4! = 4 \times 3 \times 2 \times 1 = 24$이고 $5! = 5 \times 4 \times 3 \times 2 \times 1 = 120$입니다. 즉 (5×5)행렬의 행렬식을 계산하려면 120가지의 계산이 필요합니다).

하지만 다음 장에 소개될 거시경제모형의 응용 사례에서 볼 수 있듯이, 매우 간단한 개념적인 경제모형의 경우에도 적어도 (3×3) 또는 (4×4) 차원 정도가 되고, 실제로 현실에서 사용되는 선형 경제모형의 경우에는 수십 개 내지 수백 개의 미지수와 방정식을 가진 경우가 많습니다. 수십, 수백 개 방정식을 가진 모형은 컴퓨터를 사용하더라도 계산하는 데 제법 시간이 걸립니다.

한편, 간단한 이론적 분석을 위해서는 어느 정도 복잡한 행렬식도 계산해야 할 필요가 있는데 이때 계산에 도움이 될 만한 몇 가지 성질들을 소개하겠습니다.

행렬식의 성질 (1) 아무 행 또는 아무 열을 뽑아도 괜찮다

앞에서 행렬식을 정의할 때는 첫 번째 행의 항들(a_{11}, a_{12}, a_{13}, $\ldots$)을 뽑고 각각의 여인수를 구하여 곱한 후 더했습니다. 사실은 꼭 첫 번째 행을 뽑아서 써야 하는 것은 아닙니다. 아무 행, 아무 열이나 하나만 골라서 똑같은 과정을 적용해도 답은 같습니다. 예를 들어, 두 번째 열에 들어있는 항들을 고른다면 a_{12}, a_{22}, a_{32}, $\ldots$를 차례로 뽑고, 각 항에 대해 같은 행, 같은 열을 지우고 남은 소행렬을 구해서 그 소행렬의 소행렬식을 계산한 후 + 또는 − 부호를 붙인 여인수를 구하여 같은 방식으로 진행하면 됩니다(증명은 생략합니다. 몇 가지 예제를 직접 풀어보면 사실이라는 것을 확인할 수 있을 것입니다).

즉, 행렬식의 정의를 다시 일반적으로 써 보면 다음과 같습니다.

$(n \times n)$차원 행렬 A의 행렬식 계산

- 임의의 행 번호 m에 대해서

$$\det(A) = a_{m1}C_{m1} + a_{m2}C_{m2} + \cdots + a_{mn}C_{mn}$$

또는

- 임의의 열 번호 k에 대해서

$$\det(A) = a_{1k}C_{1k} + a_{2k}C_{2k} + \cdots + a_{nk}C_{nk}$$

* **활용 방법**: 아무 행, 아무 열을 뽑는다고 무조건 계산이 더 편리해지는 것은 아닙니다. 계산이 간편해질 수 있도록 잘 고르는 요령이 필요하겠지요. 무엇보다도 어떤 행이나 열에 0이 많이 들어있다면 그 행 또는 열을 고르는 것이 좋습니다. 0이 들어간 항은 계산에서 모두 사라지니까요. 예를 들어

$$\det\begin{bmatrix} a_{11} & 0 & 0 & 0 & 0 \\ \vdots & \vdots & \vdots & \vdots & \vdots \\ \vdots & \vdots & \vdots & \vdots & \vdots \\ \vdots & \vdots & \vdots & \vdots & \vdots \end{bmatrix} = a_{11}C_{11}$$

가 됩니다. 마찬가지로 C_{11}을 계산할 때도 이왕이면 0이 많이 들어있는 행이나 열을 고르면 되겠습니다.

예 14.4 행렬식 계산

$$\det\begin{pmatrix} 1 & 0 & 0 \\ 0 & 1 & 0 \\ 0 & 0 & 1 \end{pmatrix} = 1C_{11} + 0C_{12} + 0C_{13} = C_{11} = \det\begin{pmatrix} 1 & 0 \\ 0 & 1 \end{pmatrix} = 1$$

행렬식의 성질 (2) 삼각 행렬 및 대각 행렬의 행렬식

몇 가지 특수한 형태의 행렬은 행렬식 계산이 매우 쉽습니다.

- **하부삼각**(lower triangular) 행렬: 대각선을 중심으로 위쪽은 모두 0이고, 아래쪽에만 삼각형 모양으로 숫자가 들어있는 행렬(아래에서 $*$는 임의의 숫자를 의미)

$$\begin{pmatrix} a_{11} & 0 & 0 & \cdots & 0 \\ * & a_{22} & 0 & \cdots & 0 \\ * & * & a_{33} & \cdots & 0 \\ * & * & * & \ddots & 0 \\ * & * & * & \cdots & a_{nn} \end{pmatrix}$$

- **상부삼각**(upper triangular) 행렬: 반대로 대각선을 중심으로 아래쪽은 모두 0이고, 위쪽에 삼각형 모양으로 숫자가 들어있는 행렬

$$\begin{pmatrix} a_{11} & * & * & \cdots & * \\ 0 & a_{22} & * & \cdots & * \\ 0 & 0 & a_{33} & \cdots & * \\ 0 & 0 & 0 & \ddots & * \\ 0 & 0 & 0 & \cdots & a_{nn} \end{pmatrix}$$

- **대각**(diagonal) 행렬: 대각선 이외의 항은 모두 0인 행렬

$$\begin{pmatrix} a_{11} & 0 & 0 & \cdots & 0 \\ 0 & a_{22} & 0 & \cdots & 0 \\ 0 & 0 & a_{33} & \cdots & 0 \\ 0 & 0 & 0 & \ddots & 0 \\ 0 & 0 & 0 & \cdots & a_{nn} \end{pmatrix}$$

위의 세 가지 경우 모두 행렬식은 대각선상에 있는 항들만을 곱한 값을 갖습니다. 즉, 대각선 바깥에 있는 숫자들은 행렬식에 영향을 주지 않습니다. 다시 말해, 대각선 위쪽이 모두 0이면 대각선 아래쪽 숫자들은 행렬식에 들어가지 않고, 반대로 대각선 아래쪽이 모두 0이면 대각선 위쪽 숫자들이 행렬식에 들어가지 않습니다(대각 행렬의 경우에는 어차피 아래, 위가 모두 0이므로 행렬식에 들어가지 않습니다). 그냥 대각선상에 있는 숫자들을 다 곱해주면 행렬식이 됩니다.

위의 세 가지 예에서 대각선상의 항이 같다면, 위 세 행렬의 행렬식은 모두 동일합니다.

왜 그런지를 이해하기 위해서 (3×3)차원의 하부삼각 행렬을 한 번 보겠습니다.

$$\det \begin{pmatrix} a_{11} & 0 & 0 \\ a_{21} & a_{22} & 0 \\ a_{31} & a_{32} & a_{33} \end{pmatrix} = a_{11}C_{11} + 0 \cdot C_{12} + 0 \cdot C_{13} = a_{11} \det \begin{pmatrix} a_{22} & 0 \\ a_{32} & a_{33} \end{pmatrix} = a_{11}a_{22}a_{33}$$

와 같은 계산이 가능합니다. 상부삼각 행렬이나 대각 행렬도 마찬가지 과정에 의해서 똑같은 결과가 됩니다.

예 14.5 삼각 행렬, 대각 행렬

$$\det \begin{pmatrix} 1 & 0 & 0 \\ 2 & 3 & 0 \\ 4 & 5 & 6 \end{pmatrix} = 1 \times C_{11} = 1 \times \det \begin{pmatrix} 3 & 0 \\ 5 & 6 \end{pmatrix} = 1 \times 3 \times 6 = 18$$

$$\det \begin{pmatrix} 1 & 2 & 4 \\ 0 & 3 & 5 \\ 0 & 0 & 6 \end{pmatrix} = 6 \times C_{33} = (-1)^{3+3} 6 \times \det \begin{pmatrix} 1 & 2 \\ 0 & 3 \end{pmatrix} = 1 \times 3 \times 6 = 18$$

$$\det \begin{pmatrix} 1 & 0 & 0 \\ 0 & 3 & 0 \\ 0 & 0 & 6 \end{pmatrix} = 1 \times C_{11} = 1 \times \det \begin{pmatrix} 3 & 0 \\ 0 & 6 \end{pmatrix} = 1 \times 3 \times 6 = 18$$

이 성질은 주어진 행렬이 이미 삼각 행렬이나 대각 행렬일 경우에 물론 편리할 뿐 아니라, 삼각이나 대각이 아닌 임의의 행렬이 주어질 경우에도 이를 관련된 삼각 행렬 또는 대각 행렬로 변환시키는 기법들이 있기 때문에 편리합니다. 이같은 기법에 대해서는 행렬대수학을 좀 더 깊이 있게 공부하면 배울 수 있습니다.

행렬식의 성질 (3) 행 또는 열에 같은 스칼라 곱하기

주어진 행렬에 대해 임의의 한 행이나 한 열의 숫자들에게 동일한 숫자를 곱해줄 경우, 즉 행렬에 포함된 행벡터 또는 열벡터를 스칼라 곱할 경우 행렬식은 다음과 같은 성질을 갖습니다. 주어진 행렬 A에서 임의의 한 행 또는 한 열을 골라 스칼라 h를 곱해주어 새롭게 만든 행렬을 B라고 할 경우

$$\det(B) = h \det(A)$$

입니다.

증명을 상세하게 해볼 수도 있지만, 그 핵심은 행렬식의 정의가 임의의 행 번호 m에 대해서 $\det(A) = a_{m1}C_{m1} + a_{m2}C_{m2} + \cdots + a_{mn}C_{mn}$라는 데 있습니다. 각 a_{mj}에다가 동일한 수 h를 모두 곱해주면 행렬식의 정의에서 더해지는 모든 항에 h가 곱해지므로 식 전체에 h를 곱한 것과 같습니다.

*** 활용 방법:** 예를 들어, 한 행이 $(100, 1000, 100, 1000)$이라고 되어있다면 행 전체에 $1/100$을 곱해주어 $(1, 10, 1, 10)$으로 바꾼 후에 일단 행렬식을 계산하고 난 후, 최종 결과에 다시 100을 곱해주면 원래 행렬의 행렬식을 얻을 수 있습니다. 이는 행렬 항의 숫자들이 너무 크거나 너무 작을 때 계산을 간편하게 만들어주는 효과가 있습니다. 너무 크면 일정한 숫자로 나누어서 계산한 후 최종 결과에 도로 곱해주고, 너무 작으면 일정한 숫자를 곱해서 계산한 후 최종 결과를 다시 나누어주면 되는 것입니다.

예 14.6 행렬식 계산

공식을 활용하면

$$\det\begin{pmatrix}10 & 20\\ 3 & 4\end{pmatrix} = 10\det\begin{pmatrix}1 & 2\\ 3 & 4\end{pmatrix} = 10\times(4-6) = -20$$

입니다. 물론 간단한 행렬이므로 원래 공식을 직접 적용해도 $10\times4-3\times20 = 40-60 = -20$ 으로 동일합니다.

만약, 한 행이나 한 열이 아니라 행렬 전체에 h라는 숫자를 곱해주면 어떻게 될까요? $(n\times n)$ 행렬이라면 h가 n번 곱해져서 원래 행렬식에 h^n을 곱한 것이 됩니다.

예 14.7 행렬식 계산

다음은 세 가지 다른 방법으로 모두 동일한 결과가 나옴을 보여줍니다.

$$\det\begin{pmatrix}10 & 20\\ 30 & 40\end{pmatrix} = 400-600 = -200$$

$$\det\begin{pmatrix}10 & 20\\ 30 & 40\end{pmatrix} = 10\det\begin{pmatrix}1 & 2\\ 30 & 40\end{pmatrix} = 10\times(40-60) = -200$$

$$\det\begin{pmatrix}10 & 20\\ 30 & 40\end{pmatrix} = 10^2\det\begin{pmatrix}1 & 2\\ 3 & 4\end{pmatrix} = 100\times(4-6) = -200$$

14.4 $(n \times n)$ 행렬의 역행렬

행렬식을 계산할 때는 한 행(또는 한 열)에 대응되는 여인수만 계산했지만, 여인수는 행렬의 모든 항마다 정의되는 숫자이므로 행렬이 $(n \times n)$ 일때 여인수도 $(n \times n)$ 차원 행렬을 구성합니다. 이를 **여인수 행렬**(cofactor matrix)이라고 부를 수 있겠습니다.

만약 A가 (3×3)차원이라면 그 여인수 행렬은

$$C = \begin{pmatrix} C_{11} & C_{12} & C_{13} \\ C_{21} & C_{22} & C_{23} \\ C_{31} & C_{32} & C_{33} \end{pmatrix}$$

이 될 것입니다. 이 여인수 행렬을 사용하면 원래 행렬 A의 역행렬을 구할 수 있습니다. 바로 다음의 공식입니다.

$$A^{-1} = \frac{1}{\det(A)} C^T$$

여기서 C^T는 C의 전치행렬(행과 열을 바꾼 행렬)을 의미합니다. 이 공식이 맞는지 확인해 보려면 원래 행렬 A와 곱해보면 되겠습니다. A가 (3×3) 행렬일 경우

$$A \frac{1}{\det(A)} C^T = \frac{1}{\det(A)} \begin{pmatrix} a_{11} & a_{12} & a_{13} \\ a_{21} & a_{22} & a_{23} \\ a_{31} & a_{32} & a_{33} \end{pmatrix} \begin{pmatrix} C_{11} & C_{21} & C_{31} \\ C_{12} & C_{22} & C_{32} \\ C_{13} & C_{23} & C_{33} \end{pmatrix}$$

이 됩니다. 이 곱셈으로 얻는 결과는 역시 (3×3) 행렬일 것입니다. 여기서 1행 1열만 한번 계산해보면 $a_{11}C_{11} + a_{12}C_{12} + a_{13}C_{13} = \det(A)$가 되므로 행렬 앞에 곱해진 계수 $1/\det(A)$와 곱할 경우 1이 됩니다. 단위행렬의 1행 1열 값이 맞습니다. 이 계산을 보면 왜 여인수 행렬 C의 **전치행렬**을 곱해줘야 하는지 알 수 있습니다. 계수행렬의 1행과 곱해지는 1열의 항들이 서로 짝이 맞아야 하는 것이지요. 나머지 항들에 대해서도 계산해보면 최종 결과가 단위행렬임을 확인할 수 있습니다.

또한 앞에서 역행렬과 전치행렬이 비슷한 규칙을 따르는 것도 이해할 수 있을 것입니다. 즉 $(A^T)^{-1} = (A^{-1})^T$나 $(AB)^T = B^T A^T$ 및 $(AB)^{-1} = B^{-1}A^{-1}$ 등이 성립하는 것은 모두 역행렬의 계산 속에 전치행렬이 등장하기 때문입니다.

주요 개념 및 용어

단위행렬, 역행렬, 행렬식, 소행렬식, 여인수

요약

- A의 역행렬은 A와 곱해서 단위행렬이 나오는 행렬이고, 단위행렬이란 A와 곱했을 때 A가 나오는 행렬이다.
- 모든 행렬이 역행렬을 갖는 것은 아니며, 계수행렬이 역행렬을 갖지 않을 경우 연립방정식은 해가 없거나 해가 무한히 많다.
- 어떤 행렬이 역행렬을 갖는 조건은 행렬식이 0이 아니라는 것이다.

연습문제

14-1 다음 행렬들이 역행렬을 갖는지 판단하고 역행렬을 갖는다면 그것을 제시하시오.

(a) $\begin{pmatrix} 1 & 0 \\ 0 & 1 \end{pmatrix}$

(b) $\begin{pmatrix} 1 & -1 \\ -1 & 1 \end{pmatrix}$

(c) $\begin{pmatrix} 0 & 1 \\ 1 & 0 \end{pmatrix}$

(d) $\begin{pmatrix} 4 & 3 \\ 2 & 1 \end{pmatrix}$

14-2 다음 행렬들의 여인수들을 계산하여 행렬로 작성하고, 행렬식을 계산하시오.

(a) $\begin{pmatrix} 3 & 1 & 2 \\ 0 & 2 & 3 \\ 0 & 0 & 1 \end{pmatrix}$

(b) $\begin{pmatrix} 1 & 2 & 3 \\ 4 & 5 & 4 \\ 3 & 2 & 1 \end{pmatrix}$

(c) $\begin{bmatrix} 2 & 1 & 5 \\ 0 & 2 & 1 \\ -1 & 0 & 0 \end{bmatrix}$

14-3 다음 행렬들의 행렬식을 계산하시오.

(a) $\begin{pmatrix} 3 & 2 & 3 & 0 \\ 0 & 2 & 0 & -1 \\ 0 & 0 & -1 & 2 \\ 0 & 0 & 0 & 1 \end{pmatrix}$

(b) $\begin{pmatrix} 1 & -1 & 5 \\ 0 & 2 & 3 \\ 0 & 0 & 0 \end{pmatrix}$

(c) $\begin{bmatrix} 10 & 0 & 0 \\ 2 & 10 & 0 \\ 3 & 5 & 10 \end{bmatrix}$

14-4 아래의 식들에서 A, B, X는 모두 같은 차원을 가진 정사각 행렬들이며 역행렬을 갖는다. 이때 각 식을 만족하는 X가 무엇인지 A, B의 식으로 나타내시오. 단, I는 단위행렬, O는 모든 항이 0인 행렬이다.

(a) $AXB = I$

(b) $AX + B = O$

(c) $A^{-1}(BX)^{-1} = (A^{-1}B)^2$

(d) $A^T X = B$

14-5 (a) 단위행렬의 행렬식은 무엇인가?

(b) 단위행렬은 역행렬을 가지며 자기 자신이 역행렬임을 증명하시오.

14-6 A와 B가 각각 역행렬을 가지는 같은 차원의 정사각행렬이라 하자.

(a) 일반적으로 $AB \neq BA$이다. 이를 보여주는 간단한 반례를 만들어보시오.

(b) 일반적으로 $(AB)^{-1} \neq A^{-1}B^{-1}$이다. 이를 보여주는 간단한 반례를 만들어보시오.

(c) 만약 $AB = A^{-1}B^{-1}$라면 우리는 AB와 BA에 대해 무엇을 알 수 있는가?

14-7 어떤 행렬 A에 대해 $A^2 = A$가 성립한다.

(a) A가 역행렬을 갖는다고 가정하자. 위 식을 만족하는 (2×2)차원의 A를 몇 개나 찾을 수 있는가?

(b) 역행렬을 갖지 않으면서 위 식을 만족하는 (2×2)차원의 A가 있는가?

14-8 도전 정사각행렬 A가 $\det(A) \neq 0$를 만족하여 역행렬을 갖는다고 하자.

(a) 차원이 같은 두 정사각행렬 A, B에 대해서 "$\det(A)\det(B) = \det(AB)$"가 언제나 성립한다(증명할 필요없음). 이 사실을 이용하여 아래 **주장**을 증명하시오:

주장: $\det(A^{-1}) = (\det(A))^{-1}$

(b) A^{-1}의 여인수행렬은 무엇인가? (힌트 역행렬 공식 및 **주장**을 이용)

Chapter 15

연립방정식 풀이 및 응용

우리가 행렬대수를 공부하는 한 가지 중요한 목적은 연립방정식을 다루기 위해서입니다. **연립**(system)방정식이란 여러 개의 방정식을 묶은 것을 말합니다. **방정식**(equation)은 우리가 관심 있는 미지수가 어떤 조건을 만족하는지를 식으로 나타낸 것이고, 방정식 풀이란 방정식에서 미지수의 값을 찾아내는 과정입니다.

경제 분석의 관점에서는 경제학 이론이 제시하는 여러 경제 변수 간의 관계를 식으로 쓸 경우 이것이 (하나 또는 여러 개의) 방정식이 되고, 이 방정식에 반영된 경제학 이론을 만족하는 관심변수의 값을 찾아내는 것은 수학적으로는 방정식 풀이이고, 경제학적으로는 경제모형의 분석이라고 할 수 있습니다.

1차방정식의 경우 덧셈 역원과 항등원(0), 곱셈 역원(역수)과 항등원(1)이 중요하게 사용됨을 지적했습니다. 마찬가지로 1차(선형)연립방정식의 풀이에는 행렬곱셈 역원(역행렬)과 항등원(단위행렬)이 중요하게 사용됩니다. 이 장에서는 행렬을 사용해서 선형 연립방정식을 풀이하는 방법을 살펴보고, 이를 간단한 경제모형들에 응용해보겠습니다.

15.1 선형 연립방정식

하나의 **선형 방정식**(linear equation)은 다음의 형태를 가진 식입니다:

$$[\text{선형 방정식}]\quad a_1x_1 + a_2x_2 + \cdots + a_nx_n = b$$

선형 연립방정식 혹은 **선**형 방정식 시스템(system of linear equations)이란 이런 선형 방정식을 여러 개 함께 묶어 놓은 것이며, 다음의 형태를 가집니다.

[선형 연립방정식]

$$\begin{aligned} a_{11}x_1 + a_{12}x_2 + \cdots + a_{1n}x_n &= b_1 \\ a_{21}x_1 + a_{22}x_2 + \cdots + a_{2n}x_n &= b_2 \\ \vdots \qquad\qquad \vdots \qquad\qquad & \vdots \\ a_{m1}x_1 + a_{m2}x_2 + \cdots + a_{mn}x_n &= b_m \end{aligned}$$

여기서 $x_j\,(j = 1, \ldots, n)$는 값을 알아내어야 할 **미지수**(unknowns)이자 모형 안에서 값이 결정되는 **내생변수**(endogenous variable)입니다. 위의 식들을 만족하는 $(x_1, \ldots, x_n)$이 있다면 이를 방정식의 **해**(solution)라고 부릅니다. 한편, a_{ij}와 b_i $(i = 1, \ldots, m;\ j = 1, \ldots, n)$는 **모수**(parameter) 또는 **외생변수**(exogenous variable)입니다. 또 a_{ij}만을 따로 가리켜 방정식의 **계수**(coefficients)라고 부를 수 있습니다. 위 선형 연립방정식은 행렬 형태로 간단하게 나타낼 수 있습니다. 즉

$$A = \begin{pmatrix} a_{11} & a_{12} & \cdots & a_{1n} \\ a_{21} & a_{22} & \cdots & a_{2n} \\ \vdots & \vdots & \ddots & \vdots \\ a_{m1} & a_{m2} & \cdots & a_{mn} \end{pmatrix}, \quad \mathbf{x} = \begin{pmatrix} x_1 \\ x_2 \\ \vdots \\ x_n \end{pmatrix}, \quad \mathbf{b} = \begin{pmatrix} b_1 \\ b_2 \\ \vdots \\ b_m \end{pmatrix}$$

라고 나타내면 위의 연립방정식은 곧

$$A\mathbf{x} = \mathbf{b}$$

가 됩니다. 여기서 A는 $(m \times n)$ 행렬이고, $\mathbf{x}$는 n차원 벡터, $\mathbf{b}$는 m차원 벡터이어서 곱셈이 성립합니다. 다시 말해 연립방정식의 계수행렬 A는 (방정식 개수) $\times$ (미지수 개수)의 차원을 갖고, 미지수 벡터 $\mathbf{x}$는 미지수 개수의 차원, 상수항 벡터 $\mathbf{b}$는 방정식 개수에 해당하는 차원을 갖게 됩니다.

15.2 선형 연립방정식의 세 가지 풀이 방법

선형 연립방정식을 풀이하는 방법에는 크게 세 가지가 있습니다.

[1] 미지수를 차례로 소거

[2] 계수행렬의 역행렬을 직접 계산

[3] 크레이머(Cramer)의 공식

세 가지 방법은 물론 동일한 답을 제공합니다. 경우에 따라서 편리한 방법을 사용하면 됩니니

다. 미지수 소거법은 간단한 문제의 경우 가장 편리한 방법이지만 문제가 복잡해질 경우 사용하기가 곤란해집니다. 역행렬 계산법은 풀이 원리가 직관적이고 한 번의 계산으로 모든 미지수에 대한 해를 구할 수 있지만 계산 자체가 복잡한 편입니다. 마지막으로 크레이머의 공식은 여러 개의 미지수 중 하나의 값만을 빨리 구하고자 할 때 유용한 방법입니다.

15.2.1 미지수 소거

첫 번째는 간단한 연립방정식을 풀 때 여러분이 이미 알고 있는 방법입니다. 주어진 방정식들을 조작하여 차례로 미지수들을 소거하고 대입해가면서 푸는 방법입니다.

예제 15.1 미지수 소거

$x + y = 1$과 $x + 2y = 0$이라는 두 식을 동시에 만족하는 미지수 x와 y의 값을 미지수 소거를 통해 구하시오.

첫 번째 식을 $y = 1 - x$라고 고쳐 쓴 다음에 이를 두 번째 식에 대입하여 y를 소거할 수 있습니다. 결과는 $x + 2(1 - x) = x + 2 - 2x = 2 - x = 0$이고 따라서 $x^* = 2$이고 첫 번째 식에 이 값을 다시 대입하면 $y^* = -1$입니다. 따라서 해는 $(x^*, y^*) = (2, -1)$입니다.

이 방법은 친숙하겠지만, 미지수의 수와 방정식의 수가 더 많아지면 사용하기에 실용적이지 못한 방법입니다. 행렬대수학에서는 이 방법을 좀 더 일반화시켜서 주어진 방정식을 행렬 형태로 나타낸 후, 행렬들을 조작하여 답을 얻어내는 방법들을 공부할 수 있습니다만 여기에서 소개하지는 않겠습니다.[30]

15.2.2 역행렬 계산

두 번째 방법은 연립방정식을 $A\mathbf{x} = \mathbf{b}$라는 행렬 형태로 쓴 후, 계수행렬 A의 역행렬 A^{-1}을 계산하여 해를 $\mathbf{x}^* = A^{-1}\mathbf{b}$로 계산하는 방법입니다.

30) 가우스 소거법, 가우스-조던 소거법 등이 있습니다.

예제 15.2 역행렬 계산

$x+y=1$과 $x+2y=0$이라는 두 식을 동시에 만족하는 미지수 x와 y의 값을 역행렬 계산을 통해 구하시오.

주어진 연립방정식을 행렬 형태로 표현해 보면

$$\begin{pmatrix}1 & 1\\ 1 & 2\end{pmatrix}\begin{pmatrix}x\\ y\end{pmatrix}=\begin{pmatrix}1\\ 0\end{pmatrix}$$

입니다. 계수행렬이 (2×2)이므로 간단하게 역행렬을 계산할 수 있지만, 연습 삼아 여인수들부터 계산해보겠습니다.

$$\begin{aligned}C_{11}&=(-1)^{1+1}a_{22}=2\\ C_{12}&=(-1)^{1+2}a_{21}=-1\\ C_{21}&=(-1)^{2+1}a_{12}=-1\\ C_{22}&=(-1)^{2+2}a_{11}=1\end{aligned}$$

가 됩니다. 따라서 계수행렬의 행렬식은 $a_{11}C_{11}+a_{12}C_{12}=(1)(2)+(1)(-1)=1$이고 값이 0이 아니므로 역행렬이 존재합니다. 다음으로 여인수 행렬의 전치행렬을 적어보면

$$C^T=\begin{pmatrix}C_{11} & C_{21}\\ C_{12} & C_{22}\end{pmatrix}=\begin{pmatrix}2 & -1\\ -1 & 1\end{pmatrix}$$

입니다. 이제 앞에서 제시되었던 역행렬 공식을 계산해보면

$$A^{-1}=\frac{1}{\det(A)}C^T=\begin{pmatrix}2 & -1\\ -1 & 1\end{pmatrix}$$

입니다.[31] 마지막으로 방정식의 해를 계산하면

$$\begin{pmatrix}x^*\\ y^*\end{pmatrix}=A^{-1}\begin{pmatrix}1\\ 0\end{pmatrix}=\begin{pmatrix}2 & -1\\ -1 & 1\end{pmatrix}\begin{pmatrix}1\\ 0\end{pmatrix}=\begin{pmatrix}2\\ -1\end{pmatrix}$$

로 앞의 [예제 15.1]에서 얻은 것과 같은 답입니다.

물론 만약 $\det(A)=0$이라면 역행렬은 존재하지 않습니다. 이 경우 연립방정식은 부정(해가 무수히 많음)이거나 불능(해가 없음)입니다. $\det(A)\neq 0$이고 따라서 역행렬이 있는 경우 연립방정식의 해는 유일하게 $\mathbf{x}^*=A^{-1}\mathbf{b}$입니다.

31) (2×2) 행렬의 역행렬 공식과 일치함을 확인할 수 있습니다.

15.2.3 크레이머의 공식

세 번째는 역행렬을 직접 계산하지 않고 행렬식의 값을 이용하여 해를 구하는 방법입니다. 행렬대수학의 창시자 중 하나인 크레이머의 이름을 따서 **크레이머의 공식**(Cramer's rule)이라고 부릅니다. 물론 계수행렬의 행렬식만 가지고 해를 구할 수 있는 것은 아니고 추가 계산이 필요합니다. 경우에 따라서 역행렬 전체를 구하는 것보다 더 쉬울 수도 있고 아닐 수도 있습니다.

미지수가 n개, 방정식이 n개인 경우 방정식을 $A\mathbf{x} = \mathbf{b}$라고 쓸 수 있습니다. 계수행렬은 $(n \times n)$ 행렬 A입니다. 문제의 답은 n개의 미지수의 값을 나타내는 n차원 벡터가 될 것입니다.

이제 문제를 풀기 위해서 $A(i)$라는 새로운 행렬을 만듭니다. 이 행렬은 계수행렬 A에서 i번째 열을 지우고, 그 자리에 대신해서 방정식의 우변에 있는 상수항 벡터를 끼워 넣은 것입니다.

$$A(i) = \begin{pmatrix} a_{11} & a_{12} & \cdots & b_1 & \cdots & a_{1n} \\ a_{21} & a_{22} & \cdots & b_2 & \cdots & a_{2n} \\ \cdot & \cdot & \cdots & \cdot & \cdots & \cdot \\ \cdot & \cdot & \cdots & \cdot & \cdots & \cdot \\ a_{n1} & a_{n2} & \cdots & b_n & \cdots & a_{nn} \end{pmatrix}$$

$A(i)$는 얼마든 정의할 수 있으므로 총 n가지가 존재합니다. 이제 크레이머의 공식은 다음과 같습니다.

$$x_i^* = \frac{\det(A(i))}{\det(A)}$$

즉, i번째 미지수의 해 x_i^*는 분모에 계수행렬의 행렬식을, 분자는 $A(i)$의 행렬식을 넣고 계산한 분수 값으로 얻어진다는 것입니다.

예제 15.3 크레이머의 공식

$x + y = 1$과 $x + 2y = 0$이라는 두 식을 동시에 만족하는 미지수 x와 y의 값을 크레이머의 공식을 통해 구하시오.

$\det(A)$는 [예제 15.2]에서 이미 1이라는 것을 계산했습니다. 추가로 $A(1)$과 $A(2)$의 행

렬식을 구하면 됩니다.

$$|A(1)| = \begin{vmatrix} 1 & 1 \\ 0 & 2 \end{vmatrix} = (1)(2) - (1)(0) = 2$$

$$|A(2)| = \begin{vmatrix} 1 & 1 \\ 1 & 0 \end{vmatrix} = (1)(0) - (1)(1) = -1$$

크레이머의 공식에 대입하면 $x^* = \frac{|A(1)|}{|A|} = \frac{2}{1} = 2$ 이고 $y^* = \frac{|A(2)|}{|A|} = \frac{-1}{1} = -1$ 로 역시 같은 답입니다.

15.3 예제: 3원 1차 연립방정식

이번에는 앞에서 공부한 방법의 연습을 위해 좀 더 복잡한 3원 1차 연립방정식, 즉 (3×3) 계수행렬을 가진 경우를 풀어보도록 하겠습니다. 미지수 소거에 의한 방법은 특별히 연습할 것은 없으므로 생략합니다.

예제 15.4 3원 1차 연립방정식: 역행렬 방법

다음 연립방정식을 역행렬 방법으로 풀이해보시오.

$$\begin{aligned} 2x_1 + x_2 \phantom{{}+6x_3} &= 4 \\ 6x_1 + 2x_2 + 6x_3 &= 20 \\ -4x_1 - 3x_2 + 9x_3 &= 3 \end{aligned}$$

주어진 방정식을 $A\mathbf{x} = \mathbf{b}$ 라는 행렬 형태로 나타내면

$$\begin{pmatrix} 2 & 1 & 0 \\ 6 & 2 & 6 \\ -4 & -3 & 9 \end{pmatrix} \begin{pmatrix} x_1 \\ x_2 \\ x_3 \end{pmatrix} = \begin{pmatrix} 4 \\ 20 \\ 3 \end{pmatrix}$$

입니다. A 의 행렬식 계산을 위해서 여인수들을 계산해보겠습니다.

$$C_{11} = (-1)^2 \begin{vmatrix} 2 & 6 \\ -3 & 9 \end{vmatrix} = (2)(9) - (-3)(6) = 36$$

$$C_{12} = (-1)^3 \begin{vmatrix} 6 & 6 \\ -4 & 9 \end{vmatrix} = -(6)(9) + (-4)(6) = -78$$

$$C_{13} = (-1)^4 \begin{vmatrix} 6 & 2 \\ -4 & -3 \end{vmatrix} = (6)(-3) - (-4)(2) = -10$$

$$C_{21} = (-1)^3 \begin{vmatrix} 1 & 0 \\ -3 & 9 \end{vmatrix} = -(1)(9) + (-3)(0) = -9$$

$$C_{22} = (-1)^4 \begin{vmatrix} 2 & 0 \\ -4 & 9 \end{vmatrix} = (2)(9) - (-4)(0) = 18$$

$$C_{23} = (-1)^5 \begin{vmatrix} 2 & 1 \\ -4 & -3 \end{vmatrix} = -(2)(-3) + (-4)(1) = 2$$

$$C_{31} = (-1)^4 \begin{vmatrix} 1 & 0 \\ 2 & 6 \end{vmatrix} = (1)(6) - (2)(0) = 6$$

$$C_{32} = (-1)^5 \begin{vmatrix} 2 & 0 \\ 6 & 6 \end{vmatrix} = -(2)(6) - (6)(0) = -12$$

$$C_{33} = (-1)^6 \begin{vmatrix} 2 & 1 \\ 6 & 2 \end{vmatrix} = (2)(2) - (6)(1) = -2$$

따라서 $\det(A) = a_{11}C_{11} + a_{12}C_{12} + a_{13}C_{13} = (2)(36) + (1)(-78) + (0)(-36) = -6$이고

$$A^{-1} = \frac{1}{-6} \begin{pmatrix} 36 & -9 & 6 \\ -78 & 18 & -12 \\ -10 & 2 & -2 \end{pmatrix}$$

이므로

$$\begin{pmatrix} x_1 \\ x_2 \\ x_3 \end{pmatrix} = \frac{1}{-6} \begin{pmatrix} 36 & -9 & 6 \\ -78 & 18 & -12 \\ -10 & 2 & -2 \end{pmatrix} \begin{pmatrix} 4 \\ 20 \\ 2 \end{pmatrix} = -\frac{1}{6} \begin{pmatrix} -18 \\ 12 \\ -6 \end{pmatrix} = \begin{pmatrix} 3 \\ -2 \\ 1 \end{pmatrix}$$

이 답입니다.

예제 15.5 3원 1차 연립방정식: 크레이머의 공식

다음 연립방정식을 크레이머의 공식을 사용해 풀어보시오.

$$\begin{aligned} 2x_1 - \ \ 3x_2 \qquad &= 2 \\ 4x_1 - \ \ 6x_2 + x_3 &= 7 \\ x_1 + 10x_2 \qquad &= 1 \end{aligned}$$

주어진 식을 $A\mathbf{x} = \mathbf{b}$라는 행렬 형태로 고쳐 쓰면

$$\begin{pmatrix} 2 & -3 & 0 \\ 4 & -6 & 1 \\ 1 & 10 & 0 \end{pmatrix} \begin{pmatrix} x_1 \\ x_2 \\ x_3 \end{pmatrix} = \begin{pmatrix} 2 \\ 7 \\ 1 \end{pmatrix}$$

입니다. 먼저 계수행렬 A의 행렬식 $|A|$의 값이 필요한데, A의 3열이 $(0,1,0)^T$으로 가장 단순하므로 $|A| = a_{23}C_{23}$으로 계산할 수 있습니다. 물론 $a_{23} = 1$이고 C_{23}은

$$C_{23} = (-1)^{2+3} \begin{vmatrix} 2 & -3 \\ 1 & 10 \end{vmatrix} = -(2 \times 10 - 1 \times (-3)) = -23$$

이므로 $|A| = -23$입니다.

한편, $|A(1)|$, $|A(2)|$, $|A(3)|$을 차례로 계산해보면

$$|A(1)| = \begin{vmatrix} 2 & -3 & 0 \\ 7 & -6 & 1 \\ 1 & 10 & 0 \end{vmatrix} = (-1)^{2+3} \times 1 \times \begin{vmatrix} 2 & -3 \\ 1 & 10 \end{vmatrix} = -23$$

$$|A(2)| = \begin{vmatrix} 2 & 2 & 0 \\ 4 & 7 & 1 \\ 1 & 1 & 0 \end{vmatrix} = (-1)^{2+3} \times 1 \times \begin{vmatrix} 2 & 2 \\ 1 & 1 \end{vmatrix} = 0$$

$$\begin{aligned} |A(3)| &= \begin{vmatrix} 2 & -3 & 2 \\ 4 & -6 & 7 \\ 1 & 10 & 1 \end{vmatrix} \\ &= (-1)^{1+1} \times 2 \times \begin{vmatrix} -6 & 7 \\ 10 & 1 \end{vmatrix} + (-1)^{1+2} \times (-3) \begin{vmatrix} 4 & 7 \\ 1 & 1 \end{vmatrix} + (-1)^{1+3} \times 2 \times \begin{vmatrix} 4 & -6 \\ 1 & 10 \end{vmatrix} \\ &= 2(-6 - 70) + 3(4 - 7) + 2(40 + 6) = -152 - 9 + 92 = -69 \end{aligned}$$

따라서 $x_1 = \dfrac{|A(1)|}{|A|} = 1$, $x_2 = 0$, $x_3 = 3$이 답입니다.

15.4 응용: 거시경제모형

행렬을 이용한 연립방정식 풀이의 응용으로 거시경제학에서 배우는 케인즈의 국민소득 결정모형을 살펴보겠습니다. 가장 기본적인 요소만을 포함한 모형과 실물 및 화폐 부문을 통합한 IS-LM 모형을 각각 다루겠습니다.[32)]

15.4.1 기본 케인즈 모형

이 소절에서 소개할 기본 케인즈 모형은 다음의 2개의 미지수를 포함한 2개의 방정식으로 구성되어 있습니다.

[시장균형] $Y = C + I_0 + G_0$
[소비함수] $C = C_0 + b(1-t)Y$

우선, 식에서 아래첨자 0이 붙은 것은 모두 고정된 상수입니다. 경제모형의 용어로는 **외생변수**에 해당합니다. 그렇다면 0이 붙지 않은 **내생변수**는 2개로 Y와 C입니다(식이 2개이고, 미지수도 2개이므로 계수행렬이 역행렬을 가진다면 풀이가 가능합니다). 물론 위 식은 매우 단순하여 금방 풀어낼 수 있지만, 지금은 행렬을 이용한 방법을 연습하는 것이 목적입니다.

변수들 및 방정식의 경제학적 의미를 간략하게 설명하자면 다음과 같습니다. 첫 번째 식은 시장균형 조건으로 '총공급' = '총수요'라는 의미입니다. 여기서 **총공급**(aggregate supply)이란 한 국가경제(거시경제)에서 생산된 재화의 가치의 합을 가리키는 것으로 이것이 곧 **국민소득**이기도 합니다. Y라는 변수로 이를 나타내고 있습니다. 한편, 우변의 **총수요**(aggregate demand)는 경제 주체들의 재화에 대한 수요를 주체별로 나눈 것인데, 거시경제를 구성하는 경제주체에는 **가계**(일반 소비자), **기업** 그리고 **정부**가 있습니다. 가계의 **소비**를 C, 기업이 재화를 구매하는 **투자**를 I, 정부가 구매하는 **정부지출**을 G라고 하되, 이 모형에서 투자와 정부지출은 외생적으로 주어져 있습니다. 즉, 기업의 투자수준과 정부의 지출수준은 모형 안에서 균형에 의해 결정되는 것이 아니라 모형 바깥에서 이미 결정되어 있다고 보는 것입니다(물론 더 복잡한 모형에서는 이 값들이 어떻게 결정되는지도 방정식에 포함할 것입니다).

두 번째 식은 케인즈의 (절대소득가설에 따른) **소비함수**(consumption function)의 한 예로, 가계의 소비를 국민소득 Y의 함수로 나타내고 있습니다. 주어진 소비함수는 1차 함수 형

32) 거시경제모형은 크게 나누자면 케인즈 모형과 신고전파 모형, 그리고 좀 더 최근의 신케인즈 모형 등이 있습니다. 신고전파 모형과 신케인즈 모형 등은 미시경제이론의 요소를 포함하고 있고, 본서에서는 경제수학에서 공부한 주제의 응용 사례로 소개하는 것이므로 케인즈 모형에 국한하여 설명합니다.

태로 절편 C_0과 기울기 $b(1-t)$를 갖고 있습니다. 절편 C_0은 가계가 소득수준과 관계없이 소비해야 하는 최소한의 액수, 즉 **기초 소비**를 나타냅니다. 만약 국민소득 Y가 0이더라도 C_0만큼은 소비해야 생존할 수 있음을 나타냅니다. 한편 기울기 $b(1-t)$는 소득이 한 단위 증가할 때 소비가 얼마나 늘어나는지를 나타냅니다. 여기서 t는 정부가 국민소득에 부과하는 세금의 비율을 나타내고, b는 **한계소비성향**(marginal propensity to consume)이라고 부르는 중요한 모수입니다. 정부가 소득 중에서 t의 비율만큼 세금으로 걷어가기 때문에, 가계가 실제로 소비할 수 있는 소득, 가처분소득은 $(1-t)Y$가 됩니다. 그 중에서 다시 b만큼을 실제로 소비한다는 의미입니다. 여기서 $0 < b < 1$로 가정합니다. 이 가정의 의미는 나중에 다시 설명하겠습니다.

우리가 궁극적으로 관심 있는 것은 두 식을 모두 만족하는 Y의 값, 즉 균형국민소득 Y^*인데, 이 Y가 C의 함수이고, 다시 C가 Y의 함수이므로 연립하여 풀어야 합니다. C의 값은 어찌 보면 우리의 궁극적 관심은 아니라 하더라도, 모형의 바깥에서 값이 임의로 주어지는 것이 아니고 모형 내에서 값이 결정되므로 내생변수입니다.

간단한 식이지만 행렬로 풀기 위해 정리하면 다음과 같이 됩니다.

$$\begin{aligned} Y - C &= I_0 + G_0 \\ -b(1-t)Y + C &= C_0 \end{aligned}$$

라고 쓰고 이를 행렬로 표시하면

$$\begin{bmatrix} 1 & -1 \\ -b(1-t) & 1 \end{bmatrix} \begin{bmatrix} Y \\ C \end{bmatrix} = \begin{bmatrix} I_9 + G_0 \\ C_0 \end{bmatrix}$$

입니다.

이제 크레이머의 공식을 써서 Y의 값을 구해봅시다(두 미지수 중에 Y만을 구하고자 하므로 크레이머의 공식이 편리합니다). 먼저 계수행렬의 행렬식을 구해보면, $1 \times 1 - (-1) \times (-b(1-t)) = 1 - b(1-t)$입니다. 따라서

$$Y = \frac{\begin{vmatrix} I_0 + G_0 & -1 \\ C_0 & 1 \end{vmatrix}}{|A|} = \frac{I_0 + G_0 - (-1)C_0}{1 - b(1-t)} = \frac{C_0 + I_0 + G_0}{1 - b(1-t)}$$

가 원하는 해입니다. C의 해도 구할 수 있지만 당장의 관심은 아니므로 무시하겠습니다. 만약 Y와 C를 모두 구하고 싶었다면 역행렬을 구해서 곱하는 것이 더 빨랐을 것입니다.

지금 구한 균형국민소득 Y의 공식은 경제학적으로 여러 가지를 우리에게 알려줍니다. 예를 들어 외생적으로 주어지는 정부지출 G_0이 1단위 증가한다면 국민소득은 $1/(1-b(1-t))$

단위 증가하는데, $0 < b < 1$이고 $0 < t < 1$일 경우, $1/(1 - b(1 - t)) > 1$이 되어, 정부 지출 증가폭에 비해 국민소득 증가폭이 더 크게 나타납니다. 즉, 정부는 거시경제의 한 구성요소에 불과하지만, 정부가 지출을 늘리면 국민소득의 증가에 있어서 커다란 효과가 나타난다는 것입니다. 이같은 현상을 **승수효과**(multiplier effect)라고 하고, 방금 구한 $\frac{dY^*}{dG_0} = 1/(1 - b(1 - t))$를 **정부지출승수**(government expenditure multiplier)라고 부릅니다.[33)]

특히 승수의 값은 b가 클수록 커집니다. 이는 다음과 같은 이유 때문입니다. 승수가 나타나는 경로를 살펴보면, 우선 G_0이 1단위 증가할 경우 이는 총수요를 1단위 증가시키고 따라서 총공급 즉 Y를 1단위 증가시킵니다. 그런데 여기서 끝나는 것이 아니고, 1단위 늘어난 Y가 소비함수 공식에서 가계 소비를 $b(1 - t)$단위 증가시키게 됩니다. 그럼 다시 총수요 공식으로 와서 총수요가 추가로 $b(1-t)$단위 늘어나고, 이에 따라 Y도 $b(1-t)$단위 늘어나고, 이것이 다시 소비를 $b(1-t) \times b(1-t)$단위 늘리고……하는 과정이 반복되어 최종적으로 Y는

$$1 + b(1 - t) + b^2(1 - t)^2 + b^3(1 - t)^3 + \cdots = \frac{1}{1 - b(1 - t)}$$

만큼 늘어나게 됩니다($0 < b < 1$의 가정 때문에 위의 계산이 수렴합니다).

15.4.2 IS-LM 모형

방금 제시된 모형은 가장 간단한 경우로 실물부문(즉 재화시장에서 총수요와 총공급)만을 대상으로 하고 있습니다(게다가 기업의 투자를 외생변수로 취급했습니다). 실제 거시경제에는 재화시장의 거래를 뒷받침해주는 화폐부문의 역할이 매우 큽니다. 화폐는 비록 재화의 거래에 사용되는 매개체에 불과하지만 (그래서 미시경제모형에는 화폐의 존재가 아예 없는 경우가 많습니다) 정부(중앙은행)의 화폐 발행과 경제 주체들의 화폐 수요 간의 상호작용은 거시경제적으로 중요한 의미를 갖습니다. IS-LM 모형이란 재화시장 모형(IS)에 화폐시장 모형(LM)을 추가하여 연립한 방정식으로 가장 기본적인 '진짜' 거시경제모형입니다.

화폐의 공급은 일단 고정된 것으로 취급하겠습니다. 이는 공급이 실제로 고정되었다는 것이 아니라, 외생변수 즉 모형 바깥에서 결정된다는 의미입니다. 다시 말하자면 화폐의 공급량을 결정하는 중앙은행은 IS-LM 모형에 의해 지배를 받는 것이 아니고, 독자적인 판단에 의해 공급량을 결정하고 그 결과로 IS-LM 모형의 내생변수들에 영향을 주게 된다는 말입니다. 이에 **화폐공급**(money supply)은 M_0이라는 상수로 나타내겠습니다.

33) 똑같은 논리를 기업의 투자 I_0에도 적용하여 투자승수(investment multiplier)를 구할 수 있고, 이 모형에서는 정부지출승수와 같은 값이 나옵니다. 즉 기업이 투자 1단위를 늘려도 국민소득이 크게 늘어납니다.

한편 **화폐수요**(money demand)는 $M_D = fY - gr$로 주어진다고 합시다. 사람들이 화폐를 필요로 하는 것은 가진 소득을 재화 구입에 사용하기 위해서입니다. 즉 국민소득(Y)이 늘어날수록 사람들은 화폐를 더 필요로 하게 됩니다.[34] 따라서 $f > 0$이라고 할 수 있습니다. 한편, 화폐로 받은 소득도 모두 소비하는 것이 아니고 미래를 위해 남겨두거나 투자하게 되는데 이는 이자율(r)에 영향을 받습니다. 이자율이 낮을 때는 현금을 지갑에 많이 넣고 있어도 별 지장이 없지만, 이자율이 높은데 별로 살 물건도 없으면서 현금을 잔뜩 가지고 있으면 이자를 못 받는 기회비용이 발생하게 됩니다. 따라서 화폐(현금)수요는 이자율에 대해 감소하게 되어 $-g < 0$이 됩니다.

화폐시장의 수요와 공급을 일치시키면

$$fY - gr = M_0$$

입니다. 이 식에서 미지수는 2개(Y와 r)입니다. 이 식을 앞에서 보았던 간단한 거시경제모형에 결합시키면 IS-LM모형을 얻게 됩니다. 상세하게 쓰자면

$$\begin{aligned} \text{[재화시장균형]} \quad & Y = C + I + G_0 \\ \text{[소비함수]} \quad & C = C_0 + b(1-t)Y \\ \text{[투자함수]} \quad & I = I_0 - er \\ \text{[화폐시장균형]} \quad & fY - gr = M_0 \end{aligned}$$

위 식에서 내생변수는 Y, C, I, r로 4개이고, 방정식도 4개입니다. 아래첨자 0이 붙은 기호들은 모두 상수로 주어진 외생변수이고, 소문자들은 방정식의 계수로 모수라고 볼 수 있습니다.[35]

두 번째와 세 번째 식은 첫 식의 구성요소인 소비와 투자를 좀 더 자세히 설명한 것으로 이들을 모두 합하면 재화시장에서 총공급과 총수요를 일치시키는 식이 되고, 진짜 미지수(내생변수)는 Y와 r로 2개입니다. 이를 IS 곡선이라 합니다.[36]

한편 제일 마지막 식은 앞서 도출했던 화폐시장의 수요-공급 일치식으로 LM 곡선이라 부릅니다. 여기서 L은 유동성(liquidity, 즉 화폐)을 가리키고 M은 화폐공급량을 지칭합니다.

---

34) 이를 화폐에 대한 거래적 수요라고도 부릅니다.

35) 외생변수와 모수는 모두 모형 바깥에서 값이 결정되어 주어진다는 점에서 사실 구분을 할 필요는 없습니다. 굳이 구분하자면 외생변수는 모형이 설명하지는 않지만 어떤 경제주체가 값을 결정하는 변수이고, 모수는 어떤 주체가 결정하기보다는 이미 정해져 있는 성질이라고 하겠습니다.

36) IS라는 이름의 기원은, 총공급과 총수요가 일치하기 위해서는 가계가 소득으로 받은 것 중 소비하고 남은 "저축"(Savings)만큼을 기업이 "투자"(Investment)로 사용해주어야 하기 때문입니다(이를 Say's law라고 부릅니다).

이 방정식의 경제학적 의미에 대한 자세한 해석은 거시경제학에서 공부하기로 하고 우리는 식을 행렬 방법으로 풀어보는 데 집중합시다. 우선 4개의 내생변수를 모두 사용하여 방정식을 행렬 형태로 고치기 위해 정리해 봅시다(식을 2개로 줄여서 더 편하게 풀 수 있지만, (4×4) 행렬에 대한 연습 삼아 주어진 대로 풀겠습니다). 하나의 식에 4개의 미지수가 모두 나오지는 않지만 행렬로 표기하기 쉽도록 없는 미지수 앞에서는 계수 0을 붙여 주었습니다.

$$\begin{aligned} Y - C - I + 0r &= G_0 \\ -(1-t)Y + C - 0I + 0r &= C_0 \\ 0Y + 0C + I - er &= I_0 \\ fY + 0C + 0I - gr &= M_0 \end{aligned}$$

이 방정식을 행렬로 써놓고 앞에서 공부한 공식을 적용해봅시다.

$$A\mathbf{x} = \begin{bmatrix} 1 & -1 & -1 & 0 \\ -b(1-t) & 1 & 0 & 0 \\ 0 & 0 & 1 & e \\ f & 0 & 0 & -g \end{bmatrix} \begin{bmatrix} Y \\ C \\ I \\ r \end{bmatrix} = \begin{bmatrix} G_0 \\ C_0 \\ I_0 \\ M_0 \end{bmatrix} = \mathbf{b}$$

먼저 계수행렬이 행렬식을 구해야 합니다. 물론 여인수(cofactor)들을 구해야 하는데 행이나 열 중에서 아무것이나 골라도 되므로, 0이 가장 많이 들어있는 것을 고르면 계산이 좀 더 간편합니다. 세 번째 열을 골라 보겠습니다.

$$\begin{aligned} |A| &= (-1)(-1)^{1+3} \begin{vmatrix} -b(1-t) & 1 & 0 \\ 0 & 0 & e \\ f & 0 & -g \end{vmatrix} + (1)(-1)^{3+3} \begin{vmatrix} 1 & -1 & 0 \\ -b(1-t) & 1 & 0 \\ f & 0 & -g \end{vmatrix} \\ &= - \begin{vmatrix} -b(1-t) & 1 & 0 \\ 0 & 0 & e \\ f & 0 & -g \end{vmatrix} + \begin{vmatrix} 1 & -1 & 0 \\ -b(1-t) & 1 & 0 \\ f & 0 & -g \end{vmatrix} \end{aligned}$$

여기서 (3 × 3) 행렬의 행렬식 계산을 두 번 해야 하는데, 역시 0이 많이 들어있는 행 또는 열을 고르면 되겠습니다. 첫 번째 것에서는 2행에 0이 2개나 들어있군요.

$$- \begin{vmatrix} -b(1-t) & 1 & 0 \\ 0 & 0 & e \\ f & 0 & -g \end{vmatrix} = -e(-1)^{2+3}[-b(1-t)(0) - f] = -ef$$

두 번째 (3×3) 행렬에는 세 번째 열에 0이 2개나 들어있습니다.

$$+\begin{vmatrix} 1 & -1 & 0 \\ -b(1-t) & 1 & 0 \\ f & 0 & -g \end{vmatrix} = -g(-1)^{3+3}[1+b(1-t)(-1)] = -g[1-b(1-t)]$$

두 식을 더하면 행렬식 $|A|$를 계산할 수 있습니다.

$$|A| = -ef - g[1-b(1-t)]$$

이제 크레이머의 공식을 활용해 국민소득 Y의 값을 구하려면, 우변에 있는 상수항 벡터를 계수행렬 A의 첫 번째 열을 지우고 대신 집어넣어 A(1)을 만들고 그 행렬식을 계산하여 이를 |A|로 나누어주면 됩니다.

$$|A(1)| = \begin{vmatrix} G_0 & -1 & -1 & 0 \\ C_0 & 1 & 0 & 0 \\ I_0 & 0 & 1 & e \\ M_0 & 0 & 0 & -g \end{vmatrix}$$

이 됩니다. 지면 관계상 $|A(1)|$의 도출과정은 생략하고 답만 제시하니, 직접 확인 바랍니다.

$$|A(1)| = -M_0e - g(C_0 + I_0 + G_0)$$

따라서 균형국민소득 Y는

$$Y = \frac{|A(1)|}{|A|} = \frac{M_0e + g(C_0 + I_0 + G_0)}{ef + g[1-b(1-t)]}$$

이 모형에서 정부지출승수, 즉 G_0의 계수를 보면

$$\text{정부지출승수} = \frac{g}{ef + g[1-b(1-t)]}$$

화폐와 관련된 모수들이 들어가서 앞의 경우보다 훨씬 복잡해진 것을 알 수 있습니다. 이 결과를 경제학적으로 자세하게 해석하는 것은 거시경제학을 공부할 때 하시기 바랍니다.

주요 개념 및 용어

여인수 행렬, 크레이머의 공식, 케인즈 모형, 승수효과

요약

- 연립방정식의 풀이 방법에는 크게 세 가지가 있고, 그 첫 번째는 미지수들을 차례로 소거하는 방법이나 복잡한 식을 풀기에는 적용이 어렵다.
- 두 번째 방법은 역행렬을 구해 이를 상수항 벡터에 곱하는 것으로, 역행렬은 여인수 행렬의 전치행렬을 사용해 계산할 수 있다.
- 크레이머의 공식은 역행렬을 모두 계산할 필요가 없고, 계수행렬의 행렬식 및 원하는 미지수와 관련된 행렬식 하나를 더 계산하여 해를 구할 수 있다.

연습문제

15-1 다음 연립방정식들을 행렬 형태로 나타내고, 계수행렬의 역행렬을 사용해서 해를 구하시오.

(a) $2x_1 + x_2 = 1,\ -x_1 + 10x_2 = 4$

(b) $2x + y = 4,\ 3x + y + 3z = 10,\ -4x + 3y - z = 2$

(c) $Q = 2 - 5P,\ Q = 1 + 3P$

15-2 $A = \begin{pmatrix} 3 & 1 & 2 \\ 0 & 2 & 3 \\ 0 & 0 & 1 \end{pmatrix},\ B = \begin{pmatrix} 1 & 2 & 3 \\ 4 & 5 & 4 \\ 3 & 2 & 1 \end{pmatrix},\ \mathbf{x}^T = (x_1, x_2, x_3),\ \mathbf{b}^T = (1, 1, 1)$이다.

(a) 연립방정식 $A\mathbf{x} = \mathbf{b}$의 해를 A의 역행렬을 사용해서 모두 구하시오.

(b) 연립방정식 $B\mathbf{x} = \mathbf{b}$의 해 중 x_3을 크레이머의 규칙을 사용해서 구하시오.

15-3 다음의 행렬과 벡터에 대해 답하시오.

$$A = \begin{pmatrix} 1 & 2 & 3 \\ 4 & 5 & 4 \\ 3 & 2 & 1 \end{pmatrix}, \quad \mathbf{x} = \begin{pmatrix} x_1 \\ x_2 \\ x_3 \end{pmatrix}, \quad \mathbf{b} = \begin{pmatrix} 0 \\ 1 \\ \alpha \end{pmatrix}$$

(a) 행렬 A의 여인수행렬 C를 작성하시오.

(b) $\det(A)$의 값을 계산하고 행렬 A의 역행렬 A^{-1}를 제시하시오.

(c) $A\mathbf{x} = \mathbf{b}$라는 연립방정식의 해가 (x_1^*, x_2^*, x_3^*)라고 하자. 이때 $x_1^* \neq 0$이 되려면 α에 어떤 조건이 필요한가?

15-4 본문 15.3.2절의 IS-LM 모형을 만족하는 균형이자율 r을 크레이머의 공식을 사용하여 구하시오. 균형이자율은 정부지출 G_0과 통화공급량 M_0이 변할 때 각각 어떤 영향을 받는가?

15-5 행렬로 표현한 선형 연립방정식이 $A\mathbf{x} = \mathbf{b}$이다. $A = (a_{ij})$는 $(n \times n)$차원의 계수행렬, $\mathbf{x}^T = (x_1, \ldots, x_n)$는 미지수 벡터, $\mathbf{b}^T = (b_1, \ldots, b_n)$는 상수항 벡터이다.

(a) $|A| \neq 0$이면 방정식은 해를 가지며, 그것이 유일하다는 것을 증명하시오.

(b) 도전 $|A| = 0$이면서 $x_1 = x^*$가 방정식의 해라면, $x_1 = x^* + kC_{i1}$도 같은 방정식의 해이다(k는 임의의 상수이고 C_{i1}은 여인수행렬 C의 $(i, 1)$ 항). 이 주장을 증명하시오.

(c) (a)와 (b)에서 발견한 내용을 정리하면 연립방정식의 해의 갯수에 대해 어떤 의미인지 설명하시오.

PART

5

다변수함수와 미분

제5부에서는 다시 함수와 미분이라는 주제로 돌아와서, 독립변수가 여러 개인 다변수함수의 미분을 공부합니다. 변수가 여러 개이기 때문에 미분의 개념도 여러 가지가 등장합니다. 제16장과 제17장에서 편미분과 전미분을 공부하고, 제18장에서는 경제 분석에서 사용되는 음함수정리를 살펴보며, 제19장에서는 경제학에 자주 등장하는 특수한 종류의 다변수함수인 동차함수를 공부합니다.

Chapter 16

편미분

이제 독립변수가 여러 개인 함수, 즉 다변수함수를 공부합니다. 책의 서론에서 보았던 학생들의 학업 성취도에 대한 모형 사례에서와 같이 사회과학적 현상에는 설명요인이 여러 개인 경우가 매우 흔하므로 당연히 다변수함수가 고려되어야 합니다.

가장 간단한 경우로 독립변수가 2개인 함수 $y=f(x, z)$를 봅시다. 종속변수를 y라고 불렀기 때문에, 편의상 또 다른 독립변수를 z라고 이름 붙였습니다. 변수가 2개를 넘는 경우에는 표기가 번거로워지기 때문에 독립변수를 x_1, x_2, x_3과 같이 불러, $y=f(x_1, x_2, x_3)$과 같은 기호도 사용할 것입니다.

16.1 편도함수

함수가 여러 개의 독립변수를 가질 경우, 여러 개의 변수 중 나머지는 모두 값을 고정시키고 단 하나의 변수만을 변화시킬 때의 함숫값 변화를 알아볼 수 있습니다. 즉, 다른 변수들은 상수로 취급하고 단 한 변수만을 변수로 보아 미분하는 것입니다. 이를 **편도함수**(partial derivative)라고 하고, 편도함수를 구하는 과정을 '편미분'(partial differentiation)이라고 부릅니다. 편도함수는 도함수의 정의를 따라

$$\frac{\partial f(x, z)}{\partial x}=\lim_{\Delta x \to 0} \frac{f(x+\Delta x,\, z)-f(x, z)}{\Delta x}$$

가 됩니다. 위 식은 함수 $f(x, z)$의 두 변수 중에서 z를 고정된 것으로 보고, x만 (무한히 작은 양만큼) 변화할 때 함숫값의 변화율을 계산한 것입니다. x로 편미분한 편도함수는 일변수함수의 도함수와 구분하여 $\frac{\partial f(x, z)}{\partial x}$라고 쓰고, 좀 더 간편하게는 $f_x(x, z)$라고도 씁니다(어느 변수로 편미분하는지를 표기해야 하므로 y'나 $f'(\ )$라는 기호는 더 이상 쓸 수 없습니다). 여기서 ∂은 미분기호인 d를 흘려 쓴 것으로 편미분임을 나타내고, f_x는 더 간단하게 표기하는 방법으로 아래첨자 x는 어느 변수로 편미분했는지를 알아야 하므로 표시한 것입니다.

마찬가지로 z에 대한 편도함수도 정의할 수 있고 이는 $\frac{\partial f(x,z)}{\partial z}$ 혹은 $f_z(x,z)$라고 쓸 수 있습니다.

편도함수 f_x는 f를 x로 미분한 도함수인데 이 값은 x와 z에 따라 달라집니다. 즉, 원래 함수인 f처럼 편도함수도 x와 z의 이변수함수입니다. 예를 들어 보면 이해가 쉬울 것입니다.

예제 16.1 편도함수

이변수함수 $f(x,z) = 5x^2 + 2\ln z - x^3e^z$의 편도함수를 구하시오.

편도함수는 $\frac{\partial f(x,z)}{\partial x} = f_x(x,z) = 10x - 3x^2e^z$와 $\frac{\partial f(x,z)}{\partial z} = f_z(x,z) = \frac{2}{z} - x^3e^z$로 두 함수 모두 이변수함수입니다.

편미분의 결과로 얻은 편도함수도 다변수함수이므로 또다시 편미분을 할 수 있습니다. 주어진 함수를 두 번 편미분해서 얻은 도함수는 **이계 편도함수**라고 부를 수 있겠습니다. 다만, 변수가 여러 개이므로 두 번 편미분을 할 때 어느 변수에 대해서 할 것인지에 대해 여러 가지 가능성이 있습니다. 변수가 2개인 경우, 한 번 편미분할 수 있는 방법이 두 가지이고, 한 번 더 할 때는 가능성이 네 가지가 되는 것입니다(x로 두 번, x 다음에 z, z 다음에 x, z로 두 번).

예제 16.2 이계 편도함수

이변수함수 $f(x,z) = 5x^2 + 2\ln z - x^3e^z$의 이계 편도함수를 구하시오.

[예제 16.1]에서 구한 일계 편도함수를 한 번씩 더 편미분해주면 되겠습니다.

$$\frac{\partial}{\partial x}\left(\frac{\partial f(x,z)}{\partial x}\right) = \frac{\partial^2 f(x,z)}{\partial x^2} = f_{xx} = 10 - 6xe^z$$
$$\frac{\partial}{\partial z}\left(\frac{\partial f(x,z)}{\partial x}\right) = \frac{\partial^2 f(x,z)}{\partial z \partial x} = f_{xz} = -3x^2e^z$$
$$\frac{\partial}{\partial x}\left(\frac{\partial f(x,z)}{\partial z}\right) = \frac{\partial^2 f(x,z)}{\partial x \partial z} = f_{zx} = -3x^2e^z$$
$$\frac{\partial}{\partial z}\left(\frac{\partial f(x,z)}{\partial z}\right) = \frac{\partial^2 f(x,z)}{\partial z^2} = f_{zz} = -\frac{2}{z^2} - x^3e^z$$

서로 다른 변수로 각각 한 번씩 편미분하는 **교차 편도함수**(cross partial derivative)의 기

호에 대한 설명: 먼저 x로 편미분하고 다음에 z로 편미분하는 경우, f의 왼쪽에 먼저 $\frac{\partial}{\partial x}$를 붙인 후에, 다시 왼쪽에 $\frac{\partial}{\partial z}$를 붙이므로 정리하면 $\frac{\partial^2 f}{\partial z \partial x}$가 됩니다. 한편 아래 첨자로 표시하는 경우에는 f에서 오른쪽으로 첨자를 붙여나가므로 먼저 미분한 x를 먼저 써서 f_{xz}가 되었습니다. 순서 표기가 혼란스러울 수 있는데, 곧 설명하는대로 사실 크게 신경쓰지 않아도 괜찮습니다.

그런데 결과를 보니 $f_{xz} = f_{zx}$로 나왔습니다. 이 결과는 위의 예에서 우연히 성립한 것이 아니고, 언제나 성립하는 것입니다.[37] 즉, 두 변수로 각각 편미분할 때 어느 변수로 먼저 미분하는지 순서는 상관없습니다. 따라서 변수가 2개일 때는 네 가지가 아니라 세 가지의 서로 다른 이계 편도함수가 존재하는 것입니다.

또한 변수가 3개 이상인 다변수함수에 대해서도 이계 편도함수에서 어느 변수를 먼저 편미분하는지는 중요하지 않습니다. 따라서 서로 다른 변수로 두 번 편미분하는 경우에 대한 기호를 f_{xz}로 쓰는지 f_{zx}로 쓰는지는 중요하지 않습니다. 또한 3개 이상의 변수를 가진 함수에 대해서는 독립변수에 각각의 기호를 붙여주는 것이 번거로우므로, $y = f(x_1, x_2, x_3)$과 같이 쓰는 것이 더 편리합니다. 이때 일계 편도함수는 f_1, f_2, f_3으로 적고, 이계 편도함수는 f_{12}, f_{23} 등으로 적을 수 있습니다. 물론 이계 편도함수에 대해서 $f_{23} = f_{32}$ 등이 성립합니다.

예제 16.3 삼변수함수의 편도함수

$y = f(x_1, x_2, x_3) = x_1 x_2 x_3$의 일계 편도함수와 이계 편도함수를 도출하시오.

세 가지 변수에 대해 각각 편미분할 수 있으므로 세 가지 일계 편도함수가 있습니다. x_1에 대한 편도함수를 간편하게 f_1이라고 표시하면,

$$f_1 = x_2 x_3, \quad f_2 = x_1 x_3, \quad f_3 = x_1 x_2$$

를 얻습니다.

한편, 이계 편도함수는 총 아홉 가지 경우가 가능하지만 실제로는

$$f_{11} = 0,$$

37) 이를 영의 정리(Young's theorem)라고 합니다. 엄밀하게는 주어진 함수의 이계 편도함수가 모두 연속이라는 조건이 필요합니다. 우리가 다룰 대부분의 함수는 이런 조건을 만족합니다. 여기서 증명하지는 않겠습니다.

$$
\begin{aligned}
f_{22} &= 0, \\
f_{33} &= 0, \\
f_{12} &= f_{21} = x_3, \\
f_{13} &= f_{31} = x_2, \\
f_{23} &= f_{32} = x_1
\end{aligned}
$$

로 여섯 가지가 있습니다.

16.2 다변수함수의 그래프

일변수함수 $y=f(x)$의 그래프는 $(x,\ f(x))$를 만족하는 점들을 XY축 상에 표시한 것을 말합니다. 마찬가지로 변수가 n개인 다변수함수 $y=f(x_1, x_2, \ldots, x_n)$의 그래프는 $(x_1,\ x_2,\ \ldots,\ x_n,\ f(x_1, x_2, \ldots, x_n))$을 만족하는 점들을 그림으로 나타낸 것입니다. 그런데 이 점들은 $(n+1)$차원의 벡터들입니다. 반면 우리가 보통 그래프라고 생각하는 것은 2차원인 평면 위에다가 그린 그림입니다. 따라서 다변수함수에서 '그래프'는 자연스럽게 정의는 되지만, 우리가 친숙하게 알고 있는 그림을 뜻하지는 않습니다.

이 절에서는 2개의 변수를 가진 함수 $y=f(x_1, x_2)$를 그림으로 표현하는 방법들을 소개하겠습니다. 3개 이상의 변수를 가진 함수를 온전하게 그림으로 표현하는 것은 사실상 불가능하다고 볼 수 있습니다.[38] 만약 3개 이상의 변수를 가진 함수를 그림으로 꼭 그려야 한다면 아래에 소개하는 방법을 응용하여 2변수 함수 형태로 제한하여 그려야 할 것입니다.

이변수함수를 그림으로 나타내는 방법은 크게 두 가지, 다시 세분하여 네 가지가 있습니다. 첫 번째는 그래프를 그대로 그리는 것이고, 나머지 세 가지는 독립변수 및 종속변수 중 하나를 고정시켜서 함수를 일변수함수로 변환하는 것입니다.

16.2.1 이변수함수 $y=f(x_1, x_2)$의 그래프

첫 번째 방법은 이변수함수의 그래프를 직접 그리는 것입니다. 이변수함수 $y=f(x_1, x_2)$의 그래프는 $(x_1,\ x_2,\ f(x_1, x_2))$라는 점들을 연결한 것으로 3차원입니다. 비록 우리가 그래

38) 학부 경제학에서 다루는 모형 중 상당수가 이변수함수의 예로 국한되는 이유 중 하나는 바로 이 경우가 그림을 통해 표현할 수 있기 때문입니다. 예컨대 미시경제학의 소비자이론은 보통 재화가 2개인 경우를 다루고, 생산자이론은 생산요소가 2개(노동과 자본)인 경우를 다룹니다.

프를 그리는 곳은 2차인 평면이지만, 3차원 물체를 그리는 것은 가능합니다.

예제 16.4 이변수함수의 그래프

$z = 1 - x - y$의 그래프를 그리시오(단, 정의역은 $0 \leq x, y \leq 1$).

X, Y, Z의 3개 축을 가진 좌표계에 $(x, y, z) = (x, y, 1 - x - y)$인 점들을 표시하면 됩니다. 다음의 [그림 16.1]과 같습니다. 주어진 함수의 그래프는 세 점 (1, 0, 0), (0, 1, 0), (0, 0, 1)을 꼭짓점으로 하는 삼각형과 그 내부에 해당합니다.

세 꼭짓점 각 축의 절편으로, 각각 두 변수의 값을 0으로 놓았을 때 나머지 한 변수의 값이 1이라는 것을 통해서 각 축에서의 절편이 1임을 알 수 있습니다(예를 들어, z축은 x의 값과 y의 값이 모두 0인 점들로 그중에서 (0, 0, 1)이 그래프에 속합니다).

한편 세 변수 중 하나의 값이 0일 경우에는 그림의 삼각형의 각 변에 해당합니다. 예를 들어, $z = 0$일 경우 그래프는 $y = 1 - x$로 XY축 상에 그려진 기울기가 −1이고 Y절편이 1인 직선이 됩니다.

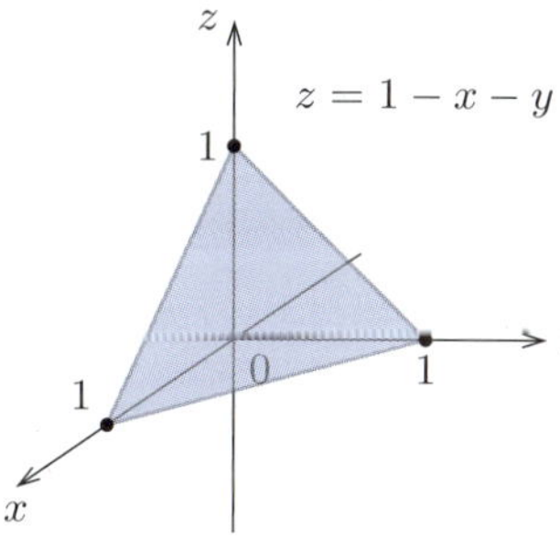

[그림 16.1] 예제 16.4

[예제 16.4]는 비교적 단순한 경우로 그래프의 모양을 이해하기도 쉽고 그리기도 쉬운 편입니다. 하지만 일반적인 이변수함수의 그래프를 그리거나 이해하는 것은 쉬운 일이 아닙니다. 반드시 그래프의 모양을 알아야 할 경우 요즘은 컴퓨터를 통해 그래프를 그려주는 소프트웨어들이 나와 있어 이들을 이용할 수도 있습니다.

한편, 경제 모형에서는 주로 다음에 소개하는 방법을 이용하여 함수의 모양을 파악하게 됩니다.

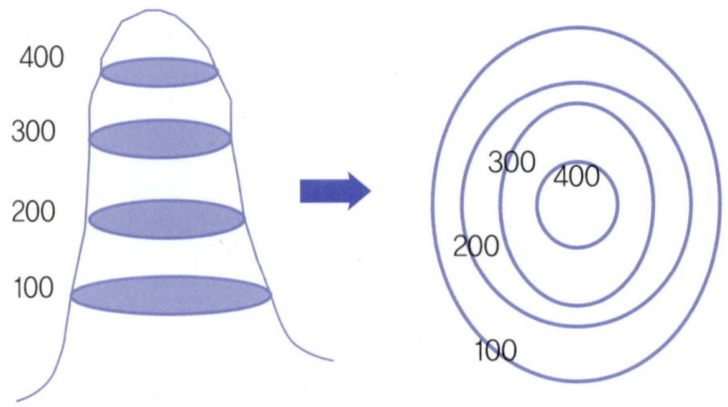

[그림 16.2] 등고선

16.2.2 이변수함수 $y = f(x_1, x_2)$의 등위선

이변수함수의 그래프가 3차원이기 때문에 그리기 어렵다면 이를 해결하는 한 가지 방법은 2차원으로 축소하는 것입니다. 3차원은 세 가지 방향으로 값이 변하는 상황입니다. 즉, 독립변수 2개와 종속변수 1개가 한꺼번에 움직이는 것입니다. 이를 2차원으로 축소하는 방법은 세 가지 변수 중 하나를 고정시켜서, 2차원적으로만 움직임을 허용하는 것입니다.

물론 이렇게 한 변수를 고정시켜 그린 그림은 실제 이변수함수의 그래프가 아닙니다. 3차원이어야 할 그래프의 한 장면만을 찍어놓은 '단면'일 뿐입니다. 실제 그래프 전체의 모습을 알려면 애초에 고정시켰던 변수의 값을 변화시켜주면서 그때그때 계속해서 단면들을 만들고 이들을 모두 모아야 그것이 그래프입니다.

이변수함수가 가진 3개의 변수 중 하나를 고정시킨 상태에서 나머지 2개의 변수에 대해 그린 그림을 가리켜, 원래 이변수함수의 **등위선**(level curve)이라고 합니다. 등위선은 또 다른 용어로 **등고선**이라고도 하는데, 이는 지도에서 산을 표현할 때 사용하는 등고선과 같은 개념입니다[그림 16.2].

이변수함수 $y = f(x_1, x_2)$에는 변수가 3개 있으므로 고정시킬 수 있는 변수도 3개이고, 따라서 등위선을 그릴 수 있는 방법도 세 가지입니다.

(1) x_1을 고정: $y = f(\overline{x_1}, x_2)$의 그래프

(2) x_2를 고정: $y = f(x_1, \overline{x_2})$의 그래프

(3) y를 고정: $\overline{y} = f(x_1, x_2)$의 그래프

x_1을 고정: $y = f(\overline{x_1}, x_2)$의 그래프

2개의 독립변수 중에서 x_1을 일정한 상숫값으로 고정시킨 경우, 이제 종속변수 y는 독립변수 x_2의 일변수함수가 됩니다. 가로축을 x_2로 세로축을 y로 하는 그래프를 쉽게 그릴 수

있습니다. 이때, 이 함수의 도함수는 원래 이변수함수의 (x_2에 대한) 편도함수가 됩니다.

x_2를 고정: $y = f(x_1, \overline{x_2})$의 그래프

마찬가지로 2개의 독립변수 중에서 이번에는 x_2를 일정한 상숫값으로 고정시킨 경우, 이제 종속변수 y는 독립변수 x_1의 일변수함수가 됩니다. 가로축을 x_1으로 세로축을 y로 하는 그래프를 그릴 수 있습니다. 이 함수의 도함수는 원래 이변수함수의 (x_1에 대한) 편도함수가 됩니다.

y를 고정: $\overline{y} = f(x_1, x_2)$의 그래프

이 세 번째 가능성이 사실상 이 개념을 '등위선'이라고 부르는 근거가 됩니다. 보통 그래프에서 우리가 원하는 것은 독립변수의 움직임에 따라서 종속변수가 어떻게 반응하는지를 보는 것이지만, 이번에는 종속변수의 값을 일정한 수준에 묶어 놓은 상태에서 독립변수들끼리 서로 어떤 관계를 갖는지를 보는 것입니다. 뜻밖에도 이같은 접근은 경제 모형에서 매우 흔하게 사용되는 것입니다.

예제 16.5 등위선

$y = f(x_1, x_2) = x_1 x_2$에 대해 등위선을 그려보시오.

(a) x_2를 고정할 경우

$x_2 = 1$로 고정할 경우 $y = x_1$이 되고, $x_2 = 2$로 고정할 경우 $y = 2x_1$이 되며, 일반적으로 말해 $x_2 = k$로 고정할 경우 $y = kx_1$이 됩니다(여기에는 $k = 0$인 경우 즉 $x_2 = 0$으로 고정한 경우도 포함됩니다. 이 때 $y = 0$이 됩니다). [그림 16.3(a)]는 몇 가지 경우에 대해서 이를 그림으로 표현하고 있습니다. 이 그림의 기울기는 $f_1 = k$로 상수입니다.

(b) x_1을 고정할 경우

마찬가지로 $x_1 = k$로 고정할 경우 $y = kx_2$가 됩니다. 유사하게 그림을 그릴 수 있고 이는 [그림 16.3(b)]에 나와 있습니다.

(c) y를 고정할 경우 [등위선]

이 경우가 가장 흥미로운 경우라고 할 수 있습니다. 원래의 종속변수를 특정 값으로 고정했기 때문에 이제, 독립변수 간에 함수관계가 성립합니다. 둘 중 어느 것을 종속변수로 보느냐는 중요하지 않습니다. 다만 y의 값을 고정시켜버렸기 때문에 이 값을 나오게 하려면, 두 독립변수를 모두 자유롭게 독립적으로 선택할 수는 없다는 점이 중요합니다.

$y = 1$이면 $x_1x_2 = 1$이 되어 $x_2 = \dfrac{1}{x_1}$이라는 함수의 그래프가 됩니다. 일반적으로 말해 $y = k$이면 $x_1x_2 = k$이 되어 $x_2 = \dfrac{k}{x_1}$이라는 함수의 그래프가 됩니다.

[그림 16.3(c)]에는 $k = 1, 4, 9$의 경우가 나와 있습니다.

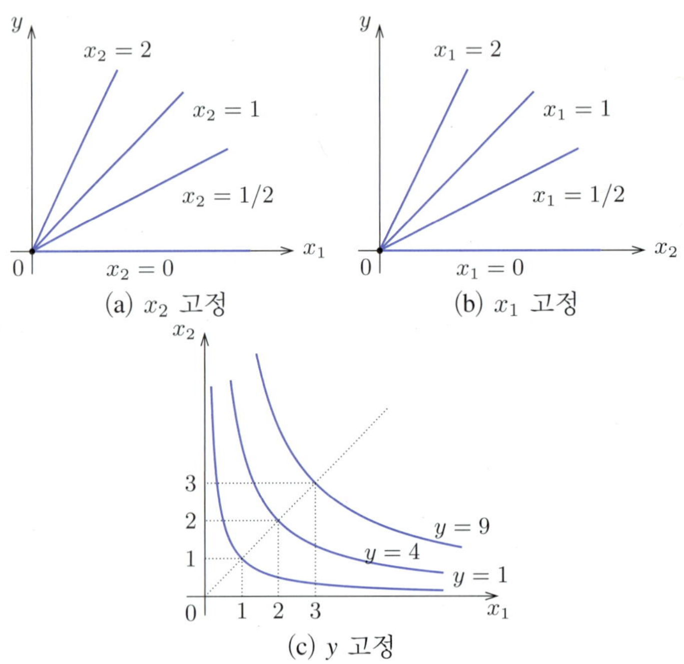

[그림 16.3] 예제 16.5

16.3 경제학과 편미분

편미분에 대해서 여러분이 여기서 처음 배웠을지도 모르겠지만, 사실 경제학을 어느 정도 공부했다면 이미 접한 적이 있는 개념입니다. 경제학에 등장하는 상당수의 개념은 다변수함수이고, 이들 다변수함수에 '한계' 개념을 적용할 경우 편도함수를 사용하게 됩니다.

(1) 소비자이론에서는 소비자의 **효용함수**(utility function)를 사용하는데 $U(x, y)$와 같이 쓰

고, 재화 X의 소비량 x와 재화 Y의 소비량 y를 통해 효용이 생겨나는 것을 묘사합니다. 여기서 재화 X의 **한계효용**(marginal utility)이란 재화 Y의 소비량은 고정시켜놓고서, X의 소비량을 1단위 또는 아주 조금 늘려줄 때 이 사람의 효용이 얼마나 늘어나는지를 나타내는 개념입니다. 방금 말로 설명한 것을 수학으로 표현하면 바로 X의 한계효용은 효용함수를 x로 편미분한 것입니다. 재화 X의 한계효용을 MU_x라고 할 때

$$MU_x = \frac{\partial U}{\partial x}$$

입니다. 재화 Y의 한계효용은 마찬가지로 효용함수를 y에 대해 편미분한 것입니다.

또한 앞 절에서 보았던 등위선을 개념을 적용할 때, 효용함수의 종속변숫값인 효용의 수준을 일정하게 고정시킨 상태에서 그린 그림, 즉 $U(x, y) = k$의 그림을 소비자이론에서는 **무차별곡선**(indifference curve)이라고 부릅니다.

예 16.1 한계효용, 무차별곡선

앞의 [예제 16.5]에서 검토했던 $y = f(x_1, x_2) = x_1x_2$는 효용함수로 자주 사용되는 함수 형태입니다. 즉 재화 1과 재화 2의 소비량을 각각 x_1과 x_2라고 할 때 효용함수를 $U(x, y) = x_1x_2$라고 해보겠습니다.

(a) 재화 1의 한계효용함수는 $MU_1 = \dfrac{\partial U}{\partial x_1} = x_2$입니다. 이변수함수의 편도함수는 다시 이변수함수입니다. 그런데 이 경우에는 x_1이 공식에서 사라진 특수한 경우입니다. 해석하자면 주어진 효용함수에서 재화 1의 한계효용은 재화 1의 소비량과는 상관이 없고 관련된 다른 재화인 재화 2의 소비량에 비례합니다.

또 다르게 해석하자면, 만약 재화 2의 소비량이 고정되어 있는 상태에서 재화 1의 소비량을 증가시키면 소비자의 효용은 그에 비례하여 증가하고, 그 증가비율인 한계효용은 일정한 상수(고정된 재화 2의 소비량만큼)입니다.

재화 1의 한계효용함수는 [그림 16.3(a)]에 나온 직선들의 기울기에 해당합니다.

(b) 마찬가지로 재화 2의 한계효용함수는 $MU_2 = \dfrac{\partial U}{\partial x_2} = x_1$이고, [그림 16.3(b)]에 나온 직선들의 기울기에 해당합니다.

(c) [그림 16.3(c)]는 주어진 효용함수의 무차별곡선들을 그려놓은 것으로 이해할 수 있습니다.

(2) 생산자이론에는 소비자의 효용함수와 대응되는 개념으로 **생산함수**(production function)

라는 것이 있습니다. 예를 들어 생산함수 $q = f(K, L)$은 자본 K와 노동 L을 투입하여 재화를 q만큼 생산하는 관계를 나타냅니다. 자본의 **한계생산**(marginal product) 혹은 **한계생산성**(marginal productivity)이란 노동의 투입량을 고정시켜 놓은 상태에서 자본의 투입량을 1 단위, 혹은 아주 조금 늘려줄 때 재화의 생산량이 얼마나 늘어나는지를 나타내는 개념입니다. 역시 방금 말로 설명한 것을 수학으로 표현하면 바로 K의 한계생산 MP_K는 생산함수를 K로 편미분한 것입니다. 즉,

$$MP_K = \frac{\partial f}{\partial K}$$

한계생산은 생산기술에 따라, 그리고 노동과 자본의 투입 비율에 따라 체증할 수도, 체감할 수도 있고 일정할 수도 있으며 이에 따라 생산량 및 생산비용이 어떻게 달라지는지는 생산자이론의 중요한 주제들입니다.

예 16.2 한계생산, 등량곡선

앞의 [예제 16.5]에서 검토했던 $y = f(x_1, x_2) = x_1 x_2$는 생산함수로도 자주 사용되는 함수 형태입니다. 즉 $q = KL$이라는 생산함수를 고려할 수 있습니다. 자본 K의 한계생산함수는 $MP_K = \dfrac{\partial f}{\partial K} = L$이고, 노동 L의 한계생산함수는 $MP_L = \dfrac{\partial f}{\partial L} = K$입니다. 생산함수에 대해서도 등위선을 그려볼 수 있는데, 임의의 생산량 q를 고정시킨 상태에서 L과 K 사이의 관계를 그린 것을 **등량곡선**(isoquant)이라고 합니다. [그림 16.3 (c)]는 $q = KL$이라는 생산함수의 등량곡선 모양을 보여주고 있습니다.

(3) 한편, 다시 소비자이론으로 돌아와서 효용함수와 소비자의 예산제약을 주면, 효용극대화 문제를 풀어서 소비자가 합리적으로 선택하는 소비량을 결정하게 되는데, 이를 **수요함수**(demand function)라고 합니다.[39] 수요함수에 독립변수로 들어가는 것들, 즉 재화 x의 수요량 X에 영향을 주는 설명변수들에는 재화의 가격 p_x, 타 재화의 가격 p_y, 예산(소득) I 등이 있습니다. 즉,

$$X = D(p_x, p_y, I)$$

라고 쓸 수 있습니다. 수요분석을 할 때는, 여러 가지 설명요인 중 다른 것은 일단 고정시키고 하나만 변화시키면서 수요량이 어떻게 변하는지를 살펴보게 됩니다.

타 재화의 가격과 예산이 고정된 상태에서 가격만을 변화시키면 이를 **가격효과**(price effect)

39) 어떻게 수요함수를 도출하는지는 제VI부에서 공부할 것입니다.

라고 하고, 이는 보통 수요량과 가격을 두 축으로 해서 그려지는 수요곡선의 기울기로 측정할 수 있습니다. 혹은 가격과 수요량의 변화를 비율로 나타내어 탄력성 개념으로 표현하는데, 이때 수요의 가격탄력성 공식에는 당연히 편미분이 등장합니다.

$$\varepsilon_x = \frac{\partial D}{\partial p_x} \cdot \frac{p_x}{D}$$

한편, 재화의 가격과 예산이 고정된 상태에서 타 재화의 가격만을 변화시키면 이를 **교차가격효과**(cross price effect)라고 하고, 두 재화 사이의 대체관계 또는 보완관계를 파악하는 데 사용됩니다. 수요의 교차가격 탄력성 공식 또한 편도함수를 사용합니다.

$$\varepsilon_{xy} = \frac{\partial D}{\partial p_y} \cdot \frac{p_y}{D}$$

마지막으로, 두 재화의 가격 모두를 고정시키고 소비자의 예산(소득)을 변화시키면, 이는 **소득효과**(income effect)이고 소득탄력성으로 분석합니다.

$$\eta = \frac{\partial D}{\partial I} \cdot \frac{I}{D}$$

(4) 보다 근본적으로 경제학을 공부할 때 *ceteris paribus*라는 조건이 언급되는데, 이는 '다른 모든 조건이 동일하다면'(other things being equal)이라는 뜻으로 여러 가지 복잡한 고려들을 일단 무시하고, 한 번에 한 가지씩만 분석한다는 자세를 표현합니다. *ceteris paribus* 하에서 어떤 변화의 효과를 분석한다면 언제나 편미분이 사용되고 있는 것입니다.

주요 개념 및 용어

다변수함수, 편미분, 편도함수, 등위선(등고선), 한계효용, 무차별곡선, 한계생산, ceteris paribus

요약

- 여러 개의 독립변수를 가진 다변수함수는 경제학 모형에서 자주 사용된다.
- 여러 개의 독립변수를 일정한 상숫값으로 고정시킨 상태에서 단 하나의 독립변수만을 무한히 조금 변화시킬 때 종속변숫값의 변화비율을 편도함수로 나타낼 수 있다.
- 편도함수도 다변수함수이므로 다시 편미분할 수 있으며, 이계 편도함수에서 변수의 편미분 순서는 중요하지 않다.
- 다변수함수의 그래프는 완전하게 그리기 어려우나, 이변수함수의 경우 그대로 그래프를 그리거나, 2개의 독립변수와 종속변수 중에서 하나를 고정시키고 그림을 그릴 수 있으며 이를 등위선이라 한다.
- 편도함수 개념은 소비자이론의 한계효용 및 탄력성, 생산자이론의 한계생산 등에서 널리 사용되고, 경제 분석에서 ceteris paribus라는 조건 속에 들어 있다.

연습문제

16-1 아래는 모두 독립변수 2개(x와 y)를 가진 이변수함수들이다. 일계 편도함수(f_x, f_y)와 이계 편도함수(f_{xx}, f_{xy}, f_{yy})를 구하시오.

(a) $f(x, y) = x^2 - 6xy + 2y^2 + 10x + 2y$

(b) $f(x, y) = x\sqrt{1 - y^2}$

(c) $f(x, y) = (x - \overline{x})^2(y - \overline{y})$ (단, $\overline{x}$, $\overline{y}$는 주어진 상수)

(d) $f(x, y) = \ln(x^2 + y)$

16-2 다음 이변수함수들에 대해 $\dfrac{\partial z}{\partial x}$와 $\dfrac{\partial z}{\partial y}$를 구하시오.

(a) $z = x^2 + 3y^2$

(b) $z = 5x^4y^2 - 2xy^5$

(c) $z = e^{x+y}$

(d) $z = e^{xy}$

(e) $z = \dfrac{e^x}{y}$

(f) $z = \ln(x + y)$

(g) $z = \ln(xy)$

16-3 다음 효용함수의 무차별곡선을 몇 가지 효용값에 대해 그리시오.

(a) $U(x, y) = \sqrt{x + 2y}$

(b) $U(x, y) = \ln(x - \overline{x}) + \ln(y - \overline{y})$ (단, $\overline{x}$, $\overline{y}$는 주어진 상수)

(c) $U(x, y) = 2\sqrt{x} + y$

16-4 생산함수가 $f(K, L) = (K^r + L^r)^{1/r}$일 때 자본의 한계생산을 공식으로 도출하고, 자본의 투입량이 변함에 따라서 어떻게 되는지 설명하시오. (단, r은 주어진 상수)

Chapter 17

전미분: 다변수 합성함수의 미분

앞 장에서는 편미분의 개념을 공부했고, 경제학에서 ceteris paribus 조건을 사용하여 분석할 경우 언제나 편미분, 편도함수가 사용되고 있음을 지적했습니다. 물론 ceteris paribus 가정은 분석을 쉽게 해주지만, 매우 제한적인 가정으로 비현실적일 수 있습니다. 예를 들어, 수요 분석에서 타재화의 가격과 소득이 변화하지 않고 가격만 변화할 때를 이론적으로 생각하는 것은 물론 편리하지만, 현실에서는 타 재화의 가격과 소득이 가만히 기다려주지 않고 동시에 한꺼번에 변하기 마련입니다.

여러 개의 변수가 동시에 변화하는 경우를 수학적으로 나타내기 위해서, **전미분**(total differentiation)이라는 개념을 사용합니다. 전미분 공식은 합성함수의 미분규칙인 연쇄법칙(chain rule)을 다변수함수에 적용한 것으로도 볼 수 있습니다. 따라서 먼저 다변수함수와 연관된 합성함수에 대한 미분 공식들을 짚어 보겠습니다.

17.1 매개변수가 여러 개인 일변수 합성함수

함수가 여러 개의 변수를 가지는데, 이 여러 개의 변수가 또 다른 변수 하나의 함수인 경우를 보겠습니다. 즉, $f(x(\theta), y(\theta), z(\theta))$와 같은 경우를 말합니다. 이 함수는 θ라는 하나의 변수에서 x, y, z로 흩어져서 갔다가 다시 모여서 결국 $f(\cdot)$ 값으로 가는 합성함수입니다. 함숫값을 결정하는 요인들을 구분하여, x, y, z로 표시된 중간의 '매개변수'들이 있고, 이 중간 매개변숫값들을 결정하는 실제 독립변수 θ가 있는 경우입니다.

사실 합성함수 식이 다 정리되고 나면 f는 독립변수 θ의 일변수함수입니다. 따라서 만약 구체적인 공식이 주어져 있다면, 함수식을 θ의 함수로 정리하여 쉽게 $\dfrac{df}{d\theta}$를 계산할 수 있을 것입니다.

그런데, f를 θ의 식으로 간단하게 나타낼 수 없는 경우에도, 이 도함수를 계산할 수 있습니다. 실제로는 θ의 변화에 최종적으로 f가 반응하는 것이지만, 그 경로가 x, y, z라는 3

개의 매개변수로 나누어져 효과들이 합쳐지는 것입니다. 이렇게 매개변수들을 통한 각각의 부분적인 효과들을 모두 합해서 최종 독립변수의 영향을 한꺼번에 표현한 것을 공식 (17.1)과 같이 쓸 수 있습니다.

$$\frac{df(x(\theta), y(\theta), z(\theta))}{d\theta} = \frac{\partial f}{\partial x}\frac{dx}{d\theta} + \frac{\partial f}{\partial y}\frac{dy}{d\theta} + \frac{\partial f}{\partial z}\frac{dz}{d\theta} \tag{17.1}$$

이 공식에서 어디에 편미분 기호 ∂가 사용되고 어디에 일반 미분 기호 d가 사용되었는지를 관찰해보기 바랍니다.

[그림 17.1]은 식 (17.1)을 개념적으로 보여주고 있습니다. 우선 독립변수인 θ 부분을 무시하고 그림의 왼쪽 절반만을 보면, 3개의 변수가 함숫값을 결정하는 것으로 보입니다. 이 중 변수 x가 함숫값에 미치는 영향은 편도함수 $\frac{\partial f}{\partial x}$에 의해 표현됩니다. 이때 편도함수의 정의에 따라 이 값은, y와 z가 "변하지 않는다는 가정 하에" 계산된 것입니다. $\frac{\partial f}{\partial y}$와 $\frac{\partial f}{\partial z}$도 마찬가지로 나머지 2개 변수가 "변하지 않는다는 가정 하에" 각각을 계산합니다.

이제 관점을 넓혀서 그림의 오른쪽 절반까지 포함시켜서 본다면, 실제로는 x, y, z는 결코 혼자서만 변할 수 없습니다. 이들은 스스로 변하는 것이 아니라 최종적인 독립변수인 θ가 변할 때 모두 한꺼번에 변하기 때문입니다. 다만, 그 변화의 효과는 3갈래의 길로 나누어져서 함숫값에 전달되며, 따라서 독립변수 θ에 의한 "전체 효과"는 각 매개변수를 통과해서 전달되는 ①, ②, ③의 "부분 효과"들의 합으로 나타낼 수 있습니다.

$x'(\theta)$, $y'(\theta)$, $z'(\theta)$는 각각 독립변수 θ가 매개변수들에 얼마나 영향을 주는지를 나타내며 (이 관계는 일변수함수들이므로 일반 미분 기호로 표현했습니다), 이 크기에 비례하여 f의 매개변수에 대한 편도함수들을 통해 전달됩니다.

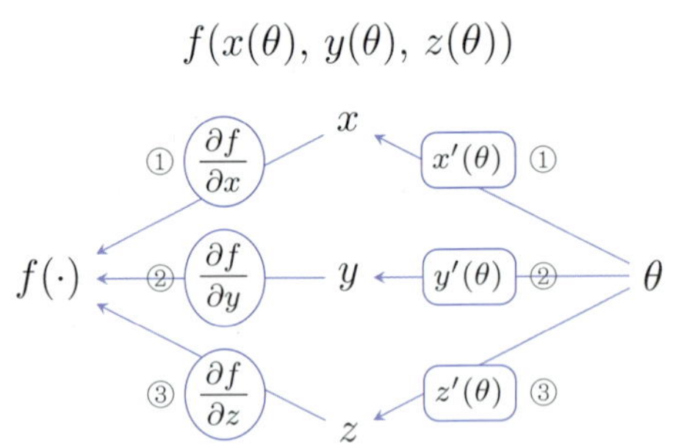

$$\frac{df(x(\theta), y(\theta), z(\theta))}{d\theta} = \underset{①}{\frac{\partial f}{\partial x}\cdot x'(\theta)} + \underset{②}{\frac{\partial f}{\partial y}\cdot y'(\theta)} + \underset{③}{\frac{\partial f}{\partial z}\cdot z'(\theta)}$$

[그림 17.1] 매개변수가 여러 개인 일변수 합성함수의 미분

예제 17.1 매개변수가 여러 개인 합성함수의 미분

$f(x,y,z) = 3x + 2y + z$ 이고 $x(\theta) = \theta^2$, $y(\theta) = \theta$, $z(\theta) = 0.5\theta$ 일 때 $\dfrac{df}{d\theta}$ 를 구하시오.

식 (17.1)을 그대로 적용하면

$$\frac{df}{d\theta} = \underbrace{\frac{\partial f}{\partial x}}_{3}\underbrace{x'(\theta)}_{2\theta} + \underbrace{\frac{\partial f}{\partial y}}_{2}\underbrace{y'(\theta)}_{1} + \underbrace{\frac{\partial f}{\partial z}}_{1}\underbrace{z'(\theta)}_{0.5} = 6\theta + 2.5$$

물론 이처럼 간단한 경우는 식을 정리하여 f 를 θ 의 일변수함수로 정리한 후 직접 미분하여 답을 얻을 수도 있습니다. 이 방법으로 위의 답을 확인해봅시다.

$$f(x(\theta), y(\theta), z(\theta)) = 3(\theta^2) + 2(\theta) + (0.5\theta) = 3\theta^2 + 2.5\theta$$

따라서 $f'(\theta) = 6\theta + 2.5$ 로 위에서 얻은 답과 같음을 알 수 있습니다.

17.2 매개변수가 여러 개인 다변수 합성함수

앞 절의 논의를 조금 더 발전시키면 최종 독립변수 또한 여러 개인 합성함수에 대해서도 미분 공식을 만들 수 있습니다. 예를 들어, 여전히 매개변수는 x, y, z 로 3개이면서 이 매개변수들에 영향을 주는 독립변수가 θ_1 과 θ_2 로 2개인 경우를 생각해 봅시다. 이제 독립변수로부터 최종 함숫값으로 영향이 미치는 경로는 모두 여섯 가지가 됩니다. 이들을 각각 표현하여 공식으로 작성하면 (17.2)와 같습니다. 독립변수가 θ_1 과 θ_2 로 2개이고 각각은 정말 독립적으로 변화하기 때문에, 각각에 대해서 편도함수를 도출할 수 있습니다.

$$\begin{aligned}\frac{\partial f(x(\theta_1,\theta_2), y(\theta_1,\theta_2), z(\theta_1,\theta_2))}{\partial \theta_1} &= \frac{\partial f}{\partial x}\frac{\partial x}{\partial \theta_1} + \frac{\partial f}{\partial y}\frac{\partial y}{\partial \theta_1} + \frac{\partial f}{\partial z}\frac{\partial z}{\partial \theta_1} \\ \frac{\partial f(x(\theta_1,\theta_2), y(\theta_1,\theta_2), z(\theta_1,\theta_2))}{\partial \theta_2} &= \frac{\partial f}{\partial x}\frac{\partial x}{\partial \theta_2} + \frac{\partial f}{\partial y}\frac{\partial y}{\partial \theta_2} + \frac{\partial f}{\partial z}\frac{\partial z}{\partial \theta_2}\end{aligned} \tag{17.2}$$

이 공식을 이해하기 위해서는 [그림 17.2]를 보면 됩니다.

$$f(x(\theta_1, \theta_2),\ y(\theta_1, \theta_2),\ z(\theta_1, \theta_2))$$

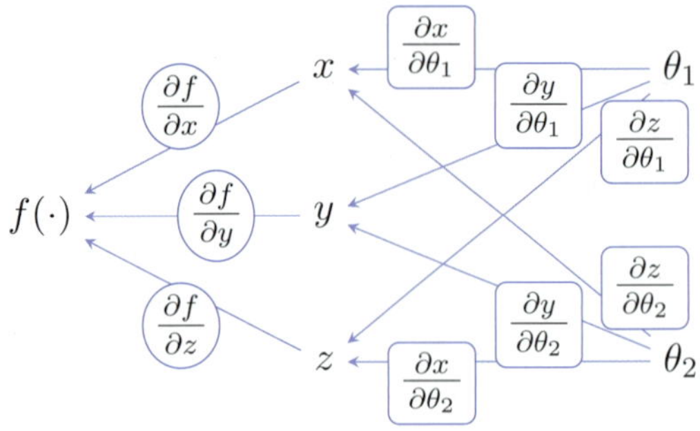

[그림 17.2] 매개변수가 여러 개인 다변수 합성함수의 미분

17.3 전미분

이제 합성함수 미분에 대한 논의를 더욱 발전시켜서 **전미분**이라는 개념을 소개하겠습니다. 앞에서는 한 함수의 모든 변수(x, y, z 등)가 또 다른 독립변수(θ)의 함수인 경우를 다루었습니다.

여기서는 또 다른 새로운 독립변수가 있는 것이 아니고, 원래 함수의 변수들끼리의 사이에 함수관계가 성립하는 경우를 다루겠습니다. 즉, 함수가 갖고 있는 변수들이 전부 독립변수인 것이 아니고, 알고 보면 그중에 진짜 독립변수(외생변수)도 있고 일부는 종속변수(내생변수)인 경우입니다.

단순한 경우로 변수 x와 y가 내생변수이고, z는 외생변수인 경우를 생각해봅시다(외생변수의 수가 반드시 1개일 필요도 없고, 내생변수에 비해 외생변수의 수가 더 작을 필요도 없습니다). 내생변수인 x와 y는 외생변수 z의 값에 따라 값이 변하기 때문에 z의 함수로 표현될 것입니다. 말하자면 원래 함수가 $f(x, y, z)$로 3변수함수인 것처럼 주어졌지만, 실제로는 내생변수와 외생변수의 관계까지 표현을 해주면

$$f(x(z), y(z), z)$$

가 되는 것입니다.

물론 이 모형을 손쉽게 풀 수 있어서 $x(z)$와 $y(z)$를 공식으로 도출했다면, 이를 위 식에 대입하여 f를 외생변수인 z만의 함수로 쓸 수 있을 것입니다. 그 결과를 그냥 z로 미분하면, 외생변수 z의 값이 변할 때 함숫값이 어떻게 변하는지 분석을 해볼 수 있습니다. 하지만, 문제풀이 과정이 너무 복잡하여 $x(z)$와 $y(z)$를 간단한 식으로 정리할 수 없거나 애초에 구체적인 함수 형태가 주어지지 않을 경우에도 여전히 분석을 할 수 있습니다. 바로 다음과

같은 전미분 공식을 활용해서입니다.

$$\frac{df}{dz} = \frac{\partial f}{\partial x}\frac{dx}{dz} + \frac{\partial f}{\partial y}\frac{dy}{dz} + \frac{\partial f}{\partial z} \tag{17.3}$$

위 공식을 도출하는 과정에는 물론 각 변수에 대해서 합성함수 미분 공식이 활용되었습니다. 이 공식에서는 정말 편미분 기호 ∂가 어디에 사용되고 일반 미분 기호 d는 어디에 사용되었는지를 정확하게 알아야 합니다. 특히 외생변수 z에 대해서 전도함수 $\frac{df}{dz}$와 편도함수 $\frac{\partial f}{\partial z}$가 어떻게 다른지를 이해하는 것이 중요합니다.

함수 $f(\cdot)$는 형식상 x, y, z의 세 가지 변수에 의해 영향을 받는데, x와 y는 자신들 또한 z에 의해 영향을 받고 있습니다. 즉, 변수 z는 함수 f의 값에 '직접적'으로 영향을 줄 뿐 아니라, x와 y를 통해서 '간접적'으로도 영향을 줍니다. 다시 말해서 $\frac{\partial f}{\partial z}$는 변수 z의 직접 효과를 나타내는 항이고, $\frac{df}{dz}$는 모든 간접효과까지를 포함한 전체 효과를 나타내는 공식입니다.

$$\underbrace{\frac{df}{dz}}_{\text{전체 효과}} = \underbrace{\frac{\partial f}{\partial x}\frac{dx}{dz}}_{\text{간접 효과}} + \underbrace{\frac{\partial f}{\partial y}\frac{dy}{dz}}_{\text{간접 효과}} + \underbrace{\frac{\partial f}{\partial z}}_{\text{직접 효과}}$$

[그림 17.3]에는 이를 알기 쉽게 표현해보았습니다.

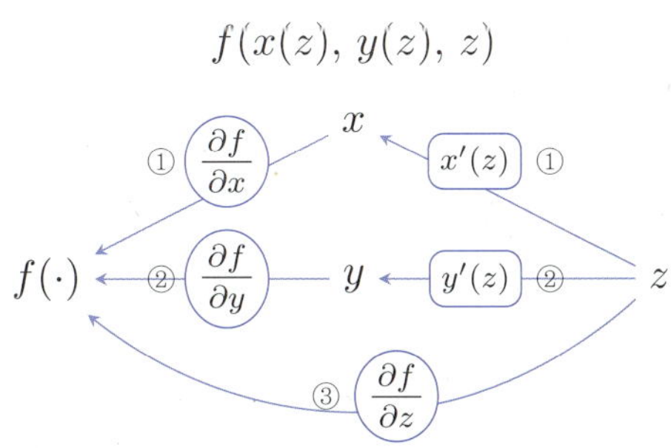

$$\frac{df(x(z), y(z), z)}{d\theta} = \underset{①}{\frac{\partial f}{\partial x}} \cdot x'(z) + \underset{②}{\frac{\partial f}{\partial y}} \cdot y'(z) + \underset{③}{\frac{\partial f}{\partial z}}$$

[그림 17.3] 내생변수 2개와 외생변수 1개를 가진 함수의 전미분

예제 17.2 전미분

$f(x,y,z)=3x+2y+z$이고 $x=2z, y=4z^2$일 때 $\dfrac{df}{dz}$를 도출하시오.

식 (17.3)을 활용하면

$$\frac{df}{dz}=\frac{\partial f}{\partial x}\frac{dx}{dz}+\frac{\partial f}{\partial y}\frac{dy}{dz}+\frac{\partial f}{\partial z}=(3)(2)+(2)(8z)+1=16z+7$$

결과를 확인하기 위해 f를 z만의 함수로 표현해보면

$$f(x,y,z)=3(2z)+2(4z^2)+z=6z+8z^2+z=8z^2+7z$$

이 결과를 z로 직접 미분하면 위와 같은 답이 나옴을 알 수 있습니다.

함수로 주어진 모형에서 함수 식을 순수한 외생변수만의 식으로 정리한 것을 **축약형**(reduced form)이라고 부르는데, 가능하다면 축약형으로 모형을 표현하는 것이 물론 바람직합니다. 하지만 축약형으로 만드는 것이 번거롭거나 불가능한 경우에 위의 전미분 공식은 매우 유용한 도구가 됩니다.

17.4 전미분 응용: 케인즈 거시경제 모형

제15장에서 공부했던(화폐 부문을 생략한) 기본 케인즈 모형을 통해 방금 공부한 전미분 개념이 어떻게 활용되는지 살펴봅시다. 이 모형은 국가 경제 내에서 재화의 총공급(AS, aggregate supply)과 총수요(AD, aggregate demand)가 일치할 때의 거시경제 균형을 도출하는 것이며 그 결과는 균형 국민소득으로 얻어집니다.

제15장에서 제시했던 모형은 다음과 같았습니다.

[시장균형] $\quad Y=C+I_0+G_0$

[소비함수] $\quad C=C_0+b(1-t)Y$

제15장에서도 설명했지만 $I=I_0$, $G=G_0$이라고 외생변수로 놓은 것은 실제로 기업의 투자나 정부지출이 고정된 상수라는 것이 아니고, 지금의 모형이 설명할 수는 없는 어떤 외부적인 과정에 의해서 결정된다고 가정하는 것입니다(그래서 이들을 외생변수라고 부릅니다).

한편, 소비함수는 간단한 선형함수로 표현되었지만 좀 더 일반적으로는 구체적인 식을 쓰지 않고 $C(Y)$와 같이 쓸 수 있습니다. 이 경우 한계소비성향은 바로 $\dfrac{dC}{dY}$가 됩니다. 제15장에서 한계소비성향을 나타내는 b가 $0 < b < 1$을 만족하도록 가정한 것처럼 여기서도 $0 < \dfrac{dC}{dY} < 1$이라고 가정하겠습니다. 대신 단순화를 위해 투자 I는 모형에서 아예 제외하도록 하겠습니다. 즉, 여기서 고려할 케인즈 모형은 식 (17.4)와 같습니다.

$$Y = C(Y) + G_0 \quad (\text{단, } 0 < \frac{dC}{dY} < 1) \tag{17.4}$$

$C(Y)$가 구체적인 공식으로 주어진다고 해도, 위 식을 언제나 $Y = f(G_0)$와 같은 축약형으로 나타낼 수 있는 것은 아닙니다. 더군다나 위와 같이 아예 구체적인 식이 주어지지 않는다면 축약형을 도출하는 것은 불가능합니다. 그러나 주어진 상태에서도 우리는 외생변수의 변화에 따른 내생변수의 변화를 분석해볼 수 있습니다.

여기서 외생변수는 G_0이고, 내생변수는 Y입니다. 따라서 우리가 원하는 계산은 $\dfrac{dY}{dG_0}$입니다. 전미분 공식을 활용하면 다음과 같습니다([그림 17.4] 참조).

$$\frac{dY}{dG_0} = \underbrace{\frac{\partial Y}{\partial C}}_{③}\underbrace{\frac{dC}{dY}}_{②}\underbrace{\frac{dY}{dG_0}}_{①} + \underbrace{\frac{\partial Y}{\partial G_0}}_{④} = C'(Y)\frac{dY}{dG_0} + 1 \tag{17.5}$$

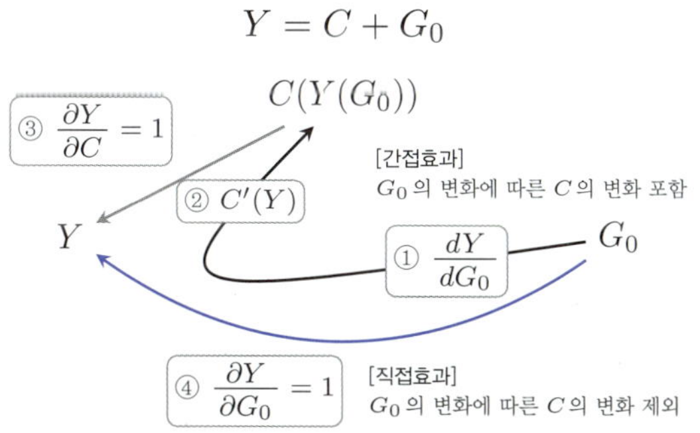

[그림 17.4] 케인즈 모형에서 전미분

국민소득 Y는 (기업의 투자를 무시했으므로) 가계의 소비 C와 정부지출 $G = G_0$의 합으로 구성됩니다. 만약 외생변수 G_0 값의 변화할 때 가계 소비 C는 변화가 없다면 $Y = C + G_0$ 식에서 G_0 1단위의 변화는 Y 1단위의 변화로 연결됩니다. 이것이 직접 효과이자 편도함수 $\dfrac{\partial Y}{\partial G_0}$으로 그 값이 1입니다.

하지만 실제로는 G_0이 변화할 때 C가 고정되어 있지 않고 변하게 됩니다. 그 변화 경로는

G_0에서 Y로 전달된 후 Y가 다시 C에 영향을 주는 방식으로 되어 있습니다. 이 간접효과까지를 포함하여 모두 계산한 식이 전미분 $\dfrac{dY}{dG_0}$인 것입니다.

식 (17.5)에는 우리가 원하는 $\dfrac{dY}{dG_0}$이 좌변과 우변에 모두 들어 있으므로 다시 정리해주면 식 (17.6)을 얻고 이것이 최종적인 전미분 결과입니다.

$$\frac{dY}{dG_0} = \frac{1}{1 - C'(Y)} \tag{17.6}$$

이 값은 물론 15.3.1에서 도출했던 정부지출 승수와 일치합니다(여기에서는 세율 t를 고려하지 않았고, 만약 $C(Y)$가 선형함수라면 $C'(Y) = b$이므로).

[그림 17.5]는 다시 소비함수가 선형함수로 $C(Y) = C_0 + bY$인 경우 균형 국민소득의 변화를 그림으로 보여주고 있습니다. 먼저 정부지출이 G_0인 경우 균형식의 우변은 $C + G = C_0 + bY + G_0$으로 세로축 절편이 $C_0 + G_0$이고 기울기는 b인 직선입니다. 이때 균형 국민소득은 $Y = C + G$가 되는 Y, 즉 그림에서 45도 직선과의 교차점에 $Y(G_0)$으로 표시되어 있습니다.

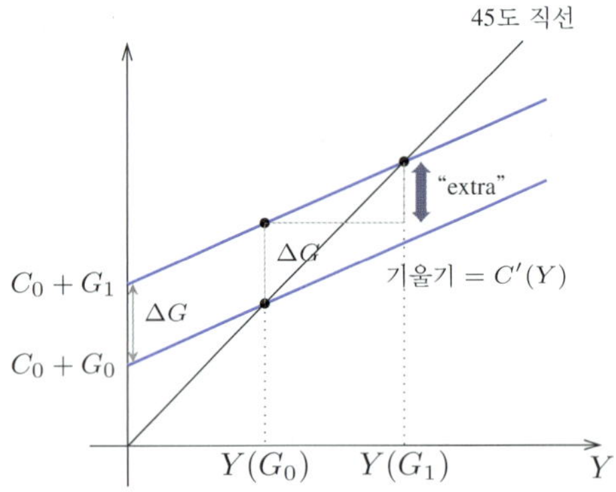

[그림 17.5] 케인즈 모형 전미분의 이해

이제 정부지출이 G_1로 변한다고 해봅시다. 그렇다면 이제 균형식의 우변은 $C + G = C_0 + bY + G_1$로 기울기는 여전히 b이고 세로축 절편은 $C_0 + G_1$이 되어 $\Delta G = G_1 - G_0$만큼 위로 이동하게 됩니다. 아직 내생변수인 C의 변화를 고려하지 않았기 때문에 이 변화분은 "직접 효과", 즉 편도함수 $\dfrac{\partial Y}{\partial G_0}$에 해당됩니다. $\Delta G = 1$이라고 할 때 그 값은 물론 1이 됩니다.

하지만 균형식에 의하면 여기에서 효과가 끝나지 않고 다시 45도 직선과 만나는 점까지 추가로 이동하게 됩니다. 그림에 "extra"라고 표시된 양만큼 Y가 추가로 증가하게 되는데, 그 값은 밑변이 $\Delta Y = Y(G_1) - Y(G_0)$이고 기울기는 b이므로 extra $=$ ΔY 곱하기 b가 됩니다. 따라서 최종적인 Y의 변화를 계산하면 $\Delta Y = 1 + b\Delta Y$이고 이를 다시 정리하면 $\Delta Y = \frac{1}{(1-b)}$ 입니다.

17.5 전미분량

일변수미분에서 소개되었던 미분량(differential) 개념을 다변수함수로 확장할 수 있습니다. 일변수함수에서 미분량(differential)이란 $dy = f'(x)\,dx$로 이 식을 사용하는 경우는 함수의 접선 기울기는 이미 알고 있는데, 함수 그래프의 전체 모양을 잘 모르는 경우입니다. 실제 데이터를 가지고 모형 분석을 하는 경우에 종종 발생할 수 있는데, 데이터(=경제 현실)에는 종속변수 y와 독립변수 x 사이에 상당히 복잡한 비선형 관계가 성립하지만, 우리는 이 관계를 정확하게는 모르는 상황입니다. 따라서 y와 x 사이의 관계가 단순한 '선형'이라고 가정하고 통계학적 기법을 활용하여 y와 x 사이의 관계를 설명하는 계숫값을 추정할 수 있습니다.

예를 들어, 방금 본 케인즈 거시모형에서 가계 소비가 소득의 증가함수 $C(Y)$인 것을 알지만 정확하게 함수 형태는 모르는 상황에서 일단 선형이라고 가정하고 주어진 데이터를 활용하여 $C(Y) = a + bY$라는 식을 추정하여 한계소비성향 b의 값을 얻을 수 있습니다. 일단 이 모형을 가지면 우리는 (오차는 있겠지만) 국민소득의 변화에 따른 소비 수준의 변화를 예측할 수 있습니다. 만약 $b = 0.7$이라면, 국민소득이 1조 원 증가할 때, 소비는 7천억 원 증가할 것으로 예측할 수 있습니다. 이 숫자는 물론 $b \times \Delta Y = 0.7 \times 1$조 원을 계산하여 얻은 것입니다. 이 계산에는 오차가 있을 것입니다. 그 오차는 ΔY의 (상대적) 크기에 따라 달라집니다. 원래의 국민소득이 100조 원이었을 때 1조 원의 효과를 계산하는 경우에 비해서, 원래의 국민소득이 1조 원이었다가 1조 원이 더 증가한 경우에는 오차가 훨씬 클 것입니다. 한편, ΔY의 크기가 비교적 작을 때는 오차도 작아서, 위와 같이 $b \times \Delta Y$를 소비 수준 변화의 근사치로 활용할 수 있습니다.

좀 더 일반적으로, 임의의 함수 $y = f(x)$에 대해서 함수 전체의 모양 $f(x)$는 잘 알지 못하지만, 주어진 어떤 점에서 도함수의 값 $f'(x)$를 알고 있다면, x 값이 조금 변화할 때 $f(x)$ 값이 얼마나 변화할지를 미분량 공식으로 예측할 수 있습니다.

이제 전미분의 개념에 같은 논리를 적용하면, 여러 개의 변수가 동시에 변할 때도 마찬가지로 근사치 계산이 가능해집니다. 이를 **전미분량**(total differential)이라고 합니다. n개의 변수를 갖는 다변수함수 $y = f(x_1, x_2, \ldots, x_n)$에 대해 다음과 같이 정의됩니다.

$$dy = f_1 dx_1 + f_2 dx_2 + \cdots + f_n dx_n \tag{17.7}$$

만약 n개의 변수 간에 일부는 내생변수라면, 그에 맞추어 전미분 공식을 활용하면 됩니다. 예를 들어, $y = f(x_1(x_2), x_2)$인 경우라면

$$dy = f_1 x_1'(x_2) dx_2 + f_2 dx_2 = (f_1 x_1'(x_2) + f_2) dx_2$$

로 계산할 수 있습니다.

주요 개념 및 용어

매개변수, 직접 효과, 간접 효과, 전미분, 전도함수, 전미분량

요약

- 합성함수의 미분에 적용되는 연쇄 법칙을 다변수함수의 경우에로 연장한 것이 전미분이다.
- $f(x(\theta), y(\theta), z(\theta))$와 같이 실제 독립변수 θ가 매개변수 x, y, z를 통해 함숫값을 결정할 때 $\frac{df}{d\theta}$는 각 매개변수를 통한 편도함수 효과들의 합으로 나타낼 수 있다: $\frac{df}{d\theta} = \frac{\partial f}{\partial x} x'(\theta) + \frac{\partial f}{\partial y} y'(\theta) + \frac{\partial f}{\partial z} z'(\theta)$
- $f(x(z), y(z), z)$와 같이 변수 간에도 함수관계가 성립할 경우 실제 독립변수인 z는 함숫값에 직접 영향을 줄 뿐 아니라 $(\partial f / \partial z)$, 다른 변수 x와 y를 통해 간접적으로도 영향을 주며, 이는 전미분 공식에 의해 표현된다:
$$\frac{df}{dz} = \frac{\partial f}{\partial x}\frac{dx}{dz} + \frac{\partial f}{\partial y}\frac{dy}{dz} + \frac{\partial f}{\partial z}$$
- 전미분량은 미분량 개념을 다변수함수에 적용한 것이다.

연습문제

17-1 $f(x,y) = 3xy^2 + 2x$ 이고 $x(t) = -3t^2$, $y(t) = 4t^3 + t$ 이다. $\dfrac{df}{dt}$ 를 식 (17.1)을 이용하여 계산하고, 함수를 합성하여 직접 미분한 결과와 비교하시오.

17-2 (a) $z = \ln(x^2 + y^2)$ 이고 $x = e^{-t}$, $y = e^t$ 이다. $t = 0$ 일 때 $\dfrac{dz}{dt}$ 의 값을 계산하시오.

(b) $f(x_1, x_2, x_3) = x_1^2 x_2 + 3\sqrt{x_3}$ 이고 $x_1 = \theta$, $x_2 = \ln\theta$, $x_3 = \theta^2 + 1$ 이다. $\theta = 1$ 일 때 $\dfrac{df}{d\theta}$ 의 값을 계산하시오.

17-3 (a) $z = \ln(x^2 + y^2)$ 이고 $y = e^x$ 이다. $\dfrac{\partial z}{\partial x}$ 와 $\dfrac{dz}{dx}$ 를 각각 공식으로 도출하시오.

(b) $f(x_1, x_2, x_3) = x_1^2 x_2 + 3\sqrt{x_3}$ 이고 $x_1 = \sqrt{x_3}$, $x_2 = \ln x_3$ 이다. $\dfrac{\partial f}{\partial x_3}$ 와 $\dfrac{df}{dx_3}$ 을 각각 공식으로 도출하시오.

17-4 다음의 거시경제모형을 고려한다. 본문의 모형과 다른 점은 소비가 국민소득 Y 뿐 아니라 정부지출 G_0 의 함수로 설정된 점이다(예를 들어 정부지출의 증가는 더 많은 세금 징수를 요구하며 그 결과 가계 소비가 감소하는 효과가 있을 수 있다).

[시장균형] $Y = C + I_0 + G_0$

[소비함수] $C = C(Y, G_0)$

$0 < C_Y < 1$ 이고 $-1 < C_{G_0} < 0$ 이라 가정하자. 이제 $\dfrac{dY}{dG_0}$ 는 본문의 결과와 어떻게 달라지겠는가? $\dfrac{dY}{dG_0} > 0$ 가 되려면 어떤 추가 가정이 필요하겠는가?

Chapter 18

음함수정리와 비교정학분석

제17장에서는 다변수 합성함수의 미분, 특히 함수의 변수 중에 내생변수와 외생변수가 섞여 있는 경우의 전미분에 대해서 공부했습니다. 변수 중에 내생변수와 외생변수가 섞여 있는 상황이 발생하는 이유로는 경제 모형을 축약형으로 정리하기 번거롭거나 불가능한 경우를 들었습니다.

이 장에서는 전미분 방법을 더욱 발전시켜서 (축약형으로 쉽게 정리되지 않는) 일반적인 경제 모형에 대해 비교정학분석을 쉽게 하는 방법을 공부하겠습니다. 여기서 일반적인 경제 모형이라고 하는 것은 여러 개의 식으로 구성된 경우까지를 포함하는 것입니다(앞 장의 전미분은 하나의 식에만 적용되는 공식이었습니다). 또한 비교정학분석이라는 것은 외생변수의 변화에 대해 내생변수가 어떻게 반응하는지를 살펴보는 것으로, 여기서 고려하는 일반적인 모형에서는 여러 개의 외생변수와 여러 개의 내생변수가 있을 수 있습니다. 이 장에서 공부하는 방법은 **음함수미분**입니다.

18.1 음함수

경제 모형은 대개 주요 경제변수 간의 관계를 나타내는 하나 혹은 여러 개의 식으로 구성되어 있습니다. 주어진 경제 모형을 다 풀어서 해를 구한다면 그 해의 형태는 내생변수들이 등식의 왼쪽에, 외생변수들은 오른쪽에 모여 있는 모습일 것입니다. 이를 **축약형**(reduced form)이라고 부릅니다. 경제 모형의 축약형을 구해낸다면 우리는 손쉽게 미분을 통해 외생변수의 변화에 따른 내생변수의 변화를 비교정학분석할 수 있습니다.

하지만 그런 식으로 해가 깨끗하게 정리되는 것이 어렵다면, 식은 내생변수와 외생변수가 뒤섞여 있는 형태로 남겨놓을 수밖에 없습니다. 축약형으로 정리되기 이전의 형태, 경제 이론에서 묘사하는 변수 간의 관계를 그냥 적어놓은 형태를 **구조형**(structural form)이라고 부릅니다.

좀 더 구체적으로 m개의 외생변수 $x_1, x_2, \ldots, x_m$과 n개의 내생변수 $y_1, y_2, \ldots, y_n$를 가진 모형을 생각해봅시다. 경제이론에 따라 변수들 간의 관계를 식으로 나타내어보면 대개는 [그림 18.1]과 같이 외생변수와 내생변수가 섞여 있는 형태가 됩니다. 이것이 구조형입니다. 이 공식 속에서 실제 해가 숨어 있습니다. 그래서 이를 숨은 함수, 즉 **음함수**(implicit function)형태라고 부릅니다(f 옆의 위첨자는 제곱이라는 뜻이 아니라 서로 다른 함수들에 번호를 매긴 것입니다. 오른쪽이 0인 것은 모든 상수들을 왼쪽으로 옮겨 함수 형태에 포함시키면 되기 때문입니다. 내생변수와 외생변수를 확실히 구분하기 위해 ;로 분리하여 표시했습니다. 식이 n개인 것은 보통 n개의 내생변수의 해를 얻기 위해서는 n개의 식이 필요하기 때문입니다).

$$
\begin{aligned}
f^1(y_1, y_2, \ldots, y_n; x_1, x_2, \ldots, x_m) &= 0 \\
f^2(y_1, y_2, \ldots, y_n; x_1, x_2, \ldots, x_m) &= 0 \\
&\vdots \\
f^n(y_1, y_2, \ldots, y_n; x_1, x_2, \ldots, x_m) &= 0
\end{aligned}
$$

[그림 18.1] 음함수로 표현되는 구조형

한편, 구조형으로 주어진 식을 풀어서 실제 해를 찾아낸다면 [그림 18.2]와 같이 식의 왼쪽에는 내생변수가 1개씩 들어 있고, 오른쪽에는 외생변수만 남아 있는 형태가 될 것입니다. 이것이 축약형입니다.

$$
\begin{aligned}
y_1 &= g^1(x_1, x_2, \ldots, x_m) \\
y_2 &= g^2(x_1, x_2, \ldots, x_m) \\
&\vdots \\
y_n &= g^n(x_1, x_2, \ldots, x_m)
\end{aligned}
$$

[그림 18.2] 축약형

축약형을 얻어낸다면 이 함수를 바로 외생변수로 미분하여 분석할 수 있습니다. 예를 들어 외생변수 x_k가 내생변수 y_j에 미치는 영향은

$$\frac{\partial y_j}{\partial x_k} = \frac{\partial g^j}{\partial x_k}$$

의 계산을 통해 알아낼 수 있습니다. 그러나 이 계산을 위해서는 일단 함수 g^j를 구체적으로 알아야 합니다.

이 장에서 공부하는 것은 구조형 모형을 축약형 모형으로 정리해서 해를 깨끗하게 풀어내지 못하더라도, 즉 함수 g^j를 구체적으로 알지 못하는 경우에도 계산을 해내는 방법입니다.

예 18.1 구조형과 축약형의 비교: 수요-공급 모형

경제학의 가장 기초라고 할 수 있는 수요-공급 모형을 구조형과 축약형의 관점에서 살펴보겠습니다. 수요함수가 $Q_D = a - bP$, 공급함수가 $Q_S = c + dP$로 각각 1차함수로 주어졌다고 합시다. 수요-공급 모형에서 시장의 균형은 수요량 Q_D와 공급량 Q_S가 일치하는 수준에서 결정됩니다. 즉, $Q_D = Q_S$가 해를 결정하는 조건으로 이를 풀어보면 $a - bP = c + dP$에서 $P = \dfrac{a-c}{b+d}$가 균형 시장가격입니다.

앞 문단의 풀이 과정에서 "$a - bP = c + dP$"가 바로 내생변수와 외생변수가 섞여 있는 구조형입니다. 앞의 [그림 18.1]과 같이 음함수 형태로 정리한다면 항들을 모두 좌변으로 모아서 $a - bP - c - dP = 0$이 됩니다. 한편, "$P = \dfrac{a-c}{b+d}$"는 축약형입니다. 즉, 내생변수는 P이고, 외생변수는 a, b, c, d입니다.

이 모형에 대한 비교정학분석은 내생변수 P가 각 외생변수의 변화에 어떻게 반응하는지를 보는 것입니다. 예를 들어 a(수요함수의 절편)이 증가할 때 시장균형 가격은 어떻게 되는지를 보는 것으로 이는 축약형 공식을 a로 편미분하면 됩니다.

18.2 식이 1개일 때의 음함수미분

우선 가장 간단한 경우로 외생변수 1개, 내생변수 1개, 방정식도 1개인 경우를 봅시다. 이를 간단하게 $f(x,y) = 0$이라고 쓸 수 있습니다. 여기서 x가 외생변수, y가 내생변수라고 한다면, 이 모형의 최종해는 $y = y(x)$의 형태를 가질 것입니다. 실제 이 해의 공식을 알아내지 못하더라도 음함수 식 $f(x,y) = 0$의 전미분량을 구해보면,

$$\frac{\partial f(x,y)}{\partial x}dx + \frac{\partial f(x,y)}{\partial y}dy = 0 \tag{18.1}$$

이 됩니다. 여기서 이 식의 값이 0인 것은 $f(x,y)$가 항상 0의 값을 가지므로 변화가 없기 ($df = 0$) 때문입니다. 식 (18.1)을 정리해주면, $\dfrac{\partial f}{\partial y} \neq 0$일 때

$$\frac{dy}{dx} = -\frac{\partial f/\partial x}{\partial f/\partial y} \tag{18.2}$$

를 얻습니다. 이것이 음함수미분 공식입니다. 말로 하자면, $f(x,y)=0$이라는 음함수에 의해 결정되는 내생변수 y의 값을 외생변수 x로 미분한 값은, 음함수를 외생변수 x로 미분한 값을 분자에 놓고, 음함수를 내생변수 y로 미분한 값을 분모에 놓은 다음 음(−)의 부호를 붙여준 것입니다. 여기서 (18.2)의 양변에서 x와 y의 위치를 주의해서 보기 바랍니다. 좌변에서 분모에 있는 x가 우변에는 분자에 있습니다(그 이유는 물론 식 (18.1)을 보면 알 수 있습니다).

음함수미분의 과정을 위에서 사용한 전미분량 대신 그냥 전미분 공식을 사용해서 다시 풀이해보겠습니다. 음함수 식 $f(x,y)=0$을 만족하는 해 $y=y(x)$를 구했다고 가정하면, 음함수를 $f(x,y(x))=0$이라고 고쳐 쓸 수 있습니다. 이제 이 식을 x에 대해 전미분해보면

$$\frac{df}{dx}=\frac{\partial f}{\partial x}+\frac{\partial f}{\partial y}\frac{dy}{dx}=0 \tag{18.3}$$

식 (18.3)을 정리하면 다시 (18.2)를 얻습니다.

한 가지 주의 깊게 볼 점은 음함수미분 공식을 얻기 위해 $\partial f/\partial y\neq 0$이라는 조건이 필요하다는 것입니다. 수학적으로는 이 값이 분모에 들어가야 하므로 0이면 안 되는 것이 당연합니다. 경제 모형의 관점에서 보자면, y는 내생변수인데 음함수에서 실질적인 역할을 해야 해를 가진다는 것입니다. 가장 극단적인 경우로 만약 음함수 속에 y가 없다고 해봅시다. 예를 들어 $f(x,y)=x^2=0$인 경우라면 당연히 $\partial f/\partial y=0$인 동시에 y를 x의 함수로 나타낼 수도 없고 y를 x로 미분할 수도 없습니다. y는 이 식에서 사실 존재하지 않기 때문입니다.

예제 18.1 음함수미분

다음 음함수에서 dy/dx를 구하시오.

(1) $f(x,y)=y-ax^2=0$

음함수미분 공식을 사용하여 dy/dx를 구해보면

$$\frac{dy}{dx}=-\frac{\partial f/\partial x}{\partial f/\partial y}=-\frac{-2ax}{1}=2ax$$

입니다. 맞는지 검산을 하기 위해서 음함수 형태를 풀어서 축약형으로 정리하면

$$y=ax^2=0\Longrightarrow y=ax^2$$

이므로 이를 바로 미분하면 $dy/dx=2ax$임을 쉽게 확인할 수 있습니다. 물론 이 예제

는 굳이 음함수미분 공식을 쓸 필요가 없지만, 더 복잡한 경우에는 음함수미분 공식을 써야만 풀릴 것입니다.

(2) $f(x,y) = y^3 - x^2 = 0$

마찬가지로 공식을 사용하면

$$\frac{dy}{dx} = -\frac{-2x}{3y^2} = \frac{2x}{3y^2}$$

입니다. 만약 이 값을 아는 것이 목적이라면 x와 y값을 대입해서 계산하면 그만이고, 도함수를 공식으로 도출하는 것이 목적이라면 식에 내생변수인 y를 남겨두면 곤란하므로 모두 x로 바꾸어줘야 합니다. 원래 음함수를 축약해보면 $y = x^{2/3}$이므로 이를 방금 구한 식에 대입하면

$$\frac{dy}{dx} = \frac{2}{3}\frac{x}{x^{4/3}} = \frac{2}{3}x^{-1/3}$$

물론 축약형을 직접 미분해도 같은 답을 얻습니다.

음함수미분 공식을 언제 적용할 수 있는지 조건까지를 명확하게 나타내어 우리가 쓸 수 있는 결과로 정리한 것이 **음함수정리**(implicit function theorem)입니다. 엄밀한 증명보다는 정리가 의미하는 내용과 성립하는 이유를 설명해보겠습니다.

정리 18.1 식이 1개인 경우의 음함수정리

음함수 $f(x,y) = 0$에 대해,

가정 (a) f가 x, y에 대해 각각 편미분가능하고

가정 (b) $\partial f/\partial y \neq 0$이라면,

(i) y를 x의 함수로 풀어 $y(x)$라고 쓸 수 있으며

(ii) $y(x)$의 도함수는

$$\frac{dy}{dx} = -\frac{\partial f/\partial x}{\partial f/\partial y}$$

이다.

이 정리에는 크게 두 가지의 가정이 있고, 두 가지의 결과가 있습니다. 우선 첫 번째 가정 (a)는 음함수가 두 변수(내생변수와 외생변수) 모두에 대해 편미분 가능해야 한다는 것으로 미분을 위해서는 당연한 조건이라고 할 수 있고, 우리가 고려할 대부분의 함수는 미분 가

능하므로 큰 문제가 되지 않습니다. 두 번째 가정 (b)는 앞에서도 지적한 것으로 음함수를 내생변수로 미분한 값이 0이 아니라는 것입니다. 만약 이 값이 0이라면 사실 내생변수는 음함수에서 별 역할이 없는 셈입니다.

결과가 2가지라는 것은 정리에서 (i)과 (ii)로 표현된 것입니다. 우선 (ii)는 이미 식 (18.2)로 제시한 음함수미분 공식입니다. 그런데 식 (18.2)를 도출할 때 우리는 y가 x의 "함수"라고 가정을 하고 시작했습니다. 정리의 (i)은 두 가정 (a), (b)에서 실제로 y가 x의 함수이고 (ii)는 심지어 그것이 미분가능함을 주장하고 있습니다. 미분가능에 대한 증명은 생략하고, 왜 함수가 맞는지를 설명하겠습니다.

y가 x의 함수인 이유

외생변수 x가 임의의 특정한 값 x_0를 갖는 상황을 생각해봅시다. 이 값을 음함수 식에 대입하면 $f(x_0, y) = 0$가 되는데 이는 y에 대한 방정식입니다(예를 들어 $x = 1$을 대입하면 $f(1, y) = 0$이라는 방정식이 됩니다). 이 방정식을 만족하는 해 y가 없거나, 여러 개라면 y는 x의 함수가 아닙니다. 음함수정리는 임의의 x_0에 대해서 $f(x_0, y) = 0$를 만족하는 y가 단 1개 있다고 주장하는 것입니다.

$f(x_0, y)$에서 x_0는 주어진 상수이고 y만의 식이므로 이를 $g(y) = f(x_0, y)$라고 해봅시다. 만약 $g(\cdot)$에게 역함수 g^{-1}이 있다면, $g(y) = 0$에서 $y = g^{-1}(0)$이 되며 우리가 원하는 y 값이 단 1개 확보됩니다. $g(\cdot)$가 단조함수라면 일대일이고 따라서 역함수가 있습니다.

그런데 $g(y) = f(x_0, y)$이고, 가정 (a)에서 y에 대해 편미분가능하므로, $g'(y) = \dfrac{\partial f}{\partial y}(x_0, y)$는 단 1개의 값을 갖고, 가정 (b)에 의해 0이 아니므로 $g'(y) > 0$이거나 혹은 $g'(y) < 0$입니다. 두 경우 모두 $g(\cdot)$는 단조함수이므로, 일대일이고 따라서 역함수를 갖습니다.

그러므로 임의의 x_0에 대해서 $f(x_0, y) = 0$을 만족하는 y 값은 단 1개이고, 따라서 y는 x의 함수입니다.

예제 18.2 음함수정리

정의역이 $x \geq 0$일 때, 함수 $f(x, y) = y^2 - x^2 = 0$에 음함수정리가 적용되는지 설명하시오.

우선 주어진 함수는 간단한 다항함수 형태이므로 음함수정리의 가정 (a)는 성립합니다. 한편 가정 (b)는 $\partial f / \partial y = 2y$이므로 $y = 0$일 때는 성립하지 않습니다.

이 가정 (b)의 의미를 이해하기 위해서 주어진 음함수를 축약해보겠습니다. 주어진 식을 정리하면 $y^2 = x^2$이 되는데 양변에 제곱근을 취해보면

$$y = \pm x$$

가 됩니다. 이 식은 그 자체로는 함수가 아닙니다. 하나의 x 값에 2개의 y 값이 대응되

기 때문입니다.

그런데 만약 $y > 0$이라면, $y = x$이 되고 반대로 $y < 0$이라면 $y = -x$가 됩니다. 따라서 각각의 경우에 도함수는 $y > 0$이라면 1, $y < 0$이라면 -1입니다.

한편 $y = 0$이라면 x도 0이어야 하고 이때는 $y = x$도 $y = -x$도 맞는 표현이 됩니다. 게다가 x가 아주 조금 변화할 때 y가 어떻게 변화할지 알 수 없어 도함수도 구할 수 없습니다. 도함수는 1일 수도 있고 -1일 수도 있어서 하나의 값으로 정할 수가 없는 것입니다.

예제 18.3 케인즈 모형과 음함수정리

케인즈 거시경제모형이 $Y = C(Y) + G_0$로 주어졌을 때 음함수정리를 사용하여 $\partial Y/\partial G_0$을 구하시오.

$C(Y)$의 구체적인 형태가 주어지지 않았으므로 주어진 모형의 축약형을 공식으로 구하는 것은 불가능합니다. 식을 음함수 형태로 써보면

$$f(Y, G_0) = Y - C(Y) - G_0 = 0$$

입니다. $C(Y)$가 미분가능하다면 음함수정리의 조건 (a)는 만족됩니다. 한편 조건 (b)를 확인해보면 $\partial f/\partial Y = 1 - C'(Y)$이므로 $C'(Y)$은 1이 아니어야 합니다. 대개 한계소비성향에 대해서 0과 1 사이의 값이라는 가정을 하므로 만족됩니다.

즉, $C(Y)$가 미분가능하고 $C'(Y)$가 1이 아니라면 음함수정리에 의해 우선 내생변수인 국민소득 Y를 풀어서 외생변수 G_0의 함수로 나타내는 것이 가능합니다. 또한 그 도함수를 계산하면

$$\frac{dY}{dG_0} = -\frac{\partial f/\partial G_0}{\partial f/\partial Y} = -\frac{-1}{1 - C'(Y)} = \frac{1}{1 - C'(Y)}$$

로 이미 예전에 구했던 정부지출승수의 공식과 동일합니다.

이 공식이 말이 되려면 분모가 0이 아니라야 하므로 음함수정리가 요구하는 조건 (b)와 일치합니다.

경제학적으로 만약 한계소비성향 $C'(Y)$가 1이라면 이는 가계 소비가 국민소득 증가분만큼 그대로 늘어난다는 의미로 만약 정부지출이 1단위 늘어날 경우 일단 소득의 1단위 증가로 이어지고 한계소비성향에 따라 소비가 1단위 늘어나 소득이 또 1단위 늘어나는

식으로 반복되면 국민소득이 무한대로 증가하는 결과가 되어 해를 구할 수 없게 되는 것입니다.

18.3 응용: 무차별곡선의 한계대체율, 등량곡선의 한계기술대체율

음함수정리를 유용하게 써먹을 수 있는 경우로 미시경제이론에 자주 등장하는 무차별곡선 및 등량곡선의 기울기 구하기 문제가 있습니다. 무차별곡선이나 등량곡선 같은 개념을 수학적으로는 등위선 혹은 등고선(level curve)이라고 부른다는 것을 앞의 제16장 2절에서 보았습니다.

소비자이론에 나오는 **무차별곡선**(indifference curve)이란 소비자의 효용 수준이 동일한 재화 소비 꾸러미들을 연결한 것인데, 예를 들어 $U(x_1, x_2) = u$와 같은 형태를 갖습니다. 여기서 x_1과 x_2는 두 재화의 소비량을 가리키고, u는 상수로 어떤 효용수준을 나타냅니다. 생산자 이론의 **등량곡선**(isoquant) 또한 비슷한 개념인데 일정한 생산량을 만들어내기 위해 필요한 투입요소들의 조합들을 연결한 선으로 $f(L, K) = q$와 같은 형태를 갖습니다. 여기서 L은 노동, K는 자본, q는 상수로서 임의의 재화생산량입니다.

이와 같은 곡선 개념이 필요한 이유는, 독립변수의 수가 2개 이상이 될 때 이를 그래프로 그릴 수가 없기 때문입니다. 따라서 함숫값을 고정시켜 놓고, 이 함숫값을 만족하는 독립변숫값들을 찾아보면 두 독립변수가 독립적이지 않고, 하나를 결정하면 나머지 하나는 내생적으로 결정되게 됩니다. 그 관계를 나타낸 것이 수학적으로는 등위선, 경제학에서는 무차별곡선, 등량곡선 등입니다.

무차별곡선을 그렸을 때 한 점에서의 기울기의 절댓값 즉 $-dx_2/dx_1$을 **한계대체율**(MRS)이라고 부르고, 등량곡선의 기울기의 절댓값 즉 $-dK/dL$을 **한계기술대체율**(MRTS)이라고 부릅니다. 이 값들은 음함수미분을 이용하면 다음과 같이 쉽게 도출할 수 있습니다.

$U(x_1, x_2) = u$에서 한계대체율은

$$MRS = -\frac{dx_2}{dx_1} = \frac{\partial U/\partial x_1}{\partial U/\partial x_2} = \frac{MU_1}{MU_2}$$

$f(L, K) = q$에서 한계기술대체율은

$$MRTS = -\frac{dK}{dL} = \frac{\partial f/\partial L}{\partial f/\partial K} = \frac{MP_L}{MP_K}$$

입니다. 위 식에서 MU_1은 재화 1의 한계효용, MP_L은 노동의 한계생산입니다.

구체적으로 경제학에서 자주 쓰이는 함수인 Cobb-Douglas 형태로 주어져 있다고 하면 다음과 같이 전개됩니다. Cobb-Douglas 형태란 변수가 2개인 경우 $U(x_1, x_2) = ax_1^{\alpha}x_2^{\beta}$, $f(L, K) = AL^{\alpha}K^{\beta}$와 같은 모양을 말하는데, 효용함수의 MRS를 구해보면

$$\frac{\partial U/\partial x_1}{\partial U/\partial x_2} = \frac{\alpha a x_1^{\alpha-1}x_2^{\beta}}{\beta a x_1^{\alpha}x_2^{\beta-1}} = \frac{\alpha}{\beta}\frac{x_2}{x_1}$$

가 됩니다. 이 식을 경제학에서 활용하는 예를 들면 다음과 같습니다. 주어진 소득 I를 가지고 x_1과 x_2를 적당히 구입하여 효용극대화를 추구하는 경우, 각각의 가격이 p_1과 p_2라면, 효용극대화점은 MRS를 p_1/p_2와 일치시키는 것으로 구할 수 있습니다.[40] 즉 Cobb-Douglas의 경우

$$\frac{\alpha}{\beta}\frac{x_2}{x_1} = \frac{p_1}{p_2}$$

이고 이를 다시 정리하면,

$$\frac{p_2x_2}{p_1x_1} = \frac{\beta}{\alpha}$$

입니다. 이 식의 의미는, 소비자가 x_1과 x_2에 지출하는 금액의 비율이 α와 β에 의해서 주어진다는 것입니다. 만약, $\alpha = \beta$라면, 소비자는 두 재화에 동일한 액수의 금액을 지출합니다. 즉 소득의 절반씩을 나누어 두 재화를 구입합니다. 효용함수가 $U(x_1, x_2) = x_1x_2$인 소비자의 행동이 그렇습니다. 또한, 효용함수가 $U(x_1, x_2) = \sqrt{x_1x_2}$라도 마찬가지입니다. 한편, 효용함수가 $U(x_1, x_2) = x_1^3x_2^2$이라면 이 사람은 소득 중의 3/5는 x_1에, 나머지 2/5는 x_2에 지출하리라는 것을 알 수 있습니다.

18.4 식이 2개일 때의 음함수미분

식이 1개인 단순한 경우의 음함수미분과 음함수정리를 앞에서 공부했습니다. 식이 2개인 경우를 알아보겠습니다. 식이 3개 이상이 되더라도 비슷하게 해결 가능합니다. 다음의 두 식으로 표현되는 경제 모형이 있다고 해봅시다.

$$\begin{aligned} f(x_1, x_2, \alpha) &= 0 \\ g(x_1, x_2, \alpha) &= 0 \end{aligned} \tag{18.4}$$

40) 이 조건의 경제학적 논리는 미시경제이론 과목에서 공부합니다. 이런 문제를 수학적으로 어떻게 푸는지는 본서의 제VI부에서 공부하겠습니다.

식에서 내생변수는 x_1과 x_2로 식의 수와 같이 2개이고, 외생변수는 1개인데 눈에 띄기 쉽게 α로 표시했습니다.

(18.4)에 포함된 두 식의 전미분량을 각각 계산하면

$$\begin{aligned} \frac{\partial f}{\partial x_1}dx_1 + \frac{\partial f}{\partial x_2}dx_2 + \frac{\partial f}{\partial \alpha}d\alpha = 0 \\ \frac{\partial g}{\partial x_1}dx_1 + \frac{\partial g}{\partial x_2}dx_2 + \frac{\partial g}{\partial \alpha}d\alpha = 0 \end{aligned} \tag{18.5}$$

입니다. 식이 2개일 때의 음함수정리는 (18.4) 식을 만족하는 내생변수의 값 x_1, x_2가 외생변수 α의 변화에 어떻게 반응하는지 알고자 할 때, 즉 $dx_1/d\alpha$와 $dx_2/d\alpha$를 구하는 데 필요한 것입니다. 이는 식 (18.5)를 dx_1, dx_2가 미지수인 2원 1차 방정식으로 취급하여 해를 구하면 됩니다. 위 식에서 $d\alpha$가 들어간 항들은 상수로 취급하여 우변으로 옮기고, dx_1과 dx_2를 미지수로 보아 행렬 형태로 정리하면

$$\begin{bmatrix} \dfrac{\partial f}{\partial x_1} & \dfrac{\partial f}{\partial x_2} \\ \dfrac{\partial g}{\partial x_1} & \dfrac{\partial g}{\partial x_2} \end{bmatrix} \begin{bmatrix} dx_1 \\ dx_2 \end{bmatrix} = \begin{bmatrix} -\dfrac{\partial f}{\partial \alpha}d\alpha \\ -\dfrac{\partial g}{\partial \alpha}d\alpha \end{bmatrix} = -\begin{bmatrix} \dfrac{\partial f}{\partial \alpha} \\ \dfrac{\partial g}{\partial \alpha} \end{bmatrix} d\alpha \tag{18.6}$$

가 되고 여기서 dx_1, dx_2를 해로 구해서 각각을 $d\alpha$로 나누어주면 됩니다. 위 식에서 계수행렬의 행렬식이 0이 아니면, 크레이머의 공식을 사용하여 dx_1, dx_2를 구할 수 있습니다.

먼저 계수행렬의 모양을 보면 주어진 음함수 f와 g를 각 내생변수로 편미분한 항들을 갖고 있습니다. 좀 더 정확하게 말하자면 계수행렬의 ij항, 즉 i번째 행, j번째 열에는 i번째 음함수식을 j번째 내생변수로 편미분한 것이 들어가 있는 행렬입니다. 이렇게 구한 행렬을 **야코비 행렬**(Jacobian matrix)이라고 부릅니다. 야코비 행렬의 행렬식을 **야코비안**(Jacobian)이라고 부르고 $|J|$라고 표기합니다. (18.6)이 해를 가지려면, 즉 음함수 모형 (18.4)에 음함수미분을 할 수 있으려면 야코비안의 값이 0이 아니라는 조건이 있어야 합니다.

야코비안의 값이 0이 아니라는 전제하에 크레이머의 공식을 써서 (18.6)의 해를 구한 결과로 우리는 식이 2개일 때의 음함수정리를 얻습니다.

정리 18.2 식이 2개일 경우의 음함수정리

2개의 음함수 $f(x_1, x_2, \alpha) = 0$, $g(x_1, x_2, \alpha) = 0$에 대해서

가정 (a) f, g가 x_1, x_2, α에 대해 각각 편미분가능하고

가정 (b) $|J|$이 0이 아니라면

(i) 내생변수 x_1과 x_2를 각각 외생변수 α의 함수로 쓸 수 있고

(ii) 도함수는 다음의 공식으로 얻을 수 있다.

$$\frac{dx_1}{d\alpha} = -\frac{\begin{vmatrix} \frac{\partial f}{\partial \alpha} & \frac{\partial f}{\partial x_2} \\ \frac{\partial g}{\partial \alpha} & \frac{\partial g}{\partial x_2} \end{vmatrix}}{|J|} \qquad \frac{dx_2}{d\alpha} = -\frac{\begin{vmatrix} \frac{\partial f}{\partial x_1} & \frac{\partial f}{\partial \alpha} \\ \frac{\partial g}{\partial x_1} & \frac{\partial g}{\partial \alpha} \end{vmatrix}}{|J|}$$

단,

$$|J| = \begin{vmatrix} \frac{\partial f}{\partial x_1} & \frac{\partial f}{\partial x_2} \\ \frac{\partial g}{\partial x_1} & \frac{\partial g}{\partial x_2} \end{vmatrix}$$

식이 n개, 내생변수가 n개인 일반적인 경우도 비슷한 방식으로 음함수정리를 얻을 수 있습니다. $(x_1, x_2, \ldots, x_n)$을 내생변수로 갖는 음함수식 $f = 0$, $g = 0$, $h = 0$, $\ldots$이 있다면 이 식의 야코비안은

$$|J| = \begin{vmatrix} \frac{\partial f}{\partial x_1} & \frac{\partial f}{\partial x_2} & \cdots & \frac{\partial f}{\partial x_n} \\ \frac{\partial g}{\partial x_1} & \frac{\partial g}{\partial x_2} & \cdots & \frac{\partial g}{\partial x_n} \\ \frac{\partial h}{\partial x_1} & \frac{\partial h}{\partial x_2} & \cdots & \frac{\partial h}{\partial x_n} \\ \vdots & \vdots & \cdots & \vdots \end{vmatrix}$$

이 되고,

$$\frac{dx_1}{d\alpha} = -\frac{\begin{vmatrix} \frac{\partial f}{\partial \alpha} & \frac{\partial f}{\partial x_2} & \cdots & \frac{\partial f}{\partial x_n} \\ \frac{\partial g}{\partial \alpha} & \frac{\partial g}{\partial x_2} & \cdots & \frac{\partial g}{\partial x_n} \\ \frac{\partial h}{\partial \alpha} & \frac{\partial h}{\partial x_2} & \cdots & \frac{\partial h}{\partial x_n} \\ \vdots & \vdots & \cdots & \vdots \end{vmatrix}}{|J|}$$

와 같이 계산할 수 있을 것입니다.

x_1, x_2가 α의 함수인 이유 (직관적 설명)

식이 1개일 때의 음함수정리와 마찬가지로, 왜 주어진 가정 하에서 내생변수 x_1, x_2가 외생변수 α의 함수가 되는지 (그래서 미분할 수 있는지) 간략하게 생각해봅시다.

만약 $f(x_1, x_2, \alpha)$와 $g(x_1, x_2, \alpha)$가 각각 1차식이었다면 2개의 음함수 식은 선형 연립방정식일 것입니다. 선형 연립방정식의 야코비 행렬은 (x_1, x_2)의 계수행렬이고, 계수행렬의 행렬식이 0이 아니면, 이 방정식의 해는 단 1개 존재합니다. 2원1차 연립방정식의 계수행렬의 행렬식이 0이 아니라는 것은 각 방정식을 직선으로 나타내었을 때 기울기가 서로 다르다는 조건입니다.

만약 $f(x_1, x_2, \alpha)$와 $g(x_1, x_2, \alpha)$가 1차식이 아닌 곡선이더라도, 편미분계수들로 구성한 전미분량 식은 곡선의 접선 기울기를 사용한 근사치로 이해할 수 있습니다. 전미분량 식의 dx_1, dx_2의 계수행렬(야코비 행렬)은 실제 곡선의 근사치를 나타내는 직선들의 기울기를 나타내는 행렬입니다. 따라서 야코비안이 0이 아니라면, 근사치 계산의 오차가 크지 않은 주변에서는 접선들로 구성한 방정식의 해가 존재하고, 그 기울기는 음함수정리가 제시하는 공식으로 계산가능합니다.

예제 18.4 음함수정리

$f(x, y, \alpha) = x^2 + y^2 - 2\alpha^2 = 0$, $g(x, y, \alpha) = y - x = 0$일 때 $\frac{dx}{d\alpha}$와 $\frac{dy}{d\alpha}$를 도출하시오(단, $\alpha \geq 0$의 범위를 갖는다).

먼저 야코비안을 구하면

$$|J| = \begin{vmatrix} f_x & f_y \\ g_x & g_y \end{vmatrix} = \begin{vmatrix} 2x & 2y \\ -1 & 1 \end{vmatrix} = 2x + 2y = 2(x + y)$$

음함수 식은 모두 편미분이 가능하므로, $|J| = 2(x + y) \neq 0$이면 음함수정리를 적용할 수 있습니다. 식 $g = y - x = 0$에서 $y = x$이므로 음함수정리를 적용하기 위한 조건은 결국 $x = y \neq 0$인 셈입니다. 음함수정리를 적용하면

$$\frac{dx}{d\alpha} = -\frac{\begin{vmatrix} f_\alpha & f_y \\ g_\alpha & g_y \end{vmatrix}}{|J|} = -\frac{\begin{vmatrix} -4\alpha & 2y \\ 0 & 1 \end{vmatrix}}{2(x + y)} = \frac{4\alpha}{2(x + y)} = \frac{2\alpha}{x + y}$$

$$\frac{dy}{d\alpha} = -\frac{\begin{vmatrix} f_x & f_\alpha \\ g_x & g_\alpha \end{vmatrix}}{|J|} = -\frac{\begin{vmatrix} 2x & -4\alpha \\ -1 & 0 \end{vmatrix}}{|J|} = \frac{4\alpha}{2(x + y)} = \frac{2\alpha}{x + y}$$

$g = 0$에서 $x = y$임을 알고 있으므로, 두 편도함수가 같은 식으로 나온 것은 당연합니다.

주어진 구조형 연립방정식을 풀어서 축약형으로 만들어봅시다. $y = x$을 $f = 0$에 대입하면 $2x^2 = 2\alpha^2$이고 따라서 $x = \pm\alpha$입니다(마찬가지로 $y = \pm\alpha$이고 이후 설명은 y에도 똑같이 적용됩니다). $\alpha \geq 0$이므로 만약 $x > 0$이면 $x = \alpha$이고 $x < 0$이면 $x = -\alpha$입니다. 그렇다면 $x > 0$일 때는 $dx/d\alpha = 1$이고 $x < 0$일 때는 $dx/d\alpha = -1$이지만, $x = 0$일 때는 $\alpha = 0$이며 도함수를 결정할 수 없습니다.

물론 위에서 음함수정리를 써서 도출한 공식에 $x = y = \pm\alpha$를 대입해보면 같은 결과를

얻습니다. $x = y = \alpha > 0$이라면

$$\frac{dx}{d\alpha} = \frac{2\alpha}{\alpha + \alpha} = 1 = \frac{dy}{d\alpha}$$

이고 $x = y = -\alpha$라면

$$\frac{dx}{d\alpha} = \frac{2\alpha}{-\alpha - \alpha} = -1 = \frac{dy}{d\alpha}$$

이지만, 만약 $x = y = \pm\alpha = 0$이면 도함수를 계산할 수 없습니다.

답을 확인하는 과정에서 축약형을 도로 넣어서 계산해야 했고 과정이 훨씬 복잡했지요? 축약형을 구할 수 있다면 그냥 직접 계산하는 것이 간단할 가능성이 높습니다. 실제 응용에서는 축약형을 구하는 것이 불가능하거나 매우 복잡하고, 음함수미분 결과의 공식보다는 대략적인 값(양수인지 음수인지, 절댓값이 1 이상인지 등)에 관심이 있으므로 음함수미분이 유용하게 사용됩니다.

18.5 응용: IS-LM 모형

앞에서 언급한 적이 있는 거시경제학의 IS-LM 모형을 다시 살펴보겠습니다. 이번에는 아예 구성 함수들의 구체적인 형태를 주지 않고 전반적인 모양만 표시할 것입니다(실제 모형 분석은 이런 형식으로 진행될 수 있습니다).

$$Y = C(Y) + I(r) + G_0 \qquad \text{[IS: 재화총공급 = 재화총수요]}$$
$$M_0 = L(Y, r) \qquad \text{[LM: 화폐총공급 = 화폐총수요]}$$

두 식은 각각 국가 경제 내의 재화 시장균형과 화폐 시장 균형을 나타내고 있습니다. Y는 재화 총공급 또는 국민소득이고, $C(Y)$는 가계의 소비가 국민소득의 함수라는 점을 표시하며, $I(r)$은 기업의 투자가 이자율 r의 함수임을 나타냅니다. 정부지출 G_0와 화폐 총공급량 M_0는 모두 정부의 정책 변수이며 외생변수로 취급되고 있습니다(경제 내에서 균형으로 결정되는 것이 아니라 정부가 임의로 선택하는 변수입니다). 한편, $L(Y, r)$은 화폐수요함수로 국민소득과 이자율의 함수로 나타나 있습니다. 식이 2개이므로, 내생변수도 2개이면 되는데, Y와 r이 내생변수입니다.

$C'(Y)$를 한계소비성향이라고 부르고, 주로 $0 < C'(Y) < 1$이라고 가정한다고 설명했습니다. 한편, 기업의 투자는 외생변수로 취급한 적도 있었는데, 여기서는 이자율의 함수입니

다. 기업은 투자를 위해 자금을 빌려오거나, 혹은 이미 있는 자금을 쓰더라도 다른 이에게 빌려주고 이자 수입을 얻을 기회를 포기하는 것이므로, 이자율은 곧 투자의 기회비용입니다. 따라서 이자율이 높아지면 기업이 투자하는 데 부담을 느끼게 되므로 $I'(r) < 0$으로 가정하는 것이 자연스럽습니다.

한편, 화폐수요 $L(Y, r)$에 대해서는 보통 $L_Y > 0$과 $L_r < 0$을 가정하게 됩니다. 화폐란 실제 가치를 가진 재화가 아니라, 다른 재화와 교환을 위해 사용하는 매개체입니다. 화폐를 '현금' (cash)이라고 생각하면 화폐 수요함수의 성질을 이해하기 쉽습니다. 사람들은 소득이 늘어나면 그 소득을 소비하기 위해서 현금을 주머니에 많이 넣고 다니게 됩니다. 따라서 $L_Y > 0$(소득이 증가하면, 현금에 대한 수요가 증가)입니다. 한편, 이자율이 높아질 경우 사람들이 주머니에 현금을 넣고 다니는 행위는, 은행에 예금을 했을 경우 받을 수 있었던 이자수입을 포기하는 것이 되므로 이자율은 곧 현금 보유의 기회비용이기도 합니다. 따라서 $L_r < 0$(이자율이 높아지면, 현금수요가 줄어들고 사람들은 은행에 자금을 맡겨놓는다) 입니다.

여기까지 각 함수의 도함수 부호에 대한 가정만이 주어진 상태에서 (즉, 소비함수, 투자함수, 화폐수요 함수의 구체적인 모양이 없는 상태에서) 모형 분석을 시도해보겠습니다. 우선 모형을 음함수 형태로 고쳐 봅시다.

$$\begin{aligned} f(Y, r, G_0, M_0) &= \quad Y - C(Y) - I(r) - G_0 = 0 \\ g(Y, r, G_0, M_0) &= \qquad\qquad -L(Y, r) + M_0 = 0 \end{aligned}$$

모형의 외생변수는 G_0와 M_0인데, 이는 각각 거시경제정책 중 재정정책(정부지출)과 통화정책(화폐공급)을 나타냅니다. 정부지출 증가가 국민소득에 어떤 영향을 주는지를 알려면, 위의 두 식을 만족하는 균형국민소득 Y를 외생변수인 G_0와 M_0의 함수로 나타낸 후, $\partial Y / \partial G_0$를 구해보면 됩니다. 음함수정리를 사용하면,

$$\begin{aligned} \frac{\partial Y}{\partial G_0} &= -\frac{\begin{vmatrix} \partial f/\partial G_0 & \partial f/\partial r \\ \partial g/\partial G_0 & \partial g/\partial r \end{vmatrix}}{\begin{vmatrix} \partial f/\partial Y & \partial f/\partial r \\ \partial g/\partial Y & \partial g/\partial r \end{vmatrix}} = -\frac{\begin{vmatrix} -1 & -I'(r) \\ 0 & -L_r \end{vmatrix}}{\begin{vmatrix} 1 - C'(Y) & -I'(r) \\ -L_Y & -L_r \end{vmatrix}} \\ &= -\frac{L_r}{-L_r(1 - C'(Y)) - L_Y I'(r)} = \frac{1}{(1 - C'(Y)) + (L_Y I'(r)/L_r)} \end{aligned}$$

이 됩니다. 이제 모형의 설명에서 준 전제들을 활용하면 이 값이 (+)임을 알 수 있습니다.

주요 개념 및 용어

축약형, 구조형, 음함수, 음함수미분, 음함수정리, 야코비 행렬, 야코비안

요약

- 경제이론에 따라 모형을 식으로 적으면 대개 내생변수와 외생변수가 섞여 있는 구조형이 되며 이를 음함수의 형태로 나타낼 수 있다.
- 구조형 모형을 풀어 내생변수들을 외생변수만의 함수 형태로 나타낸다면 해가 구해진 것이며, 이 해를 외생변수에 대해 편미분하여 비교정학분석할 수 있다. 하지만 음함수정리를 활용하면 해를 구체적으로 구하지 않고서도 비교정학분석이 가능하다.
- 1개의 음함수를 미분하려면, 주어진 음함수가 모든 변수에 대해 편미분 가능해야 하고 내생변수로 편미분한 값이 0이 아니라야 한다.
- 여러 개의 음함수로 된 식에 음함수정리를 적용하려면, 역시 모든 변수에 대해 편미분이 가능해야 하고, 음함수를 내생변수로 편미분하여 작성한 야코비 행렬의 행렬식이 0이 아니라야 한다.

연습문제

18-1 다음은 미분가능한 $y = f(x)$의 음함수 형태들이다. y'를 도출하시오. ($a > 0$은 상수)

(a) $x^2 + y^2 = a^2$

(b) $\sqrt{x} + \sqrt{y} = \sqrt{a}$

(c) $x^4 - y^4 = x^2 y^3$

18-2 아래 주어진 f, g에 대해 $f = g = 0$을 만족하는 해가 (x^*, y^*)일 때 $dx^*/d\alpha$를 음함수정리를 사용하여 도출하시오.

(a) $f = x^2 + y^2 - \alpha,\ g = y - \alpha x$ (단, $x > 0,\ y > 0,\ \alpha > 0$

(b) $f = 2x + y - \alpha,\ g = x + 2y - \alpha^2$

(c) $f = \alpha e^x - \ln y,\ g = x + y$ (단, $\alpha > 0$)

18-3 방정식 $3x^2 - 3xy^2 + y^3 + 3y^2 = 4$는 y를 x의 음함수로 표현하고 있다. 방정식을 만족하는 y를 $y = h(x)$라고 할 때, $h'(1)$을 계산하시오.

18-4 $f(x_1, x_2, y) = x_1^2 - x_2^3 + y^3$에 대해 답하시오.

(a) 점 $(x_1, x_2) = (4, 2)$의 주변에서 $f(x_1, x_2, y) = 0$을 만족하는 y의 값을 y^*라고 할 때 y^*를 x_1과 x_2의 함수로 나타낼 수 있는지 설명하시오.

(b) 점 $(x_1, x_2) = (4, 2)$에서 $(x_1', x_2') = (4.3, 1.9)$로 변할 때 y^*의 값은 얼마나 변할지 전미분량을 사용하여 설명하시오.

18-5 본문의 IS-LM 모형에 대해서 균형이자율을 r^*라 할 때 $\frac{dr^*}{dM_0}$과 $\frac{dr^*}{dG_0}$을 도출하고 그 부호를 논하시오.

18-6 다음의 효용함수로부터 그려지는 무차별곡선의 기울기를 음함수미분을 사용하여 구하시오.

(a) $U(x, y) = 2x + 3y$

(b) $U(x, y) = \ln(x-1) + \ln(y+1)$

(c) $U(x, y) = \sqrt{x} + y$

(d) $U(x, y) = x^2 + 2y^2$

18-7 완전경쟁시장의 기업의 이윤함수는 $\pi(Q) = PQ - C(Q)$로 쓸 수 있다. 여기서 Q는 판매량, P는 시장가격, $C(Q)$는 비용함수이다. $C'(Q) > 0$, $C''(Q) > 0$이라고 가정하자. 기업의 이윤을 극대화하는 판매량 Q^*은 다음의 식에서 구할 수 있다:

$$P = C'(Q^*)$$

(a) 위 식을 P로 음함수미분하여 $\dfrac{dQ^*}{dP}$를 도출하시오.

(b) 도출한 $\dfrac{dQ^*}{dP}$의 부호를 결정할 수 있는가?

18-8 본문의 IS-LM 모형에서는 화폐시장에서 통화공급이 외생변수로 주어졌다. 이제 통화공급량이 외생변수가 아니라 국민소득 Y의 함수 $M(Y)$라고 해보자(즉 중앙은행이 국민소득 수준에 따라 적당한 통화량을 공급한다). 화폐수요함수가 $L(Y, r)$이라고 할 때 화폐시장의 균형 조건은 이제 $L(Y, r) = M(Y)$이다. 한편 국민소득 Y는 재화시장에서 결정되며, 화폐시장의 입장에서는 외생변수라고 하자.

(a) 화폐시장의 내생변수인 이자율 r을 국민소득 Y의 함수로 나타낼 수 있는 조건을 음함수정리를 이용하여 제시하시오.

(b) 앞 (a)의 조건이 만족된다는 가정 하에, $\dfrac{dr}{dY} > 0$이 되는 수학적 조건을 도출하고 그 경제학적 의미를 설명하시오.

18-9 수요함수가 $Q_D = D(P_D)$이고 공급함수가 $Q_S = S(P_S)$인 시장이 있다. Q_D는 수요량, Q_S는 공급량, P_D는 소비자가 지불하는 가격, P_S는 공급자가 지불받는 가격을 나타낸다. 시장균형에서는 수요량과 공급량이 일치하여 $Q_D = Q_S$이다. 함수 $D(\cdot)$

와 $S(\cdot)$는 각각 미분가능하고, 모든 가격에 대해 $D'(\cdot) < 0$, $S'(\cdot) > 0$이라고 하자. 물건이 판매될 때 소비자에게 물건 단위당 t의 세금이 부과되어 소비자가격과 공급자가격 사이에는 $P_D = P_S + t$라는 관계가 성립한다. 이 상황은 다음의 두 식으로 구성된 모형이다. 모형에서 내생변수는 P_D와 P_S이고 외생변수는 t이다:

$$\begin{aligned} D(P_D) &= S(P_S) \\ P_D &= P_S + t \end{aligned}$$

(a) 모형을 식 2개의 음함수 형태로 재구성하고, 야코비안을 계산하시오.

(b) 음함수정리를 적용할 수 있는 이유를 설명하고, 음함수정리를 적용한 결과를 제시되되 특히 음함수미분으로 도출된 도함수들의 부호를 결정하시오.

Chapter 19

동차함수

동차함수는 다변수함수의 특수한 형태로서 경제학에서 자주 사용되는 것입니다. 이 장에서는 동차함수의 정의와 경제학적 의미를 소개하고, 동차함수들이 가지는 몇 가지 유용한 성질들을 살펴보겠습니다.

19.1 동차함수의 정의

어떤 다변수함수 $f(x_1, x_2, \ldots, x_n)$에 대해서 $t > 0$가 임의의 양수일 때,

$$f(tx_1, tx_2, \ldots, tx_n) = t^k f(x_1, x_2, \ldots, x_n) \tag{19.1}$$

이 성립한다면 이 함수가 **k차 동차**(homogeneous of degree k)라고 말합니다. 말로 하자면 모든 독립변수의 값을 동일하게 t배 할 때 함숫값(종속변수의 값)은 t^k배가 된다면 이를 k차 동차함수라고 합니다.

몇 가지 특수한 경우들을 보면

- $k = 0$ (0차 동차): $f(tx_1, tx_2, \ldots, tx_n) = f(x_1, x_2, \ldots, x_n)$, 즉 x_i들의 값을 몇 배 하더라도 함숫값에는 전혀 변화가 없는 경우입니다.
- $k = 1$ (1차 동차): $f(tx_1, tx_2, \ldots, tx_n) = tf(x_1, x_2, \ldots, x_n)$, 즉 x_i들의 값을 변화시킨 배수만큼 비례하여 함숫값도 변하는 경우입니다.
- $0 < k < 1$이면 변수의 변화폭에 비해 함숫값의 변화폭이 작고, $k > 1$이면 변수의 변화폭에 비해 함숫값의 변화폭이 큰 경우입니다.
- k가 음수(예: $k = -1$)이거나 분수(예: $k = 1/2$)인 동차함수도 가능합니다.

예제 19.1 동차함수

다음의 함수들이 동차인지 확인하시오.

(1) $f(x,y) = x^2 + 2xy + y^2$

임의의 $t > 0$에 대해서 $f(tx, ty) = (tx)^2 + 2(tx)(ty) + (ty)^2 = t^2x^2 + 2t^2xy + t^2y^2 = t^2(x^2 + 2xy + y^2) = t^2 f(x,y)$이므로 2차 동차함수입니다.

(2) $f(x,y) = 3x^2y - y^3$

$f(tx, ty) = 3(tx)^2(ty) - (ty)^3 = 3t^3x^2y - t^3y^3 = t^3(3x^2y - y^3) = t^3 f(x,y)$이므로 3차 동차함수입니다.

* (1)과 (2)를 보면 짐작할 수 있겠지만, 일반적으로 다항함수이면서 각 항의 지수의 합이 k로 동일할 경우 k차 동차함수가 됩니다. 물론 각 항의 지수의 합이 다른 경우는 동차함수가 아닙니다.

(3) $f(x,y) = 1 + xy$

$f(tx, ty) = 1 + (tx)(ty) = 1 + t^2xy$. 이 식은 $t^k f(x,y)$의 형태로 나타낼 수 없습니다. 쉽게 알아볼 수 있지만, 정확하게 하기 위해 증명해 보겠습니다. 원하는 결론과 반대로 어떤 $t > 0$에 대해서 $f(tx, ty) = t^k f(x,y)$이 성립한다면,

$$1 + t^2xy = t^k(1 + xy)$$

가 성립할 것입니다. 양변을 비교해 보면 $k = 2$이어야 하고, $1 = t^2$, 즉 $t = 1$입니다. 그런데 동차함수가 되려면 임의의 $t > 0$에 대하여 식이 성립해야 합니다. 즉 t가 1이 아닌 경우에는 위 식이 성립하지 않으므로 동차함수가 아닙니다.

(4) $f(x,y) = x^3 + xy$

$f(tx, ty) = (tx)^3 + (tx)(ty) = t^3x^3 + t^2xy = t^2(tx^3 + xy)$로 $t^k f(x,y)$의 형태로 나타낼 수 없어 동차함수가 아닙니다.

19.2 경제학과 동차함수

이번에는 경제학에서 사용되는 동차함수들의 예를 보겠습니다.

19.2.1 수요함수는 0차 동차

우선 일반적으로 수요함수는 0차 동차함수입니다. 수요함수란 수요량을 가격과 소득의 함수로 나타낸 것입니다. 즉, $D_x = f(P_x, P_y, I)$와 같은 형태를 갖습니다. 여기서 D_x는 재화 x의 수요량, P_x는 재화 x의 가격, P_y는 또 다른 재화 y의 가격, 그리고 I는 소비자의 소득 또는 예산을 나타냅니다. 수요함수의 설명변수들은 모두 소비자의 예산선을 결정하는 외생변수들입니다. 만약 (P_x, P_y, I)가 모두 t배 된다면, 즉 모든 재화의 가격이 t배될 뿐 아니라 소비자의 예산도 t배가 된다면, 예산선에는 아무런 변화가 없습니다. 예산선은

$$P_1x_1 + P_2x_2 + \cdots + P_nx_n = I$$

와 같이 쓰는데, 모든 가격과 소득이 동시에 t배가 된다면, 양변에 곱해진 t가 상쇄되어서 결국 예산선의 공식에 변화가 없습니다(가격으로 표시된 물가만 올랐을 뿐이지 실질적인 의미에서 가격이나 소득에는 변화가 없습니다). 따라서 소비자의 수요량도 바뀔 이유가 없습니다.

예제 19.2 수요함수는 0차동차

다음의 수요함수들이 0차 동차인지 확인하시오.

(1) $D_x = f(P_x, P_y, I) = a - bP_x$ (단, $a, b > 0$는 상수)

주어진 수요함수는 식이 간단하기 때문에 경제원론 같은 기초 과목에서 자주 사용되는 선형 수요함수입니다. 이 함수가 0차 동차이려면 $f(tP_x, tP_y, tI) = a - btP_x$가 $a - bP_x$와 일치해야 하는데 이는 $t = 1$일 때만 가능합니다. 따라서 0차 동차가 아닙니다. 즉, 선형수요함수는 합리적 소비자에 의해 구현되는 수요함수라고 할 수 없고 주의해서 사용해야 합니다.

주어진 함수는 세 가지 변수 중에 해당 재화의 가격만 나오고, 타 재화의 가격 P_y와 I는 빠져 있습니다. 정확하게 말하자면, 빠진 것이 아니라 상수로 고정되어 절편 a로 표시된 것입니다. 주어진 형태에는 타 재화의 가격과 소득이 변화하지 않는다는 가정이 숨어 있는 것입니다. P_y와 I가 변하지 않는다고 가정해 놓고서 동차성을 확인하는 것은 사실 무의미합니다(동차성은 모든 변수를 동시에 동일한 비율로 변화시키는 경우를 다룹니다).

그러나 P_y와 I가 변화하도록 허용하더라도 선형 수요함수는 여전히 0차 동차의 조건을 통과하지 못할 수 있습니다. 결론은 비록 계산이 간단하고 그래프로 그리기 쉬워서 예제 등에서 수요함수로 자주 사용하기는 하지만 선형 수요함수는 한계가 있으므로 주의해야 한다는 것입니다.

(2) $D_x = f(P_x, P_y, I) = \dfrac{0.5I}{P_x}$

이 함수가 0차 동차라는 것은 대입만 해보면 간단하게 확인할 수 있습니다.

이런 수요함수가 어떤 경우에 발생하고 어떤 의미를 갖는지를 알아보겠습니다. 이 수요함수를 다시 써보면 $D_x P_x = 0.5I$로 재화 x에 지출하는 금액이 소득 I의 절반이라고 말하고 있습니다. 즉 가격이 아무리 변하더라도 소득이 변하지 않으면 재화 x에 지출하는 금액은 고정되어 있고, 가격이 변하지 않는 상황에서 소득이 변한다면 그에 비례하여 지출액이 변화합니다. 그렇게 되려면 수요량이 소득의 변화에 비례하여 변해야 합니다. 탄력성이라는 개념을 써서 설명하자면 이 수요함수는 가격과 소득에 대해 모두 단위탄력적입니다. 물론, 가격과 소득이 모두 동일한 비율로 변한다면 0차 동차이므로 수요에 아무런 변화가 없습니다.

이 수요함수는 가격탄력성과 소득탄력성의 값이 1인 단위탄력적 수요입니다. 타재화의 가격은 수요함수에 등장하지 않으므로, 타 재화와의 대체나 보완관계과 없는 수요이기도 합니다. 이 수요함수는 Cobb-Douglas 효용함수 중 $U(x_1, x_2) = x_1 x_2$나 $U(x_1, x_2) = \sqrt{x_1 x_2}$ 등을 갖는 경우 나타나는 것입니다.

0차 동차라는 기본적인 성질을 만족한다는 점에서는 (1)의 선형 수요보다 훌륭하지만 단위탄력적이라는 성질은 매우 제한적이므로 이 수요함수 또한 광범위하게 사용하기는 어렵습니다. 이 장의 연습문제에서는 좀 더 다양한 형태의 수요함수들을 보게 될 것입니다.

예제 19.3 동차함수가 되는 조건

$D_x = f(P_x, P_y, I) = \alpha + \beta_1 \ln P_x + \beta_2 \ln P_y + \gamma \ln I$가 수요함수가 되려면 모수 $\alpha, \beta_1, \beta_2, \gamma$가 어떤 조건을 만족해야 하는가?

수요함수는 0차동차여야 하므로

$$\begin{aligned} f(tP_x, tP_y, tI) &= \alpha + \beta_1 \ln(tP_x) + \beta_2 \ln(tP_y) + \gamma \ln(tI) \\ &= (\beta_1 + \beta_2 + \gamma) \ln t + \alpha + \beta_1 \ln P_x + \beta_2 \ln P_y + \gamma \ln I \\ &= \alpha + \beta_1 \ln P_x + \beta_2 \ln P_y + \gamma \ln I = f(P_x, P_y, I) \end{aligned}$$

가 모든 $t > 0$에 대해 성립하려면 $\beta_1 + \beta_2 + \gamma = 0$이어야 합니다($\alpha$에 대해서는 별다른 조건이 필요 없습니다). 조건 $\beta_1 + \beta_2 + \gamma = 0$를 만족한다면 $\gamma = -\beta_1 - \beta_2$이므로

$$D(P_x, P_y, I) = \alpha + \beta_1 \ln P_x + \beta_2 \ln P_y - (\beta_1 + \beta_2) \ln I = \alpha + \ln \left(\frac{P_x^{\beta_1} P_y^{\beta_2}}{I^{\beta_1 + \beta_2}} \right)$$

이 성립합니다. 로그 안의 식을 보면 0차동차가 맞습니다.

19.2.2 생산함수와 규모수익

생산함수에서 동차성은 **규모수익**(returns to scale)이라는 중요한 성질을 나타내게 됩니다. 가장 흔히 사용되는 Cobb-Douglas 형태인 생산함수 $q = f(L, K) = AL^\alpha K^\beta$을 생각해 봅시다. 우선 이 생산함수는 $(\alpha + \beta)$차의 동차성을 갖습니다. 다음과 같이 확인할 수 있습니다.

$$f(tL, tK) = A(tL)^\alpha (tK)^\beta = t^{\alpha+\beta}(AL^\alpha K^\beta) = t^{\alpha+\beta} f(L, K)$$

따라서 $\alpha + \beta$의 값에 따라 동차성의 차수가 달라집니다. 바로 앞 장의 말미에서 효용함수로서 $x_1 x_2$나 $\sqrt{x_1 x_2}$는 소비 행동에서 같은 결과를 가져온다는 것을 보였는데, 생산함수의 경우에는 서로 다른 기술을 나타내게 됩니다. 동차성은 생산함수에서는 '규모수익'(returns to scale)이라는 중요한 개념과 연관되기 때문입니다.

규모수익이란, 생산기술에서 모든 투입요소를 똑같은 비율로 변화시켰을 때, 생산량에 어떤 변화가 오는지를 나타냅니다(동차성의 정의와 같은 개념임을 주목해주세요). 즉, 노동과 자본을 동시에 2배로 늘렸을 때 생산량이 동일하게 2배 늘어나면 이를 **규모수익 불변**(constant returns to scale, CRS)이라고 말합니다. 반면, 요소투입량을 2배 늘렸는데, 생산량은 2배에 못 미치게 늘어나면 **규모수익 감소**(decreasing returns to scale, DRS), 2배보다 더 많이 늘어나면 **규모수익 증가**(increasing returns to scale, IRS)라고 말합니다.

동차함수의 정의와 비교한다면, 규모수익 불변(CRS)은 1차 동차와 동일합니다. 한편 $k < 1$인 동차함수라면 규모수익 감소(DRS)이고 $k > 1$인 동차함수라면 규모수익 증가(IRS)에 해당합니다. 생산함수 중에는 동차함수가 아닌 것도 물론 있겠습니다. 따라서 규모수익 감

소가 곧 $k < 1$인 동차함수를 나타낸다고 말할 수는 없겠습니다.

Cobb-Douglas 함수의 경우에는 일단 동차함수이고, $\alpha + \beta$가 동차성의 차수를 결정하므로 그 값에 따라 생산함수의 규모수익이 달라집니다. 즉, $f(L, K) = LK$라면 차수가 2이므로 규모수익 증가에 해당하고, $f(L, K) = \sqrt{LK}$라면 차수가 1이므로 규모수익 불변에 해당합니다.

예제 19.4 생산함수와 규모수익

$f(K, L) = \sqrt{K} + \sqrt{L}$은 동차함수인지, 생산함수로서 어떤 규모수익을 갖는지 설명하시오.

$f(\lambda K, \lambda L) = \sqrt{\lambda K} + \sqrt{\lambda L} = \sqrt{\lambda}(\sqrt{K} + \sqrt{L}) = \lambda^{0.5} f(K, L)$이므로 0.5차 동차이고, 규모수익 감소에 해당합니다.

19.3 동차함수의 성질 (1) 오일러 정리

동차함수에 대해서는 오일러 정리라는 중요한 성질이 성립합니다.[41)]

정리 19.1 오일러 정리 (Euler's Theorem)

만약 $f(x_1, x_2, \ldots, x_n)$가 k차 동차라면

$$\sum_{i=1}^{n} x_i \frac{\partial f}{\partial x_i}(x_1, \ldots, x_n) = kf(x_1, \ldots, x_n)$$

증명

만약 $f(x_1, x_2, \ldots, x_n)$가 k차 동차라면 정의에 따라

$$f(tx_1, tx_2, \ldots, tx_n) = t^k f(x_1, x_2, \ldots, x_n)$$

이 성립합니다. 편의상 $tx_1 = z_1$, $tx_2 = z_2$, $\ldots$, $tx_n = z_n$이라고 표기하면

$$f(z_1, z_2, \ldots, z_n) = t^k f(x_1, x_2, \ldots, x_n) \tag{19.2}$$

41) 오일러는 18세기에 활동하여 많은 업적을 남긴 수학자로, 그가 증명한 중요한 정리가 매우 많기 때문에 수학에는 여러 가지 오일러의 정리가 있습니다. 하지만 경제학에서 말하는 오일러의 정리는 바로 이것입니다.

이고 양변을 t로 미분하겠습니다. 식 (19.2)의 좌변에서 z_1, z_2, …, z_n이 모두 t의 함수이므로 전미분(다변수 합성함수 미분)하면 됩니다. 따라서

$$\frac{df(z_1, z_2, \ldots, z_n)}{dt} = \frac{\partial f}{\partial z_1}\frac{\partial z_1}{\partial t} + \cdots + \frac{\partial f}{\partial z_n}\frac{\partial z_n}{\partial t}$$

가 되는데, 여기서 물론 $\frac{\partial z_1}{\partial t} = x_1$, ⋯, $\frac{\partial z_n}{\partial t} = x_n$ 입니다. 또한 $f(z_1, \ldots, z_n)$에서 $\frac{\partial f}{\partial z_1}$은 $f(x_1, \ldots, x_n)$에서 $\frac{\partial f}{\partial x_1}$과 같습니다(함수 f의 독립변수를 $(x_1, \ldots, x_n)$으로 표기하든, $(z_1, \ldots, z_n)$으로 표기하든 결국 같은 함수입니다). 따라서 식 (19.2)의 좌변을 t로 전미분한 결과를 다시 써보면

$$\frac{df}{dt} = \frac{\partial f}{\partial z_1}\frac{\partial z_1}{\partial t} + \cdots + \frac{\partial f}{\partial z_n}\frac{\partial z_n}{\partial t} = \frac{\partial f}{\partial x_1}x_1 + \cdots + \frac{\partial f}{\partial x_n}x_n$$

이 됩니다. 한편, 식 (19.2)의 우변에서 $f(x_1, x_2, \ldots, x_n)$는 t를 갖고 있지 않으므로 상수로 취급할 수 있고 t^k를 t로 미분하면 power rule에 의해 kt^{k-1}이므로 그 결과는

$$kt^{k-1}f(x_1, x_2, \ldots, x_n)$$

이 됩니다. 따라서 동차함수의 정의식 $f(tx_1, tx_2, \ldots, tx_n) = t^k f(x_1, x_2, \ldots, x_n)$의 양변을 t로 미분한 결과는

$$\frac{\partial f}{\partial x_1}x_1 + \cdots + \frac{\partial f}{\partial x_n}x_n = kt^{k-1}f(x_1, x_2, \ldots, x_n)$$

입니다. 이 식에 $t = 1$을 대입하면 오일러 정리를 얻습니다(1이 아닌 다른 수를 t에 대입하면 또 다른 결과를 얻겠습니다만 그다지 쓸모 있지는 않습니다).

$$\frac{\partial f}{\partial x_1}x_1 + \cdots + \frac{\partial f}{\partial x_n}x_n = kf(x_1, x_2, \ldots, x_n)$$ ◀

예제 19.5 오일러 정리

$f(x, y) = \frac{xy}{x^2 + y^2}$에 대해 오일러 정리를 확인하시오.

우선 동차함수 여부를 확인하기 위해 임의의 t에 대해서 $f(tx, ty)$를 구해보면

$$f(tx, ty) = \frac{(tx)(ty)}{(tx)^2 + (ty)^2} = \frac{t^2xy}{t^2(x^2 + y^2)} = \frac{xy}{x^2 + y^2} = f(x, y)$$

따라서 주어진 함수는 0차 동차입니다. 0차 동차함수라면 오일러의 정리에 따라 $xf_x + yf_y = 0$이 성립해야 합니다. 이를 직접 계산하여 확인해보겠습니다.

$$f_x = \frac{y(x^2+y^2) - xy(2x)}{(x^2+y^2)^2} = \frac{x^2y + y^3 - 2x^2y}{(x^2+y^2)^2} = \frac{-x^2y + y^3}{(x^2+y^2)^2}$$
$$f_y = \frac{x(x^2+y^2) - xy(2y)}{(x^2+y^2)^2} = \frac{x^3 + xy^2 - 2xy^2}{(x^2+y^2)^2} = \frac{x^3 - xy^2}{(x^2+y^2)^2}$$

이므로 최종 결과를 계산해보면

$$xf_x + yf_y = \frac{-x^3y + xy^3}{(x^2+y^2)^2} + \frac{x^3y - xy^3}{(x^2+y^2)^2} = 0$$

이 되어 오일러 정리가 성립합니다.

경제학과 오일러 정리

생산함수가 1차 동차함수로 규모수익 불변(CRS)인 경우에 오일러의 정리는

$$f(L,K) = \frac{\partial f}{\partial L}L + \frac{\partial f}{\partial K}K = MP_L \cdot L + MP_K \cdot K$$

가 됩니다. 이 식을 국가경제에 적용해 보면, K를 한 국가의 전체 자본, L을 그 국가의 전체 노동력, $f(L,K)$를 그 나라의 생산함수로 볼 수 있고 생산함수에서 나온 총 생산물은 결국 그 나라의 총생산(GDP)이 됩니다. 위 식이 알려주는 것은, 만약 한 나라의 생산함수가 규모수익 불변이라면, 각 생산요소에게 한계생산(MP)만큼씩 분배할 경우 정확하게 총생산과 일치하게 됩니다(물론 만약 생산함수가 규모수익 불변이 아니라면, 각 요소에게 한계생산만큼씩을 분배할 경우 총생산물이 모자라거나 남을 수 있습니다).

또 다른 예로, 앞에서 보았듯이 소비자이론에 나오는 예산선과 수요함수는 0차 동차입니다. 즉, 가격과 소득이 모두 2배가 된다면 소비자의 수요량은 달라지지 않습니다. 재화에 대한 수요함수를 $f(P_X, P_Y, I)$라고 쓴다면, 0차 동차인 수요함수에 오일러의 정리를 적용하여

$$0 = \frac{\partial D}{\partial P_X}P_X + \frac{\partial D}{\partial P_Y}P_Y + \frac{\partial D}{\partial I}I$$

가 성립합니다. 이 식 전체를 X의 수요량 D로 나누어주면

$$0 = \varepsilon_X + \varepsilon_{XY} + \eta_X$$

가 됩니다. 여기서 ε_X는 재화 X의 수요의 가격탄력성, ε_{XY}는 재화 X의 수요의 Y가격에 대한 교차가격 탄력성, η_X는 재화 X의 수요의 소득탄력성을 의미합니다. 즉 소비자들이

합리적이어서 0차 동차인 수요함수를 갖는다면, 재화 수요의 세 가지 탄력성을 합하면 항상 0이 되어야 합니다.

세 가지 탄력성의 합이 0이어야 한다는 결과를 직관적으로 이해하기 위해서 대략 생각을 해봅시다. 예를 들어, X 수요의 자체 가격탄력성이 -0.6이고, Y 가격에 대한 교차탄력성이 -0.4라고 해봅시다. 식에 의하면 이 재화의 소득탄력성은 1일 것입니다. 왜 그럴까요? P_X가 아주 조금, 1% 정도 인상된다면, X의 수요량은 0.6%가량 줄어들 것입니다. 한편, P_Y가 아주 조금, 1% 정도 인상된다면, X의 수요량은 0.4%가량 줄어들 것입니다. 만약 P_X와 P_Y가 동시에 1% 인상된다면 X의 수요량은 0.6% + 0.4% = 1%가량 줄어들 것입니다. 그런데 모든 재화 가격이 1% 인상된다는 것은 결국 소득이 1% 줄어드는 것과 마찬가지입니다. 따라서 소득이 1% 감소할 때 수요량이 1% 감소하므로 소득탄력성이 1임을 알 수 있습니다. 물론 엄밀한 수학적 증명은 오일러의 정리가 제공하는 것이고, 이 같은 대략적인 계산은 정확한 것은 아닙니다.

예제 19.6 수요의 탄력성과 오일러 정리

앞의 [예제 19.2]에서 보았던 0차 동차인 수요함수 $\frac{0.5I}{P_x}$에 대하여 오일러의 정리가 성립하는지 확인하고, 세 탄력성의 합이 0인지 확인하시오.

$\frac{\partial D_x}{\partial P_x} = -0.5\frac{I}{P_x^2}, \frac{\partial D_x}{\partial P_y} = 0, \frac{\partial D_x}{\partial I} = 0.5\frac{1}{P_x}$ 이므로

$$P_x\frac{\partial D_x}{\partial P_x} + P_y\frac{\partial D_x}{\partial P_y} + I\frac{\partial D_x}{\partial I} = P_x\left(-0.5\frac{I}{P_x^2}\right) + 0 + I\left(0.5\frac{1}{P_x}\right) = 0$$

으로 오일러의 정리가 성립합니다. 또한 $\varepsilon_X = -1$, $\varepsilon_{XY} = 0$, $\eta_X = 1$이므로 세 탄력성 값의 합은 0이 맞습니다.

19.4 동차함수의 성질 (2) 동차함수의 편도함수

동차함수의 편도함수도 동차함수입니다. 더욱 중요하게는 k차 동차함수의 일계 편도함수는 $(k-1)$차 동차함수가 됩니다. 설명을 간단하게 하기 위해서 변수가 2개인 경우만 생각해 보겠습니다.

정리 19.2 함수 $f(x,y)$가 k차 동차이면, f_x와 f_y는 $(k-1)$차 동차이다.

증명

$f(x,y)$가 k차 동차라면, $f(tx,ty)=t^k f(x,y)$가 성립할 것입니다. 이 식의 양변을 x로 편미분하면

$$\frac{\partial f}{\partial x}(tx,ty)\cdot t = t^k \frac{\partial f}{\partial x}(x,y)$$

가 됩니다. 식의 양변을 t로 나누어주면

$$\frac{\partial f}{\partial x}(tx,ty) = t^{k-1} \frac{\partial f}{\partial x}(x,y)$$

가 되어 $\frac{\partial f}{\partial x}$가 $(k-1)$차 동차임을 보여줍니다. $\frac{\partial f}{\partial y}$에 대해서도 똑같은 논리로 증명이 가능하며, 만약 $f(x_1,x_2,\ldots,x_n)$였더라도 마찬가지로 증명이 성립합니다. ◀

이 성질을 통해 알 수 있는 것은 예를 들어 생산함수 $f(K,L)$이 규모수익 불변(CRS)이라면 각 요소의 한계생산성을 나타내는 f_K와 f_L은 0차 동차함수라는 것입니다.

예제 19.7 동차함수의 편도함수

생산함수 $f^1(K,L)=\sqrt{KL}$=과 $f^2(K,L)=KL$에 대해서 각각 한계생산성의 동차성을 확인하시오.

f^1은 1차 동차 즉 규모수익 불변 생산함수이고, f^2는 2차 동차 즉 규모수익 증가 생산함수입니다. 자본의 한계생산성을 각각 계산해보면

$$MP_K^1 = \frac{\partial f^1}{\partial K} = \frac{\sqrt{L}}{2\sqrt{K}}$$

$$MP_K^2 = \frac{\partial f^2}{\partial K} = L$$

로 MP_K^1는 0차 동차, MP_K^2는 1차 동차임을 쉽게 확인할 수 있습니다. 다시 말해, 첫 번째 생산함수(규모수익 불변)의 경우에는 노동과 자본의 투입량을 같은 비율로 증가시킬 경우 요소의 한계생산성에 아무런 변화가 없는 반면, 두 번째 규모수익증가 생산함수의 경우 노동과 자본의 투입량을 같은 비율로 증가시키면 증가시킨 배수만큼 한계생산성이 증가합니다. 잠깐 생각해보면 이런 결과는 규모수익의 개념과도 잘 부합함을 알 수 있습니다.

19.5 동차함수의 성질 (3)

이 성질은 뭐라고 이름을 붙이기는 좀 어려운데 경제 분석에서 편리하게 사용될 수 있는 것입니다. 바로 다음의 성질입니다.

정리 19.3 $f(x,y)$가 k차 동차함수라면

$$f(x,y) = x^k f\left(1, \frac{y}{x}\right) = y^k f\left(\frac{x}{y}, 1\right)$$

증명

증명은 매우 간단합니다. k차 동차를 정의하는 식에 $t = \frac{1}{x}$을 대입하면 첫 번째 결과를 얻고, $t = \frac{1}{y}$을 대입하면 두 번째 결과를 얻습니다. ◀

경제학에서 이 성질은 특히 생산함수가 1차 동차(규모수익 불변)인 경우에 유용하게 사용될 수 있습니다. 1차 동차일 경우 위 성질을 다시 써 보면

$$[\text{1차 동차인 경우}]: \quad f(x,y) = xf\left(1, \frac{y}{x}\right) = yf\left(\frac{x}{y}, 1\right)$$

말로 설명하자면, 규모수익 불변이라는 성질의 기본적인 개념은 규모를 아무리 늘리거나 줄이더라도 생산 양태 자체에 변화가 없다는 것이므로, 적절한 생산 규모를 하나의 '기준 단위'로 설정하고 나머지 생산량은 그 단위의 몇 배인지 하는 식으로 묘사할 수 있습니다. 예를 들어 생산함수 $Q = f(K,L)$이 규모수익 불변(CRS)이라면

$$Q = Lf\left(\frac{K}{L}, 1\right)$$

이 성립한다는 것인데, 여기서 노동 $L = 1$을 투입한 경우를 하나의 '기준 단위'로 설정했습니다. 예를 들어, $(K,L) = (4,2)$일 때의 생산량은 $(K,L) = (2,1)$일 때 생산량의 2배입니다. $L = 1$이라고 할 때 $K/L = 2$인 경우가 기준이 되는 것입니다. 즉 $f(2,1) = 100$이었다면 $f(4,2) = 200$, $f(6,3) = 300$이 성립합니다(만약 규모수익 불변이 아니었다면 기준단위에서 동시에 노동과 자본을 2배 늘려줄 경우 생산량이 2배가 되는 것은 아니므로 식이 성립하지 않습니다).

한편 위 식을 다시 정리하면

$$\frac{Q}{L} = f\left(\frac{K}{L}, 1\right)$$

이 되는데 이 식은 예를 들어, 거시경제 모형에서 규모수익 불변을 가정할 경우 1인당 총 생산량(Q/L)을 1인당 자본 수준(K/L)의 함수로 표현할 수 있다는 의미입니다.

주요 개념 및 용어

동차함수, 규모수익, 오일러 정리

요약

- 다변수함수 $y = f(x_1, \ldots, x_n)$이 k차 동차함수라는 것은, 모든 변수의 값을 동시에 $t\,(>0)$배 해줄 때 함수의 값이 t^k배됨을 의미한다.
- 수요함수는 0차 동차이고, 생산함수는 규모수익불변일 경우 1차 동이다.
- 동차함수는 오일러 정리를 만족하고, 편도함수도 동차함수이다.

연습문제

19-1 다음 함수들이 동차인지 확인하고, 동차라면 몇 차 동차인지 답하시오.

(a) $f(x, y) = ax^2 + bxy + cy^2$

(b) $f(x, y) = \sqrt{xy}$

(c) $f(x, y, z) = Ax^{\alpha}y^{\beta}z^{\gamma}$

(d) $f(x, y, z) = a\ln(x - x_0) + b\ln(y - y_0) + c\ln(z - z_0)$ (단, x_0, y_0, z_0는 상수)

19-2 함수 $f(x, y) = \alpha\ln x + \beta\ln y$를 고려한다.

(a) 이 함수가 동차함수가 되려면 어떤 조건이 필요하며, 몇 차 동차함수가 될 수 있는지 설명하시오. 아래 소문항에는 이 조건에 만족되어 f가 동차함수라고 가정한다.

(b) 오일러정리가 성립함을 보이시오.

(c) f의 일계 편도함수 또한 적절한 차수의 동차함수임을 보이시오.

(d) 동차함수의 성질 (3)이 성립함을 보이시오.

19-3 함수 $f(x_1, x_2) = ax_1^2 + bx_1x_2 + cx_2^2$에 대해 답하시오.

(a) 이 함수는 동차함수이다. 몇 차 동차함수인지 설명하시오.

(b) 이 함수에 대해 오일러의 정리가 성립함을 확인하시오.

(c) 이 함수의 일계 편도함수 및 이계 편도함수의 동차성에 대해 논하시오.

19-4 다음은 모두 어떤 재화에 대한 수요함수의 형태이다. 대상 재화를 1이라고 하고, 다른 재화를 2라고 하자. 다음 각 수요함수가 0차 동차가 되려면, 함수에 나오는 모수들 α, β_i 등에 대해 어떤 조건이 성립해야 하는가?

(a) $x_1(p_1, p_2, I) = \alpha + \beta_1 p_1 + \beta_2 p_2 + \beta_3 I$

(b) $\ln x_1(p_1, p_2, I) = \alpha + \beta_1\ln p_1 + \beta_2\ln p_2 + \beta_3\ln I$

(c) $x_1(p_1, p_2, m) = \alpha + \beta_1 p_1 + \beta_2 p_2 + \gamma m + \delta_1(p_1/m) + \delta_2(p_2/m)$

19-5 다음 식에 의해 정의되는 비용함수 $c(w_1, w_2, q)$를 고려한다(w_1, w_2는 요소가격, q는 재화 생산량을 나타낸다).

$$\ln c(w_1, w_2, q) = a + b_1 \ln w_1 + b_2 \ln w_2 + b_3(\ln w_1)(\ln w_2) + \ln q$$

(a) 이 함수가 (w_1, w_2)에 대해 1차 동차가 되려면 모수들인 a, b_1, b_2, b_3에 대해 어떤 조건이 필요한가?

(b) (a)에서 도출한 조건들이 만족된다고 하자. 함수가 (w_1, w_2, q)에 대해서 2차 동차일 수 있는가? 설명하시오.

19-6 콥-더글라스 생산함수 $f(K, L) = AK^{\alpha}L^{\beta}$에 대해 답하시오. 단, A는 상수이고 $\alpha + \beta = 1$이라고 가정한다.

(a) 생산함수는 몇 차 동차함수이며, 각 요소의 한계생산은 몇 차 동차인가?

(b) 새로운 함수를 $q(K, L) = f(K, L)/L$로 정의할 때 이 함수는 몇 차 동차함수인가?

(c) $k = K/L$이라고 치환할 때 (b)의 함수 q를 k의 일변수함수로 나타내어 보시오.

(d) 자본과 노동이 각각 시간 t의 함수로 $K(t) = K_0 e^{rt}$이고 $L(t) = L_0 e^{st}$이다. (K_0, L_0, r, s는 상수) 이제 함수 q를 시간 t의 함수로 작성해보시오.

(e) q는 (K, L)의 함수로 볼 수도 있고 k의 함수로 볼 수도 있으며 (d)의 상황에서는 t의 함수로 볼 수도 있다. $\frac{\partial q}{\partial K}$, $\frac{dq}{dk}$ 및 $\frac{dq}{dt}$를 계산하시오.

PART

6

최적화

제6부에서는 경제수학의 핵심이라고 할 수 있는 최적화이론을 공부합니다. 최적화 문제의 해법에는 지금까지 공부한 다양한 도구들이 대부분 활용됩니다.
제20장에서는 제II부에서 공부했던 일변수함수의 최적화이론(일계조건, 이계조건)을 다변수함수로 확장하여 공부하고, 제21장부터는 경제모형에 필수적인 제약조건을 포함한 최적화 문제를 공부합니다. 제22장에서 소개되는 라그랑지 방법은 현대 경제학의 수리적 기초라고 할 수 있습니다. 제23장에서는 이 방법을 이용하여 미시경제이론의 주요 결과들을 도출하여 사실상 경제수학의 결론을 짓도록 하겠습니다.

Chapter 20

제약식 없는 다변수함수의 최적화

제8~9장에서 공부했던 일변수함수의 최적화이론을 다시 기억해보면, $y = f(x)$를 극대화 또는 극소화하고자 할 때, 다음의 조건들을 이용해 답을 찾을 수 있었습니다.

일변수함수의 최적화: 도함수 조건

[일계조건 (필요조건)] 정의역의 내부점 x^*가 함수 $f(x)$의 극대점 혹은 극소점이라면 $f'(x^*) = 0$이 성립한다.

[이계조건 (충분조건)] x^*에서 일계조건이 성립할 때, $f''(x^*) < 0$이면 x^*는 함수 $f(x)$의 극대점이고 $f''(x) > 0$이면 x^*는 함수 $f(x)$의 극소점이다.

이 장에서는 다변수함수로 이 조건들을 확장할 것인데, 이를 위해서 위의 조건들을 다음과 같이 미분량 형태로 다시 표현하는 것이 도움이 됩니다.

일변수함수의 최적화: 미분량 조건

[일계조건 (필요조건)] 정의역의 내부점 x^*가 함수 $f(x)$의 극대점 혹은 극소점이라면 $dy(x^*) = f'(x^*)\,dx = 0$이 성립한다.

[이계조건 (충분조건)] x^*에서 일계조건이 성립할 때, $d^2y(x^*) = f''(x^*)\,dx^2 < 0$이면 x^*는 함수 $f(x)$의 극대점이고, $d^2y(x^*) = f''(x^*)\,dx^2 > 0$이면 x^*는 함수 $f(x)$의 극소점이다.

미분량으로 표현된 조건식에서 dx는 임의의 값을 자유롭게 가질 수 있으므로, 모든 경우에 대해 미분량 일계조건이 성립하려면 $f'(x^*) = 0$이어야 합니다. 한편, $dx^2 > 0$이므로, d^2y와 f''의 부호는 동일합니다. 즉, 도함수 조건과 미분량 조건은 서로 동등합니다.

20.1 이변수함수의 최적화

이제 변수가 2개인 함수를 최적화(극대화 또는 극소화)하려고 합니다. 최적화 대상이 되는 목적함수를 $y = f(x_1, x_2)$라고 합시다. 만약 (x_1^*, x_2^*)가 (내부) 극대점이라면 이 점에서 y

값은 최정상에 있으므로, x_1이나 x_2를 아주 조금 변화시킬 때 더 이상 y가 증가하지 않아야 합니다. 즉, 충분히 작은 dx_1 및 dx_2에 대해서 $dy \le 0$이 성립해야 합니다. 전미분량 공식에 의해

$$dy = f_1\,dx_1 + f_2\,dx_2$$

이므로 모든 dx_i에 대해서 $dy \le 0$이려면,

$$\text{[최적화 일계조건]} \qquad \frac{\partial f}{\partial x_1}(x_1^*, x_2^*) = \frac{\partial f}{\partial x_2}(x_1^*, x_2^*) = 0 \qquad (20.1)$$

이라야 합니다.[42] 내부 극소점에 대해서도 마찬가지 논리가 적용됩니다.[43]

변수가 1개일 때의 최적화의 필요조건은 변수로 미분한 값이 0이라는 것이었는데, 변수가 2개일 때는 각 변수로 편미분한 값이 둘 다 0이라야 한다는 것입니다. 물론 이 조건은 필요조건이며, 이계조건을 통해 극대와 극소를 구분할 필요가 있습니다.

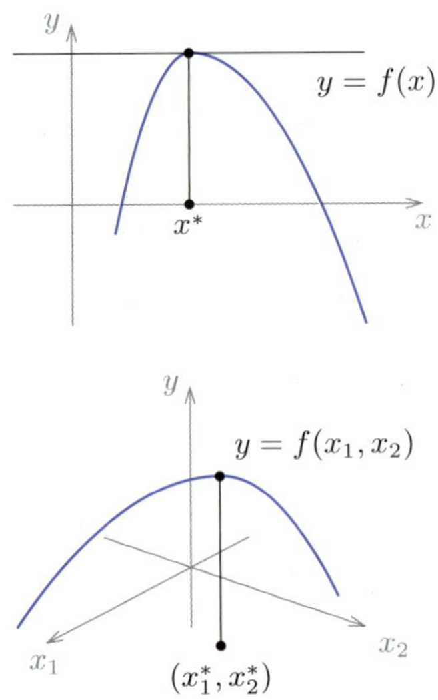

$$f'(x^*) = 0$$

$$\frac{\partial f}{\partial x_1}(x_1^*, x_2^*) = 0$$
$$\frac{\partial f}{\partial x_2}(x_1^*, x_2^*) = 0$$

[그림 20.1] 일변수함수와 이변수함수에서 최적화 일계조건

42) 좀 더 자세하게 증명해보면 다음과 같습니다: 먼저 $dx_2 = 0$이라고 해봅시다. 그렇다면 $dy = f_1\,dx_1 \le 0$이므로 dx_1이 양수이면 $f_1 \le 0$, dx_1이 음수이면 $f_1 \ge 0$입니다. dx_1은 양수일 수도 있고 음수일 수도 있으므로 두 경우 모두 성립하려면 $f_1 = 0$이어야 합니다. 마찬가지로 $dx_1 = 0$인 경우를 고려하면 $f_2 = 0$이어야 합니다.

43) 극소점의 근처에서는 함숫값이 감소하지 않아야 하므로 $dy \ge 0$이 성립해야 합니다. 앞 각주에서와 유사하게 먼저 $dx_2 = 0$이라고 해보면 $dy = f_1\,dx_1 \ge 0$이 되기 위해서 dx_1이 양수이면 $f_1 \ge 0$, dx_1이 음수이면 $f_1 \le 0$이 되어야 합니다. 두 경우가 모두 성립하려면 결국 $f_1 = 0$이어야 합니다. 마찬가지로 $dx_1 = 0$인 경우를 고려하면 $f_2 = 0$이어야 합니다.

이계조건은 변수가 1개일 때는 함수를 두 번 미분한 값을 검사하여 확인할 수 있었습니다. 변수가 2개일 때도 마찬가지이지만 조금 복잡해진 이계조건이 나타납니다. 기본적으로 함수의 이계도함수, 즉 기울기의 변화가 양수(+)라면 극소이고, 반대로 기울기의 변화가 음수(−)라면 극대입니다. 기울기의 변화량은 $d(dy) = d^2y$ 즉 dy의 미분량, 다시 말해 y의 이계미분량을 통해 표현할 수 있습니다.

일계미분량은 $dy = f_1\,dx_1 + f_2\,dx_2$이므로 dy의 미분량을 구해보면

$$\begin{aligned} d(dy) = d^2y &= d(f_1)\,dx_1 + d(f_2)\,dx_2 \\ &= (f_{11}\,dx_1 + f_{12}\,dx_2)\,dx_1 + (f_{21}\,dx_1 + f_{22}\,dx_2)\,dx_2 \\ &= f_{11}\,dx_1^2 + 2f_{12}\,dx_1\,dx_2 + f_{22}\,dx_2^2 \end{aligned} \tag{20.2}$$

이 됩니다. 식 (20.2)의 도출 과정에서 f_1과 f_2는 각각 이변수함수이기 때문에 미분량을 취할 경우 두 가지 편도함수에 각각 dx_1과 dx_2를 곱하여 얻었습니다. 이제 식 (20.2)의 값이 양(+)인지 음(−)인지에 따라 극소 또는 극대를 판별할 수 있습니다.

양/음의 판별을 위해서 '제곱 완성하기'(completing the square)[44]라는 계산을 해보겠습니다. '제곱 완성하기'란 주어진 2차식에서 적절한 항들을 묶어 정리하여 $(\cdots)^2$의 모양을 만들어 내는 것을 말합니다. 우리가 알고 있는 전개 공식

$$(AX_1 + BX_2)^2 = A^2X_1^2 + 2ABX_1X_2 + B^2X_2^2$$

을 활용하면 됩니다. 정확하게 말하자면, 아래에 이어질 계산에서

$$A\left(X_1^2 + 2\frac{B}{A}X_1X_2 + \left(\frac{B}{A}\right)^2 X_2^2\right) = A\left(X_1 + \frac{B}{A}X_2\right)^2$$

이라는 공식을 활용할 것입니다. 식 (20.2)를 제곱 형태로 만들어주기 위해서, $\left(\frac{B^2}{A}\right)X_2^2$에 해당되는 $\frac{(f_{12})^2}{f_{11}}\,dx_2^2$를 식에 더했다가 다시 빼어주면

$$\begin{aligned} d^2y &= \underbrace{f_{11}\,dx_1^2}_{AX_1^2} + \underbrace{2f_{12}\,dx_1\,dx_2}_{2BX_1BX_2} + \underbrace{\frac{(f_{12})^2}{f_{11}}\,dx_2^2}_{\frac{B^2}{A}X_2^2} + f_{22}\,dx_2^2 - \frac{(f_{12})^2}{f_{11}}\,dx_2^2 \\ &= f_{11}\underbrace{\left(dx_1 + \frac{f_{12}}{f_{11}}\,dx_2\right)^2}_{(X_1+\frac{B}{A}X_2)^2\ge 0} + \left(\frac{f_{11}f_{22} - (f_{12})^2}{f_{11}}\right)dx_2^2 \end{aligned}$$

이라고 정리가 됩니다.

---

44) '완전제곱식 만들기'라고도 부릅니다.

이 식을 잘 들여다보면, 두 항에 각각 제곱인 부분이 있으므로 그 외의 부분들이 모두 양수이면 전체도 양수, 모두 음수이면 전체도 음수임을 알 수 있습니다. 즉, 다음이 바로 2변수 최적화의 이계조건입니다.

> [최적화 이계조건]
>
> - [극대화 이계조건] $f_{11} < 0$이고 $f_{11}f_{22} - (f_{12})^2 > 0$이면 $d^2y < 0$이므로 극대
> - [극소화 이계조건] $f_{11} > 0$이고 $f_{11}f_{22} - (f_{12})^2 > 0$이면 $d^2y > 0$이므로 극소

두 조건을 비교해보면 f_{11}의 부호에 따라 극대 또는 극소가 결정되고, $f_{11}f_{22} - (f_{12})^2 > 0$이라는 조건은 극대이든 극소이든 동일하다는 점을 알 수 있습니다.

이계조건(특히 $f_{11}f_{22} - (f_{12})^2 > 0$ 부분)을 기억할 수 있는 한 가지 방법은 d^2y를 행렬로 나타내 보는 것입니다.

$$d^2y = \begin{pmatrix} dx_1 & dx_2 \end{pmatrix} \begin{pmatrix} f_{11} & f_{12} \\ f_{21} & f_{22} \end{pmatrix} \begin{pmatrix} dx_1 \\ dx_2 \end{pmatrix} \tag{20.3}$$

식 (20.2)와 (20.3)이 서로 동일하다는 것은 (20.3)에 나온 벡터와 행렬의 곱셈을 전개해보면 확인할 수 있습니다.

극대 및 극소의 이계조건에서 공통적으로 나왔던 $f_{11}f_{22} - (f_{12})^2 > 0$이라는 조건은 바로 식 (20.3)의 가운데에 들어있는 2×2 행렬의 행렬식(determinant) 값이 0보다 크다는 것과 동일합니다.

결론적으로 이변수함수의 최적화 조건을 정리하면 다음과 같습니다.

이변수함수의 최적화 조건

[일계조건 (필요조건)] 정의역의 내부점 (x_1^*, x_2^*)가 함수 $f(x_1, x_2)$의 극대점 혹은 극소점이라면

$$\frac{\partial f}{\partial x_1}(x_1^*, x_2^*) = \frac{\partial f}{\partial x_2}(x_1^*, x_2^*) = 0$$

이 성립한다.

[이계조건 (충분조건)] (x_1^*, x_2^*)에서 일계조건이 성립하고,

(i) $f_{11}(x_1^*, x_2^*) < 0$이고 $f_{11}(x_1^*, x_2^*)f_{22}(x_1^*, x_2^*) - (f_{12}(x_1^*, x_2^*))^2 > 0$이면 (x_1^*, x_2^*)는 함수 $f(x_1, x_2)$의 극대점이고,

(ii) $f_{11}(x_1^*, x_2^*) > 0$이고 $f_{11}(x_1^*, x_2^*)f_{22}(x_1^*, x_2^*) - (f_{12}(x_1^*, x_2^*))^2 > 0$이면 (x_1^*, x_2^*)는 함수 $f(x_1, x_2)$의 극소점이다.

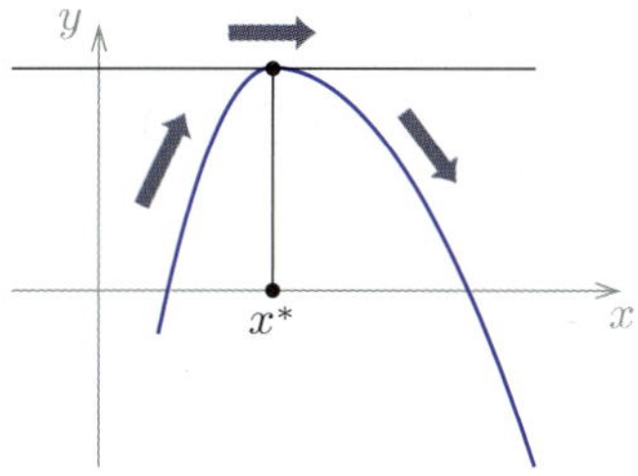

기울기가 점차 감소

$f''(x^*) < 0$

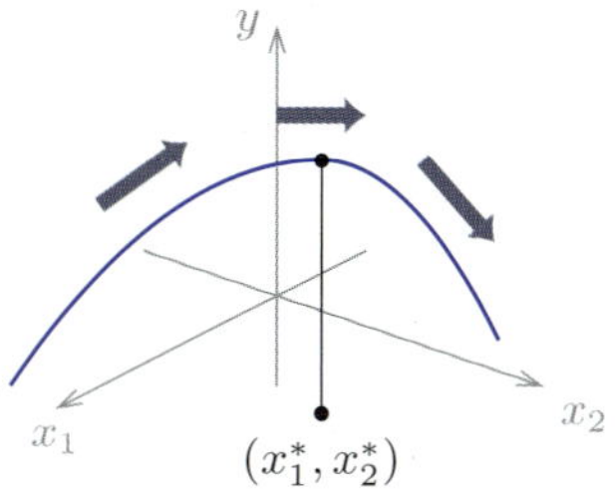

$$d^2y = d(dy) < 0$$
$$f_{11} < 0$$
$$\begin{vmatrix} f_{11} & f_{12} \\ f_{21} & f_{22} \end{vmatrix} > 0$$

[그림 20.2] 일변수함수와 이변수함수에서 극대화 이계조건

예제 20.1 이변수함수의 최적해

주어진 이변수함수를 목적함수로 할 때의 최적해를 일계조건과 이계조건을 사용해 구하시오.

(a) $f(x_1, x_2) = x_1^2 + x_2^2$

일계조건과 이계조건을 적용하기에 앞서서 먼저 해를 추측해봅시다. 함수의 형태가 변수를 제곱한 것이므로 함숫값은 적어도 0과 같거나 0보다 커야 합니다. 따라서 $(x_1, x_2) = (0, 0)$이면 함숫값이 0이 되고, 이보다 함숫값을 더 작게 만드는 것은 불가능합니다. 따라서 $(x_1, x_2) = (0, 0)$가 극소해일 것입니다.

한편, x_1이나 x_2의 값을 크게 만들면 함숫값은 얼마든지 커질 수 있으므로 정의역의 범위에 제한을 두지 않는 한 극대해는 존재하지 않을 것입니다.

이제 이같은 추측을 실제로 확인해보겠습니다. 먼저 일계조건을 적용하면

$$f_1 = 2x_1 = 0 \quad f_2 = 2x_2 = 0$$

이므로 $(x_1, x_2) = (0, 0)$이 일계조건을 만족하는 유일한 해입니다.

한편 이계조건을 적용하면 $f_{11} = 2 > 0$이고, $f_{22} = 2$, $f_{12} = 0$이므로 $f_{11}f_{22} - (f_{12})^2 = 2 \times 2 - 0 = 4 > 0$으로 극소해의 이계조건을 만족합니다.

(b) $f(x_1, x_2) = x_1^2 - x_2^2$

이번에는 바로 조건들을 적용해보겠습니다. 먼저 일계조건

$$f_1 = 2x_1 = 0 \quad f_2 = -2x_2 = 0$$

에서 $(x_1, x_2) = (0, 0)$이 일계조건을 만족하는 유일한 해입니다.

한편 이계조건을 적용하면 $f_{11} = 2 > 0$이고, $f_{22} = -2$, $f_{12} = 0$이므로 $f_{11}f_{22} - (f_{12})^2 = 2 \times (-2) - 0 = -4 < 0$으로 극소해의 이계조건이 만족되지 않습니다. 이계조건이 만족되지 않으므로 일계조건을 통해 구한 이 해는 극대나 극소인지 결론을 내릴 수 없습니다(이계조건은 충분조건이므로 만족되지 않으면 판단을 할 수 없는 것이지, 극대나 극소가 아니라고 할 수는 없습니다).

하지만 잠깐 생각해보면 $(0,0)$은 극대도 극소도 아닌 것을 쉽게 알 수 있습니다. $(0,0)$일 때 함숫값은 0입니다. 그런데 x_1의 값을 크게 만들면 0보다 큰 값을 쉽게 만듭니다. 예를 들어 $f(1,0) = 1 > 0$입니다. 따라서 $(0,0)$은 극대일 수 없습니다. 한편 x_2의 값을 크게 만들면 0보다 작은 값이 됩니다. 예를 들어 $f(0,1) = -1 < 0$입니다. 따라서 $(0,0)$은 극소일 수도 없습니다.

참고로 (a), (b)의 함수를 그려보면 [그림 20.3]과 같습니다.

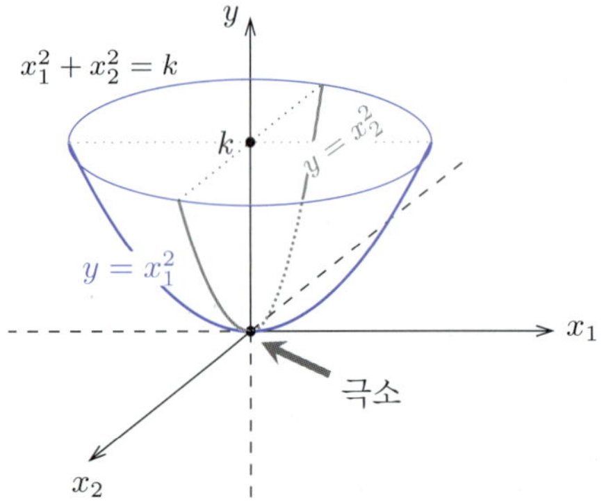

(a) $f(x_1, x_2) = x_1^2 + x_2^2$

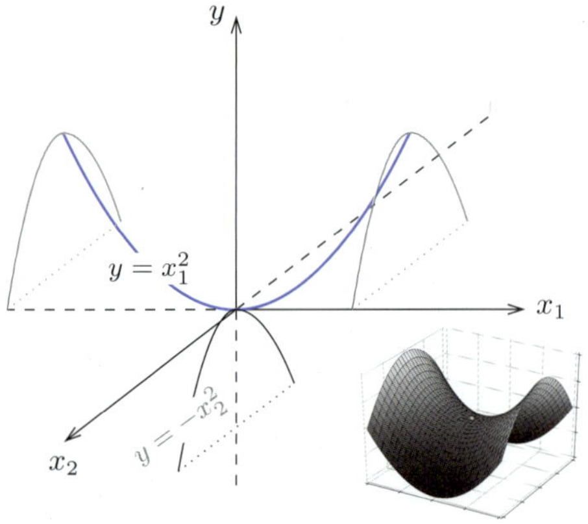

(b) $f(x_1, x_2) = x_1^2 - x_2^2$

[그림 20.3] 이변수 목적함수

20.2 헤시안행렬

앞에서 이변수함수의 이계조건을 도출하는 과정에서 다음의 행렬이 등장했습니다.

$$\begin{pmatrix} f_{11} & f_{12} \\ f_{21} & f_{22} \end{pmatrix}$$

이 행렬은 주어진 이변수 목적함수의 이계 편도함수들을 모두 나열하고 있습니다. 이와 같이 임의의 다변수함수에 대하여 이계 편도함수들을 행렬로 표현한 것을 **헤시안** (Hessian) 행렬이라고 부릅니다.[45)]

헤시안행렬을 $\mathbf{H}$라고 간단하게 표기할 때, 이변수함수의 이계조건 중 두 번째 항목은 $|\mathbf{H}| > 0$라고 쓸 수 있습니다(극대 조건과 극소 조건 모두에 동일하게 적용됩니다).

마찬가지로 변수의 수가 3개 이상인 목적함수에 대해서도 똑같이 헤시안행렬을 정의할 수 있고 이 행렬이 최적화 이계조건에 사용됩니다. 즉, 삼변수함수인 $f(x_1, x_2, x_3)$의 헤시안행렬은

$$\mathbf{H} = \begin{pmatrix} f_{11} & f_{12} & f_{13} \\ f_{21} & f_{22} & f_{23} \\ f_{31} & f_{32} & f_{33} \end{pmatrix}$$

입니다. 이계조건이므로 이계 편도함수들을 행렬로 꾸민 것입니다. 마찬가지로 n개의 변수를 가진 경우에 대해서도 $(n \times n)$ 행렬로 헤시안행렬을 작성할 수 있습니다.

헤시안행렬을 이용한 이계조건은 '선행 주 소행렬식'(leading principal minors)이라는 무시무시한 이름을 가진 개념을 사용합니다. 이름이 매우 복잡하지만 계산요령의 얼개는 어렵지 않습니다. 예를 들어 3변수함수의 헤시안행렬은 3×3 행렬이고, 세 가지 선행 주 소행렬식을 가집니다. 이들은 각각 다음과 같습니다.

$$|\mathbf{H}_1| = |f_{11}|$$

$$|\mathbf{H}_2| = \begin{vmatrix} f_{11} & f_{12} \\ f_{21} & f_{22} \end{vmatrix}$$

$$|\mathbf{H}_3| = \begin{vmatrix} f_{11} & f_{12} & f_{13} \\ f_{21} & f_{22} & f_{23} \\ f_{31} & f_{32} & f_{33} \end{vmatrix}$$

즉, 첫 번째 선행 주 소행렬식 $|\mathbf{H}_1|$은 단지 $|f_{11}| = f_{11}$입니다(여기서 주의할 점은 기호 $|\ |$

45) 수학자 헤세(Hesse)의 이름을 땄으므로 헤세 행렬이라고 부르는 것이 조금 더 정확하지만 통상적인 명칭을 따르겠습니다.

가 숫자의 절댓값을 나타내는 것이 아니라 행렬식이라는 것입니다. 스칼라의 행렬식은 절댓값이 아니라 그냥 그 자신입니다).

그리고 두 번째 선행 주 소행렬식 $|\mathbf{H}_2|$는 첫 번째 변수와 두 번째 변수로 편미분한 이계 편도함수들만으로 구성된 행렬의 행렬식입니다. 마지막으로 세 번째 선행 주 소행렬식 $|\mathbf{H}_3|$은 헤시안행렬 전체의 행렬식입니다.

마찬가지 논리로 만약 목적함수가 n개의 변수를 가졌다면 헤시안은 $(n \times n)$ 행렬이고 이는 n개의 선행 주 소행렬식을 가질텐데, 이 중 k번째는 첫 번째부터 k번째까지의 변수에 대한 이계 편도함수들만으로 구성한 행렬의 행렬식을 나타냅니다[그림 20.4].

이렇게 복잡한 개념을 소개한 까닭은 이를 사용하여 이계조건이 간단하게 표현되기 때문입니다. 우선 2변수함수의 경우를 헤시안의 선행 주 소행렬식을 사용해서 적어보면, 다음과 같습니다.

- [이변수함수 극대화의 이계조건] $|\mathbf{H}_1| < 0,\ |\mathbf{H}_2| > 0$
- [이변수함수 극소화의 이계조건] $|\mathbf{H}_1| > 0,\ |\mathbf{H}_2| > 0$

다시 한번 주의할 점은 $|\mathbf{H}_1|$은 하나의 숫자(스칼라)인데 $|\ |$ 기호는 절댓값이 아니라 행렬식이므로 그냥 첫 번째 변수로 두 번 편미분한 이계 편도함수의 값을 그대로 가져와 부호를 보는 것입니다.

$$\begin{pmatrix} f_{11} & \cdots & f_{1(k-1)} & f_{1k} & f_{1(k+1)} & \cdots & f_{1n} \\ f_{21} & \cdots & f_{2(k-1)} & f_{2k} & f_{2(k+1)} & \cdots & f_{2n} \\ \vdots & \vdots & \vdots & \vdots & \vdots & \vdots & \vdots \\ f_{(k-1)1} & \cdots & f_{(k-1)(k-1)} & f_{(k-1)k} & f_{(k-1)(k+1)} & \cdots & f_{(k-1)n} \\ f_{k1} & \cdots & f_{k(k-1)} & f_{kk} & f_{k(k+1)} & \cdots & f_{kn} \\ \vdots & \vdots & \vdots & \vdots & \vdots & \vdots & \vdots \\ f_{n1} & \cdots & f_{n(k-1)} & f_{nk} & f_{n(k+1)} & \cdots & f_{nn} \end{pmatrix}$$

$$|\mathbf{H}_k| = \begin{vmatrix} f_{11} & \cdots & f_{1(k-1)} & f_{1k} \\ f_{21} & \cdots & f_{2(k-1)} & f_{2k} \\ \vdots & \vdots & \vdots & \vdots \\ f_{(k-1)1} & \cdots & f_{(k-1)(k-1)} & f_{(k-1)k} \\ f_{k1} & \cdots & f_{k(k-1)} & f_{kk} \end{vmatrix}$$

[그림 20.4] $(n \times n)$ 헤시안행렬의 k번째 선행 주 소행렬식 $|\mathbf{H}_k|$

변수가 3개 이상이 될 경우에 대해서 다음 절에서 간략하게 소개하겠습니다.

예제 20.2 헤시안행렬

주어진 함수의 헤시안행렬을 작성하시오.

(a) $f(x_1, x_2) = x_1^2 + x_2^2$

$f_1 = 2x_1$이고 $f_2 = 2x_2$이므로, $f_{11} = f_{22} = 2$이고 $f_{12} = f_{21} = 0$이 됩니다. 따라서 헤시안행렬은

$$\begin{pmatrix} f_{11} & f_{12} \\ f_{21} & f_{22} \end{pmatrix} = \begin{pmatrix} 2 & 0 \\ 0 & 2 \end{pmatrix}$$

(b) $f(x_1, x_2) = x_1^2 - x_2^2$

$f_1 = 2x_1$이고 $f_2 = -2x_2$이므로, $f_{11} = 2$, $f_{22} = -2$이고 $f_{12} = f_{21} = 0$이 됩니다. 따라서 헤시안행렬은

$$\begin{pmatrix} f_{11} & f_{12} \\ f_{21} & f_{22} \end{pmatrix} = \begin{pmatrix} 2 & 0 \\ 0 & -2 \end{pmatrix}$$

(c) $f(x_1, x_2, x_3) = -x_1^2 + x_2^3 + x_3$

마찬가지로 이계 편도함수를 각각 계산하여 헤시안행렬을 작성하면

$$\begin{pmatrix} f_{11} & f_{12} & f_{13} \\ f_{21} & f_{22} & f_{23} \\ f_{31} & f_{32} & f_{33} \end{pmatrix} = \begin{pmatrix} -2 & 0 & 0 \\ 0 & 6x_2 & 0 \\ 0 & 0 & 0 \end{pmatrix}$$

(d) $f(x_1, x_2, x_3) = 2x_1x_2 + \ln x_3$

$$\begin{pmatrix} f_{11} & f_{12} & f_{13} \\ f_{21} & f_{22} & f_{23} \\ f_{31} & f_{32} & f_{33} \end{pmatrix} = \begin{pmatrix} 0 & 2 & 0 \\ 2 & 0 & 0 \\ 0 & 0 & -1/x_3^2 \end{pmatrix}$$

예제 20.3 선행 주 소행렬식

위의 [예제 20.2]에서 구한 헤시안행렬들에 대해 선행 주 소행렬식들을 모두 계산하시오.

(a) $|\mathbf{H}_1| = 2,\ |\mathbf{H}_2| = 2 \times 2 - 0 \times 0 = 4$

(b) $|\mathbf{H}_1| = 2$, $|\mathbf{H}_2| = 2 \times (-2) - 0 \times 0 = -4$

(c) $|\mathbf{H}_1| = -2$, $|\mathbf{H}_2| = (-2) \times (6x_2) - 0 \times 0 = -12x_2$, $|\mathbf{H}_3| = 4/x_3^2$

(d) $|\mathbf{H}_1| = 0$, $|\mathbf{H}_2| = 0 \times 0 - 2 \times 2 = -4$, $|\mathbf{H}_3| = 0$

20.3 다변수함수의 최적화

최적화(극대화 또는 극소화)되어야 할 목적함수가 3개 이상의 여러 개의 변수를 가진 경우는 앞의 2변수 경우를 이해했다면 쉽게 표현할 수 있습니다. 목적함수가 $y = f(x_1, x_2, \ldots, x_n)$이라고 합시다.

모든 변숫값이 조금씩 변화할 때 함숫값의 전미분량을 구해보면

$$dy = f_1\,dx_1 + f_2\,dx_2 + \cdots + f_n\,dx_n = \sum_{i=1}^{n} f_i\,dx_i$$

입니다. 각 변수의 변화량이 지나치게 크지만 않다면 극대점에서 모든 방향으로 함숫값이 더 이상 증가할 수 없어야 합니다. 극대화 문제에서 만약 $\frac{\partial f}{\partial x_i} > 0$이라면 x_i를 증가시키고, $\frac{\partial f}{\partial x_j} < 0$이라면 x_j를 감소시켜서 새로운 최적값에 도달할 수 있을 것입니다. 따라서 이 최적화 문제의 필요조건인 일계조건은 각 변수에 대한 모든 편도함수의 값이 0이라는 것입니다.

[일계조건] $\frac{\partial f}{\partial x_i}(x_1^*, x_2^*, \ldots, x_n^*) = 0, \quad \forall i = 1, 2, \ldots, n$

즉, 변수가 n개일 때 일계조건은 n개의 방정식으로 나오게 됩니다.

2변수함수의 경우와 마찬가지로 이계조건은 행렬 형식으로 보는 것이 편리한데, 우선 함숫값의 이계 전미분량이

$$d^2y = dx^T \mathbf{H} dx$$

의 형태를 나타낸다는 점을 이해해야 합니다. 여기서 물론 $\mathbf{H}$는 헤시안행렬 즉, 목적함수를 각 변수에 대해 두 번 편미분한 것들을 채워 넣은 행렬입니다. 이 행렬의 i행, j열에는 $\frac{\partial^2 f}{\partial x_i \partial x_j}$가 들어가 있습니다($i$와 j의 순서가 바뀌어도 이계 편도함수는 동일하므로 $\mathbf{H}$는

대칭행렬입니다).

한편 dx는 dx_i들을 묶어놓은 벡터, 즉 $(dx_1, dx_2, \ldots, dx_n)$을 말합니다(그리고 앞쪽의 dx에 붙어있는 T기호는 전치, 즉 행과 열을 바꾸었다는 뜻입니다). 2변수함수의 경우에는 (dx_1, dx_2)가 $\mathbf{H}$의 앞에 곱해지고 $\binom{dx_1}{dx_2}$가 뒤에 곱해졌는데, 여기서는 앞에 $(dx_1, dx_2, \ldots, dx_n)$이 곱해지고, 뒤에 $\begin{pmatrix} dx_1 \\ \vdots \\ dx_n \end{pmatrix}$이 곱해지는 것입니다. 즉,

$$d^2y = \begin{pmatrix} dx_1 & \cdots & dx_n \end{pmatrix} \mathbf{H} \begin{pmatrix} dx_1 \\ \vdots \\ dx_n \end{pmatrix} = \begin{pmatrix} dx_1 & \cdots & dx_n \end{pmatrix} \begin{pmatrix} f_{11} & \cdots & f_{1n} \\ \vdots & \ddots & \vdots \\ f_{n1} & \cdots & f_{nn} \end{pmatrix} \begin{pmatrix} dx_1 \\ \vdots \\ dx_n \end{pmatrix}$$

입니다.

이 식이 d^2y가 맞다는 것을 확인하려면, 2변수의 경우처럼 $dy = f_1\,dx_1 + \cdots + f_n\,dx_n$에 대해서 다시 한 번 전미분량을 구해서 전개해보면 됩니다. 즉 $d^2y = d(dy) = (f_1\,dx_1 + \cdots + f_n\,dx_n)_1\,dx_1 + \cdots + (f_1\,dx_1 + \cdots + f_n\,dx_n)_n\,dx_n$을 전개하면 됩니다. 이 때 모든 항은 f를 두 번 미분한 것에 dx_i가 2개 붙어있는 모습을 갖게 됩니다. f_{11}에는 dx_1이 두 번, f_{12}에는 dx_1과 dx_2가 각각 한 번 붙어 있는 식으로 전개가 됩니다. 이를 행렬 형태로 정리한 것이 바로 위 식입니다. 위 식에서 벡터와 행렬 간의 곱셈을 해보면, 각 항은 $f_{ij}\,dx_i\,dx_j$ 형태가 되고 이 모든 항을 더해준 것이 d^2y가 됩니다.

우리가 찾고자 하는 것은 최적화 문제의 이계조건으로 $d^2y < 0$이면 극대, $d^2y > 0$이면 극소입니다. 위에 적힌 복잡한 행렬벡터 곱셈식이 0보다 큰지, 작은지를 따져야 합니다. 각 dx_i가 임의의 값을 가질 수 있기 때문에, 많은 경우 d^2y의 값이 뚜렷한 부호를 갖지 않고, 양수였다가 음수였다가 하는 식으로 나타날 것입니다.

그런데 만약 모든 dx_i에 대해서 행렬벡터 곱셈 값이 양수라면, 이를 '확실히 양' 혹은 **양의 정부호**(positive definite)라고 하고, 반대로 모든 dx_i에 대해서 음수라면 '확실히 음' 혹은 **음의 정부호**(negative definite)라고 합니다. 이도 저도 아닌 경우 에는 '알 수 없음' 즉 **부정**(indefinite)이라고 합니다.

경우를 좀 더 세분하면, d^2y가 '확실히 음은 아닌' 경우도 있습니다. 즉 $d^2y \geq 0$일 수 있는데 이때는 **양의 준정부호**(positive semi-definite)라고 하고, 반대로 '확실히 양은 아닌' 경우 즉 $d^2y \leq 0$이면 **음의 준정부호**(negative semi-definite)라고 합니다. 가능한 경우는 모두 다섯 가지입니다.

이 다섯 가지 가능성을 판별하는 방법에 대해서도 더 자세히 공부할 수 있지만, 여기서는

식이 확실히 양이거나 확실히 음인 경우 바로 헤시안행렬의 선행 주 소행렬식으로 판별할 수 있다는 점만을 지적하겠습니다.

$$\begin{pmatrix} f_{11} & f_{12} & f_{13} & \cdots & f_{1n} \\ f_{21} & f_{22} & f_{23} & \cdots & f_{2n} \\ f_{31} & f_{32} & f_{33} & \cdots & f_{3n} \\ \vdots & \vdots & \vdots & \ddots & \vdots \\ f_{n1} & f_{n2} & f_{n3} & \cdots & f_{nn} \end{pmatrix}$$

위 행렬이 바로 n개의 변수를 가진 목적함수의 헤시안행렬입니다. 이 행렬에서 제일 왼쪽 위부터 시작해서 점점 크게 (1×1), (2×2), (3×3), …, $(n \times n)$으로 소행렬들을 잡아 각각의 행렬식들을 계산하는데, 그 값들이 모두 양(+)이면 확실히 양 즉 $d^2y > 0$이 되고, 한편 $|\mathbf{H}_1| < 0$, $|\mathbf{H}_2| > 0$, $|\mathbf{H}_3| < 0$, $|\mathbf{H}_4| > 0$과 같이, 홀수번째는 음(−), 짝수번째는 양(+)이면 확실히 음 즉 $d^2y < 0$이 성립합니다(그 이외의 모든 경우, 즉 짝수번째가 한 번이라도 음이 되거나, 홀수 번째가 양이었다가 음이었다가 한다면 부정이 됩니다).

[n변수함수의 최적화 이계조건]

일계조건을 만족하는 $(x_1^*, x_2^*, \ldots, x_n^*)$에서

- [극소] $\mathbf{H}$가 양의 정부호이면, $(x_1^*, x_2^*, \ldots, x_n^*)$은 극소해
- [극대] $\mathbf{H}$가 음의 정부호이면, $(x_1^*, x_2^*, \ldots, x_n^*)$은 극대해

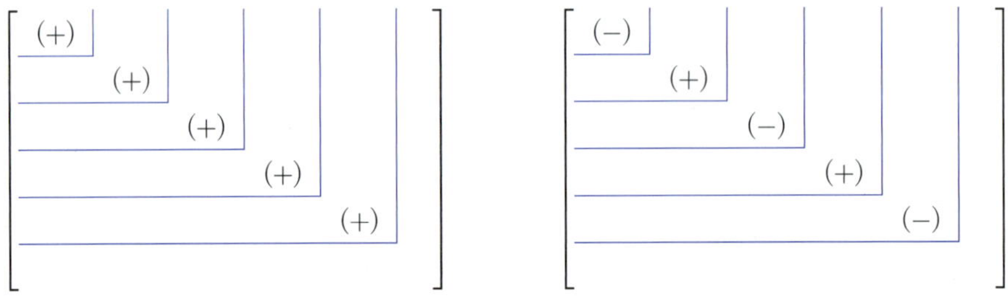

(a) 양의 정부호　　(b) 음의 정부호

[그림 20.5] 행렬의 부호

참고로 이런 성질은 최적화 문제의 헤시안행렬에만 적용되는 것이 아니고, 임의의 정사각 행렬 A에 대해서 $\mathbf{x}^T A\mathbf{x}$와 같은 모양으로 소위 '이차형식'(quadratic form)을 만들었을 경우

에 대해 일반적으로 적용됩니다.[46)]

예제 20.4 다변수함수의 최적화

[예제 20.2~20.3]에서 구한 헤시안행렬 및 선행 주 행렬식들을 사용하여, 주어진 함수를 목적함수로 하는 최적화 문제의 해를 구하시오.

(a) $f(x_1, x_2) = x_1^2 + x_2^2$

우선 일계조건을 만족하는 해를 찾아보면 $f_1 = 2x_1 = 0$과 $f_2 = 2x_2 = 0$에서 $(x_1, x_2) = (0, 0)$이 됩니다. 한편 [예제 20.3]에서 이미 계산한대로 $|\mathbf{H}_1| = 2 > 0$이고 $|\mathbf{H}_2| = 4 > 0$이므로 $\mathbf{H}$는 양의 정부호를 가져 극소해의 이계조건을 만족합니다. 즉, $(x_1, x_2) = (0, 0)$은 주어진 함수를 극소화하는 해입니다. 이는 이미 [예제 20.1(a)]에서 확인한 답과 일치합니다.

(b) $f(x_1, x_2) = x_1^2 - x_2^2$

$f_1 = 2x_1$이고 $f_2 = -2x_2$이므로 일계조건을 만족하는 해는 $(x_1, x_2) = (0, 0)$입니다. 한편 [예제 20.3]에서 계산한대로 $|\mathbf{H}_1| = 2 > 0$, $|\mathbf{H}_2| = -4 < 0$으로 이계조건으로는 판단을 할 수가 없습니다(이계조건에서는 극대이든 극소이든 $|\mathbf{H}_2| > 0$이 되어야 합니다). [예제 20.1(b)]에서 이미 $(0, 0)$은 극대도, 극소도 아님을 설명했습니다.

(c) $f(x_1, x_2, x_3) = -x_1^2 + x_2^3 + x_3$ 일계조건을 만족하는 해는 $f_1 = -2x_1 = 0$, $f_2 = 3x_2^2 = 0$, $f_3 = 1 = 0$으로 구해보면 $x_1 = 0$, $x_2 = 0$이지만 x_3의 경우 만족하는 해가 없습니다. 즉, 주어진 함수를 목적함수로 할 때 정의역의 내부에서 최적해는 찾을 수가 없습니다. 변수 x_3에 대해서 1차함수이므로 정의역이 주어질 경우 항상 경계점에서 극대 및 극소가 발생합니다.

비록 최적해는 구할 수 없지만, 이계조건도 확인해보면 $|\mathbf{H}_1| = -2 < 0$, $|\mathbf{H}_2| = -12x_2 = 0$, $|\mathbf{H}_3| = 0$으로 두 번째와 세 번째 선행 주 소행렬식이 극대나 극소의 조건을 만족하지 못함을 알 수 있습니다.

(d) $f(x_1, x_2, x_3) = 2x_1x_2 + \ln x_3$

46) 가운데 있는 행렬 A에 대해서 선행 주 소행렬식들을 계산했을 때 그 값이 모두 양이면 이차형식 $\mathbf{x}^TA\mathbf{x}$의 값은 항상 양수이고, 만약 A의 선행 주 소행렬식들이 음, 양, 음, 양으로 반복되면 $\mathbf{x}^TA\mathbf{x}$는 항상 음수가 되는 성질을 갖습니다. 행렬에 곱해지는 벡터 $\mathbf{x}$는 임의의 것이므로, 행렬 A자체의 특징으로 간주하여 행렬이 확실히 양, 혹은 확실히 음이라는 식으로 부르기도 합니다.

이 문제 또한 일계조건을 만족하는 해는 없습니다. $f_1 = 2x_2 = 0$, $f_2 = 2x_1 = 0$에서 $x_1 = 0$이고 $x_2 = 0$이지만, $f_3 = 1/x_3 = 0$을 만족하는 x_3는 찾을 수 없습니다. 로그함수도 단조증가함수이므로 정의역이 주어지면 그 경계에서 극대 및 극소가 발생합니다.

역시 이계조건을 확인만 해보면, $|\mathbf{H}_1| = 0$, $|\mathbf{H}_2| = -4 < 0$, $|\mathbf{H}_3| = 0$으로 세 가지 모두 극대나 극소의 이계조건을 만족하지 않습니다.

방금 예제에서는 삼변수함수에 대해 제대로 된 최적해를 구할 수 없었습니다. 일계 및 이계조건을 사용해 해가 잘 구해지는 예제도 살펴보겠습니다.

예제 20.5 다변수함수의 최적화

다음 함수의 최적해를 일계 및 이계조건을 사용해 도출하시오.

(a) $f(x_1, x_2) = x_1^2 + x_2^2 + x_3^2$

일계조건을 만족하는 해는 쉽게 확인 가능한대로 $(x_1, x_2, x_3) = (0, 0, 0)$입니다. 이계조건의 확인을 위해 헤시안행렬을 작성해보면

$$\begin{pmatrix} f_{11} & f_{12} & f_{13} \\ f_{21} & f_{22} & f_{23} \\ f_{31} & f_{32} & f_{33} \end{pmatrix} = \begin{pmatrix} 2 & 0 & 0 \\ 0 & 2 & 0 \\ 0 & 0 & 2 \end{pmatrix}$$

입니다. 따라서 $|\mathbf{H}_1| = 2 > 0$이고 $|\mathbf{H}_2| = 2\times2-0\times0 = 4 > 0$, 또한 $|\mathbf{H}_3| = 2\times2\times2 > 0$입니다(세 번째 계산에서는 대각 행렬의 행렬식은 대각선 항들을 곱한 것과 같다는 성질을 이용했습니다). 극소해의 이계조건을 만족합니다. 즉, $(x_1, x_2, x_3) = (0, 0, 0)$은 극소해입니다.

(b) $f(x_1, x_2) = -x_1^2 - x_2^2 - x_3^2$

일계조건을 만족하는 해는 역시 쉽게 확인되는 $(x_1, x_2, x_3) = (0, 0, 0)$입니다. 헤시안행렬은

$$\begin{pmatrix} f_{11} & f_{12} & f_{13} \\ f_{21} & f_{22} & f_{23} \\ f_{31} & f_{32} & f_{33} \end{pmatrix} = \begin{pmatrix} -2 & 0 & 0 \\ 0 & -2 & 0 \\ 0 & 0 & -2 \end{pmatrix}$$

이고, $|\mathbf{H}_1| = -2 < 0$, $|\mathbf{H}_2| = (-2)\times(-2)-0\times0 = 4 > 0$, $|\mathbf{H}_3| = (-2)\times(-2)\times(-2) = -8 < 0$이 되어 극대해의 이계조건을 만족합니다. $(x_1, x_2, x_3) = (0, 0, 0)$은 극대해입니

다.

주요 개념 및 용어

미분량 일계조건, 미분량 이계조건, 헤시안행렬, 선행 주 소행렬식, 양의 정부호, 음의 정부호, 부정

요약

- 정의역의 내부점인 다변수함수의 최적해는 목적함수의 각 편도함숫값이 0이라는 일계조건을 만족한다.
- 다변수함수 최적화의 이계조건은 목적함수의 이계 편도함수로 된 헤시안행렬에 의해 주어지며, 극대 또는 극소를 판별할 수 있다.
- 헤시안행렬에서 $1 \sim k$행과 $1 \sim k$열 부분을 떼어내 그 행렬식을 계산하면 이를 k번째 선행 주 소행렬식이라고 부르고 $|\mathbf{H}_k|$라고 표기한다.
- 극대해의 이계조건은 $|\mathbf{H}_1| < 0$, $|\mathbf{H}_2| > 0$, $|\mathbf{H}_3| < 0$, $|\mathbf{H}_4| > 0$과 같이 k가 홀수일 때 $|\mathbf{H}_k| < 0$이고 k가 짝수일 때 $|\mathbf{H}_k| > 0$인 것이고, 극소해의 이계조건은 모든 k에 대해 $|\mathbf{H}_k| > 0$인 것이다.

연습문제

20-1 다음의 함수에 대해 최적화 일계조건을 만족하는 해를 구하고, 최적화 이계조건을 통해 극대, 극소를 판별할 수 있는지 논하시오.

(a) $f(x_1, x_2) = x_1^2 - 6x_1x_2 + x_2^2 + 10x_1 + 2x_2$

(b) $f(x_1, x_2, x_3) = x_1^2 + x_2^2 + x_3^2 - 2x_1 - 4x_2 + 2x_3 + 6$

(c) $f(x_1, x_2, x_3) = x_1^2 + 2x_2^2 + 3x_3^2 - x_2 - x_2x_3$

(d) $f(x_1, x_2, x_3) = 3x_1^2 + 2x_2^2 + x_3^2 - x_1 - 3x_2x_3 - 2x_1x_3$

20-2 변수가 4개인 다변수함수 $f(x_1, x_2, x_3, x_4)$가 있다.

(a) 이 함수의 야코비행렬의 차원은 무엇인가?

(b) 이 함수의 헤시안행렬의 차원은 무엇인가?

(c) 함수의 구체적인 형태가 주어질 경우 헤시안행렬을 완성하기 위해서는 행렬 중 최소한 몇 개의 항을 계산해야 하는가?

20-3 함수 $f(x, y, z) = x^2y + \ln z$에 대해 답하시오.

(a) 헤시안행렬을 작성하시오.

(b) 작성한 헤시안행렬을 $\mathbf{H}$라고 부를 때, H의 세 가지 선행 주 소행렬식 즉 $|\mathbf{H}_1|$, $|\mathbf{H}_2|$, $|\mathbf{H}_3|$을 도출하시오.

(c) f를 목적함수로 하는 최적화 문제를 푼다면, 이계조건으로부터 어떤 정보를 얻을 수 있는가?

20-4 완전경쟁기업이 판매하는 재화의 가격이 p이고, 구입하는 노동 L의 가격은 w, 자본 K의 가격은 r이다. 기업의 생산함수는 $Q = \sqrt{L} + \sqrt{K}$이다. 이때 기업의 이윤은 $\pi = pQ - wL - rK$이다.

(a) 최적화 일계조건을 만족하는 요소구입량 (L^*, K^*)를 도출하시오(단, $L^* > 0$, $K^* > 0$이라고 가정한다).

(b) 이윤극대화의 이계조건을 사용해서 (a)에서 구한 최적해의 극대, 극소 여부를 확인하시오.

20-5 소비자의 효용함수가 $U(x_1, x_2, x_3) = \ln x_1 + 2\ln x_2 + 3\ln x_3$이다. 소비자가 직면한 예산식은 $3x_1 + 2x_2 + x_3 = 60$이다(재화 1의 가격이 3, 재화 2의 가격이 2, 재화 3의 가격이 1, 예산이 60이라고 해석할 수 있다). 소비자가 예산식을 지켜야 하므로 $x_3 = 60 - 3x_1 - 2x_2$가 성립해야 하고 이를 효용함수에 대입하면 소비자가 실제로 극대화할 수 있는 목적함수를 다음의 이변수함수로 축소할 수 있다:

$$V(x_1, x_2) = U(x_1,\ x_2,\ 60 - 2x_1 - 2x_2) = \ln x_1 + 2\ln x_2 + 3\ln(60 - 3x_1 - 2x_2)$$

목적함수 V를 극대화하는 일계조건과 이계조건을 통해 원래 소비자문제의 해를 도출해보시오.

20-6 2개의 분리된 시장에 동일한 재화를 판매하는 독점기업이 있다. 시장 1에서의 판매가격을 p_1, 시장 2에서의 판매가격을 p_2라고 할 때 각 시장의 수요함수는 다음의 식들로 주어진다.

$$q_1 = 100 - 3p_1, \quad q_2 = 60 - p_2$$

독점기업의 비용함수는 $C(q_1, q_2) = 0.5c(q_1 + q_2)^2 + f$이다. 여기서 f는 생산량과 무관한 고정비용이고, 두 시장에 판매하는 재화는 동일하여 한꺼번에 생산하므로 비용은 그 수량의 합인 $(q_1 + q_2)$의 함수이다.

(a) 기업은 이윤을 가격 (p_1, p_2)의 함수로 작성하고 최적화 일계조건을 통해 이윤극대화 해를 구하시오.

(b) 두 시장에서 가격을 서로 다르게 받는 것이 금지되어 $p_1 = p_2 = p$가 성립해야 하는 경우 이윤극대화 가격을 도출하시오(단, $p < \frac{100}{3}$이라고 가정한다. 이 가정이 문제의 단순화를 위해 필요한 이유는 무엇일까?).

20-7 2개의 분리된 시장에 동일한 재화를 판매하는 독점기업이 있다. 각 시장의 수요함수는 [문제 20-6]에 주어진 것과 같다. 이 기업은 동일한 이 재화를 두 군데 공장에서

생산한다. 각 공장의 생산량을 q_A, q_B 라고 하면 각 공장의 비용함수가 다음과 같다.

$$C_A(q_A) = q_A, \quad C_B(q_B) = 0.5q_B^2$$

재화의 총판매량 (q_1+q_2)와 총생산량 (q_A+q_B)은 서로 일치한다: $q_1+q_2 = q_A+q_B$

(a) 독점기업의 이윤을 (q_1, q_2, q_A, q_B)의 함수로 작성하시오.

(b) $q_1 + q_2 = q_A + q_B$ 라는 식을 사용하여 이윤을 3개 변수의 함수로 축소시키시오.

(c) 축소된 이윤함수에 대해 최적화 일계조건을 적용하여 해를 도출하시오.

(d) 이 문제를 일반화시켜보자. 2개의 공장에서 생산하여 2개의 시장에 판매하는 독점기업의 이윤함수를 $\pi(q_1, q_2, q_A, q_B) = P_1(q_1)q_1 + P_2(q_2)q_2 - C_A(q_A) - C_B(q_B)$ 라고 할 때 조건 $q_1 + q_2 = q_A + q_B$를 이용하여 이윤함수를 3변수함수로 축소시키고 최적화 일계조건을 작성한 후 결과를 경제학적으로 해석해보시오.

20-8 같은 시장에서 경쟁하는 기업 1과 기업 2가 각각 다음의 이윤함수를 극대화한다.

$$\pi_q(q_1, q_2) = P(Q)q_1 - 0.5cq_1^2, \quad \pi_2(q_1, q_2) = P(Q)q_2 - 0.5cq_2^2$$

여기서 $P(Q)$는 시장공급량이 Q일 때 시장가격 P를 알려주는 역수요함수이고, $Q = q_1+q_2$(시장공급량은 두 기업의 공급량의 합)이며, 두 기업은 동일한 비용함수 $C(q_i) = 0.5cq_i^2$를 갖는다(c는 상수). $P''(Q) < 0$이라고 가정한다.

(a) 각 기업의 이윤극대화 조건을 작성하시오.

(b) 앞에서 작성한 조건을 동시에 만족하는 해를 (q_1^*, q_2^*)라고 하자. 음함수정리를 이용하여 $\dfrac{dq_1^*}{dc}$를 도출하시오. 이 값의 부호를 결정할 수 있는가?

20-9 앞의 [문제 20-8]의 상황에서 $C_1(q_1) = c_1q_1$이고 $C_2(q_2) = c_2q_2$이며 $c_1 \neq c_2$일 때 각 기업의 이윤극대화 조건을 만족하는 해를 도출하고, $\dfrac{dq_1^*}{dc_1}$의 부호에 대해 논하시오.

Chapter 21

등식 제약 하의 최적화: (1) 서론

경제수학의 중요한 한 가지 목표는 최적화 문제를 푸는 방법을 체계적으로 익히는 것입니다. 최적화 문제에는 다음과 같은 종류들이 있습니다(일단 극대 문제로 표시되어 있으나 극소 문제도 유사하게 다룰 수 있습니다).

- 일변수함수의 최적화: $\max f(x)$ [제8~9장]
- 다변수함수의 최적화: $\max f(x_1, x_2, \ldots, x_n)$ [제20장]
- 등식 제약 하의 최적화: $\max f(x_1, \ldots, x_n)$ subject to $g(x_1, \ldots, x_n) = g_0$ [제21~23장]
- 부등식 제약 하의 최적화: $\max f(x_1, \ldots, x_n)$ subject to $g(x_1, \ldots, x_n) \leq g_0$ [제24장]

극대화하는 대상인 $f(x)$ 혹은 $f(x_1, \ldots, x_n)$을 **목적함수**(objective function)라고 하고, $g(x_1, \ldots, x_n) = g_0$은 **등식 제약식**(equality constraint), $g(x_1, \ldots, x_n) \leq 0$은 **부등식 제약식**(inequality constraint)이라고 부릅니다.[47)]

앞의 두 가지는 이미 공부한 내용들이고, 뒤의 두 가지는 "제약"(constraint)이라는 것을 가진다는 점에서 새로운 문제이자, 경제학의 핵심적인 문제이기도 합니다. 단순히 목적함수의 값을 크거나 작게 하는 것이 아니라, 목적함숫값을 변화시키기 위해서 택할 수 있는 선택변수의 값에 일정한 제한이 가해지는 경우를 다루는 것입니다. 이같은 제약조건은 경제학의 핵심 개념인 희소성(scarcity)과 관련이 있습니다.

제약식의 종류로 등식과 부등식이 가능한데, 우선 등식 제약에 대해서 다룰 것입니다. 학부 수준의 공부에서는 등식 제약 문제의 해법만을 제대로 익히기만 해도 큰 도움이 될 것입니다. 부등식이 개입되면 해법이 더 복잡해지며, 이는 제24장에서 간략하게 소개하겠습니다.

우선 이 장에서는 간단한 수학 예제 및 경제학 응용을 통해 제약 하의 극대화 문제를 푸는 방법을 탐구해 보겠습니다. 다음 제22장에서는 일반적인 해법인 라그랑지 방법을 소개하

47) "max"는 물론 극대라는 의미이고, "subject to"는 다음에 나오는 제약식의 조건에 맞추어 문제를 풀라는 의미로 이해하면 됩니다.

고, 제23장에서는 극소화 문제 및 여러 개의 제약식을 가지는 경우를 어떻게 다루는지 설명합니다.

21.1 수학 예제 (1): 선형 제약식

먼저 수학적인 예제를 하나 풀어보면서 어떤 식으로 이런 문제를 해결하는지 감을 잡아봅시다. 다음 문제를 풀어보겠습니다.

예제 21.1 선형 제약식을 가진 극대 문제

max xy subject to $2x + 2y = 10$

$2x + 2y = 10$이라는 식을 만족하는 (x, y) 중에서 함수 xy의 값을 가장 크게 만드는 해 (x^*, y^*)를 찾고자 합니다. 즉, (i) 일단 $2x^* + 2y^* = 10$이 성립하고, (ii) 만약 어떤 점 (x', y')가 $2x' + 2y' = 10$을 만족한다면, $x^*y^* \geq x'y'$이 성립해야 합니다.

위와 같은 문제가 어떤 상황에서 나올 수 있는지부터 알아보면, 예를 들어 "총 길이가 10cm인 끈을 적당히 접어서 직사각형을 만들되 그 면적을 최대로 하자면 직사각형의 각 변의 길이를 어떻게 해야 하는가?"의 답을 알려면 위의 문제를 풀면 됩니다. 인접한 두 변의 길이를 각각 x, y라고 하면, 직사각형의 변의 길이의 합은 $2x + 2y$이고, 그 면적은 xy이기 때문입니다. 이 해석을 염두에 두었기 때문에 제약식을 $x + y = 5$라고 쓰지 않고 $2x + 2y = 10$이라고 쓴 것입니다.

알고 있는 사람도 있겠지만 주어진 길이의 끈으로 가장 넓은 사각형을 만들려면 정사각형이어야 합니다. 정말 그런지 수학적으로 풀어보겠습니다. 우선 목적함수는 $f(x, y) = xy$라는 이변수함수입니다. 앞 장에서 이변수함수의 최적화 문제를 풀 때 각 변수로 편미분한 값을 0으로 놓는 것이 일계조건이었습니다. 그런데 그 일계조건은 이 문제에 별 도움이 되지 않습니다. 일계조건의 해는 $(x, y) = (0, 0)$인데 이 값은 분명 극대해가 아닙니다. 게다가 제약조건을 만족하지 않습니다.

먼저 제약식에 주의를 기울여보면, x와 y 사이에 일정한 관계가 성립함을 알 수 있습니다. 제약식을 정리하면 $y = 5 - x$가 되고, 이를 목적함수 $f(x, y) = xy$에 대입하면, $f(x, y) = x(5 - x)$가 되어 원래 이변수함수였던 것이 일변수함수로 변합니다.

이 일변수함수의 최적화 문제는 쉽게 풀 수 있습니다. 바로 x로 미분하면 $(5x - x^2)' = 5 - 2x = 0$이 되어 $x^* = 2.5$이고, $y = 5 - x$에 이 값을 대입하면 $y^* = 2.5$가 되어 각 변의 길이가 2.5인 정사각형이면 된다는 것을 알 수 있습니다. 이계조건을 확인하기 위해서 한 번 더 미분하면 $-2 < 0$이므로 극대해가 맞습니다.

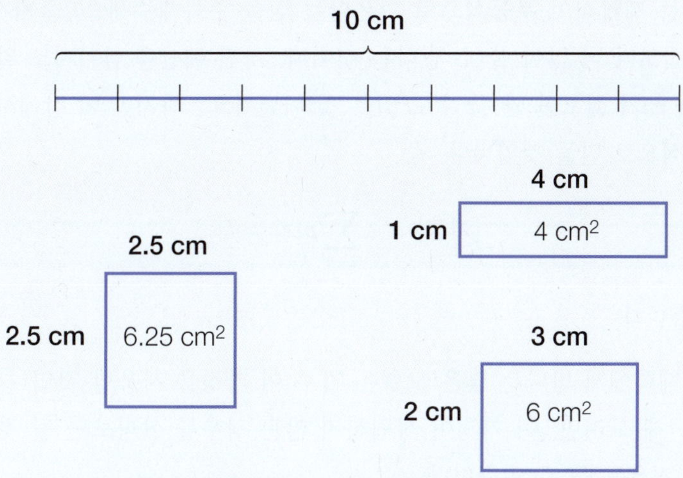

[그림 21.1] 예제 21.1 (10cm 끈으로 넓은 사각형 만들기)

[그림 21.1]에는 10cm 끈으로 만들 수 있는 사각형 몇 가지를 그려 놓았습니다. 물론 한 변이 2.5cm인 정사각형보다 더 넓은 사각형은 없습니다.

다시 말해서 제약이 없는 이변수함수의 극대화를 위해서는 각 변수에 대해 따로 편미분을 하여 값이 0인 극점을 구하면 되지만, 제약식의 존재로 인해서 각 변수를 "따로" 고려하면 안 되고, 제약식을 감안하여 동시에 고려해야 하므로 사실상 목적함수가 일변수함수인 셈이 됩니다.

21.2 소비자의 효용극대화 문제

미시경제학의 소비자이론에 나오는 '효용극대화'(utility maximization) 문제는 다음과 같습니다.

$$\text{maximize } U(x_1, x_2, \ldots, x_n) \text{ subject to } p_1x_1 + p_2x_2 + \cdots + p_nx_n \leq I$$

이 문제에서 $U(\cdot)$는 효용함수이고, 총 n가지의 재화를 소비한다고 가정하고 있습니다. 각 재화의 가격은 p_i 이고 재화를 소비하는 데 사용할 수 있는 소득 또는 예산이 I 로 주어져 있습니다. 재화 i를 x_i만큼 구매할 때 지출액이 p_ix_i 이므로 이들을 합한 $\sum_{i=1}^{n} p_ix_i$는 총 지출액이고, 총 지출액이 예산보다는 작거나 같아야 한다는 것이 예산 제약식(budget constraint) $\sum_{i=1}^{n} p_ix_i \leq I$ 입니다.

우선 이 문제에는 제약식이 **부등식**으로 나온다는 점을 주목해주세요. 소비자에게 주어진 제약은 가진 예산보다 더 많이 쓸 수 없다는 것이지, 가진 예산을 남기지도 말라는 것은 아닙니다. 돈을 다 쓰기 싫으면 안 쓸 수도 있는 것 아닌가요? 하지만 이 장에서는 편의상 예산 제약식을 **등식**으로 만들 것입니다. 즉,

$$[\text{가정}] \qquad \sum_{i=1}^{n} p_ix_i = I$$

라고 가정하겠습니다.

실제로 학부 경제학에서 만나는 많은 모형은 자주 이 가정을 사용할 것입니다. 이 가정이 적절한지를 판단해 보려면, 이 가정이 성립하지 않는 경우를 살펴보면 될 것입니다. 크게 두 가지 정도의 경우를 들 수 있습니다.

(i) 먼저 일반 재화(goods)가 아닌 악재(bads), 즉 많이 가지면 오히려 효용이 줄어드는 것("쓰레기")을 돈 주고 사야 하는 경우를 들 수 있습니다. 돈 주고 사는데 효용이 줄어든다면 차라리 돈을 안 쓰고 남기는 게 효용을 크게 만드는 길이겠지요. 예를 들어, 여러분이 무슨 이벤트에 당첨이 되어 어떤 가게에서 자유롭게 쓸 수 있는 100,000원어치 상품권을 받았다고 해봅시다(상품권은 오직 그 가게에서만 쓸 수 있습니다). 그런데 정작 그 가게를 방문해보니 온통 다 망가지고 쓸모없는 쓰레기 같은 중고 물품만 잔뜩 갖다 놓고 돈을 받고 팔고 있습니다. 아무리 찾아봐도 여러분의 효용에 도움이 되기는커녕 괜히 샀다가는 집에 들고 가는 데 힘만 들고 집에 두고 보관하기도 거추장스러우며 전혀 쓸모가 없는 것들뿐이라면, 100,000원짜리 상품권은 그냥 버릴 수밖에 없겠지요.[48)]

(ii) 두 번째로는 예산으로 주어진 돈이 너무 많아서 도저히 다 쓸 수 없는 경우가 되겠습니다. 예를 들어, 이번에도 100,000원짜리 상품권을 받았는데, 이 상품권으로는 어느 햄버거 가게에 가서 1개 1,000원 하는 햄버거를 원하는 대로 먹을 수 있다고 해봅시

48) 여기서 그 가게에서만 쓸 수 있는 상품권이라고 국한한 것이 중요합니다. 소비자 문제에서 n개의 재화에 대해 쓸 수 있는 예산이 I라고 말할 때는, 이 I가 아무 곳에나 쓸 수 있는 돈이 아니라 주어진 n가지 재화를 사는 데만 쓸 수 있는 예산이라는 가정이 들어 있습니다. 즉, 주어진 n개의 재화를 사는 데 쓰지 않고 남기는 대신 다른 물건을 사면 되지, 라고 생각할 수도 있는데, 이걸로 살 수 있는 다른 물건은 더 이상 없는 겁니다.

다. 1개 1,000원이므로 100,000원어치를 다 쓴다면 100개를 먹으면 될 것입니다. 단, 상품권에 조건이 달려 있는데, 내 이름과 주민등록번호와 사진이 인쇄되어 있어서 다른 사람에게 양도할 수 없고 가게에서 햄버거를 가지고 나갈 수도 없으며, 먹기 시작한 시간으로부터 30분 동안만 유효하다고 해봅시다. 이런 경우 당연히 다 못 쓰고 남기고 말겠죠.[49)]

두 가지 경우 중 첫 번째는 정상적인 경제 재화가 아닌 악재의 경우이고, 두 번째는 주어진 예산이 너무나 많아서 예산제약이 사실은 제약이 아닌 경우, 즉 희소성이 존재하지 않는 경우입니다. 첫 번째에 나오는 악재의 경우 폐기물의 처리라든지, 환경오염의 문제를 다룰 때 경제학적으로 의미 있게 등장할 수도 있지만 여기서는 가정으로 배제하겠다는 것입니다. 즉, 우리가 앞으로 다룰 재화는 모두 효용을 주는 정상적인 경제 재화라고 봅니다. 두 번째의 경우는 돈이 너무 많아 희소성의 문제가 없으므로 경제학도 필요 없는 상황입니다. 이제 두 가지 경우가 성립하지 않는다면, 즉 예산으로 살 수 있는 재화들은 모두 갖고 싶은 것들이고, 가진 예산을 다 쓰더라도 여전히 더 갖고 싶은 상황이라면 우리는 물론 가진 돈을 다 쓸 것입니다.[50)]

이런 가정에 따라는 애초의 예산제약식이 부등식이었던 것을 등식으로 바꾸어 놓아도 괜찮습니다. 참고로 부등식의 제약식이 실제로 부등식($<$)으로 성립하는 경우, 즉 예산을 남기는 경우를 제약이 '걸리지 않았다', '비유효'(non-binding)라고 말하고, 등식으로 성립하는 경우, 즉 예산을 모두 쓰는 경우를 제약이 '걸렸다', '유효'(binding)라고 말합니다. 이 장에서 우리는 예산제약이 걸린 경우, 유효한 경우만을 살펴보겠습니다.

21.3 소비자의 효용극대화: 재화가 2개인 경우

우선 간단하게 재화가 2개인 경우를 보겠습니다. 소비자의 문제는 아래와 같습니다.

$$\max U(x_1, x_2) \text{ subject to } p_1x_1 + p_2x_2 = I \tag{21.1}$$

선택변수가 2개이고 제약식이 선형인 이 문제는 1절의 [예제 21.1]과 마찬가지로 비교적

49) 여기서 시간이 정해져 있다고 말한 것은, 경제학에서의 수요량이 유량(flow)개념이기 때문입니다. 즉, 경제학에서 어떤 재화의 수요량이 얼마라고 말할 때는 단순히 개수를 말하는 것이 아니라 정해진 일정한 기간 몇 개라는 뜻이 들어있습니다.

50) 이러한 상황을 가장 간단하게 가정하는 방법은 '모든 재화는 더 많이 가질수록 더 높은 효용을 준다'라고 가정하는 것입니다. 수학적으로는 각 재화의 한계효용, 즉 모든 편도함숫값이 언제나 0보다 크다고 가정하면 됩니다. 이를 효용함수의 '단조성'(monotonicity) 가정이라고도 부릅니다.

쉽게 풀 수 있습니다. 예산식을 통해 x_1과 x_2 사이에 종속관계가 성립하여 사실상 일변수 함수 최적화 문제로 고쳐 쓸 수 있기 때문입니다. 예산식을 x_2에 대해서 풀면

$$x_2(x_1) = \frac{I}{p_2} - \frac{p_1}{p_2}x_1 \tag{21.2}$$

이 됩니다. 여기서 $x_2(x_1)$이라고 쓴 것은 x_2의 값이 x_1의 변화에 따라 변화하는 함수 관계를 갖는다는 점을 강조하기 위함입니다. 예산 제약식 때문에 x_1의 값을 선택하면 선택할 수 있는 x_2의 값은 위 공식으로 정해집니다(물론 반대로 x_2의 값을 선택하면 x_1의 값이 정해집니다).

이제 식 (21.2)를 효용함수 $U(\ )$에 대입하면 일변수함수로 바뀌게 됩니다.

$$U(x_1, x_2(x_1)) = U\left(x_1, \frac{I}{p_2} - \frac{p_1}{p_2}x_1\right)$$

이 함수를 x_1로 극대화하는 것은 일변수 최적화이므로 쉽습니다. 일계조건은

$$\frac{dU}{dx_1} = \frac{\partial U}{\partial x_1} + \frac{\partial U}{\partial x_2}\frac{dx_2}{dx_1} = \frac{\partial U}{\partial x_1} + \frac{\partial U}{\partial x_2}\left(-\frac{p_1}{p_2}\right) = 0 \tag{21.3}$$

이고 이렇게 얻어진 식 (21.3)을 다시 정리하면

$$\frac{\partial U/\partial x_1}{\partial U/\partial x_2} = \frac{p_1}{p_2} \tag{21.4}$$

또는

$$\frac{\partial U/\partial x_1}{p_1} = \frac{\partial U/\partial x_2}{p_2} \tag{21.5}$$

가 됩니다.

방금 얻은 두 가지 형태의 식 (21.4)와 (21.5)는 모두 소비자의 효용극대화 선택이 가지는 중요한 성질입니다. 먼저 식 (21.4)는 두 재화의 한계효용의 비율이 가격의 비율과 일치한다고 말하는데, 한계효용의 비율은 한계대체율 (MRS), 즉 무차별곡선의 기울기이고(제18장 참고) 가격의 비율은 예산선의 기울기입니다. 예산선 상에서 가장 높은 효용을 가진 점은 무차별곡선과 접하여 기울기가 같아지는 점입니다[그림 21.2].

또한 식 (21.5)는 '한계효용 균등의 원리'라고도 부르는 것으로, 가격 대비 한계효용이 두 재화 간에 서로 같다고 말합니다. 다음과 같이 이해할 수 있습니다. 우선 두 재화 간에 한계효용이 같아야 한다는 것은 경제학 전반에 걸쳐 등장하는 최적화 원리인데, 만약 어느 한 쪽의 한계효용이 더 크다면 그쪽 재화의 소비를 늘림으로써 효용이 더 증가할 수 있기

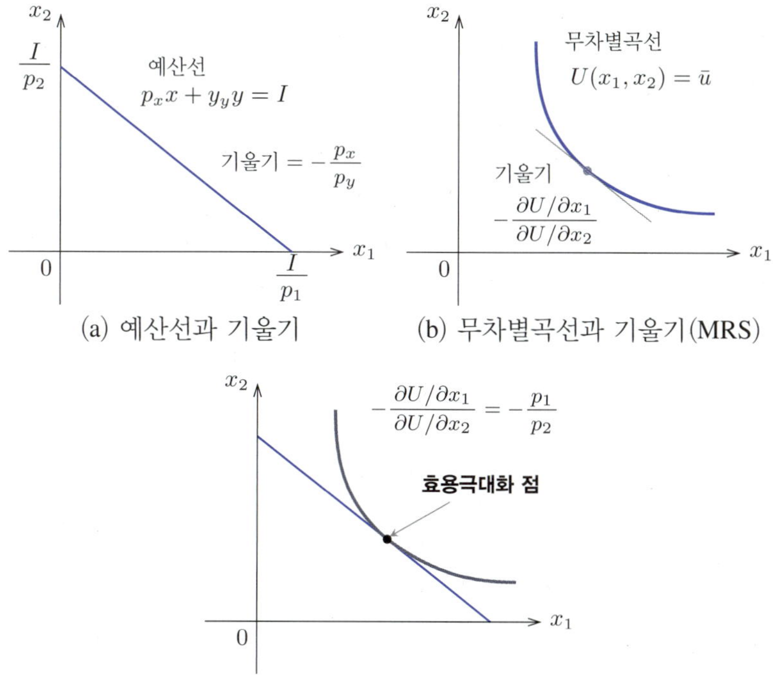

(a) 예산선과 기울기　　(b) 무차별곡선과 기울기(MRS)

(c) 효용극대화 점: 무차별곡선 기울기 = 예산선 기울기

[그림 21.2] 효용극대화의 원리

때문입니다. 한계효용이 낮은 재화의 소비를 일부 포기함으로써 잃어버리는 효용에 비해, 한계효용이 높은 재화의 소비를 조금 더 함으로써 얻는 효용이 더 큰 것입니다[그림 21.3].

그런데 한계효용을 가격으로 나누어주는 것은, 두 재화의 가격이 서로 다를 경우 한계효용이 낮은 재화를 “일부” 포기하는 것과, 한계효용이 높은 재화를 “조금 더” 소비하는 행위를 자유자재로 할 수 있지 않기 때문입니다. 두 재화 사이에 한쪽을 줄이고 다른 쪽을 늘릴 때, 두 재화 사이의 교환에 일정한 규칙이 만족되어야 합니다. 바로 예산제약에 의해서 주어지는 규칙으로, 같은 값어치의 물량만큼을 교환해야 한다는 것입니다. 즉 I/p_1은 소득 I로 살 수 있는 재화 1의 갯수를 나타내고, 따라서 $1/p_1$은 소득 1원으로 살 수 있는 재화 1의 개수를 나타내며, 두 재화의 교환을 고려할 때 $1/p_1$과 $1/p_2$개와 같이 서로 같은 액수의 돈으로 살 수 있는 개수를 비교해야 한다는 것입니다.

예제 21.2 2재화 효용극대화

효용함수가 $U(x_1, x_2) = x_1^2 x_2$일 때

(a) $p_1 = 10$, $p_2 = 20$, $I = 60$이라면 효용극대화 소비량은 얼마인지 구하시오.

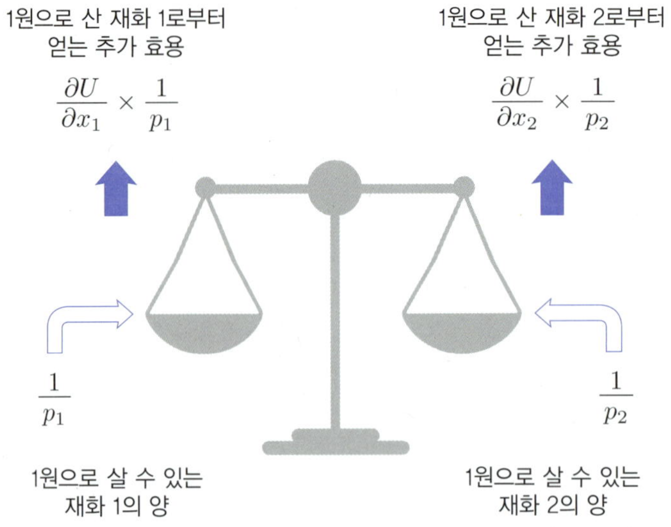

[그림 21.3] 한계효용균등의 원리

$U_1 = 2x_1x_2$ 이고 $U_2 = x_1^2$ 입니다. 따라서 $\frac{U_1}{U_2} = \frac{2x_2}{x_1}$ 입니다. 식 (21.4)를 이용하면 $\frac{U_1}{U_2} = \frac{p_1}{p_2} = \frac{1}{2}$ 이어야 하므로, $\frac{2x_2}{x_1} = \frac{1}{2}$ 에서

$$4x_2 = x_1 \tag{*}$$

을 얻습니다. 식 (*)은 효용극대화 문제의 해가 (내부해라면) 반드시 만족해야 하는 필요조건입니다. 즉 효용극대화 소비점에서는 재화 1의 소비량은 재화 2 소비량의 4배이어야 합니다.

하지만 이 관계식만 가지고는 실제 소비량을 아직 알 수가 없습니다. 주어진 문제에는 해가 만족해야 할 조건이 하나 더 있었는데, 바로 예산 제약식입니다. 즉,

$$10x_1 + 20x_2 = 60 \tag{**}$$

도 해가 만족해야 할 조건입니다. (*)과 (**)을 연립하면 원하는 답을 얻을 수 있습니다. (*)를 (**)에 대입하면, $10(4x_2) + 20x_2 = 60x_2 = 60$ 이 되어, 원하는 해는 $x_2 = 1$ 과 $x_1 = 4x_2 = 4$ 입니다.

즉, 주어진 조건에서 효용을 극대화하는 소비량은 4단위의 재화 1과 1단위의 재화 2입니다(문제를 풀기 위해 사용한 일계조건은 극대 또는 극소의 필요조건이므로 지금 구한 해가 실제로 극대해인지에 대해서는 확인이 필요합니다. 하지만 경제학적인 논리로 [그

림 21.2] 같은 것을 그려보면 실제로 효용극대화점임을 알 수 있습니다).

(b) 재화의 가격과 소비자의 예산이 구체적인 숫자로 주어지지 않고 p_1, p_2, I일 때 효용극대화 소비량을 공식으로 도출하시오.

앞에서 풀었던 과정을 다시 되풀이해보겠습니다. 먼저 $\frac{U_1}{U_2} = \frac{2x_2}{x_1} = \frac{p_1}{p_2}$에서 앞의 (*) 식을 작성해보면

$$2p_2x_1 = p_1x_1 \tag{*}$$

이 됩니다. 한편, 예산 제약식은 이제

$$p_1x_1 + p_2x_2 = I \tag{**}$$

입니다. (*)를 (**)에 대입하면 $2p_2x_2 + p_2x_2 = 3p_2x_2 = I$가 되어, 재화 2의 소비량은

$$x_2 = \frac{I}{3p_2} \tag{♯}$$

라는 식으로 쓸 수 있습니다. 식에서 I와 p_2는 모두 주어진 값(외생변수)이므로 원하는 내생변수를 외생변수의 식으로 제대로 표시했습니다.

한편, 재화 1의 소비량은 (*)과 (♯)에서

$$x_1 = \frac{2p_2x_2}{p_1} = \frac{2I}{3p_1} \tag{♯♯}$$

로 얻어집니다. 이 식 또한 외생변수인 I와 p_1로 잘 도출이 되었습니다.

이렇게 재화에 대한 효용극대화 소비량을 외생변수인 재화의 가격과 예산으로 나타낸 것을 **수요함수**(demand function)라고 부릅니다. 즉, 주어진 효용함수를 가진 소비자가 효용을 극대화한다면 그 수요함수는 (♯)와 (♯♯)로 도출됩니다.

21.4 소비자의 효용극대화: 재화가 3개인 경우

사실 소비자가 재화를 단 두 가지만 소비하지는 않으므로 재화가 여러 개일 때에 대한 고려가 필요합니다. 3개인 경우만 봐도 위에서 사용한 대입 방법이 만만하지는 않음을 알 수 있습니다. 위에서는 2개의 미지수에 대해 1개의 제약식이 주어짐으로써, 사실상 두 변수

중 하나는 종속변수로 변하고 문제가 쉽게 풀렸습니다.

$$\text{maximize } U(x_1, x_2, x_3) \text{ subject to } p_1x_1 + p_2x_2 + p_3x_3 = I$$

하지만 이 문제는 변수가 3개인데 제약식은 1개이므로 2개의 자유변수(독립변수)가 존재합니다. 어쨌든 제약식을 활용하여 문제를 단순화시키기 위해 x_3을 종속변수로 만들어 볼 수 있겠습니다.

$$x_3 = \frac{I}{p_3} - \frac{p_1}{p_3}x_1 - \frac{p_2}{p_3}x_2$$

이 식을 효용함수에 대입하면

$$U\left(x_1, x_2, \frac{I}{p_3} - \frac{p_1}{p_3}x_1 - \frac{p_2}{p_3}x_2\right)$$

이제 위의 효용함수에는 제약식이 반영되었고, 2변수함수의 최적화 문제이므로 2개의 변수 x_1과 x_2에 대해 일계조건을 구하면 (이계조건은 무시하겠습니다)

$$\frac{dU}{dx_1} = \frac{\partial U}{\partial x_1} - \frac{p_1}{p_3}\frac{\partial U}{\partial x_3} = 0 \tag{21.6}$$

$$\frac{dU}{dx_2} = \frac{\partial U}{\partial x_2} - \frac{p_2}{p_3}\frac{\partial U}{\partial x_3} = 0 \tag{21.7}$$

(21.6)과 (21.7)의 두 식을 정리하면 앞에서 본 한계효용 균등의 원리가 재화를 2개씩 짝지을 때도 성립함을 알 수 있습니다.

$$\frac{\partial U/\partial x_1}{p_1} = \frac{\partial U/\partial x_3}{p_3}, \qquad \frac{\partial U/\partial x_2}{p_2} = \frac{\partial U/\partial x_3}{p_3}$$

다시 말하자면,

$$\frac{\partial U/\partial x_1}{p_1} = \frac{\partial U/\partial x_2}{p_2} = \frac{\partial U/\partial x_3}{p_3} \tag{21.8}$$

이 3재화 효용극대화 문제의 해가 만족해야 할 조건입니다.

재화의 수가 3개 이상으로 늘어나더라도 여전히 이 같은 관계가 성립할 것이라고 추측할 수 있습니다.

예제 21.3 3재화 효용극대화

효용함수가 $U(x_1, x_2, x_3) = x_1^2x_2x_3$일 때

(a) $p_1 = 10$, $p_2 = 20$, $p_3 = 20$, $I = 80$에서 효용극대화 소비량을 구하시오.

$U_1 = 2x_1x_2x_3$이고 $U_2 = x_1^2x_3$, $U_3 = x_1^2x_2$입니다. 따라서 식 (21.8)은

$$\frac{2x_1x_2x_3}{10} = \frac{x_1^2x_3}{20} = \frac{x_1^2x_2}{20}$$

가 됩니다. 이 식을 정리하면, 먼저 앞의 등호에서 $4x_2 = x_1$이 나오고, 뒤의 등호에서 $x_2 = x_3$이 나옵니다. 다시 말해서, 효용극대화점에서 재화 2와 재화 3의 소비량은 같고, 재화 1의 소비량은 재화 2 소비량의 4배라는 뜻입니다.

이제 예산 제약식을 활용하면 $10x_1 + 20x_2 + 20x_3 = 40x_2 + 20x_2 + 20x_2 = 80x_2 = 80$에서 $x_2 = 1$이 얻어지고, 따라서 $x_3 = x_2 = 1$, $x_1 = 4x_2 = 4$가 해입니다. 즉 효용극대화 소비량은 $(x_1, x_2, x_3) = (4, 1, 1)$입니다.

(b) 재화의 가격과 소비자의 예산이 구체적인 숫자로 주어지지 않고 p_1, p_2, p_3, I일 때 효용극대화 소비량을 공식으로 도출하시오.

이제 식 (21.8)은

$$\frac{2x_1x_2x_3}{p_1} = \frac{x_1^2x_3}{p_2} = \frac{x_1^2x_2}{p_3}$$

가 됩니다. 앞의 등호에서 $2p_2x_2 = p_1x_1$이 얻어지고, 뒤의 등호에서 $p_3x_3 = p_2x_2$가 얻어집니다. 예산 제약식에 대입하면 $p_1x_1 + p_2x_2 + p_3x_3 = 2p_2x_2 + p_2x_2 + p_2x_2 = 4p_2x_2 = I$에서 $x_2 = \frac{I}{4p_2}$, 따라서 $x_3 = \frac{I}{4p_3}$, $x_1 = \frac{I}{2p_1}$도 도출할 수 있습니다.

21.5 수학 예제 (2): 비선형 제약식

지금까지 고려한 모든 문제는 모두 제약식이 1차식이었습니다. 이제 제약식이 선형함수가 아니라 좀 더 복잡하게 주어진 경우는 어떻게 풀면 좋을지 생각해 보겠습니다.

예제 21.4 비선형 제약식을 가진 극대 문제

max xy subject to $x^2 + y = 12$

앞의 [예제 21.1]과 비슷한데 x가 2차항을 가지게 되었습니다. 하지만 제약식을 y에 대해서 정리할 경우 x의 함수가 되는 것은 동일합니다. 이 함수 $y = 12 - x^2$를 목적함수에 대입하면 역시 일변수함수로 바뀝니다. 목적함수는 $xy = x(12 - x^2)$이고 극대점이 만족할 일계조건은 $12 - 3x^2 = 0$이므로 $x^* = 2$ 또는 -2이고 $y^* = 12 - 4 = 8$입니다. $x^* = 2$일 경우 목적함숫값이 더 크므로 이것이 극대해일 것으로 추측할 수 있습니다. 이계조건을 확인해보면 목적함수의 이계 도함수는 $-6x$이므로 $x > 0$인 것이 극대해이고 따라서 $(x^*, y^*) = (2, 8)$이 극대해가 맞습니다.

만약 문제에서 제약식이 $x + y^2 = 12$였다면 $x = 12 - y^2$을 목적함수에 대입하여 비슷한 방식으로 풀 수 있었을 것입니다.

예제 21.5 비선형 제약식을 가진 극대 문제

max xy subject to $x^2 + y^2 = 12$

제약식의 두 변수가 모두 2차항인 경우입니다. 제약식을 y에 대해서 정리할 경우 하나의 함수로 나오지 않습니다. 두 변수 간의 관계식은 $y = \pm\sqrt{12 - x^2}$으로 2개의 함수로 구성되어 있습니다. 하지만 이 함수 공식을 직접 이용하지 않고 문제를 풀 수 있습니다.

제약식 $g(x, y) = x^2 + y^2$의 전미분량을 구하면 $dg = 2x\,dx + 2y\,dy$입니다. 그런데 제약식의 값은 모든 (x, y)에 대해서 $g(x, y) = 12$가 성립해야 하므로 $dg = 0$입니다. 따라서 $2x\,dx + 2y\,dy = 0$이고, 이 식을 dy에 대해 정리하면

$$dy = -\frac{x}{y}dx$$

입니다.

한편, 주어진 목적함수 $f(x, y) = xy$의 전미분량을 구하면 $df = y\,dx + x\,dy$입니다. $dy = -\frac{x}{y}dx$이므로 이를 대입하면

$$df = y\,dx + x\,dy = y\,dx + x\left(-\frac{x}{y}\right)dx = \left(y - \frac{x^2}{y}\right)dx$$

입니다. 그런데 만약 (x^*, y^*)가 극대해라면 이 점에서 df가 양(+)의 값을 가지면 안됩니다. 즉, 모든 dx에 대해서 $df(x^*, y^*) \leq 0$이 성립해야 합니다. dx는 0보다 클 수도 있고 작을 수도 있으므로 항상 $df(x^*, y^*) \leq 0$이 성립하려면 괄호 안에 든 식의 값이 0

이어야 합니다. 따라서

$$y^* - \frac{x^{*2}}{y^*} = 0 \Longrightarrow y^{*2} = x^{*2} \Longrightarrow y^* = \pm x^*$$

이계조건을 굳이 확인하지 않더라도 $y^* = x^*$일 때가 극대임을 알 수 있습니다. 이 관계를 다시 제약식에 대입하면 $x^2 + y^2 = 12$에서 $2y^2 = 12$이고 $x^* = y^* = \sqrt{6}$이 답입니다.

이상과 같이 제약식이 첨부될 경우, 이 제약식 때문에 발생하는 선택변수들 간의 함수 관계를 잘 감안해주기만 한다면 문제를 제약 없는 최적화 문제의 풀이 기법으로 풀 수 있음을 보았습니다. 하지만 예제 몇 가지만 가지고는 일반적인 문제를 잘 다룰 수 있을지가 불투명합니다. 따라서 다음 장에서는 예제 풀이에서 사용했던 접근을 일반화시켜서 사용할 수 있는 해법을 공부하겠습니다. 이를 **라그랑지 방법**이라고 부릅니다.

주요 개념 및 용어

등식 제약식, 부등식 제약식, 효용극대화, 한계효용균등의 원리, 수요함수

요약

- 경제학의 핵심 개념인 희소성을 반영한 문제는 대개 제약 있는 최적화 문제의 형태를 가진다.
- 제약식이 존재하는 경우, 제약식을 통해 선택변수들 간에 함수 관계가 성립하며 이를 반영하여 목적함수의 최적해를 구해야 한다.
- 소비자의 효용극대화 문제는 예산식을 제약으로 가지며, 이를 반영한 극대해는

$$\frac{\partial U/\partial x_1}{p_1} = \frac{\partial U/\partial x_2}{p_2} = \frac{\partial U/\partial x_3}{p_3}$$

  과 같은 일계조건을 만족한다.
- 소비자 효용극대화 문제의 일계조건과 예산식을 연립하여 풀면, 주어진 조건 하에서 효용극대화 소비량을 도출할 수 있으며, 이를 수요함수라고 한다.

연습문제

21-1 본문의 [예제 21.5]는 목적함수와 제약식의 전미분량을 이용하여 해를 구했다. $x > 0$, $y > 0$라는 가정 하에 제약식을 $y = \sqrt{12 - x^2}$으로 고쳐 쓸 수 있는데 이를 목적함수에 대입하여 최적해를 도출하고 본문의 해와 같음을 확인하시오.

21-2 본문의 [예제 21.4]를 [예제 21.5]의 방식 즉 전미분량을 사용하여 풀어보시오.

21-3 본문의 [예제 21.3]에서 최적화 이계조건은 확인하지 않았다. 제약식을 대입한 목적함수에 대해 이변수함수의 극대 이계조건을 적용하여 확인하시오.

21-4 본문의 소비자 효용극대화 문제에서 예산제약식의 특징은 p_1, p_2가 상수(외생변수)라는 점이다. 이제 각 재화의 가격이 상수가 아니라 재화 구입량에 따라 달라지는 함수라고 해보자. 즉, $p_1(x_1)x_1 + p_2(x_2)x_2 = i$가 예산제약식이다. 이 경우 효용극대화 조건을 도출하고 해석해 보시오.

Chapter 22

등식 제약 하의 최적화: (2) 라그랑지 방법

앞 장에서는 등식 제약식이 주어진 수학 예제 및 경제학의 소비자 문제를 어떻게 풀 수 있는지 탐구해 보았습니다. 앞 장에서 문제를 해결한 방식은 $g(x_1, \ldots, x_n) = g_0$ 이라는 제약식이 주어질 경우, 변수 중 하나, 예컨대 x_n 을 택해 이를 나머지 변수들의 함수 $x_n = h(x_1, \ldots, x_{n-1})$ 로 표현한 후 이 함수를 목적함수에 대입하여 변수 x_n 을 제거하면서 제약식을 목적함수에 포함시키는 것이었습니다.

제약식이 선형일 경우에는 $x_n = h(x_1, \ldots, x_{n-1})$ 을 쉽게 얻을 수 있으므로 바로 대입하여 문제를 간단하게 만들 수 있고, 제약식이 좀 더 복잡한 경우에도 $x_n = h(x_1, \ldots, x_{n-1})$ 을 만들어 대입하거나, 전미분량을 활용하는 방식으로 해결할 수 있습니다.

기본적으로 등식 제약이 포함된 모든 최적화 문제는 앞 장에서 보인 방식으로 해결이 가능합니다. 하지만 문제가 복잡해질 경우 실제로 이 해법을 실행에 옮기는 것은 제법 번거롭습니다. 다행히 좀 더 간편한 방식으로 등식 제약 하의 최적화 문제를 푸는 해법이 있습니다. 이를 **라그랑지 방법**(Lagrange's method)이라고 합니다.

1절에서 먼저 라그랑지 방법의 사용법을 설명하고 몇 가지 예제를 이 방법을 이용해 풀어본 후, 2절에서는 라그랑지 방법이 왜 등식 제약 하의 최적화 문제를 풀어주는지 원리를 설명하겠습니다. 그 원리는 사실 이미 앞 장에서 살펴본 해법과 동일합니다.

다음으로 3절에서는 소비자 문제에 라그랑지 방법을 적용해보고, 라그랑지 방법을 통해서 앞 장의 소비자 문제 해법과 동일한 해를 얻을 뿐 아니라 추가적인 정보를 얻을 수 있음을 설명하겠습니다.

22.1 라그랑지 방법의 사용법

라그랑지 방법은 등식 제약식이 달린 최적화 문제를 푸는 일반적인 해법입니다. 일단 이 절에서는 사용 방법을 먼저 소개하고, 이 방법이 성립하는 이유에 대한 증명, 이 방법의 의미와 해석, 응용 등은 다음 절들에서 제시하겠습니다.

다음과 같은 등식 제약 하의 극대화 문제를 풀고자 합니다(극소화 문제의 해법은 다음 장에서 다룹니다).

$$\text{maximize } f(x_1, \ldots, x_n) \text{ subject to } g(x_1, \ldots, x_n) = g_0$$

라그랑지 방법의 첫 단계는 **라그랑지안**(Lagrangian) 또는 **라그랑지 함수**라는 것을 정의하는 것입니다.

$$\text{[Lagrangian]} \quad \mathscr{L}(x_1, \ldots, x_n, \lambda) \equiv f(x_1, \ldots, x_n) + \lambda(g_0 - g(x_1, \ldots, x_n))$$

말로 하자면, 라그랑지안은 주어진 제약식 $g(x_1, \ldots, x_n) = g_0$을 상수항 g_0쪽으로 몰아서 음함수 형태인 $g_0 - g(x) = 0$으로 정리하고, 그 앞에 λ라는 새로운 변수를 곱해준 후 이를 목적함수 $f(x_1, \ldots, x_n)$에 더해 준 형태입니다. 여기서 새로운 변수 λ를 **라그랑지 승수**(Lagrange multiplier)라고 부릅니다.

라그랑지 방법이란 이렇게 구성한 라그랑지 함수를 최적화해서 얻는 답이 곧 원래 등식 제약 하의 최적화 문제의 해와 같다는 것입니다. 즉, 원래는 제약식이 달린 문제였으나 이 제약식을 목적함수에 포함시켜서 제약 없는 최적화 문제로 변환시킨 것입니다. 제약 없는 최적화 문제의 일계조건은 그냥 각 변수로 편미분하여 0으로 놓으면 되므로,

$$\frac{\partial \mathscr{L}}{\partial x_i} = \frac{\partial f}{\partial x_i} - \lambda \frac{\partial g}{\partial x_i} = 0$$

이라는 식이 n개 나오게 되고, 마지막 새로 도입한 λ도 변수이므로 이에 대해 일계조건을 구해보면

$$\frac{\partial \mathscr{L}}{\partial \lambda} = g_0 - g(x_1, \ldots, x_n) = 0$$

으로 원래의 제약식과 동일함을 알 수 있습니다. 변수가 $(n+1)$개이므로 일계조건식도 $(n+1)$개이고 여기에서 $(x_1^*, \ldots, x_n^*, \lambda^*)$의 해를 얻게 됩니다. 원래 없었던 λ라는 새로운 변수에 대해서도 해를 얻게 되는데 이 값은 경제학적으로 중요한 의미를 가집니다. 그 의미는 제3절에서 알아 보겠습니다.

제약 하의 극대 문제

$$\max f(x_1, \ldots, x_n) \quad \text{subject to } g(x_1, \ldots, x_n) = g_0$$

라그랑지 함수

$$\mathscr{L} = f(x_1, \ldots, x_n) + \lambda\left[g_0 - g(x_1, \ldots, x_n)\right]$$

"라그랑지 승수"

일계조건

$$\begin{aligned} \mathscr{L}_1 &= f_1 - \lambda g_1 = 0 \\ &\cdots \\ \mathscr{L}_n &= f_n - \lambda g_n = 0 \\ \mathscr{L}_\lambda &= g_0 - g(x_1, \ldots, x_n) = 0 \end{aligned}$$

⇒ 최적해 $(x_1^*, \ldots, x_n^*, \lambda^*)$

[그림 22.1] 라그랑지 방법 개요

우선 이 방법을 사용하여 몇 가지 예제를 풀어보겠습니다.

예제 22.1 라그랑지 방법 연습

max xy subject to $2x + 2y = 10$를 라그랑지 방법으로 풀이하시오.

이 문제는 제21장 제1절에서 이미 풀었던 [예제 21.1]입니다. 라그랑지 방법으로 풀기 위해서 먼저 라그랑지 함수를 정의하면

$$\mathscr{L} = xy + \lambda(10 - 2x - 2y)$$

이고 이 함수에 대한 최적화 일계조건을 적어보면

$$\begin{aligned} \frac{\partial \mathscr{L}}{\partial x} &= y - 2\lambda = 0 \\ \frac{\partial \mathscr{L}}{\partial y} &= x - 2\lambda = 0 \\ \frac{\partial \mathscr{L}}{\partial \lambda} &= 10 - 2x - 2y = 0 \end{aligned}$$

입니다.

첫 2개의 일계조건 식에서 $2\lambda = x = y$이고 이를 세 번째 조건식(제약식)에 대입하면 $4x = 10$에서 $x^* = 2.5 = y^*$로 [예제 20.1]에서와 동일한 해를 얻습니다. 또한 $\lambda^* =$

$x^*/2 = 1.25$가 도출됩니다.

예제 22.2 라그랑지 방법과 효용극대화

max $U(x_1, x_2)$ subject to $p_1x_1 + p_2x_2 = I$를 라그랑지 방법으로 푸시오.

앞 장에서 살펴본 재화가 2개이고 선형 예산식이 주어진 소비자의 효용극대화 문제입니다. 라그랑지 함수를 정의하면

$$\mathscr{L} = U(x_1, x_2) + \lambda(I - p_1x_1 - p_2x_2)$$

이고 일계조건을 도출해보면

$$\begin{aligned}\mathscr{L}_1 &= U_1 - \lambda p_1 = 0\\ \mathscr{L}_2 &= U_2 - \lambda p_2 = 0\\ \mathscr{L}_\lambda &= I - p_1x_1 - p_2x_2 = 0\end{aligned}$$

입니다.

첫 두 식에서 $\lambda = U_1/p_1 = U_2/p_2$로 한계효용 균등의 원리가 도출되고, λ의 값은 한계효용 균등 원리에 나오는 MU_i/p_i 즉 1원으로 살 수 있는 재화로부터 얻을 수 있는 한계효용과 같음을 알 수 있습니다.

22.2 라그랑지 방법의 증명

라그랑지 방법의 해석과 응용을 살펴보기에 앞서서, 라그랑지 방법이 성립하는 원리를 다소나마 이해하기 위해 변수가 2개인 경우에 대해 이 방법이 성립함을 증명해보겠습니다. 주어진 문제는 다음과 같습니다.

$$\max_{x_1, x_2} f(x_1, x_2) \text{ subject to } g(x_1, x_2) = g_0$$

필요조건인 일계조건을 도출하기 위해, 일단 우리가 극대해 (x_1^*, x_2^*)를 알고 있다고 해봅시다. 극대해 (x_1^*, x_2^*)는 정의에 따라 다음과 같은 성질을 갖습니다.

[1] $f(x_1^*, x_2^*) \geq f(x_1, x_2), \quad \forall x_1, x_2,\ g(x_1, x_2) = g_0$

[2] $g(x_1^*, x_2^*) = g_0$

극대점에서 목적함숫값의 전미분량을 취하면 그 값이 ≤ 0이어야 할 것입니다. 따라서

$$df(x_1^*, x_2^*) = f_1(x_1^*, x_2^*)\, dx_1 + f_2(x_1^*, x_2^*)\, dx_2 \leq 0 \tag{22.1}$$

식 (22.1)이 만약 "모든" dx_1과 dx_2에 대해서 성립한다면 우리는 제약 없는 최적화 문제의 일계조건 $f_1 = f_2 = 0$을 얻습니다. 하지만 우리는 "모든" dx_1과 dx_2를 고려할 수 없습니다. 제약식을 만족시켜야 하기 때문입니다. 즉, 원래 극대점에서 $g(x_1^*, x_2^*) = g_0$이 성립할 뿐 아니라, 극대해에서 (dx_1, dx_2)만큼 살짝 이동을 시킨 이후 도달한 점에서도 $g(x_1^* + dx_1,\ x_2^* + dx_2) = g_0$이 성립해야 합니다.

그렇다면 극대점에서 제약식의 전미분량을 구해 봅시다.

$$dg = \underbrace{g(x_1^* + dx_1,\ x_2^* + dx_2)}_{=g_0} - \underbrace{g(x_1^*, x_2^*)}_{=g_0} = g_1(x_1^*, x_2^*)\, dx_1 + g_2(x_1^*, x_2^*)\, dx_2 = 0 \tag{22.2}$$

dg의 값이 0인 이유는 제약식을 항상 등식으로 만족하면서 (즉, $g(x_1, x_2) = g_0$을 만족하면서) x_1과 x_2를 변화시켜야 하므로 $g(\cdot)$의 값에 변화가 있을 수 없는 것입니다. 식 (22.2)에서

$$dx_2 = -\frac{g_1(x_1^*, x_2^*)}{g_2(x_1^*, x_2^*)}\, dx_1 \tag{22.3}$$

을 얻습니다. 즉, dx_1과 dx_2는 마음대로 자유롭게 선택되는 것이 아니라, 식 (22.3)을 만족하며 움직여야 합니다. 두 변수의 변화폭 중 하나는 독립일 수 있으나 나머지 하나는 종속적일 수밖에 없습니다. 식 (22.3)을 위의 목적함수 전미분량 식 (22.1)에 대입하면

$$f_1(x_1^*, x_2^*)\, dx_1 - f_2(x_1^*, x_2^*)\frac{g_1(x_1^*, x_2^*)}{g_2(x_1^*, x_2^*)}\, dx_1 = \left[f_1(x_1^*, x_2^*) - f_2(x_1^*, x_2^*)\frac{g_1(x_1^*, x_2^*)}{g_2(x_1^*, x_2^*)} \right] dx_1 \leq 0$$

이 식에서 (내부해인) x_1은 자유롭게 변화시킬 수 있으므로 이 식은 임의의 $dx_1 \gtrless 0$에 대해서 성립해야 합니다. 따라서

$$\left[f_1(x_1^*, x_2^*) - f_2(x_1^*, x_2^*)\frac{g_1(x_1^*, x_2^*)}{g_2(x_1^*, x_2^*)} \right] = 0 \iff \frac{f_1(x_1^*, x_2^*)}{f_2(x_1^*, x_2^*)} = \frac{g_1(x_1^*, x_2^*)}{g_2(x_1^*, x_2^*)}$$

이 결과는 변수가 2개인 등식 제약 하의 극대해가 만족해야 하는 조건입니다(소비자의 효용극대화 문제에 대입해보면, 한계효용균등의 원리에 해당하는 조건입니다).

좀 더 일반화하여 변수가 n개라면 극대화 문제는

$$\max_{x_1,\ldots,x_n} f(x_1,\ldots,x_n) \text{ subject to } g(x_1,\ldots,x_n)=g_0$$

인데 위에서처럼 제약식의 전미분량을 만들어서 목적함수의 전미분량에 대입하는 방법으로 풀어볼 수 있습니다. 쉽게 생각해서 n개의 변수 중에서 한 번에 2개씩만 변화시킨다고 상상해보면 일계조건을 도출할 수 있습니다. 예를 들어, $dx_3=dx_4=\cdots=dx_n=0$으로 보면[51] $g_1\,dx_1+g_2\,dx_2=0$이 되고 앞의 2변수의 경우를 적용할 수 있습니다. 따라서 임의의 i와 j에 대해 일계조건은

$$\frac{f_i(x_1^*,\ldots,x_n^*)}{f_j(x_1^*,\ldots,x_n^*)}=\frac{g_i(x_1^*,\ldots,x_n^*)}{g_j(x_1^*,\ldots,x_n^*)} \Longleftrightarrow \frac{f_i(x_1^*,\ldots,x_n^*)}{g_i(x_1^*,\ldots,x_n^*)}=\frac{f_j(x_1^*,\ldots,x_n^*)}{g_j(x_1^*,\ldots,x_n^*)}=\lambda$$

입니다. 여기서 두 번째 표현에서 목적함수의 편도함수와 제약식 함수의 편도함수 사이의 비율을 λ라는 상수로 표시했습니다. 우리는 이미 라그랑지 방법을 알고 있지만, 만약 우리가 처음 이 방법을 발견한 라그랑지의 입장이었다면 위에서 약간의 상상력을 발휘하여 위 조건이

$$f_i(x_1^*,\ldots,x_n^*)-\lambda g_i(x_1^*,\ldots,x_n^*)=0,\quad \forall i=1,\ldots,n$$

과 같다는 것을 깨닫는다면, 바로 이 조건이 라그랑지 함수의 최적화 일계조건임을 알 수 있을 것입니다.

22.3 소비자 효용극대화 문제에서 라그랑지 승수의 해석

라그랑지 방법은 주어진 최적화 문제의 해를 알려줄 뿐 아니라 추가로 라그랑지 승수의 값을 해로 포함하고 있습니다. 라그랑지 승수의 값은 쓸데 없는 추가 정보가 아니라 그 자체로 매우 의미 있는 중요한 정보를 담고 있습니다. 이를 경제학적으로 이해하기 위해 소비자의 효용극대화 문제에서 라그랑지 승수의 의미를 살펴보겠습니다.

여기서 보고자 하는 것은 소비자의 제약조건인 예산이 변화할 때, 소비자가 알아서 최적화를 하고 나면 얻는 목적함수(효용)의 값이 어떻게 변화하는 지입니다. 주어진 I에 대해서 예산식 $p_1x_1+p_2x_2=I$를 만족하면서 효용함수 $U(x_1,x_2)$를 극대화하는 x_1^*와 x_2^*를 소비하는데, 이를 통해 소비자는 $U(x_1^*,x_2^*)$의 효용을 얻게 됩니다.

51) 제약식을 만족하는 한 "임의의 모든" dx_i에 대해서 조건이 성립해야 하므로 나머지 변수들의 변화는 없고 단 2개의 변수만 변화하는 경우도 "임의의 모든" 경우에 포함되어 성립해야 합니다.

주의할 점은 재화 i의 수요량인 x_i^*가 (p_1, p_2, I)의 함수라는 것입니다. 즉 예산 I에서 소비자가 얻는 극대 효용은 $U^* = U(x_1^*(p_1, p_2, I),\ x_2^*(p_1, p_2, I))$ 입니다.

이제 우리가 보고자 하는 것은 I가 조금 변했을 때 U^*의 값이 얼마나 변하느냐, 즉 $\dfrac{dU^*}{dI}$ 입니다. 전미분 공식을 적용해보면

$$\begin{aligned}\frac{dU^*}{dI} &= \frac{\partial U}{\partial x_1}(x_1^*, x_2^*)\frac{\partial x_1^*}{\partial I} + \frac{\partial U}{\partial x_2}(x_1^*, x_2^*)\frac{\partial x_2^*}{\partial I} = \lambda^* p_1 \frac{\partial x_1^*}{\partial I} + \lambda^* p_2 \frac{\partial x_2^*}{\partial I} \\ &= \lambda^* \left(p_1 \frac{\partial x_1^*}{\partial I} + p_2 \frac{\partial x_2^*}{\partial I} \right) = \lambda^*\end{aligned}$$

입니다. 위 도출 과정의 중간에 일계조건으로부터 $\dfrac{\partial U}{\partial x_i}(x_1^*, x_2^*) = \lambda^* p_i$가 사용되었고, 제일 마지막에 λ^*에 곱했던 항이 사라지는 것은 예산 제약식 $p_1x_1 + p_2x_2 = I$의 양변을 I로 미분하여 $p_1\dfrac{\partial x_1^*}{\partial I} + p_2\dfrac{\partial x_2^*}{\partial I} = 1$이 되기 때문입니다.

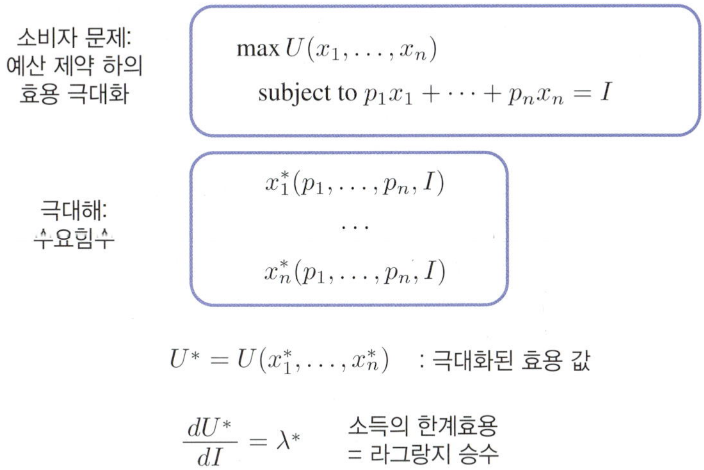

[그림 22.2] 소비자의 효용극대화 문제 분석

결과를 해석해보면, 라그랑지 승수의 값은 소비자의 예산 I를 조금 변화시켰을 때, 이 소비자의 최대 효용이 얼마나 변하는지를 나타냄을 알 수 있습니다. 이를 가리켜 '**소득의 한계효용**' (marginal utility of income)이라고 부릅니다. 원래 효용은 재화의 소비에서 창출되기 때문에, 한계효용이라면 특정 재화의 소비를 조금 늘렸을 때 추가되는 효용을 말합니다. 하지만 소득을 늘려주면 그 늘어난 소득을 가지고 적절하게 소비자가 원하는 재화를 더 사서 소비할 것으로 궁극적으로 추가 효용이 생겨날 텐데 그것이 바로 라그랑지 승수의 값에 의해 표현되는 것입니다. 예를 들어 소비자문제에서 $\lambda^* = 0$이라면 소득이 더 늘어나더라도 더 이상의 효용 증가는 없는 상태에 도달했다는 뜻입니다.

라그랑지 승수의 값의 의미를 이렇게 알고 나면 애초에 라그랑지 함수를 구성한 원리를 또

다른 각도에서 이해할 수 있습니다. 소비자 문제의 라그랑지안은

$$\mathscr{L} = U(x_1, x_2) + \lambda(I - p_1x_1 - p_2x_2)$$

인데 여기서 라그랑지안을 구성하는 각 항의 "단위"를 살펴보면, 효용함수의 단위는 "효용" 이고, 예산제약식의 단위는 "화폐"임을 알 수 있습니다. 만약 라그랑지 승수가 없이 효용함수와 예산제약식을 그냥 더 한다면 서로 다른 종류의 개체를 더하는 것이기 때문에 의미가 없습니다. 예를 들어, 10이라는 효용수준과 100원이라는 화폐는 함부로 더해서 110이라고 쓸 수 없습니다. 그런데 라그랑지 승수는 앞에서 본대로 소득의 한계효용을 나타내고, 그 단위는 "효용/화폐"입니다(1원의 추가 예산이 가져오는 효용). 즉 라그랑지 승수를 예산식 앞에 곱해줌으로 해서 예산식이 가진 화폐라는 단위를 효용으로 바꿔주어 앞의 효용함수와 같은 단위를 가지게 전환해주는 것입니다.

$$\begin{gathered}\mathscr{L} = U(x_1, x_2) + \lambda(I - p_1x_1 - p_2x_2) \\ \text{효용} + (\text{효용}/\text{화폐}) \times (\text{화폐})\end{gathered}$$

예를 들어, 라그랑지 승수의 값이 0.1이라면 이는 화폐 1원이 0.1의 효용을 가져다준다는 것을 의미하고 따라서 효용수준 10과 화폐 100원을 더하려면 화폐 100원에다가 라그랑지 승수의 값 0.1을 곱하여 10이라는 효용수준으로 전환한 후 두 값을 더하여 $10 + 10 = 20$의 효용수준을 나타낸다고 볼 수 있습니다.

보다 일반적으로 말해, 최적해에서 라그랑지 승수의 값 λ^*는 제약식 상수의 값(제약의 수준)을 변화시켰을 때 최적화의 결과로 얻는 목적함숫값에 얼마나 변화가 생기는지를 알려줍니다. 제약 수준의 변화에 따라 일어나는 최적화된 목적함숫값의 변화를 나타내는 개념을 일반적으로 일컬어 제약식의 **'그림자가격'** (shadow price)이라고 부릅니다. 다음 장에서는 또 다른 경제학 응용을 통해 그림자가격의 의미를 알아보겠습니다.

예제 22.3 그림자가격

max xy subject to $2x + 2y = 10$의 해에서 라그랑지 승수의 값이 그림자가격임을 확인하시오.

이 문제는 이미 [예제 21.1]과 [예제 22.1]에서 풀이를 했습니다. 특히 [예제 22.1]에서는 최적해 $(x^*, y^*) = (2.5, 2.5)$뿐 아니라 최적해에서의 라그랑지 승수의 값을 $\lambda^* = 1.25$로 도출했습니다.

최적해에서 목적함수의 값은 $2.5 \times 2.5 = 6.25$입니다. 만약 제약식 상수 10이 1% 증가

하여 10.1이 되었다고 해봅시다. 그렇다면 여전히 일계조건은 $2\lambda = x = y$이고 이를 새롭게 바뀐 제약식 $2x + 2y = 10.1$에 대입할 경우, $4x = 10.1$이 되어 $x^* = 2.525 = y^*$가 새로운 해입니다. 이 새로운 해에서 목적함수의 값은 $2.525 \times 2.525 = 6.375625$가 됩니다. 이 값은 원래 최적 목적함숫값 6.25에 비해 0.125625가 증가한 값입니다. 제약식 상수가 0.1 증가할 때 최적 목적함숫값이 0.125625 증가했으니 그 비율은 1.25625로 원래 최적해에서의 라그랑지 승수의 값 1.25와 거의 일치함을 알 수 있습니다(물론 1%라는 변화도 미분변화량에 비해서는 크기 때문에 약간의 오차가 있습니다).

예제 22.4 소득의 한계효용

효용함수가 $U(x_1, x_2) = \ln(x_1) + \ln(x_2)$이고, 재화 가격이 p_1, p_2, 예산이 I일 때 효용극대화 소비량에서 소비자의 소득의 한계효용을 도출하시오.

라그랑지 함수를 작성하면 $\mathscr{L}(x_1, x_2, \lambda) = \ln(x_1) + \ln(x_2) + \lambda(I - p_1x_1 - p_2x_2)$이고, 일계조건은

$$\begin{aligned} \mathscr{L}_1 &= \frac{1}{x_1} - \lambda p_1 = 0 \\ \mathscr{L}_2 &= \frac{1}{x_2} - \lambda p_2 = 0 \\ \mathscr{L}_\lambda &= I - p_1x_1 - p_2x_2 = 0 \end{aligned}$$

입니다. 일계조건의 첫 두 식에서 $\frac{1}{\lambda} = p_1x_1 = p_2x_2$이고 이를 세 번째 식(예산식)에 대입하면, $I - p_1x_1 - p_2x_2 = I - \frac{1}{\lambda} - \frac{1}{\lambda} = I - \frac{2}{\lambda} = 0$이 되므로, $\lambda = \frac{2}{I}$입니다.

방금 구한 λ를 이용해 재화 1과 재화 2의 수요함수를 도출할 수 있습니다. $1/\lambda = p_1x_1$에서 $x_1 = \frac{1}{\lambda p_1} = \frac{I}{2p_1}$이 되고, 마찬가지로 $x_2 = \frac{I}{2p_2}$이 됩니다.

이제 수요함수를 목적함수인 효용함수에 대입하면

$$U^* = U(x_1^*, x_2^*) = \ln(x_1^*) + \ln(x_2^*) = \ln\frac{I}{2p_1} + \ln\frac{I}{2p_2} = 2\ln(I) - \ln(4p_1p_2)$$

가 됩니다. U^*는 소비자가 효용을 극대화하는 소비량을 선택할 때 실제로 얻게 되는 효용의 값입니다. 이제 위의 식에서 $\frac{dU^*}{dI}$를 계산하면 $\frac{2}{I}$로 바로 λ의 값과 일치하는 것을 확인할 수 있습니다. 즉, 예산이 아주 조금 증가할 때, 극대화된 효용의 값은 $\frac{2}{I}$만큼 증가합니다.

주요 개념 및 용어

라그랑지 함수, 라그랑지 승수, 소득의 한계효용, 그림자가격

요약

- 라그랑지 방법은 등식 제약식을 가진 최적화 문제의 일반적 해법으로, 문제에서 도출된 라그랑지 함수의 최적화를 통해 원래 문제의 최적해를 찾는 방법이다.
- 라그랑지 함수는 목적함수 $f(x_1, \ldots, x_n)$과 음함수 형태의 제약식 $g_0 - g(x_1, \ldots, x_n) = 0$을 라그랑지 승수 λ를 이용해 결합한 것이다.
- 라그랑지 승수는 그림자가격이라고도 불리며, 제약식 상수의 값이 조금 변할 때 최적해에서 목적함수의 값이 얼마나 변하는지를 나타낸다.
- 소비자의 효용극대화 문제에서 라그랑지 승수는 소득의 한계효용, 즉 소득(예산)이 조금 늘어날 때 극대화된 효용이 얼마나 늘어나는지를 나타낸다.

연습문제

22-1 효용함수가 $U(x_1, x_2) = \sqrt{x_1} + \sqrt{x_2}$, 각 재화의 가격은 p_1, p_2, 예산이 I이다.

(a) 등식 예산 제약 하의 효용극대화 문제에 대해 라그랑지 일계조건을 만족하는 해 $(x_1^*, x_2^*, \lambda^*)$를 도출하시오.

(b) 일계조건 해 (x_1^*, x_2^*)를 효용함수에 대입하여 $V = U(x_1^*, x_2^*)$라고 정의하자. $\frac{dV}{dI}$를 계산하고 이 값과 (a)에서 구한 λ^*를 비교하시오.

22-2 소비자의 효용함수가 다음과 같다(단, $\alpha > 0$, $\beta > 0$인 상수이다).

$$U(x_1, x_2) = \alpha \ln x_1 + \beta \ln x_2$$

(a) 예산제약식 $p_1x_1 + p_2x_2 = I$를 만족하면서 효용을 극대화하는 해 (x_1^*, x_2^*)를 라그랑지 일계조건을 사용해서 도출하시오(이계조건은 확인할 필요 없음).

(b) 일계조건을 만족하는 라그랑지 승수의 값을 λ^*라고 할 때 $\frac{d\lambda^*}{dI}$를 계산하고 경제학적 의미를 설명하시오.

22-3 가방과 구두를 생산하는 공장이 있다. 가방 x_1개를 만들기 위해서는 $3x_1^2$단위의 가죽이 필요하고, 구두 x_2개를 만들기 위해서는 x_2^2단위의 가죽이 필요하다. 이 공장은 현재 100단위의 가죽을 갖고 있다. 따라서 $3x_1^2 + x_2^2 = 100$이다(가죽을 남기지 않는다). 공장은 생산된 가방과 구두를 완전경쟁시장에 판매하는데, 구두의 가격을 1이라고 할 때 가방의 가격이 p이다. 공장은 가방과 구두의 매출액을 극대화하고자 한다. 즉, 공장의 목적함수는 $px_1 + x_2$이다. 주어진 조건에서 매출을 극대화하는 가방 및 구두의 생산량을 구하시오(이계조건은 확인할 필요 없음).

22-4 면적 100의 밭을 가진 주인이 있다. 이 밭의 일부를 수박을 재배하는 데 쓸 수도 있고 감자를 재배하는 데 쓸 수도 있다. 수박 x개를 얻으려면 면적 x^2의 땅이 필요하고, 감자 y상자를 얻으려면 면적 y^2의 땅이 필요하다. 즉, 100의 밭을 남기지 않고 모두 수박과 감자 재배에 사용할 경우 $x^2 + y^2 = 100$이 성립한다. 수확하여 내다 팔 때 수박의 가격은 개당 p_x, 감자의 가격은 상자당 p_y라고 한다. 비용은 고려하지 않

고 단지 수박과 감자를 팔아서 얻는 수입 $p_x x + p_y y$만을 극대화하려고 한다. 라그랑지 방법을 사용하여 최적의 수박 생산량 x^*, 감자 생산량 y^* 및 이 문제의 라그랑지 승수의 값 λ^*를 이 문제의 외생변수들의 함수로 도출하시오.

Chapter 23

등식 제약 하의 최적화: (3) 확장과 응용

23.1 라그랑지 방법의 확장 (1) 극소화문제

지금까지는 극대화 문제에 라그랑지 방법을 적용했습니다. 그렇다면 다음과 같은 제약 하의 극소화 문제는 어떻게 풀까요?

$$\min_{x_1,\ldots,x_n} f(x_1,\ldots,x_n) \text{ subject to } g(x_1,\ldots,x_n)=g_0 \tag{23.1}$$

제약식 없는 최적화 문제와 마찬가지로, 일계조건은 극대와 극소에서 동일합니다. 즉 극대 문제에서처럼 라그랑지안을 $\mathscr{L}=f(x_1,\ldots,x_n)+\lambda(g_0-g(x_1,\ldots,x_n))$이라고 정의할 때 극소 문제의 일계조건은

$$\begin{aligned}\frac{\partial\mathscr{L}}{\partial x_1}&=\frac{\partial f}{\partial x_1}-\lambda\frac{\partial g}{\partial x_1}=0\\ &\vdots\\ \frac{\partial\mathscr{L}}{\partial x_n}&=\frac{\partial f}{\partial x_n}-\lambda\frac{\partial g}{\partial x_n}=0\end{aligned}$$

그리고 마지막에 λ로 편미분한 값을 0으로 두는 조건, 즉 제약식이 있습니다.

$$\frac{\partial\mathscr{L}}{\partial\lambda}=g_0-g(x_1,\ldots,x_n)=0$$

증명은 극대 문제의 일계조건과 거의 동일합니다. 편의상 선택변수가 (x_1,x_2)로 2개인 경우를 생각해보면, 제약식의 전미분량에서 도출되는 dx_1과 dx_2 사이의 관계는 극대문제서와 똑같습니다. 달라지는 점은 극소해에서 목적함수 f에 대해 $df\geq 0$이라는 것인데, x_1이 내부해라면 임의의 $dx_1\gtreqless 0$에 대해 성립해야 하고 결국 극대와 동일한 일계조건이 도출됩니다.

23.2 제약 하의 극소 문제: 생산자의 비용극소화 (장기)

미시경제학의 대표적인 극소 문제인 생산자의 **비용극소화** 문제를 풀어보겠습니다(4절에서 다룰 문제와 비교하여, 이번 절의 문제는 **장기** 문제라고 부릅니다). 즉, 주어진 목표 생산량 q_0을 맞추기 위해 생산을 하되 비용을 극소화하는 기업의 경우를 봅시다. 이 문제는 다음과 같이 쓸 수 있습니다.

$$\min_{L,K} wL + rK \text{ subject to } f(L, K) = q_0$$

여기서 $f(L, K)$는 기업의 생산함수, 즉 각 요소 투입량으로부터 얻어지는 재화 생산량을 나타내는 함수입니다. 요소 L(노동)과 K(자본)의 투입량을 늘이면 목적함수인 요소 비용 $wL + rK$도 증가하고, 생산함수 $f(L, K)$에 의한 생산량도 증가합니다.

라그랑지 함수를 적어보면

$$\mathscr{L}(L, K, \lambda) = wL + rK + \lambda\,[q_0 - f(L, K)]$$

일계조건을 구하면

$$\begin{aligned} \mathscr{L}_L &= w - \lambda\frac{\partial f}{\partial L} = 0 \\ \mathscr{L}_K &= r - \lambda\frac{\partial f}{\partial K} = 0 \\ \mathscr{L}_\lambda &= q_0 - f(L, K) = 0 \end{aligned}$$

첫 두 조건에서

$$\lambda^* = \frac{w}{\partial f/\partial L(L^*, K^*)} = \frac{r}{\partial f/\partial K(L^*, K^*)}$$

을 얻습니다.

이를 세 번째 조건식(제약식)과 연립하여 풀면 비용극소화 문제의 해 (L^*, K^*)를 얻게 됩니다. 이는 주어진 조건 하에서 비용을 극소화하는 요소 투입량을 나타냅니다. 문제에 주어진 "조건", 즉 외생변수는 q_0, w, r입니다. 문제의 해는 이 값들이 변하면 변하게 되며, 따라서 이를 함수 $L^*(q_0, w, r)$와 $K^*(q_0, w, r)$이라고 쓸 수 있습니다. 이를 두 요소에 대한 **조건부 요소수요함수**(conditional factor demand function)라고 부릅니다. "조건부"라는 용어가 들어가는 것은 가격을 주요 변수로 가지는 보통의 수요함수와 달리 요소가격 이외에 생산량 q_0이라는 외생변수가 있기 때문입니다. 노동이나 자본 자체를 원하는 것이 아니라, 재화를 q_0만큼 생산한다는 조건 하에서 노동과 자본을 수요하는 것입니다.

그런데 이 문제에서 라그랑지 승수의 의미는 무엇일까요? 앞에서 제시한 의미를 그대로 해석해보면 제약식의 상수인 q_0은 생산자의 목표 생산량이고 목적함수는 요소에 지출한 비용에 해당하므로, 라그랑지 승수는 목표 생산량을 조금 늘릴 때 총 비용이 얼마나 늘어나는지를 나타낼 것으로 예상할 수 있습니다. 이는 바로 **한계비용**의 개념에 해당합니다. 이 사실을 확인하기 위해 구체적인 예제를 보겠습니다.

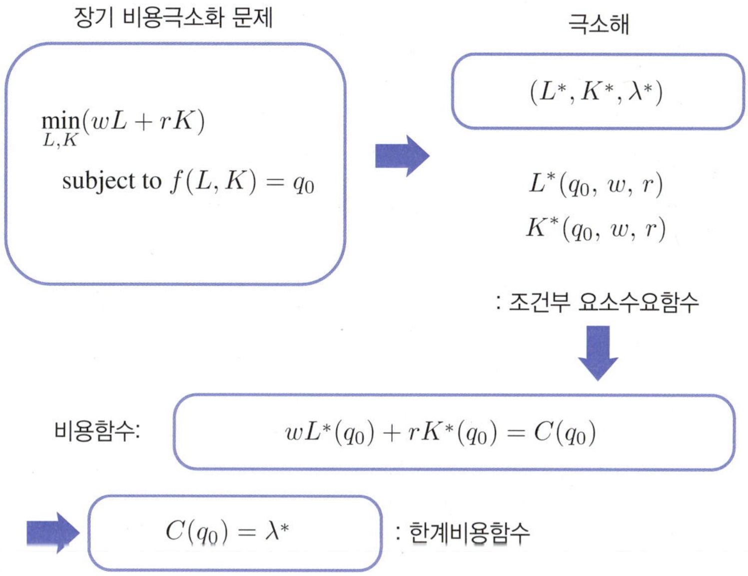

[그림 23.1] 장기 비용극소화 문제

예제 23.1 비용극소화

생산함수가 $f(L, K) = LK$일 때 생산자의 비용극소화 문제를 풀어 요소투입량과 비용함수를 도출해 보시오.

$\dfrac{\partial f}{\partial L} = K$이고 $\dfrac{\partial f}{\partial K} = L$이므로 일계조건은

$$\lambda^* = \frac{w}{K^*} = \frac{r}{L^*}$$

이고, 이 식에서

$$K^* = \frac{w}{r}L^*$$

이므로 이를 다시 제약식 $q_0 = f(L, K) = LK$에 대입하면 $q_0 = \frac{w}{r}(L^*)^2$이 되어 $L^* =$

$\sqrt{\frac{r}{w}q_0}$ 이 됩니다. 한편, $K^* = \frac{w}{r}L^* = \sqrt{\frac{w}{r}q_0}$ 이 됩니다.

방금 구한 L^* 와 K^* 는 조건부 요소수요함수입니다. 이 양들을 목적함수 $wL + rK$ 에 대입하면 비용함수를 얻습니다. 즉,

$$C(q_0) = wL^*(q_0) + rK^*(q_0) = w\sqrt{\frac{r}{w}q_0} + r\sqrt{\frac{w}{r}q_0} = \sqrt{rwq_0} + \sqrt{rwq_0} = 2\sqrt{rwq_0}$$

이 비용함수의 한계비용은 $C'(q_0) = \sqrt{\frac{rw}{q_0}}$ 입니다.

한편, 위 문제의 라그랑지 승수의 값을 구해보면

$$\lambda^* = \frac{w}{K^*} = \frac{w}{\sqrt{\frac{w}{r}q_0}} = \sqrt{\frac{rw}{q_0}} = C'(q_0)$$

임을 확인할 수 있습니다.

23.3 라그랑지 방법의 확장 (2) 여러 개의 제약식

지금까지 살펴본 문제들에서는 단 1개의 제약식이 달려 있었습니다. 최적화 문제에 부과되는 제약식은 여러 개일 수도 있는데, 그 경우에도 라그랑지 방법은 여전히 적용됩니다. 단, 제약식마다 하나씩 서로 다른 라그랑지 승수들이 붙어야 합니다.

즉, 목적함수 $f(x_1, \ldots, x_n)$를 극대화하는데, 제약식이[52]

$$\begin{aligned} g^1(x_1, \ldots, x_n) &= c_1 \\ g^2(x_1, \ldots, x_n) &= c_2 \\ &\cdots \\ g^m(x_1, \ldots, x_n) &= c_m \end{aligned}$$

과 같이 m개 붙는다면 라그랑지 함수는

$$\begin{aligned} \mathscr{L}(x_1, \ldots, x_n, \lambda_1, \ldots, \lambda_m) = f(x_1, \ldots, x_n) &+ \lambda_1(c_1 - g^1(x_1, \ldots, x_n)) \\ &+ \cdots + \lambda_m(c_m - g^m(x_1, \ldots, x_n)) \end{aligned}$$

이고 일계조건은 예전과 마찬가지로 정의됩니다. 증명은 생략합니다(일계조건이 총 몇 개

52) $g^k(\ )$에서 위첨자 k는 제곱한다는 의미가 아니라, k번째라는 의미입니다. 아래첨자로 쓸 경우 편도함수와 혼동이 가능하기 때문에 위첨자로 썼습니다.

나 나올지 잠깐 생각해 보시기 바랍니다).

라그랑지 승수 λ_j는 j번째 제약식의 그림자가격, 즉 j번째 제약식 상수의 값 c_j가 조금 변할 때 목적함수의 최적값이 얼마나 변하는지를 알려주는 역할을 합니다.

여러 개의 제약식을 가진 문제의 응용 사례를 다음 절에서 보겠습니다.

23.4 여러 개의 제약식을 가진 최적화 문제: 생산자의 비용극소화 (단기)

제약식이 2개인 극소화 문제의 경제학적 예를 살펴보겠습니다. 앞에서 제시했던 비용극소화 문제에 자본의 양을 상수인 K_0로 고정시키는 제약이 추가된다고 해봅시다. 자본(고정요소)의 양이 고정된 경우를 생산자이론에서는 **단기**(short run) 문제라고 부릅니다.[53]

$$\min_{L,K} wK + rK \text{ subject to (i) } f(L,K) = g_0;\ \text{(ii) } K = K_0$$

사실 굳이 라그랑지 방법으로 풀기 위해서는 제약식이 2개일 때 선택변수가 3개 이상은 되어야 할 것입니다. 왜냐하면 위와 같이 선택변수가 2개인데 제약식이 2개가 되어 버리면, 실제로 선택의 자유가 없기 때문입니다. 즉, 위 문제에서 $K = K_0$으로 고정되어 버리면, 선택할 수 있는 L의 값은 $f(L,K_0) = q_0$이라는 음함수 형태로 정의됩니다. 이 값들을 목적함수에 넣으면 그대로 비용 값이 얻어집니다(더 이상 비용을 극소화할 것도 없이, 두 가지 제약조건을 만족하는 해는 단 1개 존재할 것입니다).

다시 말해서, 위의 문제에서 생산함수 $f(L,K_0)$이 구체적인 공식으로 주어진다면, 굳이 라그랑지 방법을 쓰지 않더라도 대입을 통해서 요소투입량(K는 이미 K_0으로 고정되어 버렸고, q_0을 만들기 위해서 K_0과 함께 투입되어야 할 L의 양을 도출)을 구하고 이에 따라 단기비용이 얼마인지 쉽게 계산할 수 있습니다.

그럼에도 불구하고 최종적인 비용 값 자체보다는 이 문제에 대한 경제학적 해석이 더 중요하기 때문에, 억지로라도 라그랑지 문제를 풀어보는 것이 의의를 가집니다. 구체적인 이해를 위해 앞에서 풀었던 예제를 계속해봅시다.

53) 즉, 모든 요소의 양을 자유롭게 선택할 수 있는 경우를 장기, 일부 요소의 양이 고정되어 자유롭게 선택하지 못하는 경우를 단기라고 부릅니다.

예제 23.2 단기 비용극소화

생산함수가 $f(L, K) = LK$일 때 $K = K_0$이 제약으로 추가된 단기 비용극소화 문제를 라그랑지 방법으로 푸시오.

이제 제약식이 2개인 경우의 라그랑지 함수는

$$\mathscr{L}(L, K, \lambda_1, \lambda_2) = wL + rK + \lambda_1[q_0 - LK] + \lambda_2[K_0 - K]$$

이고 일계조건은

$$\mathscr{L}_L = w - \lambda_1 K = 0$$
$$\mathscr{L}_K = r - \lambda_1 L - \lambda_2 = 0$$

이고 여기에 제약식 2개가 보태집니다.

여기서 $K = K_0$라는 두 번째 제약식을 이용하면, $q_0 = LK_0$에서 $L = \dfrac{q_0}{K_0}$임을 얻을 수 있습니다. 즉, 최적해 자체는 위의 일계조건을 풀지 않더라도 이미 $L^* = \dfrac{q_0}{K_0}$와 $K^* = K_0$임을 알고 있습니다(이 최적해는 물론 단기 조건부 요소수요함수로, 문제의 외생변수인 q_0와 K_0의 함수로 표현됩니다). 일계조건은 이에 덧붙여 두 가지 라그랑지 승수의 값을 알려 줍니다.

첫 번째 식에서 $\lambda_1^* = \dfrac{w}{K^*} = \dfrac{w}{K_0}$이고, 이를 두 번째 일계조건에 대입하면

$$\lambda_2^* = r - \lambda_1^* L^* = r - \frac{w}{K_0}\frac{q_0}{K_0} = r - \frac{wq_0}{K_0^2}$$

입니다.

방금 구한 λ_2^*, 즉 자본량을 고정시킨 제약식에 달린 라그랑지 승수의 부호는 단기 비용극소화 문제에 대해 중요한 정보를 알려줍니다. 만약 $r = \dfrac{wq_0}{K_0^2}$이라면 위 식에서 $\lambda_2^* = 0$이 성립합니다. 그런데, $r = \dfrac{wq_0}{K_0}$을 다시 정리해보면 $K_0 = \sqrt{\dfrac{w}{r}q_0}$입니다. 앞의 [예제 23.1]로 돌아가서 보면, 이 값은 바로 $K = K_0$이라는 제약 없이 (즉, 장기에서) 비용극소화를 할 때의 K의 최적해 K^*임을 알 수 있습니다.

다시 말해서, $K_0 = K^*$일 때 $\lambda_2^* = 0$입니다. 경제학적으로 설명하자면, 단기에서 고정된 자본의 양 K_0이 자본량의 제약 없이 자유롭게 선택했을 때의 최적 자본량 K^*와 일치한다면 $K = K_0$이라는 제약은 사실상 제약이 아닌 셈이고, 이 제약식에 달린 승수의 값은 0으로 나타납니다. 즉, 비록 자본량이 고정된 단기이지만 장기와 다름 없는 모습을 나타내게

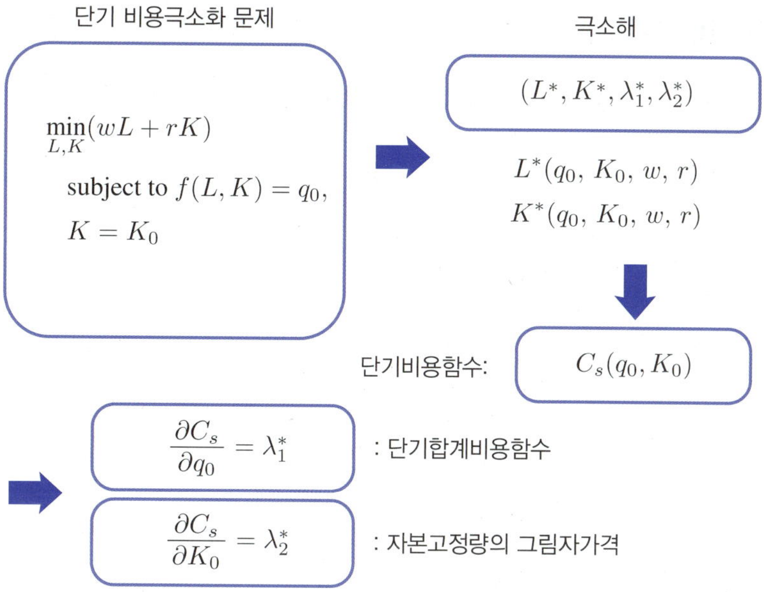

[그림 23.2] 단기 비용극소화

됩니다. K^*는 내가 선택할 자본량을 제한하지 않았더라도 내가 자발적으로 택했을 양이기 때문입니다.

한편, $\lambda_2^* > 0$이라면 이는 $K_0 > K^*$였음을 의미하는데, 이는 단기에서 주어진 자본량이 장기의 최적 수준보다도 이미 높은 상황에서 자본량을 외생적으로 더 늘리게 되면 목적함숫값(비용)이 더욱 증가한다는 뜻입니다. 반대로 $K_0 < K^*$이면 $\lambda_2^* < 0$이므로 단기에서 주어진 자본량이 너무 적은 상황에서 자본량을 조금 늘려주게 되면 최적해에 보다 가까워지게 되어 목적함수인 비용이 감소하게 됩니다.

물론 이 문제에서도 λ_1^*는 (단기) 한계비용을 나타냅니다. 위에서 구한 단기 최적해 $L^*(q_0, K_0) = \frac{q_0}{K_0}$과 $K^*(q_0, K_0) = K_0$을 목적함수에 대입하면 단기 비용함수

$$C_s(q_0, K_0) = wL^* + rK^* = \frac{wq_0}{K_0} + rK_0$$

이 됩니다. 생산량 q_0을 주된 변수로 볼 때, 앞의 항 $\frac{wq_0}{K_0}$은 생산량에 따라 비용이 달라지는 가변비용 부분이고, 두 번째 항 rK_0은 생산량과 상관 없이 고정된 값(고정된 요소에서 발생하는) 고정비용 부분입니다.

위의 단기 비용함수를 생산량 q_0으로 편미분하면 단기 한계비용을 얻습니다.

$$\frac{\partial C_s}{\partial q_0} = \frac{w}{K_0}$$

인데, 이는 위에서 구했던 λ_1^*와 일치합니다. 한편, 단기 비용함수를 고정된 자본의 양 K_0으로 편미분하면

$$\frac{\partial C_s}{\partial K_0} = -\frac{wq_0}{K_0^2} + r$$

이고, 이 식은 고정된 자본의 양을 변화시킬 때 단기비용에 어떤 변화가 있는지를 보여주며, λ_2^*와 일치합니다.

주요 개념 및 용어

비용극소화, 단기, 장기, 조건부 요소수요함수, 한계비용

요약

- 제약 하의 극소화 문제는 동일한 목적함수를 가진 제약 하의 극대화 문제와 같은 일계조건을 가지므로, 실제 최적화 문제를 풀 때는 극대, 극소 여부와 관계없이 동일한 라그랑지 방법을 사용할 수 있다.
- 극소화 문제에서의 라그랑지 승수는 극대화 문제에서와 부호가 반대로 바뀌게 되며, 여전히 그림자 가격으로 해석될 수 있다.
- 비용극소화 문제에서 라그랑지 승수는 제약식 상수인 생산량이 변할 때 목적함수인 비용이 어떻게 변하는지를 나타내는 것으로 한계비용으로 해석된다.
- 제약식이 여러 개일 경우 각각에 서로 다른 라그랑지 승수를 붙여 라그랑지 방법을 적용할수 있다. 각 라그랑지 승수는 각 제약식의 그림자가격으로 해석된다.

연습문제

23-1 아래 두 **제약 없는** 최적화 문제의 이계조건을 각각 도출하여 서로 동일함을 확인하시오.

(a) $\max f(x_1, x_2)$

(b) $\min(-f(x_1, x_2))$

23-2 앞 장 [문제 22-2]의 상황에 예산제약식과 함께 $x_2 = k$라는 제약식이 추가되었다(즉, 재화 2의 소비량이 k로 고정). 단,

$$0 < k < \frac{I}{p_2} \qquad (\dagger)$$

이다. 라그랑지 방법을 통해 두 제약식을 만족하면서 효용을 극대화하는 해 $(x_1^{**}, x_2^{**}, \lambda_1^{**}, \lambda_2^{**})$를 도출하고 라그랑지 승수 $(\lambda_1^*, \lambda_2^*)$의 부호와 의미를 해석하시오. 또한 위의 (†) 조건은 왜 필요하고 어떤 경제학적 의미를 가지는지 해석하시오.

23-3 앞 장 [문제 22-3]의 상황에 추가하여 사정상 인해 구두의 생산량을 $x_2 = 5$로 고정시키게 되었다. 이때 고정된 구두 수량의 그림자가격이 양(+)의 값이 되려면, 가방의 판매가격에는 어떤 조건이 필요한가? 이 조건을 해석해 보시오.

23-4 앞 장 [문제 22-4]의 상황에서 사정상 감자 생산량을 $y = 6$으로 고정시켜야 한다. 이때 고정된 감자 수량의 그림자가격이 양수(+)이려면 수박과 감자의 실제 가격 사이에는 어떤 관계가 성립해야 하는지 설명하시오.

23-5 모두 네 가지의 재화를 소비하는 소비자의 효용함수가

$$U(x_1, x_2, x_3, x_4) = \alpha \ln x_1 + \ln x_2 + \ln x_3 + \ln x_4$$

이다($\alpha > 0$는 상수). 각 재화의 시장가격은 p_1, p_2, p_3, p_4이다. 그런데 가게 A에서는 재화 1과 재화 2만을 판매하고, 가게 B에서는 재화 3과 재화 4만을 판매한다.

또한 소비자에게는 가게 A에서만 사용할 수 있는 상품권이 M_A원어치, 가게 B에서만 사용할 수 있는 상품권이 M_B원어치 있다. 주어진 2개의 제약식에 각각 라그랑지 승수 λ_A와 λ_B를 붙여서 라그랑지 함수를 만들고 일계조건을 통해 최적화 문제를 풀고자 한다.

(a) 두 가지 라그랑지 승수의 최적값들 사이에 어떤 관계가 성립하는가?

(b) 주어진 2개의 제약식 하에서 효용을 극대화하는 각 재화의 수요함수를 도출하시오.

(c) 도출된 최적해(수요량 및 라그랑지 승수의 값)들을 경제학적으로 해석할 수 있는가?

23-6 길이 d 센티미터(cm)인 줄을 사서 직사각형을 만들면 면적 1 cm^2당 10,000원을 받는 게임이 있다. 손님 입장에서 줄의 cm당 가격은 얼마 이하가 적당한가? 이 가격은 d와 어떤 관계를 갖는가? 라그랑지 방법을 이용해 논하시오.

PART

7

경제수학 심화주제

제7부는 심화 주제들을 소개합니다. 제24장은 라그랑지 방법을 부등식 제약으로 확장한 쿤-터커 조건을 설명합니다. 이를 활용하면 경제모형에 나오는 대부분의 최적화 문제를 해결할 수 있습니다. 제25장은 동학분석의 기초를 소개합니다. 경제변수의 변화과정을 모형으로 만들 때 필요한 개념들을 차분방정식을 통해 알아봅니다. 제26장은 제4부에서 공부한 행렬대수를 발전시킨 선형대수학의 기초를 알아봅니다.

Chapter 24

부등식 제약 하의 최적화

제6부의 제21~23장에서 등식 제약이 있는 최적화문제의 해법을 공부했습니다. 그 해법은 **라그랑지 방법**으로, 목적함수와 제약식을 결합한 **라그랑지안**이라는 새로운 함수를 만들고 이를 최적화하는 것이었습니다. 라그랑지 방법은 등식 제약이 달린 극대, 극소 문제를 효과적으로 풀 수 있는 해법입니다. 라그랑지 방법만 써도 기초 경제모형들을 잘 분석할 수 있습니다. 다만 모형에서 제약이 등식으로 성립하는 것이 타당한지에 대해 고민을 해볼 필요는 있습니다.

라그랑지 방법의 대표적 응용 사례로 소비자의 효용극대화 문제를 풀었는데, 소비자의 예산제약은 원래 부등식이지만 "등식으로 성립한다"라고 **가정**했습니다. 예산제약이 등식이라는 가정이 제법 그럴듯하다고도 설명했습니다. 하지만 제약이 등식으로 성립한다는 가정을 미리 하지 말고, 분석 과정에서 그것이 도출된다면 어떨까요? 부등식 제약으로 시작해서 문제의 상황에 따라 어떤 경우에는 등식으로 성립하고, 또 어떤 경우에는 그렇지 않은지를 알아낼 수 있다면 흥미로울 것입니다. 소비자가 어떤 경우에는 예산을 다 쓰고, 또 어떤 경우에는 예산을 남기는지를 모형의 분석 과정에서 도출해내는 것입니다.

이 장에서는 부등식 제약을 다루는 해법을 간략하게 살펴보겠습니다.[54] 발견자들의 이름을 따서 **쿤-터커 조건**(Kuhn-Tucker conditions) 이라고 합니다.[55] 먼저 개념과 용어들을 정리한 후, 부등식 제약의 간단한 사례로 변수의 부호에 대한 제약, 변숫값의 상한 또는 하한제약을 어떻게 처리할지를 알아보고 이를 일반적인 부등식으로 확장하겠습니다. 이 과정에서 제약식 상수의 그림자 가격인 라그랑지 승수의 값이 더욱 중요한 역할을 하게 될 것입니다.

54) 제6부까지 공부한 내용 대부분은 이미 오래전에 확립된 고전적인 이론인 것에 반해, 이 장에서 다룰 부등식 제약을 가진 최적화문제의 일반적 해법은 20세기 중반에야 완전히 해결된 현대적 기법입니다.

55) 방법을 독립적으로 먼저 발견한 이의 이름을 덧붙여 카루쉬-쿤-터커 조건(Karush-Kuhn-Tucker conditions)이라고 부르기도 합니다.

24.1 부등식 제약과 관련한 개념 및 용어 정리

먼저 몇 가지 개념과 용어를 정리하겠습니다. **부등식 제약** (inequality constraint)이란, 선택 변수 벡터 $\mathbf{x} = (x_1, x_2, \ldots, x_n)$이 만족해야 하는 $g(x_1, \ldots, x_n) \leq g_0$ 또는 $g(x_1, \ldots x_n) \geq g_0$ 형태의 식을 말합니다. 여기서 g_0은 제약식 상수입니다. 편의상 $g(\cdot) \leq g_0$인 경우를 중심으로 설명하겠습니다. 소비자 문제의 예산제약식 $\sum_{i=1}^{n} p_i x_i \leq I$가 대표적인 예입니다.

특별한 언급 없이 그냥 '부등식'이라고 하면 등호가 포함된 약부등호(weak inequality) 즉 $\leq$를 뜻하는 것으로 약속합니다. 등호가 없는 부등호 $<$는 별도로 강부등호(strict inequality)라고 하고 $g(x_1, \ldots, x_n) < g_0$과 같은 식은 강부등식이라고 부르겠습니다. 즉 일반적인 부등식 제약은 등식제약 $g(\cdot) = g_0$과 강부등식 제약 $g(\cdot) < 0$이 결합된 형태입니다. 따라서 문제의 해는 제약식을 등식으로 만족해도 되고 강부등식으로 만족해도 됩니다.

문제의 해 $\mathbf{x}^* = (x_1^*, \ldots, x_n^*)$을 제약식에 대입했을 때 등호가 성립하면, 즉 $g(x_1^*, \ldots, x_n^*) = g_0$이면 이를 제약식이 '걸렸다' 혹은 '**유효**(binding)' 혹은 '활동적(active)'이라고 말합니다. 반대로 해를 대입할 때 강부등호가 적용된다면, 즉 $g(x_1^n, \ldots, x_n^*) < g_0$이면 제약식이 '느슨하다', '**여유**(slack)를 가진다', '유효하지 않다'(non-binding), '비활동적(non-active)이다'라고 말할 수 있습니다(거꾸로 제약식이 유효한 것을 여유가 없다고 말할 수도 있겠습니다).

제약식이 유효하든, 여유가 있든, 두 경우 모두 제약식 자체는 충족한 상태를 나타냅니다. 즉 $g(\mathbf{x}^*) = g_0$이어도 괜찮고 $g(\mathbf{x}^*) < g_0$이어도 괜찮습니다. 둘 중 한 경우에 해당된다면 $\mathbf{x}^* = (x_1^*, \ldots, x_n^*)$는 제약식을 만족하는 점, 혹은 실행 가능한(feasible) 점입니다. 한편 제약식이 $g(\mathbf{x}) \leq g_0$인데 $g(\mathbf{x}') > 0$이라면 $\mathbf{x}' = (x_1', x_2', \ldots, x_n')$은 제약식을 만족하지 않고 실행 불가능한(infeasible) 점입니다. 따라서 부등식 제약을 가진 최적화문제는 실행가능한 점들 중에서 목적함수를 최적화하는 점을 찾는 것이며, 그 해에서 제약식은 유효할 수도 있고 여유를 가질 수도 있습니다.

우리는 제약식이 등식인 최적화문제, 즉 제약식이 유효한 경우를 어떻게 다루는지는 이미 알고 있습니다. 따라서 어떤 조건에서 제약식이 유효한지를 파악하는 것이 부등식 제약이 달린 문제를 다루는 데 있어 핵심과제입니다. 부등식 제약 하의 최적화문제는 **비선형계획**(nonlinear programming) 문제라고도 불리며, 그 일반적인 해법은 라그랑지 방법을 발전시킨 쿤-터커(Kuhn-Tucker) 조건입니다.

약부등식 제약을 사용하는 이유

왜 굳이 등식과 부등식이 섞인 약부등식 제약을 사용하는 것일까요? 그냥 강부등식 제약을 공부하면 되는 것 아닐까요? 만약 강부등식만으로 된 제약이 주어진다면, 최적화 문제의 해가 아예 존재하지 않을 수 있습니다. 예를 들어, $x > 0$이라는 강부등식 제약을 만족하면서 함수 x^2을 최소화하는 해는 존재하지 않습니다. 아무리 작은 x를 택하더라도 그보다 조금 더 값을 줄이면 함숫값이 작아지기 때문입니다. 반면, 등식이 포함된 약부등식 제약 $x \geq 0$ 하에서 함수 x^2을 최소화하는 해는 $x = 0$입니다.

24.2 선택변수에 대한 상한 및 하한제약 $a \leq x_i \leq b$

일반적인 부등식 제약을 다루기 전에, 먼저 선택변수의 값에 상한이나 하한의 제약이 가해지는 경우를 보겠습니다. 목적함수에 제약식을 붙이는 것은 목적함수의 '정의역'을 규정해 주는 것과 마찬가지이고, 함수가 가지는 정의역의 가장 간단한 형태는 구간(interval)입니다. 정의역이 구간의 형태인 경우 즉 x_i의 값이 $a \leq x_i \leq b$의 범위 내에 있는 경우에 최적화문제의 해를 어떻게 찾는지 알아봅니다. 이때 a를 선택변수의 하한, b는 선택변수의 상한이라고 합니다.

경제학에서 이런 제약식의 가장 흔한 예는 $x_i \geq 0$입니다. 소비량이나 생산량 같은 변수는 음( )의 값을 갖지 않는다고 가정할 때가 많습니다. 이를 **비음제약**(non-negativity constraint)이라고 합니다. 또 다른 구간 제약의 예로 노동자의 하루 노동공급량 L이 물리적으로 24시간을 초과할 수 없고, 최소한의 휴식 및 여가를 8시간이라 하면 16시간을 초과할 수 없습니다. 따라서 $0 \leq L \leq 24$ 또는 $0 \leq L \leq 16$과 같은 제약조건이 필요합니다.

24.2.1 비음제약 $x_i \geq 0$

비음제약을 포함하여 상한 및 하한이 있는 최적화에 대해서 이미 제8장에서 일변수함수의 최적화 일계조건을 공부할 때 다룬 적이 있습니다. 제8장에서 최적화 일계조건이

$$f'(x^*) = 0$$

이라고 말하고 이를 증명할 때 사용했던 한 가지 중요한 가정은 점 x^*가 '내부점'이라는 것이었습니다. 즉 $f(x)$의 정의역이 $[a, b]$일 때 만약 x^*가 내부점($a < x^* < b$)이라면 $f'(x^*) = 0$이지만 만약 x^*가 경계점($x^* = a$ 또는 $x^* = b$)이면 위의 일계조건 대신 $f'(x^*) \leq 0$이나 $f'(x^*) \geq 0$ 중 하나만 적용됨을 제8장의 일계조건 증명과정에서 설명했습니다(두 부등호 중 어느 것이 적용되는지는 문제가 극대인지 극소인지, 또한 x^*가 정의역의 하한에 있는지

상한에 있는지에 따라 달라집니다).

$f(x_1, \dots, x_n)$을 극대화하는 문제에서 변수 x_1에 대해 비음제약 즉 $x_1 \geq 0$이 제약으로 주어졌다고 해봅시다. 만약 극대해 x_1^*가 내부점이라면 즉 $x_1^* > 0$이라면 당연히 $\frac{\partial f}{\partial x_1}(\mathbf{x}^*) = 0$이 성립할 것입니다. 반대로 만약 $x_1^* = 0$이라면 어떨까요? 극대점에서 변숫값을 아주 조금 변화시킬 때 함수의 값이 증가하지 않아야 합니다. 즉 $df(x^*) \leq 0$이어야 합니다. $dx_2 = dx_1 = \cdots = dx_n = 0$으로 놓고 x_1의 값만 변화시켜 봅시다. 그렇다면

$$df = \frac{\partial f}{\partial x_1}(\mathbf{x}^*)\, dx_1 \leq 0 \tag{24.1}$$

이 성립해야 합니다. 만약 x_1^*이 내부점이었다면 $dx_1 > 0$과 $dx_1 < 0$이 모두 가능하므로 $\frac{\partial f}{\partial x_1}(x^*) = 0$이라는 결론이 나오지만, $x_1^* = 0$이면 $dx_1 > 0$은 가능하지만 $dx_1 < 0$은 불가능합니다. 음수의 값을 허용하지 않기 때문입니다. 따라서 식 (24.1)에서 우리는 $\frac{\partial f}{\partial x_1}(\mathbf{x}^*) \leq 0$이라는 결론만 얻을 수 있습니다. x_1에 대한 이같은 논리는 다른 모든 x_i에도 적용됩니다. 정리하면 다음과 같습니다.[56]

> 결과 24.1 **비음제약이 있는 극대화문제의 일계조건**
>
> $x_i \geq 0$의 비음제약을 만족하며 $f(x_1, x_2, \dots, x_n)$을 극대화하는 해가 $\mathbf{x}^* = (x_1^*, x_2^*, \dots, x_n^*)$일 때
>
> (1) 만약 $x_i^* > 0$이면 $\frac{\partial f}{\partial x_i}(\mathbf{x}^*) =$이다.
>
> (2) 만약 $x_i^* = 0$이면 $\frac{\partial f}{\partial x_i}(\mathbf{x}^*) \leq 0$이다.
>
> (3) 즉, 만약 $\frac{\partial f}{\partial x_i}(\mathbf{x}^*) < 0$이면 $x_i^* = 0$이다.

위의 결과에서 (1)과 (2)가 일계조건이고, (3)은 그로부터 따라 나오는 논리적 결론입니다. 실제 문제 풀이에는 (1)과 (3)을 이용하는 것이 편리할 때가 많습니다. (1)과 (3)만 사용할 경우, 누락되는 경우가 하나 있는데 $x_i^* = 0$이면서 동시에 $\frac{\partial f}{\partial x_i} = 0$인 경우입니다. 즉 내부해가 아님에도 불구하고 일계조건이 등식으로 성립하는 것이 가능합니다. 하지만 이 경우는 대개 큰 문제가 되지 않습니다.

위의 조건 (1)과 (2)의 핵심을 요약하면 $x_i^* \cdot \frac{\partial f}{\partial x_i}(\mathbf{x}^*) = 0$입니다. 즉 x_i^*와 $\frac{\partial f}{\partial x_i}(\mathbf{x}^*)$ 중 적어도 하나는 반드시 0이라는 것입니다. 둘 다 0인 것은 괜찮지만, $x_i^* > 0$이면서 동시에

56) 극소화문제라면 부등호의 방향이 바뀌게 됩니다. 혼란을 방지하기 위해서 극대화문제에 국한해서 설명하겠습니다.

$\frac{\partial f}{\partial x_i}(\mathbf{x}^*) < 0$일 수는 없습니다. 이런 성질을 조금 어려운 말로 **상보여유 조건** 혹은 **보충여유 조건**(complementary slackness condition)이라고 부릅니다. 이름의 의미는 $x^* \geq 0$이라는 부등식 제약과 $\frac{\partial f}{\partial x_i}(\mathbf{x}^*) \leq 0$이라는 부등식 일계조건이 서로 여유를 보충해준다는 것입니다. 둘 중 하나가 여유를 가지면 (즉 강부등호이면) 나머지 하나는 반드시 여유 없이 꽉 차서 등식(유효)이어야 합니다. 상보여유 조건은 부등식 제약 하의 최적화 문제를 풀이하는 핵심 개념입니다. 앞으로 반복해서 등장할 것입니다.

예제 24.1 비음제약이 있는 극대화문제

$f(x) = -(x-\alpha)^2$을 극대화하는 $x^* \geq 0$을 구하시오.

만약 비음제약조건이 없고 정의역이 실수 전체였다면 $f(\alpha) = 0$이고 $x \neq \alpha$에 대해서는 $f(x) < 0$이므로 해는 $x = \alpha$였을 것입니다. 하지만 비음제약조건이 있기 때문에 α의 부호에 따라 답이 달라집니다. [그림 24.1]을 보면 답은 바로 알 수 있습니다.

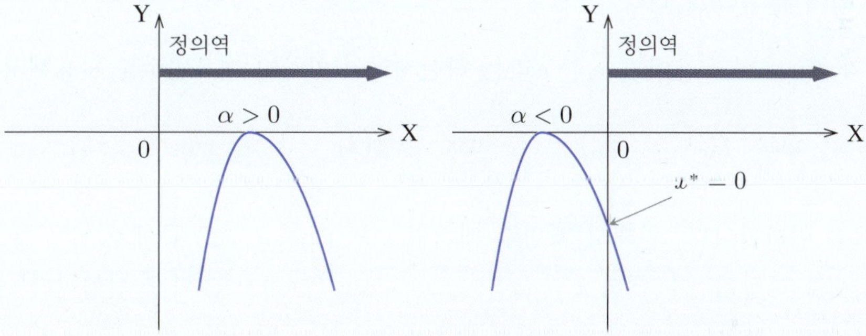

(a) $\alpha > 0$인 경우 $x^* = \alpha$ (b) $\alpha < 0$인 경우 $x^* = 0$

[그림 24.1] 예제 24.1의 풀이

상보여유 조건을 적용해서 해를 도출해봅시다. (1) $x^* > 0$이라고 가정하면 비음제약식에 여유가 있으므로 일계조건에는 여유가 없어야 하고 따라서 $f'(x^*) = 0$이어야 합니다. $f'(x) = -2(x-\alpha)$이므로 일계조건을 만족하는 해는 $x^* = \alpha$입니다. 그런데 이때 가정에 따라 $x^* > 0$이어야 하므로 $\alpha > 0$이 요구됩니다. (2) 다음으로 $x^* = 0$이라면 $f'(x^*) = f'(0) \leq 0$이어야 합니다. 계산해보면 $2\alpha \leq 0$이므로 $\alpha \leq 0$일 때입니다($\alpha = 0$이면 애초에 문제가 $f(x) = -x^2$이므로 등식 일계조건의 해도 어차피 $x^* = 0$입니다).

예제에서는 일변수함수를 다루었지만 다변수함수에서 어느 변수에 비음제약 조건이 붙더라도 비슷하게 풀이할 수 있습니다.

24.2.2 하한제약 $x_i \geq a$

이제 비음제약을 발전시켜서 변수의 값에 하한이 있는 경우 즉 어떤 상수 a에 대해 $x_i \geq a$ 라는 제약조건이 붙는 경우를 봅시다. 비음제약을 다룬 방식과 똑같이 논리를 전개하면 비슷한 결론을 얻을 수 있지만, 앞으로의 일반화를 위해서 새로운 임시변수를 하나 정의하겠습니다.

선택변수 x_i에 하한제약이 달렸을 때 **여유변수**(slack variable) s_i를 이렇게 정의합니다:

$$[\text{여유변수}] \quad s_i \equiv x_i - a$$

하한제약 조건이 성립한다면 $s_i \geq 0$이어야 합니다. 즉 선택변수에 대한 하한제약은 여유변수에 대한 비음제약과 같습니다. 하한제약이 유효하면 $s_i = 0$(비음제약이 유효)이고 하한제약에 여유가 있으면 $s_i > 0$(비음제약에 여유가 있음)입니다. 그런데 우리는 비음제약을 어떻게 다루는지 이미 알고 있습니다. 즉 주어진 문제를 여유변수를 통해 비음제약 문제로 변환하면 쉽게 풀 수 있습니다.

목적함수가 $f(x_1, \ldots, x_n)$이고 $x_i \geq a$라는 하한제약이 있다면 여유변수를 사용해서

$$\max_{x_1, \ldots, x_n} f(x_1, \ldots, x_n) = \max_{x_1, \ldots, s_i, \ldots, x_n} f(x_1, \ldots, s_i + a, \ldots, x_n)$$

라고 문제를 변환합니다. 원래 선택변수 벡터인 $\mathbf{x} = (x_1, \ldots, x_n)$ 중에서 $x_i = s_i + a$로 치환하여 새로운 선택변수 벡터 $\hat{\mathbf{x}} = (x_1, \ldots, s_i + a, \ldots, x_n)$으로 바꾼 것입니다. 물론 여기에 하한제약을 반영하여 변환 문제에는 비음제약이 붙게 됩니다. 즉, $x_i \geq a$의 범위에서 $\max f(\mathbf{x})$의 해는 $s_i \geq 0$의 조건 하에 $\max f(\hat{\mathbf{x}})$를 풀어서 얻을 수 있습니다.

변환된 문제의 풀이에는 [결과 24.1]을 적용할 수 있습니다. 즉, $s_i^* \geq 0$이면서 $\frac{\partial f}{\partial s_i}(\hat{\mathbf{x}}) \leq 0$이고 두 부등식 조건 사이에는 상보여유 조건이 적용됩니다. 다시 말해서, (1) $s_i^* > 0$이면 $\frac{\partial f}{\partial s_i}(\hat{\mathbf{x}}^*) = 0$, (2) $s_i^* = 0$이면 $\frac{\partial f}{\partial s_i}(\hat{\mathbf{x}}^*) \leq 0$ 그리고 (3) $\frac{\partial f}{\partial s_i}(\hat{\mathbf{x}}^*) < 0$이면 $s_i^* = 0$입니다. 그런데 결국

$$\frac{\partial f}{\partial s_i}(x_1, \ldots, s_i + a, \ldots, x_n) = \frac{\partial f}{\partial x_i}(x_1, \ldots, x_i, \ldots, x_n)$$

이므로 다시 쓰면 다음과 같습니다(이 결과에 여유변수 s_i가 실제로 등장하지는 않습니다. 여유변수는 결과를 도출하는 과정에 잠시 사용되었을 뿐입니다).

보조결과 1 하한제약이 있는 극대화문제의 일계조건

$x_i \geq a$의 제약을 만족하며 $f(x_1, \ldots, x_n)$을 극대화하는 해가 $\mathbf{x}^* = (x_1^*, \ldots, x_n^*)$일 때

(1) 만약 $x_i^* > a$이면 $\dfrac{\partial f}{\partial x_i}(\mathbf{x}^*) = 0$

(2) 만약 $x_i^* = a$이면 $\dfrac{\partial f}{\partial x_i}(\mathbf{x}^*) \leq 0$ [즉, (3) 만약 $\dfrac{\partial f}{\partial x_i}(\mathbf{x}^*) < 0$이면 $x_i = a$]

이를 보조결과라고 부른 것은 [결과 24.1]에서 도출되었기 때문이기도 하고, 나중에 제시할 결과의 특수한 사례이기 때문입니다. 사실 [보조결과 1]에 $a = 0$을 대입하면 바로 비음제약에 대한 [결과 24.1]이 됩니다. 말로 해보면, 하한제약에 여유가 있으면 내부해이고 일계조건이 등식으로 성립하는 반면, 만약 일계조건에 여유가 있다면 이는 극대해가 하한경계에 걸렸음을 의미합니다.

예제 24.2 하한제약이 있는 극대화문제

$f(x) = -x^2, \quad x \geq a$

이 문제 역시 그림을 그려보면 답은 쉽게 알 수 있습니다. 하지만 [보조결과 1]로 도출해봅시다.

(1) 만약 $x^* > a$라면 $f'(x^*) = -2x^* = 0$이 성립해야 합니다. 그런데 일계조건에 따르면 $x^* = 0$이고 이 값은 a보다 커야 하므로, 이 경우가 적용되려면 $a < 0$이어야 합니다[그림 24.2(a)].

(2) 한편 $x^* = a$라면 $f'(x^*) = f'(a) = -2a \leq 0$이 성립해야 합니다. 따라서 $a \geq 0$일 때에 해당됩니다. $a > 0$이면 [그림 24.2(b)]에 보인 것처럼 $x^* = a$가 극대해입니다. 만약 $a = 0$이면 하한제약은 결국 비음제약인데, 극대해가 $x^* = a = 0$이라 괜찮습니다.

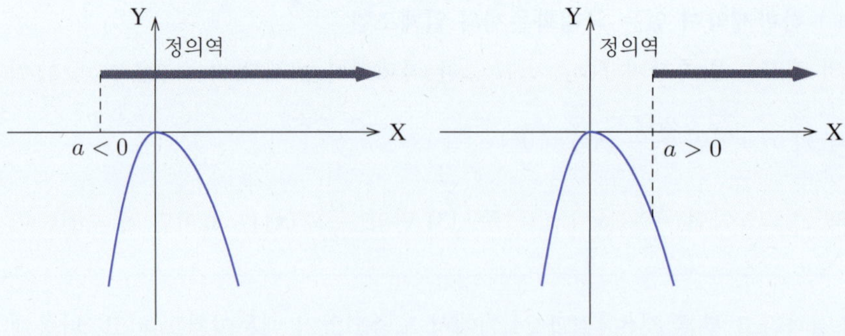

(a) $a<0$인 경우 $x^*=0$ (b) $a>0$인 경우 $x^*=a$

[그림 24.2] 예제 24.2의 풀이

24.2.3 상한제약 $x_i \le b$

상한제약은 하한제약의 정반대이고, 다음 절에서 공부할 일반적인 부등식 제약으로 충분히 해결이 가능합니다. 따라서 시간이 부족하면 이 소절의 내용은 읽지 않아도 큰 어려움은 없을 것입니다.

하한제약을 처리한 방법을 따라해보면, 비음제약으로 바꾸기 위해서 여유변수를 도입하는데 여유변수의 값이 비음이어야 합니다. 따라서 이번에는 여유변수를 이렇게 정의합니다: $s_i \equiv b - x_i$ (하한제약 때의 여유변수와 비교)

그렇다면 max $f(x_1,\ldots,x_n)$ subject to $x_i \le b$는 max $f(x_1,\ldots,b-s_i,\ldots,x_n)$ subject to $s_i \ge 0$으로 변환됩니다. 변환된 문제에 [결과 24.1]을 적용하면 $s_i^* \ge 0$이면서 $\dfrac{\partial f}{\partial s_i}(\hat{\mathbf{x}}^*) \le 0$이고 두 부등식 조건 사이에 상보여유 조건이 적용되는데, 이제 $\dfrac{\partial f}{\partial s_i} = -\dfrac{\partial f}{\partial x_i}$이므로 일계조건에서 부등호의 방향이 반대로 바뀌게 됩니다(역시 이 결과에도 여유변수가 실제로 등장하지는 않습니다).

> 보조결과 2 **상한제약이 있는 극대화문제의 일계조건**
>
> $x_i \le b$의 제약을 만족하며 $f(x_1,\ldots,x_n)$을 극대화하는 해가 $\mathbf{x}^*=(x_1^*,\ldots,x_n^*)$일 때
>
> (1) 만약 $x_i^* < b$이면 $\dfrac{\partial f}{\partial x_i}(\mathbf{x}^*) = 0$
>
> (2) 만약 $x_i^* = b$이면 $\dfrac{\partial f}{\partial x_i}(\mathbf{x}^*) \ge 0$ [즉, (3) 만약 $\dfrac{\partial f}{\partial x_i}(\mathbf{x}^*) > 0$이면 $x_i^* = b$]

예제 24.3 상한제약이 있는 극대화문제

$f(x) = -x^2, \quad x \le b$

이 예제도 그림으로 쉽게 이해할 수 있으나 그림은 생략합니다. [보조결과 2]로 풀어보면 (1) 만약 $x^* < b$이면 $f'(x^*) = 0$에서 $x^* = 0$이고 따라서 $b > 0$이 요구되며, (2) 만약 $x^* = b$이면 $f(x^*) = f(b) = -2b \ge 0$이므로 $b \le 0$이 요구됩니다.

24.3 일반적인 부등식 제약

이제 우리의 진짜 목표인 부등식 제약 하의 최적화 문제를 풀어보겠습니다.

$$\max_{x_1,\ldots,x_n} f(x_1,\ldots,x_n)$$
$$\text{subject to } g(x_1,\ldots,x_n) \le g_0$$

가 주어진 문제입니다. 여기서 g_0은 제약식 상수입니다. 혹시 부등호의 방향이 $g(\cdot) \ge g_0$라 하더라도 양변에 (-1)을 곱해주면 $-g(\cdot) \le -g_0$ 형태로 바뀌므로 위의 문제만 해결해도 됩니다. $g(\cdot) \le g_0$을 극대 문제에 대해서 제약의 **표준형**이라고 부르겠습니다.

24.3.1 여유변수 도입을 사용한 풀이

문제를 해결하는 열쇠는 앞에서 비음, 상한, 하한제약에 사용했던 '여유변수'라는 아이디어입니다. 주어진 제약식이 부등식인데, 이것에 여유가 있는지 유효한지를 나타내는 여유변수를 새롭게 정의합니다. 앞에서처럼 s라고 불러도 상관없습니다만, 여기서는 x_{n+1}이라고 해보겠습니다. 즉,

$$[\text{여유변수}] \quad x_{n+1} \equiv g_0 - g(x_1,\ldots,x_n)$$

입니다. 이제 부등식 제약은 새롭게 정의된 변수 x_{n+1}에 대한 비음조건으로 변환되었습니다. 즉 주어진 문제는 다음의 문제와 동일합니다.

$$\max_{x_1,\ldots,x_n,\, x_{n+1}} f(x_1,\ldots,x_n)$$
$$\text{subject to (i) } x_{n+1} + g(x_1,\ldots,x_n) = g_0,$$
$$\text{(ii) } x_{n+1} \ge 0$$

변환된 문제에 대해 몇 가지 살펴봅시다. 첫째, 목적함수에는 여유변수 x_{n+1}이 들어있지 않습니다. 하지만 문제를 풀기 위해서 x_{n+1}의 값도 정해져야 하므로 max 기호 아래에 x_{n+1}이 적혀 있습니다. 최적해에서 $x_{n+1}^* = 0$이면 원래 문제의 부등식 제약이 유효라는 것이고, $x_{n+1}^* > 0$이면 제약에 여유가 있다는 것입니다. 둘째, 여유변수를 정의하는 식이 제약식 (i)로 추가되었습니다. (i)이 없이 (ii)의 비음제약조건만 달면 x_{n+1}의 정체를 알 수 없습니다. (i)은 등식 제약이므로 라그랑지 방법으로 해결이 가능합니다. 한편 (ii)에 여유변수에 대한 비음제약이 추가되었습니다. (i)과 (ii)를 합하면 원래 문제의 부등식 제약입니다. 또한 비음제약은 앞의 [결과 24.1]을 사용해서 해결할 수 있습니다.

자, 이제 변환된 문제를 풀어봅시다. 앞 절의 비음, 상한, 하한제약 문제와 달리 여기에는 비음제약 말고도 등식 제약이 하나 더 있습니다. 그 해결법은 물론 라그랑지 함수를 정의하는 것입니다. 즉, 변환된 문제를 다시 한번 더 변환합니다.

$$\max_{\mathbf{x}, x_{n+1}, \lambda} f(x) + \lambda[g_0 - x_{n+1} - g(\mathbf{x})] \equiv \mathscr{L}(\mathbf{x}, x_{n+1}, \lambda)$$
$$\text{subject to } x_{n+1} \geq 0$$

목적함수는 여유변수로 변환하는 등식 제약 (i)을 원래 목적함수와 결합한 라그랑지 함수입니다. 라그랑지 함수의 변수는 원래 문제의 변수 $\mathbf{x} = (x_1, \ldots, x_n)$과 여유변수 x_{n+1} 그리고 라그랑지 승수 λ입니다. 다만 여유변수에 대한 비음제약조건이 붙었습니다. 따라서 목적함수 $\mathscr{L}(\mathbf{x}, x_{n+1}, \lambda)$에다가 [결과 24.1]을 적용하면 됩니다. 물론 선택변수인 $(x_1, \ldots, x_n)$에 대해서는 라그랑지 방법 그대로 등식 일계조건을 쓰면 됩니다. 혹시 선택변수에 비음제약이 있다면 거기에도 [결과 24.1]을 적용하면 되고, 상한이나 하한제약은 부등식 제약의 형태로 포함이 가능하므로 굳이 따로 신경쓸 필요가 없습니다.

선택변수에 대해 별도의 비음제약은 없다고 가정하고, 위의 문제에 [결과 24.1]을 적용해보면 일계조건은 다음과 같습니다:

(1) $x_{n+1}^* > 0$이면 $\frac{\partial \mathscr{L}}{\partial x_{n+1}}\left(\mathbf{x}^*, x_{n+1}^*, \lambda^*\right) = 0$

(2) $x_{n+1}^* = 0$이면 $\frac{\partial \mathscr{L}}{\partial x_{n+1}}(\mathbf{x}^*, 0, \lambda^*) \leq 0$

그런데 $\frac{\partial \mathscr{L}}{\partial x_{n+1}} = -\lambda$입니다. 한편 $x_{n+1}^* > 0$이면 최적해에서 제약에 여유가 있고($g(\mathbf{x}^*) < g_0$), $x_{n+1}^* = 0$이면 최적해에서 제약이 유효하다($g(\mathbf{x}^*) = g_0$)는 말입니다. 일계조건을 다시 써보면

(1) $g(\mathbf{x}^*) < g_0$이면 $\lambda^* = 0$

(2) $g(\mathbf{x}^*) = g_0$이면 $\lambda^* \geq 0$ (즉, 만약 $\lambda^* > 0$이라면 $g(\mathbf{x}^*) = g_0$)

이 됩니다. 말로 해보면, 제약에 여유가 있을 때 라그랑지 승수의 값이 0이고, 유효할 때 라그랑지 승수의 값은 비음이며, 만약 라그랑지 승수가 양수이면 제약은 유효하다는 것입니다.

> 결과 24.2 **부등식 제약이 있는 극대화문제의 일계조건**
>
> $g(x_1, \ldots, x_n) \leq g_0$을 만족하며 $f(x_1, \ldots, x_n)$을 극대화하는 해가 $\mathbf{x}^* = (x_1^*, \ldots, x_n^*)$일 때 다음의 일계조건이 성립한다.
>
> A. (비음제약이 없는) 선택변수 관련 일계조건:
>
> $$\frac{\partial f}{\partial x_i}(\mathbf{x}^*) = \lambda^* \frac{\partial g}{\partial x_i}(\mathbf{x}^*), \quad i = 1, 2, \ldots, n$$
>
> B. 제약식 및 라그랑지 승수의 상보여유 조건:
>
> (1) 만약 $g(\mathbf{x}^*) < g_0$이면 $\lambda^* = 0$
>
> (2) 만약 $g(\mathbf{x}^*) = g_0$이면 $\lambda^* \geq 0$ [즉, (3) 만약 $\lambda^* > 0$이면 $g(\mathbf{x}^*) = g_0$]

최종적으로 [결과 24.2]에는 여유변수 x_{n+1}이 등장하지 않습니다(그 이전의 다른 결과들도 마찬가지입니다). 여유변수는 이 결과를 얻는 중간 과정에서 임시로 사용했을 뿐입니다.

24.3.2 라그랑지 승수의 값과 부등식 제약

[결과 24.2]의 상보여유 조건은 라그랑지 승수의 값의 의미를 생각하면 직관적으로 이해할 수 있습니다. 제22장에서 설명한 대로, 라그랑지 승수는 제약식 상수의 '그림자 가격', 즉 제약식 상수의 값을 아주 조금 증가시킬 때 최적화된 목적함수의 값이 얼마나 반응하는지를 나타냅니다. 예를 들어 소비자 문제에서 제약식 상수는 소비자의 '예산'이고 라그랑지 승수의 값은 예산이 늘어날 때 효용이 얼마나 늘어나는지를 나타내는 예산(화폐, 소득)의 한계효용으로 해석됩니다.

그런데 최적해에서 제약식에 여유가 있다는 것은, 즉 $g(\mathbf{x}^*) < g_0$이라는 것은 이 상태에서 g_0을 더 크게 해봤자 별 의미가 없다는 뜻입니다. 현재도 다 쓰지 않고 있는 g_0를 더 많이 받는다고 해서 달라질 것이 없습니다. 이때 [결과 24.2]의 B(1)에 따르면 $\lambda^* = 0$입니다. 즉 제약식 상수의 그림자 가격이 0입니다. 또한 $\lambda^* = 0$을 [결과 24.2]의 A 선택변수 관련 일계조건에 대입하면 $\frac{\partial f}{\partial x_i} = 0$을 얻습니다. 제약식 없는 최적화 문제의 일계조건입니다.

제약식이 유효하지 않기 때문입니다.

한편 거꾸로 최적해에서 $\lambda^* > 0$이면 제약식 상수의 값이 증가할 때 목적함숫값이 증가한다는 것으로 쉽게 말하면 제약이 어떤 '가치'를 갖는다는 것입니다. 따라서 제약식에 상수로 주어진 한계를 남기지 않고 다 써야 최적해가 됩니다. 즉 제약식이 유효하게 됩니다.

소비자문제의 예를 보면 더 쉽게 이해가 될 것입니다. λ^*는 소득의 한계효용이므로 만약 이 값이 양수이면 주어진 예산을 남기지 않고 다 쓰는 것이 효용극대화이고, 혹시 효용극대화 점에서 예산을 남겼다면 그 이유는 바로 소득의 한계효용이 $\lambda^* = 0$이기 때문일 것입니다.

예제 24.4 부등식 예산제약 하의 효용극대화

(1) 효용함수가 $U(x_1, x_2) = \ln x_1 + \ln x_2$이고 예산제약이 $p_1x_1 + p_2x_2 \leq I$일 때 소비자문제의 해를 구하시오.

예전에는 예산제약이 등식인 경우에 대해 이런 문제를 풀었습니다. 이제 [결과 24.2]를 이용해서 풀어봅시다. 우선 로그함수의 성질에 의해 정의역은 $x_1 > 0$, $x_2 > 0$이므로 선택변수의 비음조건에 대해서는 걱정할 필요가 없습니다. 라그랑지안을 $\mathscr{L}(x_1, x_2, \lambda) = U(x_1, x_2) + \lambda(I - p_1x_1 - p_2x_2)$라고 정의할 때 선택변수에 대한 일계조건은

$$\frac{1}{x_1^*} - \lambda^* p_1 = 0, \quad \frac{1}{x_2^*} - \lambda^* p_2 = 0$$

이고 이를 정리하면 $\lambda^* = \dfrac{1}{p_1x_1^*} = \dfrac{1}{p_2x_2^*} > 0$임을 바로 알 수 있습니다(가격도 양수, 수량도 양수이므로).

상보여유 조건에 따라 예산제약식이 등식으로 성립해야 합니다. 따라서 예전에 등식 예산제약에 대해 풀었던 결과가 그대로 나올 것입니다. 앞의 일계조건에서 $p_1x_1^* = p_2x_2^*$이므로 이를 등식 예산제약에 대입하면 $x_1^* = \dfrac{0.5I}{p_1}$이고 $x_2^* = \dfrac{0.5I}{p_2}$입니다. 또한 $\lambda^* = \dfrac{2}{I}$입니다.

제22장에서 설명한 대로 주어진 효용함수는 소비량이 증가할 때 효용이 언제나 증가하므로 (한계효용이 양수이므로) 효용극대화를 하려면 돈을 남기지 않습니다. 그 사실이 상보여유 조건에서 수학적으로 확인이 됩니다.

(2) 효용함수가 $U(x_1, x_2) = -(x_1 - 1)^2 - (x_2 - 2)^2$이고 예산제약이 $p_1x_1 + p_2x_2 \leq I$일 때 소비자문제의 해를 구하시오.

효용함수의 형태를 보면 $(x_1, x_2) = (1, 2)$일 때 효용이 0이고, 그 이외에는 음수입니다. 즉 아무런 제약이 없다면 $(1, 2)$가 효용극대화점입니다. [이런 $(1, 2)$를 '포만점'이라고 부릅니다.] 문제는 이 점이 예산제약을 만족하느냐가 되겠습니다. 만약 예산제약을 만족하면 즉 $p_1 + 2p_2 \le I$이면 $(1, 2)$가 해일 것이고 반대로 $p_1 + 2p_2 > I$이면 다른 점을 찾아야겠죠. 특히 $p_1 + 2p_2 < I$라면 예산제약에 여유가 있을 것입니다.

이제 이런 경제학적 직관을 상보여유 조건을 포함한 [결과 24.2]를 통해 확인합니다. A 선택변수에 대한 일계조건은

$$U_1 = \lambda^* p_1 \implies -2(x_1^* - 1) = \lambda^* p_1 \implies \lambda^* = \frac{2(1 - x_1^*)}{p_1}$$
$$U_2 = \lambda^* p_2 \implies -2(x_2^* - 2) = \lambda^* p_2 \implies \lambda^* = \frac{2(2 - x_2^*)}{p_2}$$

입니다. 한편, B 상보여유 조건 부분을 작성해보면

(1) $p_1 x_1^* + p_2 x_2^* < I$라면 $\lambda^* = 0$이므로 위의 일계조건에서 $(x_1^*, x_2^*) = (1, 2)$입니다. 앞의 가정과 맞으려면 $p_1 + 2p_2 < I$라야 합니다. 해석: 포만점 $(1, 2)$를 구입하고도 돈이 남으면 그냥 남깁니다.

(2) $p_1 x_1^* + p_2 x_2^* = I$라면 $\lambda^* \ge 0$이므로 위의 일계조건에서 $x_1^* \le 1$, $x_2^* \le 2$입니다. 역시 앞의 가정과 맞으려면 $I = p_1 x_1^* + p_2 x_2^* \le p_1 + 2p_2$라야 합니다. 해석: 효용극대화점에서 돈을 다 썼다면 포만점 지출액이 예산과 같거나 초과했고, 따라서 포만점보다 수량이 더 많지는 않습니다.

(3) $\lambda^* > 0$라면 즉 $x_1^* < 1$, $x_2^* < 2$라면 $p_1 x_1^* + p_2 x_2^* = I$입니다. 해석: 효용극대화점에서 포만점보다 수량이 적다면 (소득의 한계효용 즉 돈의 가치는 살아 있어서 돈을 더 원하는 상태이고) 현재 가진 돈은 다 쓰지 남기지 않았을 것입니다.

24.3.3 쿤-터커 조건

제약 하의 최적화 문제에서 나올 수 있는 모든 가능한 경우를 다 포함시켜서 정리한 것이 쿤-터커 조건입니다. 비음조건은 [결과 24.1]로, 부등식 제약은 [결과 24.2]로 해결이 가능합니다. 즉 쿤-터커 조건은 [결과 24.1]과 [결과 24.2]를 종합하여 정리한 것입니다.

만약 등식 제약이 있다면 예전에 공부했던 라그랑지 일계조건을 적용해도 되고, 2개의 부등식 제약으로 포함시켜도 됩니다. 즉 $g(\mathbf{x}) = g_0$라는 등식 제약은 $g(\mathbf{x}) \le g_0$과 $g(\mathbf{x}) \ge g_0$

이라는 2개의 부등식 제약이 동시에 요구되는 것과 같습니다. 따라서 등식 제약은 아래 결과에 별도로 표기하지 않습니다. 물론 $g(\mathbf{x}) \geq g_0$이라는 부등식은 다시 $-g(\mathbf{x}) \leq -g_0$으로 적으면 [결과 24.2]로 해결 가능합니다. 역시 아래 결과에 이런 경우를 별도 표기하지 않습니다. 또한 제약식이 여러 개이면 각각 라그랑지 승수를 붙여서 목적함수와 결합하면 됩니다.

마지막으로 지금까지는 극대화문제만 설명했는데, 극소화문제라면 마찬가지 방식으로 풀되, 제약의 **표준형**은 $g(\cdot) \geq g_0$로 놓습니다. 비용극소화 문제의 제약 $f(K, L) \geq q_0$를 떠올리면 기억하기 쉽습니다. 앞의 [결과 24.1]과 [결과 24.2]를 검토해볼 때, 극대와 극소의 차이가 발생하는 부분은 [결과 24.1]에만 있습니다. [결과 24.1]의 (2)에서 $\dfrac{\partial f}{\partial x_i} \leq 0$이라는 조건은 극대이기 때문에 나온 것이고, 극소화문제라면 부등호 방향이 반대로 바뀝니다. 한편 [결과 24.2]의 도출과정에는 극대, 극소 여부가 상관없습니다. 역시 편의상 최종 결과 표기에서 극소는 생략하겠습니다.

일반적 최적화 문제

다음의 일반적 최적화 문제를 고려합니다.

$$
\begin{aligned}
\max_{\mathbf{x}} f(\mathbf{x}) &= f(x_1, \ldots, x_n) \\
\text{subject to } g^1(x_1, \ldots, x_n) &\leq c_1 \\
g^2(x_1, \ldots, x_n) &\leq c_2 \\
&\cdots \\
g^m(x_1, \ldots, x_n) &\leq c_m \\
x_1 \geq 0, \quad i &= 1, \ldots, k
\end{aligned}
$$

문제에는 m개의 부등식 제약이 있고, 상수항들을 서로 구분하기 위해 c_1, …, c_m으로 표기했습니다. 한편 비음제약은 1번부터 k번까지의 변수에 적용됩니다. $k = n$이면 모든 변수에 비음제약이 적용되는 것이고, 만약 $k = 2$라면 x_1, x_2에만 비음제약이 있고 나머지 변수에는 비음제약이 없는 것입니다.

위 문제를 풀기 위해 라그랑지 함수를 다음과 같이 정의합니다.

$$
\begin{aligned}
&\mathscr{L}(x_1, \ldots, x_n, \lambda_1, \ldots, \lambda_m) \equiv \\
&\qquad f(x_1, \ldots, x_n) + \lambda_1[c_1 - g^1(x_1, \ldots, x_n)] + \cdots + \lambda_m[c_m - g^m(x_1, \ldots, x_n)]
\end{aligned}
$$

결과 24.3 **쿤-터커 조건**

라그랑지 함수의 극대해는 원래 문제의 극대해와 같으며, 이 극대해를 $\mathbf{x}^*$라 할 때 이들은 다음의 조건들을 만족한다.

a. 비음제약이 없는 선택변수들의 일계조건: $x_{k+1}, \ldots, x_n$에 대해서는

$$\mathscr{L}_i = f_i(\mathbf{x}^*) - \lambda_1^* g_i^1(\mathbf{x}^*) - \cdots - \lambda_m^* g_i^m(\mathbf{x}^*) = 0$$

b. 비음제약이 있는 선택변수들의 일계조건: $x_1, \ldots, x_k$에 대해서는

(1) $x_i^* > 0$이면 비음제약 없는 변수와 마찬가지로 $\mathscr{L}_i = 0$
(2) $x_i^* = 0$이면 $\mathscr{L}_i \leq 0$ (단, $x_i^* = 0$를 대입할 것)
(3) 만약 $\mathscr{L}_i < 0$임을 알 수 있다면 $x_i^* = 0$

c. 라그랑지 승수와 제약식에 대한 상보여유 조건:

(1) $g^j(\mathbf{x}^*) < c_j$이면 $\lambda_j^* = 0$
(2) $g^j(\mathbf{x}^*) = c_j$이면 $\lambda_j^* \geq 0$
(3) 만약 $\lambda_j^* > 0$임을 알 수 있다면 $g^j(\mathbf{x}^*) = c_j$

예제 24.5 **쿤-터커 조건**

효용함수가 $U(x, y) = \ln x + y$이고 예산제약이 $px + y \leq m$이며 $y \geq 0$일 때 효용극대화 해를 구하시오. (로그함수의 성질에 따라 $x > 0$이므로 x에는 비음제약이 따로 필요 없음)

수학적으로 이미 내부해인 x에 대해서는 $\mathscr{L}_x = \dfrac{1}{x^*} - \lambda^* p = 0$이므로 $\lambda^* = \dfrac{1}{px^*} > 0$이자 $x^* = \dfrac{1}{p\lambda^*}$입니다. $y \geq 0$이라는 비음제약을 반영하여, $\mathscr{L}_y = 1 - \lambda^* \leq 0$ 즉 $\lambda^* \geq 1$이고 만약 $y^* > 0$이면 $\lambda^* = 1$이며, $\lambda^* > 1$이면 $y^* = 0$입니다. 이미 $\lambda^* \geq 1 > 0$임을 알았으므로 예산제약은 등식으로 성립해야 합니다. 따라서 $px^* + y^* = m$입니다.

이제 해에서 중요한 가능성은 $y^* > 0$ 혹은 $y^* = 0$입니다. 먼저 $y^* > 0$이라고 해봅시다. 그렇다면 $\lambda^* = 1$이고 이를 x^* 식에 대입하면 $x^* = \dfrac{1}{p}$입니다. 이제 예산식을 이용하면 $y^* = m - 1$입니다. $y^* > 0$이 되기 위해서는 $m > 1$이어야 합니다. 그렇다면 언제 $y^* = 0$일까요? 예산식에 $y^* = 0$을 대입하면 $x^* = \dfrac{m}{p}$입니다. 일계조건의 x^* 식과 비교하면 $\lambda^* = \dfrac{1}{m}$이어야 합니다. 게다가 $y^* = 0$이면 $\lambda^* \geq 1$이어야 합니다. 즉 $m \leq 1$

인 경우입니다.

해를 정리하면 다음과 같습니다. 소비자에게 주어진 예산 m의 크기에 따라서 두 경우로 나뉩니다. 만약 $m > 1$이면 $(x^*, y^*) = \left(\frac{1}{p}, m-1\right)$이고 $m \leq 1$이면 $(x^*, y^*) = \left(\frac{m}{p}, 0\right)$입니다. 말로 하자면 소득이 상당히 적을 때 y는 아예 구매하지 않고, 대신 소득이 충분히 많으면 x는 소득 수준과는 무관하게 일정량을 구매하고 나머지는 모두 y를 구매합니다. 소득이 충분히 많은 경우 x 수요의 특징은 소득효과가 없고 가격효과만 있다는 것입니다. 이와 관련한 자세한 경제학적 의미는 미시경제이론에서 공부하시기 바랍니다.

주요 개념 및 용어

비음제약, 상보여유 조건, 쿤-터커 조건

요약

- 부등식 제약을 가진 최적화 문제는 라그랑지 방법을 확장한 쿤-터커 조건으로 풀 수 있다.
- 쿤-터커 조건은 라그랑지 함수에 대한 일계조건과 유사한데, 상보여유 조건을 포함한다.
- 상보여유란 두 가지 부등식이 동시에 성립하면서 둘 중 적어도 하나는 등식인 상황이다.
- 비음제약이 있을 때는 변숫값이 0인지와 라그랑지 일계조건의 값이 0인지 사이에 상보여유가 발생하고, 부등식 제약이 있을 때는 부등식이 유효한지와 제약식의 라그랑지 승수의 값이 0인지 사이에 상보여유가 발생한다.

연습문제

24-1 효용함수가 $U(x_1, x_2) = x_1 + x_2$ 이고 예산제약이 $p_1x_1 + p_2x_2 \leq I$ 이며, 각 변수에 비음제약이 있을 때 효용을 극대화하는 소비량을 쿤-터커 조건을 사용해서 구하시오.

24-2 앞의 [문제 24-1]에 덧붙여 x_2 의 상한이 K 이다. 즉 $0 \leq x_2 \leq K$ 이다. 효용을 극대화하는 소비량을 쿤-터커 조건을 사용해서 구하시오.

24-3 제23장의 [예제 23.1]에서 제약식을 $f(L, K) \geq 0$ 으로 바꾸어 풀어보시오.

24-4 제23장의 [예제 23.2]에서 $f(L, K) = q_0$ 은 유지하되 $K \leq K_0$ 으로 바꾸어 풀어보시오.

24-5 목적함수가 $f(x_1, x_2) = p_1x_1 + p_2x_2$, 제약식은 $u(x_1, u_2) = u_0$ 이다. 여기서 제약식에 등장하는 $u(x_1, x_2)$ 는 효용함수로 $u(x_1, x_2) = x_1x_2$ 이고, u_0 은 임의의 상수이다.

(a) $u_0 > 0$ 이라고 가정할 때, 라그랑지 방법을 사용하여 주어진 제약식을 만족하면서 목적함수를 극소화하는 해를 도출하시오. $u_0 > 0$ 이라는 가정은 라그랑지 방법 사용을 위해서 왜 중요한가 설명하시오.

(b) 제약을 $u(x_1, x_2) \geq 0$ 으로 변경할 경우 (a)의 답이 어떻게 달라질지를 쿤-터커의 상보여유조건을 사용하여 설명하시오.

Chapter 25

차분방정식과 동학분석

경제모형으로 현실을 분석할 때 우리는 종종 '시간에 따른 변화'에 관심이 있습니다. 현 상태가 균형이나 최적인 것도 중요하지만, "현 상태가 앞으로 어떻게 변할 것인가?", "현재 일어나고 있는 변화가 앞으로 어떤 결과를 가져올 것인가?" 등이 흥미로운 질문입니다. 이런 질문에 답하는 한 가지 방법은 이미 공부한 미분, 연립방정식, 음함수정리를 활용하는 **비교정학분석**입니다. 즉 외생변수의 값이 변할 때 하나의 정태적인 균형이 어떤 또 다른 정태적인 균형으로 바뀔지를 알아보는 것입니다.

한편 **동학분석**(dynamic analysis)은 옛 균형과 새 균형을 따로 떼어 비교하는 것이 아니라, 옛 균형이 어떤 과정을 거쳐서 새 균형에 도달하는지, 혹은 과연 옛 균형이 새 균형을 제대로 찾아갈 수 있는지까지도 따져보는 것을 말합니다. 이같은 분석은 국가 경제가 어떻게 성장하고 발전하는지, 또는 가계나 기업이 미래에 대비하여 어떻게 저축하고 투자하여 사본을 축적하는지 등의 문제에 적용될 수 있을 것입니다.

동학분석은 지금까지 우리가 해온 정학분석에 비해 더 까다롭고 새로운 수학적 도구들을 필요로 합니다. 경제분석을 위한 핵심 개념을 '균형'과 '최적화'라고 볼 때, 정학분석의 핵심 도구는 (연립방정식에서 균형을 찾는) **행렬대수학**과 (미분을 통해 최적해를 찾는) 라그랑지, 쿤-터커 **최적화이론**이라고 할 수 있습니다. 동학분석에서 사용되는 수학적 기법으로는 (균형을 찾아내는) **차분방정식**과 **미분방정식**, (동적인 최적해를 찾는) **동적계획법**, **최적제어이론** 등이 있습니다. 이 장에서는 동학분석의 맛보기 수준에서 가장 기초적이면서도 지금까지 공부한 내용과는 다소 생소하게 다른 차분방정식에 대해 설명하겠습니다.

25.1 동학모형: 시간의 수학적 표현

동학분석을 위한 모형의 구성에서 수학적으로 가장 먼저 할 일은 시간을 나타내는 변수를 도입하는 것입니다. 앞으로 시간은 t라는 기호를 써서 나타내겠습니다. 그렇다면 수리적 모형에서 시간을 어떤 숫자로 나타내는 것이 좋을까요? 여기서 '어떤 숫자'란 시간을 자연수로 볼 것인지, 정수로 볼 것인지, 유리수로 볼 것인지 혹은 (무리수까지도 허용한) 실수로 볼 것인지를 말합니다.[57)]

시간은 시간이지, 그것이 어떻게 자연수이거나 무리수일 수 있을까요? 시간은 사실 우리 머릿속에 존재하는 관념일 뿐이고 어떤 숫자로든 나타낼 수 있습니다. 실제로 시간은 유유히 흐른다지만, 우리는 1년을 365일로 구분하고, 1일을 24시간으로 구분합니다. 게다가 12월 31일과 1월 1일은 하루 밖에 차이가 안 나지만 연도가 달라집니다. 시간을 어떤 종류의 숫자로 파악하는가에 따라 동학모형의 모습도 달라집니다.

25.1.1 이산시간모형: 정수

가장 친숙한 수 개념인 자연수로 나타낸 시간에서 출발해봅시다. 모형에서 시간의 흐름을 나타내자면 출발점이 있어야 합니다. 그래서 자연수에다가 0이라는 숫자를 하나 보탤 필요가 있겠습니다. 0이라는 출발점에서 1단위의 시간이 지나면 $t+1$이 되고, 2단위의 시간이 지나면 $t+2$가 됩니다. 단위가 '일'이라면 1일, 2일, …인 것이고, 단위가 '년'이라면 1년, 2년 …인 것입니다. 현실에서 다루는 자료는 일정한 기간을 주기로 (즉, 연 단위, 월 단위 등등) 작성된 것이 대부분이고, 자연수 또한 우리에게 친숙한 수 개념이기 때문에 이렇게 자연수를 수로 사용하는 동학모형은 매우 자연스럽습니다.

그런데 출발점은 어차피 임의로 정한 것이고, 출발점 0보다 이전의 시간에 대해서 논할 수도 있습니다. 예를 들어, 국민계정의 실질 GDP나 인구센서스 같은 통계자료는 5년 또는 10년 단위로 작성합니다. 2010년을 기준으로 실질 GDP를 작성했다면, 2017년은 $t=7$이 되는 해일 것입니다. 하지만 2009년에 대해서 논의할 일이 생길 수도 있는데, 이때는 $t=-1$이라는 값도 필요합니다. 음수 개념은 처음 배울 때는 이상할 수 있지만, 시간의 방향이라는 관점에서 본다면 그다지 어색하지 않습니다. 그렇다면 음수를 포함한 정수 시간도 쉽게 이해되겠죠?

(참고로 정수에서 유리수, 즉 분수로 시간 개념을 확장하는 것도 필요하다면 얼마든지 할 수 있습니다. 시간을 '연도' 단위로 쓰는데, 필요에 따라서 6개월에 대해서 논할 수도 있습니다. 그렇다면 $t=1/2$이라고 하면 됩니다. 즉, 이산모형은 정수로서의 시간을 다루는데, 때에 따라서는 0과 자연수만을 쓸 수도 있고 필요하다면 분수(유리수) 개념을 사용할 수도 있습니다.)

57) 이 책에서 허수 및 복소수는 다루지 않습니다. 수의 개념, 특히 실수의 개념을 엄밀하게 따져보는 것은 수학적으로 매우 중요한 일입니다. 실해석학(real analysis)과 같은 과목에서 이를 상세하게 다룹니다. 이 책에서는 고교 수학 과정에서 소개한 수준의 수 개념을 바탕으로 설명하겠습니다.

시간 변수 t가 가질 수 있는 값의 범위를 정수들(integers), 즉 '0, 자연수 및 음의 정수'까지로 허용한 동학모형을 **이산시간모형**(discrete time model), 줄여서 **이산모형**(discrete model)이라고 부릅니다. 이산모형의 장점은 일단 이해하기 쉽고, 수에 대한 상세한 수학지식이 필요 없으며 현실 데이터에 적용하기도 편리하다는 것입니다. 한편, 커다란 단점은 우리가 지금껏 공부한 강력한 수학 도구인 미분을 사용하기 곤란하다는 것입니다. 미분을 사용하기 위해서는 극한(limit)과 매우 작은 양(미분량, differential)의 개념을 사용해야 하는데 그러려면 정수로는 부족합니다.

이산모형을 작성하고 분석하는 데에 사용되는 대표적인 도구는 차분방정식(difference equation)입니다. 이산적인 시간을 바탕으로 한 동적인 최적화문제를 푸는 데에는 동적계획법(dynamic programming)이라는 기법을 활용할 수 있습니다.

25.1.2 연속시간모형: 실수

한편 시간을 실수(real number)로 파악한다면, 이는 시간이 연속적으로 흐른다고 보는 것입니다. 이 책에서 지금까지 우리는 실수의 개념을 당연하게 사용해왔습니다. 극한과 미분을 사용하기 위해서는 실수가 필요합니다. 기초적인 경제모형들에서도 대부분 경제변수의 범위를 실수로 가정합니다. 예를 들어, 미시경제학에서 재화의 수량이나 가격은 모두 실수로 보기 때문에 나소 '비현실적'인 결과가 나오기도 합니다. 현실의 재화 수량이나 가격은 모두 자연수인데 경제모형을 풀어서 나온 수량이나 가격은 분수일 수도 있고 무리수일 수도 있는 것이죠.

그런 비현실성에도 불구하고 실수 개념을 경제모형에서 사용하는 것은 수학적인 분석이 편리하기 때문입니다. 시간을 포함한 동학모형도 마찬가지입니다. 시간을 실수로 보는 모형을 **연속시간모형**(continuous time model), 줄여서 **연속모형**(continuous model)이라고 합니다.

이산모형인 차분방정식에 대응되는 연속모형은 미분방정식(differential equation)입니다. 미분방정식을 제대로 공부하려면 다소 까다로운 수학적 논의가 필요하므로 이 책에서 자세히 다루지는 않겠습니다. 연속모형에서 동적 최적화문제의 해결을 위해서는 변분법(calculus of variations)이나 최적제어이론(optimal control theory) 같은 고급 기법을 공부해야 합니다.

25.2 차분방정식의 종류 및 주요 개념

동학모형 중 차분방정식은 시간의 흐름을 끊어서 $t = 0, 1, 2, 3, \ldots$의 값을 갖는 경우를 다루는 이산모형에 해당됩니다. 시작 시점을 $t = 0$으로, 끝나는 시점을 $t = T$라고 한다면 변수 x의 값은 $x_t = x_0, x_1, x_2, \ldots, x_T$와 같이 나타내게 됩니다. 끝나는 시점을 정하지 않고 무한정 진행할 수도 있습니다.

차분방정식(difference equation)이란 서로 다른 시점의 변숫값들 사이에 존재하는 관계를 식으로 나타낸 것입니다. 가장 간단한 경우는 다음과 같습니다.

$$x_t = ax_{t-1} + b \tag{25.1}$$

이 식을 해석하자면 $(t-1)$기의 변숫값에 a를 곱하고 거기에 b를 더하면 t기의 변숫값을 얻는다는 것이고, 이런 과정이 매기마다 반복된다는 것입니다. t가 언제이든 상관없이 매번 a가 곱해지고 b가 더해져서 다음 기 값이 결정됩니다. 즉,

$$x_{t+1} = ax_t + b = a(ax_{t-1} + b) + b = a^2 x_{t-1} + ab + b$$

가 성립합니다. 관계 식이 1차(선형)이고 (x_t나 x_{t-1}에 제곱이나 기타 조작이 없음), 시차가 1인 변수들 사이의 (즉, t와 $t-1$ 사이의) 관계를 나타낸다는 점에서 위의 (25.1) 식을 **선형일계**(linear first-order) 차분방정식이라고 부릅니다.

만약 2기 차이가 나는 변숫값들이 서로 연계된다면 이계(second-order) 차분방정식이 될 것입니다. **선형이계** 차분방정식은 다음과 같은 형태를 가집니다.

$$x_t = a_1 x_{t-1} + a_2 x_{t-2} + b \tag{25.2}$$

좀 더 복잡하게는 서로 다른 변수들 여러 개가 연관될 수도 있습니다. 예를 들어 상수항 b가 기마다 다른 값을 가지도록 외생변수로 주어져서

$$x_t = ax_{t-1} + b_{t-1}$$

과 같은 경우도 있고, 아예 2개의 내생변수들이 시차를 두고 서로 영향을 주고받는 연립방정식의 형태를 가질 수도 있겠습니다. 즉,

$$\begin{aligned} x_t &= \alpha x_{t-1} + \beta y_{t-1} \\ y_t &= \gamma x_{t-1} + \delta y_{t-1} \end{aligned} \tag{25.3}$$

도 가능합니다. 가장 단순한 선형일계 차분방정식 (25.1)을 중심으로 살펴보겠습니다.

25.2.1 선형일계 차분방정식의 예

예 25.1 $x_t = 0.5x_{t-1} + 300$

방정식에 구체적인 숫자를 넣어가며 살펴보겠습니다. 차분방정식을 분석하고 이해하려면, 방정식 하나만으로는 부족하고, 분석 시작을 위한 값이 있어야 합니다. 많은 경우 시작점인 $t = 0$에서의 값 즉 x_0을 바탕으로 계산합니다. 이를 **초깃값**(initial value) 또는 **초기조건**(initial condition)이라고 부릅니다. 사실은 초깃값 대신 마지막값이나 중간값을 주더라도 상관없습니다.

초기조건을 $x_0 = 400$이라고 해봅시다. 그렇다면 다음 기의 값은 다음과 같은 반복 계산을 통해 얻을 수 있습니다.

$$\begin{aligned} x_1 &= 0.5x_0 + 300 = 200 + 300 = 500 \\ x_2 &= 0.5x_1 + 300 = 250 + 300 = 550 \\ x_3 &= 0.5x_2 + 300 = 275 + 300 = 575 \\ x_4 &= 0.5x_3 + 300 = 287.5 + 300 = 587.5 \\ &\cdots \end{aligned}$$

계산을 계속할 수 있지만 이 정도만 봐도 어떤 경향이 짐작됩니다. 초깃값 500에서 시작하여 점점 값이 커지는데, 그 커지는 폭은 50, 25, 12.5로 줄어들고 있습니다. 이런 추세라면 어떤 값으로 점점 가까이 다가가지 않을까 추측이 됩니다. [그림 25.1]은 이 값들을 그래프로 그려본 것입니다. 600의 값을 향해 다가가는 것이 보입니다.

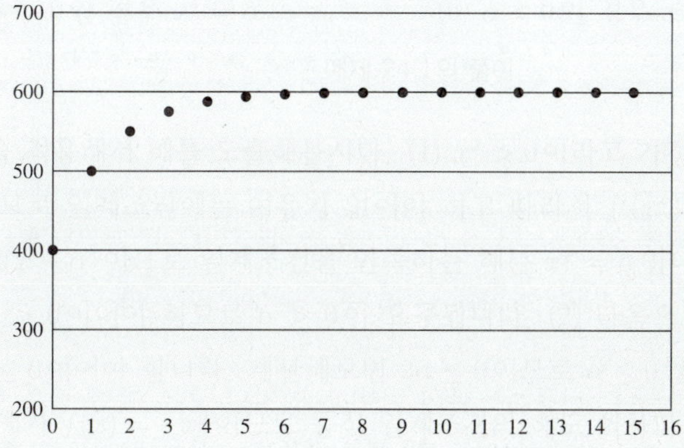

[그림 25.1] $x_t = 0.5x_{t-1} + 300$, $x_0 = 400$

예 25.2 $x_t = -0.5x_{t-1} + 300$

이번에는 앞의 예에서 계수를 음수로 바꾸었습니다. 마찬가지로 $x_0 = 400$이라는 초깃값에서 계산해봅시다.

$$
\begin{aligned}
x_1 &= -0.5x_0 + 300 = -200 + 300 = 100 \\
x_2 &= -0.5x_1 + 300 = -50 + 300 = 250 \\
x_3 &= -0.5x_2 + 300 = -125 + 300 = 175 \\
x_4 &= -0.5x_3 + 300 = -87.5 + 300 = 212.5 \\
&\dots
\end{aligned}
$$

이번 예에서는 값이 점점 커지는 것이 아니라, 400에서 100으로 떨어졌다가 250으로 올라가고 다시 175로 떨어지는 식으로 '진동'(oscillate)하고 있습니다. 변화하는 폭은 앞 예에서처럼 −300, +150, −75, +36.5, ...로 점점 작아지고 있습니다(두 예에서 모두 변화폭의 절댓값은 매번 $\frac{1}{2}$이 되고 있습니다. 바로 계수 0.5 때문입니다).

즉, t가 커짐에 따라서 변숫값은 400과 100 사이의 어떤 값으로 근접해갈 것으로 추측됩니다. [그림 25.2]는 실제로 이를 그림으로 그려본 것입니다. 그림을 보면 200쯤의 값으로 다가가고 있는 것이 보입니다.

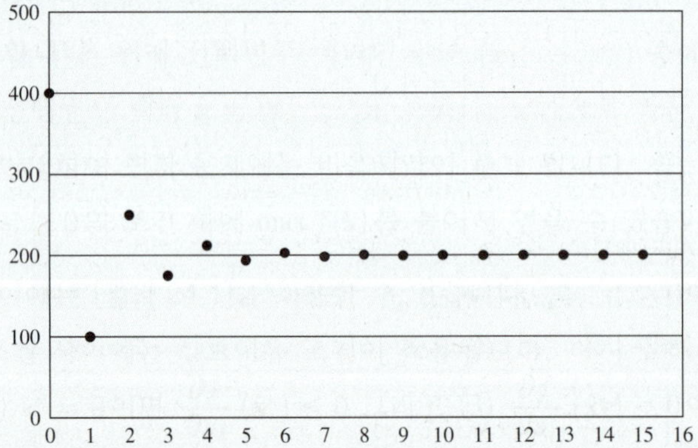

[그림 25.2] $x_t = -0.5x_{t-1} + 300$, $x_0 = 400$

두 예는 계속 증가하느냐, 진동하느냐의 차이는 있지만 모두 어떤 점을 향해 다가간다(수렴, converge)는 점에서는 비슷합니다. 한 차분방정식이 나타내는 동학 과정은 [예 25.1]처럼 일관되게 수렴할 수도 있고, [예 25.2]처럼 진동하면서 수렴할 수도 있지만, 일관되게 발산하거나 진동하면서 발산하는 등 여러 가능성이 있습니다. 동학 과정의 다양한 성질을 논하기 위해서 몇 가지 개념이 필요합니다.

25.2.2 정상상태, 안정성

시간이 지남에 따라 변수의 값이 수렴한다면, 목푯값에 도달한 후에는 더 이상 변화가 없을 것입니다. 앞의 [그림 25.1]을 보면 600을 향해서 다가가는 것으로 보이는데, 실제로 어떤 t에서 $x_t = 600$이 되면, 그다음 기의 값은 $x_{t+1} = 0.5 \times 600 + 300 = 600$이 되어 같은 값 600에 머무릅니다. 물론 그다음 기에도 여전히 600에 머무를 것입니다. 즉, 수렴하는 경우 목푯값인 600에 도달한다면 더 이상의 변화가 없을 것입니다.

600이라고 짐작하여 대입했더니 이 값이 수렴하는 값이라는 것을 알았습니다. 하지만 처음부터 600이라는 값을 어떻게 알아낼 수 있을까요? 만약 $x_t = x^*$라는 값에 도달한 다음 더 이상의 변화가 없다면 $x_{t+1} = x_t = x^*$가 성립해야 합니다. 따라서 $x_{t+1} = 0.5x_t + 300 = 0.5x^* + 300 = x^*$가 되어야 하고, 이 식을 만족하는 값은 $x^* = 600$임을 알 수 있습니다.

[예 25.2]에서도 마찬가지입니다. $x_{t+1} = -0.5x_t + 300 = -0.5x^* + 300 = x^*$가 성립하려면 $x^* = 200$이면 됩니다. 앞의 계산에서는 수렴 값이 일단 100과 400 사이일 것으로 알 수 있었고 그림에서 대충 200으로 수렴하는 것으로 짐작이 되었습니다. 여기서 계산하니 200이 맞습니다.

정리하면, 식 (25.1)과 같은 선형일계 차분방정식의 경우에 $x^* = ax^* + b$의 식을 만족하는 x^*가 존재한다면, 그리고 x_t의 값이 x^*에 어떻게든 한 번 도달한다면 그 이후로는 항상 x^*에 머물러 있을 것입니다. 이런 값을 **정상상태**(steady state 또는 stationary state)라고 부릅니다. 차분방정식 (25.1)에 대해서 그 값을 계산해보면

$$\text{[정상상태]} \quad x^* = \frac{b}{1-a} \tag{25.4}$$

입니다. 물론 이 식이 수학적으로 말이 되려면 $a \neq 1$이 성립해야 합니다.

$a = 1$이면 차분방정식에 정상상태가 없을 수도 있습니다. $x_{t+1} = x_t + b$라고 써놓고 보면 $b \neq 0$일 때 정상상태는 존재하지 않습니다. 계속해서 값이 증가하거나($b > 0$), 감소하기($b < 0$) 때문입니다. $b = 0$이라면 변숫값에 아무런 변화가 없습니다. 따라서 선형일계 차분방정식에서 $a = 1$인 경우는 별로 흥미롭지 않습니다.

한편 $a \neq 1$라고 해서 결론이 간단한 것은 아닙니다. 정상상태의 값은 (25.4) 식으로 계산할 수 있지만, 실제로 초깃값을 주었을 경우 그 정상상태를 향해 수렴할 것인가의 질문이 남아 있습니다. 이것이 **안정성**(stability)의 질문입니다. 이 모형이 안정적이려면 $|a| < 1$이라는 조건이 요구됩니다(두 예는 모두 이 조건을 만족했습니다). 다음 절에서 이에 대해 더 자세히 알아보겠습니다.

25.3 차분방정식 모형의 해와 안정성

차분방정식의 해란 주어진 식을 만족하는 x_t들 전체를 말합니다. 즉, 해를 구한다는 것은 $x_1, x_2, x_3, x_4, \ldots$를 모두 알아낸다는 것입니다. 임의의 t에 대해서 x_t의 값을 알아야 하고, 이는 결국 t의 함수의 형태를 갖게 됩니다.

경제모형의 해는 (내생변수의 값을) 외생변수만의 함수로 나타낸 것이어야 합니다. 차분방정식 모형에서 외생변수에는 (i) 시간 t와 (ii) 모형에 들어있는 계수나 상수의 값들(a, b 등) 그리고 (iii) 초깃값(x_0)이나 그 외 시점의 값들이 있습니다.

이를 기억하면서 선형일계 차분방정식 (25.1)의 일반 해를 도출해보겠습니다. 이 해를 얻는 가장 직관적인 방법은 앞의 예들에서처럼 방정식을 차례대로 반복해서 풀어보는 것입니다. 즉 방정식이 t기의 값을 $(t-1)$기의 값으로 나타내고 있으므로 이를 $(t-2)$기의 값으로 바꾸고 이를 다시 $(t-3)$기 값으로 바꾸는 식으로 반복하여 초깃값이 나올 때까지 풀면 됩니다. 다음과 같습니다.

$$x_t = ax_{t-1} + b = a(ax_{t-2} + b) + b = \cdots = a^t x_0 + (a^{t-1} + \cdots + a^2 + a + 1)b \qquad (25.5)$$

위 식의 일부인 $(a^{t-1} + \cdots + a^2 + a + 1)$은 급수(수열의 합)의 계산 공식을 사용해서 쉽게 단순화할 수 있습니다. 먼저 $S = 1 + a + a^2 + \cdots + a^{t-1}$이라고 정의하고 이 식의 양변에 동일한 수 a를 곱해줍니다. 그렇다면

$$aS = a(1 + a + a^2 + \cdots + a^{t-1}) = \underbrace{a + a^2 + \cdots + a^{t-1}}_{=S-1} + a^t = (S-1) + a^t$$

가 되고 따라서

$$S - aS = 1 - a^t \implies (1-a)S = 1 - a^t \implies S = \frac{1-a^t}{1-a}$$

가 됩니다. 이렇게 구한 S의 값을 위의 (25.5)의 마지막 부분에 대입하면 선형일계 차분방정식 (25.1)의 일반 해를 공식으로 도출하게 됩니다.

$$x_t = a^t x_0 + \frac{1-a^t}{1-a} b \qquad (25.6)$$

식 (25.6)은 t시점에서의 내생변숫값 x_t를 외생변수인 t, a, b, x_0의 함수로 나타내고 있습니다. 해의 성질을 이해하려면 외생변수에 대해 분석을 해보면 됩니다. 즉 외생변숫값이 변할 때 어떤 변화가 있는지를 보는 것입니다. 초깃값 x_0이 변할 때의 효과는 간단합니다. $a > 0$이라면 초깃값이 커질 때 x_t의 값도 모두 커집니다. 한편, a나 b가 변할 때 어떤 일

이 일어나는지에는 다양한 경우가 있습니다.

25.3.1 $b = 0$인 경우

먼저 좀 더 간단한 경우로 $b = 0$일 때를 생각해봅시다. 즉 $x_t = ax_{t-1}$이 방정식이라면 그 해는 $x_t = a^t x_0$입니다. 이제 a의 값에 따라서 해의 성질은 다음과 같습니다.

(1) $a > 1$이면 $a^t \to \infty$이므로 x_t도 무한대로 발산합니다. 그림으로 표현하면 밑수가 1보다 큰 증가하는 지수함수의 그래프입니다.

(2) $a = 1$이면 $a^t = 1$이고 $x_t = x_{t-1} = \cdots = x_0$입니다. 계속 같은 값에 머물러 있으므로 별로 분석할 가치가 없습니다.

(3) $0 < a < 1$이면 $a^t \to 0$이므로 x_t는 0으로 수렴합니다. 밑수가 1보다 작은 감소하는 지수함수의 그래프입니다.

(4) $-1 < a < 0$이면 (3)과 달리 진동합니다(t가 짝수면 +, 홀수면 −). 하지만 결국 0으로 수렴하는 것은 (3)과 마찬가지입니다. a의 절댓값이 1보다 작으면 수렴합니다.

(5) $a = -1$이면 값은 x_0과 $-x_0$사이를 진동합니다. 수렴하지 않습니다.

(6) $a < -1$이면 진동하면서 발산합니다.

정리하면, $|a| > 1$이면 발산, $|a| < 1$이면 수렴합니다. $a = 1$이면 변화가 없으며 그냥 수렴으로 취급할 수도 있습니다. $a = -1$이면 두 값 사이에 진동하며 수렴하지 않습니다.

25.3.2 $b \neq 0$인 경우

일반적인 경우인 $x_t = ax_{t-1} + b$의 해는 이미 도출한 (25.6) 식과 같습니다.

$$x_t = a^t x_0 + \frac{1 - a^t}{1 - a} b \equiv A(t) + B(t)$$

해의 두 항을 각각 $A(t)$, $B(t)$로 적어보면, $A(t)$의 형태는 이미 앞 소절에서 본 것과 같습니다. [그림 25.3]에 개괄적인 형태가 그려져 있습니다.[58)]

58) t는 정수의 값만을 가지므로 정확하게 그림을 그리자면 점들을 찍어야 맞지만, 개괄적인 형태를 보기 위해서 연속적인 함수인 것처럼 그렸습니다.

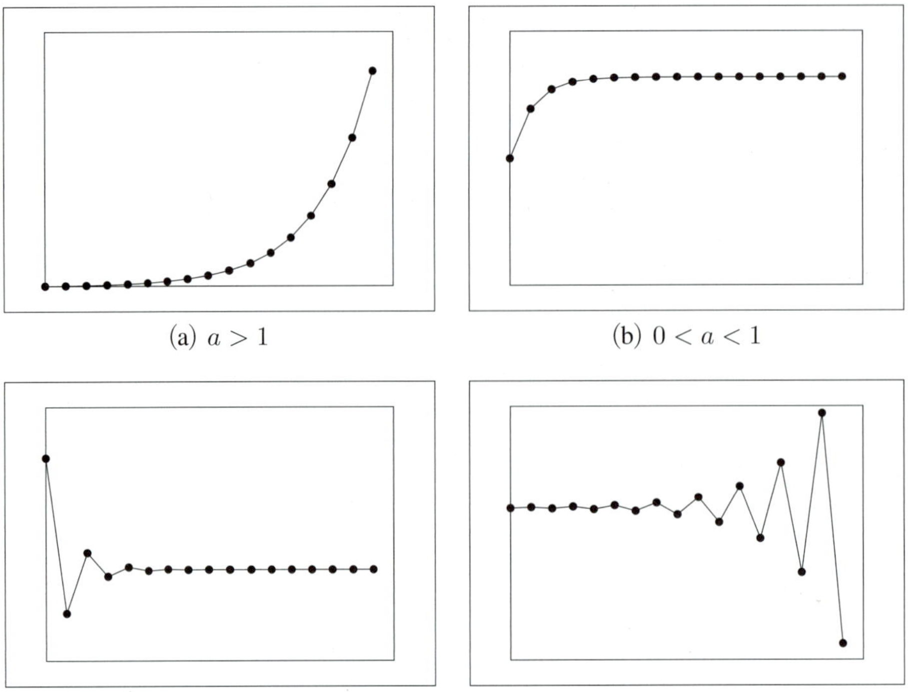

(a) $a > 1$ (b) $0 < a < 1$ (c) $-1 < a < 0$ (d) $a < -1$

[그림 25.3] $x_t = ax_{t-1} + b$, $b > 0$일 때 시간(t)에 따른 x_t의 변화

(1) $a > 1$이면 $A(t)$는 무한대로 발산하고 $B(t)$ 또한 수렴하지 않습니다. b앞의 계수는 양수(+)이므로 b또한 양수라면 확실히 무한대로 발산하고, b가 음수라면 $\infty - \infty$의 형태가 되어 값을 특정할 수 없습니다.

(2) $a = 1$이면 $B(t)$식에서 분모가 0이 되어 위 공식을 적용할 수 없습니다. 직접 계산해보면 x_0, $x_0 + b$, $x_0 + 2b$, $\ldots$로 b가 양수이면 무한대로, b가 음수이면 음의 무한대로 발산합니다.

(3) $0 < a < 1$이면 $A(t)$는 0으로 수렴하고, $B(t)$는 $\dfrac{b}{1-a}$로 수렴하므로 해의 값 또한 $\dfrac{b}{1-a}$로 수렴합니다.

(4) $-1 < a < 0$이면 진동한다는 점을 제외하고 (3)과 같습니다.

(5) $a = -1$이면 값은 x_0과 $-x_0 + b$ 사이를 진동합니다. 수렴하지 않습니다.

(6) $a < -1$이면 역시 진동하면서 발산합니다.

정리하면, 역시 $|a| < 1$일 때 수렴합니다. 수식으로 수렴 값을 계산해보면

$$x^* = \lim_{t\to\infty} x_t = \lim_{t\to\infty} \left(a^t x_0 + \frac{1-a^t}{1-a} b \right) = 0 + \frac{1-0}{1-a} b = \frac{b}{1-a}$$

가 되어 앞에서 계산했던 정상상태 식 (25.4)와 같습니다.

정상상태 값 x^*를 이용하면 해 (25.6)과 수렴 과정에 대해 또 다른 직관적인 관찰이 가능합니다.

$$x_t = a^t x_0 + (1-a^t)\frac{b}{1-a} = a^t x_0 + (1-a^t)x^* \tag{25.7}$$

식에서 x_0은 출발점이고 x^*는 종착점입니다. 식 (25.7)은 x_t가 출발점과 종착점 사이의 어디쯤 위치하는지를 보여줍니다. 만약 a^t의 값이 1과 비슷하면 출발점인 x_0에 가깝고, a^t의 값이 작아질수록 종착점에 더 가깝습니다. $0 < a < 1$이면 시간의 흐름에 따라 a^t의 값이 점점 작아집니다. 즉 변숫값 x_t가 순조롭게 종착점을 향해 다가갑니다.[59)]

25.4 상도표

동학분석을 위해 실제 해를 구해서 그 성질을 살펴보는 것도 물론 좋지만, 해의 전반적인 분위기 파악을 위해서 상도표라는 도구를 활용할 수 있습니다. 실제 해를 구하는 것이 번거롭거나, 해의 구체적인 공식보다 전반적인 성질을 아는 것이 더 중요할 때 쓸모있는 방법입니다.

차분방정식에서 **상도표**(phase diagram)란 간단하게 말해서 x_{t-1}의 값을 가로축에, x_t의 값을 세로축에 놓고 두 변수 사이의 관계를 그래프로 표현한 것입니다. 즉 x_{t-1}을 독립변수로, x_t를 종속변수로 본 채 그래프를 그린 것입니다.

상도표의 분석을 위해서는 이런 (x_{t-1}, x_t) 평면상에 45도 직선을 그려 넣습니다. 45도 직선이면 $x_t = x_{t-1}$이 성립하는 곳이므로, $(t-1)$기와 t기 사이에 값의 변화가 없는 상태, 즉 정상상태를 찾아내는 도구가 됩니다. $x_{t-1} = X$, $x_t = Y$라고 해보면 선형일계 차분방정식은 $Y = aX + b$라는 직선 방정식입니다. 이 직선과 앞서 그린 45도 직선이 만나는 점이 주어진 차분방정식의 정상상태입니다. 또한 상도표를 잘 해석하면, 동학 과정에 따라 정상상태에 도달하는지를 알아낼 수 있습니다. [그림 25.4]를 통해 설명해보겠습니다.

[그림 25.4(a)]는 $0 < a < 1$이므로 수렴하는 경우임을 이미 알고 있습니다. 그림에서 수렴 과정을 읽는 방법은 다음과 같습니다. 가로축에 출발점의 값 x_0을 표시합니다. 이 점에서

59) 식 (25.7)을 또 다른 방식으로 정리해보면, $x_t - x^* = a^t x_0 - a^t x^* = a^t(x_0 - x^*)$입니다. 좌변은 (최종 목표인) x^*와 x_t 사이의 거리를 나타내고, 우변에서 괄호 속에 든 부분은 초깃값과 정상상태 사이의 거리를 나타냅니다. 그 앞에 곱해진 a^t는 만약 $|a| < 1$이라면 시간의 흐름에 따라 값이 점점 작아지기 때문에, 결국 정상상태로부터의 거리가 점점 좁혀지는 것입니다.

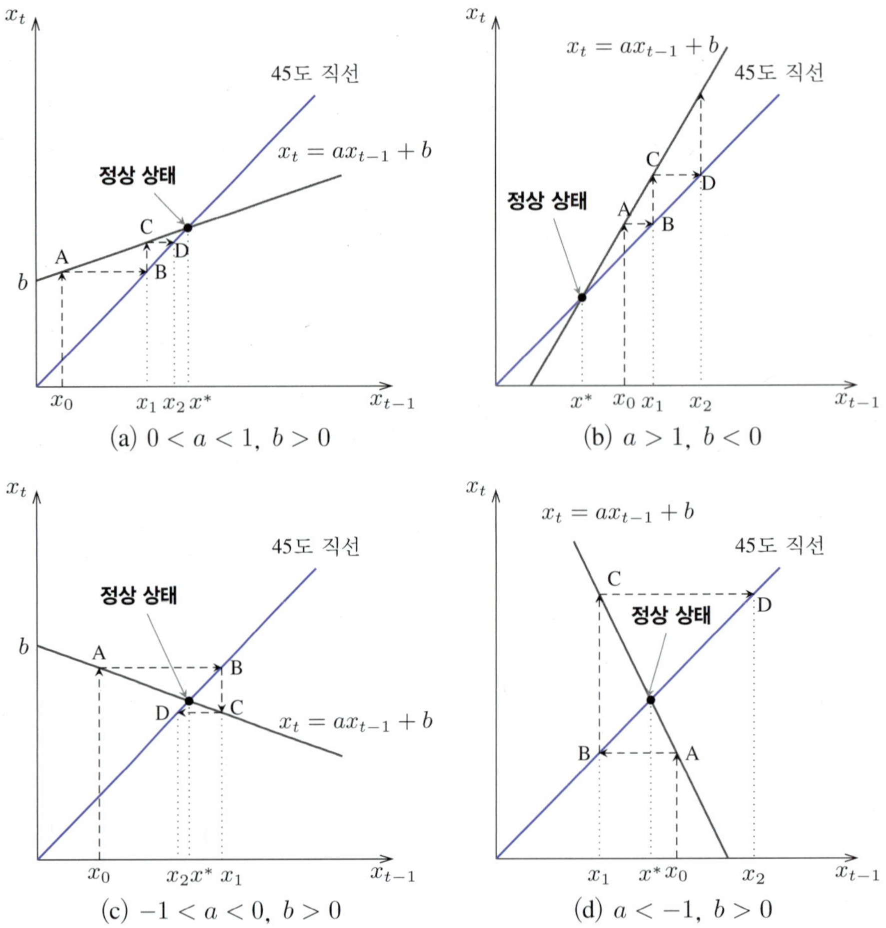

[그림 25.4] 상도표의 분석

수직선을 올려서 차분방정식을 나타내는 직선과 만나는 점을 찾습니다. 그림에 A로 표시되어 있습니다. A의 높이가 곧 $x_1 = ax_0 + b$입니다. 점 A에서 수평선을 그어 45도 직선과 만나는 점을 찾습니다. 그림의 B입니다. 45도 직선 위에 있기 때문에 점 B의 가로축 좌표는 세로축 좌표와 일치하는 x_1입니다. x_0에서 출발해서 점 A, B를 통해 x_1의 값을 가로축에 표시하는 데에 성공했습니다. 이제 이 과정을 반복합니다. 즉, x_1에서 수직으로 올려 차분방정식 선과 만나는 점 C의 높이는 x_2이고 점 C에서 수평선을 그려 45도 직선과 만나는 점 D를 통해 가로축에 x_2를 표시했습니다. 그림에는 여기까지 그려져 있지만 마찬가지로 반복하다보면 결국 정상상태인 x^*를 향해 수렴함을 알 수 있습니다. 또한 그림에는 x_0의 위치가 정상상태의 왼쪽이지만, 오른쪽에서 출발하더라도 마찬가지로 정상상태로 수렴할 것입니다.

그림 (b)는 $a > 1$이므로 수렴하지 않고 발산하는 경우입니다. 편의상 $b < 0$를 가정해서

그렸습니다(만약 $b > 0$라면 차분방정식 선이 45도 직선과 만나는 곳이 1사분면이 아닙니다). 이번에는 점 A, B, C, D를 거치면서 정상상태에 가까워지는 것이 아니라 점점 멀어지는 것을 알 수 있습니다.

그림 (c)는 $-1 < a < 0$이므로 진동하면서 수렴하는 경우입니다. 정상상태의 왼쪽과 오른쪽으로 번갈아가면서 움직이되 점점 거리가 가까워짐이 보입니다. 마지막으로 그림 (d)는 $a < -1$이므로 진동하며 발산하는 경우입니다.

일계 차분방정식은 단순하기 때문에 짧은 지면을 통해 간단하게 설명할 수 있었습니다. 이계 이상으로 넘어가면 훨씬 복잡한 방식의 풀이가 필요합니다. 풀이 방법 자체는 잘 알려져 있으므로, 관심 있는 분들은 고급 교재를 참고하기 바랍니다(이 장의 부록에 선형이계 방정식에 대한 간단한 설명이 있습니다). 거기에다가 차분방정식이 여러 개로 구성된 연립방정식 모형은 행렬대수의 기법까지 보태서 분석해야 합니다.

25.5 미분방정식

차분방정식은 가장 단순한 동학분석 도구입니다. 차분방정식을 통해 우리는 이산시간모형의 장기적인 모습(정상상태)과 그에 대한 도달가능성(안정성, 수렴)을 분석할 수 있습니다. 방정식을 푸는 것이 어렵다라도 상도표를 잘 그리면 충분히 분석이 가능합니다. 그런데 시간을 연속적인 것으로 가정하면 오히려 모형이 더 단순해지는 경우도 있습니다. 차분방정식을 연속시간모형으로 확장한 것을 **미분방정식**(differential equation)이라고 합니다. 미분방정식이란 어떤 함수의 도함수가 포함된 방정식이며 해는 그 방정식을 만족하는 함수입니다.

미분방정식은 방정식의 해가 '함수'라는 점에서 함수방정식의 한 예입니다. 차분방정식도 x_t의 일반형을 시간 t의 함수로 찾아낸다는 점에서 함수방정식입니다. 가장 간단한 미분방정식은 바로 적분 문제입니다. $F(x)$가 $f(x)$의 역도함수라면, 즉

$$\int f(x)\,dx = F(x) + C$$

라면, 이때 역도함수 $y = F(x)$는

$$\frac{dy}{dx} = f(x)$$

라는 미분방정식의 해입니다. 다시 말해서, 미분방정식을 푸는 과정은 기본적으로 적분입니다. 차분방정식과 미분방정식 사이의 연계, 그리고 선형일계 미분방정식의 간단한 풀이

예에 대해서는 이 장의 부록을 참고할 수 있습니다.

주요 개념 및 용어

이산시간모형, 연속시간모형, 차분방정식, 정상상태, 안정성, 상도표

요약

- 차분방정식은 시간의 흐름을 정수를 사용하여 나타낸 이산시간모형이다
- 선형일계 차분방정식 $x_t = ax_{t-1} + b$는 계수의 절댓값 $|a|$가 1보다 작으면 정상상태에 수렴하며, 이를 안정적이라고 한다
- 간단한 차분방정식은 정상상태 및 수렴 여부를 공식으로 판단할 수 있고, 상도표를 사용하면 좀 더 복잡한 경우에도 안정성 판단이 가능하다.

연습문제

25-1 다음 차분방정식의 정상상태 값을 찾고, 안정성을 논하시오.

(a) $x_t = \frac{5}{6}x_{t-1} + 30,\ x_0 = 100$

(b) $y_t = -\frac{1}{4}y_{t-1} + 4,\ y_0 = 50$

(c) $z_{t+1} = 0.3z_t - 100,\ z_0 = 125$

(d) $u_{t-1} = -u_{t-2} + 10,\ u_0 = 30$

(e) $3v_{t+1} - 2v_t = 1,\ v_0 = 0$

25-2 다음 차분방정식에 대해 상도표를 통해 정상상태 값을 찾고 수렴 여부를 판단하시오. 단, 초깃값은 모두 $x_0 = 15$이다.

(a) $x_t = -\frac{1}{3}x_{t-1} + 10$

(b) $x_t = \frac{1}{4}x_{t-1} + 5$

(c) $x_t = -\frac{3}{2}x_{t-1} + 15$

(d) $x_t = 5x_{t-1} - 5$

25-3 재화시장만으로 된 간단한 거시경제 모형에 동적 요소를 추가해보자. 각 변숫값은 해당 연도 t로 표시된다. 먼저 재화시장균형 조건에 따라 $Y_t = C_t + G_0$이다. 여기서 Y는 총공급(GDP)이자 소득, C는 가계의 소비이고, 외생변수인 G_0은 정부지출이다. 한편, 소비는 현재 소득과 과거(1년 전) 소득의 가중치에 영향을 받는다. 즉

$$C_t = a + b(\lambda Y_t + (1 - \lambda)Y_{t-1})$$

이고 여기서 $0 < \lambda < 1$은 현재(같은 해) 소득에 부여되는 가중치이다. 또한 $a > 0$, $0 < b < 1$이다. 이때 균형국민소득 Y_t가 만족하는 차분방정식을 작성하고 그 정상상태를 구하시오. 차분방정식은 정상상태로 수렴하는가? 외생변수인 정부지출의 변화에 대해 정상상태 값은 어떻게 반응하는가?

25-4 뜨거운 사막 한가운데에 10ℓ의 물이 들어있는 어항이 오늘 설치되었다. 내리쬐는 햇볕 때문에 들어있는 물의 절반이 매일 증발해버린다. 어항 물이 바닥나는 것을 막기 위해 매일 아침 일꾼이 같은 양인 b리터의 물을 어항에 부을 예정이다. t일이 지난 후 어항에 남아 있는 물의 양을 x_t라 하고 오늘을 $t=0$이라 하면, $x_0=10$이고

$$x_t = 0.5x_{t-1} + b$$

이다.

(a) 10ℓ의 물을 그대로 유지하기 위해서 매일 부어야 하는 물의 양 b는 얼마인가? (차분방정식을 쓰지 않더라도 상식적인 수준에서 풀이가 가능함)

(b) 어항이 담을 수 있는 최대 용량이 20ℓ다. 어항이 넘치지 않으려면 매일 붓는 양 b는 얼마 이하여야 하는가?

(c) 위 차분방정식의 정상상태를 x^*라 할 때, 이에 도달하는 과정이 안정적인지를 상도표를 그려 논하시오.

Chapter 25A

부록

25A.1 선형이계 차분방정식의 해법

본문의 식 (25.2) $x_t = a_1 x_{t-1} + a_2 x_{t-2} + b$를 풀기 위해서는 조금 복잡한 과정이 필요합니다. 우선 1개가 아니라 2개의 초깃값이 필요합니다. x_0만 주어서는 1기 값이 결정되지 않습니다. x_1의 값도 지정해주어야 비로소 x_2의 값을 계산할 수 있습니다. 물론 꼭 (x_0, x_1)의 값을 지정해야 하는 것은 아니고, 어디든 2개의 시점에 값을 지정해주면 됩니다. 보통 (x_0, x_1)을 지정하거나, (x_0, x_T)를 지정할 수 있습니다(여기서 T는 마지막 기를 가리킵니다).

일계 방정식에서와 마찬가지로 정상상태가 무엇인지 봅시다. 정상상태란 그 값에 도달하면 다음 기로 넘어가더라도 값이 변하지 않는 값입니다. 그런데 이계 차분방정식에서는 한 기의 값을 알기 위해서 지난 2기의 값이 필요하므로, $x_t = x^*$에 도달한 것만으로는 부족하고 $x_{t+1} = x^*$에도 도달했을 때 비로소 그다음부터는 계속 같은 값 $x_{t+2} = x_{t+1} = \cdots = x^*$가 이어질 것입니다. 즉, 정상상태를 결정하는 식은

$$x^* = a_1 x^* + a_2 x^* + b \tag{25A.1}$$

가 될 것입니다. 식 (25A.1)을 풀어서 정상상태 값을 계산해보면

$$x^* = \frac{b}{1-(a_1+a_2)} \tag{25A.2}$$

가 됩니다. 물론 이 $a_1 + a_2 \neq 1$라는 조건이 성립해야 식 (25A.2)가 의미 있습니다.

$b = 0$인 경우

우선 $b = 0$인 경우를 고려해보겠습니다. 즉

$$x_t = a_1 x_{t-1} + a_2 x_{t-2} \tag{25A.3}$$

이고 x_0와 x_1이 어떤 값으로 정해져 있습니다.

예 25A.1 선형이계 차분방정식

기호를 사용한 계산 과정이 조금 번거롭기 때문에 구체적인 예를 풀어보겠습니다.

$$x_t = \frac{1}{2}x_{t-1} + \frac{1}{4}x_{t-2} \tag{25A.4}$$

일반 해를 아직 공부하지 않았지만, 일계 방정식에서 계수의 절댓값이 1보다 작으면 안정적이라는 것을 보았고 계수의 합이 1이 아니어야 정상상태가 정의되므로 적당히 작은 값들을 주었습니다. 해석해보자면, 2기 전의 값은 1/4만큼 반영되고 1기 전의 값은 1/2만큼 반영되어 좀 더 가까운 과거로부터 더 많이 영향을 받도록 되어 있습니다.

만약 $x_0 = x_1 = 1$로 출발한다면 $x_2 = \frac{3}{4}$, $x_3 = \frac{5}{8}$, $x_4 = \frac{8}{16}$, $x_5 = \frac{13}{32}$, $\ldots$가 됩니다. 숫자가 점점 작아지고 있죠? 이전 기의 값을 절반으로 깎고, 그 전 기의 값은 1/4로 깎아서 더하니까 결국 초깃값들을 계속 깎아내리고 있는 상황입니다. 이 방정식의 정상상태는 0입니다. 계수의 합도 1보다 작으므로 결국 0으로 수렴하지 않을까 추측할 수 있습니다. $t = 15$까지 계산하여 그림으로 그려보니 [그림 25A.1]과 같습니다.

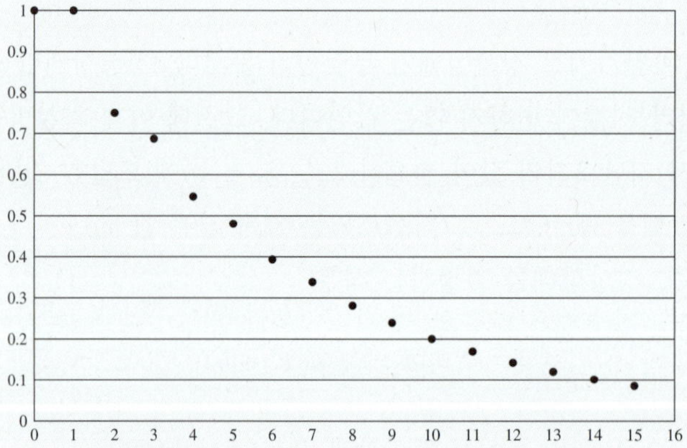

[그림 25A.1] $x_t = \frac{1}{2}x_{t-1} + \frac{1}{4}x_{t-2}$, $x_0 = x_1 = 1$

예상대로 0을 향해서 값이 줄어들 뿐 아니라, 그래프의 모양이 비교적 깔끔하게 지수함수와 유사한 형태를 보입니다. 여기서 과감하게 추측으로 해의 형태가

$$x_t = A^t \tag{25A.5}$$

라고 해봅시다(일계 차분방정식의 일반해가 $x_t = a^t x_0$의 형태인 것에서 착안했습니다). 식에서 A는 어떤 상수입니다. 즉 그림이 어떤 밑수 A에 대한 지수함수 $f(t) = A^t$의 그래프라고 추측한 것입니다. 이제 이 A의 값을 찾아내면 차분방정식의 해를 얻었다고 할

수 있습니다. 그래서 원래 방정식인 (25A.4)에 (25A.5)를 한번 대입해보겠습니다.

$$A^t = \frac{1}{2}A^{t-1} + \frac{1}{4}A^{t-2}$$

가 되고, $A \neq 0$이라는 전제 하에 식의 양변을 A^{t-2}로 나누어주면

$$A^2 = \frac{1}{2}A + \frac{1}{4} \implies A^2 - \frac{1}{2}A - \frac{1}{4} = 0$$

이라는 이차방정식을 얻습니다. 이차방정식의 "근의 공식"을 사용해서 풀어보면

$$A = \frac{1 \pm \sqrt{5}}{4} \implies A_1 = \frac{1+\sqrt{5}}{4}, A_2 = \frac{1-\sqrt{5}}{4}$$

로 2개의 값이 있습니다. 둘 중 어느 값을 택해야 할까요? 둘 중 어느 하나를 특별히 택할 근거가 별로 없습니다. 둘 중 어느 것을 쓰더라도 차분방정식의 해가 맞습니다. 심지어는 두 값을 동시에 쓸 수도 있습니다. 즉,

$$x_t = c_1 A_1^t + c_2 A_2^t = c_1 \left(\frac{1+\sqrt{5}}{4}\right)^t + c_2 \left(\frac{1-\sqrt{5}}{4}\right)^t \tag{25A.6}$$

이 차분방정식 (25A.3)의 일반해입니다. 여기서 계수 c_1, c_2의 값은 초기조건에 따라 결정됩니다. 즉, (25A.6)이 성립할 때

$$\begin{aligned} x_0 &= c_1 + c_2 \\ x_1 &= c_1 A_1 + c_2 A_2 \end{aligned}$$

이므로 위 식을 c_1, c_2를 미지수로 하는 이원일차 연립방정식으로 보고 푼다면

$$\begin{aligned} &\begin{pmatrix} 1 & 1 \\ A_1 & A_2 \end{pmatrix} \begin{pmatrix} c_1 \\ c_2 \end{pmatrix} = \begin{pmatrix} x_0 \\ x_1 \end{pmatrix} \\ &\qquad \implies \begin{pmatrix} c_1 \\ c_2 \end{pmatrix} = \frac{1}{A_2 - A_1} \begin{pmatrix} A_2 & -1 \\ -A_1 & 1 \end{pmatrix} \begin{pmatrix} x_0 \\ x_1 \end{pmatrix} = \frac{1}{A_2 - A_1} \begin{pmatrix} A_2 x_0 - x_1 \\ -A_1 x_0 + x_1 \end{pmatrix} \end{aligned}$$

입니다. 이렇게 구한 (c_1, c_2)의 값을 (25A.6)에 대입하면 초기조건까지 반영한 일반해입니다.

[예 25A.1]을 풀이한 방식은 식 (25A.3)의 일반적인 경우에 비슷하게 적용될 수 있습니다. 간략하게 요약해 보자면, 일단 $x_t = A^t$의 형태가 답이라고 "추측"한 후 이를 방정식에 대

입하여

$$A^t = a_1 A^{t-1} + a_2 A^{t-2} \Longrightarrow A^2 = a_1 A + a_2 \Longrightarrow A^2 - a_1 A - a_2 = 0$$

이라는 A의 이차방정식을 얻습니다. 이차방정식을 풀면 (판별식의 값이 양수일 때), 실수해가 2개 나올 것입니다. 이를 A_1, A_2라고 하면 차분방정식 (25A.3)의 일반해는 $x_t = c_1 A_1^t + c_2 A_2^t$의 형태를 가지게 되고, c_1, c_2의 값은 초기조건 x_0, x_1의 값으로 다시 풀어서 구할 수 있습니다.

주의사항

방금 요약한 절차를 적용하려면, 이차방정식 $A^2 - a_1 A - a_2 = 0$의 판별식, 즉 $D = a_1^2 - 4(-a_2) = a_1^2 + 4a_2$의 값이 양수(+)이어야 합니다. [**예제** 25A.1]에서는 $a_2 = \frac{1}{4} > 0$이었기 때문에 이 조건이 만족되었습니다. 하지만 만약 $a_2 < 0$이라면 판별식 D의 값은 0이거나 음수일 수 있습니다. 그렇다면 이차방정식 $A^2 - a_1 A - a_2 = 0$은 실수 해를 1개만 가지거나, 아예 실수 해를 갖지 않게 됩니다. 이런 경우에도 각각의 일반적인 풀이법이 있습니다. 자세한 설명은 생략하고 결과만 알려드리면,

(1) $D = a_1^2 + 4a_2 = 0$인 경우, $A^2 - a_1 A - a_2 = 0$은 해 1개를 가집니다. 이를 A라고 부른다면, 차분방정식의 일반해는 $x_t = (c_1 + c_2 t)A^t$의 형태를 갖게 됩니다. 물론 c_1, c_2는 초기조건을 이용해서 구합니다.

(2) $D = a_1^2 + 4a_2 < 0$인 경우, $A^2 - a_1 A - a_2 = 0$은 실수 해를 갖지 않습니다. 허수가 포함된 복소수 해가 2개 나옵니다. 복소수를 밑수로 하는 지수함수는 다시 삼각함수(사인, 코사인)를 사용해서 전개할 수 있기 때문에 일반해는 삼각함수를 사용해서 나타낼 수 있습니다. 삼각함수의 그래프 모양을 떠올려 본다면, 이런 경우 차분방정식의 내생변숫값은 진동하는 모습을 보일 것으로 짐작할 수 있습니다.

$b \neq 0$인 경우

지금까지는 차분방정식에 상수항이 없는 경우, 즉 정상상태 값이 0인 경우를 고려했습니다. 이제 일반적인 선형이계 차분방정식, 즉

$$x_t = a_1 x_{t-1} + a_2 x_{t-2} + b$$

를 고려해봅시다. 이 차분방정식은 앞의 (25A.3)에 상수항 b를 더했을 뿐입니다. 이 상수항은 매기마다 변숫값에 일정한 값을 더해주는 역할을 할 뿐입니다. 그 결과 정상상태 값이 (25A.2)로 바뀌는 효과가 있습니다. 이 차분방정식의 일반 해는 앞에서 구했던 $b = 0$일 때의 일반 해에다가 정상상태 값을 더해주기만 하면 됩니다. 즉,

$$x_t = c_1 A_1^t + c_2 A_2^t + \frac{b}{1 - (a_1 + a_2)}$$

입니다(A의 이차방정식이 2개의 실수해를 갖는 경우를 가정했습니다).

25A.2 선형일계 미분방정식

차분방정식에서 x_t는 변수 x의 값을 시간 t의 함수로 나타낸 것입니다. 함수라는 점을 강조하기 위해서 $x(t)$라고 쓰겠습니다. $x_{t+1} = ax_t + b$라는 선형일계 차분방정식에서

$$x(t+1) - x(t) = ax(t) + b - x(t) = (a-1)x(t) + b$$

가 성립합니다. 이제 상당히 작은 값 $0 < \Delta t \ll 1$에 대해서 $x(t + \Delta t)$값은

$$x(t+\Delta t) - x(t) \approx \underbrace{[(a-1)x(t) + b]}_{=x(t+1)-x(t)} \Delta t$$

로 근사계산할 수 있습니다. t와 $(t-1)$ 사이에 x의 값이 시간에 비례해서 변한다고 가정하면, 예를 들어 $x(t+0.5) - x(t)$의 값은 $x(t+1) - x(t)$의 절반이라고 생각할 수 있습니다. 따라서 위 식처럼 Δt만큼 시간이 변했을 때 변숫값의 변화량은 Δt를 곱한 것으로 근사치 계산할 수 있는 것이죠. 위 식의 양변을 Δt로 나누고 $\Delta t \to 0$일 때의 극한을 계산하면

$$\lim_{\Delta t \to 0} \frac{x(t+\Delta t) - x(t)}{\Delta t} = \frac{dx}{dt} = (a-1)x(t) + b$$

라는 미분방정식이 얻어집니다. 표기를 단순하게 하기 위해 $\alpha \equiv a - 1$이라고 하고 미분방정식 $\frac{dx}{dt} = \alpha x + b$를 풀어봅시다.

우선 특수한 경우로 $b = 0$일 때를 생각해보겠습니다(차분방정식도 이 특수한 경우부터 풀었습니다). 미분방정식의 양변을 적분해봅니다.

$$\int \frac{dx}{dt}\, dt = \int \alpha x \, dt \implies x(t) = \alpha \int x(t)\, dt$$

가 됩니다. $x(t)$를 적분해서 α를 곱했더니 도로 자기 자신인 $x(t)$가 나온다는 말입니다. 적분해서 자기 자신이 나오는 함수는 자연지수함수입니다. 앞에 상수가 곱해지는 것을 감안하면 해의 형태를 $x(t) = Ae^{Bt} + C$라고 추측할 수 있습니다(C는 적분상수).

추측한 해를 원래의 미분방정식 $\frac{dx}{dt} = \alpha x$에 대입해봅니다(현재 $b = 0$이라고 가정). 그렇다면 $\frac{dx}{dt} = ABe^{Bt}$이고 $\alpha x = A\alpha e^{Bt} + \alpha C$이므로 두 식이 일치하려면, $B = \alpha$, $C = 0$이 되어야 합니다. 즉 $x(t) = Ae^{\alpha t}$이 미분방정식의 해입니다. 상수 A를 결정하려면 초깃값이 필요합니다. $x(0) = A$이므로 상수 A 자체가 초깃값입니다. 즉 $x(0) = x_0$이라면

$x(t) = x_0 e^{\alpha t}$ 이 미분방정식 $\frac{dx}{dt} = \alpha x$ 의 해입니다.

이제 $b \neq 0$ 인 경우를 봅시다. 아까처럼 $x(t) = Ae^{Bt} + C$ 라고 추측하고 미분방정식에 대입해보면 $\frac{dx}{dt} = ABe^{Bt}$ 이고 $\alpha x + b = A\alpha e^{Bt} + \alpha C + b$ 이므로 두 식이 일치하려면, $B = \alpha$ 이고 $\alpha C + b = 0$ 이어야 합니다. 즉, $C = -\frac{b}{\alpha}$ 가 되어야 합니다. 또한 초깃값 $x(0) = x_0$ 가 주어진다면 A 를 결정할 수 있습니다. $x(0) = A + C = x_0$ 에서 $A = x_0 - C = x_0 + \frac{b}{\alpha}$ 입니다.

따라서 선형일계 미분방정식 $\frac{dx}{dt} = \alpha x + b$ 의 해는

$$x(t) = \left(x_0 + \frac{b}{\alpha}\right) e^{\alpha t} - \frac{b}{\alpha}$$

입니다.

Chapter 26

선형독립: 선형대수학의 기초

선형독립(linear independence)은 선형대수학(linear algebra)의 핵심을 관통하는 개념입니다. 경제학이나 재무학 혹은 통계학에서도 무게 있는 역할을 합니다. 제4부의 행렬대수에서 행렬의 연산과 방정식 풀이에 치중해서 공부했던 것에 비해서, 독립이라는 개념을 사용하면 행렬과 관련된 지식들을 좀 더 체계적으로 묶을 수 있습니다.

이 장에서 우리는 먼저 제4부에서 벡터나 행렬을 '숫자의 묶음'으로만 생각했던 것을 확장하여, 벡터가 애초에 가졌던 기하학적인 의미를 살려내겠습니다. 벡터는 원래 '움직이게 하는 것'이라는 의미를 가집니다.[60] 제4부에서 우리는 벡터를 기호로 표시할 때, $\mathbf{v}$나 $\mathbf{x}$ 같은 영문 소문자를 썼습니다. 원래 벡터를 주로 사용하는 물리학에서는 $\vec{x}$와 같이 화살표를 붙인 기호를 통해 운동 개념을 표현합니다. 벡터들의 묶음인 행렬 또한 어떤 움직임을 나타내는 것입니다. 선형대수학의 중요한 주제 하나는 행렬이 나타내는 움직임을 이해하고 이를 다양한 맥락에서 응용하는 것입니다.

26.1 벡터를 기하학적으로 이해하기

벡터는 숫자(스칼라)들의 묶음입니다. n차원 벡터라면 n개의 스칼라들을 일정한 순서로 묶은 것으로 $\mathbf{x} = (x_1, x_2, \ldots, x_n)$으로 나타낼 수 있습니다. 제13장에서는 별다른 설명 없이, 한 벡터가 묶음으로 갖고 있는 스칼라들의 '개수'를 **차원**이라고 정의했었습니다.

이제 우리는 벡터에 대해 새로운, 기하학적인 해석을 보탤 수 있습니다. 이를 통해 벡터의 응용 범위도 넓어지고 해석도 더욱 풍부해지며 특히 '차원'을 왜 차원이라고 부르는지도 조금 이해할 수 있을 것입니다. 벡터를 기하학적으로 (즉 그림으로) 이해하는 관점에 두 가지가 있습니다: (1) 점의 위치(좌표)로서의 벡터와 (2) 이동(움직임)으로서의 벡터입니다. 이 두 가지는 물론 서로 밀접하게 연관되어 있고, 우리는 앞으로 필요에 따라 두 관점을 섞어

60) 영어로 '차량'을 가리켜서 vehicle이라고 하지요. 벡터(vector)와 같은 어원을 가진 단어입니다.

서 사용할 것입니다.

26.1.1 점의 위치(좌표)로서의 벡터

벡터를 좌표로 이해하는 방식은 제1장에서 함수의 그래프를 소개하면서 이미 보았습니다. 함수의 그래프를 그리기 위해서 우리는 데카르트의 '좌표계'라는 것을 도입했는데, 이는 그림이 들어갈 공간에 일정한 간격으로 눈금을 표시하고, 그 눈금에 따라 공간상의 위치에 번호를 붙이는 것입니다.

평면(2차원)의 경우 우리가 잘 아는 X축과 Y축을 사용할 수 있고, 이때 한 점의 위치(좌표)는 각각의 축 위의 위치를 나타내는 숫자 2개를 묶어서 (x, y)라고 씁니다. 마찬가지로 3차원 또는 그 이상의 공간이 되면 한 점을 나타내기 위해서 묶어야 할 숫자의 개수(벡터의 차원)가 커지게 됩니다. n차원 벡터 $\mathbf{x} = (x_1, x_2, \ldots, x_n)$를 그림으로 나타내고자 한다면, n개의 축을 '적당히' 잡아준 다음에 첫 번째 축에서 x_1의 위치, 두 번째 축에서 x_2의 위치, $\ldots$, n번째 축에서 x_n의 위치를 찾아서 이 위치를 동시에 갖는 점을 표시하면 됩니다(어떻게 축을 잡는 것이 '적당'한지에 대해서는 다시 논의합니다).

이렇게 실수로 된 축을 n개 사용해서 나타낸 공간을 **n차원 유클리드 공간**(Euclidean space) 또는 **n차원 실수벡터공간**(real vector space)이라고 부릅니다. 보통 $\mathbb{R}^n$이라는 기호로 나타냅니다. 즉 공간 $\mathbb{R}^n$ 상의 한 점은 n개의 숫자가 묶인 벡터 $(x_1, x_2, \ldots, x_n)$입니다. 숫자를 배열한 순서는 각 축을 나타내는 특별한 의미를 가지므로, 배열 순서를 함부로 바꾸면 안 됩니다.

이렇게 어떤 공간상의 점의 위치를 벡터로 사용할 때는 그 점의 기호를 그대로 벡터의 기호로 사용할 수 있습니다. 예를 들어, 점 A의 좌표가 $(1, 2)$이면 $\mathbf{x} = (1, 2)$가 2차원 평면에 위치한 점 A를 나타내는 벡터인데, 아예 그냥 위치벡터 $\mathrm{A} = (1, 2)$라고 부를 수도 있습니다.[61]

26.1.2 이동(움직임)으로서의 벡터

더욱 중요하게 벡터는 서로 다른 두 점 사이의 '움직임'을 나타내는 데에도 사용될 수 있습니다. 움직임이란 한 점에서 다른 점으로의 이동을 말하는데, 이때 이동의 '거리'와 '방향'이 핵심 정보입니다. 즉 이동으로서의 벡터가 가지는 중요한 성질은 거리(길이)와 방향입니다.

---

61) 제4부에서 행렬을 나타내는 기호로 A, B 등을 썼는데, 위치벡터와 행렬을 함께 사용할 때는 이런 식의 표기는 혼란스러울 수 있으므로 주의해야 합니다.

출발점 A에서 도착점 B 사이의 '가장 짧은 거리' 즉 직선거리를 따라 이동하는 벡터를 $\overrightarrow{\mathrm{AB}}$라고 표기할 수 있습니다. 예를 들어, $\mathrm{A} = (1, 2)$이고 $\mathrm{B} = (3, 1)$이면 $\overrightarrow{\mathrm{AB}} = (3-1, 1-2) = (2, -1)$입니다. 말로 해보면, 점 $(1, 2)$에서 출발하여 오른쪽(X축의 진행 방향)으로 2단위 움직이고, 아래쪽(Y축의 반대 방향)으로 1단위 이동하여 점 $(3, 1)$에 도달하게 됩니다.

그런데 $(2, -1)$이라는 이동벡터는 굳이 $(1, 2)$에서 출발하지 않더라도, 어디에서든 "오른쪽으로 2, 아래쪽으로 1 움직이라"라는 뜻으로 사용될 수 있습니다. $\overrightarrow{v} = (2, -1)$라고 한다면, 어떤 출발점 $\mathrm{A} = (x, y)$를 주어도 $\mathrm{A} + \overrightarrow{v} = (x+2, y-1)$는 그렇게 이동한 도착점이 됩니다. 여기에서 $\mathrm{A} = (x, y)$는 '위치'로서의 벡터이고, $\overrightarrow{v}$는 '이동'으로서의 벡터인 것이죠.

$\mathrm{A} = (1, 2)$라는 표기는 점 A의 위치로서의 벡터 개념을 사용한 것인데, 같은 벡터를 오른쪽으로 1, 위쪽으로 2 이동하는 벡터로 해석할 수도 있습니다. 이렇게 해석할 때 우리는, 원점인 $\mathrm{O} = (0, 0)$을 출발점으로 생각하고 있는 것입니다. 즉 점 A의 위치를 나타내는 벡터 A는 사실 원점에서 점 A까지의 이동을 나타내는 $\overrightarrow{\mathrm{OA}}$와 같습니다. 그래서 우리는 위치로서의 벡터와 이동으로서의 벡터의 의미를 섞어서 사용할 수 있습니다.

26.1.3 벡터의 길이 (이동 거리)

2차원 평면상의 두 점 (x_1, y_1)과 (x_2, y_2) 사이의 거리는 $\sqrt{(x_1 - x_2)^2 + (y_1 - y_2)^2}$ 입니다.[62] 이 공식은 직각삼각형의 성질인 피타고라스의 정리로부터 쉽게 도출할 수 있습니다. [그림 26.1]에서 보듯이 점 A, B를 연결하는 벡터 $\overrightarrow{\mathrm{AB}}$는 직각삼각형의 '빗변'에 해당되므로, 그 제곱값은 나머지 변의 제곱의 합과 같습니다. 즉,

$$\|\overrightarrow{\mathrm{AB}}\|^2 = (x_1 - x_2)^2 + (y_1 - y_2)^2 \implies \|\overrightarrow{\mathrm{AB}}\| = \sqrt{(x_1 - x_2)^2 + (y_1 - y_2)^2}$$

이 됩니다. 여기서 벡터의 길이를 $\|\cdot\|$라는 기호로 표시했습니다.

이를 확장하여 n차원 유클리드 공간에서 두 점 $\mathrm{A} = (a_1, a_2, \ldots, a_n)$과 $\mathrm{B} = (b_1, b_2, \ldots, b_n)$ 사이의 거리를

$$\|\overrightarrow{\mathrm{AB}}\| = \sqrt{(a_1 - b_1)^2 + (a_2 - b_2)^2 + \cdots + (a_n - b_n)^2}$$

으로 정의해서 계산할 수 있습니다.

한편 위치벡터 $\mathrm{A} = (x_1, x_2, \ldots, x_n)$는 원점에서 A라는 점까지의 이동을 나타내는 것으로

62) 이 공식은 거리를 측정하는 가장 자연스러운 방식이지만, 유일한 방법은 아닙니다. 두 점 사이의 거리를 재는 다른 방법들도 있습니다.

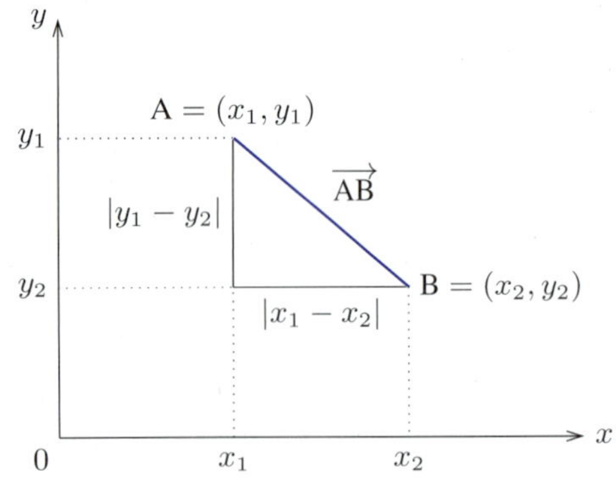

[그림 26.1] 두 점 사이의 거리

해석할 수 있으므로, 이 벡터의 "길이"를 원점에서 점 A까지의 거리로 정의해줄 수 있습니다. 즉,

$$\|\mathrm{A}\| = \|\overrightarrow{\mathrm{OA}}\| = \sqrt{x_1^2 + x_2^2 + \cdots + x_n^2}$$

이 됩니다. 이동벡터가 가지는 중요한 성질은 방향과 거리인데, 방향은 위치벡터의 좌표로, 거리는 이동벡터의 길이로 이해할 수 있겠습니다. 물론 이때 출발점을 원점으로, 도착점을 해당 벡터가 나타내는 위치로 보는 것입니다.

26.2 벡터 대수의 기하학적 의미: 덧셈, 뺄셈, 스칼라 곱셈

벡터 대수, 즉 벡터들 사이의 연산을 제4부에서 공부했습니다. 공부했던 연산법칙들을 이제 기하학적으로 해석해보고자 합니다. 다시 말해, 벡터 사이의 각종 계산을 그림으로 표현해 보겠습니다. 검토할 벡터 연산은 덧셈, 뺄셈, 스칼라 곱셈과 내적인데, 내적을 이해하기 위해서는 삼각함수 개념이 필요하여 부록에서 따로 설명합니다.

26.2.1 덧셈과 뺄셈

벡터의 덧셈이나 뺄셈의 방법은 묶음에서 같은 위치에 들어있는 숫자끼리 더하거나 빼는 것입니다. 즉 $(x_1, y_1) + (x_2, y_2) = (x_1 + x_2, y_1 + y_2)$입니다. 벡터를 '움직임'이라는 관점에서 본다면 하나의 벡터는 하나의 움직임이고, 두 벡터를 더한 것은 두 벡터의 움직임을 하나로 합쳐서 나타낸다는 것입니다. 즉 두 벡터가 나타내는 이동을 연달아 잇는 것입니다.

예컨대, $(2, -1)$이라는 벡터에 $(-2, 1)$이라는 벡터를 더하면 계산상으로는 $(0, 0)$이 답입니다. 이는 첫 번째 벡터가 오른쪽으로 2, 아래쪽으로 1 가는 것을 나타내고, 두 번째 벡터는

(반대로) 왼쪽으로 2, 위쪽으로 1가는 것을 나타내므로 두 벡터의 움직임을 합하면 결국 원래의 자리로 돌아온다는 뜻입니다.

두 벡터의 합은 [그림 26.2]와 같이 나타낼 수 있습니다. 그림에서 (a)는 두 벡터 $\mathrm{A} = (x_1, y_1)$과 $\mathrm{B} = (x_2, y_2)$를 XY 좌표평면 위에 나타낸 것입니다. 여기서 벡터 A, B는 점의 위치이기도 하고, 원점으로부터 그 점까지의 이동이기도 합니다. 한편 두 벡터의 합 $\mathrm{A}+\mathrm{B}$를 그림으로 표현하면 (b)와 같습니다. 그림에서는 원점에서 점 B를 연결한 이동벡터 $\overrightarrow{\mathrm{OB}}$ 전체를 위쪽으로 평행하게 움직여서 원래 원점이었던 출발점을 점 A에 오도록 만든 것입니다. 따라서 원점에서 출발하여 점 A에 도착한 후, 다시 점 A에서 출발하여 점 A+B까지 한 번 더 이동한 것이 최종 도착점이자 벡터 합 $\mathrm{A}+\mathrm{B}$입니다. 이 점의 좌표는 (x_1+x_2, y_1+y_2)이고 원점과 이 점을 연결하면 그것이 새로운 이동벡터 $\mathrm{A}+\mathrm{B}$이기도 합니다(그림을 보면 벡터 덧셈의 순서를 바꾸어서 $\mathrm{B}+\mathrm{A}$를 도출하더라도 $\mathrm{A}+\mathrm{B}$와 같음을 알 수 있습니다).

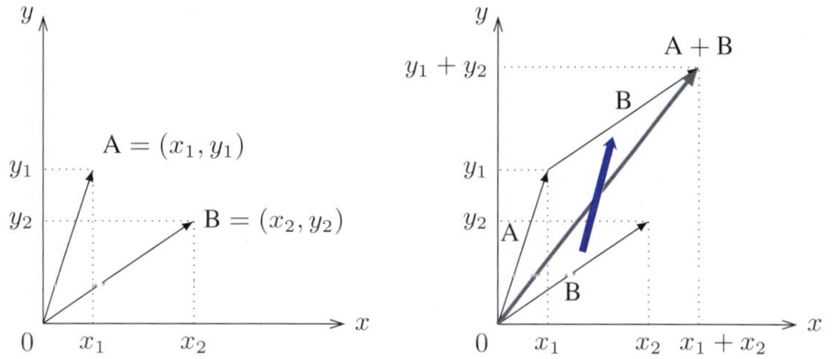

(a) 두 벡터 A와 B (b) 두 벡터의 합 A + B

[그림 26.2] 벡터의 합

벡터 사이의 뺄셈도 마찬가지 방식으로 이해할 수 있습니다. $\mathrm{B}-\mathrm{A}$라는 벡터를 그림으로 표현해 봅시다. 계산상으로 $\mathrm{A}+(\mathrm{B}-\mathrm{A}) = (\mathrm{B}-\mathrm{A})+\mathrm{A} = \mathrm{B}$가 성립하므로, 우리가 찾고자 하는 벡터는 A와 더했을 때 그 결과가 B이어야 합니다. [그림 26.3(a)]가 그 과정을 보여줍니다. 벡터 A와 더한다는 것은 결국 점 A에서 출발한다는 것이고, 결과가 벡터 B라는 것은 도착점이 B라는 것이므로, 이는 A에서 B로 이동하는 이동벡터 $\overrightarrow{\mathrm{AB}}$입니다. 그림에서 이 벡터를 평행이동하여 원점에서 출발하도록 찾은 것이 $\mathrm{B}-\mathrm{A} = (x_2-x_1, y_2-y_1)$입니다. 반대로 그림 (b)는 $\mathrm{A}-\mathrm{B}$를 그림으로 찾은 것입니다. 벡터 $\mathrm{B}-\mathrm{A}$와 정확하게 반대 방향인 벡터입니다.

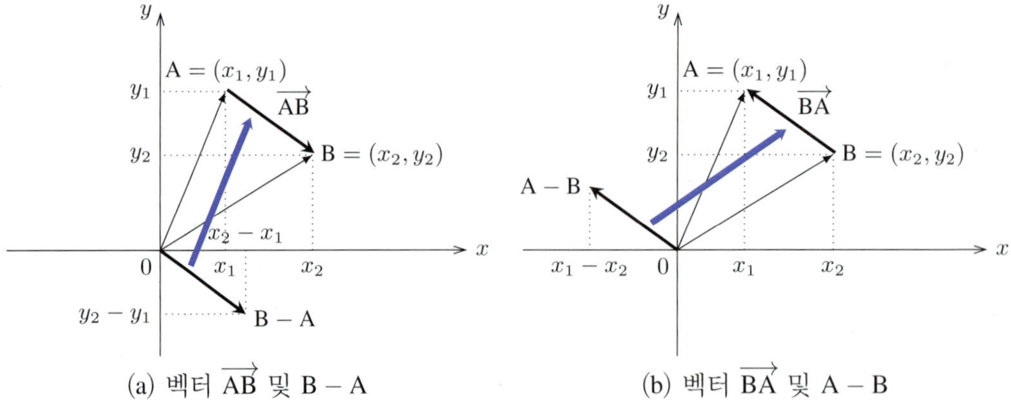

[그림 26.3] 벡터의 차

26.2.2 스칼라 곱셈

벡터의 스칼라 곱셈이란 벡터를 구성하는 항마다 동일한 수(스칼라)를 곱하는 것입니다. 즉, 벡터 $\mathrm{A} = (x_1, x_2, \ldots, x_n)$의 스칼라 곱셈은 어떤 숫자 α를 곱한 $\alpha\mathrm{A} = (\alpha x_1, \alpha x_2, \ldots, \alpha x_n)$입니다. 이 계산의 기하학적 의미는, 벡터가 나타내는 이동의 거리를 (방향은 유지하면서) α만큼 변화시킨다는 것입니다. $\alpha > 1$이면 벡터를 잡아 늘여 확대하는 것이고, $\alpha < 1$이면 벡터의 길이를 축소하는 것입니다[그림 26.4].

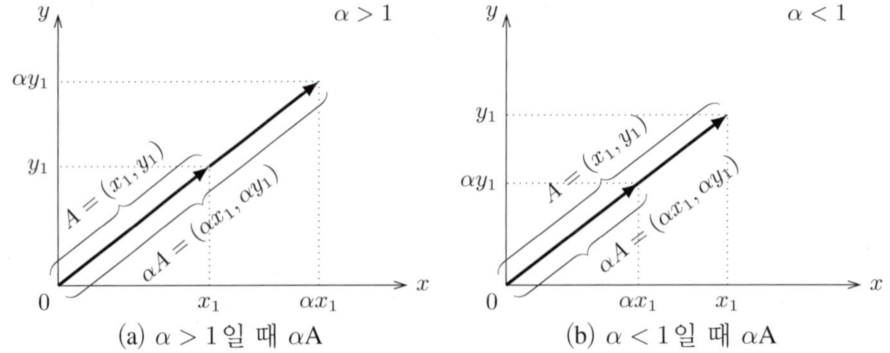

[그림 26.4] 벡터의 스칼라 곱셈

그림에는 $\alpha > 0$인 경우만을 그려놓았지만, $\alpha < 0$일 수도 있습니다. 벡터의 각 항에 음수를 곱해주면, 벡터의 방향이 반대로 바뀝니다. 예를 들어, -1을 곱해주면 원래 벡터와 길이가 같으면서 방향만 반대로 바뀐 것입니다. 앞에서 $\mathrm{B} - \mathrm{A}$와 $\mathrm{A} - \mathrm{B}$가 서로 반대 방향이라고 지적했는데, 물론 $\mathrm{B} - \mathrm{A} = -(\mathrm{A} - \mathrm{B})$이기 때문입니다.

벡터의 스칼라 곱셈은 곱한 스칼라의 크기만큼 벡터의 길이를 변화시키므로, 당연히 다음

식이 성립합니다.[63] 길이는 양수여야 하므로, $\alpha < 0$의 경우를 포함시키기 위해서 $|\alpha|$를 사용합니다.

$$\|\alpha \mathrm{A}\| = |\alpha| \cdot \|\mathrm{A}\|$$

26.2.3 단위벡터

한 벡터를 자신의 길이로 나누어주면, 다시 말해 길이의 역수로 스칼라 곱셈해주면 방향은 그대로이면서 길이가 1인 새로운 벡터로 변신합니다. 길이가 1인 벡터를 **단위벡터**(unit vector)라고 부릅니다. 즉, 단위벡터는 다음의 형태를 가집니다.

$$\frac{1}{\|\mathbf{x}\|}\mathbf{x} = \frac{1}{\sqrt{x_1^2 + \cdots + x_n^2}}(x_1, \ldots, x_n)$$

예를 들어, (1, 2, −3)이라는 벡터의 길이는 $\sqrt{1^2 + 2^2 + (-3)^2} = \sqrt{14}$이므로 원래 벡터를 $\sqrt{14}$로 나누어준 $\frac{1}{\sqrt{14}}(1, 2, -3) = \left(\frac{1}{\sqrt{14}}, \frac{2}{\sqrt{14}}, -\frac{3}{\sqrt{14}}\right)$은 원래 벡터와 같은 방향을 가리키되 길이는 1인 단위벡터입니다.

26.3 벡터의 생성과 선형독립

스칼라 곱셈 $\alpha\mathbf{x}$는 주어진 스칼라 $\alpha \in \mathbb{R}$을 어떤 벡터 $\mathbf{x}$에 곱해준 것입니다. 이때 우리는 α를 상수로 생각하고 있습니다. $\alpha > 1$이면 벡터를 길게 늘여준 것이고, $0 < \alpha < 1$이면 짧게 줄여준 것이며, $\alpha < 0$이면 방향을 바꾼 것입니다. 그런데 만약 α를 상수로 고정시키지 않고, 모든 가능한 실숫값을 다 허용해 준다면 어떻게 될까요? 이것이 **펼침**(span)이라는 개념입니다.

26.3.1 벡터 1개의 펼침

주어진 벡터 $\mathbf{x}$를 펼친 결과를 집합으로 표현하면 다음과 같습니다.

$$L[\mathbf{x}] = \{\alpha\mathbf{x} \colon \alpha \in \mathbb{R}\}$$

왜 집합의 이름을 $L[\mathbf{x}]$라고 부르는지는 잠시 후 설명하기로 하고, 먼저 이 집합의 정체를

---

63) 증명: $\mathrm{A} = (x_1, \ldots, x_n)$일 때 $\alpha\mathrm{A} = (\alpha x_1, \ldots, \alpha x_n)$이고 $\|\alpha\mathrm{A}\| = \sqrt{\alpha^2 x_1^2 + \cdots + \alpha^2 x_n^2} = \sqrt{\alpha^2} \times \sqrt{x_1^2, \ldots x_n^2} = |\alpha| \times \mathrm{A}$.

파악하기 위해 속한 원소들이 무엇인지 따져봅시다. $\alpha = 1$을 넣어보면 $\mathbf{x} \in L[\mathbf{x}]$ 입니다. 즉 벡터 $\mathbf{x}$를 펼친 집합에는 벡터 $\mathbf{x}$ 자신이 일단 원소로 포함됩니다. 벡터 $\mathbf{x}$를 나타내는 점을 A라고 부르겠습니다[그림 26.5]. 이제 $\alpha = 0$을 넣어보면 $(0, 0, \ldots, 0) \in L[\mathbf{x}]$이므로 원점도 포함됩니다. 게다가 $\alpha = 1/2$을 대입하면 $\frac{1}{2}\mathbf{x} \in L[\mathbf{x}]$ 인데 이 점은 원점과 점 A의 정중앙에 위치합니다. 마찬가지 방식으로 α에 모든 가능한 음수와 양수의 값을 대입해보면, 결국 이 집합은 원점과 점 A를 지나가는 직선입니다.

이렇게 하나의 벡터에 실수를 곱한 모든 점을 모아놓은 집합은 직선이고, 이 직선을 벡터 $\mathbf{x}$로 **생성**(generate)시킨 직선 또는 벡터 $\mathbf{x}$의 **펼침**(span) 또는 **선형펼침**(linear span)이라고 부릅니다. 펼침의 과정이 스칼라를 곱하기만 하는 1차계산(선형계산)이기 때문에 선형펼침이라고 부를 수 있고, '선형' (linear)펼침이기 때문에 기호로 $L[\cdot]$을 썼습니다.

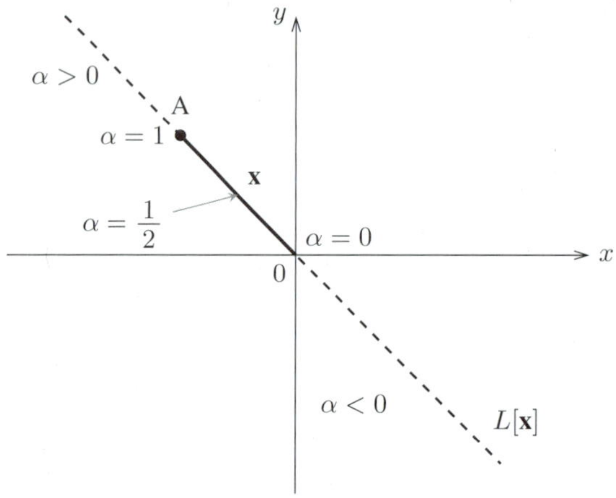

[그림 26.5] 벡터 1개의 펼침 $L[\mathbf{x}]$

26.3.2 벡터 2개의 펼침

서로 다른 2개의 벡터 $\mathbf{x}_1, \mathbf{x}_2$를 가지고 비슷한 일을 해봅시다. 두 벡터에 각각 임의의 스칼라를 곱한 후에 그 결과를 서로 더하는 것입니다.

$$L[\mathbf{x}_1, \mathbf{x}_2] = \{\alpha_1 \mathbf{x}_1 + \alpha_2 \mathbf{x}_2 : \alpha_1, \alpha_2 \in \mathbb{R}\}$$

이 집합을 두 벡터 $\mathbf{x}_1$, $\mathbf{x}_2$의 **펼침** 혹은 **선형펼침**이라고 부릅니다. 두 벡터로 펼침한 결과물은 평면(즉 2차원 유클리드 공간)입니다. 그래서 $L[\mathbf{x}_1, \mathbf{x}_2]$를 두 벡터가 **생성**한 평면이라고 말하기도 합니다. 두 벡터가 평면을 펼치는 이유를 알아봅시다.

한 벡터를 혼자 펼치면 그 벡터가 가리키는 방향 및 그 반대 방향으로만 움직일 수 있지만, 두 벡터를 함께 펼치면 평면 위의 모든 점에 도달할 수 있습니다. [그림 26.6]에서 점 C_1은 $\mathbf{x}_1 + \mathbf{x}_2$ 입니다($\alpha_1 = \alpha_2 = 1$). 한편 점 C_2는 $-\mathbf{x}_1 - \mathbf{x}_2$ 입니다($\alpha_1 = -1$, $\alpha_2 = -1$). 점 C_3는 $\alpha_1 = -1$, $\alpha_2 = 1$일 때 즉 $-\mathbf{x}_1 + \mathbf{x}_2$ 입니다. 마찬가지 방식으로 평면 위 어떤 점을 주더라도, 각 벡터의 원래 방향 또는 반대 방향을 정하고 길이를 적당히 늘이거나 줄여서 그 점에 도달할 수 있습니다.

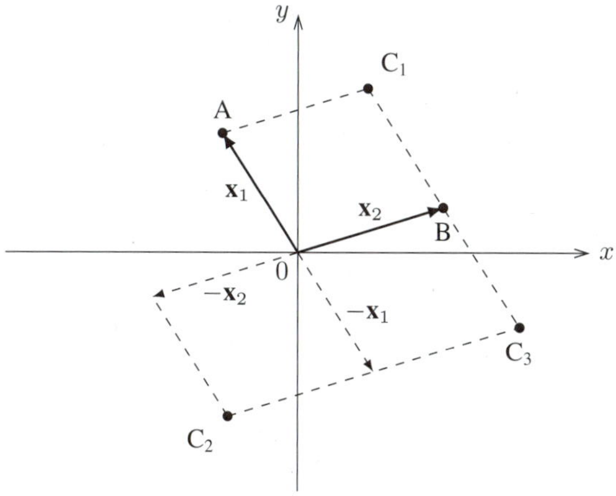

[그림 26.6] 두 벡터의 펼침은 평면 전체, $L[\mathbf{x}_1, \mathbf{x}_2] = \mathbb{R}^2$

그림을 보면 직관적으로 그럴듯해 보이긴 하는데, 좀 더 엄밀한 확인을 위해 평면을 두 벡터의 펼침으로 생성할 수 있다는 것을 예제로 계산해보겠습니다.

예제 26.1 두 벡터의 펼침이 평면인 경우

$\mathbf{x}_1 = (-1, 2)$, $\mathbf{x}_2 = (3, 1)$일 때

(a) $C = (25, 10)$이 두 벡터의 펼침 속에 있음을 확인하시오.

(b) 임의의 점 $C = (c_1, c_2)$가 두 벡터의 펼침 속에 있음을 확인하시오.

(a) $C = (25, 10)$이 두 벡터의 펼침 속에 있다는 것을 확인해 봅니다. $\alpha_1\mathbf{x}_1 + \alpha_2\mathbf{x}_2 = C$가 성립하는 α_1, α_2를 찾으면 됩니다. 즉, $\alpha_1 \times (-1) + \alpha_2 \times 3 = 25$와 $\alpha_1 \times 2 + \alpha_2 \times 1 = 10$이 성립해야 합니다. 그런데 이는 (α_1, α_2)를 미지수로 하는 아주 간단한 연립방정식입

니다. 행렬 형태로 써보면

$$\begin{pmatrix} -1 & 3 \\ 2 & 1 \end{pmatrix} \begin{pmatrix} \alpha_1 \\ \alpha_2 \end{pmatrix} = \begin{pmatrix} 25 \\ 10 \end{pmatrix}$$

이고 역행렬을 사용해 풀어보면

$$\begin{pmatrix} \alpha_1 \\ \alpha_2 \end{pmatrix} = \frac{1}{-1-6} \begin{pmatrix} 1 & -3 \\ -2 & -1 \end{pmatrix} \begin{pmatrix} 25 \\ 10 \end{pmatrix} = -\frac{1}{7} \begin{pmatrix} -5 \\ -60 \end{pmatrix} = \begin{pmatrix} 5/7 \\ 60/7 \end{pmatrix}$$

이면 됩니다. 즉,

$$\frac{5}{7}\mathbf{x}_1 + \frac{60}{7}\mathbf{x}_2 = \mathrm{C}$$

가 성립합니다(각 벡터의 좌푯값을 식에 대입해서 확인할 수 있습니다).

(b) 이번에는 아예 평면 위의 모든 점을 생성할 수 있다는 것을 증명해보겠습니다. 즉, 임의의 점을 $\mathrm{C} = (c_1, c_2)$ 라고 해봅시다. 위의 풀이 과정을 반복하되 25 대신 c_1, 10 대신 c_2를 넣으면 됩니다.

$$\begin{pmatrix} -1 & 3 \\ 2 & 1 \end{pmatrix} \begin{pmatrix} \alpha_1 \\ \alpha_2 \end{pmatrix} = \begin{pmatrix} c_1 \\ c_2 \end{pmatrix}$$

이고

$$\begin{pmatrix} \alpha_1 \\ \alpha_2 \end{pmatrix} = \frac{1}{-1-6} \begin{pmatrix} 1 & -3 \\ -2 & -1 \end{pmatrix} \begin{pmatrix} c_1 \\ c_2 \end{pmatrix} = -\frac{1}{7} \begin{pmatrix} c_1 - 3c_2 \\ -2c_1 - c_2 \end{pmatrix} = \begin{pmatrix} \frac{-c_1+3c_2}{7} \\ \frac{2c_1+c_2}{7} \end{pmatrix}$$

이면 됩니다. (c_1, c_2)에 어떤 수를 넣더라도 위 식으로부터 필요한 (α_1, α_2)를 계산할 수 있습니다. 즉 임의의 점 C는 모두 $L[\mathbf{x}_1, \mathbf{x}_2]$에 포함됩니다.

위에서 계산을 가능하게 해주는 중요한 단서는 행렬 $\left(\begin{smallmatrix} -1 & 3 \\ 2 & 1 \end{smallmatrix}\right)$이 역행렬을 가진다는 것입니다. 그런데 이 행렬을 살펴보면, 첫 번째 열은 $\mathbf{x}_1 = (-1, 2)$이고 두 번째 열은 $\mathbf{x}_2 = (3, 1)$입니다. 즉 펼침에 사용된 두 벡터를 (열벡터로 인식하여) 각 열에 넣은 것입니다. 이 행렬이 역행렬을 가지면, 두 벡터의 펼침은 $\mathbb{R}^2$ 전체입니다.

같은 이야기를 다르게 설명해봅시다. 만약 어떤 스칼라 $t \in \mathbb{R}$에 대해서 $\mathbf{x}_2 = t\mathbf{x}_1$이 성립한다면 (즉 한 벡터가 다른 벡터의 펼침인 직선에 속한다면) 두 벡터를 함께 펼쳐봐야 결국 한 벡터로 펼치는 것과 마찬가지이고, 결과는 평면이 아닌 직선일 것입니다. 즉 두 벡터의 펼침이 평면 전체를 덮으려면 두 벡터가 서로 어긋난 방향(같은 방향이 아니고, 반대 방향이어도 안 됩니다)이어야만 합니다. 한편 만약 $\mathbf{x}_2 = t\mathbf{x}_1$이 성립하면 두 열벡터로 만든 행

렬이 역행렬을 갖지 않습니다. $\mathbf{x}_1 = (a, b)$라고 할 때 두 벡터로 만든 행렬은

$$\begin{pmatrix} a & ta \\ b & tb \end{pmatrix}$$

이고 이 행렬의 행렬식은 $tab - tab = 0$이어서 역행렬을 갖지 않습니다.

한 벡터가 다른 벡터의 펼침 위에 있을 경우, 즉 한 벡터가 다른 벡터의 스칼라 곱셈인 경우 두 벡터는 서로 **선형종속**(linearly dependent)이라고 말합니다. 그 반대의 경우, 즉 서로 어긋난 방향을 가리키는 벡터의 경우 두 벡터가 서로 **선형독립**(linearly independent)이라고 말합니다.

만약 $\mathbf{x}_1$과 $\mathbf{x}_2$가 선형종속 관계라면, 예컨대 $\mathbf{x}_1 = 2\mathbf{x}_2$이면 $\mathbf{x}_1 - 2\mathbf{x}_2 = 0$(모든 항이 0인 벡터)이 성립합니다. 또 다른 예로 $\mathbf{x}_2 = -\frac{2}{3}\mathbf{x}_1$의 관계라면 $2\mathbf{x}_1 + 3\mathbf{x}_2 = 0$이 성립합니다. 즉 일반적으로 다음의 식이 성립하면 두 벡터가 선형종속입니다.

$$[\text{선형종속}] \quad a_1\mathbf{x}_1 + a_2\mathbf{x}_2 = 0 \quad (\text{단, } a_1 \neq 0, a_2 \neq 0) \tag{26.1}$$

이 식에서 0은 두 벡터와 같은 차원을 갖는 0 벡터입니다. 또한 만약 $a_1 = a_2 = 0$이면 두 벡터가 무엇이든 상관없이 (26.1) 식이 무조건 성립하므로 그 경우는 배제합니다.

반대로 두 벡터가 선형독립이라면 두 벡터를 $a_1\mathbf{x}_1 + a_2\mathbf{x}_2 = 0$의 형태로 쓸 수 있는 a_1, a_2가 없어야 합니다. 하지만 역시 $a_1 = a_2 = 0$이면 어떤 벡터를 갖다 넣어도 이 식이 성립하므로 이는 예외입니다. 다시 말해서, 만약 $\mathbf{x}_1$, $\mathbf{x}_2$가 선형독립 관계라면, 두 벡터를 펼쳐서 0을 만들 가능성은 $a_1 = a_2 = 0$일 때밖에 없습니다.

26.3.3 여러 벡터의 펼침과 선형독립

이제 3개 이상의 벡터를 포함하는 펼침과 선형독립의 개념을 만들 수 있습니다. 단, 사용하는 벡터의 수는 유한하다고 가정합니다(무한히 많은 벡터를 사용하는 경우 좀 까다로운 수학적 논의가 필요합니다). 예컨대 벡터가 3개라면, $a_1\mathbf{x}_1 + a_2\mathbf{x}_2 + a_3\mathbf{x}_3 = 0$을 만들어보아서, 이를 가능하게 하는 (a_1, a_2, a_3)의 값을 찾는데 그 값이 $a_1 = a_2 = a_3 = 0$뿐이라면 세 벡터는 선형독립이고, 만약 적어도 하나의 a_i가 0이 아닌 적당한 값을 사용해서 원점을 얻는다면 선형종속입니다.

벡터 1개를 펼치면 직선, 2개를 펼치면 평면이었습니다. 3개를 펼치면 3차원 공간이 될 것입니다. 물론 펼침에 사용된 벡터들이 선형독립일 때 그렇습니다. 만약 세 벡터가 종속이라면 펼침의 결과는 평면이거나 직선일 수 있습니다. 마찬가지로 k개의 벡터들이 서로 독

립이면 이들을 펼쳐 k차원 공간을 생성할 수 있습니다. 임의의 개수 벡터들의 펼침, 선형 독립과 종속을 논하기 위해 먼저 용어를 하나 정의합니다.

정의 26.1 선형조합

$\mathbf{x}_1, \mathbf{x}_2, \ldots, \mathbf{x}_k$가 모두 같은 차원을 가진 벡터들일 때, 이들의 **선형조합**(linear combination)이란 k개의 숫자들 $\alpha_1, \alpha_2, \ldots, \alpha_k \in \mathbb{R}$을 각 벡터에 스칼라 곱셈하고 이들을 더해 준 것이다. 즉,

$$\alpha_1\mathbf{x}_1 + \alpha_2\mathbf{x}_2 + \cdots + \alpha_k\mathbf{x}_k$$

의 형태를 가진 식을 이 벡터들의 **선형조합**이라고 말한다(참고로 $0 \le \alpha_i \le 1$이고 $\alpha_1 + \alpha_2 + \cdots + \alpha_k = 1$인 선형조합을 특별히 **볼록조합**(convex combination)이라고 말한다).

그렇다면 이제 k개 벡터들의 펼침은 바로 이 벡터들의 모든 가능한 선형조합이라고 말할 수 있습니다.

정의 26.2 펼침

$\mathbf{x}_1, \mathbf{x}_2, \ldots, \mathbf{x}_k$가 모두 같은 차원을 가진 벡터들일 때, 이들의 모든 선형조합의 집합을 **펼침**(span)이라고 한다. 즉

$$L[\mathbf{x}_1, \mathbf{x}_2, \ldots, \mathbf{x}_k] = \{\alpha_1\mathbf{x}_1 + \alpha_2\mathbf{x}_2 + \cdots + \alpha_k\mathbf{x}_k : \alpha_1, \alpha_2, \ldots, \alpha_k \in \mathbb{R}\}$$

정의 26.3 선형종속

$\mathbf{x}_1, \mathbf{x}_2, \ldots, \mathbf{x}_k$가 모두 같은 차원을 가진 벡터들일 때, 이들이 **선형종속**이라는 것은 이 중 한 벡터가 나머지 벡터들의 펼침에 속한다는 것이다. 다시 말해, 이 중 한 벡터를 나머지 벡터들의 선형조합으로 나타날 수 있다. 즉, 다음의 식을 만족하는 숫자들 $\alpha_1, \ldots, \alpha_k \in \mathbb{R}$이 존재한다.

$$\alpha_1\mathbf{x}_1 + \alpha_2\mathbf{x}_2 + \cdots + \alpha_k\mathbf{x}_k = 0 \tag{26.2}$$

단, 위 식의 $\alpha_1, \ldots, \alpha_k$ 중 적어도 하나는 0이 아닌 숫자이다.

식 (26.2)에서 $\alpha_1 \neq 0$이라고 합시다. 그렇다면 바로

$$\mathbf{x}_1 = -\frac{\alpha_2}{\alpha_1}\mathbf{x}_2 - \frac{\alpha_3}{\alpha_1}\mathbf{x}_3 - \cdots - \frac{\alpha_k}{\alpha_1}\mathbf{x}_k$$

로 쓸 수 있으므로 $\mathbf{x}_1$을 나머지 벡터들의 선형조합으로 나타낼 수 있습니다. 한편, 식 (26.2)

를 성립하게 하는 α_i 값들이 모두 0이라면, 이렇게 한 벡터를 나머지 벡터들의 선형조합으로 나타내는 것이 불가능합니다. 이런 경우 이들을 선형독립이라고 말합니다.

> 정의 26.4 **선형독립**
>
> $\mathbf{x}_1, \mathbf{x}_2, \ldots, \mathbf{x}_k$ 가 모두 같은 차원을 가진 벡터들일 때, 이들이 **선형독립**이라는 것은 이 중 어느 벡터도 나머지 벡터들의 펼침에 속하지 않는다는 것이다. 다시 말해, 어느 한 벡터를 나머지 벡터들의 선형조합으로 나타낼 수 없다. 즉 (26.2)를 만족하는 숫자들을 찾는다면
>
> $$\alpha_1 = \alpha_2 = \cdots = \alpha_k = 0$$
>
> 이 성립해야 한다.

$\{\mathbf{x}_1, \mathbf{x}_2, \ldots, \mathbf{x}_k\}$가 서로 선형독립인 벡터들의 집합이라면, 이들 중 일부 벡터들을 추려낸 부분집합은 역시 서로 선형독립인 벡터들로 구성됩니다. 거꾸로 $\{\mathbf{x}_1, \mathbf{x}_2, \ldots, \mathbf{x}_k\}$가 선형종속인 벡터들의 집합이라면, 이 집합에 다른 벡터를 추가할 경우 여전히 선형종속일 것입니다. 하지만 선형종속인 벡터 중에서 일부를 추려낼 경우 선형종속일 수도 있고 선형독립일 수도 있습니다. 또한 선형독립인 벡터들에 다른 벡터를 추가한다면 여전히 선형독립일 수도 있지만 선형종속으로 변할 수도 있습니다.

예 26.1 표준단위벡터

$\mathbb{R}^n$에 속하는 n차원 벡터 중에는 각 좌푯값 중 하나만 1이고 나머지는 모두 0인 단위벡터들이 n개 있습니다. i번째 좌푯값이 1인 이런 단위벡터를 $\mathbf{e}_i$라고 표시할 때

$$\mathbf{e}_1 = \begin{pmatrix} 1 \\ 0 \\ \vdots \\ 0 \end{pmatrix}, \quad \mathbf{e}_2 = \begin{pmatrix} 0 \\ 1 \\ \vdots \\ 0 \end{pmatrix}, \quad \mathbf{e}_n = \begin{pmatrix} 0 \\ 0 \\ \vdots \\ 1 \end{pmatrix}$$

이들은 단위벡터들 중에서도 특수한 사례이므로, 이름을 따로 붙여서 **표준단위벡터**(standard unit vector)라고 부르도록 하겠습니다. 이제 표준단위벡터들이 선형독립이라는 사실을 확인해봅시다. $\alpha_1\mathbf{e}_1 + \alpha_2\mathbf{e}_2 + \cdots + \alpha_n\mathbf{x}_n = 0$을 만들어보면

$$\alpha_1 \begin{pmatrix} 1 \\ 0 \\ \vdots \\ 0 \end{pmatrix} + \alpha_2 \begin{pmatrix} 0 \\ 1 \\ \vdots \\ 0 \end{pmatrix} + \cdots + \alpha_n \begin{pmatrix} 0 \\ 0 \\ \vdots \\ 1 \end{pmatrix} = \begin{pmatrix} \alpha_1 \\ \alpha_2 \\ \vdots \\ \alpha_n \end{pmatrix} = \begin{pmatrix} 0 \\ 0 \\ \vdots \\ 0 \end{pmatrix}$$

이 되어 $\alpha_1 = \alpha_2 = \cdots = \alpha_n = 0$입니다. 따라서 $\{\mathbf{e}_1, \mathbf{e}_2, \ldots, \mathbf{e}_n\}$은 선형독립입니다.

예제 26.2 선형독립 확인하기

(1, 2, 3), (4, 5, 6)과 (7, 8, 9)가 선형독립인지 확인하시오.

$$\alpha_1 \begin{pmatrix} 1 \\ 2 \\ 3 \end{pmatrix} + \alpha_2 \begin{pmatrix} 4 \\ 5 \\ 6 \end{pmatrix} + \alpha_3 \begin{pmatrix} 7 \\ 8 \\ 9 \end{pmatrix} = \begin{pmatrix} 0 \\ 0 \\ 0 \end{pmatrix}$$

을 만족하는 $(\alpha_1, \alpha_2, \alpha_3)$를 찾습니다. 이는

$$\begin{aligned} \alpha_1 + 4\alpha_2 + 7\alpha_3 &= 0 \\ 2\alpha_1 + 5\alpha_2 + 8\alpha_3 &= 0 \\ 3\alpha_1 + 6\alpha_2 + 9\alpha_3 &= 0 \end{aligned}$$

과 같고, 행렬로 쓰면

$$\begin{pmatrix} 1 & 4 & 7 \\ 2 & 5 & 8 \\ 4 & 6 & 9 \end{pmatrix} \begin{pmatrix} \alpha_1 \\ \alpha_2 \\ \alpha_3 \end{pmatrix} = \begin{pmatrix} 0 \\ 0 \\ 0 \end{pmatrix}$$

과 같습니다. 이 방정식을 만족하는 해 하나는 바로 알 수 있습니다. $\alpha_1 = \alpha_2 = \alpha_3 = 0$입니다. 이 해가 유일한 해라면 세 벡터는 선형독립입니다. 즉 방정식의 계수행렬이 역행렬을 가진다면 그렇습니다. 반대로 계수행렬을 역행렬을 갖지 않는다면 위 방정식은 부정이므로 무수히 많은 해를 가질 것입니다. 그런데

$$\begin{vmatrix} 1 & 4 & 7 \\ 2 & 5 & 8 \\ 3 & 6 & 9 \end{vmatrix} = 1(5 \cdot 9 - 6 \cdot 8) - 4(2 \cdot 9 - 3 \cdot 8) + 7(2 \cdot 6 - 3 \cdot 6) = 0$$

입니다. 즉 계수행렬이 역행렬을 갖지 않고 $\alpha_1 = \alpha_2 = \alpha_3 = 0$이 유일한 해가 아닙니다. 따라서 주어진 세 벡터는 선형종속입니다.

26.4 공간의 기저, 차원, 좌표

26.4.1 유클리드 공간의 표준기저

k개의 벡터 $\{\mathbf{v}_1, \mathbf{v}_2, \ldots, \mathbf{v}_k\}$를 펼친 집합이 $\mathbf{V} = L[\mathbf{v}_1, \mathbf{v}_2, \ldots, \mathbf{v}_k]$라고 할 때, 만약 이 벡터들이 선형종속이라면 펼침의 과정에서 일부 벡터는 사실 쓸모가 없었던 것입니다. 예를 들어, $\mathbf{v}_k = c_1\mathbf{v}_1 + \cdots + c_{k-1}\mathbf{v}_{k-1}$이라면 $\mathbf{v}_k$는 $\{\mathbf{v}_1, \mathbf{v}_2, \ldots, \mathbf{v}_{k-1}\}$의 펼침 속에 포함되므로 $\{\mathbf{v}_1, \mathbf{v}_2, \ldots, \mathbf{v}_{k-1}\}$만 가지고 펼치더라도 여전히 $\mathbf{V}$를 얻을 수 있을 것입니다. 즉 $\mathbf{V} = L[\mathbf{v}_1, \mathbf{v}_2, \ldots, \mathbf{v}_k] = L[\mathbf{v}_1, \mathbf{v}_2, \ldots, \mathbf{v}_{k-1}]$가 성립할 것입니다. $\mathbf{v}_k$는 $\mathbf{V}$를 펼치는 데 불필요한 것이죠. 다르게 말해서, 기존의 벡터들과 종속 관계에 있는 벡터를 아무리 추가해도 펼침의 결과는 달라지지 않습니다.

따라서 어떤 집합을 펼치는 데에 동원될 수 있는 벡터의 구성은 다양하겠지만, 선형독립인 벡터들만으로 펼침이 가능하다면 이것이 가장 효율적인, 가장 적은 수의 벡터를 사용한 펼침입니다. 어떤 집합 $\mathbf{V}$를 펼칠 수 있는 벡터들이 선형독립일 때 이들을 $\mathbf{V}$의 **기저**(basis)라고 부릅니다.

예 26.2 표준기저

n차원 유클리드 공간 $\mathbb{R}^n$의 표준단위벡터들 $\{\mathbf{e}_1, \mathbf{e}_2, \ldots, \mathbf{e}_n\}$은 $\mathbb{R}^n$의 기저입니다. 앞에서 이미 본대로 이들은 선형독립이며 이들을 펼칠 경우 $\mathbb{R}^n$ 전체를 얻습니다. 여기에 새로운 벡터를 아무리 추가해봐야, 펼침의 결과로 $\mathbb{R}^n$에 속하지 않는 새로운 것을 창조해낼 수 없습니다. 한편 이 중에서 하나라도 제외시키면, 더는 $\mathbb{R}^n$을 펼칠 수 없습니다. 데카르트 좌표계는 단위벡터들을 기저로 사용하여 좌표를 매긴 것입니다. 즉, 임의의 벡터 $(x_1, x_2, \ldots, x_n) \in \mathbb{R}^n$을 표준단위벡터들로 펼친다면, 사용되는 계수들이 바로 데카르트 좌푯값들입니다. 표준좌표라고 부를 수 있겠습니다.

$$\begin{pmatrix} x_1 \\ x_2 \\ \vdots \\ x_n \end{pmatrix} = x_1 \begin{pmatrix} 1 \\ 0 \\ \vdots \\ 0 \end{pmatrix} + x_2 \begin{pmatrix} 0 \\ 1 \\ \vdots \\ 0 \end{pmatrix} + \cdots + x_n \begin{pmatrix} 0 \\ 0 \\ \vdots \\ 1 \end{pmatrix} = x_1\mathbf{e}_1 + x_2\mathbf{e}_2 + \cdots + x_n\mathbf{e}_n$$

표준단위벡터들의 묶음은 유클리드 공간에서 가장 자연스러운 기저입니다. 그래서 이들을 **표준기저**(standard basis, canonical basis) 또는 **자연기저**(natural basis)라고 부릅니다. 하지만 표준기저가 유클리드 공간의 유일한 기저는 아닙니다. 선형독립이면서 $\mathbb{R}^n$을 펼치는 다른 벡터 묶음을 얼마든지 찾아낼 수 있습니다. 단, $\mathbb{R}^n$의 기저를 찾아낸다면 그것은 언제나 n개의 (독립인) 벡터들로 구성되어 있어야 합니다. 표준기저가 기저라는 사실로부터 우리는 $\mathbb{R}^n$을 펼치기 위해서 최소한 n개의 벡터가 필요하다는 사실을 알았기 때문입니다. 그래서 $\mathbb{R}^n$을 n차원 공간이라고 부르는 것이고, 여기 속한 벡터를 n차원 벡터라고 부릅니다.

26.4.2 유클리드 공간의 비표준기저

표준이 아닌 기저가 어떻게 가능한지 간단히 살펴보겠습니다. 간단하게 설명하기 위해서 2차원을 고려하겠습니다. n차원으로의 확장은 어렵지 않습니다. 2차원 표준기저는 물론 $(1,0)$과 $(0,1)$입니다. 하지만 이것 말고도 2개의 벡터를 사용해서 2차원을 펼칠 수 있습니다. 예제를 통해서 그 원리를 설명해보겠습니다.

예제 26.3 2차원공간의 비표준기저

$\mathbf{v}=(1,1)$, $\mathbf{w}=(-1,1)$가 $\mathbb{R}^2$의 기저임을 보이시오.

(1) 우선 $\mathbf{v},\mathbf{w}$는 선형독립입니다: $\alpha_1(1,1)+\alpha_2(-1,1)=(\alpha_1-\alpha_2,\alpha_1+\alpha_2)=(0,0)$이 성립하려면 첫 번째 좌표에서 $\alpha_1=\alpha_2$이어야 하고, 이를 두 번째 좌표에 대입하면 $2\alpha_1=0$이 되어 $\alpha_1=\alpha_2=0$입니다. 따라서 두 벡터는 선형독립입니다(두 벡터를 결합해 만든 행렬의 행렬식 또한 0이 아닙니다).

(2) $L[\mathbf{v},\mathbf{w}]=\mathbb{R}^2$입니다: 임의의 점 (a,b)를 두 벡터로 선형조합해낼 수 있는지 봅시다. $(a,b)=r_1(1,1)+r_2(-1,1)$이라고 놓으면 행렬로 표시할 경우

$$\begin{pmatrix}1 & -1\\ 1 & 1\end{pmatrix}\begin{pmatrix}r_1\\ r_2\end{pmatrix}=\begin{pmatrix}a\\ b\end{pmatrix}\implies\begin{pmatrix}r_1\\ r_2\end{pmatrix}=\frac{1}{2}\begin{pmatrix}1 & 1\\ -1 & 1\end{pmatrix}\begin{pmatrix}a\\ b\end{pmatrix}=\begin{pmatrix}\frac{a+b}{2}\\ \frac{-a+b}{2}\end{pmatrix}$$

이 공식을 사용하면 임의의 점 (a,b)를 $\mathbf{v},\mathbf{w}$의 조합으로 표시했고 따라서 2차원 평면 전체가 이들로 펼침 가능합니다. 따라서 $\mathbf{v},\mathbf{w}$도 2차원 유클리드 공간의 기저입니다.

위에서 계산한 (r_1,r_2) 값은 비표준기저를 사용한 새로운 좌표계에서의 좌푯값으로 해석할 수 있습니다. 그림으로 본다면, 표준기저는 우리가 친숙한 XY 좌표인데, [그림 26.7]에는 축의 이름을 $\mathbf{x}_1$과 $\mathbf{x}_2$로 붙여 놓았습니다. 한편, $\mathbf{v}$와 $\mathbf{w}$를 표준좌표계 위에 그린다면 기존의 두 축을 45도만큼 시계 반대 방향으로 비틀어 놓은 것입니다(한 단위의 길이는 $\sqrt{2}$로 길어집니다).

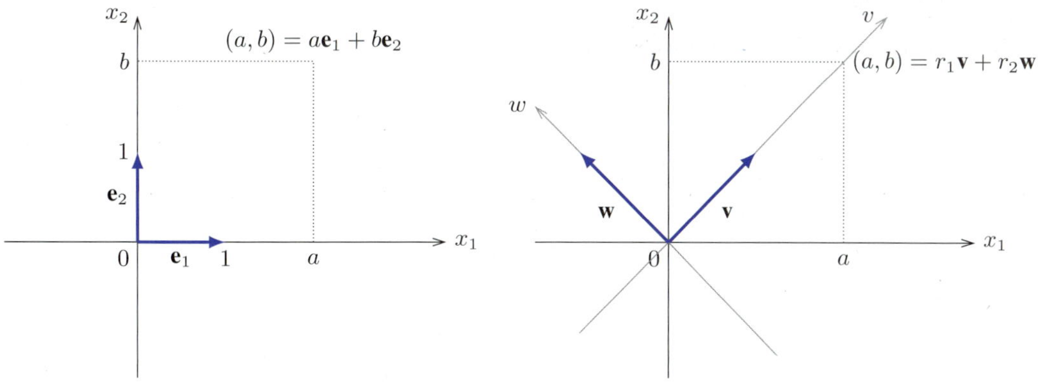

(a) 표준 좌표계 (b) **v-w** 좌표계

[그림 26.7] 표준좌표와 비표준좌표

일단 원점은 제자리에 머물러 있습니다. 즉 $(a,b) = (0,0)$을 위에서 도출한 공식에 대입하면 $(r_1, r_2) = (0,0)$입니다. 새로운 좌표계에서도 원점은 그대로 원점입니다. 하지만 다른 점들의 좌푯값이 바뀝니다. 표준기저벡터 $\mathbf{e}_1 = (1,0)$ 즉 일반적인 X축 상의 단위벡터는 공식으로 계산해보면 $(r_1, r_2) = \left(\frac{1}{2}, -\frac{1}{2}\right)$이 됩니다. 즉

$$\mathbf{e}_1 = (1,0) = \frac{1}{2}\mathbf{v} - \frac{1}{2}\mathbf{w}$$

이고 **v-w** 축을 사용하는 좌표계에서 이 점의 좌표는 $\left(\frac{1}{2}, -\frac{1}{2}\right)_{\mathbf{vw}}$인 것이죠. 물론 $\mathbf{v} = (1,1)$의 좌푯값을 **v-w** 좌표계에서 계산해보면 $\mathbf{v} = (1,0)_{\mathbf{vw}}$입니다.

주요 개념 및 용어

단위벡터, 펼침, 선형조합, 선형독립, 선형종속, 기저

요약

- 숫자의 묶음인 벡터는 점의 위치나 이동의 의미로 사용될 수 있으며, 벡터 연산 또한 기하학적 의미를 부여할 수 있다
- 주어진 벡터들을 사용하여 어떤 스칼라 곱셈 및 덧셈, 뺄셈한 결과가 선형조합이고, 주어진 벡터들로 가능한 모든 선형조합의 집합이 펼침이다
- 한 벡터가 나머지 벡터들의 선형조합으로 표현되면 이 벡터들은 선형종속이고, 선형종속이지 않은 벡터들의 모음은 선형독립이다
- 최소한의 개수를 가진 선형독립 벡터들의 모음으로 어떤 집합을 펼칠 수 있을 때, 이 벡터들의 모음을 기저라고 한다
- n-차원 유클리드공간의 기저는 n개의 벡터를 가지며, 이들을 사용해 좌표계를 만들 수 있다

연습문제

26-1 각 소문항에 주어진 벡터들의 펼침은 무엇인지 설명하고, 주어진 벡터들이 선형종속인지 혹은 선형독립인지 확인하시오.

(a) $(2,1)$, $(1,2)$

(b) $(2,1)$, $(-4,-2)$

(c) $(1,1,0)$, $(0,1,1)$

(d) $(1,1,0)$, $(0,1,1)$, $(1,0,1)$

(e) $(1,0,1,0)$, $(1,0,0,1)$, $(0,0,1,1)$

26-2 (a) $(2,2)$를 $(1,2)$와 $(1,4)$의 선형조합으로 나타낼 수 있는가? 설명하시오.

(b) $(1,2,3)$을 $(1,1,0)$, $(1,0,1)$과 $(0,1,1)$의 선형조합으로 나타낼 수 있는가? 설명하시오.

26-3 $(1,2,3)$, $(4,5,12)$, $(0,8,0)$의 세 벡터는 $\mathbb{R}^3$을 펼치는가? 즉 $\mathbb{R}^3$에 속한 임의의 점 (a,b,c)를 주어진 세 벡터로 선형조합할 수 있는가?

26-4 다음 벡터들이 각각 $\mathbb{R}^2$의 기저가 될 수 있는지 확인하시오.

(a) $(1,1)$, $(-2,-2)$

(b) $(1,1)$, $(2,-2)$

(c) $(1,-1)$, $(-2,2)$

(d) $(1,-1)$, $(1,0)$

26-5 다음의 벡터들이 각각 $\mathbb{R}^3$의 기저인지 확인하시오.

(a) $(1,1,1)$, $(1,2,1)$

(b) $(1,1,1)$, $(1,2,1)$, $(1,0,1)$

(c) $(1,1,1)$, $(1,2,1)$, $(1,0,0)$

(d) $(1,1,1)$, $(1,2,1)$, $(1,0,0)$, $(0,1,0)$

Chapter 26A

부록: 벡터 내적의 기하학적 의미

내적은 벡터끼리의 곱셈 방법 중 하나로, 각 벡터를 구성하는 요소들(스칼라들)을 위치에 맞게 서로 곱해준 후 모두 더하여 계산하며 결과는 스칼라입니다. 즉, $\mathbf{x} = (x_1, \ldots, x_n)$이고 $\mathbf{y} = (y_1, \ldots, y_n)$일 때 두 벡터의 내적은

$$\mathbf{x} \cdot \mathbf{y} = x_1 y_1 + \cdots + x_n y_n$$

으로 정의됩니다. 특히 한 벡터의 길이를 내적 기호를 사용하여 다시 표현할 수 있습니다.

$$\|\mathbf{x}\| = \sqrt{x_1^2 + \cdots + x_n^2} = \sqrt{(x_1, \ldots, x_n) \cdot (x_1, \ldots, x_n)} = \sqrt{\mathbf{x} \cdot \mathbf{x}}$$

마찬가지로 두 점 사이의 거리도 내적을 사용해 표현할 수 있습니다. 점 $\mathrm{A} = (a_1, \ldots, a_n)$과 점 $\mathrm{B} = (b_1, \ldots, b_n)$ 사이의 거리는 각 점을 위치벡터로 볼 때

$$\|\overrightarrow{\mathrm{AB}}\| = \sqrt{(\mathrm{A} - \mathrm{B}) \cdot (\mathrm{A} - \mathrm{B})}$$

입니다.

26A.1 코사인

내적의 의미를 기하학적으로 해석하기 위해서는 이 책에서 처음이자 마지막으로 '각도'와 '삼각비' 특히 '코사인'을 언급해야 합니다. **코사인**(cosine)이란 (한 각이 90도인) 직각삼각형에서 '직각을 낀 변의 길이' 나누기 '빗변(직각을 마주 보는 변)의 길이'를 말합니다. 이 값을 그 두 변 사이에 낀 각의 코사인이라고 말합니다.

[그림 26A.1]은 직각삼각형에서 직각을 제외한 나머지 두 각의 코사인을 어떻게 계산하는지 보여줍니다. 그림에는 θ_1과 θ_2의 두 각이 있는데, 두 각의 코사인은 모두 직각과 마주 보는 빗변의 길이 a를 분모로 하고, 분자는 해당 각과 직각을 끼고 있는 변의 길이입니다. θ_1의

경우 그림의 밑변에 해당되는 길이 b의 변이고, θ_2의 경우 그림의 높이에 해당되는 길이 c의 변입니다. 눈으로 대충 보아도 빗변의 길이가 다른 두 변의 길이보다 더 크기 때문에 코사인의 값은 0보다는 크고 1보다는 작다고 짐작할 수 있습니다.

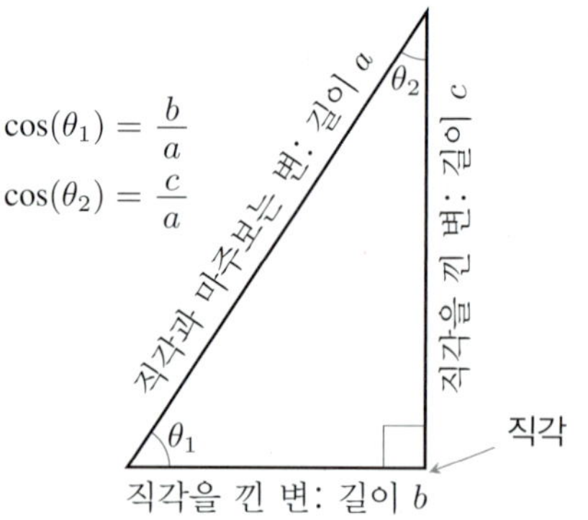

[그림 26A.1] 코사인의 정의

그런데 이렇게 직각삼각형의 변 사이의 비율로만 코사인을 정의한다면, 각이 예각(acute angle) 즉 90도보다 작은 각일 때에만 계산이 가능합니다. 0도의 코사인은 무엇이고, 90도의 코사인은 무엇일까요? 그뿐만 아니라, 90을 넘는 (하지만 180도보다는 작은) 둔각(obtuse angle)의 코사인은, 심지어 180도보다 더 큰 각의 코사인은 계산이 안 될까요?

한 가지 방법은 원점을 중심으로 반지름이 1인 단위 원을 좌표평면에 그려놓고, 각도의 변화에 따라 원주 위에서 X축에 직각으로 떨어뜨려 만나는 점을 보는 것입니다. [그림 26A.2(a)]는 90도보다 작은 예각의 경우로, 앞에서 정의한 것과 같은 방식입니다. 특히 직각삼각형의 빗변은 원의 반지름에 해당되므로 1이고 따라서 삼각형 밑변의 길이 자체가 $\cos\theta$가 됩니다. 즉 $\cos\theta$의 값은 그림의 점 A의 X 좌푯값과 같습니다.[64] 점 A의 X좌표는 0과 1 사이이므로 θ가 예각일 때 $0 < \cos\theta < 1$임을 알 수 있습니다.

만약 $\theta = 0°$라면 점 A의 위치는 (1, 0)에 있게 되어 $\cos 0° = 1$입니다. $\theta = 90°$라면 A는 (0, 1)에 있으므로 $\cos 90° = 0$입니다. 만약 θ가 둔각이라면, [그림 26A.2(b)]의 점 B 같은 경우이고 이때 B의 X좌표는 (−1보다는 큰) 음수입니다. 즉, $90° < \theta < 180°$일 때 $-1 < \cos\theta < 0$입니다. 같은 방식으로 원주 위에서 점을 계속 움직여보면, $\cos 180° = -1$, 각이 180도와 270도 사이라면 0과 −1 사이의 음수, $\cos 270° = 0$이며 각이 270도와 360도 사이라면 0과 1 사이의 양수가 될 것입니다.

만약 각이 360도를 초과하면 어떻게 될까요? 예를 들어, 361도는 원 위를 한 바퀴 완전히

64) 참고로 점 A의 Y좌푯값은 사인, 즉 $\sin\theta$입니다. 즉, A의 좌표는 $(\cos\theta, \sin\theta)$입니다.

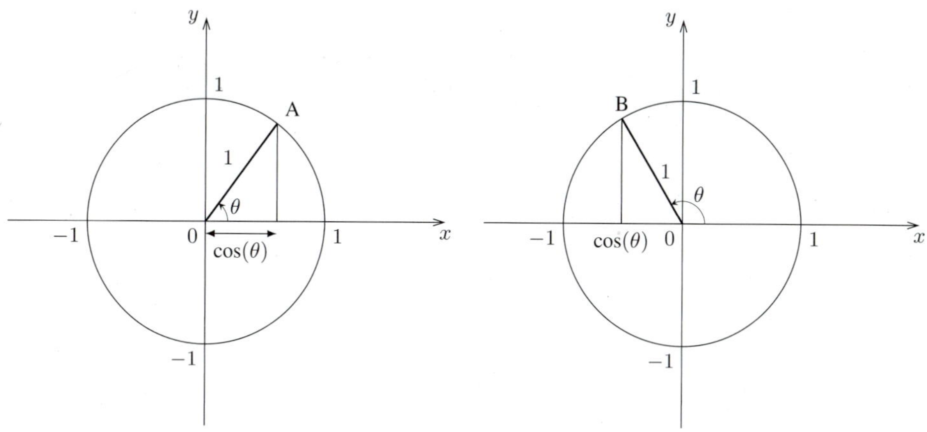

(a) 예각 $(0 < \theta < 90°)$ (b) 둔각 $(90° < \theta < 180°)$

[그림 26A.2] 다양한 각의 코사인

돌고 난 후 1도만큼 더 간 것입니다. 즉 $\cos 361° = \cos 1°$ 입니다. 마치 시곗바늘이 12시간을 돌고 나면 다시 시간을 세기 시작하는 것처럼, 코사인은 360도를 주기로 값이 반복되는 함수입니다[그림 26A.3].

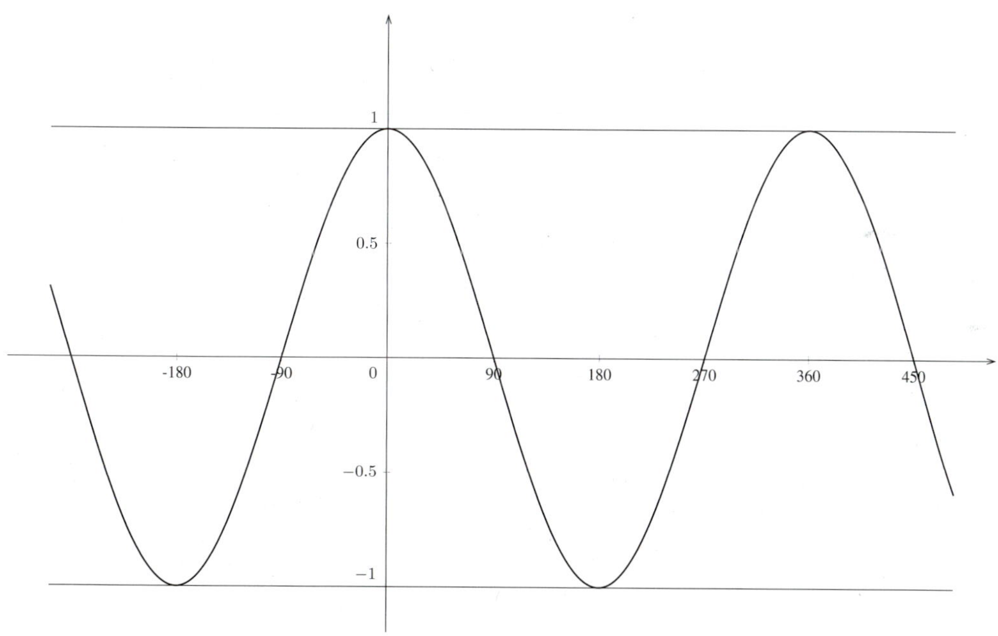

[그림 26A.3] 코사인함수 $y = \cos x$ 의 그래프

코사인의 값을 각의 크기에 따라서 [표 26A.1]로 정리할 수 있습니다.

[표 26A.1] 각도에 따른 코사인의 값

각도 (θ)	$\cos\theta$의 값
$\theta = 0°$ 또는 $360°$	1
$0° < \theta < 90°$	1과 0 사이
$\theta = 90°$	0
$90° < \theta < 180°$	0과 -1 사이
$\theta = 180°$	-1
$180° < \theta < 270°$	-1과 0 사이
$\theta = 270°$	0
$270° < \theta < 360°$	0과 1 사이

26A.2 내적의 기하학적 해석

이제 내적의 기하학적 해석은 다음과 같습니다. $\mathbf{x}, \mathbf{y}$가 차원이 같은 두 벡터라고 합시다. 두 벡터는 2차원 평면상에 그릴 수 있습니다(왜 그럴까요?). 이 평면상에서 두 벡터 사이의 각을 θ라고 합시다. 그렇다면

$$\mathbf{x} \cdot \mathbf{y} = \|\mathbf{x}\| \|\mathbf{y}\| \cos\theta \tag{26A.1}$$

가 성립합니다.

식 (26A.1)이 성립하는 이유를 [그림 26A.4]를 통해서 직관적으로 이해해봅시다.

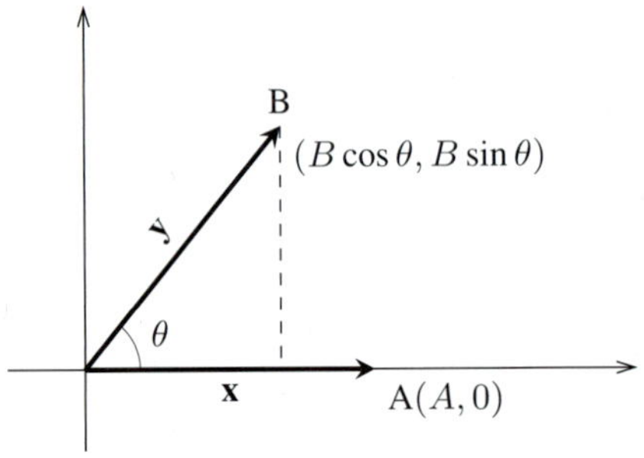

[그림 26A.4] 내적의 기하학적 해석

임의의 두 벡터 $\mathbf{x}$와 $\mathbf{y}$를 적당히 회전시켜서 $\mathbf{x}$가 X축 상의 점 A에 대응되도록 만들었습니다. 이때 점 A의 좌표인 벡터 $\mathbf{x}$는 $(A, 0)$이라고 쓸 수 있고 이때 $\|\mathbf{x}\| = A$입니다. 한편 벡터 $\mathbf{y}$는 θ의 각도로 빗겨나가 있는데, 그 길이를 B라고 할 때 좌표가 $\mathbf{y} = (B\cos\theta, B\sin\theta)$입니다. $\|\mathbf{y}\| = B$입니다. 두 벡터의 내적은 공식에 따라 $\mathbf{x} \cdot \mathbf{y} = (A, 0) \cdot (B\cos\theta, B\sin\theta) =$

$AB\cos\theta = ||\mathbf{x}||||\mathbf{y}||\cos\theta$가 맞습니다.

식 (26A.1)을 재배열하면

$$\cos\theta = \frac{\mathbf{x}\cdot\mathbf{y}}{||\mathbf{x}||||\mathbf{y}||} \tag{26A.2}$$

식 (26A.1)과 (26A.2)가 바로 벡터의 내적에 대한 기하학적 해석입니다. 특히 [표 26A.1]로 요약한 코사인 값을 참고하면 내적의 부호로부터 두 벡터 사이의 각의 성질을 알 수 있습니다.

① 내적 값이 양수(+)이면, 두 벡터 사이의 각은 '내각'(0도에서 90도 사이 또는 270도에서 360도 사이

② 내적 값이 음수(−)이면, 두 벡터 사이의 각은 '외각'(90도에서 270도 사이)

③ 내적 값이 0이면, 두 벡터 사이의 각은 직각'(90도)

특히 중요한 경우는 $\mathbf{x}\cdot\mathbf{y} = 0$일 때입니다. 두 벡터 사이의 각이 직각입니다. 이때 두 벡터를 **직교**(orthogonal)벡터라고 부릅니다. 두 벡터 간의 내적은 벡터가 가리키는 방향이 서로 다를 때, 그 방향을 하나로 통일시켜서 그 값을 곱해주는 것이며, 이때 방향 통일에 따라 두 벡터 중 하나의 길이를 적절하게 조절해주어야 합니다. 그런데 두 벡터가 직각이면 이같은 방향 통일이 불가능하고, 내적의 값도 0입니다.[65)]

26A.3 내적의 기하학적 의미에 대한 경제학적 해석

공식이나 그림만으로 내적의 의미를 이해하는 데 한계가 있으므로 경제학적 해석을 시도해 보겠습니다. 내적을 사용하는 경제학 개념의 대표적인 예는 가격벡터와 수요량 벡터 사이의 곱셈입니다. 즉 $\mathbf{p} = (p_1, \ldots, p_n)$이 재화의 가격이고 $\mathbf{x} = (x_1, \ldots, x_n)$이 소비자가 구입하는 재화 꾸러미라면, $\mathbf{p}\cdot\mathbf{x} = \sum_{i=1}^{n} p_i x_i$는 소비자가 이 재화꾸러미를 구입하기 위해 지출해야 하는 총금액을 나타냅니다. 소비자가 쓸 수 있는 예산이 m이라면, $\mathbf{p}\cdot\mathbf{x} \le m$이 소비자의 예산제약식입니다.

그런데 가격벡터와 소비량벡터 사이의 '각도'는 경제학적으로 무엇을 나타내는 걸까요? 간단한 예를 들어, $\mathbf{p} = (0, 1)$이고 $\mathbf{x} = (1, 0)$이라고 해봅시다. $\mathbf{p}\cdot\mathbf{x} = 0$으로 가격벡터와 소

65) 물리학적으로는 서로 직각인 방향으로 작용하는 힘은 각자 따로 노는 것으로 봅니다.

비량벡터는 서로 직교 관계에 있습니다. 내적의 값이 0인 이유는 두 재화 중 재화 1은 가격이 무료이고 재화 2는 가격이 1인데, 무료인 재화 1만 소비했기 때문입니다. 가격벡터가 소비량벡터와 정확하게 겹친다면, 즉 $\mathbf{p} = (1, 0)$이면 $\mathbf{p} \cdot \mathbf{x} = 1$로 양수이면서 가능한 가장 큰 값이 됩니다. 한편 p_1과 p_2가 모두 양수이면서 가격벡터의 길이가 1인 경우 내적을 계산해보면 0과 1 사이의 수임을 알 수 있습니다.

아예 $\mathbf{p} = (-1, 0)$이면 어떤가요? 소비량벡터 $\mathbf{x} = (1, 0)$과 가격벡터는 서로 반대 방향을 가리키고, 두 벡터 간 각은 180도입니다. 내적 값은 -1입니다. 이건 도대체 무슨 의미일까요? 우선 가격이 $p_1 = -1$이라는 것은 재화 1을 소비할 때 가격을 지불하는 것이 아니라 오히려 돈을 받는다는 것입니다. 이때 지출액이 -1이라는 것은 결국 소비자에게 1의 수입이 발생한다는 것입니다. 다시 말해서, 가격벡터와 소비량벡터가 외각을 이루면, 두 벡터의 내적은 지출이 아니라 수입을 나타낼 수 있습니다.

직교이면서 두 재화 모두 소비량이 양수인 경우를 생각해봅시다. $\mathbf{x} = (1, 1)$이고 $\mathbf{p} = (-1, 1)$이면 (여기서는 계산을 간단하게 하기 위해서 가격을 단위벡터로 만드는 과정을 생략) 내적은 0입니다. 재화 1로부터의 수입이 재화 2에 대한 지출과 일치하여, 수입도 지출도 없는 0의 상태가 되었습니다.

행렬곱셈의 기하학적 해석: 회전

참고로 행렬을 곱해주는 조작이 나타내는 움직임도 간단하게 알아보겠습니다. 편의상 2차원을 고려하겠습니다. 우리는 (2×2) 항등행렬을 알고 있습니다. 즉 임의의 열벡터 $\mathbf{v}^T = (a, b)$에 대해

$$\begin{pmatrix} 1 & 0 \\ 0 & 1 \end{pmatrix} \begin{pmatrix} a \\ b \end{pmatrix} = \begin{pmatrix} a \\ b \end{pmatrix}$$

입니다. 항등행렬을 앞에 곱하는 것은 결국 앞에서 각각 행벡터 $(1, 0)$과 $(0, 1)$을 차례로 뒤의 열벡터 $\mathbf{v}^T$와 내적하는 것과 같고, $(1, 0) \cdot (a, b) = a$에서 행벡터 $(1, 0)$을 앞에서 곱하는 것은 뒤의 벡터 중 첫번째 좌표를 가져옴을 알 수 있습니다. 마찬가지로 $(0, 1)$을 앞에서 곱하면 뒤 벡터의 두번째 좌표를 가져옵니다.
논의를 더 발전시켜서 애초에 단위 열벡터 $\mathbf{e}_1^T = (1, 0)$을 단위원 위에서 각도 θ만큼 회전시킨 점 $A = (\cos\theta, \sin\theta)$로 보내는 어떤 행렬 $R = \left(\begin{smallmatrix} r_1 & r_2 \\ r_3 & r_4 \end{smallmatrix}\right)$이 있다고 해봅시다. 그렇다면

$$R \begin{pmatrix} 1 \\ 0 \end{pmatrix} = \begin{pmatrix} r_1 & r_2 \\ r_3 & r_4 \end{pmatrix} \begin{pmatrix} 1 \\ 0 \end{pmatrix} = \begin{pmatrix} \cos\theta \\ \sin\theta \end{pmatrix}$$

가 성립합니다[**그림 26A.5(a)**]. 즉 $r_1 = \cos\theta$이고 $r_3 = \sin\theta$입니다.
마찬가지로 단위 열벡터 $\mathbf{e}_2^T = (0, 1)$을 단위원 위에서 같은 각도 θ만큼 회전시키면 2사분면 상의 점 $B = (-\sin\theta, \cos\theta)$로 이동할 것입니다. 즉

$$R\begin{pmatrix} 0 \\ 1 \end{pmatrix} = \begin{pmatrix} r_1 & r_2 \\ r_3 & r_4 \end{pmatrix}\begin{pmatrix} 0 \\ 1 \end{pmatrix} = \begin{pmatrix} -\sin\theta \\ \cos\theta \end{pmatrix}$$

가 됩니다[**그림** 26A.5(b)]. 따라서 $r_2 = -\sin\theta$이고 $r_4 = \cos\theta$입니다.

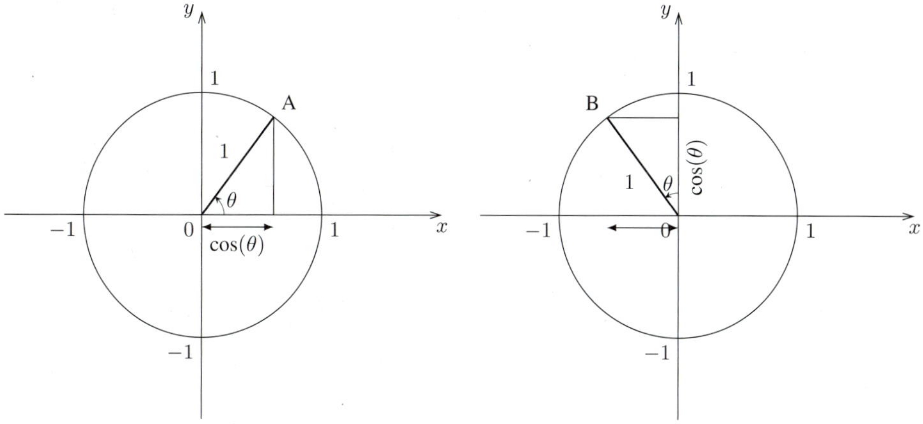

[그림 26A.5] 행렬이 나타내는 회전

그러므로 다음의 행렬 R은 어떤 열벡터의 왼쪽에 곱할 때 그 점을 각도 θ만큼 (시계반대방향으로) 회전시키는 역할을 합니다.

$$R = \begin{pmatrix} \cos\theta & -\sin\theta \\ \sin\theta & \cos\theta \end{pmatrix}$$

찾아보기

ㅈ

ㅊ~ㅍ

ㅎ

A~C

D~E

F~K

L~N

O~R

S~T

U~Y

한빛아카데미의 경영·경제 교재

Case, Fair, Oster의 경제학원론
Karl E. Case, Ray C. Fair, Sharon M. Oster 저
박원규, 이상규 역
2022-01-03 출간 / 800쪽 / 39,000원

거시경제학(3판)
주상영 저
2022-06-30 출간 / 640쪽 / 36,000원

경제경영 통계학(4판)
Sanjiv Jaggia, Alison Kelly 저
장혜정, 이상규 역
2022-08-31 출간 / 820쪽 / 38,000원

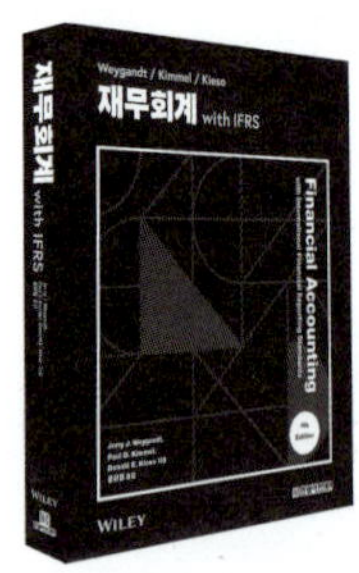

재무회계 with IFRS
Jerry Weygandt, Paul Kimmel, Kon Kieso 저
윤현철 역
2022-03-02 출간 / 784쪽 / 44,000원

기본 재무관리(5판)
Jonathan Berk, Peter DeMarzo, Jarrad Harford 저
선정훈, 고광수, 변진호 역
2021-12-31 출간 / 912쪽 / 42,000원

경영분석(6판)
장영광, 송치승 저
2022-07-22 출간 / 556쪽 / 36,000원

※ 한빛아카데미 홈페이지(https://www.hanbit.co.kr/academy)에서 경영/경제 카테고리에 들어가시면 더 많은 교재를 찾아보실 수 있습니다.